慶應義塾湘南藤沢中等部

〈収録内容〉

便利な DL コンテンツは右の QR コードから

解答用紙

過去年度

国語の問題は紙面に掲載

⇒

※データのダウンロードは 2025 年 3 月末日まで。
※データへのアクセスには、右記のパスワードの入力が必要となります。 ⇒ 292144

〈合格最低点〉

※学校からの合格最低点の発表はありません。

本書の特長

実戦力がつく入試過去問題集

▶ 問題 ………… 実際の入試問題を見やすく再編集。

▶ 解答用紙 …… 実戦対応仕様で収録。

▶ 解答解説 …… 詳しくわかりやすい解説には、難易度の目安がわかる「基本・重要・やや難」の分類マーク つき（下記参照）。各科末尾には合格へと導く「ワンポイントアドバイス」を配置。採点に便利な配点つき。

入試に役立つ分類マーク

基本 確実な得点源！
受験生の 90％以上が正解できるような基礎的、かつ平易な問題。
何度もくり返して学習し、ケアレスミスも防げるようにしておこう。

重要 受験生なら何としても正解したい！
入試では典型的な問題で、長年にわたり、多くの学校でよく出題される問題。
各単元の内容理解を深めるのにも役立てよう。

やや難 これが解ければ合格に近づく！
受験生にとっては、かなり手ごたえのある問題。
合格者の正解率が低い場合もあるので、あきらめずにじっくりと取り組んでみよう。

合格への対策、実力錬成のための内容が充実

▶ 各科目の出題傾向の分析、合否を分けた問題の確認で、入試対策を強化！

▶ その他、学校紹介、過去問の効果的な使い方など、学習意欲を高める要素が満載！

解答用紙ダウンロード 解答用紙はプリントアウトしてご利用いただけます。弊社ＨＰの商品詳細ページよりダウンロードしてください。トビラのＱＲコードからアクセス可。

UD FONT 見やすく読みまちがえにくいユニバーサルデザインフォントを採用しています。

慶應義塾湘南藤沢中等部

生徒数　643名
〒252-0816
神奈川県藤沢市遠藤5466
☎ 0466-49-3585・3586
小田急江ノ島線、相模鉄道いずみ野線、横浜市営地下鉄湘南台駅　バス15分
東海道本線辻堂駅　バス25分

異文化交流と情報教育を重視
個性を伸ばす新しい教育を目指す
共学の中高一貫校

URL	https://www.sfc-js.keio.ac.jp/

プロフィール　未来を思考する新しい教育の場を創造

1992（平成４）年に、慶應義塾で初めての共学・中高一貫校として創設された。慶應義塾の共通の理念である「独立自尊の精神」をもとに、日本社会の現状を踏まえた上で、未来を思考する新しい教育を実践しており、情操豊かで、創造力に富み、思いやりが深く、広い視野に立って物事を判断し、社会に貢献するために積極的に行動する、「社会的責任を自覚し、知性、感性、体力にバランスのとれた教養人」の育成を目標にしている。

環境　情報教育の最新設備が充実

中・高等部とも、大学の総合政策学部・環境情報学部・看護医療学部と同じキャンパスにあり、大学からの知的刺激を受けられる絶好の環境だ。校内にLANを形成し、約250台のパソコンを設置、インターネット接続も可能となっており、設備も充実している。2018年7月に新校舎及び新体育館が竣工。

カリキュラム　個性を尊重した基本重視の教育

生徒一人ひとりを大切にして、個性を尊重しながら、知育・徳育・体育のすべてにわたって基本を重視し、基礎を確実に身につける中高一貫教育を実践している。高等部では、**帰国生入試**（約20名）と**全国枠入試**（若干名、首都圏以外の地域に在住する者が対象）のみで、一般入試は行っていない。

語学教育では、日本文化を日本語で正しく表現し、英語を媒介にして異文化との意思の疎通ができるコミュニケーション能力を備えた生徒の育成を目標とする。国語教育では、6年間を通じて書く力と話す力を着実に培うことを目標にしている。英語教育では、LLを活用した授業や、少人数制のネイティブスピーカーの授業などによる効果的な学習が展開されている。視聴覚機器やコンピュータを授業に取り入れるなど、情報リテラシー（コンピュータによる読み・書き・計算）を身につける教育にも力を注いでいる。5年生（高2）より第二外国語としてドイツ語・フランス語・スペイン語・中国語・朝鮮語から1つを選んで受講する。

他に文系（Ⅰ類）・理系（Ⅱ類）の科目を選択する。Ⅰ類選択者のみ「論文実習」がある。

コンピュータ利用の授業で"情報リテラシー"を目指す

学校生活　様々な環境の生徒が集うキャンパス

異なった環境・年齢間の交流を大切にしており、学校行事やクラブ活動も、中・高等部合同で行われるものが多い。また、アメリカのローレンスビル・スクール、オーストラリアのセント・マイケルズグラマースクール、イギリスのカウンティ・アッパー・スクール、タイのラグビースクール、この他にニュージーランド、カナダ、シンガポールや韓国など、８カ国、13の学校との短期交換留学プログラムが年間を通して行われている。

制服は、式服のほか、男子は２種類のスラックス、女子は３種類のスカートがある。学校が指定する日は式服を着用するが、普段の学校生活では、スラックス、スカートのみ指定のものを着用すれば、他は自由である。

短期交換留学プログラム（イギリス）

[体連]　女子バレーボール、バスケットボール（男・女）、軟式野球（男子）、サッカー（男子）、硬式テニス（男・女）、水泳、弓術、競走、女子ソフトボール、剣道、柔道、空手、フェンシング、体操（女子）、女子サッカー

[文連]　演劇、吹奏楽、室内楽、合唱、美術、SFC新聞、コンピュータ、クッキング、ESS、理科、棋道、歌留多、茶道、創作、電子工学研究会

進路　有利な推薦入学制度

中等部の卒業生は、推薦により湘南藤沢高等部に、高等部の卒業生は、推薦により慶應義塾大学の各学部に進学することができる。

2024年度入試要項

試験日　2/2（１次）
2/4（2次、１次合格者のみ）
試験科目　国・算・理・社または国・算・英（１次）
体育＋面接（２次）

2024年度	募集定員	受験者数	合格者数	競争率
1次	約70	419	199	2.1
2次		182	86	2.1
帰国1次	約30	109	69	1.6
帰国2次		68	40	1.7

※合格者数は補欠含まず

過去問の効果的な使い方

① **はじめに**　ここでは，受験生のみなさんが，ご家庭で過去問を利用される場合の，一般的な活用法を説明していきます。もし，塾に通われていたり，家庭教師の指導のもとで学習されていたりする場合は，その先生方の指示にしたがって，過去問を活用してください。その理由は，通常，塾のカリキュラムや家庭教師の指導計画の中に過去問学習が含まれており，どの時期から，どのように過去問を活用するのか，という具体的な方法がそれぞれの場合で異なるからです。

② **目的**　言うまでもなく，志望校の入学試験に合格することが，過去問学習の第一の目的です。そのためには，それぞれの志望校の入試問題について，どのようなレベルのどのような分野の問題が何問，出題されているのかを確認し，近年の出題傾向を探り，合格点を得るための試行錯誤をして，各校の入学試験について自分なりの感触を得ることが必要になります。過去問学習は，このための重要な過程であり，合格に向けて，新たに実力を養成していく機会なのです。

③ **開始時期**　過去問との取り組みは，通常，全分野の学習が一通り終了した時期，すなわち6年生の7月から8月にかけて始まります。しかし，各分野の基本が身についていない場合や，反対に短期間で過去問学習をこなせるだけの実力がある場合は，9月以降が過去問学習の開始時期になります。

④ **活用法**　各年度の入試問題を全問マスターしよう，と思う必要はありません。完璧を目標にすると挫折しやすいものです。できるかぎり多くの問題を解けるにこしたことはありませんが，それよりも重要なのは，現実に各志望校に合格するために，どの問題が解けなければいけないか，どの問題は解けなくてもよいか，という眼力を養うことです。

算数

どの問題を解き，どの問題は解けなくてもよいのかを見極めるには相当の実力が必要になりますし，この段階にいきなり到達するのは容易ではないので，この前段階の一般的な過去問学習法，活用法を2つの場合に分けて説明します。

☆偏差値がほぼ55以上ある場合

掲載順の通り，新しい年度から順に年度ごとに3年度分以上，解いていきます。

ポイント1…問題集に直接書き込んで解くのではなく，各問題の計算法や解き方を，明快にわかるように意識してノートに書き記す。

ポイント2…答えの正誤を点検し，解けなかった問題に印をつける。特に，解説の 基本 重要 がついている問題で解けなかった問題をよく復習する。

ポイント3…1回目にできなかった問題を解き直す。同様に，2回目，3回目，…と解けなければいけない問題を解き直す。

ポイント4…難問を解く必要はなく，基本をおろそかにしないこと。

☆偏差値が50前後かそれ以下の場合

ポイント1～4以外に，志望校の出題内容で「計算問題・一行問題」の比重が大きい場合，これらの問題をまず優先してマスターするとか，例えば，大問2までをマスターしてしまうとよいでしょう。

理科

理科は1から順番に解くことにほとんど意味はありません。理科は，性格の違う4つの分野が合わさった科目です。また，同じ分野でも単なる知識問題なのか，あるいは実験や観察の考察問題なのかによってもかかる時間がずいぶんちがいます。記述，計算，描図など，出題形式もさまざまです。ですから，解く順番の上手，下手で，10点以上の差がつくこともあります。

過去問を解き始める時も，はじめに1回分の試験問題の全体を見通して，解く順番を決めましょう。得意分野から解くのもよいでしょう。短時間で解けそうな問題を見つけて手をつけるのも効果的です。くれぐれも，難問に時間を取られすぎないように，わからない問題はスキップして，早めに全体を解き終えることを意識しましょう。

社会

社会は1から順番に解いていってかまいません。ただし，時間のかかりそうな，「地形図の読み取り」，「統計の読み取り」，「計算が必要な問題」，「字数の多い論述問題」などは後回しにするのが賢明です。また，3分野(地理・歴史・政治)の中で極端に得意，不得意がある受験生は，得意分野から手をつけるべきです。

過去問を解くときは，試験時間を有効に活用できるよう，時間は常に意識しなければなりません。ただし，時間に追われて雑にならないようにする注意が必要です。“誤っているもの”を選ぶ設問なのに“正しいもの”を選んでしまった，“すべて選びなさい”という設問なのに一つしか選ばなかったなどが致命的なミスになってしまいます。問題文の“正しいもの”，“誤っているもの”，“一つ選び”，“すべて選び”などに下線を引いて，一つ一つ確認しながら問題を解くとよいでしょう。

過去問を解き終わったら，自己採点し，受験生自身でふり返りをしましょう。できなかった問題については，なぜできなかったのかについての分析が必要です。例えば，「知識が必要な問題」ができなかったのか，「問題文や資料から判断する問題」ができなかったのかで，これから取り組むべきことも大きく異なってくるはずです。また，正解できた問題も，「勘で解いた」，「確信が持てない」といったときはふり返りが必要です。問題集の解説を読んでも納得がいかないときは，塾の先生などに質問をして，理解するようにしましょう。

国語

過去問に取り組む一番の目的は，志望校の傾向をつかみ，本番でどのように入試問題と向かい合うべきか考えることです。素材文の傾向，設問の傾向，問題数の傾向など，十分に研究していきましょう。

取り組む際は，まず解答用紙を確認しましょう。漢字や語句問題の量，記述問題の種類や量などが，解答用紙を見て，わかります。次に，ページをめくり，問題用紙全体を確認しましょう。どのような問題配列になっているのか，問題の難度はどの程度か，などを確認して，どの問題から取り組むべきかを判断するとよいでしょう。

一般的に「漢字」→「語句問題」→「読解問題」という形で取り組むと，効率よく時間を使うことができます。

また，解答用紙は，必ず，実際の大きさのものを使用しましょう。字数指定のない記述問題などは，解答欄の大きさから，書く量を考えていきましょう。

慶應湘南藤沢の算数

――出題傾向と対策　合否を分けた問題の徹底分析――

出題傾向と内容

出題分野1　〈数と計算〉

「還元算」を含めて「四則計算」は，毎年，出題されている。この他，各小問において「時間」・「距離」・「面積」などの基本的な「単位の換算」が問われる。

2　〈図形〉

「平面図形」の問題も毎年，出題されており，「相似」・「立体図形」・「図形や点の移動・対称な図形」もほぼ毎年，出題されている。

3　〈速さ〉

「速さの三公式と比」の問題もほぼ毎年，出題されている。特殊算では，「旅人算」・「流水算」の出題率が低くない。

4　〈割合〉

「割合と比」の問題も毎年，出題されており，「仕事算・ニュートン算」の出題率も高い。

5　〈推理〉

「数列・規則性」の問題が，形式を変えて毎年，出題されており，全範囲の中でも，きわめて出題率が高い。

6　〈その他〉

出題率はそれほど高くないが，「過不足算」・「平均算」・「鶴カメ算」・「植木算・方陣算」・「消去算」など，これらのどの分野も幅広く出題されている。

出題率の高い分野

❶平面図形・面積　❷速さの三公式と比　❸割合と比　❹立体図形　❺数列・規則性

来年度の予想と対策

出題分野1　〈数と計算〉…計算問題で失点するわけにはいかない。出題される計算問題は，それほど複雑な問題ではないが，過去問を利用して問題のレベルに慣れておこう。

2　〈図形〉…「平面図形」の出題率が突出している。標準問題を中心にして，応用問題まで練習しよう。この他，「立体図形」・「相似」・「図形の移動」の応用問題，融合問題を練習しよう。「水量変化のグラフ」も重要である。

3　〈速さ〉…比を使って解く問題，「速さの鶴カメ算」も練習しよう。

4　〈割合〉…「速さの比」・「面積比」・「比の文章題」の応用問題を練習しよう。

5　〈推理〉…「論理・推理」・「場合の数」・「数列・規則性」の問題を，基本レベルから標準レベルまで練習しよう。

6　〈その他〉…「平均算」・「鶴カメ算」が出題されやすい。これらの他,「和差算・過不足算・差集め算」・「年令算」・「植木算・方陣算」・「消去算」も，標準問題を中心に練習しよう。

学習のポイント

●大問数6題　小問数20題前後　　●試験時間45分　満点100点

●「速さ」・「平面図形」・「割合と比」を中心に，幅広く標準問題を練習しよう。

年度別出題内容の分析表　算数

（よく出ている順に，☆◎○の3段階で示してあります。）

	出　題　内　容	27年	28年	29年	30年	2019年	2020年	2021年	2022年	2023年	2024年
数と計算	四則計算	○	○	○	○	○	○	○	○	○	○
	単位の換算	◎	◎	○	☆	○	○		○		
	演算記号・文字と式										
	数の性質	☆	☆	○	○	◎	◎	☆	○	○	○
	概　数										
図形	平面図形・面積	☆	☆	☆	☆	☆	☆	☆	☆	☆	☆
	立体図形・体積と容積	☆		☆	☆	○	○	☆	☆	☆	☆
	相似（縮図と拡大図）	☆	◎	○	○	◎	○		○	☆	
	図形や点の移動・対称な図形		☆			☆	☆			☆	☆
	グラフ							☆			☆
速さ	速さの三公式と比	☆	○	☆	☆	☆	☆	☆	☆	☆	○
	旅人算			○				○	○		○
	時計算		○								
	通過算										
	流水算	☆			☆	☆				☆	
割合	割合と比	☆	☆	○	☆	○	☆	◎	☆	☆	☆
	濃　度										
	売買算										
	相当算			○	○						
	倍数算・分配算				○						
	仕事算・ニュートン算					☆	☆				☆
	比例と反比例・2量の関係										
推理	場合の数・確からしさ					○					
	論理・推理・集合			○		◎		○			
	数列・規則性・N進法	☆	☆	◎	☆		☆		☆	☆	☆
	統計と表										
その他	和差算・過不足算・差集め算										○
	鶴カメ算				○			○			○
	平均算	○		○					○		
	年令算										
	植木算・方陣算		○		○					○	
	消去算	○	◎					○			○

慶應義塾湘南藤沢中等部

2024年度 慶應義塾湘南藤沢中等部 合否を分けた問題 算数

【5】 (2)・(3) 〈平面図形，立体図形，グラフ，割合と比〉

> よく出題される「水そうの水面の高さ」の問題であり，素直な問題設定になっており，重要な問題である。
> 解き直して，ポイントを復習してみよう。

【問題】

大きい直方体から小さい直方体を切り取った形をした水そうがある。水を入れる管Aと水を出す管Bがあり，管Aを開けて水を入れ始めてから，しばらくして管Bを開けたところ，水面の高さは右のグラフのようになった。

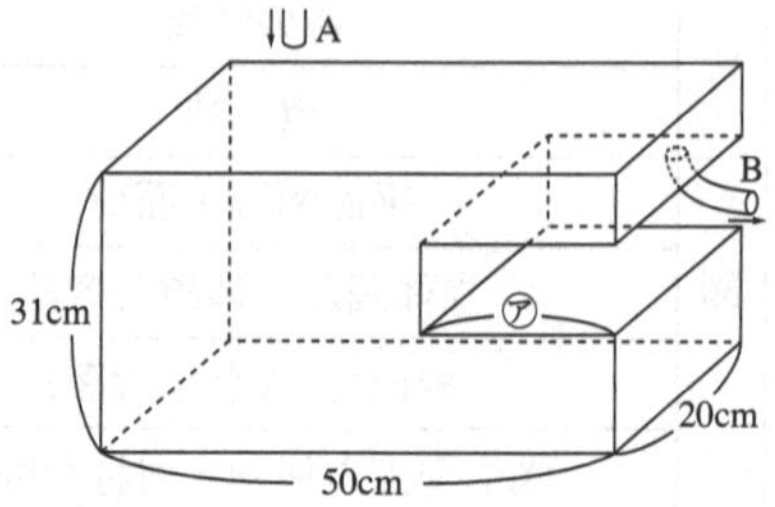

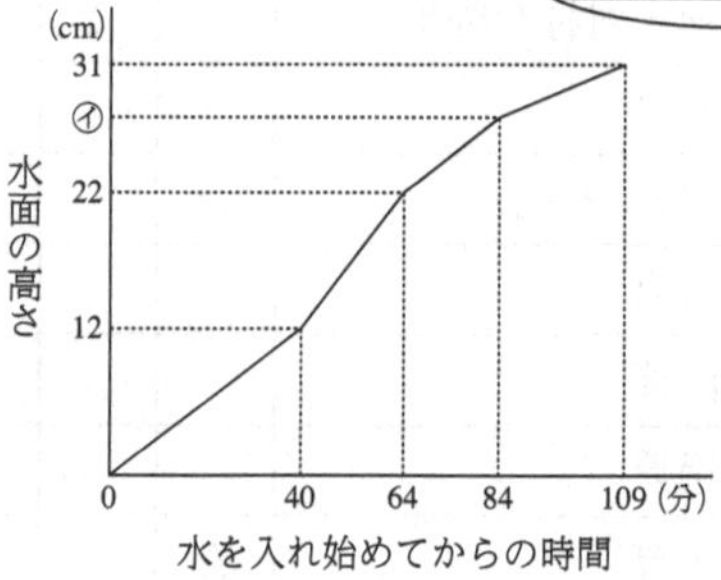

(2) グラフ㋑の数を求めなさい。

(3) 管Bを開けたときに出る水量は毎分何cm^3か。

【考え方】

(2) 22～㋑までの水面の高さの変化…グラフより，12÷40×(84－64)＝6(cm)
したがって，㋑は22＋6＝28(cm)

(3) 下部に1分でたまる水量…20×50×12÷40＝300(cm^3) ← 22～28cmの部分でも求められる
84分以後，1分でたまる水量
…(2)より，20×50×(31－28)÷(109－84)＝120(cm^3)
したがって，毎分の排水量は300－120＝180(cm^3)

受験生に贈る「数の言葉」――――――――――「ガリヴァ旅行記のなかの数と図形」
作者　ジョナサン・スウィフト(1667～1745)
…アイルランド　ダブリン生まれの司祭

リリパット国…1699年11月，漂流の後に船医ガリヴァが流れ着いた南インド洋の島国
①人間の身長…約15cm未満　②タワーの高さ…約1.5m
③ガリヴァがつながれた足の鎖の長さ…約1.8m　④高木の高さ…約2.1m
⑤ガリヴァとリリパット国民の身長比…12：1　⑥ガリヴァとかれらの体積比…1728：1

ブロブディンナグ国…1703年6月，ガリヴァの船が行き着いた北米の国
①草丈…6m以上　②麦の高さ…約12m　③柵(さく)の高さ…36m以上
④ベッドの高さ…7.2m　⑤ネズミの尻尾(しっぽ)…約1.77m

北太平洋の島国…1707年，北緯46度西経177度に近い国
王宮内コース料理　①羊の肩肉…正三角形　②牛肉…菱形　③プディング…サイクロイド形
④パン…円錐形(コーン)・円柱形(シリンダ)・平行四辺形・その他

2023年度 慶應義塾湘南藤沢中等部 合否を分けた問題 算数

【5】（1）〈速さの三公式と比，流水算，割合と比〉

> 「流水算」の問題としては，よく出題されるタイプの設定になっている。簡単に線分図を描いてヒントを探ろう。
> 上りの速さと静水時の速さとを，区別して解くこと。

【問題】

ある川には上流と下流のそれぞれに船着き場P，Qがある。

2つの船A，Bが午前10時に同時にQを出発してPに向かった。

また，A，Bが出発したのと同時刻にPでは荷物Cを川に落としてしまい，Cは下流の方へ流され始めた。

午後12時30分にA，Cがすれ違い，BにCを回収するように知らせた。

Bは午後1時にCと出合い回収して，Aは午後1時20分にPに着いた。

（1） Aの静水時の速さと川の流れの速さを，簡単な整数の比で表しなさい。

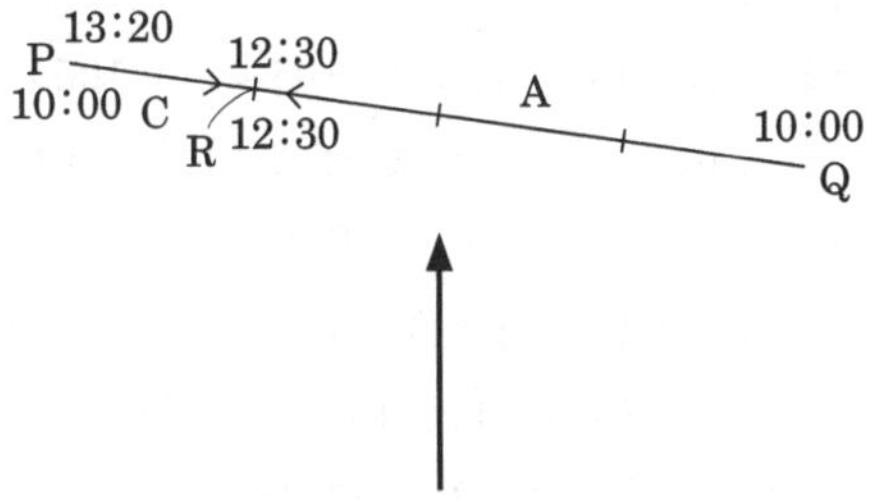

線分図を利用しよう。

【考え方】

Aの上りと流れの速さの比

…右図より，$2\frac{1}{2}:\left(3\frac{1}{3}-2\frac{1}{2}\right)$

$=3:1$

したがって，Aの静水時の速さと流れの速さの比は

$(3+1):1=4:1$

受験生に贈る「数の言葉」—— バートランド・ラッセル(1872～1970)が語る
ピュタゴラス(前582～496)とそのひとたちのようす(西洋哲学史)

①ピュタゴラス学派のひとたちは，地球が球状であることを発見した。

②ピュタゴラスが創った学会には，男性も女性も平等に入会を許された。
財産は共有され，生活は共同で行われた。科学や数学の発見も共同のものとみなされ，ピュタゴラスの死後でさえ，かれのために秘事とされた。

③だれでも知っているようにピュタゴラスは，すべては数である，といった。
かれは，音楽における数の重要性を発見し，設定した音楽と数学との間の関連が，数学用語である「調和平均」，「調和級数」のなかに生きている。

④五角星は，魔術で常に際立って用いられ，この配置は明らかにピュタゴラス学派のひとたちにもとづいており，かれらは，これを安寧とよび，学会員であることを知る象徴として，これを利用した。

⑤その筋の大家たちは以下の内容を信じ，かれの名前がついている定理をかれが発見した可能性が高いと考えており，それは，直角三角形において，直角に対する辺についての正方形の面積が，他の2辺についての正方形の面積の和に等しい，という内容である。
とにかく，きわめて早い年代に，この定理がピュタゴラス学派のひとたちに知られていた。
かれらはまた，三角形の角の和が2直角であることも知っていた。

2022年度 慶應義塾湘南藤沢中等部 合否を分けた問題 算数

【4】 (2)・(3) 〈数列〉

> 普通の「数列」の問題ではなく，一風，変わった問い掛けがされている問題である。
> つまり，白のカードの数と黒のカードの数により，問題が設定される。

【問題】

右図のように，数の書かれた白いカードと黒いカードが並べてある。

(2) 15段目のすべての白いカードの数の和を求めなさい。

(3) ある段の白いカードの数の和と，黒いカードの数の和とを比べたら，その差が61であった。そのような段は何段目と何段目か。

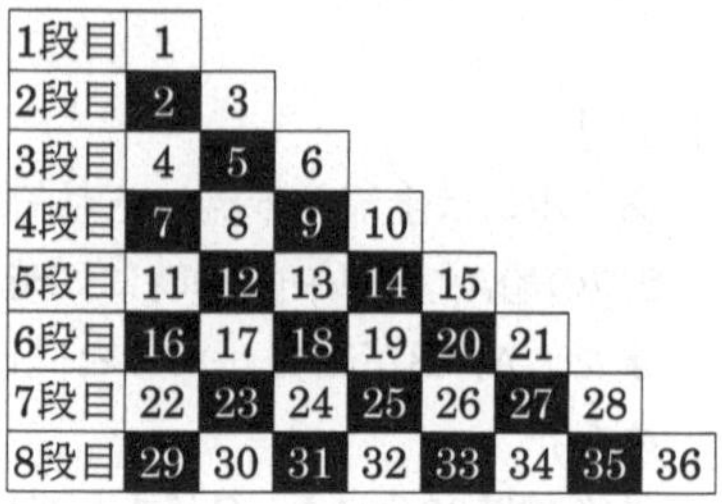

【考え方】

(2) $(1+14)\times14\div2=105$より，$105\times8+1+3+\sim+15$

$=840+16\times4=904$…奇数段目は白カードの数で始まり，白カードの数で終わる

(3) 白と黒のカードの数の和についての差

1段目…1　2段目…$3-2=1$　3段目…$1+4=5$　4段目…$1\times2=2$

5段目…$1\times2+11=13$　6段目…$1\times3=3$　7段目…$1\times3+22=25$

この規則を利用する

偶数段目…$61\times2=122$(段目)

奇数段目…$1\times5+(1+10)\times10\div2+1=61$より，11段目

受験生に贈る「数の言葉」

数学者の回想　高木貞治1875～1960

数学は長い論理の連鎖だけに，それを丹念にたどってゆくことにすぐ飽いてしまう。論理はきびしいものである。例えば，1つの有機的な体系というか，それぞれみな連関して円満に各部が均衡を保って進んでゆかぬかぎり，完全なものにはならない。

ある1つの主題に取り組み，どこか間違っているらしいが，それがはっきり判明せず，もっぱらそればかりを探す。神経衰弱になりかかるぐらいまで検討するが，わからぬことも多い。夢で疑問が解けたと思って起きてやってみても，全然違っている。そうやって長く間違いばかりを探し続けると，その後，理論が出来ても全く自信がない。そんなことを多々経験するのである。(中略)

技術にせよ学問にせよ，その必要な部分だけがあればよいという制ちゅう(限定)を加えられては，絶対に進展ということはあり得ない。「必要」という考え方に，その必要な1部分ですらが他の多くの部分なくして成り立たぬことを理解しようとしないことがあれば，それは全く危険である。

慶應湘南藤沢の理科

――出題傾向と対策　合否を分けた問題の徹底分析――

出題傾向と内容

出題数は大問が4題で小問が25題程度であった。計算問題，字数制限のある文章記述の問題が出題される。試験時間は25分である。問題数に対して時間がやや短めであり，読解力や思考力を要する問題が出題される。解ける問題からしっかりと解答することが大切である。

今年は理科の4分野から出題され，地学分野では月面探査に関する最近の科学の話題が取り上げられていた。また，温室効果ガスなどのトピックスも扱われていた。

生物的領域　2022年は受粉と相同器官・進化の問題，2023年は昆虫についての問題であった。今年は海洋生物に関する問題で，環境問題に関係する内容も取り上げられていた。

地学的領域　2022年は太陽の南中高度に関する問題，2023年も昨年と同様の南中高度に関する問題であった。今年は月面探査に関する，教科書では扱わない内容の問題が出題された。単なる知識問題のみならず，計算問題や記述式の問題もあり，問題文からどのような結論が導けるのか論理的に考える力が求められる。

化学的領域　2022年は状態変化・気体・酸とアルカリの基礎的な内容，2023年はペーパークロマトグラフィーを題材にした実験に関するやや難しい問題であった。今年は気体の性質に関する基本的な内容の問題であった。過去には実験器具の扱い方などが出題されており，注意して見ておくとよい。

物理的領域　過去の出題では「力のはたらき」「物体の運動」「電流」の分野からの出題が多い。2022年は力のつり合いと浮力の幾分難しい問題，2023年は物理分野からの出題がなかった。今年は回路と電流に関する基礎的な内容の問題であった。

学習のポイント

- 教科書で扱われない問題が出題されることもある。問題文を読んでポイントをつかむ力が必要である。加えて，論述式の問題が出題されるので，考えを短い文章にまとめる力を鍛えたい。

来年度の予想と対策

幅広い理科の知識が必要である。難しい計算問題が出題されるというよりも，表やグラフから傾向を読み取る力や，図から考えられる結論を導く力が求められる。また，字数制限のある論述形式の問題が出題されるので，決められた字数の中で簡潔な文章にまとめる国語力も必要である。そのためにも，普段の演習で記述形式の問題を解いて，考えを短くまとめる力をつけることが重要である。これまでの過去問を解くなどして練習を行うとよい。

また，実験を題材にした問題も多く，実験器具の扱い方，実験器具の名称などは十分理解しておくことが大切である。実験を題材にした問題では，一般的に問題文の文章が長いことが多く，これまでに扱ったことのない題材が取り上げられることも多い。本番ではあせらずにじっくりと問題を読むことが大切である。この手の問題の解法は問題文の中に見出されることがほとんどである。それで，問題文の要点をつかみ取る読解力が重要である。

また，今年は時事的な内容の問題や，環境に関連した内容が取り上げられているのが目立った。ニュース等で取り上げられる科学に関連した事柄には関心を持つようにしたい。

さらに，問題数に対して試験時間が短いので，試験本番では解ける問題からしっかりと解答し，時間配分にも気をつけたい。

年度別出題内容の分析表　理科

（よく出ている順に，☆◎○の3段階で示してあります。）

出題内容		27年	28年	29年	30年	2019年	2020年	2021年	2022年	2023年	2024年
生物的領域	植物のなかま					☆			○		
	植物のはたらき		☆								
	昆虫・動物	◎		☆						☆	☆
	人　体				☆			☆			
	生態系	◎					☆				
地学的領域	星と星座	☆									
	太陽と月			☆		☆			◎	◎	☆
	気　象							☆	○	◎	
	地層と岩石		☆				☆				
	大地の活動				☆						
化学的領域	物質の性質		○								
	状態変化								◎		
	ものの溶け方			○		☆				○	
	水溶液の性質						☆		○		
	気体の性質	◎	◎		☆				○		☆
	燃　焼							☆			
物理的領域	熱の性質										
	光や音の性質										
	物体の運動						☆				
	力のはたらき	☆		☆	☆				☆		
	電流と回路		☆			☆					☆
	電気と磁石							☆			
その他	実験と観察		◎		◎		○		◎	☆	☆
	器具の使用法			☆	○		◎				
	環　境	○								◎	○
	時　事							○		◎	◎
	その他			○					◎		

慶應義塾湘南藤沢中等部

2024年度 慶應義塾湘南藤沢中等部 合否を分けた問題 理科

●この問題で，これだけは取ろう！

【1】	海洋生物	標準	顕微鏡の操作などの基本的な内容を含む。時事的な問題もあり，基本問題でしっかり正解したい。
【2】	月の特長	基本	教科書では扱われない内容も含む。1問でも多く正解したい。
【3】	回路と電流	基本～標準	基礎的な内容の問題であり，全問正解をめざしたい。
【4】	気体の性質	標準	それぞれの気体の特長を理解していることが必要であった。基本的なレベルの問題である。

●鍵になる問題は【4】の問6，問7だ！

ある気体を水上置換法でペットボトルに集めました。ペットボトルの体積の80%くらいまで集めた後，水中でペットボトルにキャップを付けて取り出しました。その後，このペットボトルをよく振ってしばらく置いておくと，ペットボトルがつぶれました。

問6　この気体を発生させるのに使用したものを次の中から2つ選び，番号で答えなさい。(選択肢省略)

問7　この実験でペットボトルがつぶれてしまったのは，ペットボトルの中にある気体による力とペットボトルの周りにある空気による力のバランスがくずれてしまったことによるものだと考えられます。このバランスがくずれてしまったのはなぜですか。その理由を25字以内で答えなさい。

【解説】

問6　問7の理由がヒントになる。ペットボトルがつぶれたのは，中の気体が水に溶けたため内部の圧力が外の空気の圧力より小さくなったためである。それで，中の気体は水に溶ける性質を持つ。問題文のうち水に溶ける気体は，塩化水素，アンモニア，二酸化炭素，二酸化硫黄である。このうち水によく溶ける塩化水素，アンモニア，二酸化硫黄は水上置換法を用いない。二酸化炭素はいくらか水に溶けるが水上置換法でも捕集できる。二酸化炭素を発生させるには，炭酸カルシウムに塩酸を加えるとよい。

問7　二酸化炭素と水の入ったペットボトルを振ると，二酸化炭素が水によく混ざり合うのでさらに溶け内部の気体の圧力が減少する。そのため，周りの空気の圧力の方が大きくなり，内側に押されてペットボトルがつぶれる。

2023年度 慶應義塾湘南藤沢中等部 合否を分けた問題 理科

●この問題で，これだけは取ろう！

【1】	昆虫	標準	前半は基本問題であった。後半は問題文から判断する内容で，できるだけ多くの正解を目指したい。
【2】	気象・太陽の南中高度	基本	太陽の南中高度と台風の問題である。基本問題であり，全問正解を目指したい。
【3】	環境・時事	標準	時事的な内容を含む問題である。社会で起きている問題に対しては，関心を持っていたい。
【4】	実験・観察	標準～やや難	ペーパークロマトグラフィーの問題で，やや難しい。問題文だけでは十分な理解は難しいと思われる。

●鍵になる問題は【1】の問4，問5だ！

問4　図2のように，時間の経過とともに成虫数が増加しなくなる理由として，可能性のあるものを次の中から1つ選び，番号で答えなさい。(図2省略)

1　1ペアあたりの産卵できる場所が減ったから。
2　すべての酸素を消費してしまったから。
3　外敵によって食べられたから。
4　共食いしたから。

問5　図3について，シャーレに入れた親成虫のペア数が何ペアより少ないときに，親成虫の個体数より羽化した成虫数が多くなりますか。算用数字で答えなさい。

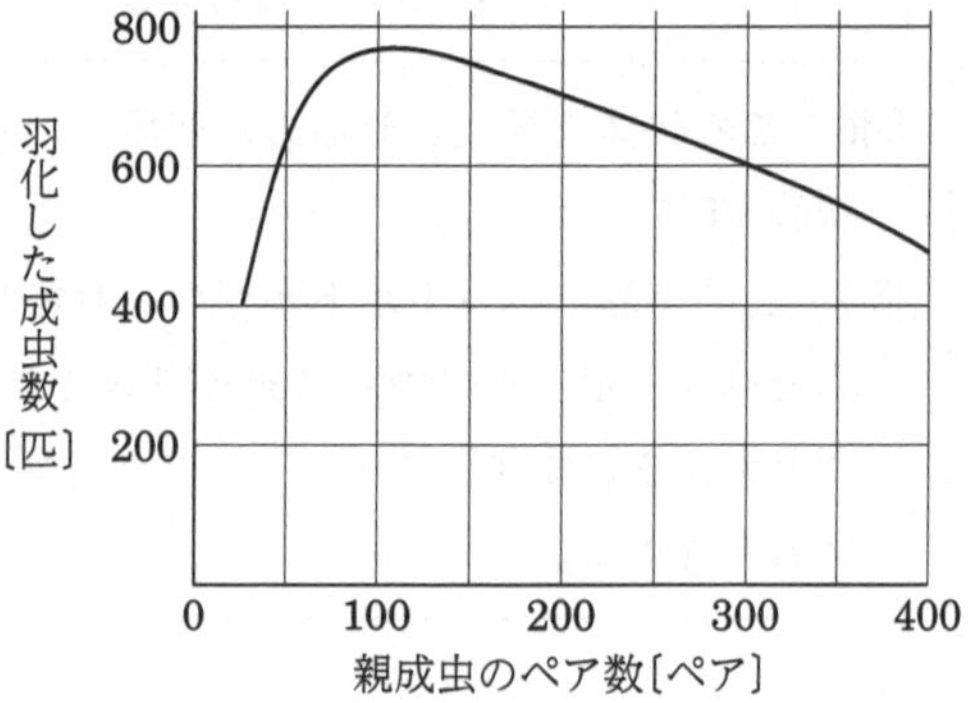

図3

【解説】

問4　実験条件は飼育に十分なエサのアズキを入れて，網でふたをしたシャーレに虫を入れて行った。それで，酸素が不足することはない。また，外敵が入ってくることはできない。さらにエサが不足して共食いすることも考えられない。よって，1が正しい。実際にこの実験が行われてその報告がされている。それによると，アズキマメゾウムシは産卵に快適な環境の下では，すでに卵のある場所を避けて産卵する傾向がある。しかし，快適な環境でなければすでに卵のある場所に産卵するようである。

問5　図3で，ペア数が300のとき，羽化した成虫数が600匹になる。これよりもペア数が増えると，羽化した成虫数が600匹を下回る。よって，親成虫のペア数300つまり，個体数が600匹より少ないとき，羽化した成虫数が親成虫の個体数より多くなる。問題文を読んでその場で考える問題である。

2022年度 慶應義塾湘南藤沢中等部 合否を分けた問題 理科

●この問題で，これだけは取ろう！

【1】	受粉・進化	基本	多くが基本的な内容の問題であった。できるだけ多くの正解を目指したい。
【2】	気象・太陽の南中高度	基本	太陽光パネルの問題は見慣れない問題であるが，問題文をよく読んで正解したい。
【3】	力のつり合い･浮力	標準～やや難	前半の標準的な問題を正解したい。問4はやや難と思われる。
【4】	状態変化・気体	基本	基本問題で全問正解を目指したい。

●鍵になる問題は【3】の問1～問3だ！

それぞれのメダルには次のような特徴があります。

金メダル：銀メダルの表面に7.6gの金がうすくぬられている。

銀メダル：銀でできており，その体積は52.5cm^3である。

まず，金メダルと銀メダルを使って以下の図のような実験1，2を行いました。なお，水と容器の重さの合計は380.0gでした。また，水と金の性質を調べてみたところ，水1cm^3は1.0g，金1.0cm^3は19.0gでした。

問1　銀メダルの重さを求めなさい。

問2　実験2に使った水の重さを答えなさい。

問3　[　X　]に入る値を答えなさい。

	実験1	実験2
	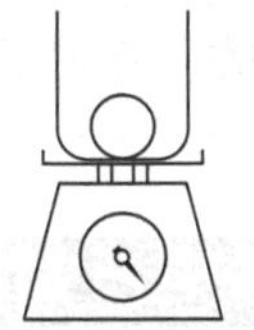	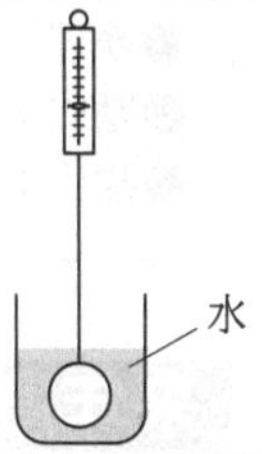
	台はかりの値[g]	ばねばかりの値[g]
金メダル	738.6	[　X　]
銀メダル	731.0	498.5

【解説】

問1　実験2より，銀メダルにはたらく力は下向きに銀メダルの重さ，上向きにばねばかりが引く力とメダルにかかる浮力であり，これらがつりあう。銀メダルにかかる浮力は52.5gなので，銀メダルの重さは498.5＋52.5＝551(g)である。

問2　実験1より，容器の重さは731.0－551.0＝180(g)である。水と容器の合計の重さが380.0gなので，水の重さは380.0－180.0＝200.0(g)になる。

問3　金メダルの重さは551.0＋7.6＝558.6(g)であり，表面にぬった金の体積は7.6÷19.0＝0.4(cm^3)である。金メダルの体積は52.5＋0.4＝52.9(cm^3)になるので，浮力もこの値になる。よってXの値は558.6－52.9＝505.7(g)になる。

問4　支点から棒の両端までの長さの差が1cmになることをヒントに考える。

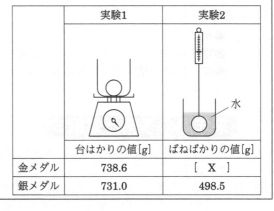

慶應湘南藤沢の社会

――出題傾向と対策 合否を分けた問題の徹底分析――

出題傾向と内容

例年大問は7題で，小問は45題前後だが，今年は小問は解答欄の数で言えば50を少し超えている。地理と歴史，政治分野の3分野の問題数のバランスがよい。ほとんどが選択肢の番号を答える問題で，用語記述は少なめで，今年は2つのみ。記述問題は例年ほとんどなく，今年もない。難易度は全体としてはさほど高くはないが，今年は地理が難問化している。選択肢を選ぶものは，適切なものを選ぶ場合と適切でないものを選ぶ場合とが混在しているので要注意。25分という短時間で解かなければならないのでスピーディに解くことを念頭に。

地　理　【1】【2】で出題。【1】は新幹線に関する問題で，かなり難度は高い。東京からの所要時間の変化に関するもの，路線の標高に関するもの，路線にある県の産業，路線にちなんだ文学作品など。【2】は北海道に関する問題。北海道内の地域ごとの農業の特色や，世界も含めての石炭に関する現状，郷土料理，北海道の地名のいわれ，外国人観光客に関するものなど。

歴　史　【3】【4】【5】で出題。【3】は鎌倉時代の仏教に関するもの。【4】は江戸時代末の様子に関するもの。【5】は1945年の出来事に関するもの。【3】は標準レベル，【4】【5】も知識をうまく使って考えればできる。

政　治　【6】【7】で出題。【6】はやや時事的なもので，少子化に関連する問題。ただ社会保障関係の基本的なものもある。【7】は内閣を中心に政治に関する基本的な事柄が出題されている。

【6】【7】は確実に得点しておきたいところ。

今年は出題されていないが，福澤諭吉に関する事柄が出題されることは多いので，時事的な事柄で，幕末や明治期に関することがあれば，福澤との関係も調べておくとよいだろう。

学習のポイント

- ●地理：ミスなくスピーディに解くように心がける。
- ●歴史：用語，人物名だけでなく，その内容や因果関係なども押さえておこう。
- ●政治：国際問題，時事問題には日頃から関心を持って取り組む。

来年度の予想と対策

学校や塾などで勉強する基本的な知識を正確に覚えていることは必要であり，なおかつその言葉の意味や背景，因果関係などもおさえておくことは必須であろう。

地　理　地名，産業，自然などの基本事項を用語だけでなく，その意味や関係などを正確に覚えておきたい。また，世界地理的な要素も必要なので，日本との関係の深い国々は場所，首都，気候，主要な産出物，主要な産業，宗教などは調べてみるようにしよう。

歴　史　歴史分野は地理よりは若干細かい事柄も求められてくる。ただ用語を覚えるだけでなく，因果関係までも踏み込んで勉強しておくことが大切である。また，教科書や参考書の写真や図版などからの出題もあるので，その名称や時代，背景なども含めて覚えておきたい。

江戸，明治時代の歴史が福沢諭吉関係で出題されやすいので，多少細かく見ておくとよい。

政　治　政治分野についても用語だけではなく，背景も理解して覚えておくことは大切。新聞やニュースには目を通しておこう。

「志望校合格のために」必要な社会の知識が優先されるのはもちろんだが，「現在をよりよく生きるために」「将来大人になるために」必要な常識・姿勢を本校はより強く求める。机上の勉強，教科書を使った勉強だけでなく，世の中，身の回りの世界が社会科の勉強の題材であるので，日頃から世の中に関心をもつこと，他の人との会話の中でいろいろなことを吸収し，考えることも積極的に取り組んでほしい。

年度別出題内容の分析表　社会

（よく出ている順に，☆◎○の3段階で示してあります。）

出　題　内　容				27年	28年	29年	30年	2019年	2020年	2021年	2022年	2023年	2024年
地理	日本の地理	テーマ別	地形図の見方	○		◎		○	◎			○	
			日本の国土と自然	○		◎		○	○	○		○	☆
			人口・都市	○		○	○	○		◎	☆		
			農林水産業			○		◎	○	◎		☆	☆
			工　業			○	○	○					◎
			交通・通信		◎		☆						☆
			資源・エネルギー問題	○	○	○					○		◎
			貿　易		○	○	○	○	○	◎			
		地方別	九州地方										
			中国・四国地方									◎	
			近畿地方										
			中部地方										
			関東地方			☆							
			東北地方										
			北海道地方										☆
	公害・環境問題			☆		○	○	◎	◎		◎		
	世界地理			○	○			○	◎	○			
日本の歴史	時代別	旧石器時代から弥生時代					☆				☆		
		古墳時代から平安時代		☆	◎	◎			◎			☆	
		鎌倉・室町時代		◎	○	○	☆	◎	◎	◎	◎	☆	◎
		安土桃山・江戸時代		◎	☆	◎		◎	☆	☆	◎		☆
		明治時代から現代		☆	◎	◎	☆	◎	☆	☆	☆	☆	☆
	テーマ別	政治・法律		☆	☆	◎	☆	☆	◎	◎	☆	☆	◎
		経済・社会・技術			○	◎		◎	◎	☆	○	○	◎
		文化・宗教・教育		◎		◎	○	◎	◎	○	☆	○	◎
		外　交		○	◎		◎	○	◎	○		◎	◎
政治	憲法の原理・基本的人権				○	○			◎	◎	◎	◎	◎
	国の政治のしくみと働き			◎	○		☆			◎	◎	○	☆
	地方自治									◎			
	国民生活と社会保障			○		○			◎				○
	財政・消費生活・経済一般			◎	○			○	◎	○	☆	☆	◎
	国際社会と平和					○	○	○	◎		◎	○	
時事問題				○	◎	◎	○	◎	◎	◎		◎	◎
その他											◎	○	

慶應義塾湘南藤沢中等部

2024年度 慶應義塾湘南藤沢中等部 合否を分けた問題 社会

【3】，【4】，【5】

【1】，【2】が地理分野，【3】～【5】が歴史分野，【6】，【7】が政治分野になっており，地理分野は全体に難度がかなり高く，歴史と政治でどれだけ稼げるかで本年は合否の分かれ目となってくるであろう。その中で，政治は全般的にはさほど難問というものはなく，きっちりと覚えるべきことを覚えていれば，得点できそうなものがほとんどであり，差がつくとすれば歴史分野のものになってくるであろう。

【3】は鎌倉時代の仏教に関する問題。ここで差がつくとすれば，問1の(い)の時宗の総本山の寺院として遊行寺を選ぶもの。これは知らないとできないが，選択肢の他の寺が当てはまらないということがわかれば，消去法でも答えられるであろう。知識はそのものについてのものだけでなく，他のものについてのものでも使い方しだいでは使える。

【4】は幕末のことに関する問題。こちらは【3】と比べると，結構難しいかもしれない。慶應系の学校は，福澤諭吉関連のものや，幕末，明治初期に関する事柄を聞いてくることがよくあるので，そういう意味では想定内の問題であったともいえる。小問は問7まであり，全て四択問題。問1は幕末の時期のイギリスと日本の関係に関するもの。日米和親条約，日米修好通商条約と同様のものをオランダやイギリスとも結んでいることをまずは思い出してほしい。2以外の選択肢にはそれぞれ誤っている点があるので，それに気がつくかどうかである。正確な知識を持っていて，それと選択肢を照らし合わせながら読み込んでいくことが大事。問3もやや難しいかもしれない。綿織物，絹織物についての知っていることを総動員していけばできるかもしれないが，1以外の選択肢が誤っていることをわかるのは大変かもしれない。問4は選択肢の農作物の中で江戸時代に栽培されていないものを答えるもの。てんさいが明治以降に北海道で栽培が始まったもので，それ以前にはないということを知っていれば簡単だが，北海道以外で，まず見ない作物であり，北海道で明治以後開拓が進む中で広がったと考えられるかどうかが鍵であろう。問5の幕府の金山があった県は，佐渡が思い出せれば難しくはない。問6の飢饉対策としてサツマイモを広めさせた将軍としての徳川吉宗，問7の蝦夷地を支配していた藩としての松前藩は知識として知っていてほしいもの。

【5】は1945年の出来事に関する問題。Aがポツダム会談，Bが長崎への原爆投下，Cが沖縄戦の終結，Dがヤルタ会談，Eがドイツの降伏であることがまずはわかってほしいところ。Aの(あ)のポツダムは絶対にわかってほしいが，Dの(え)のヤルタは厳しいかもしれない。問2はこれらの出来事の順番を答える問題だが，細かい日付は知らなくても，ある程度は，歴史の流れが把握できているとわかるところもある。沖縄戦終結とドイツの降伏の順番はわからないかもしれないが，他のものはわかってほしいところである。

以上，【3】ではほぼ全問正答し，【4】と【5】はそれぞれ一つぐらいはミスをするかもしれないが，あとは得点できるかどうかで，歴史分野の問題で勝敗が決まるかもしれない。

問題は，歴史分野の設問や，政治分野の設問は得点できそうなものが多いものの，地理分野も含めて25分というきわめて短い時間で処理しないとならないということである。選択肢を選ぶものが多いが，その選択肢が語を選ぶものもあるが，それぞれが1，2行ほどの文章のものもあるので，問題も含め読み込まないといけない文章量が非常に多い。また，今年は【1】がかなりの難問なので，そこで悩んで時間を取られてしまうと，あっという間に時間切れとなり，得点できそうなものも得点できないという事態に陥りかねない。短時間ではあるが全体を見通して，得点できそうなものを見つけてそこで手堅く得点していくという戦略をしっかりと立てて取り組まないと合格はおぼつかないかもしれない。こういうことも含め，過去問や似た傾向の他校の問題で練習を積んでおいて本番に臨むことが最大の合格のポイントともいえよう。

2023年度 慶應義塾湘南藤沢中等部 合否を分けた問題 社会

【7】

今年度の入試問題は【1】～【2】が地理分野，【3】～【5】が歴史分野，【6】～【7】が政治分野になっており，小問の数は45問，配点は1点ないしは2点と推定される。

25分で解く分基本的なレベルの問題が多いが，選択肢を吟味して判断するのに時間がかかる問題もあるので，その場合はいったん保留して最後の問題まで解いてしまうとよい。

【1】～【6】を比較的スムーズに解いていき，おそらく最後に解いた【7】に戸惑った受験生が多いだろう。今年度はこの【7】が合否を分けた問題である。

【7】については2022年に記録的な円安が進んだ出来事に関連する問題で，日ごろからニュースにどれほど触れているかが得点に大きく影響した。なぜ円安・円高になるのかの背景を理解したうえで，各国がどのような財政政策・金融政策を取ったのか，人々がどのような反応をし，生活にどういう影響が出たのかまで押さえる必要がある。問1の解答である「東京外国為替市場」や「為替介入」という用語や問2の解答である「FRB」という用語は，中学入試の社会の知識としてはオーソドックスなものではなく，ニュースで耳にしたことがあるかどうかにかかっていただろう。

問3については下の表を参考にしてほしい。

	輸出	輸入	日本からの海外旅行
円高のとき	不利	有利	有利
円安のとき	有利	不利	不利

この表は無条件で暗記しておいて損はない。円安ドル高の例として，1ドル＝100円が1ドル＝120円になったとして，実際に考えてみよう。輸出の場合，日本国内で1200円の商品のアメリカでの価格は12ドルから10ドルとなり，現地での価格が安くなってより多く売れるので有利になる。一方，輸入の場合，アメリカから5ドルの商品を輸入して国内で売る場合，価格は500円から600円となり，国内での価格が高くなってあまり売れなくなるので不利になる。海外旅行の場合，6000円の現金をアメリカで両替した場合，もとは60ドルに交換できたものが50ドルにしか交換できなくなり，現地で使える現金が少なくなるので日本から海外へ行きづらくなり，不利である。

問3のそれぞれの選択肢についても1ドル＝100円が1ドル＝120円の円安ドル高で考えてみよう。1について，アメリカ人観光客が日本に着いたあとに手持ちの100ドルを円に両替したとすると，10000円が12000円となって使える現金が増えるため，日本で買い物しやすくなる。2について，日本企業がアメリカで現地生産を行い，生産費に5000ドルかかったとすると，日本円で考えた場合，500000円だった生産費は600000円と高くなってしまう。つまり，現地生産は円安の場合は不利になり，逆に円高の場合は有利になる。3について，10ドルの商品をアメリカから輸入すると考えると，日本での売値は1000円から1200円と値上がりしてしまい，食費の負担が増えて不利になってしまう。4について，100ドルの預金をしている人が円に戻す場合，10000円から12000円となり，2000円得をする。

このように，計算しやすい例を自分で考え，正しいのか誤りなのかを判断するやり方が有効である。経済分野の問題はどの学校でも出題が増えている傾向があるので，理解するまで練習しよう。

2022年度 慶應義塾湘南藤沢中等部 合否を分けた問題 社会

【1】，【2】

今年度の入試問題は【1】，【2】が地理分野，【3】，【4】，【5】が歴史分野，【6】，【7】が政治分野になっており，全般的にはさほど難問というものはなく，比較的正確な知識を持っていて，短時間で読み込んでいくことができればさほど難しい問題ではない。ただ，その中で今年度も地理分野の問題が歴史や公民よりは得点に差がでてきそうである。

【1】は日本の人口に関連する問題。問1が100人あたりの高齢者の数を問うもの。日本の人口の中の高齢者の比率の数字をだいたいわかっていれば，そのまま答えになるので，ここは気づけば勝ちといったところ。問2は統計の数字の操作ができればわかる問題で，計算が面倒くさいだけのもの。問3は正誤問題で，選択肢の文章の内容がかなり細かく，知識としては知らなそうなものもあるが，明らかに誤っているものが一つだけあるので，答えは絞り込みやすい。問4は東京，大阪，名古屋の中心から10kmずつの範囲内の人口の比率が問われるもの。東京のかつての都庁の周辺は流石に人口はさほど多くはない場所とわかっていれば，東京のものはすぐに選べる。問5は東京都，青森県，大阪府，沖縄県の4都府県で自然増減率，社会増減率がそれぞれどうなっているのかを，グラフの座標軸に照らし合わせて，それぞれの位置を考えるもの。どちらもマイナスなのが青森県というのは比較的わかりやすいが，残りの都府県については知らないとわからない。合計特殊出生率や出生率が意外と高いのが沖縄県ということを知っていれば，沖縄の座標はわかり，大阪府と東京都では，社会増加率はやはり東京都の方が転入が多そうと判断できれば，東京都と大阪府の座標も見えてくる。このようにこの大問はストレートに答えがわかるものは少ないので，知っていることを総動員して考えていくしかない。

【2】はエネルギー供給，ジェンダー平等，国ごとの二酸化炭素排出量，カーボンニュートラルについて，国連の機関の目標，SDGsに関連することがらなどの問題。ここも【1】同様にストレートに知識で押していくのは難しいものもあるが，知識があれば容易に答えを絞り込めるものもある。【1】と比べれば，答えを絞り込んでいくのは比較的容易なものが多いので，こちらは確実に得点しておきたいものといえる。問1は日本を含めた主要国の発電の比率のもので，火力，水力，原子力，太陽光の発電比率の数字を見て，それぞれがどの発電のものかを考えていく。ここでは日本の数値がわかってしまえば早く，あとは特徴のある国のことを知っていれば，日本の数字で考える際の補強になる。問2はジェンダー平等に関する選択肢を見ていき誤りのあるものを選ぶもの。選挙の際に女性優遇枠をつくることになっているという選択肢が明らかにおかしいとわかればそれまでである。問3は主要国の温室効果ガスの排出量の推移のわかる表を見て，選択肢の正誤を考えていくもの。選択肢ごとに表の内容と照らし合わせていけば誤りのあるものはわかる。問4は設問の文章の内容からカーボンニュートラルのことだとわかれば，その選択肢を選べばよいだけのもの。問5はUNESCO，ILO，WHOのそれぞれの目標とされる文を見て選ぶもの。ここは各機関がどういうものかがわかれば簡単である。問6はSDGsを達成するための行動としておかしいものを選択肢の中から選ぶもの。それぞれの選択肢の中の語句の意味を知っていれば，明らかにフードマイレージの内容のものがおかしいことはわかる。

問題をちょっと見ただけで即答できるものもあるが，落ち着いて設問の文章を読み込んだり，関連する事柄の知識を動員して考えないと解けないものもある。全般に難易度は決して高くないが，短時間で解かねばならないということを考えた場合に，ここの【1】，【2】で高得点を取るのは，結構大変なことだと思う。日ごろから，素早く正確に問題や選択肢の文章を読み込んでいき，大事な情報を吸収する力や，いろいろと思考をめぐらしていく力を高める訓練をつんでいるかどうかが勝敗を決めると言えよう。

慶應湘南藤沢の国語

――出題傾向と対策 合否を分けた問題の徹底分析――

出題傾向と内容

文の種類：小説・論説文

ここ数年，長文読解問題は文学的文章と論理的文章の2題が出題され，本年もその傾向が続いている。文章はかなり長く，とくに小説は心情と場面の展開を正確におさえながら読まないと解答しづらい工夫がされている。論説文は，本文からのぬき出しや空欄補充などが多く，あらかじめ設問に目を通しておくとよい。

解答形式：大半がぬき出し式と選択式

作文以外には，本格的な記述問題はほとんどなく，記述式は漢字やかんたんな空欄補充程度で，大半が選択式または本文からのぬき出し式である。また，本年は，テーマについての題材を三つ選んで考えを述べる意見文が出題された。字数150字以内で求められている内容を的確に説明する必要がある。

知識分野：毎年知識分野が独立問題で出題されるが，本年は正しいかなづかいのひらがなを入れる問題が出された。漢字は基本～標準レベル。熟語の読み書きが出題の中心であるが，同音異義語や同訓異字に注意する必要のあるものが多い。また訓読みや熟字訓などの対策も怠らないこと。

出題頻度の高い分野

❶小説・論説文　❷文章の細部の読み取り　❸心情の把握と場面の理解　❹空欄補充
❺漢字の書き取り　❻作文・意見文

来年度の予想と対策

出題分野　長文読解は文学的文章・論理的文章の2題構成

1　論理的文章では空欄補充を中心に，指示語の説明など，短い記述問題も引き続き出題されることが予想される。

2　文学的文章では，受験生と同年代を主人公とした小説を，現代のものに限らず幅広く読んでおきたい。物語の流れをしっかりつかめるようにしておこう。

3　独立問題として，慣用句の完成などの出題も考えられる。日ごろからことばの意味や慣用句・ことわざなどに関心をもって学習しておくとよい。

4　作文・意見文対策として，本校の過去問をはじめ，さまざまな練習問題を通じて，書くことに慣れておくことが大切である。自分の意見を具体的かつ端的に述べる記述対策は必須である。

学習のポイント

●空欄補充問題の練習を数多くこなしておこう。
●小説は，場面・登場人物の把握と心情の読み取りを中心に学習しよう。
●論理的文章は，全体の主張と，いいかえ表現などに注意しながら読み進めよう。
●あたえられた課題に対してすばやく意見をまとめ，表現できる力をつけておこう。

年度別出題内容の分析表　国語

（よく出ている順に，☆◎○の3段階で示してあります。）

出題内容			27年	28年	29年	30年	2019年	2020年	2021年	2022年	2023年	2024年
設問の種類		主題の読み取り										
		要旨の読み取り				○	○				○	
		心情の読み取り	◎		☆	☆	☆	☆	☆	☆	☆	☆
		理由・根拠の読み取り			○		○	○	◎	○	○	
		場面・登場人物の読み取り		○	○	○	◎	◎	○	○	◎	◎
		論理展開・段落構成の読み取り	○	○	○		○		○		○	
		文章の細部表現の読み取り	☆	☆	☆	☆	☆	☆	☆	☆	☆	☆
		指示語	○	○				○	○	○	○	
		接続語	○	○	○		○	○	○		○	○
		空欄補充	◎	☆	☆	☆	◎	☆	☆	☆	☆	☆
		内容真偽	○	○						○	○	
	根拠	文章の細部からの読み取り	☆	☆	☆	☆	☆	☆	☆	☆	☆	☆
		文章全体の流れからの読み取り	◎	◎	◎	◎	◎	◎	◎	◎	◎	◎
設問形式		選択肢	☆		☆	☆		☆	☆	☆	◎	◎
		ぬき出し	☆	○	◎	◎		☆	◎	◎	○	◎
		記　述	◎	○	○	○		○	☆	☆	☆	◎
記述の種類		本文の言葉を中心にまとめる	○	○	○	○		○	◎		◎	○
		自分の言葉を中心にまとめる	○	○	○	○	○		○	○	○	
		字数が50字以内	◎			○		○	◎		○	
		字数が51字以上	○	○			○	○		○	○	◎
		意見・創作系の作文	○	○	○			○	○	○	○	○
		短文作成										
語句・知識		ことばの意味		◎	○	○				○	○	
		同類語・反対語						◎	○			
		ことわざ・慣用句・四字熟語					◎		◎			○
		熟語の組み立て										
		漢字の読み書き	◎	◎	◎	◎	◎	◎	◎	◎	○	◎
		筆順・画数・部首										
		文と文節										
		ことばの用法・品詞								○		
		かなづかい									○	
		表現技法										
		文学史								○		
		敬　語										
文章の種類		論理的文章（論説文，説明文など）	○	○	○	○	○	○	○	○	○	○
		文学的文章（小説，物語など）	○	○	○	○	○	○	○	○	○	○
		随筆文										
		詩（その解説も含む）										
		短歌・俳句（その解説も含む）										
		その他										

慶應義塾湘南藤沢中等部

2024年度 慶應義塾湘南藤沢中等部 合否を分けた問題 国語

【二】 問七

★合否を分けるポイント

空らん9・10に入る同じ言葉を本文中からぬき出す問題である。本文全体がどのような論の流れで展開しているかを的確に読み取れているかがポイントだ。

★対比させている内容を明確に区別する

空らん9・10のある最後の段落前までで，「商品交換と贈与」を区別することについて，バレンタインデーにチョコレートを贈ることやホワイトデーのお返しは商品交換ではないので，「経済」とは考えられない→社会学者のピエール・ブルデュは，商品交換と贈与を区別しているものは「時間」だと指摘した→チョコレートをもらってすぐに相手にクッキーを返すのは経済的な「交換」だが，一カ月後に渡すのは「贈与」である→時間だけでなく「贈り物らしさ」を演出するのは，ぼくらが「商品／経済」と「贈り物／非経済」を区別すべきだという「きまり」に忠実だからである→結婚のお祝いのお金をご祝儀袋に入れてはじめて「祝福」という思いを込めることができ，経済的な「交換」ではそうした思いや感情はないものとして差し引かれるように，「商品交換」と「贈与」とを区別する「きまり」があることで，モノのやりとりに思いや感情を込めることができる，ということを述べている。ここまでの内容から，経済の「交換」のことである9を含む言葉は，「感情」からぬけ出す，取り去るさまという意味で「脱感情化」，「贈与」に込められたものである10は「感情」ということになる。本文では，「商品／経済」と「贈り物／非経済」のように，「商品交換と贈与」を対比させて論じているので，「商品交換」と「贈与」それぞれの説明で用いている語句も対比させながら読み取っていく必要がある。対比させているテーマを明確に区別しながら，ていねいに読み進めていこう。

【三】 問九

★合否を分けるポイント

――6「ぬめりとした」とあるが，奥山くんの手が濡れていたのは，この後，何をすることに緊張していたからかを説明する記述問題である。本文の描写を読み取り，的確に説明できているかがポイントだ。

★本文の描写をもとに，説明で求められている内容を考える

――6の後は，「『あの予選の日も，ぼくの手，汗でびっしょりだった』『……飯田さんが転んだとき，……ぼくのせいだ，ぼくが汗ばっか気にしてたからだって……その濡れた手を，どうしても飯田さんに，さしだせなかった』『あれからぼく……謝る勇気もないまま卒業しちゃって……だから今日，飯田さんと話ができてよかった』」といったことを奥山くんは話しているが，奥山くんが十五年前のあの日のことを「私」に話そうとして緊張している，ということだけでは設問の説明としては足りない。これらのセリフをふまえ，奥山くんは自分のせいで転んでしまった「私」に濡れた手をさしだせなかったことを謝ろうとして，緊張していた，ということまで説明できることが望ましい。6後は，奥山くんのセリフを中心に，「私」の心情も描かれているが，奥山くんの行動は明確に描かれていないので，奥山くんが何をすることに緊張していたかをセリフから読み取る必要がある。本文の描写から，直接描かれていないことを的確に説明できることが重要だ。

2023年度 慶應義塾湘南藤沢中等部 合否を分けた問題 国語

【二】 問三

★合否を分けるポイント

——1の問いに対する答えが述べられている形式段落はどこか，最初の五字で答える問題である。本文全体の論の流れをつかみ，——1の問いに対する答えを的確に読み取れているかがポイントだ。

★問いかけ→答えは近くにあるとは限らない

本文は，「1月がどのようにしてできたのか」は昔からの大難問で，提唱されてきた考え方は3つに分けられる→月が地球から飛び出してできたという「親子説」は地球の引力や遠心力ではかなり難しく，決定打にはなりえなかった→「兄弟説」は地球と同じように微惑星が集まって月ができたとする考え方だが，月の化学組成から地球と月が同じ材料からつくられたことを説明できなかった→「他人説」も確率が低く，月の組成の説明ができない→地球に別の星が衝突し，もぎとられバラバラになった地球の一部がやがて月になったとする「ジャイアントインパクト説」の提唱→☆ジャイアントインパクト説では，月の組成の説明ができ，衝突も十分起こりえることがわかった→誕生したばかりの月が地球に近かったことで大きな潮汐作用を地球に及ぼし，それが生命の誕生にも大きな影響を与えていたかもしれない，という展開になっている。これらの流れを確認すると，1の問いに対する答えは，1よりかなり離れた☆の段落であることがわかる。

論説文では，本文のように「問いかけ→答え」という形で論を展開していく場合がある。問いかけ→さまざまな考察→その結論としての答え，という流れになるので「問いかけ」部分の近くではなく，かなり離れた段落まで確認することが重要だ。そのためにも論の流れと展開をしっかり確認していこう。

【三】 問三

★合否を分けるポイント

——2「どうして今年急に嫌いになったんだろうと考え，気づいた」の理由を指定字数以内で答える記述問題である。物語全体の展開をていねいに追って，心情を的確に読み取れているかがポイントだ。

★場面ごとの描写をしっかりおさえる

——2「どうして今年急に嫌いになったんだろうと考え，気づいた」の直後に「もともと，別に好きじゃなかったのだ」とあるが，この内容だと「今年急に」の説明ができていない。2までで，『夜空を見る会』が中止になり，憲太は一緒に帰るはずの学を探しながら，この一年で様子が変わった学のことを思い返し，春休みの間引き作業のことも思い出していることが描かれている。2以降では，勉強のことばかりになっている学に憲太は腹が立つ→図書室で塾の勉強をしていた学に，憲太は不満をぶつける→学は周りのせいで自分の成績が落ちたと泣きだす→憲太は学を好きなのは学が神童だからではない，と言い，春休みの間引き作業の話をし始める→☆「『なんで今まで毎年やってきて，嫌いだって気づかなかったのかなって考えてみて』」「『去年まで，おまえと一緒にやってたからだ』」という展開となっており，☆の憲太のせりふが2の理由になっていることが読み取れる。2とその理由がかなり離れていることに注意しなければならないが，「間引き作業」の描写が共通していることを手がかりに，設問で問われている——線部分の付近だけを探すのではなく，物語の展開と心情をしっかりと追っていくことが重要だ。

2022年度 慶應義塾湘南藤沢中等部 合否を分けた問題 国語

【三】 問五

★合否を分けるポイント

きよにとって，下駄の買い物が――2「たった一つの楽しみだった」のはなぜか，理由としてふさわしいものを選ぶ選択問題である。場面の状況を正確にとらえるとともに，きよの心情も的確に読み取れているかがポイントだ。

★場面をていねいに，的確に読み取る

――2のある場面では，十九歳ですでにすぐれたお針子だったきよが，進学する弟たちのためにも家のささえとして懸命に働いて，呉服屋のおかみさんがくれる心付けだけが小遣いだったが，それで下駄を買うのが「たった一つの楽しみだった」ということが描かれている。さらに，きよたちが暮らす下町では化粧や着物より，足をうつくしく，足もとをすずやかにという風俗が根強く受け継がれており，きよの足は粋好みな下駄がよく似合うきれいな足だったことも描かれている。これらの描写で注意しなければならないのは，きよが家計を支えて自由に使えるお金があまりないことに重きをおいてしまわないことだ。――2直後で下駄ときよの足の説明をしているのは，「たった一つの楽しみ」=「下駄を買う」のは，下町の風俗とともに自分の足も美しかったからである，ということを描こうとしているからである。――2までの流れから，お金のやりくりに重きをおいて読み取ってしまいそうになるが，――2後の描写もていねいに読み取って，その場面で描こうとしていることを的確に読み取っていくことが重要だ。

【四】

★合否を分けるポイント

あなたがもしもこの「第5戦」日本チームの監督と同じ立場に置かれたら，この試合にどのような方針で臨むか，また，その方針を試合前の選手に何と伝えるか，指定字数以内で述べる記述問題である。「第5戦」がどのような試合であるかを読み取り，設問で指定された状況をふまえて自分の意見を具体的に述べているかがポイントだ。

★正解を探すのではなく，なぜそう考えたかが重要

まず，「第5戦」が「決勝と同じ顔合わせでありながら，試合が始まる前から《どちらの国が勝っても負けてもその後の対戦相手に変化がない試合》」であることを理解しておく必要がある。さらに「日米両国によって肝心なのは決勝を全力で勝つことだけ」であること，「『第5戦ほど，どう心がけたらよいか絞りにくく，複雑な試合』はなかったこともふまえ，試合の方針を考えるということである。第5戦に負けても決勝に進出することは決定しており，対戦相手のアメリカは決勝の相手でもあるので，解答例のようにさまざまな戦略を試すという方針もある。あるいは，決勝で全力を出すために主力選手は使わずチームの力を温存する，また，目の前の試合を全力で戦うべき，という方針も考えられる。この設問のような作文では，これが正解というものはない。どのような方針すなわち自分の考えであっても，そのことを支える理由が重要になってくる。なぜそのような方針にしたのか，具体的な理由を明確に述べていこう。

MEMO

大切なことはメモしておこうネ！

2024年度

★★★★★★★★★★★★★★★★★★★★★★★★★

入　試　問　題

2024年度

慶應義塾湘南藤沢中等部入試問題

【算　数】（45分）〈満点：100点〉

【1】 $\boxed{\text{ア}}$，$\boxed{\text{イ}}$，$\boxed{\text{ウ}}$にあてはまる数を求めなさい。

（1） $10-(20.24+17\frac{\boxed{\text{ア}}}{25})\div 9=5\frac{4}{5}$

（2） $\frac{1}{3\times 6}+\frac{1}{6\times 9}+\frac{1}{9\times 12}+\frac{1}{12\times 15}+\frac{1}{15\times 18}=\boxed{\text{イ}}$

（3） 1から100までの数から4の倍数と6の倍数を除いた数は全部で$\boxed{\text{ウ}}$個である。

【2】

（1） 1周672mの池のまわりを，K君，O君の2人が同じ地点から同時に出発し，それぞれ一定の速さで歩く。2人が反対方向に歩く場合は6分後に初めて出会い，2人が同じ方向に歩く場合は42分後にK君がO君を初めて追いこす。K君の歩く速さは毎分何mですか。

（2） 毎日決まった数だけ売れる1個150円の品物がある。今，売価を20円値上げしたところ，1日の売り上げ個数は1割減少したが，売上高は180円増加した。この品物の，値上げ前の1日の売り上げ個数は何個ですか。

（3） 図のような長方形において，角㋐の大きさを求めなさい。

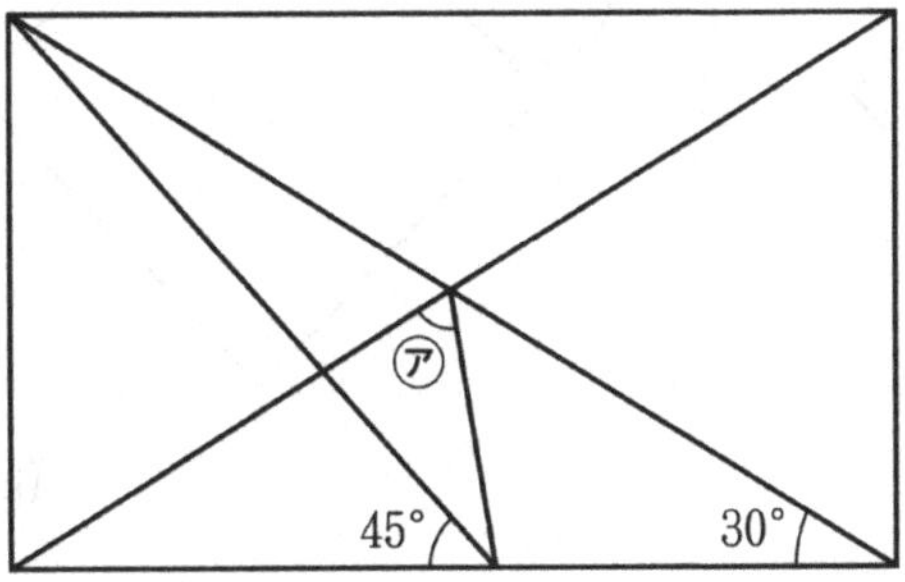

【3】 図のようにマス目の中には，「たての番号」×10＋「横の番号」を計算した数が書かれている。そして，「たての番号」と「横の番号」の和をマス目の「**番号和**」と呼ぶこととする。

［例］ ① 「たての番号」が11，「横の番号」が3のマス目には113が書かれ，
このマスの「**番号和**」は14である。

② 「たての番号」が3，「横の番号」が11のマス目には41が書かれ，
このマスの「**番号和**」は14である。

たての番号

⋮						
11			113			
⋮						
3	31	32	33		41	
2	21	22	23			
1	11	12	13			
	1	**2**	**3**	…	**11**	…

横の番号

（1） 「**番号和**」が13になるマス目すべてに書かれている数のうち，最も大きいものと最も小さいものの和はいくつですか。

（2） 「**番号和**」が8になるマス目すべてに書かれている数の合計はいくつですか。

（3） 「**番号和**」が[ア]になるマス目すべてに書かれている数の合計は1320である。[ア]に入る数を求めなさい。

【4】 図1，図2は，1辺の長さが6cmの正方形を1枚または2枚使った図形である。これらの図形の周りを半径1cmの円が転がりながら1周する。円周率は3.14として，以下の問いに答えなさい。

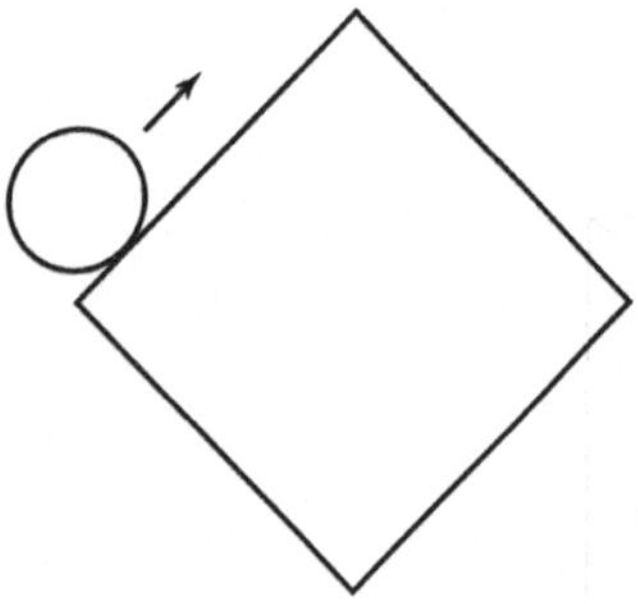

【図1】

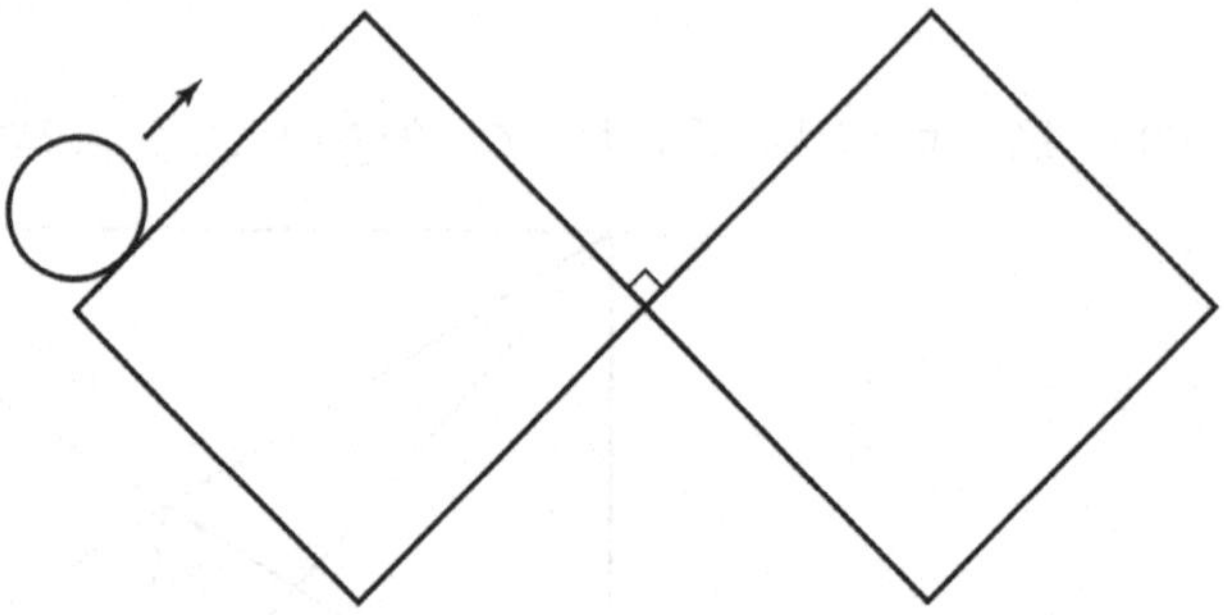

【図2】

（1） 図1において，円の中心が動く道のりを求めなさい。

（2） 図2において，円の中心が動く道のりを求めなさい。

（3） 図2において，円が通ったあとにできる部分の面積を求めなさい。

【5】　大きい直方体から小さい直方体を切り取った形をしている水そうがある。図のように水を入れる管Aと水を出す管Bがあり，始めはどちらの管も閉じている。管Aを開けて水を入れ始めてから，しばらくして管Bを開けたところ水面の高さは下のグラフのようになった。

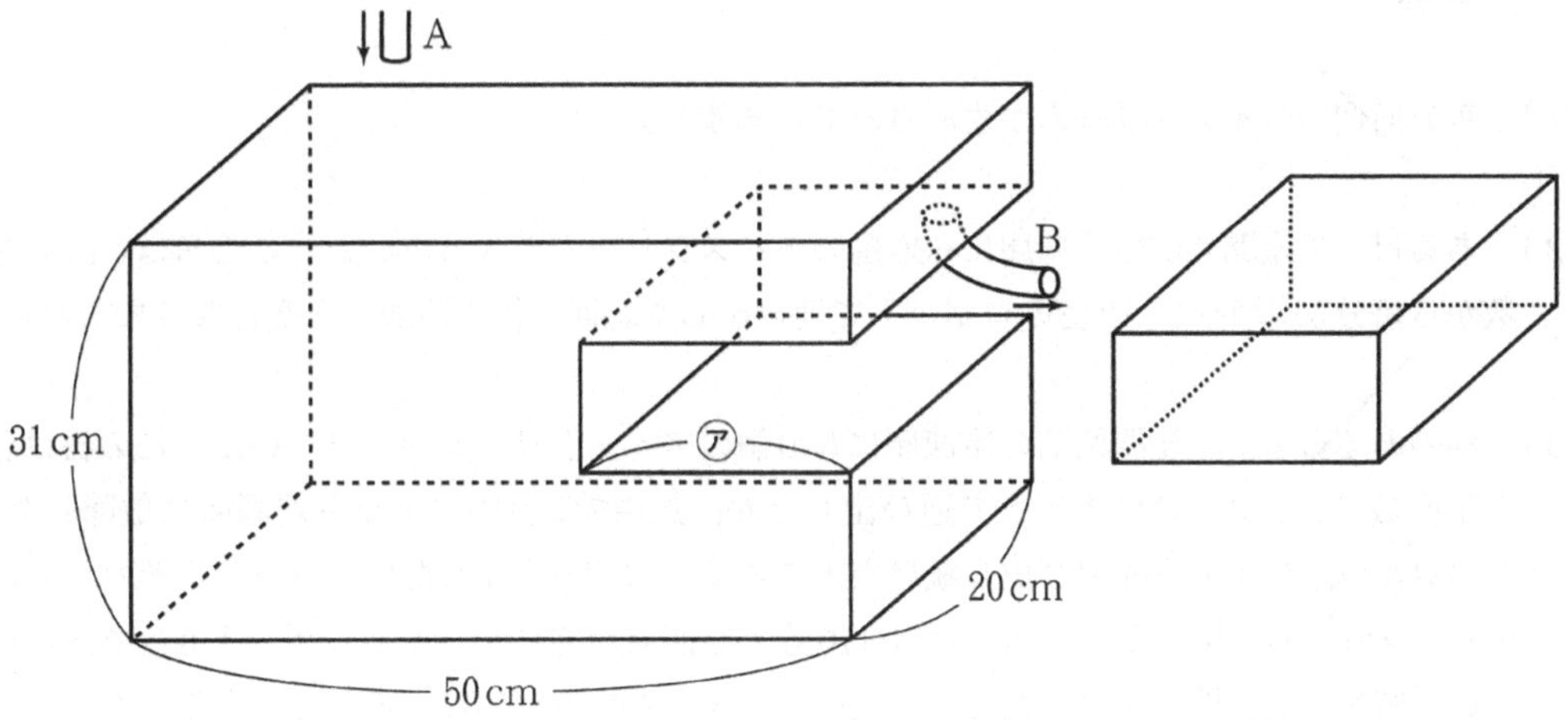

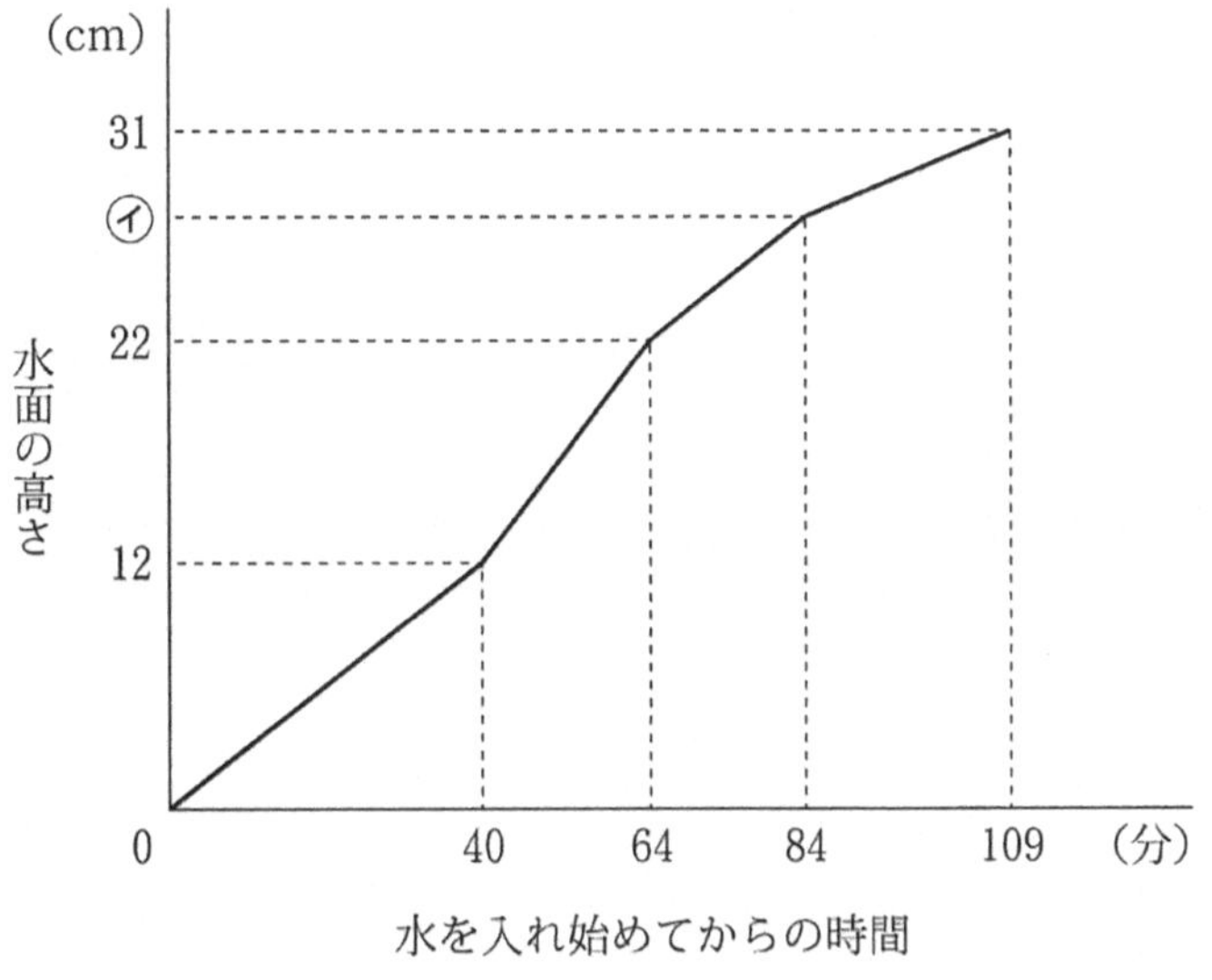

（1）　図の㋐の長さを求めなさい。

（2）　グラフの㋑に当てはまる数を求めなさい。

（3）　管Bを開けたときに出る水の量は毎分何cm^3ですか。

【6】　あるアイスクリーム工場は，アイスクリームの最大容量が1200個である冷凍庫を持っている。工場では毎分一定数のアイスクリームが生産され，冷凍庫にそのまま運びこまれる。また，アイスクリームの生産中は，ロボットを何台か使用して冷凍庫からアイスクリームを運び出す。

それぞれのロボットが運び出せるアイスクリームの数は同じとする。

生産開始前の冷凍庫にすでに630個のアイスクリームが入っているとき，3台のロボットで運び出すと45分後に冷凍庫は空になり，1台のロボットで運び出すと，95分後に冷凍庫はいっぱいになる。

（1） 毎分何個のアイスクリームが生産されていますか。

（2） ある日，生産開始前の冷凍庫に630個のアイスクリームが入っていた。この日は(1)の生産数から毎分5個増やし，3台のロボットで運び出した。何分後に冷凍庫が空になりますか。

（3） 別のある日も，生産開始前の冷凍庫に630個のアイスクリームが入っていた。この日は(1)の生産数のまま3台のロボットで運び出したが，途中で2台のロボットが同時に故障した。1台のロボットで110分間運び出し続けたところで，ロボット1台だけが直った。それ以降はロボット2台で運び出したところ，合計370分で冷凍庫が空になった。ロボット3台で運び出していた時間は何分間ですか。ただし，途中で冷凍庫がいっぱいになることはなかった。

【理　科】（25分）〈満点：50点〉

【1】 海にすむ生物について，次の問いに答えなさい。

（問１） 下の[　　]は，海にすむ生物同士の食べる・食べられるの関係を表しています。[　　]の中の生物A，B，Cにあてはまる組み合わせとして最も適切なものを次の中から1つ選び，番号で答えなさい。

A → アミ（動物プランクトンの仲間）→ B → C

1	A：クラゲ	B：アジ	C：マグロ
2	A：ケイソウ	B：イワシ	C：マグロ
3	A：クラゲ	B：ケイソウ	C：マグロ
4	A：ケイソウ	B：アジ	C：イワシ
5	A：クラゲ	B：イワシ	C：アジ

（問２） 自然界の生物同士の食べる・食べられるの関係は，問１のように，「○○が△△を食べる」といった一対一の関係だけではありません。例えば，ジンベエザメが食べるものとして最も適切なものを次の中から1つ選び，番号で答えなさい。

1 クラゲとイワシ　　2 ケイソウとクラゲ　　3 アミとマグロ
4 ケイソウとマグロ　　5 アミとイワシ　　6 アジとマグロ

（問３） アミを観察するためプレパラートを作製し，けんび鏡のステージにのせたところ，図１で示した位置にアミが見えました。アミの様子を拡大してさらにくわしく観察するには，この後どのような操作を行えばよいですか。次の中から正しい操作を3つ選び，それらの番号を操作する順番に並べて答えなさい。

図１

1 プレパラートを左上方向に動かして，アミを視野の中央に移動させる。
2 プレパラートを右下方向に動かして，アミを視野の中央に移動させる。
3 接眼レンズをのぞきながら，調節ねじをまわしてピントをあわせる。
4 レボルバーをまわして，対物レンズをより低倍率のものに替《か》える。
5 レボルバーをまわして，対物レンズをより高倍率のものに替える。

（問４） アジは海水中にすんでおり，体液（血液など体内の液体）の塩分の濃さは海水に比べて低くなっています。次の文は，アジが体液の塩分の濃さを一定に保つためのしくみを説明しています。文中の空らん（X）～（Z）にあてはまる語句の組み合わせとして，最も適切なものを次の中から1つ選び，番号で答えなさい。

アジは海水を飲むことで水と塩分を体内に取り込《こ》んでおり，川にすむ魚にくらべて尿《にょう》の量は(X)，その塩分の濃さは体液と同じ程度である。しかし，それだけでは体内の塩分の量が(Y)なってしまうので，えらを通じて余分な(Z)を体外に出している。

1　X：多く	Y：多く	Z：塩分
2　X：多く	Y：多く	Z：水
3　X：多く	Y：少なく	Z：塩分
4　X：多く	Y：少なく	Z：水
5　X：少なく	Y：多く	Z：塩分
6　X：少なく	Y：多く	Z：水
7　X：少なく	Y：少なく	Z：塩分
8　X：少なく	Y：少なく	Z：水

（問５）　海にすむ生物の一部は，人間による乱獲《かく》や海洋汚染，気候変動などによって，絶滅《めつ》の危機にさらされています。近年では，スーパーマーケットなどで購《こう》入できる魚介《かい》類の一部に，「海のエコラベル」という表示が見られるものがあります。このラベルを説明した次の文中の□にあてはまる語句を，漢字4字で答えなさい。

この表示は□な漁業で獲《と》られた水産物であることを示し，消費者がこのラベルのついた海産物を選ぶことによって，世界の海洋保全を間接的に応援《えん》することができる。

（問６）　以下の生物は，日本近海で獲られている水産物です。これらのうち，自然界での数を近年大きく減らしており，国際自然保護連合(IUCN)のレッドリストでも絶滅の危険性が高いとされている水産物を次の中から2つ選び，番号で答えなさい。

1　スルメイカ　　2　ニホンウナギ　　3　サンマ　　4　マダイ　　5　クロマグロ

【2】　人類は1969年に月の有人探査を成功させました。その後，月の有人探査は行われませんでしたが，2022年の無人の月周回ミッションなど，将来の月の利用につながる，新たな月探査計画「アルテミス計画」が始まっています。次の問いに答えなさい。

（問１）　月面から右図のような地球が見えるとき，地球から見た月はどれになりますか。次の中から最も近いものを1つ選び，番号で答えなさい。

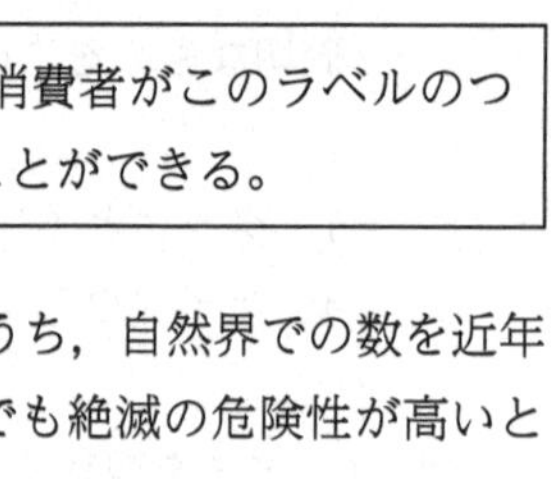

1　満月　　2　三日月　　3　上弦《げん》の月
4　下弦《げん》の月　　5　新月

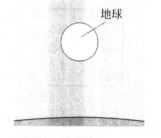

(問２)　下の文の空らんの(ア)～(エ)にあてはまる語句を次の中からそれぞれ選び，番号で答えなさい。

> 月に基地をつくり，人が滞《たい》在する場合，月にある水(氷)を使うことを考えています。水は(　ア　)と(　イ　)からできており，電気を用いると水からこれらを取り出すことができます。(　ア　)は，人が呼吸に使うことができ，人が呼吸で出した(　ウ　)は水などとあわせて植物を育てることもできます。また，水から取り出した(　イ　)は(　ア　)があるときに火をつけると爆《ばく》発し，(　エ　)が急激に増加するのでロケットの燃料に使用できます。

1　水素　　2　窒《ちっ》素　　3　酸素　　4　二酸化炭素
5　水蒸気　　6　重さ　　7　体積　　8　濃さ

(問３)　月に人が滞在するための基地は，月の赤道付近よりも月の南極付近に建設するのがよいと考えられています。その理由として正しいものを次の中から1つ選び，番号で答えなさい。

1　月の赤道付近は，月の南極付近よりも物を持ち上げる時に必要な力が大きくなるから。
2　月の赤道付近は，月の南極付近よりも地球から離れているから。
3　月の南極付近には，地面の凹凸《おうとつ》により日光が長時間あたる場所があるから。
4　月の南極付近の太陽高度は，月の赤道付近よりも高いから。
5　月の南極付近の方が，月の赤道付近よりも火星に近いから。

(問４)　月の南極付近に基地を作り，太陽光パネルを設置し発電する計画があります。太陽光パネルの設置について，次の中から正しいものを1つ選び，番号で答えなさい。

1　月の南極付近は太陽高度が高いので，太陽光パネルを月面に対して90度の角度で設置する。
2　月の南極付近は太陽高度が高いので，太陽光パネルを月面に対して0度の角度で設置する。
3　月の南極付近は太陽高度が低いので，太陽光パネルを月面に対して90度の角度で設置する。
4　月の南極付近は太陽高度が低いので，太陽光パネルを月面に対して0度の角度で設置する。

(問５)　天体が物体を地面の方に引く力(重力)の大きさは，その天体が重いほど大きくなります。月は地球よりも軽いので，月の重力の大きさは地球の重力の大きさよりも小さくなります。将来，月の基地から火星探査に向かう計画がありますが，地球からロケットを打ち上げるよりも，月からロケットを打ち上げた方がよい点を15字以内で答えなさい。

【3】 2種類の豆電球A，Bを使っていろいろな回路をつくりました。豆電球Aは豆電球Bよりも電流が2倍流れやすく，豆電球Aと豆電球Bをそれぞれ同じかん電池につないだ場合，豆電球Aに流れる電流の大きさは豆電球Bに流れる電流の大きさの2倍になります。次の問いに答えなさい。ただし，図に用いられている記号は下に示されたものを表しています。

かん電池（2個）　豆電球　電流計（＋と－はプラス端子《たんし》，マイナス端子を表す）

（問１） 図１のような豆電球のつなぎ方は，何つなぎといいますか。

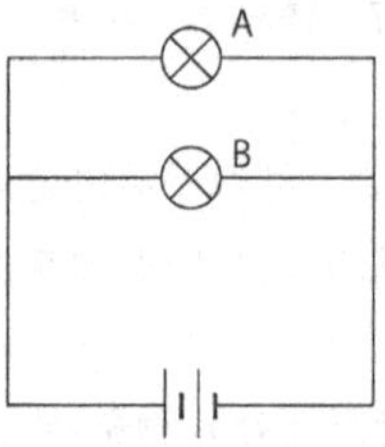

図１

（問２） 図１の回路のとき，豆電球Aに流れる電流の大きさを測定する電流計のつなぎ方として正しいものを次の中から1つ選び，番号で答えなさい。

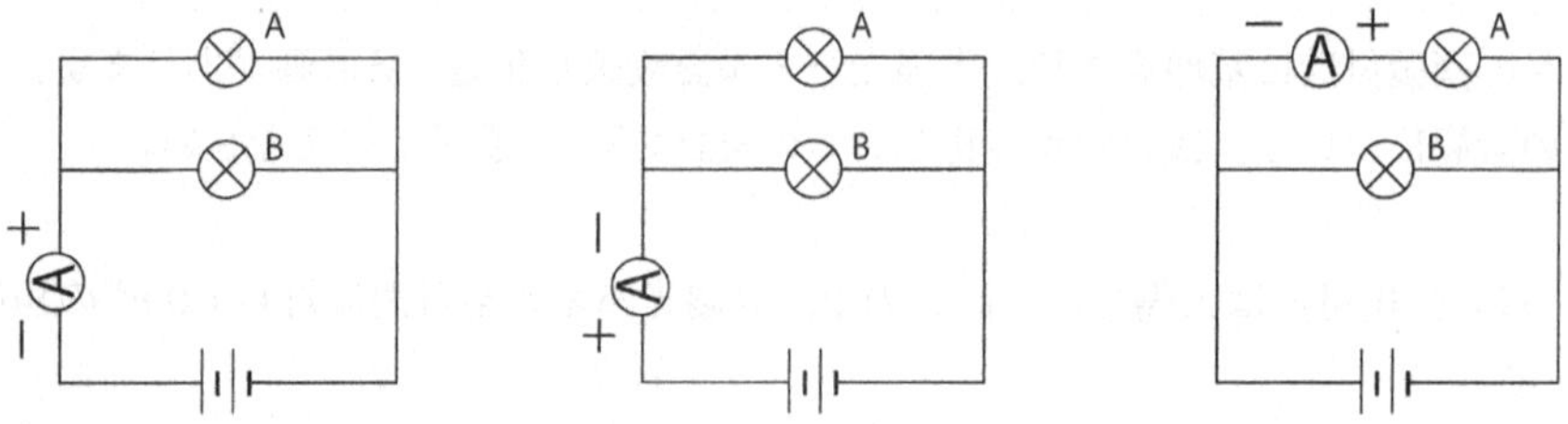

1　2　3

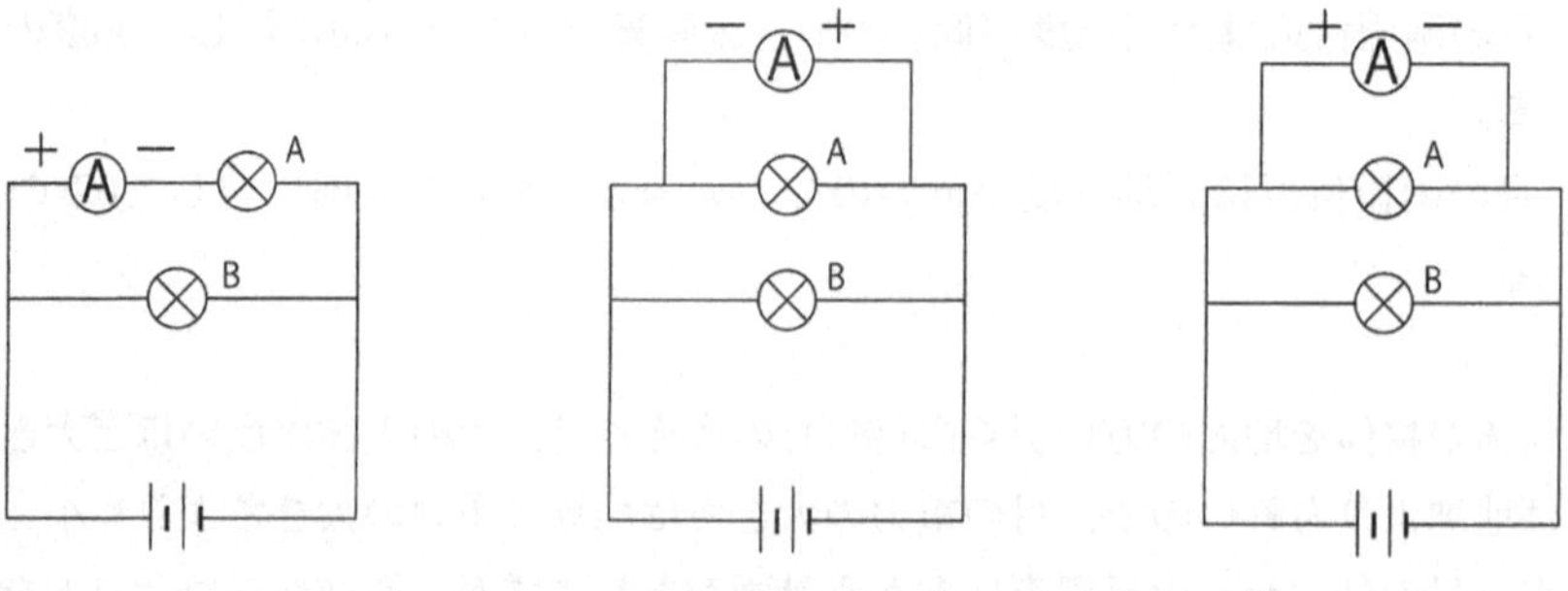

4　5　6

(問３）　回路に流れている電流の大きさが予想できないとき，電流計のマイナス端子のつなぎ方として，正しいものを次の中から1つ選び，番号で答えなさい。

1　まず，はかれる電流が一番大きい端子につなぎ，針のふれが小さいときは，となりのより小さい電流がはかれる端子につなぎ替《か》える。
2　まず，はかれる電流が一番小さい端子につなぎ，針のふれが大きいときは，となりのより大きい電流がはかれる端子につなぎ替える。
3　まず，はかれる電流が一番大きい端子につなぎ，針のふれが大きいときは，となりのより小さい電流がはかれる端子につなぎ替える。
4　まず，はかれる電流が一番小さい端子につなぎ，針のふれが小さいときは，となりのより大きい電流がはかれる端子につなぎ替える。

(問４）　図１の豆電球A，Bを図２のようにつなぎ替えました。図２の豆電球Aに流れる電流の大きさを，図１の豆電球Aに流れる電流の大きさと同じにするためには，図２の回路にかん電池が何個必要ですか。ただし，かん電池の種類とつなぎ方は図１と同じであるとします。

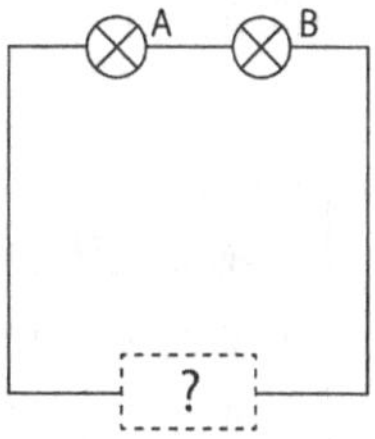

図２

(問５）　図３の回路で，(ア)の豆電球Aに流れる電流の大きさは，(イ)の豆電球Aに流れる電流の大きさの何倍ですか。答えが割り切れない場合は，小数第2位を四捨五入して，小数第1位まで答えなさい。

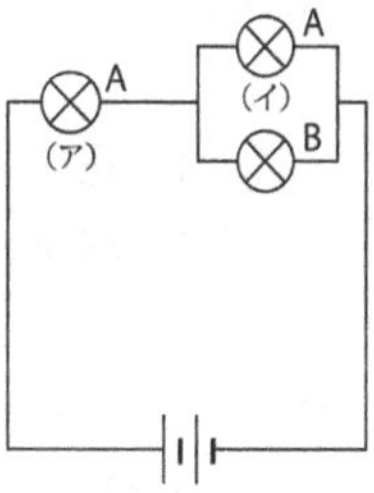

図３

(問６）　家庭用の電球には，昔は白熱電球と呼ばれるものが使われていました。その後，電球型の蛍《けい》光灯が使われるようになり，最近では別の発光体が使われることが多くなりました。家庭用の電球に最近使われている発光体の名前を，アルファベット3字で答えなさい。

(問７）　全国の信号機では，いままで使われていた電球が問６の発光体に置きかわりつつあります。その理由を1つ，15字以内で答えなさい。

【4】　次の1～9の気体について，次の問いに答えなさい。

1　窒《ちっ》素	2　水素	3　塩化水素	4　酸素	5　二酸化炭素
6　アンモニア	7　二酸化硫《い》黄	8　アルゴン	9　メタン	

（問１） この気体は水に溶け，その水溶液は酸性になりました。この気体としてあてはまるものを，1～9から3つ選び，番号で答えなさい。

（問２） この気体は水に溶け，その水溶液にBTB溶液を加えると青色になりました。この気体としてあてはまるものを，1～9から1つ選び，番号で答えなさい。

（問３） この気体は無色で刺激臭《しげきしゅう》がしました。この気体としてあてはまるものを，1～9からすべて選び，解答らんの数字を〇で囲みなさい。

（問４） 1～9の気体の中で空気中に2番目に多く含まれている気体，および3番目に多く含まれている気体を，それぞれ番号で答えなさい。

（問５） 1～9の気体の中で地球温暖化に大きな影響を与えている気体を2つ選び，番号で答えなさい。

> ある気体を水上置換《かん》法でペットボトルに集めました。ペットボトルの体積の80%くらいまで集めた後，水中でペットボトルにキャップを付けて取り出しました。その後，このペットボトルをよく振《ふ》ってしばらく置いておくと，ペットボトルがつぶれました。

（問６） この気体を発生させるために使用したものを次の中から2つ選び，番号で答えなさい。

1 過酸化水素水　　2 炭酸カルシウム　　3 亜鉛《あえん》　　4 水酸化ナトリウム
5 塩化アンモニウム　　6 二酸化マンガン　　7 塩酸　　8 石灰水

（問７） この実験でペットボトルがつぶれてしまったのは，ペットボトルの中にある気体による力とペットボトルの周りにある空気による力のバランスがくずれてしまったことによるものだと考えられます。このバランスがくずれてしまったのはなぜですか。その理由を25字以内で答えなさい。

【社　会】（25分）〈満点：50点〉

【1】 図１を見て，次の問いに答えなさい。

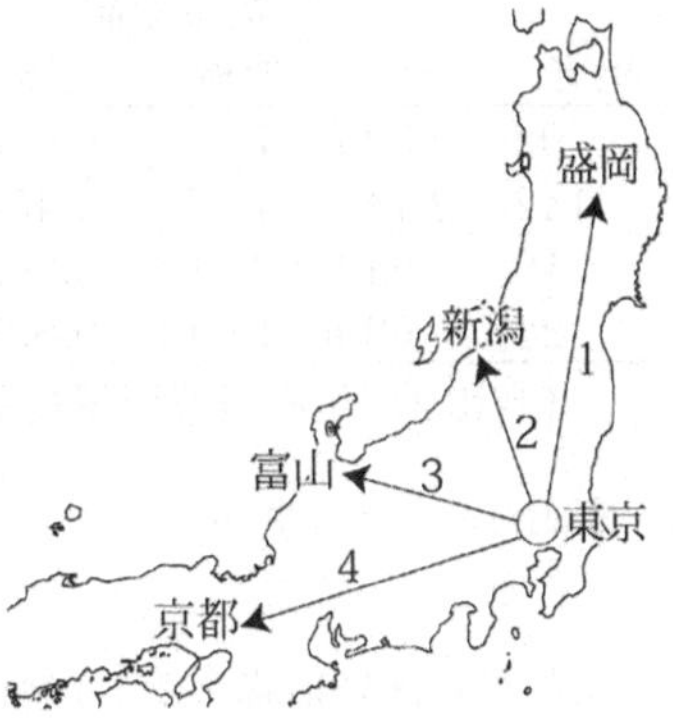

図１

問１　図２は，東京駅(上野駅を含む)から各駅への所要時間を示しています(新幹線開業前は在来線経由)。

A～Dを図１の1～4から選び，番号で答えなさい。

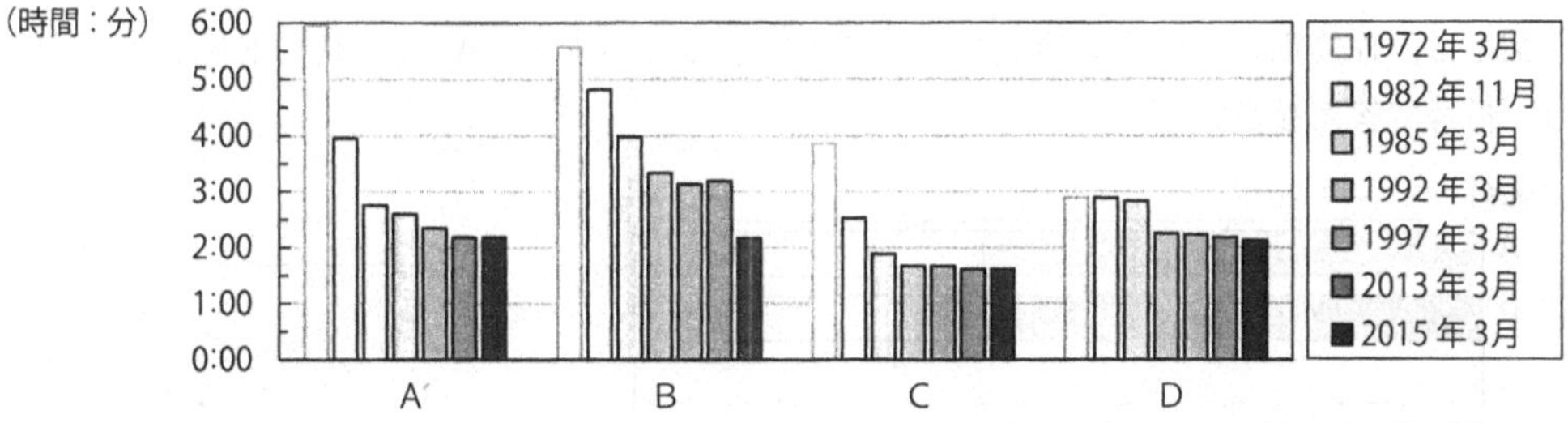

図２(『交通公社の時刻表』『JTB時刻表』各年各月号より作成)

問２　図３は，新幹線の路線断面図を示しています。トンネル区間は，地表面の標高を表しています。E・Hの路線を，図１の1～4から選び，番号で答えなさい。

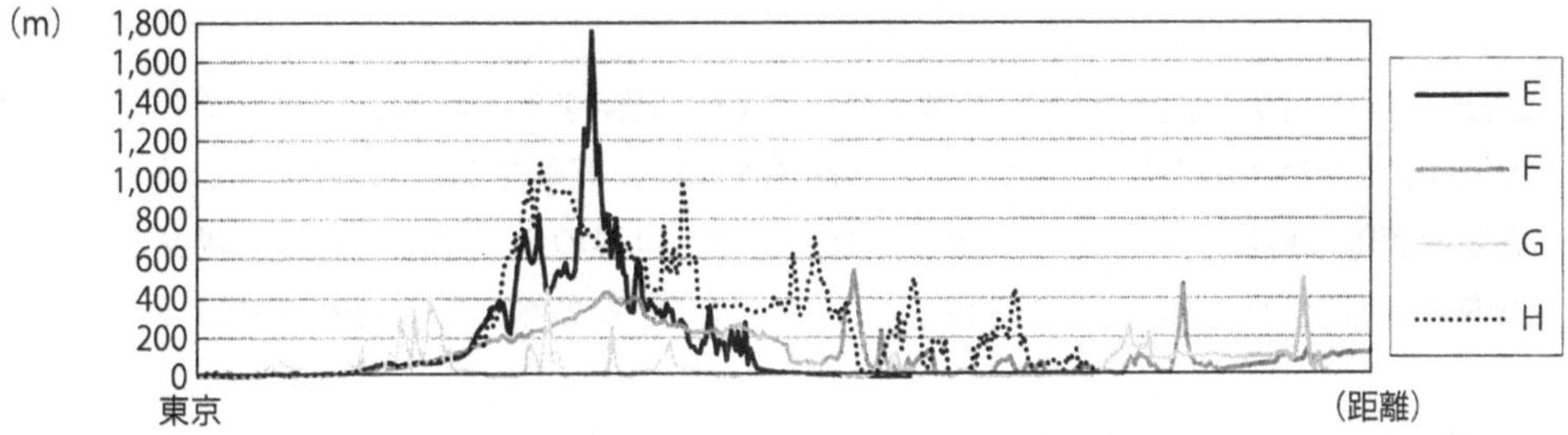

図３

(国土地理院 地理院地図より作成)

問3　表1は，農業・工業生産額を都道府県別に示しています。I～Lの都道府県が含む駅を選び，番号で答えなさい。

表1　（単位：億円）

	農業生産額					工業生産額					
	米	畜産	野菜	果実	計	機械	金属	化学	せんい	食品	計
I	1,503	485	321	92	2,526	17,570	8,663	8,476	733	8,488	49,589
J	566	1,628	292	142	2,741	14,471	2,457	1,494	274	4,105	26,262
K	171	125	250	19	642	22,210	3,869	3,784	967	7,397	56,588
L	434	78	54	23	629	11,643	9,897	9,647	560	1,988	39,124

計は，その他を含む。　（令和2年生産農業所得統計，2020年工業統計調査より作成）

1　盛岡　　2　新潟　　3　富山　　4　京都

問4　次のM～Pの文学作品と最もかかわりの深い沿線を含む路線を，図1の1～4から選び，番号で答えなさい。

M　『剱岳《つるぎだけ》　点の記』（新田次郎）　　N　『智恵子抄《しょう》』（高村光太郎）

O　『東海道中膝《ひざ》栗毛』（十返舎一九《じっぺんしゃいっく》）　　P　『雪国』（川端《ばた》康成）

【2】　北海道について，次の問いに答えなさい。

問1　図1は，作物別作付面積の構成を地域ごとに示しています。A・Cの地域を図2の1～4から選び，番号で答えなさい。

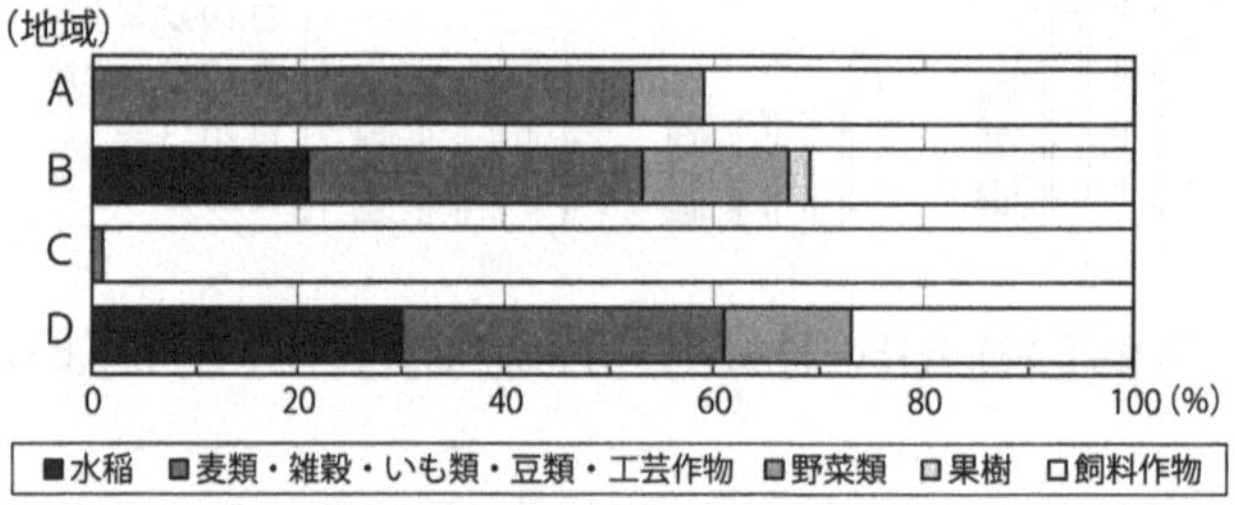

図1

図2

（国土交通省北海道開発局　2015年北海道農業の地域で異なる特色より作成）

問2　北海道は国内有数の産炭地として栄えましたが，現存する炭鉱数は限られています。1990年から2020年にかけての石炭について正しい説明を選び，番号で答えなさい。

1　最多消費国は中国からインドに代わった　　2　世界の産出量は一貫《かん》して減少した

3　国内のおもな産炭地は九州に代わった　　4　日本の輸入量は約2倍に増えた

問3　日本各地における郷土料理のおもな材料のうち，石狩鍋の材料を選び，番号で答えなさい。

1　米，ごぼう，せり，とり肉，ねぎ　　2　牛肉，こんにゃく，さといも，ねぎ

3　きゃべつ，さけ，大根，みそ　　4　糸こんにゃく，えのき，かき，豆腐《ふ》，ねぎ，みそ

（農林水産省　うちの郷土料理 より作成）

問4　写真1は，道内を東西に結ぶ石勝線の駅名標です。これら3駅に共通する駅名の由来を選び，番号で答えなさい。

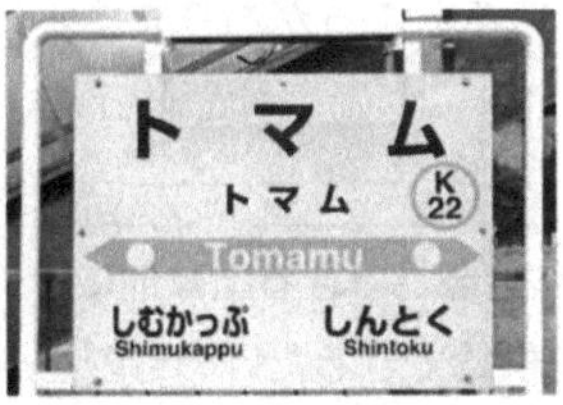

写真1

1　開拓《たく》者の出身地名　　2　先住民族が呼んだ地名　　3　沿線のリゾート施設
4　語呂《ろ》合わせ

問5　図3は，道内を訪れた月ごとの外国人宿泊者数を国別に示しています。Bの国名を選び，番号で答えなさい。

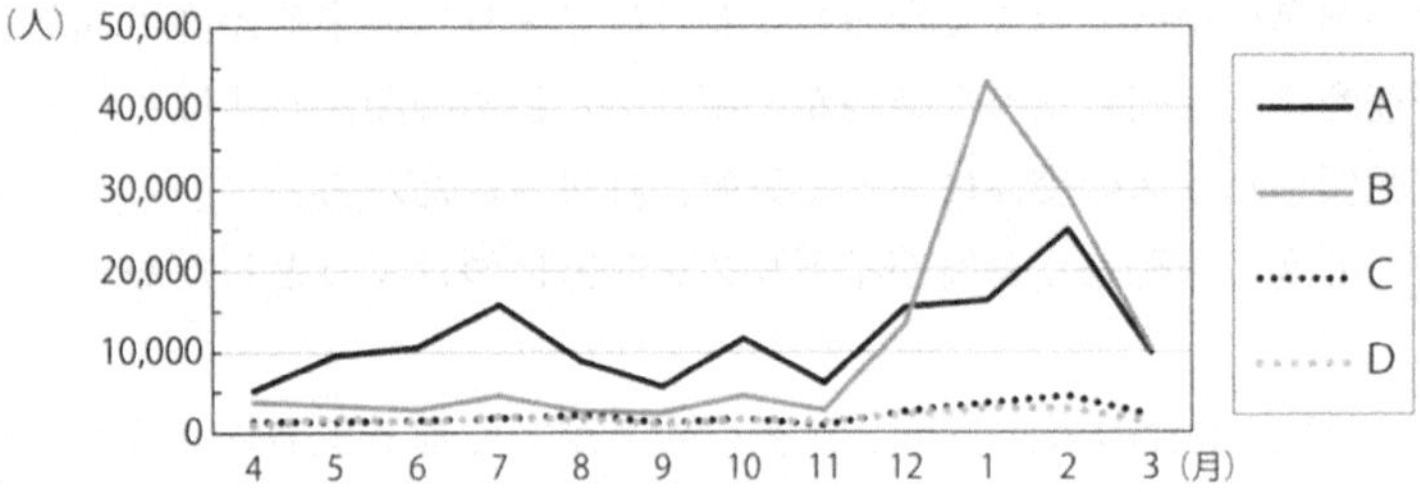

図3

(北海道経済部観光局観光振興課　平成30年度訪日外国人宿泊人数調べより作成)

1　イギリス　　2　アメリカ合衆国　　3　カナダ　　4　オーストラリア

【3】 次の文を読み，問いに答えなさい。

A 「私」は，念仏を唱え，(　あ　)にすがれば，誰でも極《ごく》楽に生まれ変わることができ，罪を自覚した悪人こそが救われるとの教えを説きました。

B 「私」は，時宗と呼ばれるようになる自らの教えを広めるために全国を旅しました。総本山(中心となるお寺)として(　い　)というお寺が，14世紀に創建されました。

C 「私」は，南無(　う　)という題目を唱えれば，人も国も救われるという教えを説きました。鎌倉幕府を激しく批判したこともありました。

問1　空らん(　あ　)～(　う　)にあてはまる語句を選び，番号で答えなさい。

1　薬師如来《やくしにょらい》　　2　建長寺《けんちょうじ》　　3　妙法蓮華《れんげ》経　　4　遊行寺《ゆぎょうじ》
5　観世音菩薩《かんせおんぼさつ》　　6　阿弥陀《あみだ》仏　　7　円覚寺《えんがくじ》　　8　盧舎那《るしゃな》仏

問2　A～Cの「私」は誰ですか。あてはまるものを選び，番号で答えなさい。

1　道元　　2　日蓮《れん》　　3　空也　　4　親鸞《らん》
5　法然　　6　一遍《ぺん》　　7　栄西　　8　最澄

【4】 史料Aは19世紀なかばに来日したイギリス人が，江戸時代末期の日本について書いたものです。(わかりやすいように変えているところがあります。)この史料を読み，問いに答えなさい。

史料A

> おそらく世界中で，日本以外に自給自足できる国は他にないであろう。日本は自国内に(ア)生活必需《じゅ》品や(イ)ぜいたく品のすべてを供給できるだけのものを十分に持っている。日本の(ウ)田畑で，生産されたものが，農家の納屋に貯蔵されている。どこの山脈からも鉱物資源が発掘《くっ》され，(エ)貴金属もまれではない。絹などの生産物が国内いたるところに豊富に産出され，(オ)朝鮮人参《にんじん》や他の薬草類が，(カ)塩魚や海草などと一緒に中国へ多量に輸出されている。

問1　史料Aを書いたイギリス人が日本に滞《たい》在できるようになった理由として正しいものを選び，番号で答えなさい。

1　オランダが出島に来航できなくなった代わりにイギリスの来航が許されたから。
2　日米修好通商条約と同じような条約がイギリスと日本の間にむすばれたから。
3　イギリス総領事ハリスの交渉によって幕府に許可されたから。
4　ロシア勢力の南下を恐れた幕府がイギリスを味方につけようとしたから。

問2　下線(ア)のうち，主食の米が不足し，多くの人が亡くなる飢《き》きんが江戸時代には何度かあった。江戸時代の飢きんに関する説明として適当なものを選び，番号で答えなさい。

1　大塩平八郎は飢きんで困っている人々を救うために江戸で乱をおこした。
2　米の値段が急上昇したため，江戸の人々は農村へ行き農民の家を打ちこわした。
3　農民たちは，百姓《しょう》一揆《き》をおこして領主に年貢《ぐ》を軽くするように要求した。
4　飢きんになって食べていけなくなった人々は京都に集まり，足軽となった。

問3　下線(イ)のうち，この時代の絹・絹糸をめぐる状況の説明として正しいものを選び，番号で答えなさい。

1　綿織物の生産は打撃を受けたが，絹糸の生産は拡大した。
2　イギリスから絹糸を輸入し，日本で染め・織りなどの加工をおこなった。
3　絹は日本原産で，日本の気候が養蚕に最適だった。
4　海外の高い製糸技術を伝えるために富岡製糸場が設立された。

問4　下線(ウ)のうち，この時代に当てはまらない農産物を選び，番号で答えなさい。

1　みかん　　2　ぶどう　　3　さとうきび　　4　てんさい

問5　下線(エ)を生産する場所は幕府に直接支配されていることが多かった。幕府が直接支配した金山は現在の何県にあったかを選び，番号で答えなさい。

1　新潟県　　2　島根県　　3　愛媛県　　4　栃木県

問6　下線(オ)の栽培に成功したころ，サツマイモの栽培も全国に広まった。この二つの作物の栽培をすすめた将軍を選び，番号で答えなさい。

1　徳川家康　　2　徳川家光　　3　徳川綱吉　　4　徳川吉宗

問7　下線(カ)は蝦夷《えぞ》地産のものが多かった。蝦夷地の産物を独占的に取り扱っていた藩《はん》を選び，番号で答えなさい。

1　薩摩《さつま》　　2　長州　　3　松前　　4　対馬

【5】　次の文は，1945年(昭和20年)に起きたできごとに関するものです。以下の問いに答えなさい。

A　(　あ　)(地名)で行われた会談では，この日，日本の無条件降伏《ふく》を求める宣言が採択《たく》された。

B　この日，当初の投下目標から変更された末，午前11時02分，(　い　)(地名)に原子爆弾が投下された。

C　激しい地上戦が行われた(　う　)(地名)では，のちに「慰霊《いれい》の日」となるこの日に，組織的な戦闘《とう》が終結した。

D　(　え　)(地名)で行われた会談では，この日秘密協定として，日本と中立条約を結んでいたソ連の対日参戦がとり決められた。

E　日本と同盟を結んでいた(　お　)(国名)は，連合国に東西より攻められた末，この日に降伏した。

問1　空らん(　あ　)～(　お　)にあてはまる語句を選び，番号で答えなさい。

1　沖縄　　2　イタリア　　3　カイロ　　4　長崎　　5　ロンドン

6　下関　　7　ポーツマス　　8　ヤルタ　　9　ドイツ　　10　広島

11　ポツダム　　12　フランス　　13　東京　　14　対馬

問2　A～Eを古い順に並べかえなさい。

【6】　次の文を読み，次の問いに答えなさい。

日本では，経済的な理由から，こどもを生み育てることを控《ひか》える人の割合が上昇しています。(ア)合計特殊出生《しゅっしょう》率が年々低くなって少子化が進むと，将来，労働者人口が減少するので，(イ)国が集める税金の額が減って，(ウ)社会保障の財源が不足するかもしれません。一方で，(エ)国の支出は増加傾向にあるため，岸田内閣は「こども(　あ　)方針」を掲《かか》げて，異次元の少子化対策を進めています。

問1　下線(ア)の説明として，もっとも適当なものを選び，番号で答えなさい。

1　日本で一年間に生まれる子どもの平均数

2　一つの家庭で生まれる子どもの平均数

3　一人の女性が一生の間に産むと見込まれる子どもの平均数

4　日本のすべての病院で生まれる子どもの平均数

問2　下線(イ)に関して，所得や財産が大きいほど税率が高くなる課税方法を何というか，解答らんの形式に合わせて答えなさい。

問3　下線(ウ)を説明する文として，もっとも適当なものを選び，番号で答えなさい。

1　経済的に生活が苦しい人々に対して，国が生活費などを支給する制度を公的扶《ふ》助という。

2　国民全体の健康増進のために，病気の予防などを行う制度を社会保険という。

3　病気や失業の時に保険金を給付するため，国民から保険料を集める制度を社会福祉《し》という。

4　高齢《れい》者や児童，身体に障がいを持っている人など，働くことが困難な人々を援《えん》助する制度を公衆衛生という。

問4　下線(エ)に関して，次のグラフは，2010年度と2023年度の国の一年間の支出の内訳を示しています。これらのグラフの説明として，もっとも適当なものを選び，番号で答えなさい。

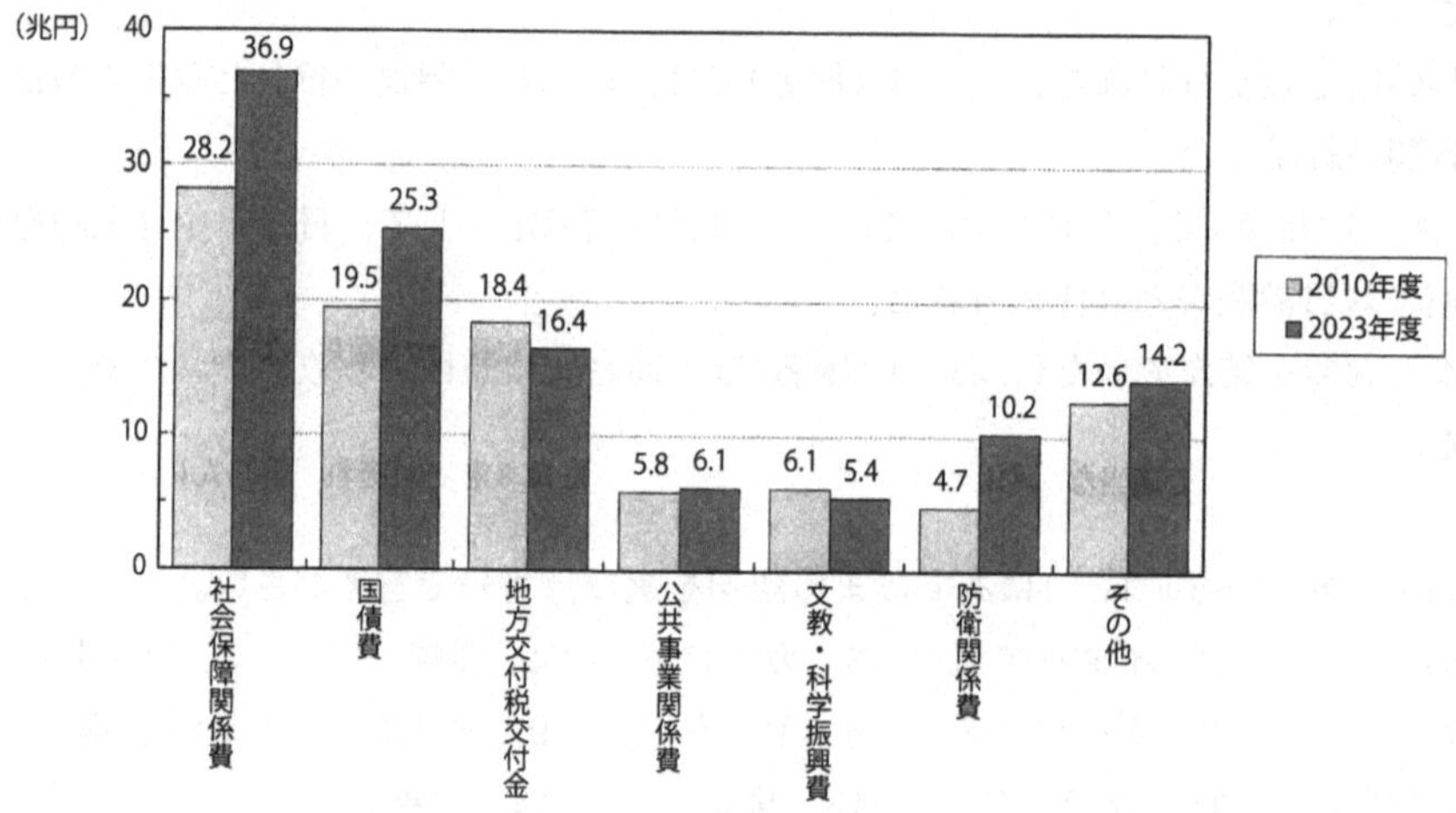

(日本国勢図会2023/2024より作成)

1　社会保障関係費は，2023年度よりも2010年度のほうが多かった。

2　2010年度も2023年度も，地方交付税交付金は5番目に支出が多い。

3　2023年度の公共事業関係費と文教・科学振《しん》興費は，2010年度と比べて1兆円以上減っている。

4　2023年度の防衛関係費は，2010年度より2倍以上に増えている。

問5　空らん(　あ　)に当てはまる語句を，漢字4字で答えなさい。

【7】　次の文を読み，次の問いに答えなさい。

内閣は，内閣総理大臣とその他の(ア)国務大臣で構成され，(イ)国会で決められた法律や予算にもとづいて国の仕事を進めていく機関です。(ウ)内閣の仕事は多岐《き》にわたるため，外交，教育，社会保障などの様ざまな仕事は，(エ)各省庁が分担して行っています。(オ)それぞれの省庁は国からの予算をもとに社会の状況や求めに応じた仕事をしています。

問1　下線(ア)の説明として適当でないものを選び，番号で答えなさい。

1　国務大臣は文民でなければならない。

2　国務大臣は内閣が指名し，天皇が任命する。

3　国務大臣は国会議員でなくても務めることができる。

4　国務大臣は任命できる人数に上限がある。

問2　下線(イ)の説明として適当でないものを選び，番号で答えなさい。

1　予算案は衆議院が先に審《しん》議をすると決められている。

2　法律案は内閣と国会議員のみが国会に提出できる。

3　予算案は両議院が異なる議決をした場合，必ず両院協議会が開かれる。

4　法律案は両議院が異なる議決をした場合，衆議院の議決がただちに国会の議決となる。

問3　下線(ウ)の説明として適当なものには○を，適当でないものには×をそれぞれ解答らんに記入しなさい。

1　憲法やその他の法律を実施するために政令を制定する。

2　常会や特別会の召集を行う。

3　天皇の国事行為に対して助言と承認を行う。

4　国会が結んだ外国との条約に対して承認を与える。

問4　下線(エ)について，次のA～Dの庁はそれぞれどの府省の所属であるか，正しいものを選び，番号で答えなさい。

A　気象庁　　B　消費者庁　　C　消防庁　　D　スポーツ庁

1　国土交通省　　2　総務省　　3　文部科学省　　4　防衛省

5　内閣府　　6　財務省　　7　農林水産省　　8　環境省

問5　下線(オ)について，次の表は一般会計歳出の所管別(省庁別)の内訳を示したものです。表のE～Hに当てはまる省庁を選び，番号で答えなさい。

(単位　億円)

	2019年度	2020年度	2021年度	2022年度	2023年度
E	－	－	650	4,720	4,950
F	8,190	8,210	7,940	7,440	7,250
G	315,320	403,750	447,300	335,160	331,690
H	19,920	171,140	76,240	9,020	8,810

2021年度までは決算，2022，2023年度は当初予算。(『日本国勢図会2023/24』より作成)

1　経済産業省　　2　厚生労働省　　3　デジタル庁　　4　法務省

問四　――2〜5は次の**ア・イ**のどちらですか。それぞれ記号で答えなさい。

ア　その時に本当に起きていて、かつ、私もそう感じていたこと、またはそう考えていたこと。

イ　その時に起きてはいなかったが、私がそう感じていたこと、またはそう考えていたこと。

問五　空らん[D]に当てはまる最も適切な言葉を次の中から選び、記号で答えなさい。

ア　いじけた　　**イ**　くやしい

ウ　大胆な　　**エ**　不安な

問六　空らん[E]に当てはまる最も適切な言葉を次の中から選び、記号で答えなさい。

ア　泡を食った　　**イ**　せきを切った

ウ　竹を割った　　**エ**　水を打った

問七　空らん[F]に入る最も適切な五文字の語句を本文中からぬき出して答えなさい。

問八　空らん[G]に当てはまるセリフは何ですか。最も適切な言葉を次の中から選び、記号で答えなさい。

ア　決勝にいけなくて、残念だったね

イ　転んじゃって、ごめんね

ウ　冷たくされて、悲しかったな

エ　優しくしてくれて、ありがとう

問九　――6「ぬめりとした」とありますが、奥山くんの手が濡れていたのは、この後、何をすることに緊張していたからですか。説明しなさい。

問十　――7「私の涙腺がゆるみ」とありますが、それは奥山くんの言葉から何を知ったからですか。解答らんに合うように二十字以上二十五字以内で本文中の一節をぬき出して答えなさい。

【四】　以下の①から⑮までのもののうち、あなたが「世の中をハッピーにしている」と考えるものを三つ選び、その理由を一五〇字以内で説明しなさい。

①　独立　　②　鉄道　　③　リゾートホテル

④　誕生日　　⑤　国家　　⑥　オリンピック

⑦　スポーツ　　⑧　藤沢　　⑨　プロフェッショナル

⑩　自動車　　⑪　温泉　　⑫　ファッション

⑬　学校行事　　⑭　自然　　⑮　オーディション

※　原稿用《げんこうよう》紙《し》の使い方に従って書くこと。ただし、一マス目から書き始め、改段落はしないこと。

※　解答の文章中に①から⑮までの語を書かないこと。例えば「オーディションは」と書かずに「⑮は」とすること。

肩からようやく力がぬけて、なつかしい観音の笑みがもどった。

私も――。目の縁《ふち》ぎりぎりに涙を押し留《とど》めながら、私は声にならない声を返した。私もずっとあの日に捕《と》らわれつづけてきた。ことあるごとに自ら傷口をえぐり、そして、弱気になっていた。どうせまた私は失敗する。自分のせいでみんなに迷惑《めいわく》をかける。悪いほうへ悪いほうへと考えては怖《お》じけてしりごみし、心の弱さをぜんぶあの転倒のせいにして、結局のところ、臆病《おくびょう》な自分を甘《あま》やかしつづけていた。

「私も、今日、ここにきてよかった。奥山くんと話ができて、本当に……」

ほどけていく。自らの手でこじらせていた紐のむすびめが解けていく。

「ありがとう」

地を踏《ふ》む足の軽さにふらつきながらも、初めて自分から奥山くんに手をさしのべた。

「こちらこそ、ありがとう」

再びつなぎあわせた手。それだけで十分だった。ためらいなく握手《あくしゅ》をしてくれた彼の濡れた掌に、十五年前の真実が宿っている。

わかりあうために必要な年月もある。人は、生きるほどに必ずしも過去から遠のいていくのではなく、時を経ることで初めて立ち返れる場所もあるのだと、触れあった指先にたしかな熱を感じながら思った。

（森絵都「むすびめ」より）

※出題の都合上、本文の一部を改稿《かいこう》しています。

注1 **サワー** 酒の一種。「二杯で抑えていた」とは酔《よ》わないようにしていたということ。
注2 **観音** 仏教において、人々をあわれみ、苦しみを除き、救いの求めに応じてくれる存在。
注3 **慟哭** ひどく悲しんで、激しく泣くこと。
注4 **居住まい** 姿勢や態度。
注5 **マスカラ** まつげを濃《こ》く見せるために塗る化粧品《けしょうひん》。
注6 **どんぐりまなこ** どんぐりのように丸くてくりくりした目。
注7 **ドーラン** 演者が舞台《ぶたい》やテレビ撮影《さつえい》で使う化粧品《けしょうひん》。
注8 **後生大事** 物事をいつまでも大切にすること。
注9 **珍経験** めずらしい経験のこと。
注10 **昇華** 物事をより高い程度にたかめること。
注11 **呵責** 責めさいなむこと。
注12 **SP** 要人の身辺を警護する私服警官。
注13 **低頭** 頭を低く下げること。
注14 **上弦の月** 新月から満月になる間の半円状に見える月。

問一 ――1「教えてほしいこと」の内容を具体的に表現しているセリフをぬき出して、最初の五字で答えなさい。

問二 空らん[A]に当てはまる最も適切な言葉を次の中から選び、記号で答えなさい。

ア 寛容《かんよう》　**イ** 厳格　**ウ** 悲壮《ひそう》　**エ** 優秀《ゆうしゅう》
オ 冷静

問三 空らん[B]・[C]に共通して当てはまる適切な漢字一字を答えなさい。

くんは一文字に結んだ口を動かさない。どうやらそのままの意味らしい。

　私はこくりと息を呑《の》み、震《ふる》える手をさしのべた。人差し指と中指、二本の指先でそっと眼下の掌に触れる。[6]ぬめりとした。

「濡《ぬ》れてるでしょ」

「はい?」

「汗《あせ》っかきなんだ」

「え」

「とくに、緊張《きんちょう》すると大量に汗が出て」

「あ……」

「今ならふつうに言えるけど、子どものころはすっごく、それが恥《は》ずかしくて、だれにも知られたくなくて」

　声をなくした私の前で、あいかわらず白い奥山くんの首筋がみるみる赤く染まっていく。

「あの日……あの予選の日も、ぼくの手、汗でびっしょりだった。気がつかなかった?」

　問われて、ハッと息をつめた。あの日。スタートラインで肩と肩を組みあわせたときの、奥山くんの掌。その感触?　思いだせない。首を横にふった。

「そんな余裕《よゆう》なくて」

「すごい汗だったんだ、緊張《きんちょう》して、あのムードにやられちゃって。紐を結ぶときも、腕を組むときも、どんどん汗が出てくるからすごく焦《あせ》って。飯田さんが転んだとき、あれが絶頂だった。ぼくのせいだ、ぼくが汗ばっか気にしてたからだってパニクって、ますます手がびしょびしょになって……」

　ごめん、と奥山くんが悲痛な声とともに低頭[注13]する。

「その濡れた手を、どうしても、飯田さんに、さしだせなかった」

「……」

　時間が止まった。時がもどった。十五年前のあの日、地べたに転がる私を無表情に見下ろしていた奥山くん。どうして気づいただろう。そのこぶしが大量の汗を抱いていたなんて。いつも冷静で、おだやかで、大人びていたあの男の子が、それほどの重圧に震えていたなんて。

　子どもだったんだ。ふいに、そのあたりまえの事実がすとんと胸に落ちた。奥山くんも、私も、もしかしたら真梨江先生も、あのころはみんなまだ本当に子どもだったんだ——。

「あれからぼく、飯田さんの顔、とてもじゃないけどまともに見られなくて、謝る勇気もないまま卒業しちゃって、それが、なんていうか、ずっとこのへんに引っかかってて……」

　このへん、と奥山くんのこぶしが鳩尾《みぞおち》のあたりを叩《たた》いた瞬間《しゅんかん》、はじかれたように[7]私の涙腺《るいせん》がゆるみ、彼の背後にうかぶ上弦《じょうげん》[注14]の月がぼやけた。

「だから今日、飯田さんと話ができてよかった。ほんとによかった」

「奥山くん……」

「SPやってると、どうしてもあの日のことを思いだすんだ。どんな要人守っても、セレブ守っても、クラスメイトの女子一人守れなかったら、ただのポンコツだなって」

　十五年間、私とおなじ重さを負ってきてくれた元パートナー。その

克服《こくふく》し、子ども時代のまたとない注9珍経験《ちんけいけん》へと注10昇華《しょうか》させていたのか。あの転倒を今も引きずっているのは、転倒した本人だけなのか――。

　あの負けが彼らの傷になっていなくてよかった。そんな安堵《あんど》をおぼえる一方で、十五年間の注11呵責《かしゃく》のもとをとりそこなったような、なんとも言いがたい徒労感が広がっていく。

（中略）

「奥山くん」

　個室の前で待ちぶせし、もどってきた奥山くんを捕《つか》まえたのは、飲み放題の終了《しゅうりょう》まで残すところ十五分の土壇場《どたんば》だった。早く、早くと自分をせっつきながらもなかなか思いきれず、彼がトイレへ立ったのを最後のチャンスと、ようやく重い腰《こし》を上げたのだった。

「あ……」

　とまどいをあらわに足を止めた奥山くんの目に混濁《こんだく》はなく、頰《ほお》にも上気の影はなかった。大人の飲み方をしていたようだ。

「あの、ちょっと、話をさせてもらってもいい？」

　声のうわずりを懸命《けんめい》に抑えて言った。できるだけふつうに、みんなとおなじ軽さに倣《なら》って。でも、決めたことは言って帰ろう。

「あ、うん。もちろん」

　瞳を激しくまたたかせながらも、奥山くんはうなずいた。

　私たちは連れだって外へ出た。先に立ってガラス戸に手をかけた奥山くんは、小さな段差でも私の足もとを気づかってくれて、その洗練された所作がいかにも注12SPのプロフェッショナルを思わせる。

　六年二組の教室で私を避けていた少年はもういない。彼もあれを過去へ流しているのなら、今さら触《ふ》れず、このままにしておいたほうがいいのではないか。ふと迷いがさすも、もう遅い。

　店の窓明かりを離れて街灯のもとへ立つと、見あげるほどに背が伸《の》びた奥山くんの横で、私は胸の鼓動《こどう》と格闘《かくとう》した。安っぽくべたついた焼きとりの匂《にお》いが夜風に乗って鼻先をかすめていく。

「六年生のとき……」

　軽く、軽く、軽く。私の重石を奥山くんになすりつけないように。

「　G　」

　笑って言えた。笑わなきゃ言えなかった。

「あのころ奥山くん、いつもすごく優しくて、練習でもいつも助けてくれて、なのに肝心《かんじん》の本番で私、転んじゃって、そのせいで奥山くんにまで迷惑《めいわく》かけちゃって……。ありがとうも、ごめんねも言えないままだったこと、ずっと気になってたの。もう昔のことだし、奥山くんは忘れてるかもしれないけど、私は忘れられなくて。だから、今日はそのことちゃんと話して、それで、終わりにしたかったの」

　つっかえながらもどうにか言いきった。直後、奥山くんの目が混乱の火花を散らしているのを見て、どきっとした。

「あ、あの、ほんとにごめんね、今さら。聞いてくれてありがとう。じゃ……」

　言うだけ言って逃《に》げようとした私を制するように、そのとき、奥山くんがぬっと掌《てのひら》を突きだし、張りつめた声を響《ひび》かせた。

「触《さわ》って」

「え」

「触《さわ》ってみて」

　血色のいい大きな掌。触って？　意味がわからず瞳で問うも、奥山

「ここでケンカしたら六年二組の思い出がだいなしだって、真梨江先生、すごい勢いで泣きだして、止まらなくて。私だって悲しくてくやしい、でも、ここは笑顔で終わらせなきゃいい思い出にできないんだって、わあわあ泣きながら言うの。大人があんなに泣くの見たの、初めてだったから、もうみんな、びっくりしちゃって、おろおろして。クラス全員、一気に泣きやんだんだ。ぴたっと、ほんとに、[E]みたいに」

　そうなんだよ、と内田がにわかに勢いづいて言った。

「先生があんまり泣くもんだからさ、オレら、もう泣いてる場合じゃなくなっちゃって、あわててフォローにまわったんだよな。負けたけど最後までがんばれてよかったとか、最高の思い出になったとか、夢をありがとうとか、もう必死で。母親たちも一緒《いっしょ》になって、元気をもらった、感動をもらった、ありがとうありがとうの大合唱で」

「気がついたら、テレビカメラがその姿に食いついてて、それでやっと先生、泣きやんだんだよね。マスカラ[注5]落ちちゃったから今のはカットして、って」

「………」

　あっけにとられて、声もなかった。私が救護室にいるあいだ、まさかそんなことが起こっていたなんて。

「私、真梨江先生がみんなに言ったのかと思ってた。私が転んだことは言っちゃいけないとか、悪いことは忘れようとか」

「ううん、そうじゃなくて」

　昔とおなじどんぐりまなこ[注6]で、あっちゃんが頭をふる。

「ま、ネガティブなこととか言うと、また真梨江先生が泣きだすんじゃないかって恐怖《きょうふ》はあったかもしれないけど。でも、それよりも、子どもは子どもなりに、やっぱり琴ちんのこと心配して、そっとしといてあげようって思ったんだよ」

「私のせいで負けたのに？」

「だから、琴ちんのせいじゃないって。あの日は、みんなが興奮してスピードあげすぎて、ペースが狂《くる》ってたんだよ。あれは、クラス全員のミス」

「てか、そもそも優勝したチームのタイム見たら、オレらと全然、格がちがったじゃん。メジャーリーグと少年野球くらいの差があったよ。決勝進出なんて、どだい夢の夢だったんだ」

　いともからりと内田が言ってのけ、泡のつぶれたビールを喉《のど》へ流しこんだ。

「ま、オレはきれいなレポーターにサインもらって、もうそれだけで大満足だったけどな。芸能人と会ったのも生まれてはじめてだったし」

「あ、私もサインもらった。あれ、どこやったかな」

　初めてドーラン[注7]を塗《ぬ》った大人を見た。帰りにお母さんたちがたこ焼きを買ってくれた。後日、テレビに真梨江先生の号泣シーンがノーカットで流れていた。オレのつむじも〇・五秒だけ映った。みるみる声を軽快にしてもりあがる二人を前にして、私はこの十五年間、後生[注8]大事に抱《かか》えつづけてきたしこりの収めどころを失い、呆《ほう》けたようにまばたきをくりかえした。

　なあんだ。みんなにとってあれは、真梨江先生の思惑《おもわく》とは関係なしに、本当に「[F]」になっていたのか。敗退の痛みなどはとうに

ばそらす。私が近づけば背をむける。まじめな子どもにありがちなかたくなさで、奥山くんは私を彼の視界からしめだすことにしたのだ。

　結局、まともに口をきくこともないまま、私たちは小学校を卒業した。

　クラスメイトたちの多くが進学する地元の公立を避け、知った顔のいない私立の中学校へ入学したとき、私はようやく二脚の足で再び歩きだせる思いがした。新しい学校。新しいクラスメイト。もうクラスの全員に負い目を感じなくてもいい。奥山くんの冷たい背中に、決して交わらない瞳《ひとみ》に、いちいち泣きたくならずにすむ。新しい自分として一からやりなおせる。そう思った。

　子ども時代の特殊《とくしゅ》な経験がどれだけ人を縛《しば》りつづけるものか、当時の私はまだ知らなかったのだ。

「私、今日は、教えてほしいことがあって」

　急に居住まい[注4]を正した私に、あっちんと内田がわかりやすく瞳の落ちつきをなくす。

「あの、予選の日のことなんだけど」

「予選？」

「あの日……あのとき、私、転んで、それで負けちゃって。そのあと私、救護室へ行ったじゃない」

「あ……ああ」

「や、そうだっけ？」

　私の目を見ない二人の声がかぶった。あっちんはもはやサワーに手を出さず、内田もビールの泡《あわ》がしぼむにまかせている。

「あのあいだに、なんかあった？」

「なんか？」

「救護室からスタンドへもどったら、急にムードが変《か》わってたから。泣いてたみんなが元気になってて、なんだかへんな空気で……あの感じ、私、ずっと忘れられなくて。ね、なんかあったんだよね」

　あっちんと内田が額を突き合わせ、目と目でなにかを相談する。

　口を開いたのは内田だった。

「いや、その、なんかあったってほどじゃないんだけどさ」

「でも、あったよね。教えて」

「いや、その……ちょっと、言いづらいんだけど」

「大丈夫《だいじょうぶ》。言って」

（中略）

「飯田が転んだせいだとか言いだすヤツも、やっぱ、いて」

「うん」

「飯田が転んだのは奥山のせいだとか言いだすヤツもいて。だれが速すぎたとか、だれが出遅《でおく》れたとか、だれの紐の結び方が悪かったとか、どんどん、やなムードになってきて、そんで、そしたら……」

「うん」

「その……」

　はっきりしない内田の横から、業を煮《に》やしたあっちんが言った。

「そしたら、真梨江先生が泣きだしたんだよ。私たちのだれよりも激しく、爆発的《ばくはつてき》に」

「は？」

　真梨江先生？

ほどの余力をふりしぼり、地中深くから掘《ほ》りだすように下半身を起こした。

同時に、奥山くんもはたと動きを再開し、ぎくしゃくした手つきで私たちの足に紐をまわした。

もう一度、合体。再び組みあわせた腕は、しかし、どこかよそよそしい。

「最後までファイト！　レッツゴー二組！」

博多くんの涙声《なみだごえ》を合図に、整列しなおした横一文字で、三十一脚がまた走りだす。

半分やけくその「いち、に、いち、に」。

スタンドからの哀《あわ》れみの拍手。

ゴール地点で待つ真梨江先生の悲壮《ひそう》な声援《せいえん》。

不幸中の幸いは、ゴール後、ひざから血を流していた私を保健係が救護室へ連れていってくれたことだ。抱《だ》きあって泣く子。地べたにうずくまる子。無言で肩《かた》を上下させる子。いたたまれないその場から立ち去ったあとも、しかし、決勝進出の夢を絶たれたみんなの盛大な嘆《なげ》きは私を苛《さいな》みつづけた。どんな顔をすればいいのか。どう償《つぐな》えばいいのか。いっそ転校してしまいたい。ところが——。

約二十分後、ひざこぞうにガーゼを貼《は》りつけた私がスタンドの一角へもどったときには、なぜだか[2]空気が一変していた。

いったいなにが起こったのか？

さっきまでの注3慟哭《どうこく》が嘘《うそ》のように、六年二組の面々はころっといつものみんなにもどっていたのだ。もはやそこに湿気《しっけ》はなく、むしろ「楽しかった」「やるだけやった」「いい思い出ができた」などと、こぞってポジティブなことを言いあっている。私の失態はなかったことになっているのか、だれもそこには触《ふ》れようとしない。まるであの転倒場面だけがみんなの思い出からポイント消去されたかのように。

「飯田さん、お疲《つか》れさま。すてきな思い出をありがとう」

真梨江先生がそう言って握手《あくしゅ》を求めてきたとき、この人だ、と私は直感した。

私がいないあいだ、きっと[3]彼女《かのじょ》がみんなに言いふくめたのだ。

飯田さんを責めないこと。

飯田さんが転んだ話はしないこと。

飯田さんの失敗は忘れて「いい思い出」にすること。

私は自分の手を背中に隠《かく》したまま、真梨江先生から顔をそむけた。

正直な話、転倒のことをみんなから責められていたら、気の弱い私はかなりの確率で不登校になっていたことだろう。が、当時の私は[D]気分で、いっそ責めてくれればいいのにと思った。六年二組の「いい思い出」を守るため、私というマイナス要素を排除《はいじょ》する、記憶《きおく》から閉めだしてふたをするという真梨江先生のやり方に、みんなの嘘《うそ》っぽい明るさに傷ついていた。

唯一《ゆいいつ》、あの転倒が夢幻《ゆめまぼろし》でなかったことを証していたのは、皮肉にも、急に変わった奥山くんの態度だった。

ラスト三週間の練習中、いつも二人で三脚だった。左の足と右の足を常につないでいた。[4]私が転べば助けてくれた。励《はげ》ましの言葉をくれた。なのに、最後の最後で、彼は私を突きはなした——。

のみならず、予選を敗退したその日以来、彼はほかのだれにも気づかれないくらいのさりげなさで、私を避《さ》けるようになった。[5]目が合え

そして、ついに決戦の日。十月のある日曜日、市の競技場で30人31脚の予選が催《もよお》された。

忘れたいから忘れたのか、ショックで記憶《きおく》が飛んだのか、あの一日を私は切れぎれの断片としてしか呼び起こすことができない。

（中略）

スタートを告げるピストル。

一列に並んで出た。

うまくいった。

この調子。

がむしゃらに走った。

前へ、前へ、体のぜんぶの力で。

速い。

今日の私は速い。

速すぎた。

残り半分の地点で足が止まった。

筋肉が軋《きし》む。

ひざが笑う。

もう動けない。

限界。

再び加速する余力はどこにもない。

私の失速に気づかないまま、[B]を走る奥山くんが一歩前へ出る。

組みあわせた腕《うで》と腕が離《はな》れかける。

待って、奥山くん。

腕を気にして、足を怠《おこた》った。

右足のひざから力がぬけた。

がくんと世界が傾《かたむ》いた。

[C]足の紐《ひも》が外れ、体ごと地面に突っこんだ。

奥山くんと私の足が離れた――。

切れぎれな記憶《きおく》の連なりのなかで、皮肉にも、最も忘れたいその場面だけがスローモーションの緻密《ちみつ》さで目の裏に焼きついている。

一列のラインは無惨《むざん》に寸断された。見たくないものを見るように、二、三歩先で奥山くんがふりかえる。それに連動してその左の男子、そのまた左の女子と、つんのめりの波が伝っていく。

グラウンドに転がる私を見すえる奥山くんの顔には表情がなかった。いつもの優しいまなざしも、「ごめんね」とさしだされる手もない。彼はただ影《かげ》のようにのっぺりと立ちつくしていた。なにも言わない。動かない。その不動に、その沈黙《ちんもく》に責められている気がして、私はますます動転した。

消えたい。この世界からいなくなってしまいたい。

しかし、それは許されなかった。バッテリーが切れたような奥山くんに代わって、業を煮《に》やしたみんなが騒《さわ》ぎだしたのだ。

「琴《こと》ちん、立とう」

「起きろよ、飯田」

「最後までがんばろう」

「ファイト！」

もはや勝ち目はない。決勝進出の望みは断たれた。それでも、せめてゴールをしようというみんなの声に抗《あらが》えるわけもなく、私はごま粒《つぶ》

「私、今日は、[1]教えてほしいことがあって来たの」

　三十人で横列を組むとき、足の速い者と遅《おそ》い者を交互《こうご》に配置する。真梨江《まりえ》先生がそんな戦略を立てたのは、地方予選の本番までいよいよ三週間を切ったころだった。

　練習中、みんなの足がそろっていないと、走行中に一文字であるべきラインがVの字にくぼんだり、Wの字にゆがんだりしてしまう。悪くすると、ラインがバラけて崩壊《ほうかい》する。俊足《しゅんそく》と鈍足《どんそく》をとなりあわせることにより、極端《きょくたん》な速度の差異が生じるのを防《ふせ》ぎ、全体のスピードを均《なら》そうという試みだった。

「みんな、一人だけ速く走ろうとしないで、横の子と合わせることを、まずは一番に考えてちょうだい。全員が横の子と合わせて走ったら、列は絶対にくずれないでしょう。それが勝負の鍵《かぎ》よ。三十一脚《きゃく》、きっちりそろって走りぬいたチームが最終的には好記録を叩きだすの。突出《とっしゅつ》した一人はいらないのよ」

　その持論のもと、真梨江先生はクラスいち足の速い奥山《おくやま》くんを、クラスいち足の遅い私の横につけた。さらに、常に列をへこませていた私を一番右端《みぎはし》に配することで、ライン崩壊のリスクを下げた。それによって私は右半身の自由を手に入れ、多少なりとも楽に走れるようになったのだから、狙《ねら》いは悪くなかったと思う。

　気の毒なのは、面倒《めんどう》なお荷物を押《お》しつけられた奥山くんだ。

「奥山くん、できるだけ飯田《いいだ》さんのこと、引っぱってあげてね。転びそうになったら助けてあげて。奥山くんと飯田さんは二人で三脚、つまり、一心同体ってことよ」

　どんくさい女子と一心同体なんて冗談《じょうだん》じゃない。と、ふつうの男子ならば、大いに反発していたところだろう。が、奥山くんはその額とあごのラインが指し示すように、どこか[注2]観音《かんのん》めいた心根の持ち主だった。だれに対しても親切で、みんなのいやがる仕事も快く引きうけ、イメージ映像としては「いつもゴミ箱を焼却炉《しょうきゃくろ》へ運んでいる」。そんな彼《かれ》だからこそ、真梨江先生は無茶な難題を突《つ》きつけ、そして、そんな彼だからこそ、内心はともあれ、文句も言わずに私の世話役を引きうけたのだ。

　真梨江先生の戦略は吉《きち》と出た。日に何度かは必ず横の子に引きずられて転び、練習を中断させていた私は、奥山くんの横になって以来、ひざこぞうをすりむく回数が減った。彼が巧《たく》みに足の運びを合わせてくれたからだ。それでも尚《なお》かつ私が転んだときには、まるで自分が蹴《け》倒《たお》しでもしたみたいに、いともすまなそうな目をして「ごめんね」と助けおこしてくれる。

「よっ。奥山、熱いぞ！」

「お姫《ひめ》さまだっこしてやれ！」

　幼稚《ようち》な男子たちにひやかされても、奥山くんはひるまない。私が転倒するたび、「なんだよ、奥山」「ダーリン、しっかりしろ」と理不尽《りふじん》なブーイングを受けても、奥山くんは怒《おこ》らない。度重なるにつけ、そんな彼の善良さが、私には逆につらくなっていった。

　だれよりも速く走れるはずの奥山くんに、自分がブレーキをかけていること。練習のたびにいやな思いをさせていること。彼が［A］であるほどに、情けなさがひざこぞうにしみてくる。

（中略）

　経済と非経済との区別は、こうした思いや感情をモノのやりとりに④フカしたり、除去したりするための装置なのだ。

　レジでお金を払って商品を受けとる行為には、なんの思いも込められていない。みんなでそう考えることで、それとは異なる演出がなされた結婚式でのお金のやりとりが、特定の思いや感情を表現する行為となる。

　それは、光を感じるために闇《やみ》が必要なように、どちらが欠けてもいけない。経済の「交換」という脱《だつ》［9］化された領域があってはじめて、「贈与」に込められた［10］を⑤キワ立たせることができる。だからバレンタインのチョコで思いを伝えるためには、「商品」とは異なる「贈り物」にすることが不可欠なのだ。


（松村圭一郎『うしろめたさの人類学』より）
※出題の都合上、本文の一部を改稿《かいこう》しています。

注1　**ホワイトデー**　バレンタインデーの一カ月後に、男性から女性へのお返しを贈る日。
注2　**ご祝儀**　祝いの気持ちを表すために贈る金品。
注3　**香典**　香や花の代わりとして死者にお供えするお金。
注4　**袱紗**　ここでは、物を包むのに用いる小さめの布という意味。

問一　——①～⑤のカタカナを漢字に直しなさい。
問二　空らん［A］～［D］に入る言葉を次の中から選び、記号で答えなさい。同じ記号を二度使ってはいけません。
ア　さらに　**イ**　だから　**ウ**　たとえば　**エ**　では

問三　空らん［1］～［4］には、**ア**贈与・**イ**交換のどちらが入りますか。それぞれ記号で答えなさい。
問四　空らん［5］・［6］に入る組み合わせとして適切なものを一つ選び、記号で答えなさい。
ア　5商品・6商品　**イ**　5贈り物・6贈り物
ウ　5商品・6贈り物　**エ**　5贈り物・6商品
問五　空らん［7］に入る最も適切な言葉を本文中からぬき出して答えなさい。
問六　空らん［8］に入る最も適切な言葉を本文中からぬき出して答えなさい。
問七　空らん［9］・［10］には同じ言葉が入ります。［9］・［10］に入る最も適切な言葉を本文中からぬき出して答えなさい。

【三】　次の文章を読んで、あとの問いに答えなさい。

二十七歳の「私」は、小学校卒業以来、初めてクラス会に参加した。


　あの話を切りだすなら、今だ。このタイミングを逃《のが》したら、きっと、もう言えない。なんのために今日、ここへ来たのかわからなくなる。

「あの……あのね」

　このときのためにサワー[注1]は二杯《にはい》で抑《おさ》えていた。自分の頭がクリアであるのを確認しながら、私はあらたまって二人へむきなおった。

店の棚《たな》にある値札のついたチョコレートは、それが客への「贈り物」でも、店内の「装飾品《そうしょくひん》」でもなく、お金を払って購入すべき「商品」だと、誰《だれ》も疑わない。でもだからこそ、その商品を購入して、贈り物として人に渡すときには、その「商品らしさ」をきれいにそぎ落として、「贈り物」に仕立てあげなければならない。

なぜ、そんなことが必要になるのか?

ひとつには、ぼくらが「商品／経済」と「贈り物／非経済」をきちんと区別すべきだという「きまり」にとても忠実だからだ。この区別をとおして、世界のリアリティの一端《いったん》がかたちづくられているとさえいえる。

そして、それはチョコレートを購入することと、プレゼントとして贈ることが、なんらかの外的な表示（時間差、値札、リボン、包装）でしか区別できないことを示してもいる。

［C］、バレンタインの日にコンビニの袋《ふくろ》に入った板チョコをレシートとともに渡されたとしたら、それがなにを①イトしているのか、戸惑《とまど》ってしまうだろう。でも同じチョコレートがきれいに包装されてリボンがつけられ、メッセージカードなんかが添《そ》えられていたら、たとえ中身が同じ商品でも、まったく意味が変わってしまう。ほんの表面的な「印」の違いが、②レキゼンとした差異を生む。

ぼくらは同じチョコレートが人と人とのあいだでやりとりされることが、どこかで区別しがたい行為だと感じている。［D］、わざわざ「商品らしさ」や「贈り物らしさ」を演出しているのだ。

ぼくらは人とのモノのやりとりを、そのつど経済的な行為にしたり、経済とは関係のない行為にしたりしている。「経済化＝［5］らしくすること」は、「脱経済化＝［6］にすること」との対比のなかで実現する。こうやって日々、みんなが一緒《いっしょ》になって「経済／非経済」を区別するという「きまり」を維持《いじ》しているのだ。

でも、いったいなぜそんな「きまり」が必要なのだろうか?

ぼくらはいろんなモノを人とやりとりしている。言葉や表情なども含《ふく》めると、つねになにかを与《あた》え、受けとりながら生きている。そうしたモノのやりとりには、「商品交換」と「贈与」とを区別する「［7］」があると書いた。

ひとつ注意すべきなのは、そのモノのやりとりにお金が介在《かいざい》すれば、つねに「商品交換」になるわけではない、ということだ。結婚式《けっこんしき》注2のご祝儀《しゅうぎ》や葬儀《そうぎ》注3の香典《こうでん》、お年玉などを想像すれば、わかるだろう。お金でも、特別な［8］（祝儀袋／新札《しんさつ》注4／袱紗《ふくさ》／署名）を③ホドコすことで贈り物に仕立てあげられる。ふつうは結婚式の受付で、財布からお金を出して渡す人なんていない。

なぜ、わざわざそんな「きまり」を守っているのか? じつは、この「きまり」をとおして、ぼくらは二種類のモノのやりとりの一方には「なにか」を付け加え、他方からは「なにか」を差し引いている。それは、「思い」あるいは「感情」と言ってもいいかもしれない。

贈り物である結婚のお祝いは、お金をご祝儀袋に入れてはじめて、「祝福」という思いを込《こ》めることができる。と、みんな信じている。

経済的な「交換」の場では、そうした思いや感情はないものとして差し引かれる。マクドナルドの店員の「スマイル」は、けっしてあなたへの好意ではない。そう、みんなわかっている。

【国　語】（四五分）〈満点：一〇〇点〉

※　解答はすべて解答用紙に記入しなさい。

※　解答に句読点や記号などが含《ふく》まれる場合は一字に数えます。

【一】　次の（　）に共通してあてはまる、漢字一字を答えなさい。

①　（　）ほどうかがいますので、（　）ろにお並びください。

②　（　）く知りませんでした。（　）て私の責任です。

③　（　）いペンで（　）かい字を書く。

④　家族ぐるみのつきあいで（　）どうしも（　）しくしている。

⑤　（　）い薬を飲むと、むせてしまって（　）しい。

⑥　あの男に（　）わるな、だまされるのが（　）の山だぞ。

⑦　駅前を（　）って、学校に（　）う。

⑧　庭に（　）えたキノコを（　）で食べてはいけない。

⑨　雨が（　）ってきたので、校旗を（　）ろしてください。

⑩　目が（　）めたとき、夢を（　）えていなかった。

【二】　次の文章を読んで、あとの問いに答えなさい。

店で商品を購入《こうにゅう》するとき、金銭との交換《こうかん》が行われる。でも、バレンタインデーにチョコレートを贈《おく》るときには、その対価が支払《しはら》われることはない。好きな人に思い切って、「これ受けとってください」とチョコレートを渡《わた》したとき、「え？　いくらだったの？」と財布からお金をとり出されたりしたら、たいへんな屈辱《くつじょく》になる。

贈り物をもらう側も、その場では対価を払わずに受けとることが求められる。このチョコレートを「渡す／受けとる」という行為《こうい》は贈与《ぞうよ》であって、売買のような商品交換ではない。だから「経済」とは考えられない。

［A］、ホワイトデー[注1]にクッキーのお返しがあるとき、それは「交換」になるのだろうか。この行為も、ふつうは贈与への「返礼」として、商品交換から区別される。たとえほとんど等価のものがやりとりされていても、それは売買とは違《ちが》う。そう考えられている。

商品交換と贈与を区別しているものはなにか？

フランスの社会学者ピエール・ブルデュは、その区別をつくりだしているのは、モノのやりとりのあいだに差しはさまれた「時間」だと指摘《してき》した。

たとえば、チョコレートをもらって、すぐに相手にクッキーを返したとしたら、これは等価なものを取引する経済的な「［1］」となる。ところが、そのチョコレートの代金に相当するクッキーを一カ月後に渡したとしても、それは商品［2］ではない。返礼という「［3］」の一部とみなされる。このとき、やりとりされるモノの「等価性」は伏《ふ》せられ、「［4］」らしさが消える。

商品交換と贈与を分けているものは時間だけではない。お店でチョコレートを購入したあと、そのチョコレートに値札がついていたら、かならずその値札をはずすだろう。［B］、チョコレートの箱にリボンをつけたり、それらしい包装をしたりして、「贈り物らしさ」を演出するにちがいない。

MEMO

大切なことはメモしておこうネ！

2024年度

解　答　と　解　説

《2024年度の配点は解答欄に掲載してあります。》

＜算数解答＞ 《学校からの正答の発表はありません。》

【1】 (1) 14　(2) $\frac{5}{54}$　(3) 67　【2】 (1) 毎分64m　(2) 60個　(3) 75°

【3】 (1) 143　(2) 308　(3) 16

【4】 (1) 30.28cm　(2) 53.42cm　(3) 106.41cm^2

【5】 (1) 14cm　(2) 28　(3) 180cm^3

【6】 (1) 16個　(2) 70分後　(3) 25分間

○推定配点○

【1】，【2】，【3】(1)・(2)　各5点×8　他　各6点×10　計100点

＜算数解説＞

【1】 (四則計算，数の性質)

(1) $17\frac{\boxed{ア}}{25}=4.2\times9-20.24=17.56$より，$\boxed{ア}=56\div4=14$

(2) $\left(\frac{1}{3}-\frac{1}{6}+\frac{1}{6}-\cdots+\frac{1}{15}-\frac{1}{18}\right)\div3=\left(\frac{1}{3}-\frac{1}{18}\right)\div3=\frac{5}{54}$

重要 (3) 100までの4の倍数…100÷4＝25(個)
96までの6の倍数…96÷6＝16(個)
96までの12の倍数…96÷12＝8(個)
したがって，求める個数は100－(25＋16－8)＝67(個)

重要 【2】 (速さの三公式と比，旅人算，和差算，割合と比，平面図形)

(1) 2人の分速の和…672÷6＝112(m)
2人の分速の差…672÷42＝16(m)
したがって，求める分速は(112＋16)÷2＝64(m)

(2) 売り上げ個数…○
値上げ前の売り上げ…150×○
値上げ後の売り上げ…170×○×0.9
売り上げの差…(153－150)×○＝3×○＝180
したがって，求める個数は180÷3＝60(個)

(3) 三角形ABO…右図より，正三角形
直角三角形ABE…AB＝BE
三角形BEO…二等辺三角形
したがって，角㋐は(180－30)÷2＝75(度)

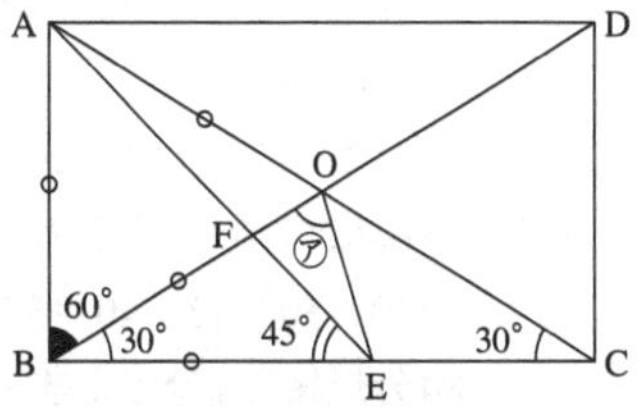

【3】 (数列)

番号和…「たての番号」＋「横の番号」

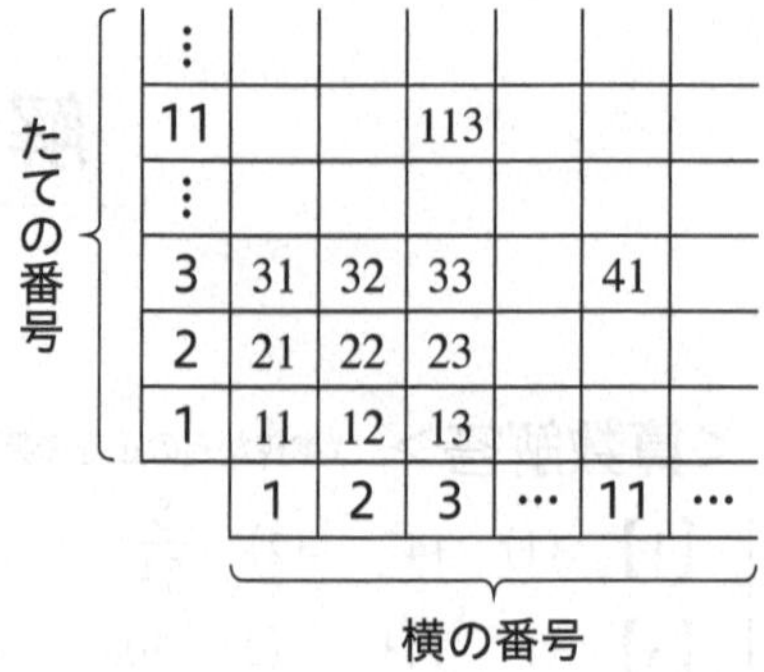

(1) たての番号12＋横の番号1…$12 \times 10 + 1 = 121$

たての番号1＋横の番号12…$1 \times 10 + 12 = 22$

したがって，求める和は$121 + 22 = 143$

(2) $(1+2+\sim+7) \times 10 + 1 + 2 + \sim + 7 =$

$(1+7) \times 7 \div 2 \times (10+1) = 28 \times 11 = 308$

(3) 1320…(2)より，$1320 \div 11 = 120$

1から□までの整数の和…120

□…$(1+\square) \times \square \div 2 = 120$より，

$(1+\square) \times \square = 120 \times 2 = 240 = 16 \times 15$

$\square = 15$

したがって，求める番号和は$15 + 1 = 16$

重要 【4】 (平面図形，図形や点の移動，割合と比)

(1) 図1

…$(6 \times 2 + 2 \times 3.14 \div 2) \times 2$

$= 30.28$(cm)

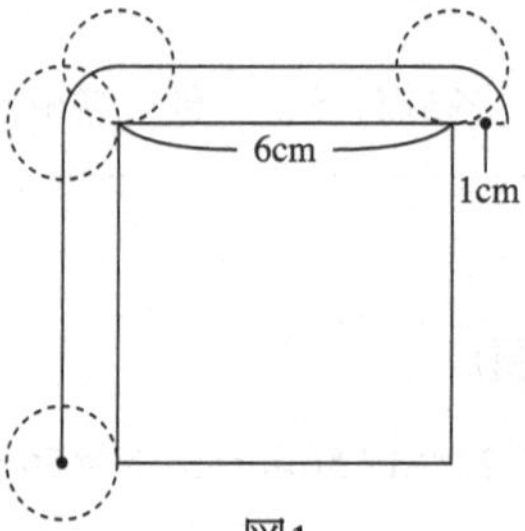

図1

(2) 図2

…$\{(6+5) \times 2 + 2 \times 3.14 \div 4 \times 3\} \times 2$

$= (22 + 4.71) \times 2 = 53.42$(cm)

(3) 図2

…$\{(6+4) \times 2 \times 2 + 3 + 1 \times 1 \times 3.14 \div 4 + 2 \times 2 \times 3.14 \div 4 \times 3\} \times 2$

$= (43 + 3.14 \div 4 + 3 \times 3.14) \times 2 = 86 + 6.5 \times 3.14 = 106.41$($cm^2$)

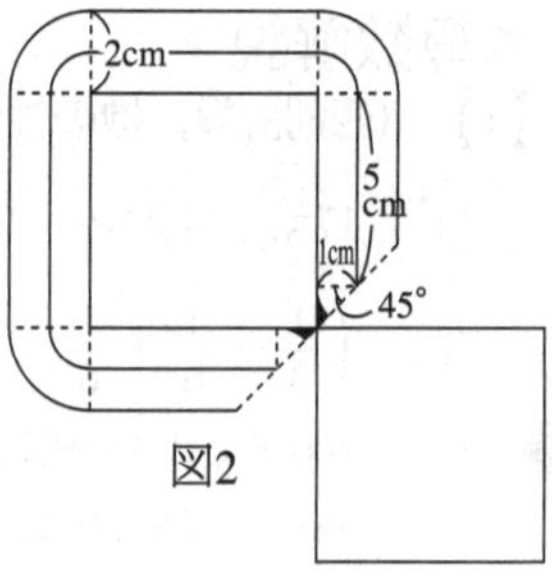

図2

重要 【5】 (平面図形，立体図形，グラフ，割合と比)

(1) 水そうの中部と下部の容積の比

…グラフより，$(64-40) : 40$

$= 3 : 5$

中部と下部の高さの比

…$(22-12) : 12 = 5 : 6$

中部と下部の横の長さの比

…$(3 \div 5) : (5 \div 6) = 18 : 25$

したがって，㋐は$50 \div 25 \times (25-18)$

$= 14$(cm)

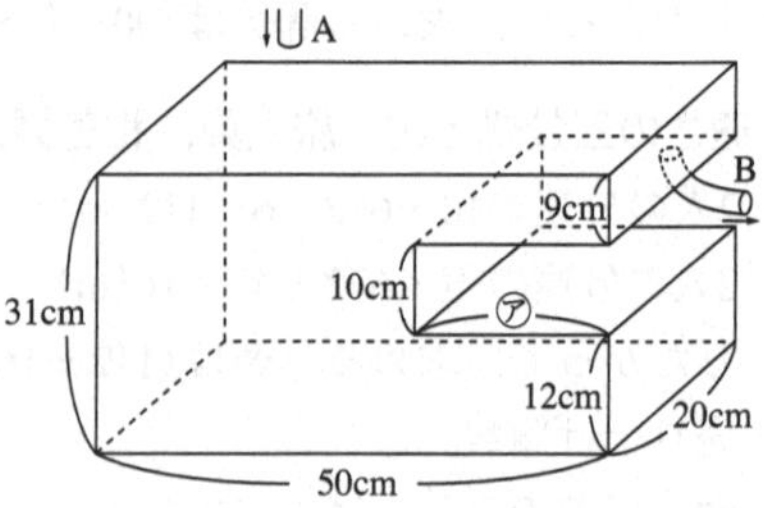

(2) 22～㋑までの水面の高さの変化

…グラフより，$12 \div 40 \times (84-64)$

$= 6$(cm)

したがって，㋑は$22 + 6 = 28$(cm)

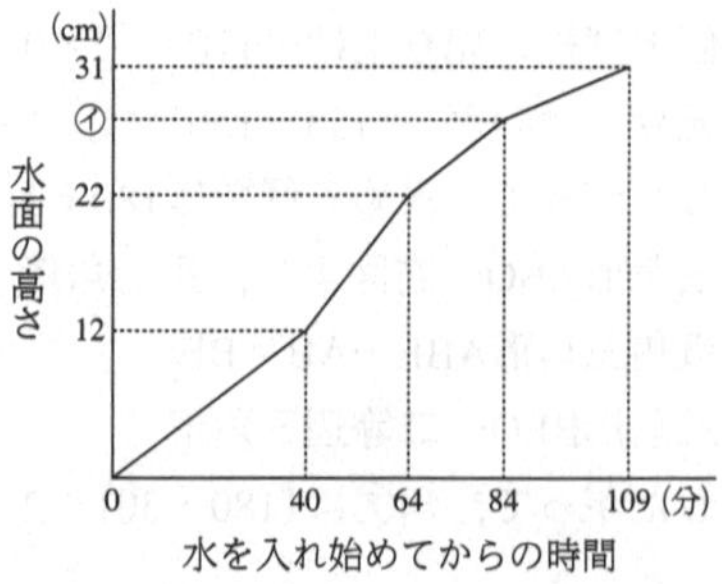

(3) 下部に1分でたまる水量

…$20 \times 50 \times 12 \div 40 = 300$($cm^3$)

84分以後，1分でたまる水量

…(2)より，$20 \times 50 \times (31-28) \div (109-84)$

$= 120$(cm^3)

したがって，毎分の排水量は300－120＝180(cm^3)

重要 **【6】 (割合と比，ニュートン算，消去算，鶴亀算)**

冷凍庫の容量…アイスクリーム1200個
生産開始前の冷凍庫のアイスクリームの個数…630個
ロボット3台で運び出すとき…45分で冷凍庫のアイスクリームの個数は0個
ロボット1台で運び出すとき…95分で冷凍庫のアイスクリームの個数は1200個
ロボット1台が1分で運び出す個数…□
1分で生産される個数…△

(1) □×3－△…630÷45＝14(個)　－ア
△－□…(1200－630)÷95＝6(個)　－イ
ア＋イ…□×2＝20より，□＝10，△＝10＋6＝16
したがって，1分の生産個数は16個

(2) (1)より，630÷{10×3－(16＋5)}＝70(分)

(3) 370分で運び出す個数…630＋16×370＝6550(個)
ロボット1台で110分，運び出した個数…10×110＝1100(個)
370－110＝260(分)で運び出した個数…6550－1100＝5450(個)
ロボット3台で1分，運び出す個数…10×3＝30(個)
ロボット2台で1分，運び出す個数…10×2＝20(個)
したがって，求める時間は(5450－20×260)÷(30－20)＝25(分)
【別解】　{630＋(16－10)×110－(20－16)×260}÷10＝25(分)

★ワンポイントアドバイス★

問題をよく読んで内容をつかむことが，第1のポイント。そして，【2】までの6問で確実に得点することが第2のポイントである。【5】「水面の高さのグラフ」の問題は重要であり，よく復習しよう。【6】「ニュートン算」は，やや難しい。

＜理科解答＞ 《学校からの正答の発表はありません。》

【1】 (問1)　2　(問2)　5　(問3)　1→5→3　(問4)　5　(問5)　持続可能
(問6)　2，5

【2】 (問1)　5　(問2)　ア　3　イ　1　ウ　4　エ　7　(問3)　3　(問4)　3
(問5)　少ないエネルギーで発射できる。

【3】 (問1)　並列　(問2)　4　(問3)　1　(問4)　6個　(問5)　1.5倍　(問6)　LED
(問7)　消費電力が少ない。[電球の寿命が長い。]

【4】 (問1)　3，5，7　(問2)　6　(問3)　3，6，7　(問4)　(2番目に多く含まれている気体)　4　(3番目に多く含まれている気体)　8　(問5)　5，9　(問6)　2，7
(問7)　二酸化炭素が水に溶け，内部の圧力が減少したため。

○推定配点○
【1】　各2点×6(問6完答)　【2】　問2～問4　各1点×6　他　各2点×2　【3】　各2点×7
【4】　各2点×7(問1・問3～問6各完答)　計50点

＜理科解説＞

【1】（動物―海に住む生物）

問1　ケイソウは動物プランクトンのエサになり，それを小型の魚であるイワシが食べ，イワシを大型の魚のマグロが食べる。このような関係を食物連鎖という。

問2　ジンベエザメは主にプランクトンを食べるが，同時に小型の魚も食べる。

基本　問3　プレパラートを移動させるには，移動させたい方向と逆の方向にプレパラートを移動する。図では左上方向に移動させる。その後，レボルバーを回して対物レンズをより高倍率のものに替え，調節ねじでピントを合わせる。

問4　海にすむ魚は口から海水を取り込む。尿の量を少なくして体内の水分が失われるのを防いでいる。しかし，体内の塩分濃度が大きくなりすぎるので，えらから余分な塩分を体外に放出している。

問5　「海のエコラベル」は，持続可能な漁業で獲られた水産物であることを証明する表示である。

問6　IUCNによってレッドリストにのせられている水産物は，ニホンウナギとクロマグロである。

【2】（太陽と月―月）

問1　月から見た地球の全面に光が当たっているので，太陽，月，地球の順に一直線方向に位置している。このとき，地球から月を見ると月は新月になる。

重要　問2　水は酸素と水素からできる。人が呼吸するのは酸素であり，その際放出するのは二酸化炭素である。二酸化炭素は植物が光合成に用いる。液化水素が燃焼すると高温の水蒸気が発生し，急激に体積が増加し推進力となる。

問3　月には大気がないため，昼間と夜の寒暖差が非常に大きい。昼間は120℃，夜間は－180℃にもなる。南極にはシャクルトンクレーターがあり，その頂上付近ではほぼ1年中太陽の光が当たる。これを太陽光エネルギーとして利用できる。

問4　月の自転軸はほとんど傾きがない。太陽の光は地平線付近からやってくるので，太陽高度は低く，太陽光パネルは月面に対して90度の角度で設置する。

問5　月の重力が地球より小さいのでロケットにかかる重力が小さく，打ち上げに要するエネルギーが少なくてすむ。

【3】（電流と回路―電流の大きさ）

基本　問1　図のような回路を並列回路という。

基本　問2　電流の大きさを測定するときは電流計を直列に接続する。2では回路全体を流れる電流を測定することになる。3は電流計の＋－が逆であり，4が正しい。

基本　問3　電流計に過剰な電流が流れて故障しないように，端子ははかれる電流の大きなものから徐々に小さなものに変えてゆく。

重要　問4　電池1個の電圧をVとする。豆電球Aの抵抗の大きさをRとすると，Bは2Rになる。図1では豆電球Aに流れる電流の大きさは$\frac{2V}{R}$である。図2では回路全体の抵抗が3Rであり，AにもBにも同じ大きさの電流が流れるので，電流の大きさが$\frac{2V}{R}$になるとき電圧は$\frac{2V}{R}\times 3R = 6V$になる。電池6個が必要である。

重要　問5　（ア）を流れた電流のうち，その$\frac{2}{3}$が（イ）の豆電球Aに流れる。よって（ア）に流れる電流は（イ）の$1\div\frac{2}{3}=\frac{3}{2}=1.5$（倍）になる。

基本　問6　この発光体はLEDと呼ばれる。

問7　LED電球は白熱電球より消費する電気量が少なく，寿命も長持ちする。

【4】（気体の性質―気体の分別）

重要 問1　水溶液が酸性になる気体は，塩化水素，二酸化炭素，二酸化硫黄である。

重要 問2　BTB溶液が青色になるので，アルカリ性の気体である。アンモニア水はアルカリ性を示す。

重要 問3　刺激臭を持つ気体は，塩化水素，アンモニア，二酸化硫黄である。メタンは無臭の気体である。

重要 問4　空気中に最も多く含まれる気体は窒素であり，2番目が酸素，3番目がアルゴン，4番目が二酸化炭素である。

重要 問5　温室効果を持つ気体は，二酸化炭素，メタンである。水蒸気も温室効果ガスである。

問6　ペットボトルがつぶれるのは，閉じ込めた気体が水に溶けたからである。水に溶ける気体は塩化水素，二酸化炭素，アンモニア，二酸化硫黄である。このうち，塩化水素，アンモニア，二酸化硫黄は，水によく溶けるので水上置換法が適さない。二酸化炭素も水に溶けるが，その量はそれほど多くないのでこの気体は二酸化炭素と思われる。二酸化炭素の発生は，炭酸カルシウムに塩酸を加える。なお，二酸化硫黄が発生する組み合わせがないこともヒントになる。

問7　発生時に溶け切らなかった二酸化炭素が，ペットボトルを振って混ぜ合わせることでさらに水に溶け，容器内の圧力が低下して周りの空気の圧力に押されてへこんだ。

★ワンポイントアドバイス★

問題は標準レベルのものが大半である。時事的な内容の問題が出題されることもあり，普段から科学に関連したニュースには関心を持つようにしたい。

＜社会解答＞《学校からの正答の発表はありません。》

【1】 問1　A　1　B　3　C　2　D　4　問2　E　2　H　3　問3　I　2　J　1　K　4　L　4　問4　M　3　N　1　O　4　P　2

【2】 問1　A　3　C　4　問2　4　問3　3　問4　2　問5　4

【3】 問1　あ　6　い　4　う　3　問2　A　4　B　6　C　2

【4】 問1　2　問2　3　問3　1　問4　4　問5　1　問6　4　問7　3

【5】 問1　あ　11　い　4　う　1　え　8　お　9　問2　D→E→C→A→B

【6】 問1　3　問2　累進課税　問3　1　問4　4　問5　未来戦略

【7】 問1　2　問2　4　問3　1　○　2　×　3　○　4　×　問4　A　1　B　5　C　2　D　3　問5　E　3　F　4　G　2　H　1

○推定配点○

【1】 問2　1点(完答)　他　各1点×12　【2】 問1　1点(完答)　他　各1点×4

【3】 各1点×6　【4】 各1点×7　【5】 各1点×6(問2完答)　【6】 各1点×5

【7】 問3，問4　各1点×2(各完答)　他　各1点×6　計50点

＜社会解説＞

【1】（日本の地理―日本の新幹線に関する問題）

やや難 問1　Aは1で，1972年と1982年で大きな開きがあるのに注目。1972年に在来線の特急で上野と盛岡を結ぶものが運行するようになり，まず6時間台で移動できるようになり，1982年に東北新幹線が開通したことで4時間台になる。1982年の段階では大宮から盛岡の区間であったが1985年に上野から盛岡の区間となり，速度も現在までに少しずつ上がっている。Bは3の区間で，1972年の段階で，まず大阪まで東海道新幹線で移動し，そこから在来線で富山まで北上するのが最短であった。在来線の途中が少しずつ便利になり速度が上がった後，2015年に北陸新幹線が長野から金沢まで開通して東京から直通で富山まで新幹線で移動可能になり，時間も短くなった。Cが2の区間で，1972年の段階で上越線が走っており，1982年に上越新幹線が開通し，一気に時間が短縮された。Dが4の東海道新幹線の区間。1972年の段階で，既に東京から新大阪までは新幹線が開通しており，その後の時間短縮は他のものと比べると小さい。

やや難 問2　Eは総延長がさほど長くなく，また東京から割と近い所で，トンネルが断続的に出てきて，しかもそのトンネルの上の地上部分の標高が高いので，群馬県と新潟県の県境の越後山脈を貫く上越新幹線と判断できる。HはEと同じあたりからトンネルが始まり，比較的トンネルが数多くあり，総延長はHよりも長いので，北陸新幹線と判断できる。北陸新幹線は群馬県と長野県の県境のあたりのトンネルの上が一番高い場所になり，その後も，断続的にトンネルが現れ長野に至り，長野からは北上し妙高の山の下を通って日本海側に出る。東北新幹線は栃木の那須のあたりが高く，その後は小刻みに上下はするが比較的平坦なのでG，東海道新幹線は伊豆半島の付け根あたりで少し高くなっている場所の下をトンネルが通り，その後も小さな起伏はあるがしばらくは平たんで，静岡県，愛知県を通り，岐阜県の関ケ原の辺りが高くなり，その後は滋賀県と京都府の間のところでトンネルを抜けると京都に到達するのでF。

問3　Iは米の生産額が一番大きいので新潟県，Jは畜産の生産額が一番大きく工業生産額は一番小さいので岩手県，Lは農業の中では米が多く，工業では金属と化学がさかんなので富山県，残るKが京都府となる。

問4　Mの剱岳は富山県の立山の近くなので北陸新幹線の3，Nの智恵子の出身が福島県の二本松なので東北新幹線の1，Oは東海道新幹線の4，Pは上越のトンネルを抜けると雪国があったということなので上越新幹線の2。

【2】（日本の地理―北海道に関連するさまざまな問題）

重要 問1　Aは畑作のものが中心なので十勝平野を含む3の地域，Cは野菜類がごくわずかにある以外は飼料作物がほとんどなので根釧台地を含む4の地域。Bは果樹があるので渡島半島のある1，Dは北海道の稲作の中心の地域である2になる。

問2　4が正しい。1は最多消費国は中国のまま推移。インドは2位。2は増えている。3は現在の日本の稼働している炭鉱は北海道のものばかり。

問3　3　石狩鍋は北海道の郷土料理で，鮭を使うのがポイント。1は秋田のきりたんぽ鍋，2は山形の芋煮，4は広島のかきの土手鍋。

基本 問4　2　北海道の地名には漢字表記のものでも，読み方が独特のものが多く，それは先住民族のアイヌの言葉がもとになったもの。

重要 問5　4　Bは12月から翌年の3月までの時期に突出しているのがポイント。選択肢の中でオーストラリアだけが南半球の国で，この時期には夏である。また，オーストラリアでは雪はまず珍しいので，オーストラリアからの観光客と判断できる。Aがアメリカ，Cがカナダ，Dがイギリス。

【3】 (日本の歴史―鎌倉時代の仏教に関する問題)

問1 あ 平安時代の浄土信仰の流れで，地獄に落ちた人を極楽浄土で阿弥陀仏が救うと信じられていた。 い 一遍の時宗の寺院が遊行寺(清浄光寺)。一遍は日本の各地をまわり，教えを説いたことから遊行上人と呼ばれた。 う 素晴らしい教えの蓮華経という経典を読み信じるということを南無妙法蓮華経と宣言する。

基本 問2 A 書かれている内容が浄土真宗の悪人正機説というもので，浄土真宗を開いたのが親鸞。B 時宗を開いたのが一遍。 C 日蓮は法華宗(日蓮宗)を開き，街頭で教えを説き，他宗を攻撃したり，国難を予言して法華宗を信じるように説いたりしたために，処罰され伊豆や佐渡へ流された。

【4】 (日本の歴史―江戸時代末期に関連する問題)

基本 問1 2が正しい。1はオランダは江戸時代を通して来航を許されていた。イギリスは江戸時代の最初は日本に来ていたが，その後来なくなり19世紀になって再び日本に接近してきた。3はハリスはアメリカの総領事。4の話は江戸時代ではなく，明治末の日露戦争前のこと。

問2 3が正しい。1は大塩平八郎の乱は江戸ではなく大阪。2は打ちこわしは農家を襲うのではなく米商人を襲うもの。4は江戸時代に普通の農民は，下級の武士になることもまずない。

問3 1 綿織物は安土桃山以後，日本の中でも生産されるようになるが，幕末の開国によって安価で品質も良いイギリス製のものが日本に流入してきたことで，日本の中の綿糸や綿織物の産業は打撃を受ける。イギリスはこの時期に既に産業革命を経て，良質の綿糸を大量生産していた。絹糸や絹織物は幕末から明治を通して，日本の輸出品の主力のものになり生産も増える。

問4 4 てんさいの栽培は明治以後に行われるようになる。

重要 問5 1 新潟県の佐渡金山。

基本 問6 4 徳川吉宗が蘭学者の青木昆陽に命じ，飢饉対策になる作物を探させて，サツマイモの栽培が広まった。

問7 3 松前藩は蠣崎氏という，もともとは商人としてアイヌとの交易をやっていた家が大名となった藩。

【5】 (日本と世界の歴史―1945年に関連する問題)

基本 問1 あ ポツダムはドイツのベルリン近郊の都市。 い 8月9日に投下された原子爆弾はもともとは現在の北九州市にある小倉を狙ったが，天候の関係で長崎に投下された。 う 沖縄は太平洋戦争の中で唯一，アメリカ軍が上陸し戦場となった日本の国土。 え ヤルタは黒海の北にあるクリム半島(クリミア半島)にある保養地。ヤルタ会談の後にアメリカの大統領のフランクリン・ルーズヴェルトが亡くなり，副大統領だったトルーマンが昇格する。 お ドイツは第二次世界大戦末に，アメリカを中心とする連合軍に西から，ソ連に東から攻め込まれた。

問2 D ヤルタ会談は2月4日から11日にかけて行われた。→E ドイツが降伏した日は5月7日。→C 沖縄の慰霊の日は6月23日。→A ヤルタ会談は7月11日から8月2日にかけて行われた。→B 長崎に原爆が投下されたのは8月9日。

【6】 (政治―出生率，社会保障，財政に関連する問題)

問1 3 合計特殊出生率は，女性が一生の間に産む子どもの数の平均値。父母がいて子どもが1人生まれるので，この数字が2を下回ると人口が減少していく。

重要 問2 累進課税は所得額が高くなるにつれて，税率も高くなる課税方法で，所得額に対しての税の負担率を平等に近くするためのもの。

問3 1が正しい。2は社会保険ではなく公衆衛生，3は社会福祉ではなく社会保険，4は公衆衛生ではなく社会福祉。

重要 問4　4が正しい。1から3はそれぞれ，グラフと照らし合わせて見ていけば誤りとわかる。

重要 問5　こども未来戦略方針は2023年6月に岸田内閣が閣議決定で出した，少子化対策のもの。

【7】（政治—内閣，省庁に関連する問題）

問1　2　国務大臣は内閣総理大臣が任命し，天皇が認証する。

基本 問2　4　法律案は衆参で異なる議決となった場合，再度衆議院で出席議員の3分の2以上の多数が同じ議決をすれば，衆議院の議決を国会の議決とすることができる。予算案や条約の承認，内閣総理大臣の指名などは，衆参で異なる議決の場合に，両院協議会を開いても意見の一致が見られなければ衆議院の議決を国会の議決にできる。

重要 問3　1と3は正しい。2は国会の召集を行うのは天皇。4は条約の承認をするのは国会。

問4　気象庁は，国土交通省の外局で，船や航空機の安全な運航のために天気予報などを出す。消費者庁は内閣府に属し，消費者保護行政を進め，消費者が不利益を被らないようにするためにつくられた。消防庁は総理府に属する。スポーツ庁は文部科学省に属する。

やや難 問5　Eは一番新しいものでデジタル庁。Fは法務省で，この中ではE以外で一番予算が少ない。法務省の仕事は色々あるが，他のものと比べれば多額の資金を投入し行うようなものは少ない。Gは一番予算額が大きいので，社会保障関連のことを行う厚生労働省。Hは経済産業省で，法務省よりは経済に密接にかかわるものであり，資金を投入し行う業務も多い。

★ワンポイントアドバイス★

かなり悩みそうな問題が今年度は多い。そのものズバリの知識がなくても，知っていることをフルに動員して考えればわかりそうなものもあるので，あきらめずに考えて解くことが大事。

＜国語解答＞ 《学校からの正答の発表はありません。》

【一】 ① 後　② 全　③ 細　④ 親　⑤ 苦　⑥ 関　⑦ 通　⑧ 生　⑨ 降　⑩ 覚

【二】 問一 ① 意図　② 歴然　③ 施　④ 付加　⑤ 際　問二 A エ　B ア　C ウ　D イ　問三 1 イ　2 イ　3 ア　4 イ　問四 ウ　問五 きまり　問六 演出　問七 感情

【三】 問一 あの，予選　問二 ア　問三 左　問四 2 ア　3 イ　4 イ　5 ア　問五 ア　問六 エ　問七 いい思い出　問八 イ

問九 （例） 汗っかきを気にしていた自分のせいで転んでしまった飯田さんに，濡れた手をさしだせなかったことを謝ろうとすること。　問十 あのころはみんなまだ本当に子どもだったんだ

【四】 （例） ④，⑤，⑨　④は自分と家族や友人とのきずなやつながりを感じることができてハッピーにさせてくれる。⑨の存在は④で用意するケーキやプレゼントだけでなく，日々の暮らしに必要なものを支えてくれており，そうした生活を安心して送ることができる環境，すなわち自分が住んでいる⑤も大きな意味で世の中をハッピーにしているといえる。

○推定配点○

【一】 各1点×10　【二】 問一～問三　各2点×13　他　各3点×4

【三】 問一・問十　各4点×2　　問四　各2点×4　　問九　8点　　他　各3点×6　　【四】 10点
計100点

＜国語解説＞

【一】（漢字の書き取り）

読みはいずれも前・後の順で，①は「のち」「うし(ろ)」。②は「まった(く)」「すべ(て)」。③は「ほそ(い)」「こま(かい)」。④は「おや」「した(しく)」。⑤は「にが(い)」「くる(しい)」。⑥は「かか(わる)」「せき」。⑦は「とお(って)」「かよ(う)」。⑧は「は(えた)」「なま」。⑨は「ふ(って)」「お(ろして)」。⑩は「さ(め)」「おぼ(えて)」。

【二】（論説文―要旨・細部の読み取り，接続語，空欄補充，漢字の書き取り）

基本　問一　＝＝＝①は何かをしようと考えていること。②ははっきりしていて疑う余地のないさま。③の音読みは「シ・セ」。熟語は「施設」「施肥」など。④はつけ加えること。⑤の「際立たせる」はひときわ目立たせること。

問二　空らんAは直前の内容をふまえて別の話題に転換しているのでエ，Bは直前の内容に付け加える内容が続いているのでア，Cは直前の内容の具体例が続いているのでウ，Dは直前の内容を理由とした内容が続いているのでイがそれぞれ入る。

やや難　問三　空らん1～4のある段落直前までの内容から，フランスの社会学者ピエール・ブルデュが指摘しているのは，モノのやりとりのあいだに差しはさまれた「時間」がある場合は贈与，ない場合は交換ということである。このことをふまえて1～4のある文を整理すると，「チョコレートをもらって，すぐに相手にクッキーを返した」1はイ→ところが，「一カ月後に渡し」ている2はイではなく，返礼である3はアの一部とみなされる→このとき，やりとりされるモノの「等価性」は伏せられるので，4はイらしさが消える，という内容になる。

問四　「ひとつには……」で始まる段落で，「ぼくらが『商品／経済』と『贈り物／非経済』をきちんと区別すべきだという『きまり』にとても忠実」で「この区別をとおして，世界のリアリティの一端がかたちづくられているとさえいえる」と述べ，空らん5・6のある段落で，5・6のようにして「経済／非経済」を区別する「きまり」を維持している，と述べていることから，「経済化」である5には「商品」，「非経済」と同様の意味の「脱経済化」である6には「贈り物」がそれぞれ入るのでウが適切。

問五　「ぼくらは人との……」で始まる段落内容から，空らん7には「きまり」が入る。

問六　空らん8は「贈り物に仕立て上げられる」ことで，「商品交換と贈与を……」で始まる段落で「『贈り物らしさ』を演出するにちがいない」と述べていることから，8には「演出」が入る。この他に，「ぼくらは同じ……」で始まる段落，「レジでお金を……」で始まる段落でも「演出」という言葉を用いていることを参考にする。

重要　問七　「贈り物である……」から続く2段落で，「贈り物である結婚のお祝いは，お金をご祝儀袋に入れてはじめて『祝福』という思いを込めることができる。とみんな信じて」おり，「経済的な『交換』の場では，そうした思いや感情はないものとして差し引かれる」と述べていることから，空らん9・10のある文は，経済の「交換」という「脱感情化」された領域があってはじめて，「贈与」に込められた感情を際立たせることができる，という文脈になる。

【三】（小説―心情・場面・細部の読み取り，空欄補充，慣用句，記述力）

重要　問一　――1の続きで「『私，今日は……』」から始まる場面で，1の具体的な内容として「『あの，予選の日のことなんだけど』」というセリフを「私」が話している。

問二　空らんAは，直前の段落の「善良さ」と同じような意味の言葉が入るので，心が広く，むやみに人を責めないという意味のアが適切。イは手加減などせず，きびしいさま。ウは悲しい中にもりりしさがあること。エは他より優れていること。オは落ち着いていて物事に動じないこと。

問三　「その持論の……」で始まる段落内容から，「一番右端」の「私」の横が奥山くんなので，奥山くんの位置である空らんBは「左」，「奥山くんと私の足が離れた」時の，紐が外れた「私」の足であるCも「左」が当てはまる。

問四　――2は，「私」が「スタンドの一角へもどったときに」感じたことなのでア。3は，予想とは異なるみんなの雰囲気から，真梨江先生が直後の3文の内容を「きっと……みんなに言いふくめたのだ」と「私」が感じたということなのでイ。4は予選を敗退した日に，以前の奥山くんの態度を思い返しているのでイ。5は予選を敗退したその日以来の奥山くんの態度なのでア。

問五　空らんDは「いっそ責めてくれればいいのに」という気分なので，ひねくれて素直でなくなるという意味のアが適切。

基本　問六　空らんEは「ぴたっと」「クラス全員，一気に泣きやんだ」様子なので，その場にいる多くの人々が静まりかえるさまを表すエが適切。アはひどくあわてる様子。イはこらえていたものが一度に起こる様子。ウは気性がさっぱりしているさま。

問七　「私は自分の手を……」で始まる段落で描かれているように，「私」は「六年二組の『いい思い出』を守るため，私というマイナスの要素を排除する……真梨江先生のやり方に，みんなの嘘っぽい明るさに傷ついていた」が，「みんなにとってあれは，真梨江先生の思惑とは関係な」いものであったことがわかり，「いい思い出(5字)」になっていたのか，と「私」は安堵したのである。

問八　空らんG直後で，「『……ごめんねも言えないままだったこと，ずっと気になってたの。だから，今日はそのことをちゃんと話して……終わりにしたかったの』」と話していることから，奥山くんに謝っているイが適切。

やや難　問九　――6後で，「『あの予選の日も，ぼくの手，汗でびっしょりだった』『……飯田さんが転んだとき，……ぼくのせいだ，ぼくが汗ばっか気にしてたからだって……その濡れた手を，どうしても飯田さんに，さしだせなかった』『あれからぼく……謝る勇気もないまま卒業しちゃって……だから今日，飯田さんと話ができてよかった』」と奥山くんが話していることをふまえ，「私」に謝ろうと思って緊張していた奥山くんの心情を説明する。

重要　問十　「時間がとまった。……」から続く2段落で描かれているように，奥山くんの話を聞いて「十五年前のあの日」の奥山くんのことをあらためて思い，「あのころはみんなまだ本当に子どもだったんだ(21字)」ということを知って，「私」は――7のようになったのである。

【四】（意見文）

解答例では，身近な④から始めて，④に関連する⑨，さらに広い視点で⑤を選んで「世の中をハッピーにしている」と考えることを説明している。他に，人や物を運ぶ②・⑩，休暇などで過ごす③・⑪・⑭など，ある程度テーマを決めて，関連するものをつなげると説明しやすくなる。ふだんの生活や自分の経験などをふり返って具体的に説明していこう。

★ワンポイントアドバイス★

意見文や作文では，文脈のつながりも考えて述べていこう。

2023年度

入　試　問　題

2023年度

2023年度

慶應義塾湘南藤沢中等部入試問題

【算　数】（45分）　＜満点：100点＞

【1】 [ア]，[イ]，[ウ]にあてはまる数を求めなさい。

(1)　16分２秒÷37＝ [ア] 秒

(2)　$1.125\times\left(16\times\boxed{\text{イ}}-48-96\div\frac{2}{3}\right)=72$

(3)　以下の図において，印のついたすべての角の大きさの和は [ウ] 度である。

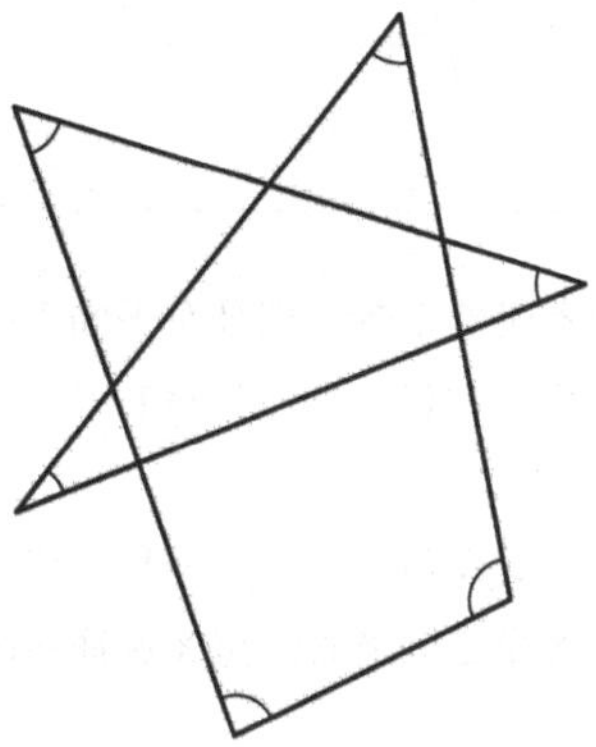

【2】

(1)　ある本を，先週は全体の$\frac{4}{9}$，今週はその残りの76％を読んだところ，30ページ残りました。この本は全部で何ページありますか。

(2)　ある数と140の最大公約数は14，最小公倍数は2940である。ある数を求めなさい。

(3)　以下の図は，２つの半円を組み合わせたものである。このとき，かげのついた部分のまわりの長さを求めなさい。ただし，円周率は3.14とする。

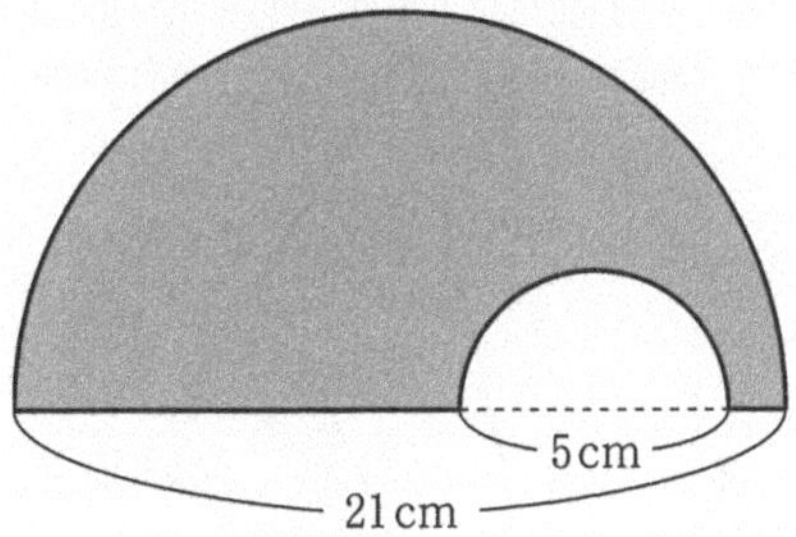

【3】 図のように，平面の上に１辺10㎝の立方体を２つ積み重ねる。点Pは正方形ABCDの辺上を，点Qは正方形EFGHの辺上をそれぞれ毎秒１㎝の速さで動く。また，PQを延ばした線が正方形IJKLのある平面と交わる点をRとする。点P，Qは同時に動き出すものとする。

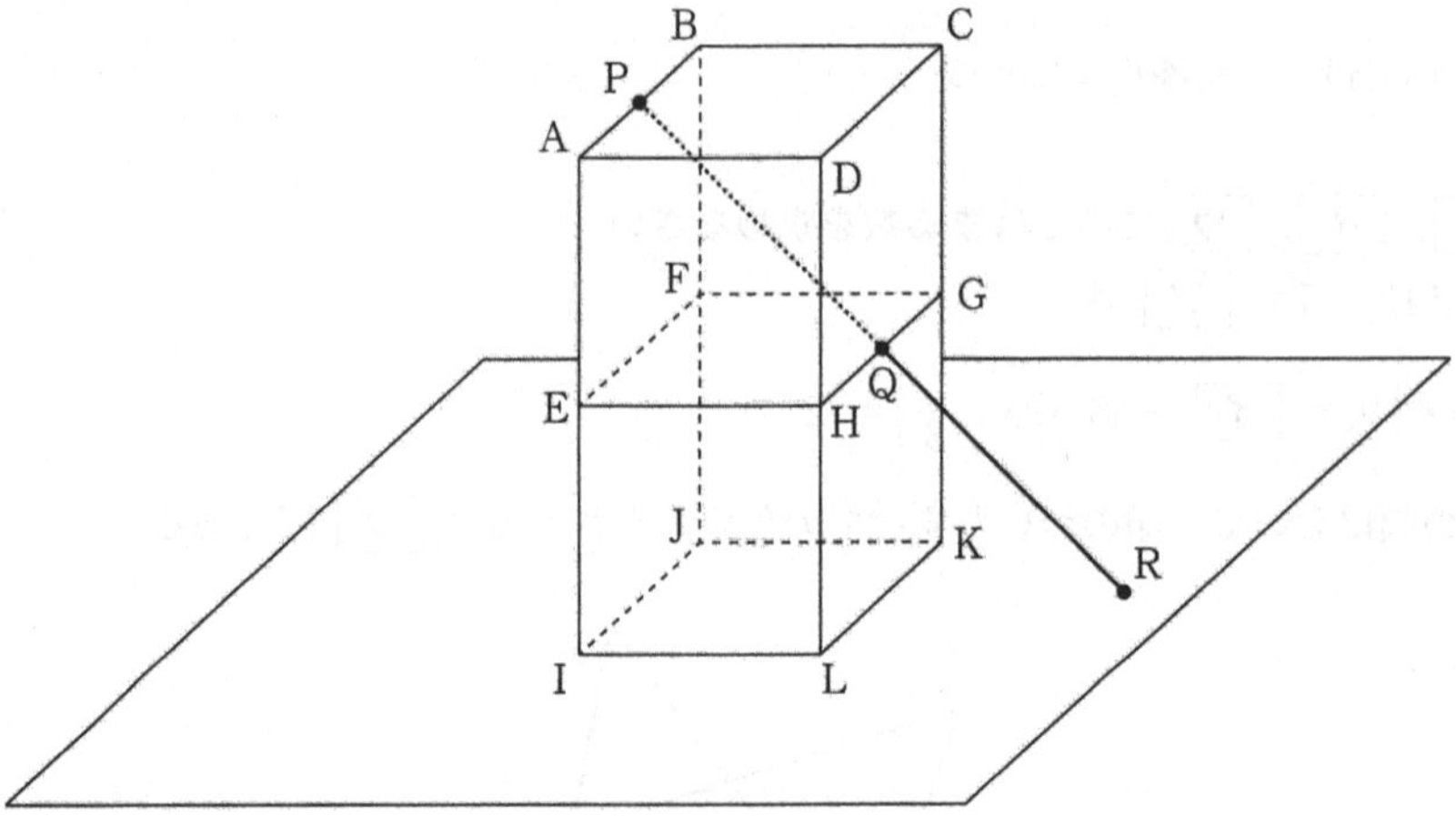

(1) 点PがA→B，点QがG→Hと動くとき，点Rが平面上を動く道のりを求めなさい。

(2) 点PがA→B→C→D→A，点QがG→H→E→F→Gと動くとき，点Rが平面上を動く道のりを求めなさい。

(3) 点PがA→B→C→D→A，点QがG→H→G→H→Gと動くとき，点Rは動き始めてから動き終わるまでの間に平面上の点Xを２回通る。点Xを通るのは，点Rが動き始めてから何秒後と何秒後ですか。

【4】 図１のような，辺ACが20㎝，辺BCが15㎝，角Cが60°の三角形の紙がある。辺AC上に点Dを，ADが８㎝となるようにとった。

次に，点Cが点Dに重なるように折り，図２のような図形をつくった。EFがそのときの折り目である。

さらに，ADとBFがそれぞれFDに重なるように折り，図３のような図形をつくった。GDとHFがそのときの折り目である。

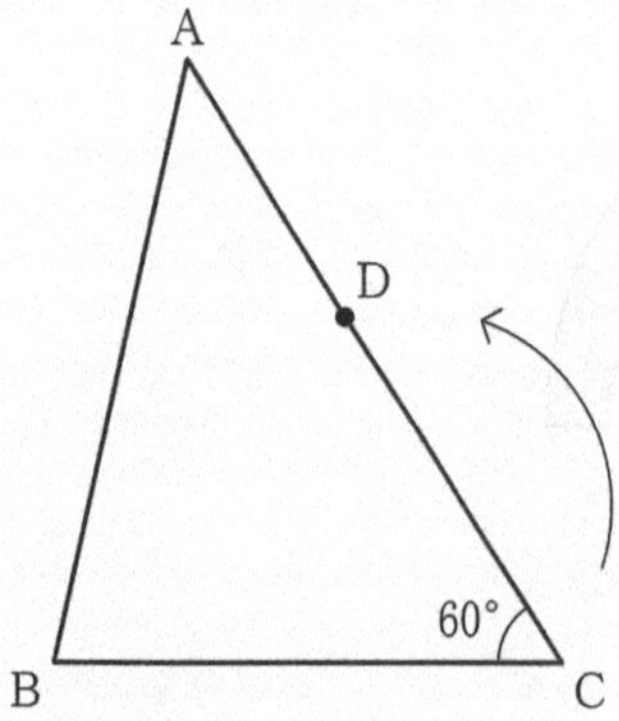

【図１】

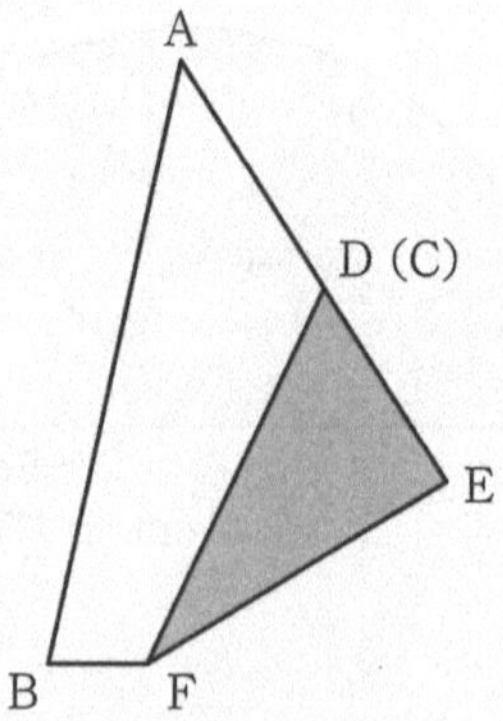

【図２】

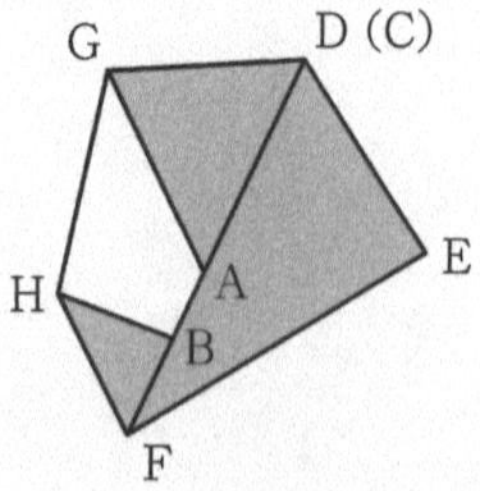

【図３】

(1) 図２（前のページ）のBFの長さは何cmですか。

(2) 図２の三角形DFEの面積は図１（前のページ）の三角形ABCの面積の何倍ですか。

(3) 図３（前のページ）の五角形GHFEDの面積は図１の三角形ABCの面積の何倍ですか。

【５】 ある川には，上流側に船着き場Ｐ，下流側に船着き場Ｑがある。

２つの船Ａ，Ｂが午前10時に同時にＱを出発してＰに向かった。また，Ａ，Ｂが出発したのと同じ時刻にＰでは荷物Ｃを川に落としてしまい，Ｃは下流の方に流され始めた。

午後12時30分にＡがＣとすれちがい，ＢにＣを回収するよう知らせた。Ｂは午後１時にＣと出会い，回収することができた。Ａはその後，午後１時20分にＰに着いた。

(1) Ａの静水時の速さと，川の流れの速さを，できるだけ簡単な整数の比で表しなさい。

(2) Ｂの静水時の速さと，川の流れの速さを，できるだけ簡単な整数の比で表しなさい。

(3) ＡとＢの速さの差が時速２kmのとき，船着き場Ｐ，Ｑはどれだけはなれていますか。

【６】 異なる数が一列に並んでいる。この並んでいる数に対して，以下のような作業をする。

① 最初の数と２番目の数をくらべて，２番目の数のほうが小さいときだけ，その２つの数の場所を入れかえる。
次に，２番目の数と３番目の数についてくらべて，３番目の数のほうが小さいときだけ場所を入れかえる。
このくらべることを順にくりかえし，列の最後まで行う。

② 最初の数から最後の数の１個前までの数について，①と同じ作業をする。

③ 最初の数から最後の数の２個前までの数について，①と同じ作業をする。

④ 以下，作業の対象にする部分を１個ずつ減らしながら，①と同じ作業をくり返す。

⑤ 作業の対象にする部分が２個になったら，１番目の数と２番目の数をくらべて，２番目の数のほうが小さいときだけ場所を入れかえる。そして作業はすべて終わりとなる。

たとえば，１，４，３，２，５という５個の異なる数の列についての①の作業は右のようになる。くらべることを４回，入れかえを２回行った。

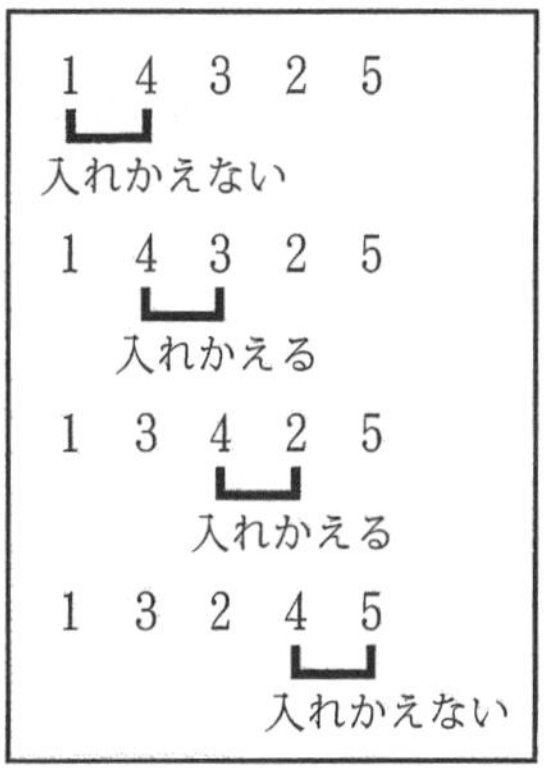

②については，列の中の「１，３，２，４」という部分に対して①と同じ作業を行うことになる。このようにして，作業の対象にする部分を１個ずつ減らしながら，作業の対象にする部分が２個になるまで作業をくり返すことになる。

(1) １，６，５，２，３，４という列について①の作業だけが終わったとき，列の最後の数はいくつですか。また，入れかえは何回行いましたか。

(2) 10，７，２，９，４，３，１，６，５，８という列について①～⑤の作業をすべて行う。作業がすべて終わったとき，入れかえは全部で何回行いましたか。

(3) 30個の異なる数を一列に並べ，①～⑤の作業をすべて行う。作業がすべて終わったとき，数をくらべることは全部で何回行いましたか。

【理　科】(25分)　　＜満点：50点＞

【1】昆《こん》虫のからだのつくりや増え方について，以下の問いに答えなさい。

（問１）昆虫のからだのつくりとして，正しいものを次の中から１つ選び，番号で答えなさい。

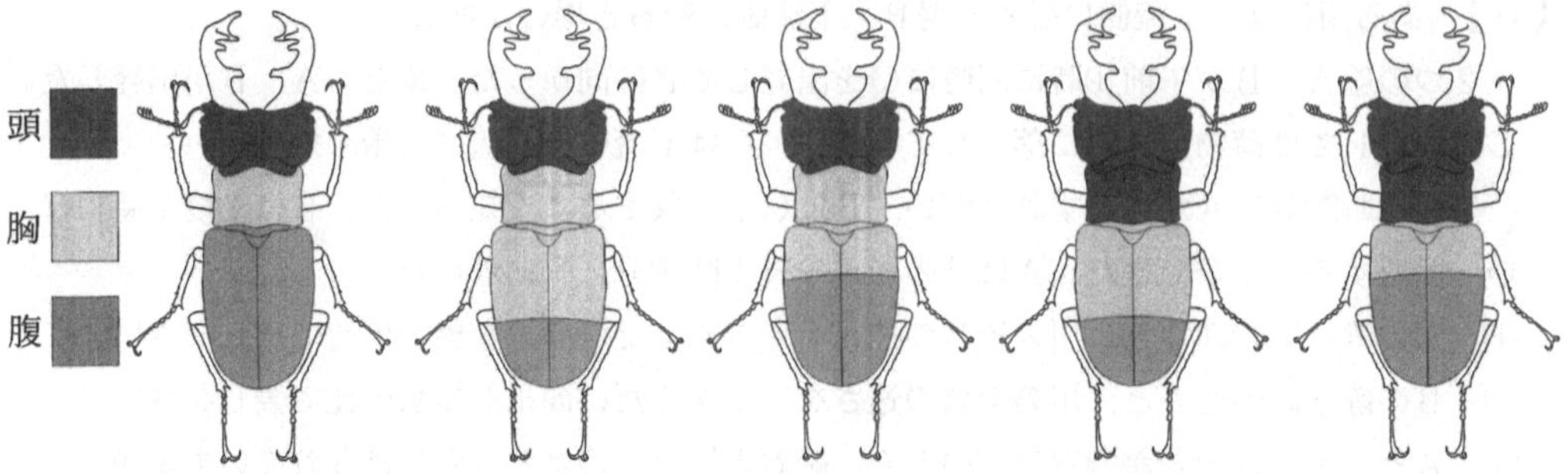

1　　2　　3　　4　　5

（問２）次の１～６は昆虫の頭部を表したものです。問１の昆虫は主になめるようにしてえさを食べます。それと同様の食べ方をする昆虫を次の中から２つ選び，解答らんの番号を○で囲みなさい。

1　　2　　3

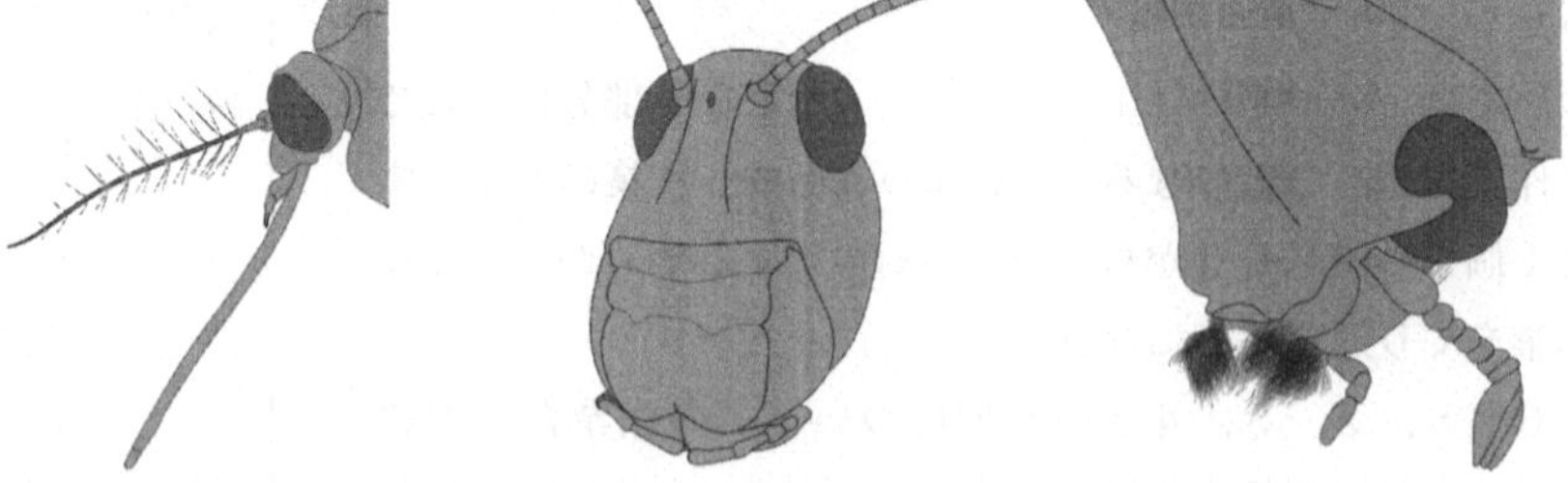

4　　5　　6

アズキマメゾウムシ（次のページの図１）は草食性で，アズキのみをえさとして飼育できる昆虫です。太郎君は容器に最初にいれたオスとメスの１ペアの親成虫と，飼育に十分なアズキだけで成虫数を無限に増やすことができると予想しました。しかし，実際は次のページの図２のようになりました。

また，１つのシャーレの中で親成虫のペア数を25～400ペアまで変えて産卵させた後，その卵から羽《う》化した成虫数を図３にまとめました。なお，飼育は網《あみ》でふたをしたシャーレでおこない，生物の出入りはないものとします。

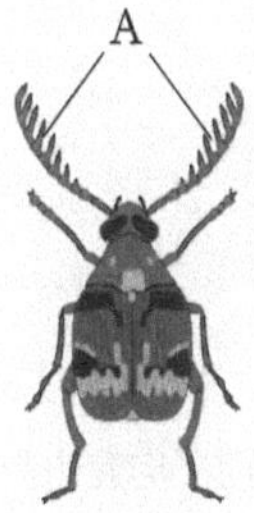

図１

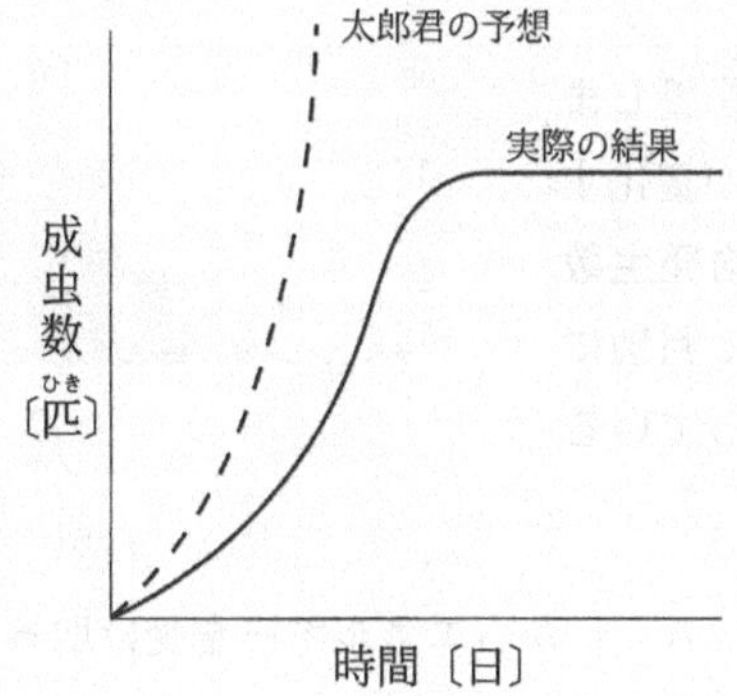

図２

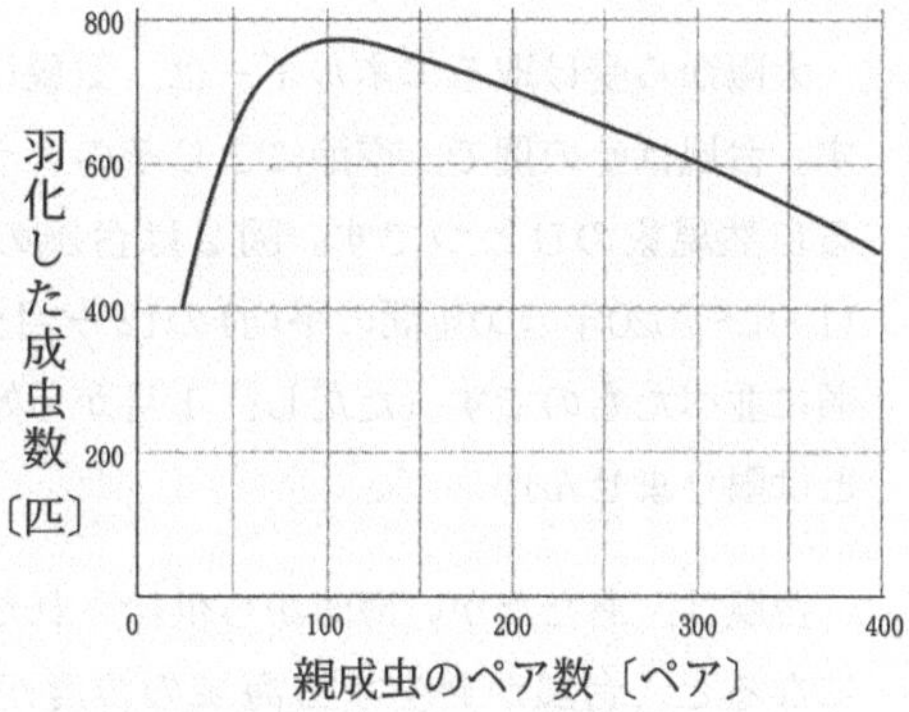

図３

（問３） 図１のAは，えさなどを探ったりするための頭部にあるつくりです。このつくりの名称は何か，答えなさい。

（問４） 図２のように，時間の経過とともに成虫数が増加しなくなる理由として，可能性のあるものを次の中から１つ選び，番号で答えなさい。

1　１ペアあたりの産卵できる場所が減ったから。

2　すべての酸素を消費してしまったから。

3　外敵によって食べられたから。

4　共食いをしたから。

（問５） 図３について，シャーレに入れた親成虫のペア数が何ペアより少ないときに，親成虫の個体数より羽化した成虫数が多くなりますか。算用数字で答えなさい。

【２】 次の文を読んで，以下の問いに答えなさい。

地球は常に太陽の光を浴び，エネルギーを受け取っている惑《わく》星です。１年間を通じた自然界のさまざまな変化や現象は，太陽からのエネルギーが原因で起こります。

神奈川県横浜市（北緯《い》35.4°，東経139.7°）で，太陽の南中高度（太陽がその日のうちで最も高くなる高度）を１年間観測しました（図１）。図１の横軸《じく》は１月１日からの日数を表しています。

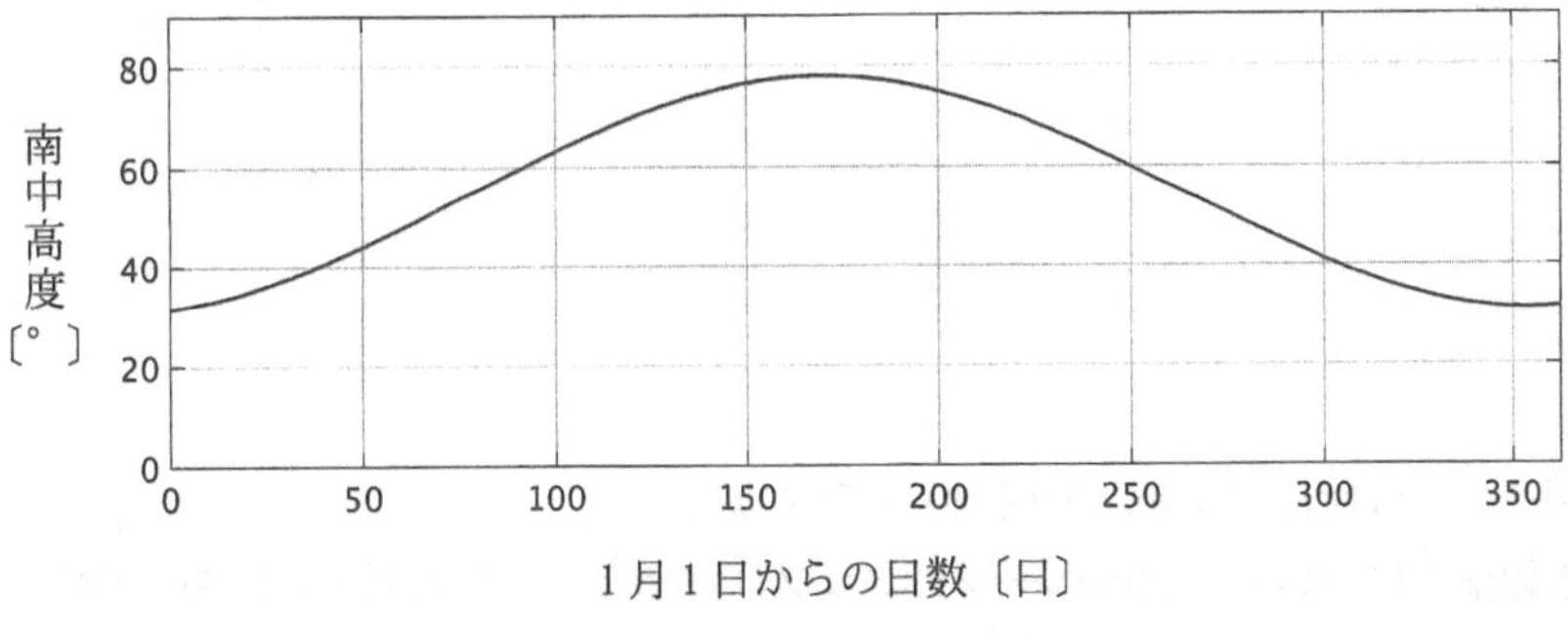

図１　太陽の南中高度の１年間の変化

南中高度は１年間を周期として変化しています。この変化は地軸がかたむいている状態で地球が太陽のまわりをまわっているために起こり，地球が太陽から受け取るエネルギー量の変化にも関係します。また，①太陽は年間を通じて真東からのぼるわけではなく，日の出の方位も１年間で周期的に変化をします。

太陽から受け取るエネルギーは，気象にも影響《えいきょう》します。台風はその例で，季節によりそのようすが変化する自然現象のひとつです。図２は台風の平均発生数（1991～2020年の30年間の平均）の12ヶ月分を，月別に順に並べたものです（ただし，１月から始まっているとは限りません）。

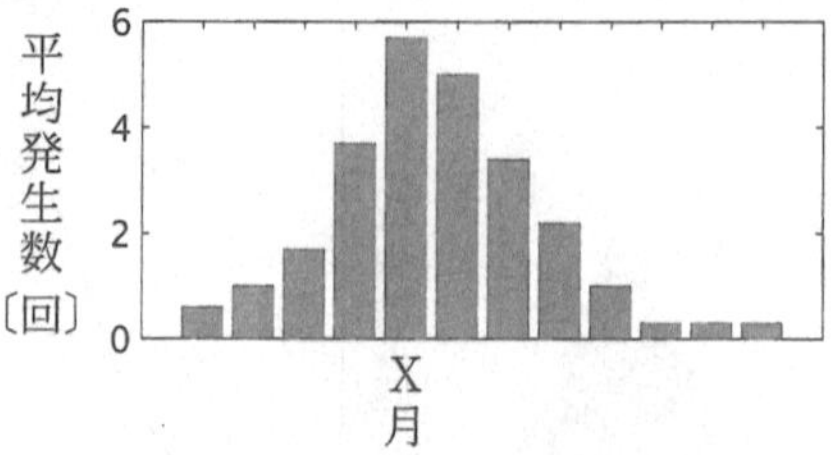

図２　台風の月別平均発生数

台風は，あたたかい海面から供給された［　Ａ　］からエネルギーを受け取って発達します。夏になると，台風が発生する海域の緯度が少しずつ［　Ｂ　］なり，日本付近に近づいてきます。②秋には，日本付近では西からの風の影響を受け，東方向に進行する台風も現れることにより，日本の本州方面に影響をおよぼす台風が多くなります。しかし，台風は上陸すると［　Ａ　］の供給が絶たれ，さらに陸地とのまさつでエネルギーが失われ，急速に弱まります。

（問１）　空らん［A］，［B］に入る語句をそれぞれ答えなさい。

（問２）　南中高度が最大になる日と最小になる日の高度差として，最も適切なものを次の中から１つ選び，番号で答えなさい。

１　10°～20°　　２　20°～30°　　３　30°～40°　　４　40°～50°

（問３）　図１と同様の期間に，横浜市で日の出の方位を１年間観測したところ，下線部①のようになりました。そのグラフとして，最も適切なものを次の中から１つ選び，番号で答えなさい。ただし，日の出の方位は真北を０°として東まわりの角度で表しています。

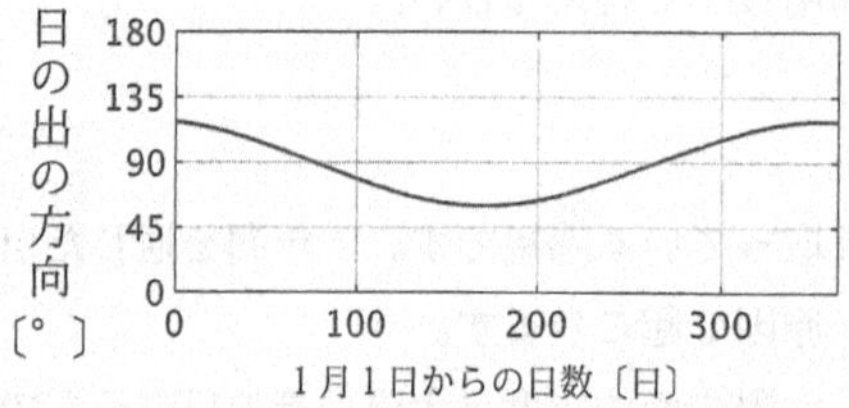

1

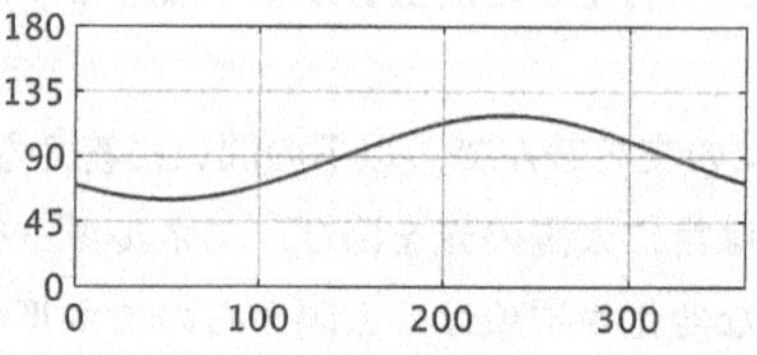

2

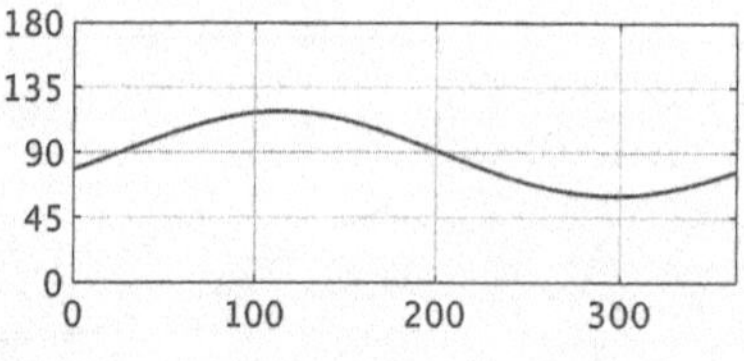

3

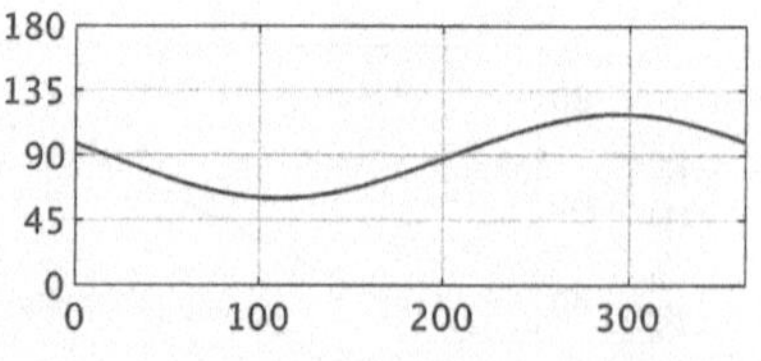

4

（問４）　図２のXは何月ですか。算用数字で答えなさい。

（問５）　下線部②について，次のページのグラフは，地方ごとの台風の接近数（1991～2020年の30年間の平均）を月別に順に並べたものです。１～４は，「北海道地方」，「関東甲信地方（伊豆諸島・小笠原《おがさわら》諸島を除く)」,「伊豆諸島・小笠原諸島」,「沖縄地方」のいずれかです。「関東甲信地方(伊豆諸島・小笠原諸島を除く)」のグラフを次の中から1つ選び,番号で答えなさい。ただし,以下のグラフのXは前のページの図2と同じ月を意味しています。

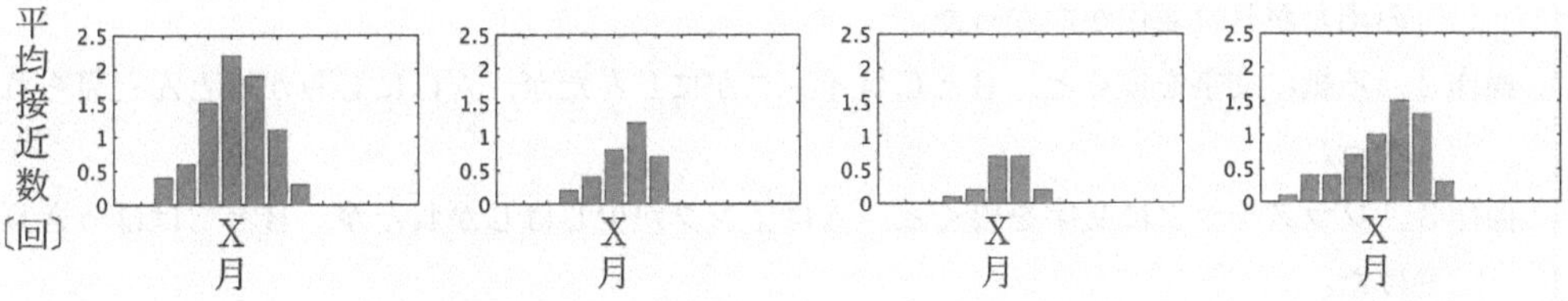

1　　2　　3　　4

【3】 次の文章を読み,以下の問いに答えなさい。

ホッキョクグマは,その見た目から「シロクマ」とも呼ばれています。しかし,実際にはその毛はとう明であり,①毛に当たった光がいろいろな方向に反射することで白く見えています。また,毛の中に空どうがあって空気が入っているため,北極の冷たい氷の上でも体温は下がりにくくなっています。さらに,②ホッキョクグマの皮ふが黒いことも,寒い北極で体温を保つためにはメリットであると考えられています。

現在,地球温暖化により北極の氷はとけて,海氷面積が減少しており,野生のホッキョクグマの生息環境に影響があります。③大気中の二酸化炭素が増えていることが地球温暖化の原因として考えられていますが,その対策の1つとして,発電時に二酸化炭素を出さない発電方法の研究や開発が進められています。たとえば,[　A　]と空気中の酸素を反応させる発電方法や,火力発電に比べて,わずかな燃料から大量の電気をつくることができる[　B　]発電などがあります。これらの発電方法は地球温暖化対策の観点としては有効ですが,別の観点では様々な課題もあります。

(問1) 空らん[A],[B]に入る語句をそれぞれ漢字で答えなさい。

(問2) 下線部①について,ホッキョクグマの毛と同じ仕組みで白く見えているものとして,適切でないものを次の中から1つ選び,番号で答えなさい。

1　くもった鏡　　2　石けんのあわ
3　テレビで見る雲の映像　　4　細かく割れたガラス

(問3) 下線部②について,皮ふが黒いと体温を保つことができる理由を15字以内で答えなさい。

(問4) 下線部③について,大気中の二酸化炭素濃度が地球温暖化の要因であることなどを明らかにし,2021年にノーベル物理学賞を受賞した科学者を,次の中から1人選び,番号で答えなさい。

1　梶田隆章　　2　本庶佑　　3　真鍋淑郎　　4　吉野彰

(問5) 二酸化炭素をはじめとした地球温暖化の原因となっているガスを何といいますか。解答らんの「ガス」につながるように漢字4文字で答えなさい。

(問6) もし地球の大気をすべて取り除いたとしたら,地球表面の平均温度は,現在の地球表面の平均温度と比べてどのようになると考えられますか。最も適切なものを次の中から1つ選び,番号で答えなさい。

1　高くなる　　2　低くなる　　3　変わらない

【4】 ３種類のペンA，B，Cのインクの違いを調べるために次の操作を行いました。その結果を参考にして，以下の問いに答えなさい。ただし，３種類のペンのインクはすべて黒色でした。

操作１　無色とう明のカップに入れた水道水の液面にペン先をひたすと，AとCはインクがしみ出たがBは変化がなかった。

操作２　ろ紙に文字を書くと，BとCはインクがにじんだが，Aはにじみがほとんど見られなかった。

操作３　プラスチックに文字を書くと，Aはインクが少しはじかれたが，BとCははっきり書けた。

操作４　プラスチックに文字を書いて，直後にきりふきで水を吹きかけると，AとCはほとんど消えたがBは変化しなかった。

操作５　プラスチックに文字を書いて，しばらくおいてからきりふきで水を吹きかけると，Aはほとんど消えたがBとCは変化しなかった。

操作６　幅２㎝長さ15㎝の短ざく状に切ったろ紙の一端《いったん》から２㎝のところにペン先を何度かあててインクをしみ込ませた。しばらくおいてからインクをしみ込ませた側の一端を図１のように水にひたして観察したところ，Aは［　X　］，Bは［　Y　］，Cは［　Z　］のような結果になった。

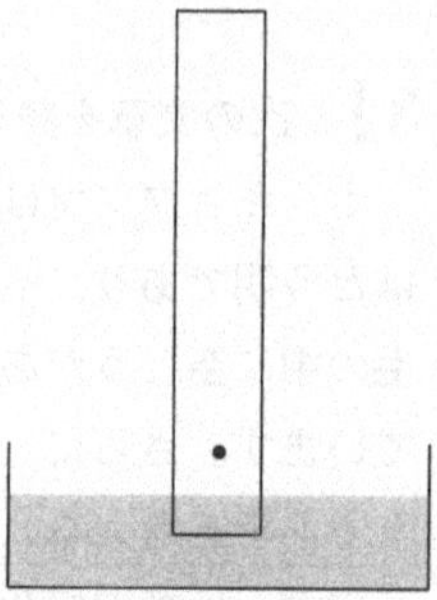

図１

（問１）　操作１の結果を確認する際の工夫として，最も適切なものを次の中から１つ選び，番号で答えなさい。

１　カップにできるだけ多く水を入れる。　　２　カップに少量の水を入れる。

３　水を入れたカップを白い紙の上に置く。　４　水を入れたカップを黒い紙の上に置く。

５　一度沸とうさせた水道水を用いる。　　　６　水道水をそのまま用いる。

（問２）　ペンをしばらく続けて使用した時，特有なにおいを感じるものを１つ選び，A～Cの記号で答えなさい。

（問３）　問２のペンを使って文字を書きました。書いた文字からは，しばらくすると特有なにおいが確認できなくなりました。その理由を30字以内で答えなさい。

（問４）　操作６の［X］～［Z］に当てはまる結果として，最も適切なものを次の中から１つ選び，それぞれ番号で答えなさい。同じ番号をくり返し選んでもかまいません。

１　インクが上に移動した。　　２　インクが下に移動した。

３　インクが円形に広がった。　４　インクが最初の位置にとどまった。

５　インクが消えた。

（問５）　プラスチックにBで書いた文字にきりふきで消毒用アルコールをふきかけると，文字は消えました。これをふまえて，操作６で水の代わりに消毒用アルコールを用いた場合，Bの結果はどうなると考えられますか。最も適切なものを問４の１～５の中から１つ選び，番号で答えなさい。

【社　会】（25分）　＜満点：50点＞

【1】 次の文1～文4は，図1中のA～Dのいずれかの県を説明しています。以下の問いに答えなさい。

> 文1　この県は，気候の特ちょうにより(ア)小麦づくりに適しており，日本有数のうどん消費地として知られています。
> 文2　この県では，気候の特ちょうをいかした(イ)野菜づくりがさかんです。
> 文3　この県では，(ウ)ブランド畜《ちく》産物を飼育しています。
> 文4　この県西部の海岸では，地形の特ちょうをいかした(エ)養殖《しょく》がさかんです。

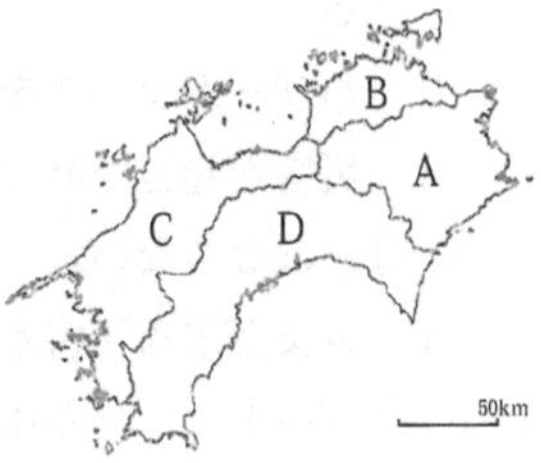

図1

問1　下線(ア)について，図2は日本における小麦，米，肉類，野菜の食料自給率をそれぞれ示したものです。小麦を図2の①～④から選び，番号で答えなさい。

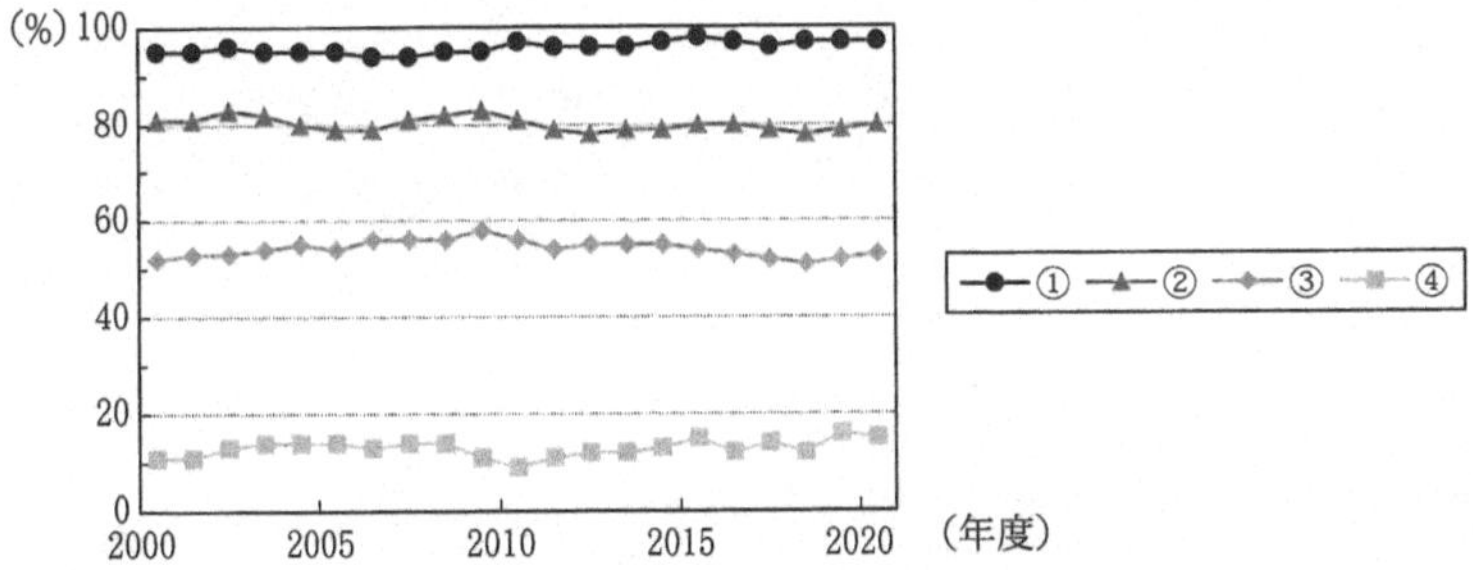

図2　（令和2年度農林水産省食料需給表より作成）

問2　下線(イ)について，図3は東京都中央卸売《おろしうり》市場における，なすの入荷《か》量を都道府県別（文2の県，岩手県，群馬県，栃木県）・月別に示したものです。文2の県を図3の①～④から選び，番号で答えなさい。

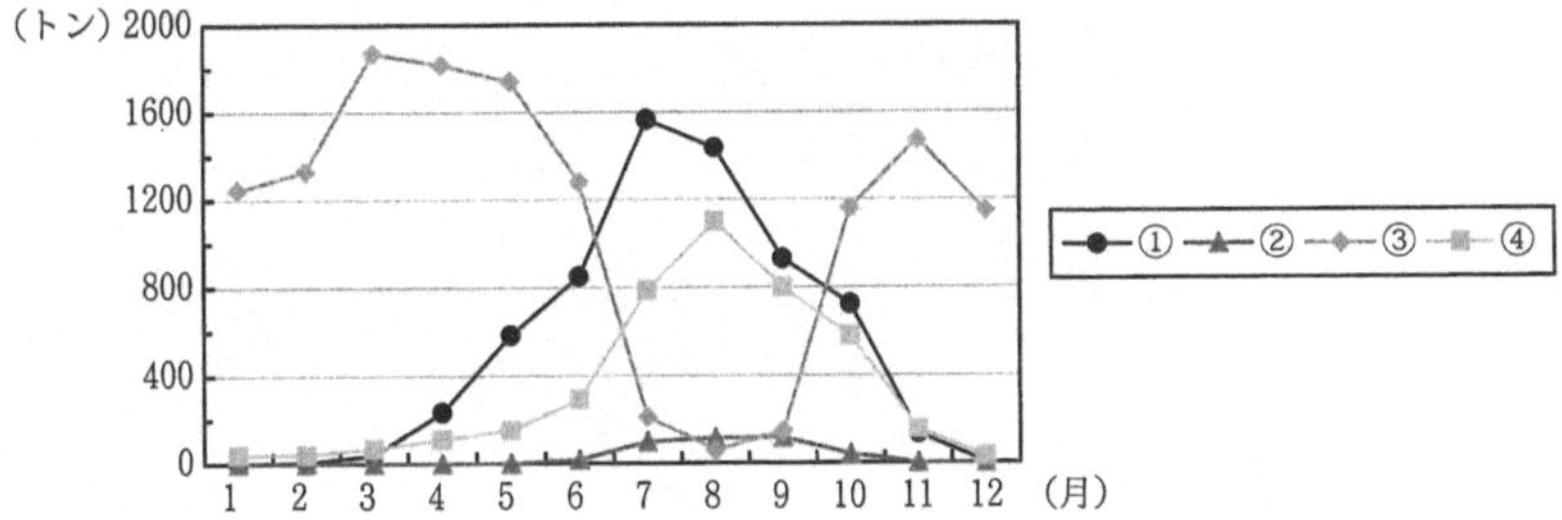

図3　（令和3年東京都中央卸売市場資料より作成）

問3　下線(ウ)の名前の読みを選び，番号で答えなさい。

1　ぼっちゃん　　2　あわおどり　　3　しまんとがわ　　4　こんぴらさん

問4　下線(エ)について，文4の県が都道府県別生産量で1位（2020年）となっている水産物の種類を選び，番号で答えなさい。

1　かき　　2　かつお　　3　たい　　4　ほたて

問5　図1中のA～Dの県を説明している文を文1～文4から選び，それぞれ番号で答えなさい。

【2】 自然災害とそのそなえについて，次の問いに答えなさい。

問1　ハザードマップに関する文として適当なものを選び，番号で答えなさい。

1　自分が住んでいる所や通っている学校周辺地域のハザードマップだけを手に入れることができる。

2　ハザードマップを適切に活用することにより，災害による被《ひ》害を無くすことができる。

3　災害が起きた時にそなえてハザードマップを見て，避《ひ》難の参考にすることを心がけておかなければならない。

4　さまざまな災害があいついで発生したことによって整備が進み，すべての災害に対応できるハザードマップが用意されている。

問2　図4中の陸地について，■の地域で共通して想定される災害を1～4から選び，番号で答えなさい。

（編集の都合で95%に縮小してあります。）

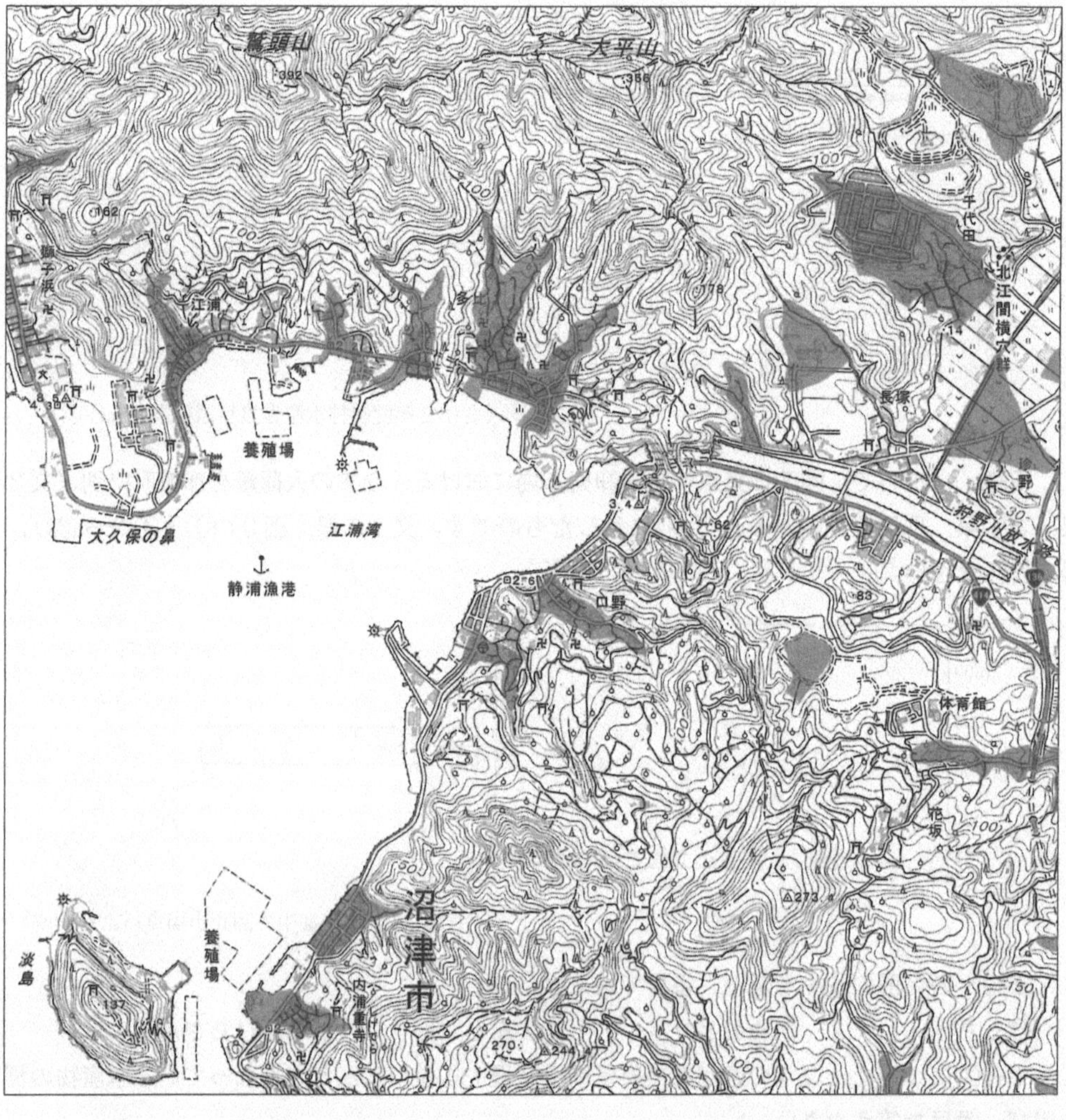

図4　　（1/25000　地形図「韮山」より作成）

1　土石流　　2　津波による浸《しん》水　　3　台風による高潮　　4　洪水《こうずい》による浸水

問３　平野部で取り組まれている災害へのそなえのうち，適当でないものを選び，番号で答えなさい。

1　土地の液状化を防ぐために地盤《ばん》を改良する。

2　一時的に雨水を取りこむための調節池や川の水を取りこむための放水路をつくる。

3　津《つ》波から逃《に》げるための避《ひ》難タワーを建てる。

4　川の土砂が大量に流れることを防ぐために砂防ダムをつくる。

問４　あなたが自分の家にいる時，家の近くの河川がはんらんを始めた様子がテレビに映し出されました。真っ先にとるべき行動として適当なものを選び，番号で答えなさい。

1　よりくわしい情報を得るため，河川の様子を見に行く。

2　自分の家のより高い階，または屋上へ上がる。

3　昼夜を問わず自分の家を出て，一秒でも早く指定された避難場所へ向かう。

4　自分の家が浸《しん》水する危険があるかどうかをテレビ局へ電話で質問する。

【３】　史料Ａは，三善清行《みよしきよゆき》という人物が醍醐《だいご》天皇に対して出した意見書をわかりやすく言い換《か》えたものです。史料を読み，問いに答えなさい。

史料Ａ

> 私は893年に(ア)備中介《びっちゅうのすけ》に任じられました。…（中略）…この国の(イ)風土記を見ると，660年，（　あ　）の将軍が新羅《しらぎ》《シルラ》の軍を率いて百済《くだら》《ペクチェ》を討ったと書いてあります。百済は，使者を派遣《けん》して救いを求めたため，当時の天皇は筑紫《つくし》の国に自ら行き，援《えん》軍を出そうとしました。…（中略）…天皇は(ウ)詔を出してこの村の兵士を集めたところ，すぐに優れた兵士２万人がきました。…（中略）…
>
> 　しかし，私が備中介の仕事に就き，村の人口を調べてみると，老人２人・壮《そう》年４人・青年３人でした。911年，この国の介《すけ》であった藤原公利《ふじわらのきみとし》が任期を終えて都に帰ってきました。私はこの村の人口は今どれぐらいかと聞いてみると，彼は「一人もいない」と答えました。(エ)660年から911年までの間に，この村は（　い　）

問１　下線(ア)について説明した文として適当なものを選び，番号で答えなさい。

1　現在の岡山県にあたる地域に派遣された守護である。

2　現在の島根県にあたる地域に派遣された守護である。

3　現在の岡山県にあたる地域に派遣された国司である。

4　現在の島根県にあたる地域に派遣された国司である。

問２　下線(イ)について説明した文として適当なものを選び，番号で答えなさい。

1　日本の神代《かみよ》の時代と神武《じんむ》天皇からの歴史を年代を追ってまとめたもの

2　それぞれの国の産物，地理，伝承などを調べてまとめたもの

3　日本最古の和歌集であり，貴族から農民まで多くの人びとの歌をまとめたもの

4　「今は昔」という書き出しで始まるさまざまな話をまとめたもの

問３　空らん（あ）にあてはまる国名として正しいものを選び，番号で答えなさい。

1　隋《ずい》　　2　唐《とう》　　3　宋《そう》　　4　明《みん》

問４　下線(ウ)の読みをひらがなで書きなさい。

問５　下線(エ)の間のできごとを起きた順番に並べなさい。

1　最澄《さいちょう》や空海が新たな仏教を開いた。

2　桓武《かんむ》天皇が坂上田村麻呂《さかのうえのたむらまろ》を征夷《せいい》大将軍に任命し，蝦夷《えみし》を討伐《ばつ》した。

3　持統《じとう》天皇が藤原京をつくった。

4　鑑真《がんじん》が来日して戒《かい》律を伝えた。

問６　空らん（い）にはどのような文章が続きますか。適当なものを選び，番号で答えなさい。

1　衰《すい》退してしまったのです。この村の例から推測するに，天下の衰退は明白なことです。

2　隆《りゅう》盛を迎えたのです。この村の例から推測するに，天下の隆盛は明白なことです。

3　衰退してしまったのです。しかし，この村の例から推測するに，天下の隆盛は明白なことです。

4　隆盛を迎えたのです。しかし，この村の例から推測するに，天下の衰退は明白なことです。

【４】 次の文は，鎌倉幕府の執権に関するものです。以下の問いに答えなさい。

A　わたしは，(ア)初代将軍の妻の弟です。上皇と対立し，(イ)承久の乱になりました。

B　わたしは，Cの人物の父親ですが，(ウ)庶《しょ》民の生活に気を配った政治を行ったと言われています。

C　(エ)わたしは，元《げん》と戦い，勝ちましたが，(オ)御家人の不満は高まりました。

問１　下線(ア)の人物についての説明として適当なものを選び，番号で答えなさい。

1　出家した後，仏教勢力を支配し，幕府の力を高めた。

2　将軍だった息子たちが殺された後，権力を失った。

3　政所《まんどころ》の長官の地位に就き，御家人を主導した。

4　承久の乱のとき，朝廷側と戦うことを御家人らに呼びかけた。

問２　下線(イ)の戦いの結果についての説明として適当なものを選び，番号で答えなさい。

1　公家諸法度《くげしょはっと》によって，幕府による朝廷に対する監《かん》視が強まった。

2　上皇らが島流しにされ，幕府による西国への支配が強まった。

3　京都所司代《しょしだい》がつくられ，幕府による朝廷に対する監視が強まった。

4　朝廷が持っていた土地を取り上げ，幕府による佐渡《さど》金山など主要鉱山への支配が強まった。

問３　下線(ウ)について，鎌倉時代の庶民の生活に関する説明として，適当でないものを選び，番号で答えなさい。

1　念仏をとなえれば救われると説く，新しい仏教が信仰《こう》を集めるようになった。

2　農民は荘園《しょうえん》の領主である武士に年貢《ねんぐ》を納めることもあった。

3　西日本を中心に二毛作がはじまるなど，農業の技術が高まった。

4　各地に市がつくられ，物々交換《かん》による取引が盛《さか》んになった。

問４　下線(エ)の人物を選び，番号で答えなさい。

1　北条義時《よしとき》　　2　北条泰時《やすとき》　　3　北条時宗《ときむね》　　4　北条時頼《ときより》

問５　鎌倉時代の下線(オ)の説明として正しいものには○，誤っているものには×を記しなさい。

1　将軍に仕え，土地を保証してもらうかわりに，幕府のために戦った。

2　すべての武士は御家人とされ，幕府の支配下におかれた。

3　将軍に直接会うことができ，町奉行などに任命された。

4　御家人は，地頭に任命されることもあった。

【5】　次のAからCは，日本が結んだ条約の内容の一部をわかりやすく言い換《か》えたものです。以下の文を読み，問いに答えなさい。

A　1895年締結《ていけつ》

第1条　清《しん》国は朝鮮国を完全な独立国であることを承認する。
第2条　清国は(ア)次の土地への主権を永遠に日本に渡す。

B　1905年締結

第1条　ロシアは日本が韓国において，政治・軍事・経済においての利益を有することを承認する。

C　1910年締結

第1条　韓国皇帝は韓国に関するすべての統治権を(イ)日本国天皇に渡す。
第2条　日本国天皇は統治権を受けいれ，韓国を日本に併《へい》合することを承認する。

問1　Aの条約が結ばれることになった戦争に関する説明として適当でないものを選び，番号で答えなさい。

1　この戦争は，朝鮮で起きた反乱をきっかけに日本，清ともに出兵したことではじまった。

2　この戦争は，主に中国本土を戦場として行われた。

3　この戦争に勝ち，日本は朝鮮への進出を強めることになった。

4　この戦争に勝ったが，多額の戦費がかかり，1万人以上の日本兵が亡くなった。

問2　下線(ア)の土地を選び，番号で答えなさい。

1　琉球《りゅうきゅう》　　2　台湾《たいわん》　　3　蝦夷地《えぞち》　　4　対馬

問3　AからBまでの間に起きたできごととして正しいものを選び，番号で答えなさい。

1　日本はイギリスが持っていた領事裁判権を廃止した。

2　日本はアメリカとの間で関税自主権を回復した。

3　日本はイギリスと日英同盟を結んだ。

4　日本はアメリカと日米安全保障条約を結んだ。

問4　Bの条約を結んだ後の説明として適当なものを選び，番号で答えなさい。

1　日本はロシアから多額の賠償《ばいしょう》金を得て，工業化をすすめた。

2　日本はロシアから領土を得ることができなかったことに対し，日本国内で暴動が起きた。

3　日本はロシアから鉄道の権利を得て，中国大陸に進出する足がかりとした。

4　日本はロシアから多くの捕虜《りょ》を得て，屯《とん》田兵にした。

問5　Bの条約を結んだ場所はどこですか。正しいものを選び，番号で答えなさい。

1　アメリカ　　2　イギリス　　3　ロシア　　4　日本

問6　Cの条約を結んだ後の日本と朝鮮に関する説明として適当なものを選び，番号で答えなさい。

1　日本は朝鮮の人びとを積極的に役人に登用し，独立運動が起きるのを防いだ。

2　日本は朝鮮の人びとに朝鮮の防衛を任せ，日本軍を撤退《てったい》させた。

3　日本は朝鮮の人びとから土地を奪《うば》うこともしたが，日本に移住する朝鮮人はほとんどいなかった。

4　日本は朝鮮の人びとに日本語教育を行い，朝鮮を植民地として扱《あつか》った。

問7　下線(イ)について，当時の天皇に関する説明として適当なものを選び，番号で答えなさい。

1　当時の天皇は，憲法によって強力な権限を与えられ，政党を率いた。

2　当時の天皇は，ドイツを手本とした憲法において主権を持つとされた。

3　当時の天皇は，三権分立における三権のひとつとされた。

4　当時の天皇は，陸軍と海軍を統率《そつ》し，直接戦いの指揮《き》をした。

【6】 次の文を読み，問いに答えなさい。

海外に住む日本人が，(ア)最高裁判所裁判官の国民審査《しんさ》に投票できないのは(イ)憲法に違《い》反するとして，国に損害賠償《ばいしょう》を求めた訴訟《そしょう》で，最高裁判所は，海外に住む日本人に投票を認めていない国民審査法は，(ウ)「違憲」とする判決を言い渡しました。最高裁判所は，人権を守る最後の砦《とりで》として，「憲法の（　あ　）」と呼ばれており，今回の訴訟は（　い　）人の裁判官全員一致《ち》の結論でした。

問1　空らん（あ）（い）にあてはまる語句または数字をそれぞれ答えなさい。

問2　以下は下線(ア)に関する憲法条文です。条文中の空らん（う）（え）にあてはまる語句をそれぞれ漢字で答えなさい。

> ①　最高裁判所は，その長たる裁判官及び法律の定める員数のその他の裁判官でこれを構成し，その長たる裁判官以外の裁判官は，（　う　）でこれを任命する。
>
> ②　最高裁判所の裁判官の任命は，その任命後初めて行われる（　え　）議員総選挙の際国民の審査に付し，その後10年を経過した後初めて行われる（　え　）議員総選挙の際更《さら》に審査に付し，その後も同様とする。

問3　下線(イ)について，日本国憲法が公布された日は現在，何の祝日となっていますか。正しいものを選び，番号で答えなさい。

1　昭和の日　　2　文化の日　　3　秋分の日　　4　春分の日

問4　下線(ウ)について，これまでに最高裁判所で違憲判決が出た訴訟の中で，平等権に関連しない訴訟を選び，番号で答えなさい。

1　女性は離婚《りこん》後6か月経過しなければ再婚することができないと定めた民法の規定に，違憲判決が出た。

2　結婚していない男女の子どもの相続分を，結婚している男女の子どもの半分と定めた民法の規定に，違憲判決が出た。

3　外国人の母と日本人の父の間に生まれた子どもが，日本国籍を取得するためには，両親が結婚していなければならないと定めた国籍法の規定に，違憲判決が出た。

4　薬局を新たに開くときには，ほかの薬局と一定以上の距離を離《はな》さなければならないと定めた薬事法の規定に，違憲判決が出た。

【７】 湘子さんと慶太くんは，円安ドル高について話をしました。次の会話を読み，問いに答えなさい。

湘子：東京（　あ　）為替《かわせ》市場では，大幅《はば》に円安ドル高が進んでいるみたいね。

慶太：そのようだね。最近，アメリカのドルに対する円の価値が下がっているんだ。

湘子：円の価値が下がっているということは，円を欲しいと思っている人が減っているということでしょ。

慶太：その通り。円よりもアメリカのドルを欲しいと思っている人が増えているんだ。つまり，アメリカのドルと円を交換する時の円の金額は（　い　）なるよ。

湘子：何でみんなが円をアメリカのドルに交換しようと思っているの。

慶太：大きな理由の一つは，アメリカの中央銀行にあたる(ア)連邦準備制度理事会が金利を引き上げたことによって，みんなが日本よりもアメリカの銀行にお金を預けるときなどの利息が多くなると予想したからなんだ。その結果，円を売ってアメリカのドルを買う人が増えているんだ。

湘子：このまま円安ドル高が進んでいくと，企業の活動や私たちの暮らしには，どのような影響《えいきょう》が出るの。

慶太：(イ)もういろいろな問題が出始めているよ。急速な円安ドル高に歯止めがかからない場合は，政府と日本銀行が，市場でドルを売って円を買う為替（　う　）に踏み切ることもあるよ。

問１　空らん（あ）（い）（う）にあてはまる語句を答えなさい。

問２　下線(ア)の略称《しょう》として適当なものを選び，番号で答えなさい。

１　IMF　　２　FRB　　３　ECB　　４　FTA

問３　下線(イ)の円安ドル高が進むことによって起こる問題として適当なものを選び，番号で答えなさい。

１　アメリカ人観光客が，日本で買い物をする金額が減少する。
２　日本の輸出企業がどんどん海外に進出して，現地でモノを生産するようになる。
３　日本でアメリカ産の小麦や大豆が値上がりして，食費の負担が増える。
４　アメリカのドルで預金をしていた人は，預金を円に戻すと損をする。

問４　アメリカから小麦を輸入している日本企業Ｘ社について説明した文の空らん（え）にあてはまる文として適当なものを選び，番号で答えなさい。

> 東京のＸ社が，１ドル＝120円のときにアメリカから100万ドル分の小麦を仕入れました。１年後，同じ会社がアメリカから同じ小麦を同じ量だけ100万ドルで仕入れましたが，そのときは１ドル＝100円になっていました。Ｘ社は，１年前と比べて（　え　）小麦を仕入れたことになります。

１　1200万円安く　　２　1200万円高く　　３　2000万円高く　　４　2000万円安く

て、値段を上げていけば自然と国民・県民の健康が増進されるって思うんですよ。子供の身体の生育に必要な部分もあるでしょうから、料理に使う砂糖とかは例外として、生活習慣病の人の食生活をある程度追い駆《か》けてみて、どう見てもいけないなぁと思うような品目だけでいいんですよ。課税しましょう。」

問　あなたはこの人と対話をしています。この人の意見に一六〇字以内で反論しなさい。

※　この人に反論するにあたって適切な言葉づかいで答えること。

※　原稿用紙《げんこうようし》の使い方に従って書くこと。ただし、一マス目から書き始め、改段落はしないこと。

注1 **家人** 家族
注2 **往生** 困り果てること
注3 **納屋** 物置小屋
注4 **ビート** 砂糖の原料になる作物
注5 **間引き** 密生している作物の一部を抜き出すこと
注6 **農繁期** 農作業の忙しい時期
注7 **全国学力テストは、一度きりのまぐれじゃなかった。**
学は、小学六年生のときに実施されたこのテストで、教育委員会の職員が学校に訪ねてくるほどの優秀な成績を収めた。
注8 **利発** 賢いこと
注9 **神童** 才能に優れる子ども。学は村で『神童』と知られる。
注10 **稲光** 雷雨などの際に生じる電光
注11 **閃光** 瞬間的にひらめく光
注12 **無償** 無料
注13 **嗚咽** 息を詰まらせるように泣くこと
注14 **ねめつける** にらみつける
注15 **轟音** とどろきわたる大きい音
注16 **虚を突く** すきをつく

問一 空らん[1]～[7]にあてはまる言葉を選びなさい。
ア びくっ **イ** つん **ウ** ひゅっ **エ** ピン
オ かっ **カ** はぁ **キ** がりがり

問二 ——1とありますが、学はどこで何をしていたか答えなさい。

問三 ——2の理由を三十字以内で答えなさい。

問四 ——3とありますが、それはなぜですか。解答らんに合うように三十字以内で抜き出して答えなさい。

問五 空らん[A]にあてはまる言葉を選びなさい。
ア 大切なものは一つしかない
イ 勉強は全く意味がないことだ
ウ 他にも大切なものがある
エ 勉強こそが大切だ

問六 空らん[B]～[E]にあてはまる言葉を選びなさい。
ア 僕には悠長《ゆうちょう》に星や月を見ている時間はないんだ
イ あ……僕、憲太のせいにしたね
ウ 僕も、嫌いだと思ったことはない……
エ 村のみんな、とか、憲太にはわかんないんだよ

問七 ＝＝1・2の意味として正しいものを選びなさい。
1 「心なしか」
ア どことなく **イ** 不安そうに
ウ こきざみに **エ** 冷静に
2 「腑に落ちる」
ア 同情する **イ** 不満に思う
ウ 納得する **エ** 戸惑《とまど》う

問八 ——4は何に対する「怒り」ですか。二十字以内で説明しなさい。

【四】 あなたの目の前に次の意見を述べる人が現れたとして、あとの問いに答えなさい。

「甘《あま》いモノって、誘惑《ゆうわく》は強い割にだいたい体に悪いじゃないですか。
肥満とか生活習慣病にも繋《つな》がるし。だから、国なり県なりで税金をかけ

学の手が止まる。憲太は続けた。

「俺は学が神童だから好きなんじゃない。おまえがブサイクでも頭悪くても、おまえがおまえならそれでいいんだ」

「憲太……」

「テストの成績がすごいと思ったのは嘘《うそ》じゃないよ。学が褒《ほ》められるのもすげえ嬉しい。でも俺、おまえの本当にすごいところ、別にあるのを知ってる」

「え？」

「春休みさ、おまえいなかっただろ？　だから俺、ビートの間引き作業、一人で手伝わされたんだよな」

　稲妻につい言葉を切り、窓の外へと目をやった憲太を、学が遠慮《えんりょ》がちに急《せ》かした。

「……間引き作業がどうかしたの？」

「ああ、それな。あのさあ、間引き作業ってすげえ面倒くさくてつまんねえの。おまえ、知ってた？」

「まあ、地味で遅々として進まない作業っていうよね。うちの親は好きじゃないって言ってた」

「だろ？　おまえは？」

「僕は別に好きでも嫌いでもない」

「俺もそうだった。でも俺さ、今年初めて、うわ、この作業つまんねえって気づいたんだよ。それまでは間引き作業を嫌いじゃないと思ってた。うんざりなんてしなかったからさ。でも、本当は嫌いだったみたいなんだ」

　学は頷《うなず》いた。「それで？」

「でさ、なんで今まで毎年やってきて、嫌いだって気づかなかったのかなって考えてみてさ、俺わかったんだよ」

　憲太は学の胸元を人差し指で軽く押した。「去年まで、おまえと一緒にやってたからだって」

　注16虚《きょ》を突かれたような学の表情が、稲光に照らされる。その光の力を借りて、憲太は学の目を覗《のぞ》き込む。

「そうだよ、隣におまえが、学がいたから、『嫌い』や『つまんねえ』がごまかされていたんだ。おまえと一緒にやったから、あの間引き作業もそれなりに楽しかったんだ」

　ただでさえ停電中のうえ、裸眼《らがん》の学は視界がうまくとらえにくいのか、目を凝らすようにじっと憲太を見返してくる。

「［　E　］」

「来年おまえ、一人でやってみろよ。びっくりするほど時間経たねーから。あ、来年もおまえ札幌行くのか？」

　学は特になにも答えなかった。構わなかった。憲太は心の内をそのまま言葉にした。

「とにかく俺、思ったんだ。友達ってすげえんだなあ、って」

嫌いだったりつまらない時間も、一緒にいさえすれば、乗り切れる。楽しみすら、見出《みいだ》せるかもしれない。

そういう力を持つ、自分にとってたった一人の相手。

「おまえが本当にすごいのは、そういうところだよ」

　学は静かに顔を伏せた。


（乾ルカ「願いながら、祈りながら」より）

※出題の都合上、本文の一部を改稿《かいこう》しています。

子どものころから世話になっている、穏《おだ》やかで優しそうなおじいさん先生の像が、憲太の頭の中で結ばれた。

また雷が連続して落ちた。学の喉《のど》が、［6］と鳴った。

なるほど、医者なら難しいだろう。難しくなければ困る。人の命を預《あず》かる仕事なのだから。でも。

「俺、今のおまえみたいなお医者さんなら、診《み》てほしくない。ほんとマジ、絶対やだね」

雷が落ちたみたいに、学の体が［7］となった。憲太はたたみかけた。「だって今のおまえなら、手術失敗しても、器具が悪かったとか、とにかく上手《うま》くいかなかったら周りのせいにしそうじゃん」

「なんだって?」

学が眉《まゆ》をつり上げて席を立ち、上目遣《うわめづか》いでねめつけ[注14]てきたが、憲太は動じなかった。

「おまえ、さっき言ったこと忘れたのかよ? 自分の成績が落ちたのを生田羽村のせいにしてただろ。こんな田舎だから駄目なんだってさ」

右手が勝手に動いて、向かい合う学の肩を掴《つか》んでいた。

「バッカじゃねえの? 久松先生だってこの村の出身だぞ。そりゃたしかにここは田舎だよ。でも、それだけの理由でおまえが駄目《だめ》になるなら、それはおまえがその程度《ていど》だっただけだよ。全世界のお医者さんは一人残らず都会出身なのかよ? 違うだろ? 本当にすごいやつは、どこにいたってちゃんとやれる」

「でも」

学が反論しかけた矢先、落雷があった。手の中にある彼の肩《かた》が強張《こわば》るのがわかった。憲太はまた窓の外を見てしまった。空が明るくなるごとに、一面を覆う雷雲の形が、黒と群青《ぐんじょう》と紫《むらさき》を混ぜたような色で浮かび上がる。

「でも……僕のことをすごいと言ったのは、僕じゃない。大人たちや、憲太だよ」

憲太の手首が、そっと学の右手で押しのけられた。冷たい手だった。

「大人にはなんと噂《うわさ》されてもよかったけど、憲太が言ってくれたのは嬉しかった。だから」

ずっと、誰よりすごくあり続けなくてはいけないと思った――学は打ちひしがれたみたいにうなだれた。

「［D］」

学はもう泣き声をたてなかった。ただ、両手で顔を拭い続けた。雷が夜を走るたびに、唇《くちびる》を噛《か》みしめ、目の下や頬に指や手の甲を押し当てる青白い顔が見えた。憲太はだんだんと不思議な気分になった。学はクラスの中ではっきりと大人っぽい部類に入る。本校の生徒を含《ふく》めてもそうだし、実際に目にしたわけではないけれど、札幌の進学塾のクラスでだって、群を抜いて冷静で落ちつき払った雰囲気《ふんいき》だっただろう。けれども今、自分の前にいる学は、まるで子どもだった。雷に怯《おび》えて目を閉じ、耳をふさいでいた、遠い日のように。

そうか、嬉しかったのか。俺の言葉が。

もう何度目かわからない稲光[注15]と轟音《ごうおん》が襲《おそ》う。雷が光るたびに、幼《おさな》かったころの学が今の学と重なり、さっきまでの腹立ちはどこへやら、憲太は自分でもわけがわからぬまま、笑っていた。

「俺さ、おまえのことすごいって言ったけどさ、別におまえが勉強すごいやつだから友達なんじゃないよ」

だ。

　いやそれよりも、なぜ、涙ぐんでいるんだろう。

「おい……おまえ」

「……憲太は、両親もおじいさんもおばあさんも、ずっとこの村じゃないか。でも僕は違う。親が勝手に……田舎に変な夢《ゆめ》抱いて、こんな村に来て」

　村おこしの一環《いっかん》として、十数年前に農地を注12無償《むしょう》で貸し出すと都会から若夫婦を誘致《ゆうち》したのは、憲太の祖父の策《さく》だった。

「うちの親がそのまま都会にいてくれたら、僕の今はきっと違ってた。こんな村じゃ、十分な勉強なんてできない。札幌《さっぽろ》や大きな街《まち》の子は、なんの苦労もなく進学塾や予備校に通っている。ネットの授業配信も、もう少し先だっていうし」

　泣きべその理由を推《お》しはかりながら、憲太は学をとりあえず励《はげ》ましてみた。

「でもおまえ、今でも十分すごいじゃん」

「どこがだよ！」

　大声を出した学の頬《ほお》を伝い、細い顎《あご》の先からしずくが落ちる。「成績は下がったんだよ、僕は僕なりにやったつもりだったのに……僕より上のやつらは、みんな都会の子だった。彼らと同じことをやれたら、絶対負けなかったのに」

　学は顎を手の甲で拭《ぬぐ》いながら、進学塾のテキストを拾い上げた。

「環境《かんきょう》が違うんだ、勉強する環境が……こんな田舎にいるって、それだけですごいハンデだ。このままなら、きっとこれからもどんどん成績は下がる。成績が下がれば、望む高校に行けないかもしれない、大学にだって」

　そして、苦しげに絞《しぼ》り出すような声で、こう断《だん》じた。

「生田羽村が、僕の未来を閉ざすんだ」

　ああそうか——憲太は2腑《ふ》に落ちた——こいつは悔《くや》しいんだ。悔しくて泣いているんだ。自分ではどうにもならないことが自分を邪魔《じゃま》していると信じ込んで。

　眼鏡を外して肘《ひじ》をつき、両手で顔を覆《おお》って、学はとうとう注13嗚咽《おえつ》しだした。憲太は暗さにまぎれてしまいそうな彼のつむじを、しばらく睨んだ。

「……だっせ。めそめそしやがって」

　口から出た声は、憲太自身も驚《おどろ》くほどに低かった。

「おまえの未来って、なんだよ」

　その低さで、内にくすぶる4怒《いか》りを憲太は自覚した。学も異変を悟《さと》ったのか顔を上げた。

「どんな未来がお望みなんだよ、言ってみろよ、おい」

　そういえば、学の将来の夢を憲太は知らないのだった。憲太も教えていなかった。というか、真面目《まじめ》に考えたことがなかった。学校でそういった課題《かだい》の作文を書かされたこともなかった。

　学の未来については、村の大人たちが口々に好き勝手なことを語るのを耳にするだけだった。

「……医師」

　学も低い声で一言答えた。

「は？　イシ？」

「医師。お医者さんだよ、久松先生みたいな」

「構《かま》わないよ、僕は勉強しなくちゃいけないんだから」

あっさりと言い放った学に、憲太は少々腹が立った。

「勉強勉強って……おまえ、変わったよな」

学が利発[注8]そうな目を細める。「なにが言いたいの？」

「おまえなんて、そんなに [5] 勉強しなくても、余裕《よゆう》で大丈夫だろ？　いつも一番だしさ」

「四人しかいないクラスで一番になったところで、なんの意味もないよ」

「いや、それ以外でもすごいじゃん。六年のときのテストは村の教育委員会の人が来たし、塾の模試も成績優秀者になってる」

「……サイトを見たんだったね」

「おう」

「夏の模試の結果も？」

「うん。ちょっと前より落ちちゃったけど、相変わらずトップクラスだったな」

学が机の上のテキストに手のひらを置いた。「落ちたのは事実だよ」

「あんなの誤差の範囲《はんい》だよ。なあ、そんなにいつもいつも勉強する必要、おまえにあんの？　俺だったらもっと遊んじゃうよ」

「僕には必要あるんだ」

「ないと思うけどな。だっておまえ、すげーじゃん。『神童[注9]』じゃん。村のみんなもそう言ってるじゃん」

すると、学は急に視線《しせん》を逸《そ》らして吐き捨てた。「 [C] 」

「はあ？」

いきなりの言い草に、思わず憲太の声が大きくなった。「なんで俺にはわかんないんだよ？」

「憲太だからだよ」

「なんだそれ」

「僕じゃないからだ」

学の声は1心なしか震えているようだ。「こんなの、この村で誰《だれ》もわかる人はいない。僕にしかわからないんだ」

「だから、それ、なんなんだよ？」

憲太が叫んだと同時に、[注10]稲光《いなびかり》が図書室を明るく照らし、音の衝撃《しょうげき》が体の中まで揺《ゆ》らした。学の手がびくりと動いて、机の上のテキストにぶつかった。テキストは床に落ちたが、憲太は窓の外を見た。雷は続いた。

はっきりと目にできた雷は、地に向かって落ちるのではなく、空を切り裂《さ》くものだった。枝《えだ》分かれしながら伸《の》びる[注11]閃光《せんこう》が、空の端《はし》から端まで届く。真っ黒な夜空に強烈《きょうれつ》なきらめきの亀裂《きれつ》が走る。

「うわ、すげえ」

今のおまえ、見た？　と、声を荒《あら》げたことも忘れて問おうとした矢先《やさき》、

「学？」

憲太はびっくりした。

学が泣きそうになっていたからだ。

学がべそをかく顔なんて、いつぶりに見ただろう？　見たとしたらたぶん、小学校に上がる前だ。学と聞いて憲太が頭に浮《う》かべる彼の表情は、最近では暗記カードや教科書などを睨みつけるようにしているものと、真面目で整っていて、いかにも頭脳明晰《ずのうめいせき》そうにまっすぐ前を見つめる横顔、それから、こちらを振《ふ》り向いて心底嬉《うれ》しげに笑う顔――それら

ろうか。

もちろん、ないがしろにしていいとは言わない。大人は「勉強しなさい」と口やかましいし、まだ中学一年生の自分たちには、知らないことがいっぱいある。憲太だってほぼ毎日、それなりに習ったところを復習しているし、テストの前はしっかり机に向かう。

が、もっと大切で大事で、優先順位が上のものも、憲太にはいくつもあるように思えてならない。

なのに、学は勉強勉強だ。彼の口数は、勉強に言葉を遮《さえぎ》られているかのように、減ってしまった。それはまるで、憲太の『 A 』という考えを、まるごと否定しているみたいにも見える。

だから、最近の学には本当に腹が立つ。

（中略）

雷が落ちた直後、壁を隔《へだ》てた隣《となり》から「わっ」という声が聞こえた気がした。音楽室の壁は防音《ぼうおん》加工されているはずなのに。

「でも、聞こえた」

憲太はすぐさま音楽室を飛びだし、隣の図書室の戸を開けた。

「学！」

長机が並んだ窓際《まどぎわ》の席に座っていた少年が、はじかれたように立ち上がった。

うっかりすると闇に溶け込《こ》んでしまいそうな、パーカーにジーンズのシルエット。

「……憲太」

ずっと探していた相手は、一言呟《つぶや》いて押《お》し黙《だま》る。

とたん、またも 1 と世界は白く光り、凄《すさ》まじい音が窓ガラスを震《ふる》わせた。

学が身を縮こまらせた。

＊

落雷が生んだ瞬間《しゅんかん》的な明るさは、憲太にあるものを見せた。

学がいる席に置かれた、数冊《さつ》のテスト。

教科書ではなかった。サイズが違う。進学塾のものだな、と、 2 と来た。

憲太は、 3 と息を吐いて、呆《あき》れ声を出した。

「こんなところにまで勉強道具持ってきてたのかよ」

学が 4 と顔を背《そむ》けて、椅子《いす》に座る。憲太は長机を挟《はさ》んでその前に立った。

「亮介から聞いたの？　僕がここにいるって」

「違うよ。あいつは正反対のことを言った。ここに来たのは、しらみつぶしに探していただけだ」

「そう」

そっけない口ぶりに、憲太は苛立《いらだ》ちを覚えた。

「なあ、学。おまえ、中止にならなくても、ここにこもって勉強してるつもりだったのか？　みんなが外で空見てる中、一人で」

「だって」

学が眼鏡の奥から険《けわ》しい目で睨《にら》んでくる。「 B 」

「ここの窓から校庭見えるだろ。ってことは、校庭からも図書室の電気がついてることがわかるじゃん。中止になって、おまけに停電にもなったからいいようなものだけど、天気悪くならなかったら、みんなあそこに誰がいるんだろうって、変に思っただろうな」

学は淡々《たんたん》と「進学塾の春期集中講習に通っていた」と答えた。

「おまえなんか塾に行かなくても、全然平気じゃねえの？」

おまえがいなかったから、春休みつまんなかったよ。

そう言ったら、学は疲《つか》れたみたいにうつむいた。

それまでの春休みは、消えてゆく雪を惜《お》しむように、二人で雪つぶてをぶつけ合ったり、かき集めた雪山めがけて、注3納屋《なや》の屋根から飛び降りたりして楽しんだものだった。あるいは家の手伝いをするなどだ。憲太の家は注4ビートやトマトの他、小麦も育てていたし、学のところも小麦とビートを作っていた。ビートは、蜂《はち》の巣のような小さな正六角形の筒《つつ》をびっしり並べたペーパーポットに土を入れ、それに種を蒔《ま》く。ある程度大きくなるまでビニールハウスの中で育て、その後畑に移すのだけれど、一つのポットの中から二つ三つ同時に芽が出てしまうことがある。その中で丈夫《じょうぶ》そうな一つを残して、あとはピンセットで抜いてしまう注5間引き作業を、憲太と学はよく手伝わされた。簡単で力もいらないからだ。憲太が学の家におじゃましていれば、憲太が学の家のハウスに呼ばれたし、その逆もあった。注6農繁期《のうはんき》に遊びに来ているよその子が、おじゃましている家の畑を手伝うのは、村では特別なことではない。

くわえて、憲太と学の家は他の家より結びつきが強かった。

学の両親が東京から生田羽村に移住してきたとき、畑作を一から指導したのが憲太の家なのだ。だから憲太は、どちらの家の手伝いをするのも、当たり前と思っていた。

ビートの間引き作業は、目がちかちかしてきて根気もいるが、憲太はその作業が嫌《きら》いじゃなかった。

いや、なかったはず、だった。

でも、今年の春休みは違《ちが》った。憲太はビートの間引き作業にうんざりとなった。

2どうして今年急に嫌いになったんだろうと考え、気づいた。

もともと、別に好きじゃなかったのだ。

それはそうだ、こんな地味《じみ》でいつまでたっても終わらない、面倒《めんどう》くさい、しかも手伝いだからあとでなにか御褒美《ごほうび》がもらえるわけでもない作業を、好きになる要素なんて一つもない。

一人、ピンセットで小さな芽をつまみ取りつつ、憲太はあくびをかみ殺すのに必死だった。

中学に入学して半月ほど経《た》ったころ、憲太は母親から「学くんの名前がインターネットに出てるよ」と教えられた。なにごとかと見てみたページは、進学塾のサイトだった。学は塾主催《しゅさい》で行われた模擬《もぎ》試験で、全道二位になっていた。全国でみても第十位だった。

「おまえ、すげえじゃん！」

すぐに電話をかけた。北海道で三本の指に入った。しかも日本全体でも上から十番目なのだ。注7全国学力テストは、一度きりのまぐれじゃなかった。とにかく憲太は学の成績に興奮して、すごいすごいを連発した。3でも、応対した学の声音《こわね》はどこか固かった。

「ごめん、切っていい？　やらなきゃいけないことがあるから」

不通話音を聞きながら、憲太はまた勉強するのかな、と思った。

憲太も成績は悪くはない。学がいなかったらクラスで一番のはずだ。だが、勉強はそれほど好きではなかった。それより、学となにかしていたほうが楽しい。

勉強はそんなに大事なものなのだろうか。それほどすごいものなのだ

【三】　次の文章を読んで、あとの問いに答えなさい。

「今晩の『夜空を見る会』は中止にします」

　みんなの前でそう告げたイベントの主催者《しゅさいしゃ》、生田羽《いくたば》中学校の校長先生はもちろん、楽しみに集まっていた村人たちも残念そうだったが、天気には勝てない。いっそう雨足が強くなる前にと、そうそうに帰途《きと》についた参加者は賢明《けんめい》だった。今体育館に残っているのは、帰る機を逸《いっ》してしまい、少しでも小降りにならないかと待機しているもの、家人[注1]の車の迎《むか》えを待つものなど、十名ほどだ。

　その十名ほどの中に江崎学もいるはずなのだが、どこへ行ったのか、姿が見えない。一緒《いっしょ》に憲太の父親の車に送ってもらってここに来たのに。

　実は学は、雨が降って中止が決まってからいなくなったのではない。『夜空を見る会』のために本校へ来てすぐに、どこかへ行ってしまった。

　勝手に帰ってはいない。憲太は来客用下足入れに学の外靴《そとぐつ》があるのを確認している。

　いったい、1彼はこの校内のどこでなにをしているのか。誰《だれ》にも、憲太にもなにも告げずに、たった一人でふらりといなくなった学。

　黒のパーカーにジーンズという服装の少年がいないか、憲太は闇《やみ》に目を凝《こ》らす。

「確かになんか、気乗りしなさそうな感じだったけどよ」

　思えば、一年前くらいから、なんとなく彼はおかしかったのだ。憲太に対する態度に、そっけない色合いが混ざりこみだしていた。それまでは誰につんけんしていても、憲太が話しかければ笑顔を向けたのに。いろいろな楽しいことを、二人で時間を忘れてしたのに。いつも一緒にいたのに。

「学のバカバカバーカ！」

　雨音に負けじと、憲太は叫《さけ》んだ。

（中略）

＊

　外の嵐《あらし》はますますひどくなっている。

　校内が暗いのは、停電してしまっているせいだ。送電線のどこかがやられたのかもしれない。

「ったく、なにしてんだよ、学」

　雷《かみなり》といえば思い出す光景がある。まだ小学校へあがる前の夏のことだ。初めて二人して丘《おか》の森にでかけて遊んでいたのだが、ひょんなことで往生《おうじょう》[注2]していたうちに、急な雷雨《らいう》に見舞《みま》われてしまった。雷はあまり近くには来なかったが、落ちるたびに学は自分の横で身を竦《すく》ませ、耳をふさいで目をつぶっていた。憲太はもともと稲妻《いなずま》に興奮するたちだから、何度も見るように促《うなが》したが、学はけっして目を開けなかった。

――僕《ぼく》、雷はあんまり好きじゃない。

　小一時間で雷雲が過ぎ去ったのち、学はそう言った。本当は怖《こわ》いくせに、とからかうと、膨《ふく》れた顔で一人先に丘を下っていった――。

「びびってんのかな、今も」

　憲太は廊下《ろうか》の真ん中で立ち止まり、大きく息を吐《は》いた。と、細い光の一筋が廊下の暗がりを薙《な》ぐように動いた。

（中略）

　春休み、学は親戚《しんせき》の家でなにをしていたのだろう？

　入学式の日、学と顔を合わせるや、憲太は尋ねた。

かり、現在では月と地球の距離《きょり》は約38万kmです。

地球に近かった頃の月は、非常に大きな潮汐《ちょうせき》[注9]作用を地球に及《およ》ぼしていたことでしょう。 d 地球に水の海ができてからは、潮汐力による潮の満ち干《ひ》は現在からは想像もつかないものだったと考えられます。おそらくは大津波《おおつなみ》のような波が、毎日2回、海岸へ押し寄せていたはずです。この潮汐には、海水をよくかき混ぜて、海水の成分を均質にする役割があったものと思われます。[2]それはのちの生命の誕生にも、大きな影響を与《あた》えていたかもしれません。

※出題の都合上、本文の一部を改稿《かいこう》しています。

注1　**進化論**　生物が単純な原始生命から現在のものに進化したとする説。
注2　**マグマオーシャン**　惑星の表層部分が融《と》け、マグマの海が形成された状態。
注3　**微惑星**　太陽系の形成初期に存在した小天体。
注4　**組成**　いくつかの部分や要素が集まって全体を組み立てること。
注5　**マントル**　惑星や衛星などの内部にある層。
注6　**因果関係**　原因とそれによって生じる結果との関係。
注7　**自転軸**　天体が回転する際の軸。
注8　**エウロパ**　木星の第二衛星。
注9　**潮汐**　月や太陽の引力によって起こる海面の昇降《しょうこう》現象。

問一　――ア〜オのカタカナを漢字に直しなさい。

問二　空らん a 〜 d に入る言葉を次の中から選び、記号で答えなさい。

ア　ただし　**イ**　たとえば　**ウ**　しかし　**エ**　また

問三　――1の問いに対する答えが述べられている形式段落はどこか、最初の五字で答えなさい。

問四　空らん 1 に入る言葉を次の中から選び、記号で答えなさい。

ア　物質が存在しない　**イ**　すべての性質と共通する
ウ　地下の状態と相反する　**エ**　一部分のみと似る

問五　空らん 2 に入る言葉を次の中から選び、記号で答えなさい。

ア　上司　**イ**　部下　**ウ**　友　**エ**　敵

問六　空らん 3 に入る言葉を漢字一字で答えなさい。

問七　空らん 4 に入る言葉を次の中から選び、記号で答えなさい。

ア　「兄弟」とも「親子」とも
イ　「兄弟」とも「他人」とも
ウ　「他人」とも「親子」とも

問八　空らん 5 に入る言葉を次の中から選び、記号で答えなさい。

ア　限りなく遠く　**イ**　途方《とほう》もなく大きく
ウ　想像以上に不気味で　**エ**　驚《おどろ》くほど神秘的で

問九　――2が何をさすか二十字以内で答えなさい。

問十　本文の内容として正しいものにはA、正しくないものにはBを書きなさい。

ア　身近な存在であった月の成因は、比較的簡単に説明することができた。
イ　月の成因として初めに提唱された「親子説」が、その後の考え方を決定づけた。
ウ　地球と月がもともと深い関係にあったことに注目した考え方が「他人説」である。
エ　地球に近かった頃の月は、生命の誕生に関係していないとはいえない。

よりはかなり自然な考え方に思われました。

　しかし、１９６９年にアポロ11号が実際に月に行って試料を持ち帰り分析《ぶんせき》したところ、この説にも疑問が投げかけられました。月の岩石の化学組成[注4]は、地球のマントル[注5]とかなり似ていることがわかったのです。地球と月が同じ材料からつくられた「兄弟」であるならば、このように地球の［　1　］というのは考えにくいとのことです。この説では、その説明をすることができませんでした。

　「他人説」は「捕獲説《ほかく》」とも呼ばれ、アメリカの天文学者トーマス・ジェファーソン・ジャクソン・シーらが提唱しました。そもそも地球と月にはまったく因果関係[注6]がなく、月はいわば地球という「よその部族」に捕《と》えられたようなものであるとする考え方です。宇宙空間を移動していた月が、たまたま地球の軌道に近づいたときに、地球の引力に捕えられ、地球の「［　2　］」になった、というわけです。

　しかし、ある天体が宇宙空間で別の天体の軌道に捕えられる確率はきわめて低いと考えられるうえ、やはり月の組成についての説明ができないため、この説も主流にはなりえませんでした。「親子」でも「兄弟」でも「他人」でもないとすれば、月とはなんなのか？　みなが［　3　］を抱えたときに、ある斬新《ざんしん》な仮説が登場します。

　天文学者のウイリアム・ハートマンとドナルド・デービスは１９７５年、月の成因を説明する新説として「ジャイアントインパクト説」を提唱しました。

　それは、地球ができてまもない頃に、火星くらいの大きさの星（火星の直径は地球のほぼ半分）が、地球に衝突《しょうとつ》したという大胆《だいたん》な考え方です。衝突のスピードは時速10万kmともいわれます。このおそるべき衝突によって、地球の一部がもぎ取られ、衝突したほうの星もバラバラになり、それらが地球の外側を取り巻いているうちにやがて集合し、月になったというのです。この説では月と地球は［　4　］いえます。

　ジャイアントインパクト説では、地球のおもにマントルがもぎ取られたと考えることで、月の組成について説明することができます。［　b　］、「親子説」では地球の分裂を遠心力によるとするところに無理がありましたが、その点も解決します。［　c　］当初は、地球が完全に破壊《はかい》されてしまわない程度に衝突が起きるには、衝突の角度がかなり限定されたものになり、そのような確率はきわめて小さいのではないかという反論もありました。しかし、その後の研究で、このような衝突は現実に十分起こりえることがわかり、１９８０年代後半には、ジャイアントインパクト説が月の成因を説明するもっとも有力な理論となったのです。最近のコンピュータシミュレーションによる研究では、もぎ取られた地球の一部やバラバラになった星が集まって月になるには、早ければ1ヵ月で可能との見方もあるようです。

　なお、ジャイアントインパクト説には、地球の自転軸《じく》[注7]が約23・4度傾《かたむ》いていることの理由も説明できるという「副産物」がありました。地球に季節があるのも、この衝突のおかげなのです。

　このときに地球がバラバラになり、宇宙の藻屑《もくず》と消えてしまっていても、不思議ではなかったのです。「水の惑星」も、わたしたち人間も存在していなかった可能性は十分にあったのです。

　誕生したばかりの月は、地球から約2万kmという近いところにあったようです。その頃《ころ》の月を地球から見れば［　5　］、まるでエウロパ[注8]から見た木星のようであったかもしれません。その後は[オ]シダイに遠ざ

【国　語】（四五分）〈満点：一〇〇点〉

【注意】※　解答はすべて解答用紙に記入しなさい。

※　解答に句読点や記号などが含まれる場合は一字に数えます。

【一】次の（　）にあてはまる、ひらがな一字を答えなさい。

① こんにち（　）。

② 事実にもと（　）く意見。

③ おね（　）ちゃんは八歳です。

④ 和室に布団を（　）く。

⑤ 生（　）るしかばね。

⑥ 運を天（　）まかせる。

⑦ うっと（　）しい雨。

⑧ 深（　）のある色。

⑨ フロントに荷物を預（　）る。

⑩ 右（　）ならえ。

【二】次の文章は２０１３年発行の藤岡換太郎『海はどうしてできたのか　壮大《そうだい》なスケールの地球進化史』の一節である。これを読んで、あとの問いに答えなさい。

いうまでもなく、月は地球の唯一《ゆいいつ》の衛星です。わたしたちにとってはアニクガンでもよく見える、もっとも親しみのある天体です。しかし、1月がどのようにしてできたのかは、昔から多くの論争が繰《く》り広げられてきた大難問でした。さまざまな説が考えられましたが、どれも問題を抱《かか》えていて、月の成因をうまく説明するのはイシナンの業だったのです。もちろん、ほかの惑星《わくせい》の衛星のでき方もそれぞれに簡単ではないのですが、いちばん身近な月がわからないことには話になりません。なかには「月が見えていることは、目の錯覚《さっかく》なのだろう」と苦し紛《まぎ》れの冗談《じょうだん》を言う学者もいたほどです。

昔から月の成因として提唱されてきた考え方は、地球との関係において、おもに３つに分けられています。地球と月は「親子」であるとする考え方、「兄弟」であるとする考え方、そして「他人」であるとする考え方です。

「親子説」とは、月が地球から飛び出してできたという考え方です。[注1]「進化論」で名高いあのチャールズ・ダーウィンの次男、ジョージ・H・ダーウィンが１８７９年に唱えました。大まかに言えば、マグマ[注2]オーシャン時代の地球の遠心力によって、ドロドロのマグマが宇宙に飛び出し、固まって月になった、というものです。飛び出した跡《あと》が太平洋であるとしています。『われらをめぐる海』を書いたレイチェル・カーソンは、この説をウサイヨウしています。

[a]、地球の引力を超《こ》えるほどの力で物質が飛び出すというのは、かなり難しいことだと思われます。それほど大きな遠心力ができるためには、地球はとんでもないスピードで回転していなければなりません。「親子説」は「分裂《ぶんれつ》説」とも呼ばれ、ほかにもさまざまな学者からエシュウセイ案が出されましたが、決定打とはなりえませんでした。

「兄弟説」とは、地球ができたのと同じように、太陽系第三軌道《きどう》周辺にあった[注3]微《び》惑星が集まって月ができたとする考え方で、19世紀後半にエドワード・ロッシュらが提唱しました。微惑星がより多く集まってできたのが地球で、少なめに集まったのが月であるというわけで、「親子説」

MEMO

大切なことはメモしておこうネ！

2023年度

解　答　と　解　説

《2023年度の配点は解答欄に掲載してあります。》

＜算数解答＞《学校からの正答の発表はありません。》

【1】 (1)　26　　(2)　16　　(3)　360

【2】 (1)　225ページ　　(2)　294　　(3)　56.82cm

【3】 (1)　30cm　　(2)　120cm　　(3)　17.5秒後・32.5秒後

【4】 (1)　3cm　　(2)　$\frac{6}{25}$倍　　(3)　$\frac{14}{25}$倍

【5】 (1)　4：1　　(2)　10：3　　(3)　30km

【6】 (1)　6，4回　　(2)　26回　　(3)　435回

○推定配点○

【1】，【2】(1)・(2)，【6】　各5点×8　　他　各6点×10(【3】(3)完答)　　計　100点

＜算数解説＞

【1】 (四則計算，平面図形)

(1)　(60×16＋2)÷37＝26(秒)

(2)　$\boxed{\text{イ}}=\left(72\div\frac{9}{8}+48\times4\right)\div16=4+12=16$

基本　(3)　四角形ABCDの内角の和…右図より，360度

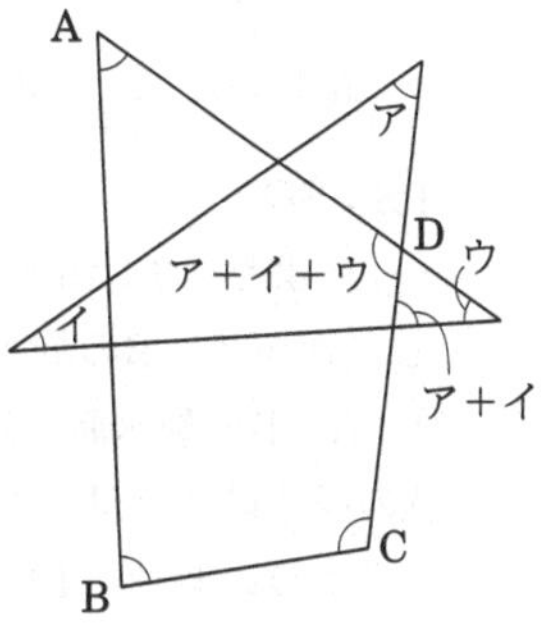

基本【2】 (割合と比，数の性質，平面図形)

(1)　右図より，30÷(1－0.76)÷5×9＝225(ページ)

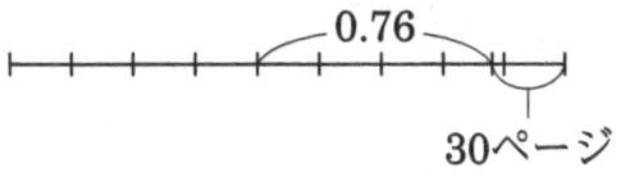

(2)　2940÷14＝210　　210÷(140÷14)＝21

したがって，ある数は14×21＝294

(3)　周…右図より，

(21＋5)×3.14÷2＋21－5＝

13×3.14＋16＝56.82(cm)

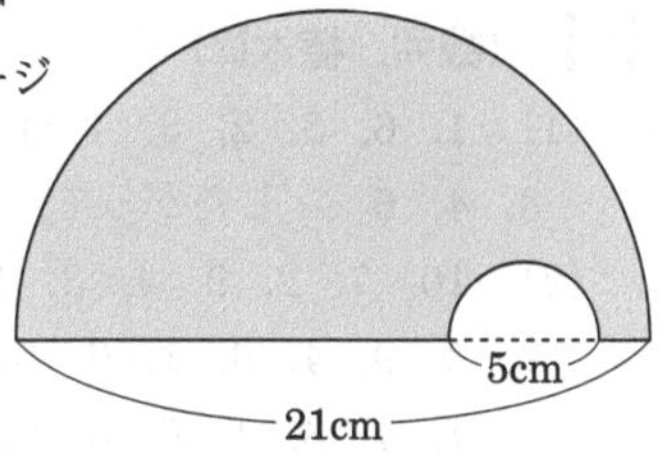

重要【3】 (平面図形，相似，図形や点の移動，立体図形，割合と比)

P，Qの秒速…1cm

(1)　MG：MN…右図より，1：3

したがって，求める道のりは10×3＝30(cm)

(2)　(1)より，30×4＝120(cm)

(3)　R…右図より，以下のように移動する。

0秒後…Nの位置　　10秒後…Sの位置　　20秒後…Kの位置

30秒後…Lの位置　　40秒後…Nの位置

1回目にXを通る時刻…10＋(20－10)÷(1＋3)×3

＝17.5(秒後)

2回目にXを通る時刻…30＋10÷4＝32.5(秒後)

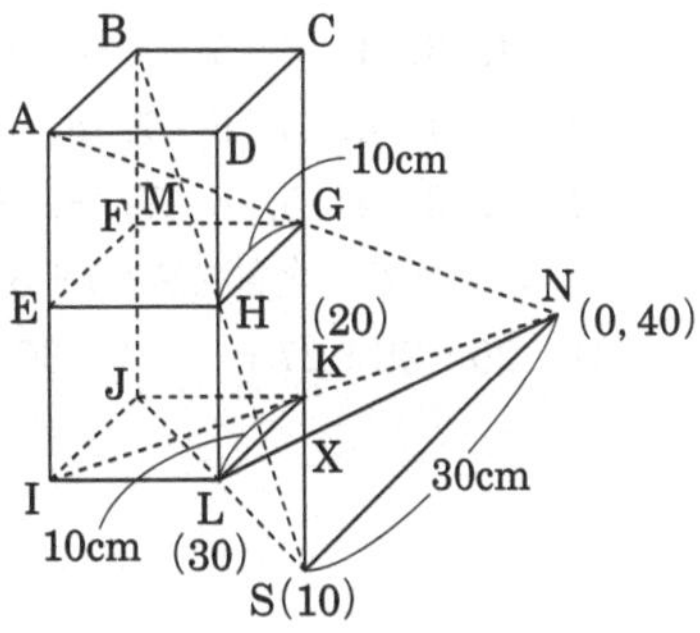

【4】 (平面図形，相似，図形や点の移動，割合と比)

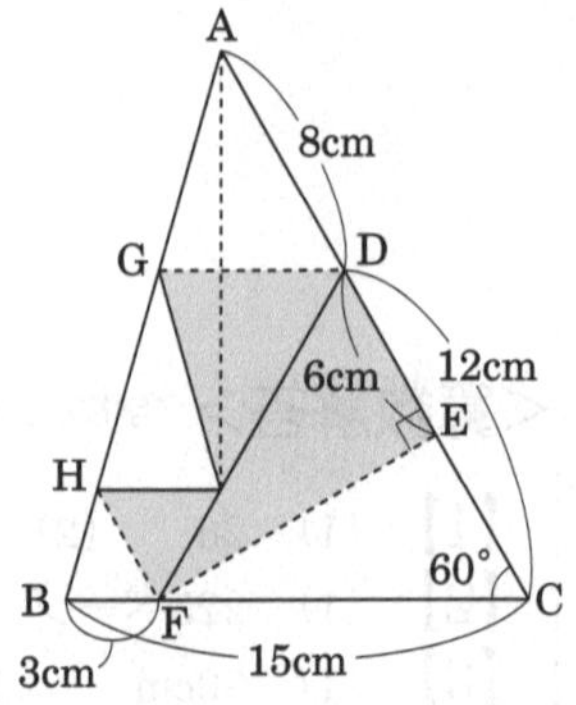

重要 (1) BF…右図より，三角形CDFは正三角形であり，
長さは15－12＝3(cm)

(2) 直角三角形DFE…直角三角形CFEと合同であり，
三角形ABCの面積の$\frac{12}{15}\times\frac{6}{20}=\frac{6}{25}$(倍)

やや難 (3) 三角形AGDとABC…相似比8：20＝2：5，面積比4：25
三角形HBFとABC…相似比3：15＝1：5，面積比1：25
五角形GHFED…三角形ABCの面積が25のとき，面積は
25－(6＋4＋1)＝14
したがって，五角形GHFEDの面積は三角形ABCの$\frac{14}{25}$倍

重要【5】 (速さの三公式と比，流水算，割合と比)

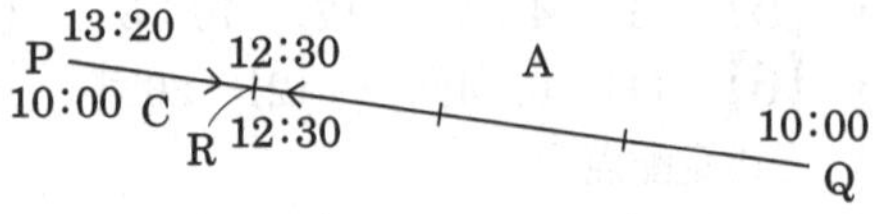

(1) Aの上りと流れの速さの比
…右図より，$2\frac{1}{2}:\left(3\frac{1}{3}-2\frac{1}{2}\right)$
＝3：1
したがって，Aの静水時の速さと流れの速さの比は(3＋1)：1＝4：1

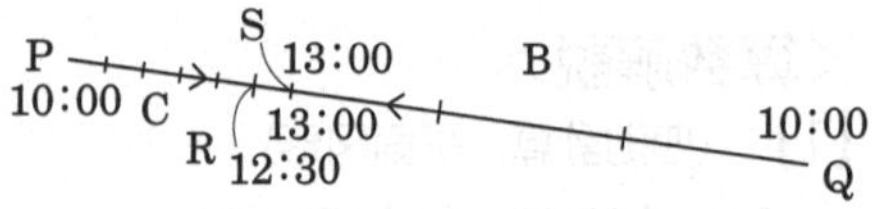

(2) PR：PS
…右図より，$2\frac{1}{2}:3=5:6$
PS：SQ
…(1)より，6：(5×4－6)＝3：7
したがって，Bの静水時の速さと流れの速さの比は(7＋3)：3＝10：3

(3) AとBの静水時の速さの比…(1)・(2)より，(4×3)：10＝12：10
Aの静水時の時速…12km
Aの上りの時速…12－3＝9(km)
したがって，PQ間は$9\times3\frac{1}{3}=30$(km)

【6】 (数列，植木算)

基本 (1) 1，6，5，2，3，4→1，5，6，2，3，4→1，5，2，6，3，4→1，5，2，3，6，4→1，5，2，3，4，6　したがって，入れ替えは4回

重要 (2) 10，7，2，9，4，3，1，6，5，8→7，2，9，4，3，1，6，5，8，10…入れ替えは9回
7，2，9，4，3，1，6，5，8，10→2，7，4，3，1，6，5，8，9，10…入れ替えは7回
2，7，4，3，1，6，5，8，9，10→2，4，3，1，6，5，7，8，9，10…入れ替えは5回
2，4，3，1，6，5，7，8，9，10→2，3，1，4，5，6，7，8，9，10…入れ替えは3回
2，3，1，4，5，6，7，8，9，10→2，1，3，4，5，6，7，8，9，10…入れ替えは1回
2，1，3，4，5，6，7，8，9，10→1，2，3，4，5，6，7，8，9，10…入れ替えは1回
したがって，全部で9＋7＋5＋3＋1×2＝26(回)

(3) 29＋28＋27＋…＋1＝30×29÷2＝435(回)

★ワンポイントアドバイス★

まず，【2】までの6問で確実に得点しよう。ここまでで全体の約3割の問題数である。
【3】「立体と図形や点の移動」の問題は，(1)でミスすると，(2)・(3)も不正解である。
【4】「折り紙」の問題は，「相似」に気づくことがポイント。

＜理科解答＞《学校からの正答の発表はありません。》

【1】 (問1) 2　(問2) 2，6　(問3) 触角　(問4) 1　(問5) 300
【2】 (問1) A 熱　B 高く　(問2) 4　(問3) 1　(問4) 8月　(問5) 2
【3】 (問1) A 水素　B 原子力　(問2) 1　(問3) 黒色は熱を吸収するから。
(問4) 3　(問5) 温室効果　(問6) 2
【4】 (問1) 3　(問2) B　(問3) においの原因であるインクを溶かしていた溶剤が蒸発したから。　(問4) X 4　Y 4　Z 1　(問5) 1

○推定配点○
各2点×25　計50点

＜理科解説＞

【1】 (昆虫・動物―昆虫の特長)

問1　昆虫の体は，頭部，胸部，腹部の3つでできており，足は3対6本で，胸部から出る。クワガタの前脚が出ている部分は前胸，中脚は中胸，後脚が後胸から出ている。

問2　1はセミで，口を刺して樹液を吸う。3はチョウで口を伸ばして蜜を吸う。4は蚊で口から出る針を刺して吸う。5はバッタでかみ砕く。2のハエと6のカブトムシがエサをなめる。

基本　問3　頭から出る感覚器官を触角という。

問4　網でふたをするので酸素は十分であり，外敵はシャーレに入れない。エサのアズキは十分にあるので，共食いも考えられない。よって1ペアあたりの産卵できる場所が減ったためと思われる。

問5　親成虫のペア数が300(親成虫の数が600匹)のとき羽化した成虫数が600匹になり，親成虫のペア数がこれ以上では羽化した成虫数が600匹以下になる。よって300ペアである。

【2】 (気象―南中高度・台風)

基本　問1　台風は赤道の近くの海洋で温められた空気が上昇気流になって発生する。夏になると，台風の発生する海域の緯度が少しずつ高くなり日本に近づく。

重要　問2　夏至の日の南中高度は，(90°－その場所の緯度＋23.4°)で求まり，冬至の日の南中高度は，(90°－その場所の緯度－23.4°)で求まる。この差は23.4°＋23.4°＝46.8° になる。

重要　問3　夏至の日の太陽が最も北の方角からのぼり，冬至の日は最も南の方角からのぼる。春分の日と秋分の日は真東の方角からのぼるので，日の出の方向が90°になる。これらより，1のグラフになる。

基本　問4　台風の発生が一番多いのは8月である。

問5　台風の接近数が一番多いのは沖縄であり，次いで伊豆諸島・小笠原諸島，関東甲信越(伊豆諸島・小笠原諸島を除く)。最も少ないのが北海道である。2が関東甲信越(伊豆諸島・小笠原諸島を除く)のグラフである。

【3】（環境・時事―地球温暖化）

問1　水素を燃料として使う水素燃料電池や原子力発電は，二酸化炭素を放出しない。

問2　4つの例はすべて光が乱反射することで白くなる。その中で，1はガラスそのものは乱反射しないが，表面に付着した水蒸気による乱反射が起きる。その他の例は，その物質そのものが乱反射し白く見える。

重要　問3　黒色は光を吸収するので，太陽の熱が逃げない。そのため体温を保つことができる。

重要　問4　真鍋淑郎博士は，大気中の二酸化炭素濃度が地球温暖化の要因であることなどを明らかにした功績で，2021年にノーベル物理学賞を受賞した。

基本　問5　二酸化炭素やメタンなど，地球温暖化の原因となるガスを温室効果ガスという。

重要　問6　大気は地表の熱が宇宙に逃げ出さないようにする役割もある。大気がなければ地球の表面温度は－18℃程度になると予想される。

【4】（実験・観察―インクの溶け方）

問1　溶け出した色がうすいので，水を入れたカップを白い紙の上に置くと色が見やすくなる。

問2　Bのインクは水に溶けなかったので油性ペンである。染料インクを，水に溶けない物質を溶かす溶剤(有機溶媒という)に溶かしている。この溶剤が蒸発するとき特有のにおいがする。

問3　Bの染料を溶かしていた溶剤が蒸発してしまうと，特有なにおいが消える。

やや難　問4　インクには紙の繊維にしみ込む染料インクと，しみ込まない顔料インクがあり，それぞれに水性のものと油性のものがある。Aはろ紙につけてもにじまなかったので顔料インクで，B，Cは染料インクである。A，Cは水に溶けるので水性インクである。操作6でAの顔料インクは移動しないので，最初の位置にとどまる。Bの染料インクも水に溶けないので最初の位置にとどまる。Cの染料インクはろ紙を上ってくる水に溶けて，徐々にインクの成分に分かれながら上に移動する。

問5　Bは油性インクで，水には溶けないが消毒用アルコールには溶けた。操作6で水の代わりにアルコールを使うと，アルコールの移動に伴ってインクも上側に移動する。

★ワンポイントアドバイス★

問題は標準レベルのものが大半である。問題数のわりに試験時間が短い。論述式の問題が出題されるので，文章をまとめる力も必要である。

＜社会解答＞《学校からの正答の発表はありません。》

【1】 問1 ④　問2 ③　問3 2　問4 3　問5 A 3　B 1　C 4　D 2

【2】 問1 3　問2 1　問3 4　問4 2

【3】 問1 3　問2 2　問3 2　問4 みことのり　問5 3→4→2→1　問6 1

【4】 問1 4　問2 2　問3 4　問4 3　問5 1 ○　2 ×　3 ×　4 ○

【5】 問1 2　問2 2　問3 3　問4 3　問5 1　問6 4　問7 2

【6】 問1 あ 番人　い 15　問2 う 内閣　え 衆議院　問3 2　問4 4

【7】 問1 あ 外国　い 高く　う 介入　問2 2　問3 3　問4 4

○推定配点○

【1】 各1点×8　【2】 各1点×4　【3】 問4・問5 各2点×2　他 各1点×4

【4】 各1点×8 【5】 各1点×7 【6】 各1点×6
【7】 問1 各2点×3 他 各1点×3 計50点

＜社会解説＞

【1】 (日本の地理―四国地方の農業・畜産業・漁業)

基本 問1 日本の食料自給率は一部を除いて低くなっている。①は米で97%，②は野菜で80%，③は肉類で53%，④は小麦で15%で，カロリーベースでは37%となっている(2020年)。

重要 問2 文2は高知県で，冬でも暖かい気候を活かした促成栽培が盛ん。なすは高知県，熊本県，群馬県の順に生産量が多い(2020年)。グラフ全体の高さや，冬の出荷量の多さから，③が高知県だと判断できる。なお，①は生産量3位の群馬県，④は栃木県，②は生産量が少ないので岩手県。

問3 文3は徳島県で，かつては阿波(あわ)国と呼ばれた。この県ではブランド地鶏である「あわおどり」の生産で有名である。なお，1のぼっちゃんは夏目漱石の小説『坊ちゃん』に由来して愛媛県，3のしまんとがわは四万十川で高知県，4のこんぴらさんは香川県の金刀比羅宮(ことひらぐう)の愛称に由来している。

基本 問4 文4は愛媛県で，西部にリアス海岸の宇和海がある。宇和海では養殖漁業が盛んで，たいや真珠の養殖量は全国1位である。なお，1のかきは広島，宮城，岡山の順，4のほたては青森，北海道，宮城の順(すべて2020年)。2のかつおは2023年時点で養殖技術がまだ確立されていない。

基本 問5 文1は年間降水量が少なく，小麦づくりに適したBの香川県，文2は冬でも温暖で促成栽培が盛んなDの高知県，文4はリアス海岸の宇和海で養殖が盛んなCの愛媛県，残る文3がAの徳島県である。

【2】 (日本の地理―自然災害とそのそなえに関する問題)

基本 問1 ハザードマップ[防災マップ]とは，自然災害による被害の軽減や防災対策に使用する目的の地図のことで，被災想定区域や避難場所・避難経路などを表示している。災害が起こった時でなく，事前に参考にすることで災害による被害を減らすことができる。各自治体のホームページなどからどこでも閲覧・入手ができるので1は誤り。ハザードマップを参照しても被害を完全に無くすことはできないので2も誤り。現段階ではすべての災害に対応できるハザードマップは用意されていないので4も誤り。

重要 問2 地形図上では，内陸部の低地や谷間(山の頂上側にくぼんでいるところ)での災害と判断できるので1の土石流が正しい。2の津波や3の台風による高潮は海と接する沿岸部一帯，4の洪水による浸水は川沿いの低地で起きるので誤り。

問3 砂防ダムは山地から土砂が流れ出ることを防ぐために川の上流に作られるものなので4が適当ではない。1の液状化現象は，地下水位の高い砂地などが振動によって地盤が液体のようになる現象である。2の放水路の例として，埼玉県春日部市の地下にある「首都圏外郭放水路」が知られている。3の津波については，沿岸部から高台まで距離がある場合，津波に巻き込まれないための避難タワーを設置する工夫が行われている。

問4 はんらんを始めた河川には絶対に近づいてはいけない。また，避難指示や避難勧告が出ても，足元の見えない夜間に避難を始めると逆に危険なこともある。その場合は，自分の家のなるべく高い場所へ移動するのが望ましい。テレビ局や役場，警察などへ電話をかけることも適切でない。

【3】 (日本の歴史―奈良・平安時代の歴史)

基本 問1 備中は現在の岡山県の一部で，他に備前・美作(みまさか)からなる。史料に893年とあり，守護は1185年に源頼朝によって置かれたので国司である。なお，現在の島根県の旧国名は出雲・石見・隠岐である。

基本 問2　風土記は713年，それぞれの国の産物，地理，伝承などをまとめたものである。なお，1は年代を追った形の歴史書である720年成立の日本書紀，3は8世紀後半に成立した万葉集，4は平安時代末期に成立した今昔《こんじゃく》物語集である。

基本 問3　660年に朝鮮の新羅とともに百済を滅ぼし，663年に白村江の戦いで日本を破ったのは唐(618～907年)である。なお隋は581～618年，宋は960～1126年，明は1368～1644年の中国の王朝。

問4　詔(みことのり)とは，天皇の命令やそれを伝える文書のことである。例として，646年に出された改新の詔などがある。

重要 問5　古い順に，3の藤原京は694年，4の鑑真の来日は753年で東大寺の大仏が完成した翌年のこと。2の坂上田村麻呂が征夷大将軍に任命されたのは797年，1の最澄や空海が新たな仏教を開いたのは9世紀初めなので，3→4→2→1の順になる。

問6　三善清行が醍醐天皇に出したこの意見書を「意見封事十二箇条(いけんふうじじゅうにかじょう)」という。この意見書では，かつては天皇が詔を出したらすぐに優れた兵士2万人が集まったなど朝廷の影響力があったのに，その後人口が減り，現在では一人もいなくなったとあるので，朝廷の影響力が衰え，村もさびれてしまったことを述べている。よって1が正しい。

【4】 (日本の歴史―鎌倉時代の歴史)

Aの人物は2代執権北条義時，Bの人物は5代執権北条時頼，Cの人物は8代執権北条時宗である。

基本 問1　アの人物は北条政子で，初代執権北条時政の娘，初代将軍源頼朝の妻，2代執権北条義時の姉である。北条政子は1221年の承久の乱の際，御家人の結束を訴える演説をしたことで知られ，「尼将軍」と呼ばれた。

基本 問2　承久の乱は，後鳥羽上皇が当時の2代執権北条義時を追討する目的で起こした戦いで，鎌倉幕府側が勝利した。その結果後鳥羽上皇は隠岐に流され，京都には六波羅探題が置かれた。なお，1の公家諸法度，3の京都所司代，4の佐渡金山など主要鉱山の支配は江戸幕府のこと。

やや難 問3　鎌倉時代になると定期市が月に3回行われるようになり，庶民が利用した。この市では，中国から輸入された銅銭を使って取引されることが多かったので，4が誤り。

基本 問4　元のフビライ・ハンが高麗とともに日本に攻めてきた出来事を元寇といい，1274年の文永の役，1281年の弘安の役の2回である。この時の執権は8代の北条時宗で，敵軍を退けたものの御家人に十分な恩賞を与えることができなかったことなどの理由で御家人の不満は高まった。

重要 問5　御家人とは幕府に仕える武士のことで，幕府に領地を保証してもらったり守護・地頭などの役職に任命されたりなどの御恩に対し幕府のために命がけで戦うという奉公を行ったので1と4は正しい。2に関して，すべての武士が幕府と主従関係を結んだ御家人ではないので2は誤り。3の文は江戸時代の武士に関する記述なので誤り。

【5】 (日本の歴史―近現代の歴史)

重要 問1　Aの条約は1895年の下関条約で，1894年に始まった日清戦争の講和条約である。日清戦争は朝鮮国内で起きた甲午農民戦争をきっかけに始まり，主に朝鮮半島や満州が戦場となったので2が誤り。日本は多額の戦費を使い，多くの戦死者を出したものの清に勝利し，下関条約では朝鮮が独立国であることを清に認めさせるなど，朝鮮への進出を強めた。

基本 問2　下関条約で，日本は多額の賠償金と台湾，遼東半島，澎湖諸島を清から得た。日本は多額の賠償金を使って1901年に操業を開始した八幡製鉄所を建設し，重工業を盛んにしたが，領土のうち遼東半島はロシア・ドイツ・フランスによる三国干渉によって清に返還することとなった。

基本 問3　Aの1895年からBの1905年の間に起きた出来事は3の日英同盟締結で1902年のこと。なお，1

は1894年の日英通商航海条約，2は1911年の日米通商航海条約，4は1951年のこと。

重要 問4　Bの条約は1905年のポーツマス条約で，日本は韓国国内での優越権，樺太[サハリン]の南半分，南満州鉄道の経営権をロシアから得たが，賠償金は得られなかったので日比谷焼き打ち事件などの民衆の暴動が起きた。なお，4の屯田兵とは明治初期の蝦夷地の防衛と開拓を行った兵士たちのことで，失業した士族がなることが多かった。

問5　ポーツマス条約はアメリカ大統領の(セオドア・)ルーズベルトの仲介により結ばれたもので，日本とロシアの全権代表がアメリカの都市ポーツマスに招かれ，交渉を行った。

重要 問6　1910年の条約は韓国併合に関する条約[韓国併合条約]である。これ以降，朝鮮地域は日本の敗戦まで日本の植民地とされた。その期間中，名前を日本風に改めさせる(創氏改名)，天皇・神社を強制的に参拝させる，日本語の使用を強制する，持ち主が不明の土地を取り上げる，朝鮮から日本に連行する，などの同化政策を行った。特に1931年の満州事変以降は，この政策は皇民化政策と呼ばれ，正当化された。

問7　ドイツを手本とした大日本帝国憲法の中では，天皇は国家元首として主権を持ち，統治権をすべて握った。内閣は天皇の政治を助け，裁判所は天皇の名において裁判をし，帝国議会は天皇が法律を作るのを協力する機関とされた。陸海軍の統帥権は天皇が持つが，直接戦いの指揮をしたわけではなかった。

【6】 (政治―裁判所や日本国憲法，基本的人権など)

重要 問1　最高裁判所は裁判長を含め15名の裁判官により構成され，違憲立法審査権の最終的な判断をする場所であることから「憲法の番人」と呼ばれる。

重要 問2　裁判官のうち，最高裁判所の長官は内閣が指名し，天皇によって任命されるが，その他の裁判官は内閣によって任命される。また，最高裁判所の裁判官に対してのみ国民審査が行われる。国民審査は，その裁判官が任命された後初めて行われる衆議院議員総選挙の時と，その後10年経過後初めて行われる衆議院議員総選挙の時に実施される。

基本 問3　日本国憲法は，1946年11月3日に公布され，翌1947年5月3日に施行された。11月3日は文化の日，5月3日は憲法記念日として現在祝日となっている。なお，1の昭和の日は4月29日であり，3の秋分の日は9月22～23日ごろ，4の春分の日は3月20～21日ごろとそれぞれ年によって変わる。

やや難 問4　基本的人権のうち，平等権は第14条の法の下の平等，第24条の両性の本質的平等である。1～3の文はこの平等権に反するとした違憲判決である。なお，4の文は自由権の1つである，経済(活動)の自由の「職業選択の自由」に反するとした違憲判決である。

【7】 (政治―円安ドル高，経済一般の問題，時事問題など)

やや難 問1　東京における円と外国通貨の売買の場を東京外国為替市場という。売買の金額は需要と供給の影響で時間によって変動するが，それを変動相場制という。円安ドル高は，円を売ってドルを買おうとする人が増えていることになり，その結果，1ドルの価値が100円から120円というように高くなる。2022年に記録的な円安ドル高が進んだが，これはアメリカの中央銀行であるFRB[連邦準備制度理事会]が金利を引き上げたことで，お金をドルの形でアメリカの銀行に預けた方が有利だと判断した人が大量に円を売り，ドルを買ったからである。2022年のように，極端な円安に歯止めがかからない場合は，政府や日本銀行が手持ちのドルを売り，円を買うことで円の価値を高める為替介入が行われる場合もある。

やや難 問2　世界の国や地域ごとに金融の中心となる銀行があり，その銀行を中央銀行という。アメリカの中央銀行はFRB[連邦準備制度理事会]なので2が正しい。なお，1のIMFは国際通貨基金，3のECBは欧州中央銀行でEU[ヨーロッパ連合]の中央銀行であり，共通通貨のユーロを発行している。4のFTAは自由貿易協定の略称。また，日本の中央銀行は日本銀行であり，紙幣である日本銀行券を発行する役割(発券銀行)，税金など政府のお金の出し入れをする役割(政府の銀行)，一般の銀行に資金を貸し出したり預かったりする役割(銀行の銀行)の3つの役割を果たしている。

重要 問3　円安ドル高の状態だと，一般的に日本は輸出に有利で輸入に不利になり，日本からの外国旅行はしづらく，日本へ来る外国人旅行客にとっては有利になるので3が正しく1は誤り。また，2の日本企業の現地生産は円高ドル安の状態で行いやすくなり，4は円安ドル高の状態でドルを円に戻すと得をするのでどちらも誤り。

問4　1ドル＝120円のときに100万ドル分の小麦を仕入れると12000万円(1億2千万円)となる。1ドル＝100円のときに同じ100万ドル分の小麦を仕入れると10000万円(1億円)になるので2000万円安くなる。

★ワンポイントアドバイス★

基本レベルの問題が多く難問は少ないが，たくさんの問題を短時間で解くことが要求されるため，時間がかかると思ったらいったん飛ばそう。日ごろからテレビや新聞など，世の中のできごとに関心を持つ習慣を早めに身に着けよう。

＜国語解答＞《学校からの正答の発表はありません。》

【一】 ① は　② づ　③ え　④ し　⑤ け　⑥ に　⑦ う　⑧ み　⑨ け　⑩ へ

【二】 問一　ア　肉眼　イ　至難　ウ　採用　エ　修正　オ　次第
問二　a ウ　b エ　c ア　d イ　問三　ジャイアン　問四　エ
問五　イ　問六　頭　問七　ア　問八　イ　問九　(例)　地球に大きな影響を与えていた月の潮汐作用　問十　ア B　イ B　ウ B　エ A

【三】 問一　1 オ　2 エ　3 カ　4 イ　5 キ　6 ウ　7 ア
問二　(例)　図書室で塾の勉強をしていた。
問三　(例)　去年まで作業を一緒にやっていた学が今年はいなかったから。
問四　自分ではどうにもならないことが自分を邪魔していると信じ込んで
問五　ウ　問六　B ア　C エ　D イ　E ウ　問七　1 ア　2 ウ
問八　(例)　成績が落ちた理由を周りのせいにしている学

【四】 (例)　健康を増進するには，体に悪い食べ物に課税するだけでは難しいのではないでしょうか。体に悪い食べ物の値段が高くなると，それを買うために体に良い食べ物を買うのをひかえる可能性があるからです。厳しくするだけでなく，体に良い食べ物の税金を安くするなど，積極的に健康的な食生活に取り組むことができるような提案もするべきだと思います。

○推定配点○

【一】 各1点×10
【二】 問一・問二・問六　各2点×10　問九　4点　問十　各1点×4　他　各3点×5
【三】 問一　各1点×7　問四・問五　各3点×2　問六・問七　各2点×6
他　各4点×3
【四】 10点　計100点

＜国語解説＞

【一】（かなづかい）

①の「こんにちは」は「今日は○○ですね」などのあいさつを省略した形。②の「もとづく」は「基(もと)に付く」が語源。③は「おねいさん」としないよう注意。④は「敷く」と書き,「ひく」は誤り。⑤の「生けるしかばね」は肉体的に生きているだけで精神的には死んだも同然の人を表す。⑥の「運を天にまかせる」はなりゆきを天の意志に任せること。⑦は「うっとおしい」としないよう注意。⑧の「深み」は形容詞「深い」に「み」がついた名詞。⑨の「預ける」は人に頼んで管理などをしてもらうこと。⑩は自分の右手にいる者を見て自分の位置を正せという意味。

【二】（論説文―要旨・論理展開・細部の読み取り，指示語，接続語，空欄補充，漢字の書き取り）

基本　問一　══アは望遠鏡などを使わずに見ること。イの「至難の業」はこの上なく難しいこと。ウは意見などをとりあげて用いること。エは間違いや不十分なところを直すこと。オは少しずつ進行するさま。

問二　空らんaは直前の内容とは相反する内容が続いているので「しかし」，bは直後でさらに別の事がらをつけ加えているので「また」，cは直前の内容の補足的な説明が続いているので「ただし」，dは直前の内容の具体的な説明が続いているので「たとえば」がそれぞれ入る。

重要　問三　「ジャイアント……」で始まる段落で，――1の問いに対して「ジャイアントインパクト説が月の成因を説明するもっとも有力な理論となった」ことを述べている。

重要　問四　空らん1の文は，地球と月が同じ材料からつくられた「兄弟」ならばすべてが同じようにできているはずであり，月の岩石の化学組成と地球のマントルという一部だけが似るのは考えにくい，ということなのでエが入る。

問五　空らん2は「地球の引力に捕らえられ」た「他人」である月をたとえているのでイが適切。

問六　「頭を抱える」は思い悩み，途方に暮れるさまを表す。

問七　空らん4の段落は「ジャイアントインパクト説」の説明をしており，直後の段落冒頭「地球のマントル……できます」で「兄弟説」のこと，また「親子説」の問題点も解決できることを述べているので，アが入る。

問八　空らん5は，月と地球の距離は現在では約38万kmであるが，月が誕生したばかりのころは約2万kmという近いところにあり，その頃に地球から見た月の大きさのことなのでイが入る。

やや難　問九　――2は「地球に近かった頃の月」が「非常に大きな潮汐作用を地球に及ぼしていたこと」なので，これらの内容を指定字数以内でまとめる

重要　問十　アは「月がどのように……」で始まる段落，イは「 a ,……」で始まる段落，ウは「『他人説』は……」で始まる段落の内容といずれも合わない。エは最後の段落で述べている。

【三】（小説―心情・場面・細部の読み取り，空欄補充，ことばの意味）

問一　空らん1は急に明るくなるさまを表すオ，2は瞬間的に意味などを感じとる意味のエ，3は「呆れ」てため息をついている様子なのでカ，4は不機嫌で無愛想なさまを表すイ，5は異常なほど勉強をがんばるさまを表すキ，6は驚いて息をのむ様子を表すウ，7は瞬間的に身をこわばらせるさまを表すアがそれぞれ入る。

問二　「雷が落ちた直後……」で始まる場面で，音楽室の隣の図書室で，学が塾のテキストを持ちこんで勉強をしていたことがわかる様子が描かれている。

重要　問三　「『春休みさ，……』」の憲太のせりふで始まる場面で，「『今年初めて，うわ，この作業つまんねぇって気づい』」て「『なんで今まで毎年やってきて，嫌いだって気づかなかったのかなって

考えてみて』」「『去年まで，おまえと一緒にやってたからだ』」ということが「『わかった』」ということを憲太が話しているので，この場面の憲太のせりふを——2の理由として指定字数以内でまとめる。

問四　——3では自分の成績に不満を感じている学の様子が読み取れる。「学がべそをかく……」で始まる場面で，生田羽村にいるせいで成績が下がったと涙ぐみながら話す学に対して「自分ではどうにもならないことが自分を邪魔していると信じ込んで」「悔しくて泣いているんだ」という憲太の心情が描かれているので，この心情を3の理由として抜き出す。

問五　空らんA前で描かれているように，Aは「勉強」より「もっと大切で大事で，優先順位が上のものも，憲太にはいくつもあるように思えてならない」という考えなのでウがあてはまる。

問六　空らんBは「夜空を見る会」が中止にならなくても勉強するつもりだった学のせりふなのでア，Cは直後の「『なんで……』」で始まる憲太のせりふからエ，Dは直前で「『……憲太が言ってくれたのは嬉しかった』」という自分の言葉に対するものなのでイ，Eは直前の「『そうだよ……』」で始まる憲太のせりふに対するものなのでウがそれぞれ入る。

基本　問七　══1は，どことなく，気のせいかもしれないが，という意味。2は心の底から納得できた，理解できたという意味。

やや難　問八　——4は学に対する「怒り」で，4後で「『……上手くいかなかったら周りのせいにしそうじゃん』」「『自分の成績が落ちたのを生田羽村のせいにしてただろ』」と学にたたみかけている憲太の様子が描かれているので，これらのせりふから学に対する「怒り」の具体的な内容を指定字数以内でまとめる。

【四】（意見文）

解答例では，課税をするだけでなく，積極的に健康的な食生活に取り組むことができるような提案もするべきだと反論している。食品の課税ではなく，食生活が原因の病気の医療費を高くするなどの反論も考えられる。どのような反論も，具体的な提案や意見を述べていくことが重要だ。

★ワンポイントアドバイス★

意見文や作文では，自分の考えの根拠を具体的かつわかりやすく述べることが重要だ。

2022年度

★★★★★★★★★★★★★★★★★★★★★★★★★

入　試　問　題

2022年度

慶應義塾湘南藤沢中等部入試問題

【算　数】（45分）　＜満点：100点＞

【１】 $\boxed{ア}$，$\boxed{イ}$，$\boxed{ウ}$にあてはまる数を求めなさい。

(1)　$5 \div 0.5 \times 0.05 \div 0.005 \times 0.0005 - 0.05 = \boxed{ア}$

(2)　$3\frac{3}{4} \div \frac{5}{\boxed{イ} - 2} - 0.5 = 1$

(3)　$15\text{ha} + 3800\text{m}^2 + 862\,\text{a} = \boxed{ウ}\text{ha}$

【２】

(1)　６つのものの重さをはかったところ，次の結果であった。

2 g，4g，5g，9g，10g，13g

このデータの中央値を求めなさい。

(2)　たてが24m，横が33mの長方形の形をした土地の周上に，等間かくに木を植える。木の本数をできるだけ少なくしたとき，植える木の本数は何本ですか。ただし，長方形の４つの頂点の場所には必ず木を植えるものとします。

(3)　$\boxed{0}\boxed{1}\boxed{2}\boxed{3}\boxed{4}$の５枚のカードから３枚選んで並べ，３けたの整数をつくる。このとき，偶数《ぐうすう》になるのは何通りですか。

【３】 次の図は，たて24cm，横32cm，対角線の長さが40cmの長方形ABCDである。また，BDを直径とする半円を図のようにかくと点Cは半円上にある。このとき，次の問いに答えなさい。ただし，円周率は3.14とする。

(1)　かげのついた部分の周りの長さを求めなさい。

(2)　かげのついた部分の面積を求めなさい。

(3)　長方形ABCDをBDを折り目として折り返したとき，頂点Cの移る点をE，BEとADの交点をFとする。このとき，三角形BDFの面積を求めなさい。

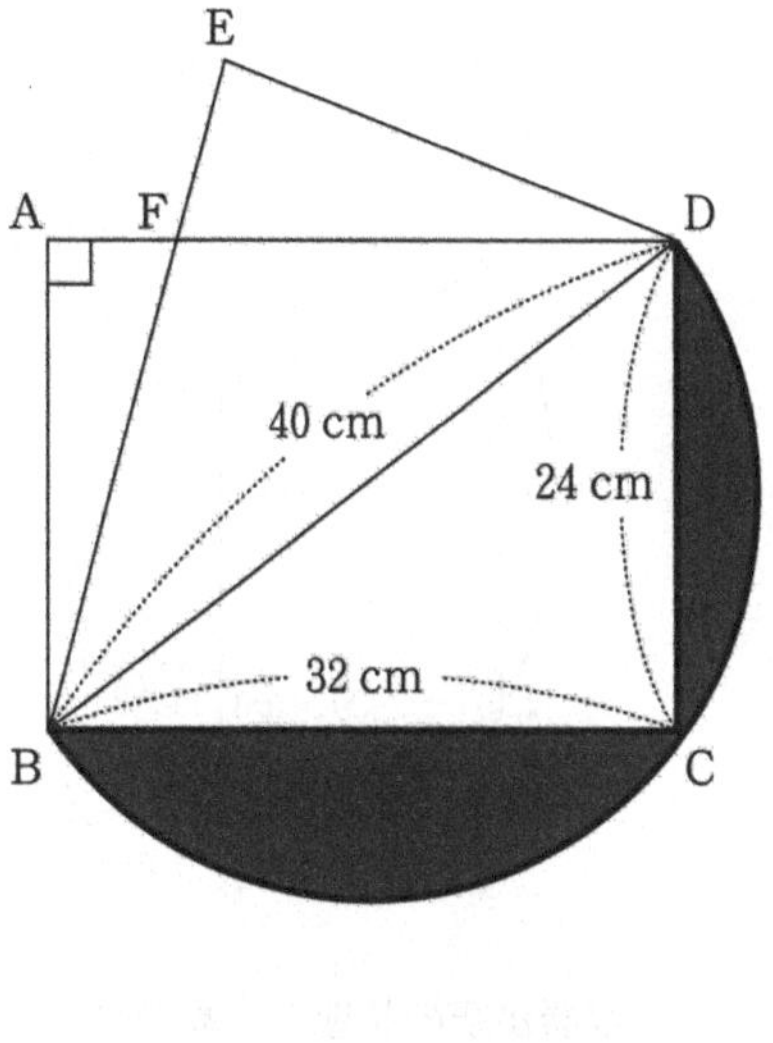

【4】 右の図のように数のかかれた白いカードと黒いカードが並べてある。

(1) 10段目の左から4番目のカードの数を求めなさい。

(2) 15段目のすべての白いカードの数の和を求めなさい。

(3) ある段の白いカードの数の和と，黒いカードの数の和を比べたら，その差が61であった。そのような段は何段目と何段目ですか。

1　3 …… 白いカード

2　5 …… 黒いカード

1段目	1							
2段目	2	3						
3段目	4	5	6					
4段目	7	8	9	10				
5段目	11	12	13	14	15			
6段目	16	17	18	19	20	21		
7段目	22	23	24	25	26	27	28	
8段目	29	30	31	32	33	34	35	36

【5】 山の頂上にA町が，山のふもとにB町があり，2つの町は3240mはなれている。三田さんはA町を，藤沢さんはB町を同時に出発して，A町とB町の間を一往復した。

三田さんの登る速さと下る速さの比は5：9

藤沢さんの登る速さと下る速さの比は3：5

であり，登りも下りも藤沢さんの方が三田さんより毎分6m速いという。

(1) 三田さんの下る速さは分速何mですか。

(2) 2人が同時に出発して，最初に出会うのは何分後ですか。

(3) 2人が最初に出会ってから，2回目に出会うまでに何分かかりますか。

【6】 図1のような，ふたのない1辺12cmの立方体の容器が水平な床《ゆか》に置かれている。この立方体には，図1のように，高さ6cmと10cmの仕切り板[ア][イ]が，底面ABCDを3等分する位置にまっすぐ取り付けられている。仕切られた底面を(あ)，(い)，(う)とし，仕切り板の厚さは考えないものとする。

また，図2は面FBCGを正面にして見た図である。

図1

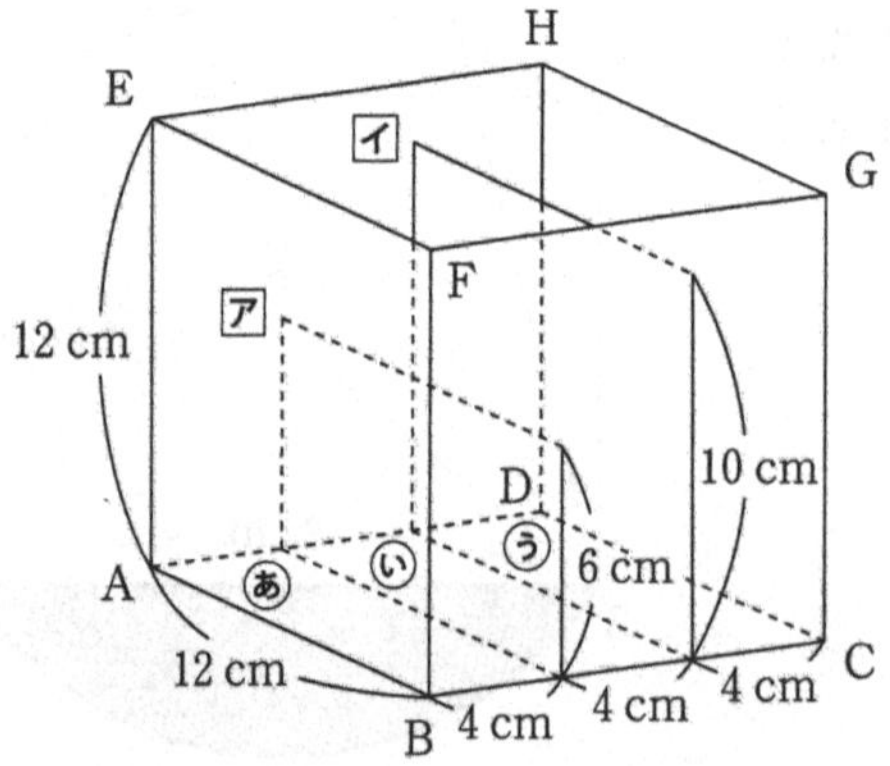

図2

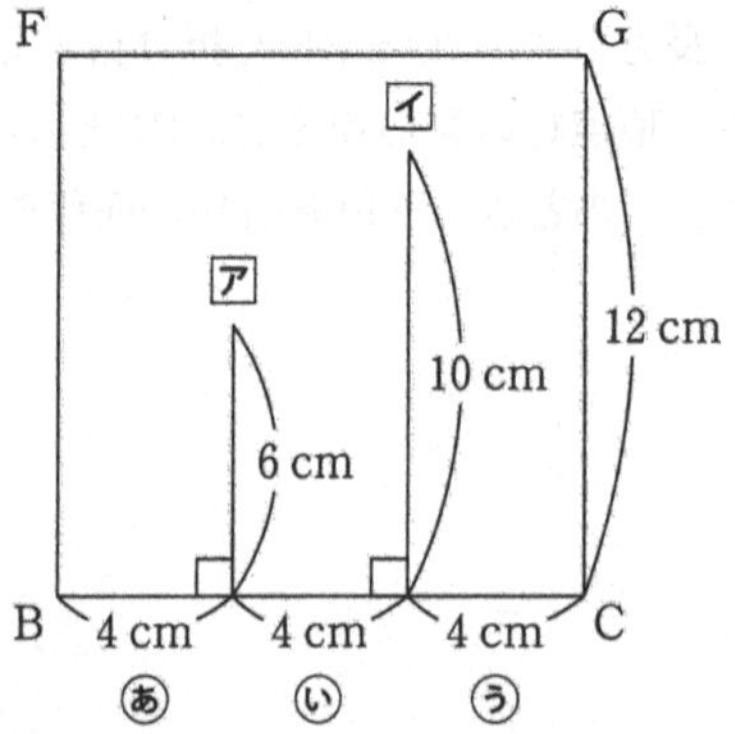

(1) 容器が空の状態で，(あ)の真上から水を毎秒48cm^{3}ずつ入れたとき，容器の中の水がいっぱいになるのは何秒後ですか。

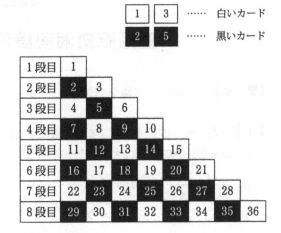

(2)　容器が空の状態で，㋒の真上から水を毎秒48㎤ずつ入れたとき，㋐の部分の水面の高さが底から２㎝になるのは何秒後ですか。

(3)　容器を水でいっぱいに満たし，図３のように，辺ABを床につけたまま，静かに容器を45°かたむけて水をこぼし，もとにもどす動作を行った。この動作を行った後，容器に残っている水の量を求めなさい。

図３

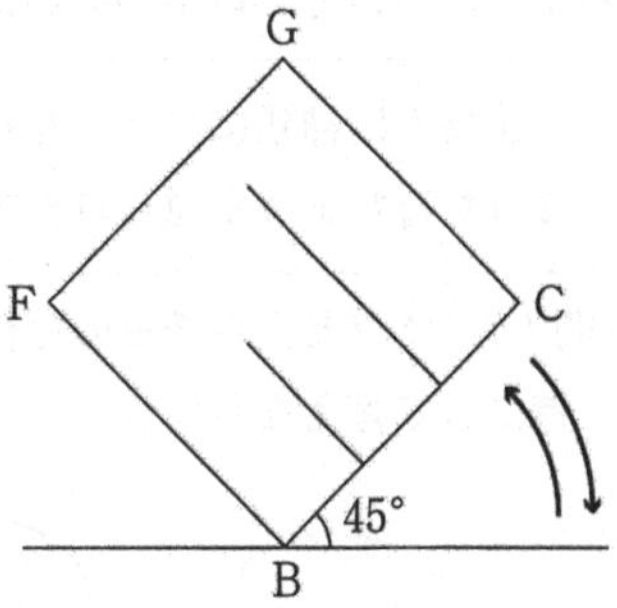

【理　科】（25分）　＜満点：50点＞

【1】 生物は進化の過程で，自身の体の形を変化させてきました。生物の進化の過程と生物の特ちょうについて，以下の問いに答えなさい。

> 植物では種類によって花粉の運ばれ方が異なります。そのため花粉の形やその性質にも，異なった特ちょうが見られます。

（問1） マツとカボチャの花粉は，それぞれ主に何によって運ばれますか。以下の図と説明文を参考にして答えなさい。

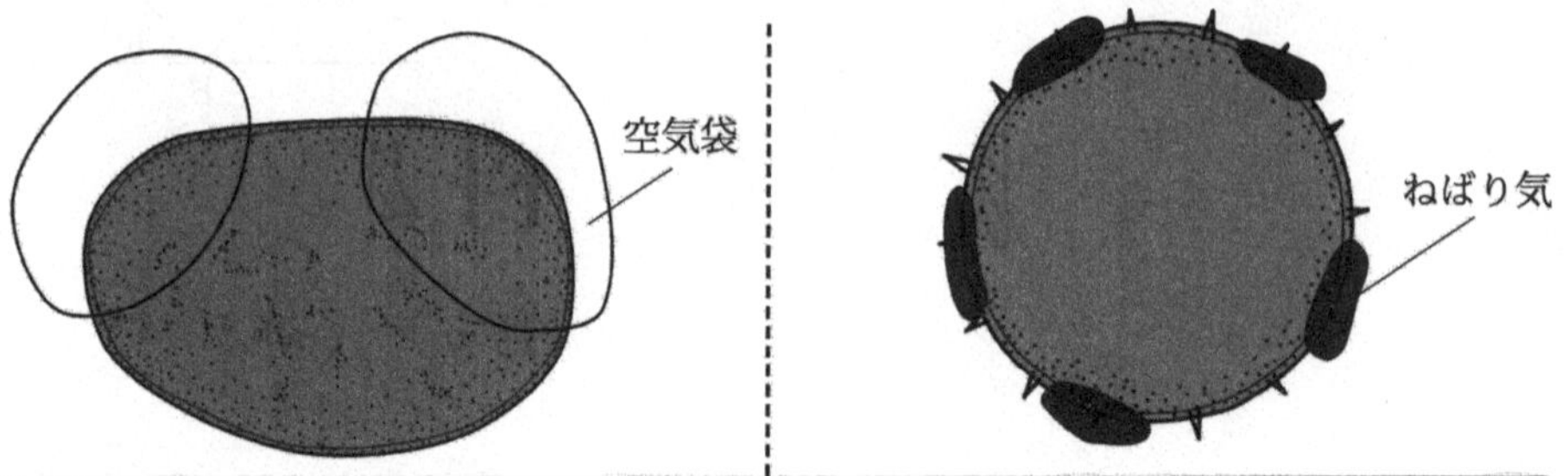

マツ	カボチャ
花は目立たなく，花粉はさらさらしており，小型で大量に作られる。空気袋《ふくろ》のような構造が見られる。	花は目立つ色をしており，蜜《みつ》を出す。花粉は大型で，表面はトゲとねばり気がある。

（問2） 植物によっては，冬に花をさかせるものもあります。このような植物の特ちょうは花全体が丈夫《じょうぶ》であり，大量の蜜を出し，あまりにおいを出さないという特ちょうがあります。このような植物の花粉は何によって運ばれると考えられますか。

> 生物の体のつくりを部分ごとに比較すると，A見た目や働きはちがうものの，元々は同じものから進化した体のつくりと，見た目や働きは似ているものの，別のものから進化した体のつくりがあります。
>
> これらの体のつくりのちがいから，私たちは生物が進化の中で変化した形を関連づけ，B特ちょうごとに仲間分けをすることが出来ます。

（問3） 下線部Aについて，1～5の組み合わせの中から下線部Aの体のつくりとして正しいものをすべて選び，解答らんの番号を○で囲みなさい。

1　ジャガイモの芋《いも》 と サツマイモの芋　　2　サボテンのとげ と アサガオの葉
3　ウマの前足 と 魚類の胸びれ　　4　昆《こん》虫のはね と 鳥類のつばさ
5　ヒトの手 と クジラの胸びれ

（問4） 下線部Bについて，魚のなかま（魚類）を次の中からすべて選び，解答らんの番号を○で囲みなさい。

1　イルカ　　2　イソギンチャク　　3　カエル　　4　マグロ　　5　アサリ
6　メダカ　　7　ペンギン　　8　サメ　　9　エビ

（問５） 現在，地球上には様々な生物が住んでいます。生物の体には共通点があり，元は同じ祖先から進化してきたと考えられています。図は共通した特ちょうの有無によって分類したものです。下の表を参考にして，図の空らんＡ～Ｄに当てはまる動物をそれぞれ番号で答えなさい。

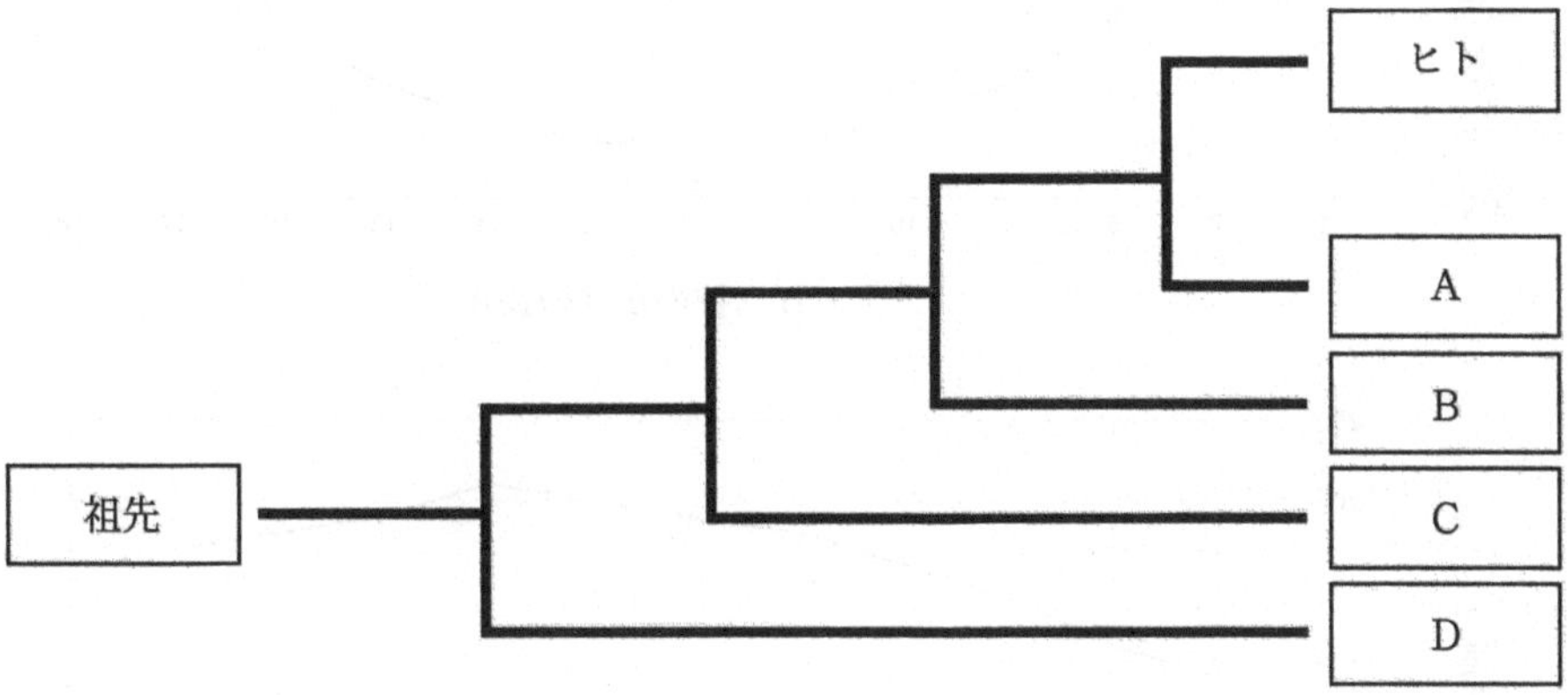

	たいばん	肺	背骨	体の節
ヒト	○	○	○	×
バッタ	×	×	×	○
タイ	×	×	○	×
ウサギ	○	○	○	×
カエル	×	○	○	×

1　バッタ　　2　タイ　　3　ウサギ　　4　カエル

【２】 太陽光発電に関する実験について，あとの問いに答えなさい。

> 太陽光パネルを右図のように柱に設置して，よく晴れた日に発電された電流の大きさを測定する実験を行った。
> ７時から17時までの１時間おきに，発電された電流の大きさ，柱のかげの長さ，気温の３つの要素を測定した。グラフＡからＣはそれぞれの要素が時間とともに変化するようすをグラフにしたものである。

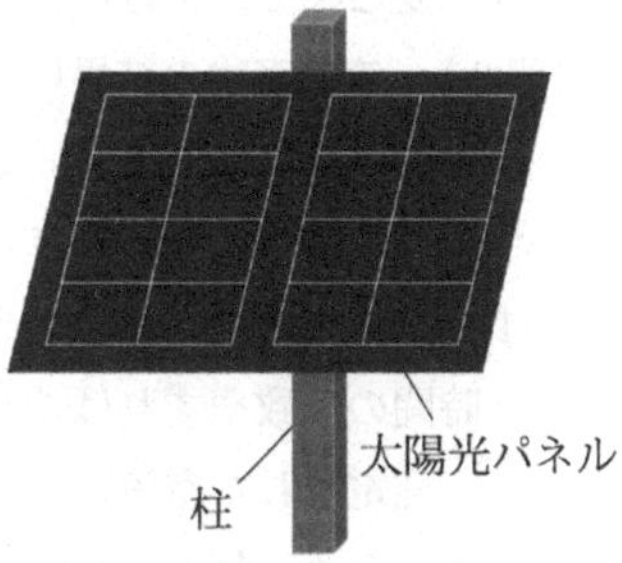

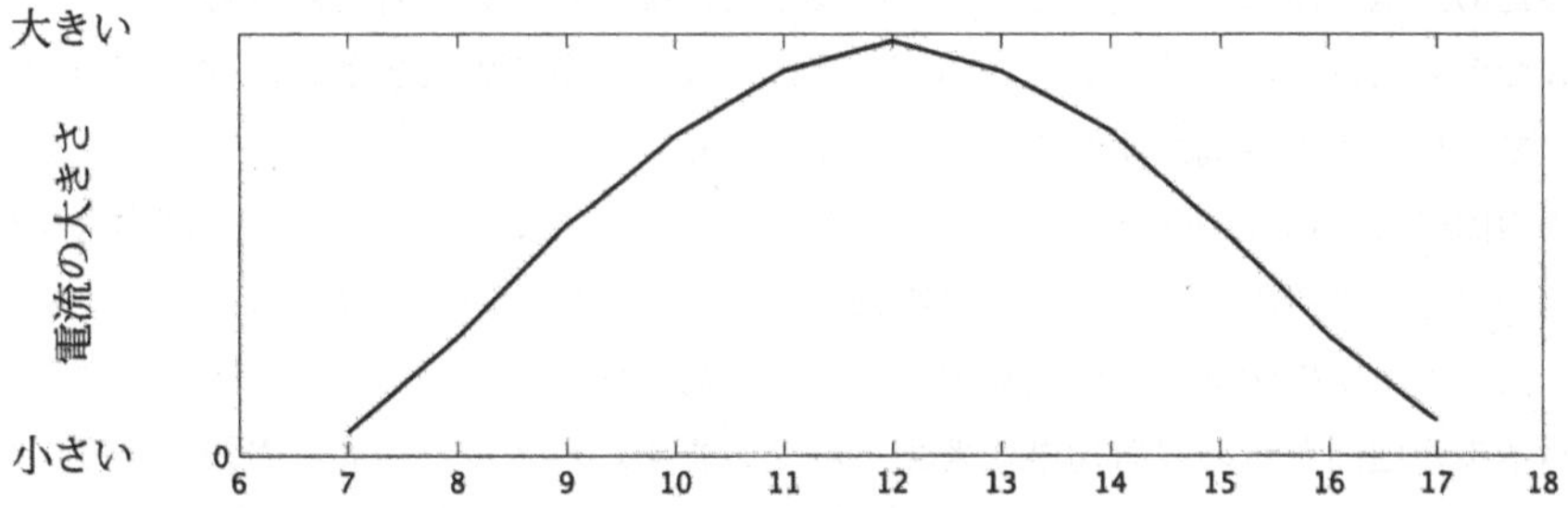

グラフＡ　発電された電流の変化

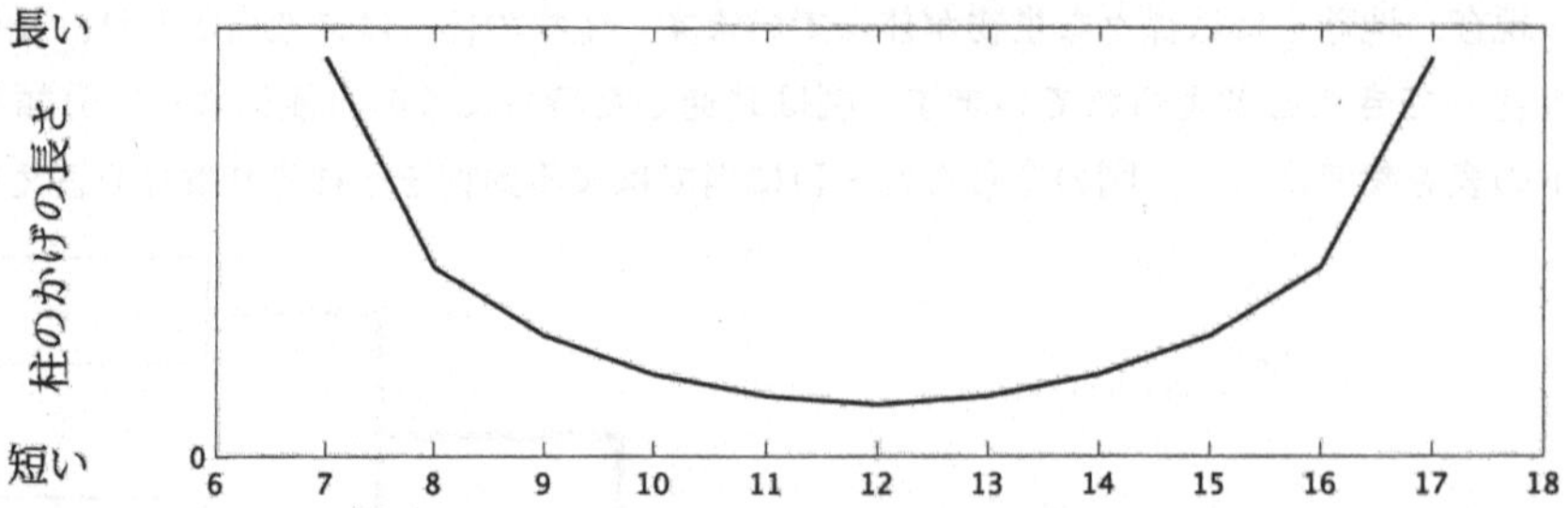

グラフB　柱のかげの長さ

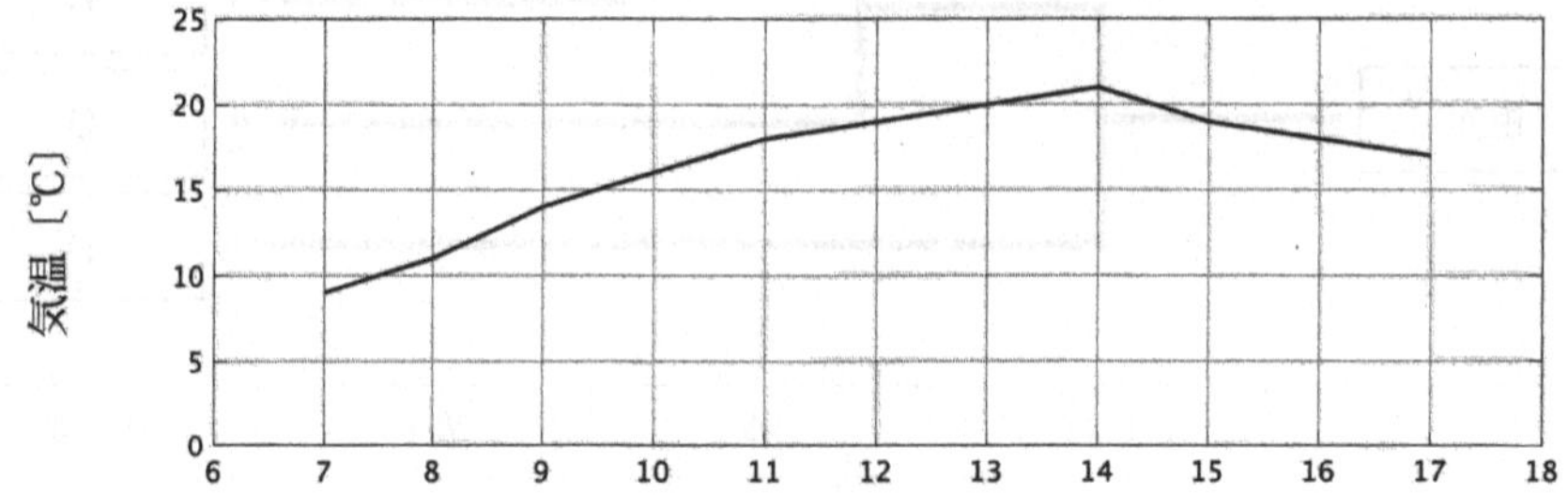

グラフC　気温の変化

時間［時］

(問１)　パネルをつけた柱の12時におけるかげの方角とその長さについて，最も適切なものを次の中から１つ選び，番号で答えなさい。

1　夏と冬で，かげの方角は同じで，長さも同じである。

2　夏と冬で，かげの方角は同じだが，長さは異なる。

3　夏と冬で，かげの方角は反対だが，長さは同じである。

4　夏と冬で，かげの方角は反対で，長さは異なる。

(問２)　この実験の結果について，グラフが最も上がっている部分を山，最も下がっている部分を谷とよぶことにします。このグラフから考えられることとして，最も適切なものを次の中から１つ選び，番号で答えなさい。

1　発電された電流の大きさ・柱のかげの長さ・気温は，互いに関係がないことから，山や谷の時間の一致やずれはぐう然と考えられる。

2　発電された電流の大きさと柱のかげの長さは関係があるが，Ｃの山はＡの山やＢの谷の後にあるため，気温は電流の大きさやかげの長さとは関係がないと考えられる。

3　３つの要素は互いに関係しているが，かげの長さや電流の大きさに比べ，気温の変化はにぶいので，Ｃの山の時刻がずれていると考えられる。

4　Ａの山の後にＣの山があることから，電流の大きさの変化は気温の変化に影響《えいきょう》を与えるが，気温の変化は電流の大きさの変化に影響を与えることはないと考えられる。

(問３)　次のページの図は実際の大規模な太陽光発電を横から見たもので，発電効率がよくなるようにパネルの地面からの設置角度が考えられています。パネルと地面との設置角度について述べたものとして，次のページの中から適切なものをすべて選び，解答らんの番号を○で囲みなさい。

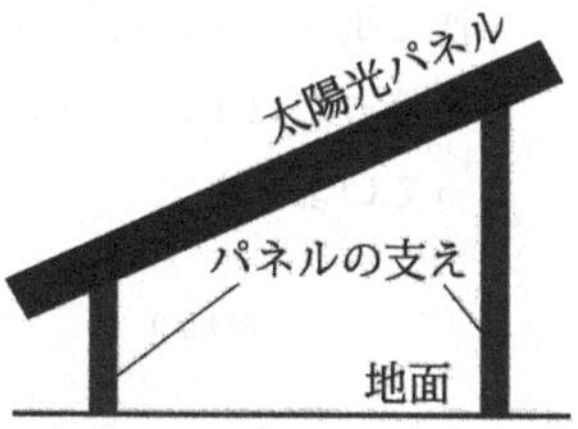

1　鹿児島県では神奈川県より設置角度を大きくしパネルを立てた方が，発電効率がよい。

2　鹿児島県では神奈川県より設置角度を小さくしパネルをねかせた方が，発電効率がよい。

3　夏は冬よりも設置角度を大きくしパネルを立てた方が，発電効率がよい。

4　夏は冬よりも設置角度を小さくしパネルをねかせた方が，発電効率がよい。

(問４)　北海道などの一部の地域では，発電効率が最もよい理想的な設置角度よりもあえて大きくして立てる工夫がなされているものがあります。その理由を15字以内で答えなさい。

(問５)　地球温暖化対策として，太陽光以外にも風力や地熱等による発電が注目されています。資源がなくなる心配がないエネルギーを何エネルギーといいますか。漢字４字で答えなさい。

【３】　物体を水中に入れると，物体の重さはおしのけた水の重さの分だけ軽くなります。金メダル・銀メダル・銅メダルを使って実験を行いました。以下の問いに答えなさい。ただし，実験に用いているてんびん棒や糸の重さは無視できるものとします。

それぞれのメダルには次のような特ちょうがあります。

金メダル：銀メダルの表面に7.6ｇの金がうすくぬられている。

銀メダル：銀でできており，その体積は52.5cm^3である。

銅メダル：銅に別の金属である亜鉛《あえん》を混ぜてつくられている。

まず，金メダルと銀メダルを使って以下の図のような実験１，２を行いました。

なお，水と容器の重さの合計は380.0ｇでした。

また，水と金の性質を調べてみたところ，水１cm^3は1.0ｇ，金１cm^3は19.0ｇでした。

	実験１	実験２
	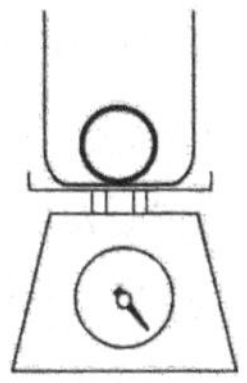	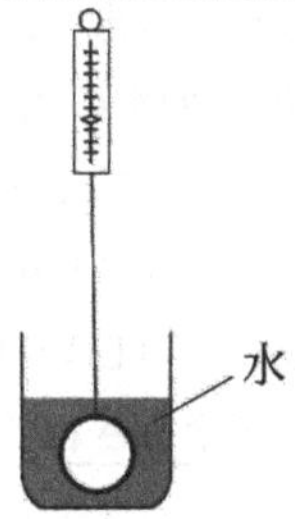
	台はかりの値［ｇ］	ばねばかりの値［ｇ］
金メダル	738.6	［　X　］
銀メダル	731.0	498.5

(問１)　銀メダルの重さを答えなさい。

(問２)　実験２に使った水の重さを答えなさい。

(問３)　［X］に入る値を答えなさい。

次に銅メダルの材料である銅と亜鉛について，空気中で同じ重さの銅のかたまり・亜鉛のかたまりを使って以下の図のような実験３，４を行いました。てんびんは実験３，４どちらでも水平につりあっていました。

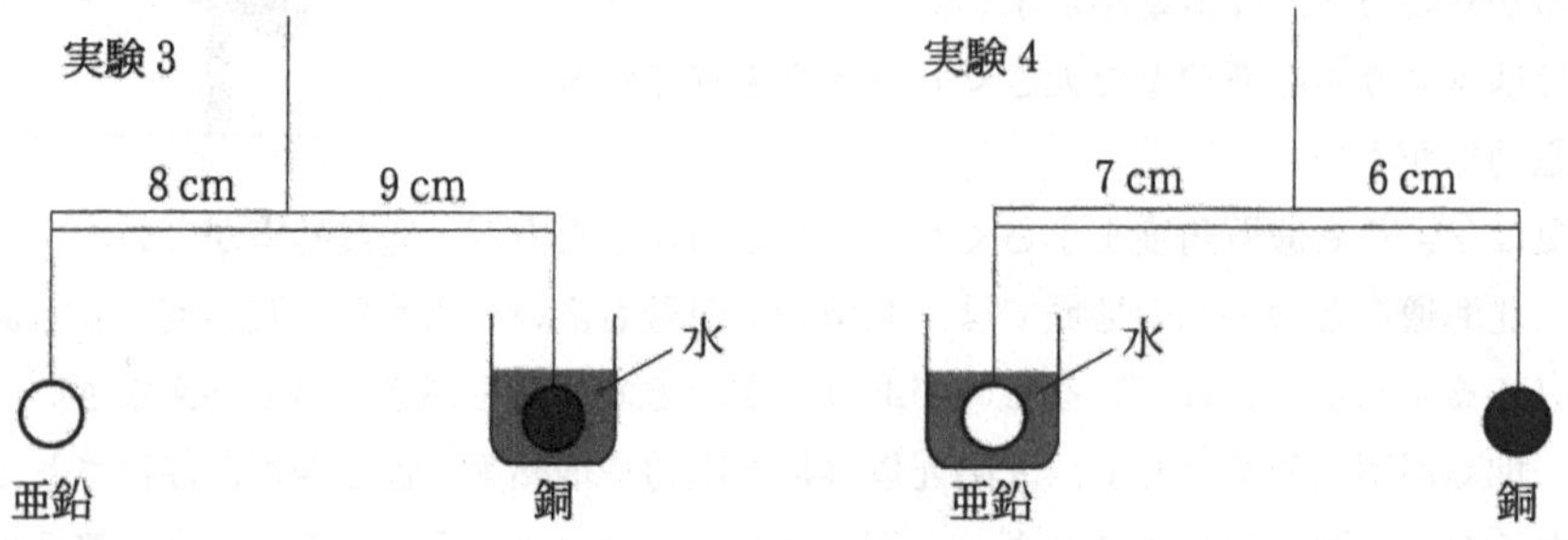

（問４） 銅と亜鉛の１cm^3あたりの重さの比を求め，できるだけ小さい整数を用いて答えなさい。

【４】 次の文章を読み，以下の問いに答えなさい。

冷凍《とう》食品やアイスクリームなどを買った際に，保冷剤《ざい》としてドライアイスが用いられることがある。ドライアイスは二酸化炭素を低温にして得られた固体の粉に，圧力を加え固めて作られる。ところが二酸化炭素の気体をゆっくり冷やしたり，ドライアイスを加熱したりしても，私たちの生活している環境（気圧）では，二酸化炭素の液体は見られないことが知られている。

ドライアイスをくだいてから大きめの空の水そうに入れて，その水そうに息をふきこんで作ったシャボン玉を何個か入れてみた。シャボン玉は水そうの底の方に下がっていく途《と》中で止まったり，上の方にあがっていったりするようすが見られ，底にとどいたシャボン玉はほとんど見られなかった。このことから二酸化炭素は同じ体積の空気に比べて［　Ｘ　］ことがわかる。

ドライアイスを空気中におくと，「白いけむり」が見られる。この「白いけむり」はなんだろうか。ドライアイスは，空気にふれている表面であたためられ，固体から液体を経由しないで気体に変化している。しかし二酸化炭素の気体が目に見えることはないはずである。また，「白いけむり」はすぐに見えなくなってしまうため，集めて性質を確認することは難しそうである。

ドライアイスを20℃ の水の入ったビーカーと，80℃ の水（お湯）の入ったビーカーにそれぞれ入れてみたところ，ドライアイスの表面に氷がはりついた様子が見られるとともにあわが生じ，そのあわの中にも「白いけむり」が見られた。このとき，80℃ の水が入ったビーカーにドライアイスを入れた方が，水面から「白いけむり」が多く生じた。この結果から，「白いけむり」は空気中に含まれる［　Ｙ　］が冷やされて生じた，ごく細かい液体あるいは固体の粒であると考えることができる。

そのため，自分がはいた息をドライアイスにゆっくりふきかけると「白いけむり」が増えるのは，はいた息に［　Ｚ　］が多く含まれているためであると考えてよい。

（問１） 文章中の［Ｘ］～［Ｚ］にあてはまるものを次の中からそれぞれ１つずつ選び，番号で答えなさい。

［Ｘ］ １　重い　　２　軽い　　３　重さはほぼ同じ
［Ｙ］ １　窒《ちっ》素　　２　酸素　　３　二酸化炭素　　４　水蒸気
［Ｚ］ １　窒素　　２　酸素　　３　二酸化炭素　　４　水蒸気

（問２） 下線部と同じなり立ちで生じているものを次の中からすべて選び，解答らんの番号を○で囲みなさい。

1　朝のきり　　2　線香のけむり　　3　やかんのゆげ

4　たき火のけむり　　5　炭酸飲料のあわ

（問３） 試験管に少量の水とBTB溶液を数滴《てき》加えてから少量のドライアイスを入れると，緑色から黄色に変化しました。試験管に入れたとき，ドライアイスと同じように緑色から黄色に変化するものを次の中からすべて選び，解答らんの番号を○で囲みなさい。

1　うすいアンモニア水　　2　うすい塩酸　　3　石灰水　　4　食塩水　　5　レモン果汁《かじゅう》

（問４） 「ドライアイスは二酸化炭素の固体である」こと，すなわちドライアイスから生じた気体が二酸化炭素であることを確認するため，ドライアイスから生じた気体を集気びんに集めました。気体検知管を使う方法以外でこれを確認するために，どのような実験が考えらますか。実験の方法と予想される結果を，30字以内で答えなさい。

【社　会】（25分）　＜満点：50点＞

【１】 日本の人口について，問いに答えなさい。

問１　15～64歳の人が養う65歳以上の人数を計算した場合，100人あたりの人数としてもっとも近いものを選び，番号で答えなさい。数値は2020年時点でのものとします。（国勢図会2021／22より）

１　約30人　　２　約40人　　３　約50人　　４　約60人

問２　１年間の出生数と死亡数をその年の人口で割った比率を出生率と死亡率とよび，2019年の日本の出生率は0.7%，死亡率は1.1%でした。実際の増減数としてもっとも近いものを選び，番号で答えなさい。（国勢図会2021／22より）

１　約５万人増加　　２　約５万人減少　　３　約50万人増加　　４　約50万人減少

問３　日本の人口に関して説明した文として，適当なものを選び，番号で答えなさい。

１　地域の人口を明らかにするために，10年ごとに国勢調査が行われている。

２　2020年以降は少子高齢《れい》化対策が進み，人口が少しずつ回復することが予想されている。

３　地方では過疎《そ》化や高齢化が進む一方，大都市には人口が集中するため，人口の偏《かたよ》りをなおす対策がとられている。

４　海外在留の日本人と日本在留の外国人人口はこの20年間どちらもほとんど変化していない。

問４　下の表は，東京50km圏《けん》，大阪50km圏，名古屋50km圏の人口について，中心から10kmごとの比率（%）を表しています。１～３から東京にあたるものを選び，番号で答えなさい。

（国勢図会2021／22より）

	1	2	3
0～10km	12.2%	26.1%	25.1%
10～20km	28.4%	23.6%	25.7%
20～30km	23.7%	16.6%	19.6%
30～40km	21.5%	18.4%	23.6%
40～50km	14.2%	15.2%	6.0%

中心はそれぞれ，都庁（旧庁舎），大阪市役所，名古屋市役所

問５　下のグラフ中のア～エは，それぞれ2020年における青森県，東京都，大阪府，沖縄県の人口の自然増減率と社会増減率のようすを表しています。東京都と沖縄県にあたるものの組み合わせとして適当なものを選び，番号で答えなさい。なお，自然増減率は出生と死亡の割合から，社会増減率は転入と転出の割合から求めたものとします。（国勢図会2021／22より作成）

（国勢図会2021/22より作成）

	1	2	3	4	5	6
東京都	ア	イ	ア	ウ	エ	エ
沖縄県	ウ	エ	エ	ア	イ	ア

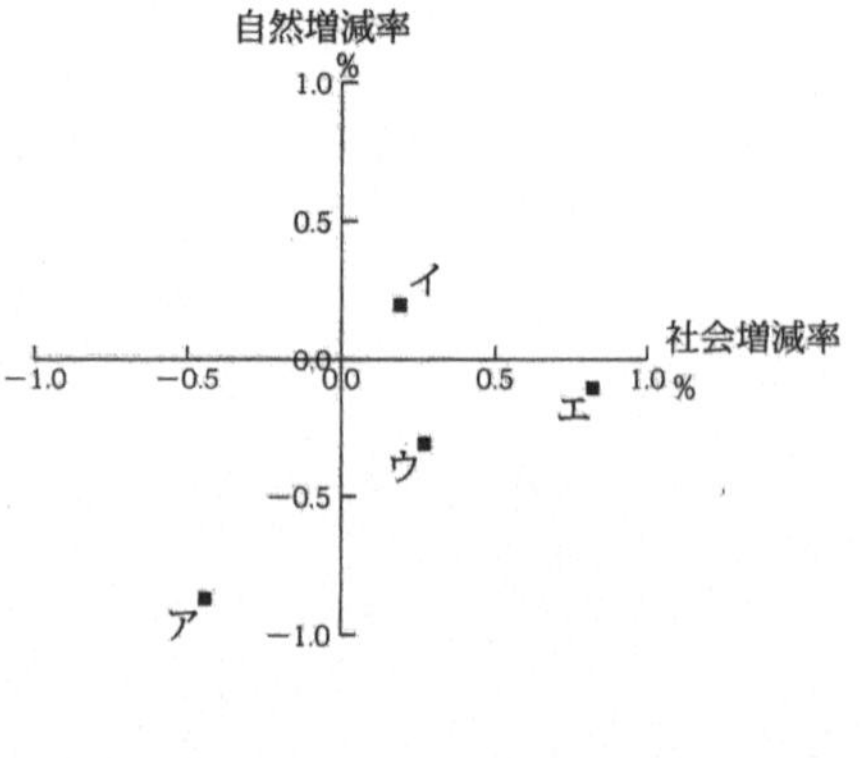

【2】 現在，私たちの生きる社会には，(ア)エネルギー問題，(イ)ジェンダー平等，(ウ)地球温暖化などの課題があります。こういった課題を解決するため，2015年に国連でSDGsが採択《たく》されました。この(エ)SDGsを達成するため，世界で様々な政策が行われています。(オ)私たち一人ひとりも，SDGsを意識した行動を心がけていく必要があります。

問1　下線(ア)について，次の表は，2018年の各国発電量の内訳（原子力・太陽光・水力・火力）を表した表です。水力発電にあたるものを選び，番号で答えなさい。　（世界国勢図会2021／22より）

	1	2	3	4
中国	12,321	51,116	2,950	1,772
アメリカ合衆国	3,170	29,120	8,413	852
日本	874	8,236	621	185
カナダ	3,860	1,305	1,007	38
ドイツ	241	3,855	760	458
ブラジル	3,890	1,443	157	35
フランス	706	580	4,129	106

（単位：億kWh）

問2　下線(イ)について，ジェンダー平等を実現するために日本で行われている取り組みとして，当てはまらないものを次の中から選び，番号で答えなさい。

1　学校の制服で女子のスラックスを導入すること。

2　男性社員が育児休暇《か》を取得できる制度を会社で導入すること。

3　女性の政治家を増やすために，選挙区に女性優遇枠《ぐうわく》を設けること。

4　看護師や保育士のように，性別に偏《かたよ》らない職業の呼び方をすること。

問3　下線(ウ)について，次の表は，国別の二酸化炭素の総排《はい》出量を表しています。1990年と2018年を比べたこの表から読み取れることとして誤っているものを選び，番号で答えなさい。

（世界国勢図会2021／22より）

	1990年	2018年
中国	2,089	9,528
アメリカ合衆国	4,803	4,921
ドイツ	940	696
フランス	346	303
日本	1,054	1,081
南アフリカ共和国	244	428
インド	530	2,308
ロシア	2,164	1,587
ブラジル	184	406

（単位：百万t）

1　人口が多い中国とインドの二酸化炭素排出量は，４倍以上に増えている。

2　BRICSのすべての国は，経済成長にともない二酸化炭素排出量が増えている。

3　環境政策が進んでいるＥＵ諸国は，二酸化炭素排出量が減っている。

4　先進国である日本とアメリカの二酸化炭素排出量は，微増している。

問４　下線(エ)について，地球温暖化の原因である温室効果ガスの排出量と吸収量を均衡《こう》させることを何というか。

１　環境アセスメント　　２　カーボンニュートラル

３　トレーサビリティ　　４　ヒートアイランド

問５　下線(エ)について，(あ)～(う)の目標に最も関係の深い国連の機関として，正しいものをそれぞれ選び，番号で答えなさい。

(あ)「すべての人に健康と福祉《し》を」

(い)「質の高い教育をみんなに」

(う)「働きがいも経済成長も」

１　UNESCO　　２　ILO　　３　WHO

問６　下線(オ)について，私たちがSDGsの達成のためにできることとして適当でないものを選び，番号で答えなさい。

１　フードマイレージを減らすために，海外からの輸入食材を購《こう》入する。

２　発展途《と》上国のために，フェアトレード商品を選ぶ。

３　プラスチックゴミを減らすために，エコバッグを常に持ち歩く。

４　食品ロスを減らすために，賞味期限が早いものから購入する。

【３】　慶子さんと藤夫くんは，縄文時代，弥生時代についてお話をしました。次の会話を読み，問いに答えなさい。

慶子：明治のはじめの頃，日本ではじめて発掘《はっくつ》調査された貝塚は，（　あ　）貝塚だったね。

藤夫：うん，アメリカ人の（　い　）が，汽車の窓から貝がらの積もった場所を見つけたことがきっかけだったんだ。

慶子：貝塚は，縄文時代のくらしの様子を知る貴重な遺跡《いせき》だね。

藤夫：意外に縄文時代のくらしは豊かで，その代表的な遺跡が（　う　）県で見つかった三内丸山遺跡だね。

慶子：ただ，この時代はまだ，動物を狩ったり木の実などを採《と》ったりの生活で，本格的に米作りが行われるのは弥生時代になってからね。

藤夫：そう，米作りが行われたことをしのばせる遺跡としては，（　え　）県で見つかった登呂遺跡があるね。

慶子：他に弥生時代の遺跡で，その大きさから世間を驚かせたのは（　お　）県で見つかった吉野ケ里遺跡だね。

藤夫：弥生時代には集落も大きくなって，「むら」から政治的にまとまりをもった小さな「くに」もみられはじめるようになったんだ。

慶子：そういう「くに」の一つが奴《な》国かしらね。中国の歴史書によれば奴国は中国に使いをつかわせて，（　か　）の皇帝から金印を授《さず》けられたのよね。

問１　空らん（あ）にあてはまる地名を選び，番号で答えなさい。

１　品川　　２　蒲《かま》田　　３　大森　　４　川崎

問２　空らん（い）にあてはまる人物を選び，番号で答えなさい。

１　シーボルト　　２　モース　　３　ペリー　　４　ラフカディオ・ハーン

問3　空欄（う）（え）（お）にあてはまる県を選び，番号で答えなさい。

1　秋田　　2　静岡　　3　宮崎　　4　佐賀　　5　愛知

6　岩手　　7　三重　　8　福岡　　9　青森

問4　空欄（か）にあてはまる中国の王朝を選び，番号で答えなさい。

1　隋《ずい》　2　唐《とう》　3　秦《しん》　4　漢

【4】「戦国時代」前後のことを記した次の文を読み，問いに答えなさい。

A　銀閣を建てた「私」が将軍をつとめていた時に，(ア)ある乱がおこり，乱れた時代のきっかけとなりました。

B「私」がいた一揆は，あるとき(イ)その地を治めていた守護大名をたおし，約100年間，自治を行いました。

C「私」がいた都市は，「自治都市」と言われ，経済的に豊かな商人により，話し合いで都市が治められていました。

D「私」がいたお寺は，あるとき織田信長によって焼き打ちにあいました。

E「私」がいた山梨県は戦国時代，ある大名が治めていました。

問1　Aの「私」は誰ですか。あてはまるものを選び，番号で答えなさい。

1　足利義昭　　2　足利尊氏《たかうじ》　　3　足利義満　　4　足利義政

問2　下線(ア)の「ある乱」にあてはまるものを選び，番号で答えなさい。

1　応仁の乱　　2　承久《じょうきゅう》の乱　　3　壬申《じんしん》の乱　　4　佐賀の乱

問3　Bの『「私」がいた一揆』が信仰していた仏教の宗派を選び，番号で答えなさい。

1　臨済《りんざい》宗　　2　真言宗　　3　浄土《じょうど》真宗　　4　天台宗

問4　下線(イ)の「その地」とは今の県でいえばどこか。番号で答えなさい。

1　広島県　　2　石川県　　3　宮城県　　4　山口県

問5　Cの『「私」がいた都市』を選び，番号で答えなさい。

1　堺　　2　萩　　3　横浜　　4　鎌倉

問6　Dの『「私」がいたお寺』を選び，番号で答えなさい。

1　東大寺　　2　法隆寺　　3　本能寺　　4　延暦《えんりゃく》寺

問7　Eの大名を選び，番号で答えなさい。

1　毛利元就《もとなり》　　2　武田信玄　　3　上杉謙信　　4　伊達《だて》政宗

【5】史料Aは民撰《せん》議院設立の建白《ぱく》書です。読んで後の問いに答えなさい。

史料A

> (ア)私たちが考えてみると，現在の政権をにぎっているのは上の天皇でも下の人民でもなく，ひとえに政府の（　あ　）です。…（中略）…このひどい状況《きょう》を改めるには，ただ(イ)天下の世論をさかんにするしかありません。そのためには(ウ)民撰議院（国会）を作るほかありません。…（中略）…そもそも(エ)租《そ》税を払う義務を持つ人民は政府のことについて知り，その善し悪《あ》しを議論する権利を持っています。

問1　下線(ア)の中心人物を次の中から選び番号で答えなさい。

1　岩倉具視《ともみ》　　2　大久保利通《としみち》　　3　板垣退助　　4　大隈《くま》重信《しげのぶ》

問2　空らん（あ）に当てはまる語句を選び，番号で答えなさい。

1　官僚　　2　財閥《ばつ》　　3　地主　　4　華《か》族　　5　外国人

問3　下線(イ)と同じ内容をもつものを選び，番号で答えなさい。

1　学制　　2　徴《ちょう》兵令　　3　日米和親条約　　4　五箇《か》条の誓文《せいもん》

問4　下線(ウ)が実現するまでの次の1～4のできごとを古い順に並べなさい。

1　景気が悪くなり生活に困った秩父《ちちぶ》の農民たちが借金の軽減を求めて蜂《ほう》起した

2　千葉卓《たく》三郎を中心とした五日市（現在の東京都あきるの市）の民衆が憲法草案を作成した

3　伊藤博文がドイツに学んで作成した憲法草案が大日本帝国憲法として発布《はっぷ》された

4　武士として得ていた収入を失い生活に困った士族は，西郷隆盛を中心とする西南戦争などの反乱をおこした

問5　下線(エ)の説明として正しいものを選び，番号で答えなさい。

1　地主の土地を耕作して小作料を納めていた人びと

2　土地所有者として地券を発行された人びと

3　戸籍《せき》に登録された17歳《さい》～65歳までの人びと

4　検地帳に作人として記された人びと

問6　史料Aを多くの人びとに広めたものは何か選び，番号で答えなさい。

1　かわら版《ばん》　　2　雑誌　　3　新聞　　4　ラジオ　　5　飛脚《きゃく》

問7　史料Aをきっかけに始まった運動をなんと呼ぶか，解答らんの形式に合わせて漢字4字で書きなさい。

【6】　次の裁判の記録A・Bを読み，問いに答えなさい。

A　(ア)おもに政府・朝廷《てい》側について戦没《ぼつ》した軍人をまつる神社に，ある自治体が公費でお供えのお金を支出したことに対して，住民が裁判を起こしました。この裁判では，自治体の行いが特別な宗教団体の支援《えん》に当たり，住民の（　あ　）の自由が侵《おか》されたかどうかが争われました。

地方裁判所の判決	自治体の行いは憲法に違反する
（　い　）裁判所の判決	自治体の行いは憲法に違反しない
最高裁判所の判決	自治体の行いは憲法に違反する

B　信仰《こう》上の理由で「輸血をしたくない」と病院に伝えていたBさんが，「他に方法がなければ輸血をする」という説明を受けずに手術で輸血をされたため，精神的な苦痛を理由に，病院に損害賠償《ばいしょう》を求める裁判を起こしました。この裁判では，患《かん》者の（　う　）権と同時に，医師から十分な説明を受け，患《かん》者が同意した上で治療《りょう》を進めるインフォームド・（　え　）の重要性が示されました。

地方裁判所の判決	(イ)Bさんの訴えが認められない
（　い　）裁判所の判決	Bさんの訴えが認められる
最高裁判所の判決	Bさんの訴えが認められる

問1　下線(ア)の神社の名前を選び，番号で答えなさい。

1　出雲《いずも》大社　　2　明治神宮《ぐう》　　3　靖国《やすくに》神社　　4　鶴岡《つるがおか》八幡《まん》宮

問２　空らん（あ）にあてはまるもっとも適当な語句を選び，番号で答えなさい。

　１　信教　　２　表現　　３　　身体　　４　経済活動

問３　空らん（い）に共通してあてはまる語句を漢字２字で答えなさい。

問４　空らん（う）にあてはまる適当な語句を選び，番号で答えなさい。

　１　生存　　２　請《せい》願　　３　自己決定　　４　環境

問５　空らん（え）にあてはまる語句をカタカナ５字で答えなさい。

問６　下線（イ）のように最初の裁判で訴《うった》えを認められない人が，次の上級裁判所で裁判を起こすことを何と呼ぶか，番号で答えなさい。

　１　告訴《そ》　　２　告発　　３　控《こう》訴　　４　直訴

【７】 次の文を読み，問いに答えなさい。

　第二次世界大戦後の日本は，(ア)朝鮮戦争による特需《じゅ》景気によって復興していきます。1950年代の中頃《ごろ》からはいわゆる高度経済成長期を迎え，各家庭では(イ)「三種の神器」と呼ばれる家電製品が普及《ふきゅう》していき，人びとの生活は豊かになっていきました。1964年には東京オリンピックが，1970年には大阪で万《ばん》国博覧会が開催《さい》され，戦後復興の象徴《ちょう》となりました。

　しかし，1973年の（　あ　）により高度経済成長期は終わり，1980年代は(ウ)アメリカとの間で貿易摩擦《まさつ》と呼ばれる経済的な対立が起きました。1980年代後半からは株価や地価が極端《たん》に値上がりする（　い　）景気を迎《むか》えましたが，1990年代初めに景気が急激に悪化すると，(エ)20～30年の長きにわたり日本経済は景気の停滞《たい》にあえぐことになりました。

問１　下線(ア)のしくみを説明したものとして適当なものを選び，番号で答えなさい。

　１　この戦争による難民が日本国内に入ってきたことで，日本で商品が売れるようになった。

　２　この戦争で焼けた都市の復興を日本の企業がうけおったので，日本の景気がよくなった。

　３　アメリカに戦争の費用を貸し付けたので，利子がついて日本の財政がうるおった。

　４　アメリカ軍に必要な物資を日本が生産することで，日本の景気がよくなった。

問２　下線(イ)の組み合わせとして正しいものを選び，番号で答えなさい。

　１　エアコン・冷蔵庫・白黒テレビ　　２　洗濯《たく》機・冷蔵庫・白黒テレビ

　３　エアコン・冷蔵庫・自家用車　　　４　洗濯機・冷蔵庫・自家用車

問３　空らん（あ）に当てはまる語句を選び，番号で答えなさい。

　１　石油危機　　２　リーマンショック　　３　バブル崩壊《ほうかい》　　４　暗黒の木曜日

問４　下線(ウ)の対立でアメリカからの非難の対象となった品目として適当でないものを選び，番号で答えなさい。

　１　自動車　　２　牛肉　　３　生《き》糸　　４　オレンジ

問５　空らん（い）に当てはまる語句を選び，番号で答えなさい。

　１　いざなぎ　　２　神武　　３　岩戸　　４　平成

問６　下線(エ)の期間に起きた次の１～４のできごとを古い順に並べなさい。

　１　小泉純一郎内閣が郵政事業を民営化した。

　２　安倍晋三《しんぞう》内閣が消費税率を８パーセントに変更した。

　３　民主党政権が事業仕分けを行った。

　４　小渕恵三《おぶちけいぞう》内閣が地域振《しん》興券という金券を国民に配布した。

けなのです。「第5戦」を取ったアメリカにも優勝のチャンスはもちろんありました。しかし勝ち続けるのは難しいことです。実際アメリカは6連勝できませんでした。

　こう考えると、事後あまり顧《かえり》みられることの多くなかった「第5戦」ほど、どう心がけたらよいか絞《しぼ》りにくく、複雑な試合もありませんでした。

　このコントロールしにくい「第5戦」はどう戦うのが正解なのでしょうか。

問　あなたがもしもこの「第5戦」日本チームの監督《かんとく》と同じ立場に置かれたら、この試合にどのような方針で臨みますか。また、その方針を試合前の選手に何と伝えますか。一四〇字以内で述べなさい。

※　原稿用紙《げんこうようし》の使い方に従って書くこと。ただし、一マス目から書き始め、改段落はしないこと。

つぎはできない」状態なのに履《は》こうと思った理由は何ですか。正しくないものを一つ選び、記号で答えなさい。

ア 下駄を愛してきた世代の人間が持つ意地
イ 下駄としての役割を全《まっと》うさせてやりたい思い
ウ 時代遅《おく》れの下駄に愛想《あいそ》が尽《つ》きた気持ち
エ 久しぶりに見た下駄の魅力《みりょく》が記憶《きおく》以上だった驚《おどろ》き
オ 残り少ない下駄との時間を愛おしむ気持ち
カ 作ってくれた青年に履くことで報いたい気持ち

問八 ――5「そこはかとない執着」とありますが、きよがこの下駄に執着する理由を説明したものとして正しいものを一つ選び、記号で答えなさい。

ア ずっとあこがれていた下駄を安く手に入れることができたうえに、修理するたびに新品のようになって戻ってきたから。
イ くせのある木に、くせを一切感じさせないほど職人が手をかけ、戦争を越《こ》えても履けるほど長持ちしたから。
ウ 安い素材でも、作ってくれた職人や直してくれた職人たちの誠実な仕事がつまっているから。
エ ふるさとへ帰る職人が、くせのある木に時間をかけた哀しさが、下駄を今まで買えなかった自分の悲しい境遇《きょうぐう》と重なったから。

問九 ――6「下駄は三十年のきよの心にこたえて」とありますが、下駄ときよはどのような共通点でつながっていますか。文中から二十五字以内でぬき出し、最初の五字を答えなさい。

【四】 次の文章を読んで、あとの問いに答えなさい。

２０２１年オリンピック・パラリンピック東京大会で、日本のソフトボールチームは金メダルを獲得《かくとく》しました。そこで興味深い一戦があったのを覚えている人はいるでしょうか。それは《勝っても負けても結果に影響《えいきょう》のない試合》です。

ソフトボールの決勝・3位決定戦進出ルールは、《参加全6か国で予選リーグをおこない、その上位2チームが決勝戦に進出し、3位と4位のチームが3位決定戦に進出する》というものでした。では、何が起きたのか説明するために、日本チームの結果を見てみましょう。

予選リーグ第1戦	日本	8対1	オーストラリア
予選リーグ第2戦	日本	3対2	メキシコ
予選リーグ第3戦	日本	5対0	イタリア
予選リーグ第4戦	日本	1対0	カナダ
予選リーグ第5戦	日本	1対2	アメリカ
決勝	日本	2対0	アメリカ

この通り、ソフトボールチームは全勝優勝したわけではありませんでした。実は、第4戦終了時点で決勝に進出するのは全勝同士の日本とアメリカだと決定していました。つまり、予選リーグの第5戦は、偶然《ぐうぜん》決勝と同じ顔合わせでありながら、試合が始まる前から《どちらの国が勝っても負けてもその後の対戦相手に変化がない試合》となったのです。

（3位決定戦はメキシコ対カナダでした。）

いずれにせよ、日米両国にとって肝心《かんじん》なのは決勝を全力で勝つことだ

かせようとたのしかった。

（幸田文「濃紺」より）

※　出題の都合上、本文の一部を改稿《かいこう》しています。

21ページ

◆**身じんまく**　自身の始末をきちんとすること。

◆**うじゃじゃける**　けじめがなくなる。だらしなくなる。

20ページ

◆**柾目**　真っ直ぐに通った木目。

◆**行李**　竹・柳《やなぎ》でできた衣類などの保存に使う物入れ。

◆**と見こう見**　あちらを見たりこちらを見たりすること。

◆**うらぼん**　祖先の霊《れい》を祭る仏事。

◆**すげる**　糸・ひもなどを穴に通して結ぶ。

◆**一分**　一寸の十分の一。約三ミリ。

19ページ

◆**歯つぎ**　（下駄の）歯を修理すること。またはその職人。

◆**疎開**　被害《ひがい》を避《さ》けて都会の住民・物資を地方に移すこと。

問一　この話は、いつごろの話でしょうか。次の中から選び、記号で答えなさい。

ア　江戸　　**イ**　明治　　**ウ**　昭和　　**エ**　平成

問二　次の文①～⑤が本文の内容に合うものには**A**を、合わないものには**B**を書きなさい。

①　きよは息子夫婦と同居している。

②　きよの父親は自分の息子が進学したことを知らない。

③　きよは現在未亡人である。

④　きよの夫は孫の顔を見たことがない。

⑤　きよは下駄を作ってくれた職人と結婚した。

問三　＝＝a～eのカタカナを漢字に直しなさい。

問四　――1「割のいい」の意味としてふさわしいものを一つ選び、記号で答えなさい。

ア　時間がかからず、すぐに終わる

イ　かける手間に対して、見返りが多い

ウ　面倒な注文がついていない

エ　急いで仕上げなくてもよい

問五　きよにとって、下駄の買い物が――2「たった一つの楽しみだった」のはなぜですか。理由としてもっともふさわしいものを一つ選び、記号で答えなさい。

ア　仕事で得た給料から家計の分をさしひくと、値段を気にせず自由に買えるのは下駄がやっとだったから。

イ　家計を担《にな》うきよが、わずかな小遣いで好きな物を買える機会は限られていたから。

ウ　下町には「足をうつくしく」という美意識があり、きよ自身も足が美しかったから。

エ　下駄の店に行きつけになり、やっとなじみ並みのサーヴィスをしてもらえるようになったから。

問六　――3「その人」は誰のことを指していますか。ふさわしいものを一つ選び、記号で答えなさい。

ア　きよの行きつけの店で働く青年　　**イ**　呉服屋のおかみさん

ウ　きよの下駄を褒《ほ》めた人　　**エ**　歯つぎの職人

問七　きよが長年とっておいた下駄を見て、――4「このつぎはもう歯

り満足感があった。

その晩、また思いがけないことに、その人が訪ねてきた。

「ぜひこの一足をあなたにはいてもらいたい、そう思って仕上げた。しかし、主人が上物は扱わせてくれないので、自費の材料ゆえ粗末《そまつ》で恥ずかしい。かなりなくせのある木目で、今日のあれとは比べものにならない。気をわるくされやしないかと心配だが、くせがあるだけに仕事に手間はかけた、それだけが価値だ」といつもの無口に似ず一気に話し、はっとして自分の気負いかたに気付いてあわて、あすは東京をはなれ、[d]コキョウへ帰るものだから、ついせかせかして、と詫《わ》びた。

なるほど、それは歯に当たるあたりに、二段のくせがあった。おそらく根に近い、土ぎわの部分の材であり、そう木取るよりほかない材だったとしか思えぬ。はけばそう目立たないから、そそっかしい人は、なんと贅沢《ぜいたく》なのをはいてるのかとほめる。そうなるとどうしても、一言そのあらを話さずにはいられないし、あらをあばけば下駄にも[3]その人にもうしろめたい。へんな感じだった。それに正直いうと、あるく当たりがあまり柔らかい下駄ではなかった。土の上を歩くと、土も下駄も両方とも固いという触感《しょっかん》があり、固いもの同士がぶつかり合って、なにか足が難儀《なんぎ》だという気がした。はきにくいとはいわないが、軽快でらくというのではなかった。きよはしみじみ思った。下駄というのは、はいた時の気持のよさと、脱《ぬ》いだ時の見付きのよさと、二つながら備わることが肝《かん》心《じん》だ、と。

いずれにもせよ、一番心にかかったのは、くせのある木のいとしさ、くせのある材に多分並ならぬ手間をかけたであろうその人の哀《かな》しさ、そしてまたくせを贈《おく》られた自分は、いったいどういう巡《めぐ》りあわせか、ということ。それは考えてわかることではなく、ただ、三者ともに通じるのは、ふしあわせな環境《かんきょう》におかれたとき我慢《がまん》する能力がある、という点だった。

しかしこのおかげで、きよはとにもかくにも繁柾をはいたのである。たしかに歯は減りがおそく長もちした。はき捨てるのは惜しく、近所の歯つぎへもっていった。するとおやじさんは見るなり、ほうと声をあげ、珍《めずら》しい下駄だといった。そして新品のように仕上げて、この歯はおれでないと継げないよ、と自慢《じまん》した。柾のつまったくせ木が継いであった。そのつぎ禿《ち》びた時、そのおやじはもういなくて、他の人に頼んだ。その人も目をみはって、やりにくい仕事だがためしましょうといい、同じように自慢じゃないがほかじゃ出来まいと笑った。最初えんじだったはな緒は、二代目にはしそ紫、そして今度は濃紺になった。[4]このつぎはもう歯つぎはできない。なぜならもう削《けず》る[e]ヨチのない程に、甲《こう》もうすく脚《あし》も短くなっていたからである。こんどはきへらせば、もう別れであり、きよはそれをいとおしんだ。[5]そこはかとない執着《しゅうちゃく》が、あのひとと下駄とを結んで漂《ただよ》っていた。それ以来「仕舞ってある下駄」だった。戦争中にも、一行李だけ疎開《そかい》させた荷物の中へいれて――。

三十年を経たくせ下駄は、たしかに当時よりずっと目方がへって、手に軽かった。はな緒の紺も落付いて深い色をしている。磨《みが》きがかけある木肌《きはだ》は、艶《つや》をふくんでやさしい。記憶の中ではなにか固々としたおぼえがあるのに、今みれば案外にやわらかみがあった。[6]下駄は三十年のきよの心にこたえて、見勝りする姿である。

来週の土曜はこれをはいていって、先《ま》ず第一に嫁の春子に、由来をき

その記憶《きおく》の中には、柾目《まさめ》のこまかい桐《きり》の台へ、濃紺《のうこん》のはな緒《お》をすげた、小粋《こいき》な下駄一足が、あざやかに見えていた。その下駄はいまもまだ、丁《てい》寧《ねい》に包んだなり仕舞《しま》ってある筈《はず》で、仕舞っておいた場所もあの押入れの、あの行李《こうり》のわき、とわかっていた。そうだ、あれを出してみよう。出してはこう。あたしのほかの誰《だれ》のものでもない下駄なのだから、惜《お》しがるあまりになまじ仕舞ったきりでおくより、はいて、はいて、はきぬいてしまうほうが、かえってやさしくもあろうか。そう、そうしよう、ときよは思った。

「ねえ、すまないけど、急にあたし帰りたくなった。栗ごはん、そのうちもう一度たいて頂戴《ちょうだい》。」

「ごはんはいつでもまた炊《た》きますけど、どうしたんですか。」

「いいえね、下駄なのよ。千代ちゃんたちのけんかでね、急に、仕舞っといた古い下駄をだしてみたくなったの。」

数えの十九歳《さい》、きよはもうすぐれたお針子で、家のささえになっていた。弟が二人いて、それが頭がよかったので進学したがり、いきおいきよは懸命《けんめい》に稼《かせ》いだ。呉服屋に目をかけられたのは、その頃《ころ》からである。むろん仕立代はそっくり母に渡《わた》したが、時折呉服屋のおかみさんが心付けをくれる。それだけが自分の小遣《こづか》いだった。きよはそれで下駄を買うのが、[2]たった一つの楽しみだった。下町では化粧《けしょう》より髪《かみ》より着物より、足をうつくしく、足もとをすずやかにという風俗《ふうぞく》が、根強く受《う》け継《つ》がれていた。それにきよの足はほそく、指がすんなりして、かかとが丸かった。細身で、すこし粋好《いきごの》みな下駄がよく似合うのだった。といっても買える範囲《はんい》のものは、せいぜいが中の下という級の品だが、それでもと見こう見して、喜びにあふれてえらぶ。はな緒は紫蘇《しそ》むらさきが好きだった。

隣町《となりまち》に品が豊富で、応待の静かな店があった。品が多いから選《えら》みがきいて、買いやすい。きよはいつもわざわざそこへいく。ある日、そこにその青年がいた。どこの店でも中級品以下は、主人でなく店員が扱《あつか》う。その人は一度できよの好みをおぼえてくれ、二度目に行った時には、黙《だま》っていたのにはな緒の締《し》めぐあいを、ぴたりにしてくれた。つまり一度で、なじみ並みのサーヴィスをしてくれた。それは買物のよろこびを倍にもした。こころよい買物だった。

はたち、二十一。きよの[b]サイフは相変らず普段《ふだん》ばきしか買えず、その人も相変らず下働きをつとめて、控《ひか》え目だった。

七月、うらぼん。この月と十二月には毎年、母と弟たちへ中元のしるしに、新しい下駄をおくる。自分のもまぜて四足のはな緒をすげるのを待つ間に、ふと見るとそこに繁柾《しげまさ》というか、糸柾というか、みごとな女物がでていた。思わず手にとって、見惚《みと》れた。一分《いちぶ》置きほどの間隔《かんかく》に、すうんと[c]スナオに、まっすぐに伸《の》びた木目の美しさ。たいした材なのだ。こしらえも薄手《うすで》で華奢《きゃしゃ》なくせに、粋にならず上品である。手から放せない魅力《みりょく》があった。

「気に入りましたか。」

びっくりした。いつも殆《ほとん》どしゃべらない人だから、そんなふうに話しかけられるとは、ほんとに思いがけないことだった。反射的に、一生に一度でいいから、こんな柾がほしいわといった。主人がちらとこちらを見た。きよは恥《は》ずかしかった。所詮《しょせん》手の届かぬものに心奪《うば》われたのが、きまり悪かった。でも、きまり悪さはちょっとのまのこと、それはそれ、これはこれ、普段ばきでも四足の新調はうちの中を明るくしたし、やは

問七　本文のなかで筆者が――２「宮沢賢治」にとっての雲と同じ意図で挙げた例にはA、そうでないものにはBを書きなさい。

①　カリフォルニアの人々にとっての雨
②　入学直後の生徒にとってのクラスメイト
③　イヌイットにとっての雪
④　ベーシストにとってのカミキリムシ

問八　――３は六文字の語です。意味が通るように、「□く□く□も」の空らんにひらがなを一文字ずつ入れなさい。

問九　――４「一見、言葉はものへの『対応』にその由来を持っていそうなイメージですが、もっとも根本的なところは認識上の『違い』であり『差異』であったのです。」とありますが、目に見えないものの《違い・差異の認識》と《言葉》の関係について述べている段落をぬき出し、最初の五字（句読点を含む）を答えなさい。

【三】　次の文章を読んで、あとの問いに答えなさい。

土曜日の午後は、息子《むすこ》の家へいって寛《くつろ》ぐのが、きよの習慣になっていた。

六年前に夫を見送ったあと、息子娘《むすめ》が心配するのを、手に和裁という職があるから、自分の身じんまくは自分でする、といってその言葉通り一人住みなのである。娘のころからずっとひいきにしてくれる呉服屋《ごふくや》さんが、１割のいい仕事をえらんではまわしてくれるから、収入が安定していて仕合せである。弟子も、二階の二部屋ぶっこぬきの仕事場にほぼいっぱい、みな縁故《えんこ》で断りきれなかった人ばかり、だが一人残らず通い制にして、内弟子はおかない。内弟子をおいて親しくすれば、自分の気持がうじゃじゃけそうでいやだ、という。月曜から土曜の正午までみっちりと働く。五日半の緊張《きんちょう》は、気分にもしこりがくるし、身も疲《つか》れる。気をほぐすのには、息子のうちの茶の間よりいいところはなかった。気のいい、物ごしのやさしい嫁《よめ》と二人の孫は、この上なくきよの気をやわらげる。そして日曜は自由気ままに、あさ寝《ね》もひる寝も好きにして、身を休める。まずはいい老後といえた。

その日は栗《くり》ごはんにするからと引きとめられ、きよもゆっくりするつもりで、栗むきを手伝っていた。すると孫たちがけんかをはじめた。一年生の妹が三年の兄に、なぜ下駄《げた》やさんは看板に下駄店と書かずに、おはきものと書くのか。おはきものとは何のことか、ときいたのがけんかのもとだった。

「いまはもう下駄、はかないもの。下駄店じゃ時代に合わないさ。ぞうり店でもセンスわるいだろ。だから、おはきもの、としたんだと思うけどな。はきものというのは、足にはくものという意味だから、ぞうりも下駄もサンダルもふくまれちゃって、都合いいじゃないか。」

最初からはきものというのが気にいらないらしい妹は、ぬからず逆らった。それなら靴《くつ》はなぜ靴店でもいいのか、なぜおはきものと書かないのか、と。逆襲《ぎゃくしゅう》に閉口した兄は、千代っぺはしつこくて根性曲がりだとこきおろすし、妹は得意で、お兄ちゃんは負けだとよろこび、そのあげくカッとした兄が暴力をふるって、妹の肩《かた》をこづいて、泣かせたが――きよはそのけんかで上の孫が〝いまはもう下駄はくひとはいないもの〟といったひと言がａフイにつうと胸にしみてきて、三十年も以前の回想のなかへ引きこまれ、栗むきの手を休めてしまったのさえ気付かずいた。

認識できても、その一本ずつは区別していないはずです。すべての木は形が違うのに、差異をとらえられていない。物体としての分け隔《へだ》てがないのです。独立していない。だから一本ずつに対しては呼び名もない。

しかし、これが並木ではなく、人間だったらどうでしょう。木の代わりに人が立っていたら？　いえ、そこまで考えなくても、入学や転校で新しい仲間たちと出会った時のことを思い出して下さればけっこうです。何十人、あるいは何百人もの新しい仲間たちが現れた時、最初はだれがだれだと区別がつきませんから、当然、名前も覚えられません。しかし、数ヶ月もすれば、[3]□く□く□もクラス全員の名前ぐらいはわかるようになるものです。それは等しく、全員の差異がわかるようになったからだとも言えるのです。

周囲のものや事象、それぞれに対する差異の発見。それが形状からくるものであれ、性質からくるものであれ、言葉が誕生したのはまさにその部分からです。[4]一見、言葉はものへの「対応」にその由来を持っていそうなイメージですが、もっとも根本的なところは認識上の「違い」であり「差異」であったのです。

（ドリアン助川『プチ革命　言葉の森を育てよう』より）

※　出題の都合上、本文の一部を改稿《かいこう》しています。

〈注〉査証　入国を許可する旨《むね》のパスポートの裏書き。ビザ。

問一　[1]～[4]のうち、可能の意味のあるものにはA、ないものにはBを解答らんの中に書きなさい。

問二　空らん あ ～ え の中にはひらがな四文字の言葉が入ります。最もふさわしいものを次の中から選び、記号で答えなさい。

ア　とりわけ　**イ**　なぜなら　**ウ**　もとより
エ　ましてや　**オ**　それでも　**カ**　なおかつ
キ　あたかも　**ク**　ちなみに　**ケ**　なかなか

問三　空らん A に入る漢字二文字は何ですか。最もふさわしいものを次の中から選び、記号で答えなさい。

ア　好評　**イ**　混乱　**ウ**　抜擢《ばってき》
エ　躍進　**オ**　奮発　**カ**　賛成

問四　ベーシストの[1]「フィッシュ・イズ・フィッシュ」という言葉はどのような発言に置き換《か》えられますか。最もふさわしいものを次の中から選び、記号で答えなさい。

ア　「単純なことじゃないか、当たり前だろ」
イ　「君が何を考えているのか知りたいな」
ウ　「こんな食べ方をする必要があるのか」
エ　「寿司になる前の元の形が知りたいな」
オ　「魚の身は肉とは違うものなんじゃないのかい」
カ　「どれだって似たようなものじゃないのかい」

問五　空らん B に入る漢字二文字は何ですか。最もふさわしいものを次の中から選び、記号で答えなさい。

ア　常識　**イ**　比較　**ウ**　一般
エ　普遍　**オ**　典型　**カ**　基本

問六　[2]「宮沢賢治」の作品ではないものはどれですか。次の中から選び、記号で答えなさい。

ア　よだかの星　**イ**　一房《ふさ》の葡萄《ぶどう》
ウ　どんぐりと山猫《やまねこ》　**エ**　グスコーブドリの伝記
オ　永訣《えいけつ》の朝　**カ**　月夜のでんしんばしら

体。

それはベーシストの寿司の一件でも明らかになった、認識上の差異というものでした。

わかりやすい例をあげましょう。たとえばあなたが雪の積もった原野を旅していて、その雪面に対してなんらかの表現をこころみようとした時、どんな言葉が出てくるでしょうか。思いつくところで、「白い」「冷たそう」「かたそう」「まぶしい」といったところではないでしょうか。しかし、雪とともに暮らすイヌイットには、その表層の呼び方だけで幾《いく》十《じゅう》もの言葉があると言われています。［え］彼らは、雪質や気温や風によって微妙《びみょう》に変わる雪原の見え方、その区別がつくからです。

区別がつく。そこに差異がある。だから言葉が生まれるのです。

日本には、雨に対する呼び名がたくさんありますね。「霧雨《きりさめ》」「こぬか雨」「にわか雨」「五月雨《さみだれ》」「お天気雨」「夕立」「通り雨」「ゲリラ豪雨《ごうう》」といったふうです。雨が多く、四季に恵《めぐ》まれた国土だけに、ボクらはその区別がつくのです。だからこれだけの呼び名が生まれました。では、欧米ではどうでしょう。たとえばカリフォルニアやニューメキシコで「雨の表現はいくつありますか？」と訊《き》いても、それはあまり意味をなさない問いになるはずです。まったくもって、あちらでは雨は雨でしかありません。せいぜいが「ヘヴィー・レイン（激しい雨）」や「シャワー（にわか雨）」といった程度。言い方はありますが、雨に対する細分化がない土地では、その言葉数もぐっと減るのです。

2宮沢賢治《みやざわけんじ》が雲をどう表現しているか。かつて草野心平がそれをまとめたことがありました。ここですこし引用しますと、「氷河が海にはいるように白い雲のたくさんの流れは枯《か》れた野原に注いでいる」「向うの縮れた亜鉛《あえん》の雲へ」「雲はたよりないカルボン酸」「雲には白いとこも黒いとこもあってみんなぎらぎら湧《わ》いている」「白い輝雲《きうん》のあちこちがきれて、あの永久の海蒼《かいそう》がのぞいている」「雲はみんなリチウムの赤い焔《ほのお》をあげる」「雲の累帯《るいたい》構造の継《つ》ぎ目から一切れのぞく天の青」「燃え上がる雲の銅粉」「日はいま羊毛の雲に入ろうとして」「やまなしの匂《にお》いの雲」「蛋《たん》白質《ぱくしつ》の雲は遥《はる》かにたたえ」「蒼鉛《そうえん》色の暗い雲からみぞれはびちょびちょ沈んでくる」……ああ、もう、詩人の目にはどれだけの種類の雲が現れたのでしょう。おそらく宮沢賢治にとっては、目にする雲はすべて違《ちが》う雲であって、それは一回性の命との出会いでもありました。すべてに差異があり、だからこそそれぞれの形容になったのです。一般の人はしかし、いわし雲と入道雲程度の区別はついたとしても、ここまではいかないでしょう。まさに、差異がわかることが言葉を生むみなもとであるわけです。

では、差異は初めから対象に用意されているものなのでしょうか。そうだとも言えるし、そうではないとも言えそうです。これもまた、ボクらの内側が「差異がある」と、とらえられるかどうかにかかっているようなのです。

たとえば、並木を考えてみて下さい。あなたの家のそばにも並木はありますよね。ケヤキやサクラのように、樹木の名ぐらいはあなたにもわかると思います。でも、それ以上のことになるとどうでしょう。あなたは毎朝、何本の木に出会いますか？　そのそれぞれの区別がつきますか？　たとえば並木の一本だけを取り出したとして、それがどこに植えられていた木なのかわかるでしょうか。

おそらくは「いいえ」という答えが返ってくるでしょう。並木全体は

次回からは回転寿司でいいやと思いました。つまり彼は、寿司ダネの区別がついていなかったのです。魚は魚でしかなかったのです。

　たしかに、アメリカ人は日本人ほど魚の種類を知りません。ニューヨークの寿司レストランでも、経営者が日本人ではない場合は、カンパチやハマチやツムブリを一緒《いっしょ》くたにイエローテール、マグロもカツオもまとめてツナと言っている店がほとんどです。多くのアメリカ人にとっては、イエローテールという魚は存在しても、カンパチやハマチは存在しないのです。[い]そのハマチが成長具合によってワラサやブリと名が変わる出世魚だなんて、説明したところで「?」という表情になるだけです。

　日本人は、生き物の名前を細かく知っているという点で、おそらく世界一の民族ではないでしょうか。魚の名前もそうですし、虫の名前や花の名前もそうです。[う]このベーシストは東部の名門大学の生物学科を卒業していますが、カブトムシもクワガタムシもカミキリムシも全部まとめてビートルと言います。区別をつけないのです。

　日本人の男性なら、クワガタの国産種のすべて、カミキリムシも五つ六つは名前を知っていることだと思います。最低でも、シロスジカミキリとゴマダラカミキリの区別くらいはつくはずです。でも、日本のように虫や魚を愛する伝統がない欧米《おうべい》では、虫に対して二、三の言葉しか浮《う》かばない人が[B]的です。『昆虫記《こんちゅうき》』のジャン・アンリ・ファーブルがフランス本国では必ずしも有名人ではないように、虫に対する情熱を他国で探すのはなかなか難しいことなのです。

　このベーシストの一件は、言葉とはなにか?という問いかけに対して、ほとんど答えにも近いようなヒントを与《あた》えてくれているように思います。

　人間は区別がつかないものに対しては、呼び名を持ち得ません。区別がついている事象に対してのみ、呼び名を持つのです。

　その考えをあてはめると、感情に対して三つの言葉しか持てない人は、三つの感情しか区別がついていないと言えます。嫌悪《けんお》の感情が全部「むかつく」になってしまうのであれば、その人にとってはたった一種類の怒《いか》りしか存在しないことになります。逆に、揺《ゆ》れ動く心に対して百の描写《びょうしゃ》ができるなら、その人はそれだけの心の姿の区別がつくのです。

　言葉とはすなわち、区別がつくかどうか。差異に根ざした表現なのです。

言葉とは差異に根ざした表現である。

　これは言語学の父と呼ばれるフェルディナン・ド・ソシュール（一八五七—一九一三）が、言葉が存在することの根本理由を明かしていくなかでたどりついた答えです。

　ソシュールは、二十一歳《さい》という年齢《ねんれい》で「インド=ヨーロッパ語」という壮大《そうだい》な体系があることを各国語の母音の分析《ぶんせき》によって解き明かした天才です。どの言語がどの時代にどう影響《えいきょう》し合っていたかという樹形図を明らかにしていく比較《ひかく》言語学に於《お》いて、ヨーロッパ言語の幹までをも見出した人です。

　言語学の分野に彗星《すいせい》のように現れ、なおかつ言語学そのものを世界的レベルで打ち立てたこのスイス人は、続いて一般《いっぱん》言語学にターゲットを定めました。各国の言葉の成り立ちではなく、言語そのものに対する探究を始めたのです。（中略）その結果、ソシュールが突《つ》き止めた言葉の正

【国　語】（四五分）〈満点：一〇〇点〉

【注意】※解答はすべて解答用紙に記入しなさい。
※解答に句読点や記号などが含まれる場合は一字に数えます。

【一】次の各組の語のうち、＝の字の読みが違う語の読みをひらがなで書きなさい。二通りの読み方がある場合もあるので注意すること。

〈例〉才女　天女　子女　→　答　てんにょ
　　人気　天気　元気　→　答　ひとけ

① 内訳　直訳　通訳
② 現役　使役　大役
③ 入手　先手　旗手
④ 家屋　楽屋　平屋
⑤ 密度　支度　節度
⑥ 細工　木工　施工
⑦ 馬力　非力　努力
⑧ 王家　出家　人家
⑨ 小言　寝言　公言
⑩ 発作　工作　不作

【二】次の文章を読んで、あとの問いに答えなさい。

前世期の終わりから今世紀の初めにかけて、ボクはニューヨークで暮らしました。知人一人いない街に飛びこんだのですから、当初は崩《くず》れ落ちそうになるほどの孤独《こどく》に①さいなまれました。［あ］三年近くもの間、あの街で②やってこられたのは、数人の友人ができたお陰《かげ》だったと思います。結果的には日米混成のバンドを③組め、ニューヨークのいくつかのライブハウスで④歌えたことは良い思い出になっています。

ただ、人は調子に乗るもので、やっているうちに欲が出てきて、ニューヨークで結成したこのバンドを日本でデビューさせようという話になりました。

問題はベーシストでした。彼《かれ》はアメリカ人だったので、日本での彼の居住や〈注〉査証をめぐってさまざまな問題が起きました。それだけに、日本で暮らす覚悟《かくご》を決めてくれたベーシストに対し、ボクらは深く感謝をしました。彼が来日してすぐ、知っている寿司《すし》店に連れていったのも、歓迎《かんげい》の気持ちからです。

そこで言葉に関し、とても印象的なことが起きました。

ベーシストにとって、日本の本格的な寿司店に入るのは初めてのこと。カウンター席に座った彼はなにを注文していいかわからず、ガラスの保冷ケースに入った寿司ネタをおずおずと指さします。ボクはいちいち、それはカンパチというんだよ、それはハマチ、それはサバ、それはアジ、といった具合に魚の名前を言っていきました。

彼はずいぶんと食べました。回転寿司ではないので大［A］です。でも、「おいしい」と日本語で連発してくれたので、こちらの気分も盛り上がりました。ところが、寿司店を出てしばらく歩いてから、ベーシストはいきなりこう言ったのです。

「なんで日本人は、魚にいちいち名前をつけるんだよ？」

ボクは「え？」と聞き返しました。その時の彼の反応がこうです。

「1フィッシュ・イズ・フィッシュ（魚は魚だろ）」

MEMO

大切なことはメモしておこうネ！

2022年度

解　答　と　解　説

《2022年度の配点は解答欄に掲載してあります。》

＜算数解答＞《学校からの正答の発表はありません。》

【1】 (1) 0　(2) 4　(3) 24
【2】 (1) 7g　(2) 38本　(3) 30通り
【3】 (1) 118.8cm　(2) 244cm^2　(3) 300cm^2
【4】 (1) 49　(2) 904　(3) 11段目・122段目
【5】 (1) 分速54m　(2) 36分後　(3) 80分
【6】 (1) 36秒後　(2) 18秒後　(3) 1152cm^3

○推定配点○

【4】(3)，【6】　各6点×5　他　各5点×14　計100点

＜算数解説＞

【1】 (四則計算，単位の換算)

(1) 0.5÷0.005×0.0005－0.05＝0.5÷5×0.5－0.05＝0

(2) [イ]＝5÷(3.75÷1.5)＋2＝4

重要 (3) 15＋0.38＋8.62＝24(ha)

重要 【2】 (平均算，数の性質，場合の数)

(1) (5＋9)÷2＝7(g)

(2) 24，33の最大公約数は3…(24＋33)×2÷3＝38(本)

(3) 0を含む3つの数の選び方…4×3÷2＝6(通り)

0，1，2…偶数は102　120　210の3通り

0，1，3…偶数は130　310の2通り

0，1，4…偶数は3通り

0，2，3…偶数は3通り

0，2，4…偶数は204　240　402　420の4通り

0，3，4…偶数は3通り

0を含まない3つの数の並べ方…偶数は4×3×2－3×2×2＝12(通り)

したがって，全部で3×4＋2＋4＋12＝30(通り)

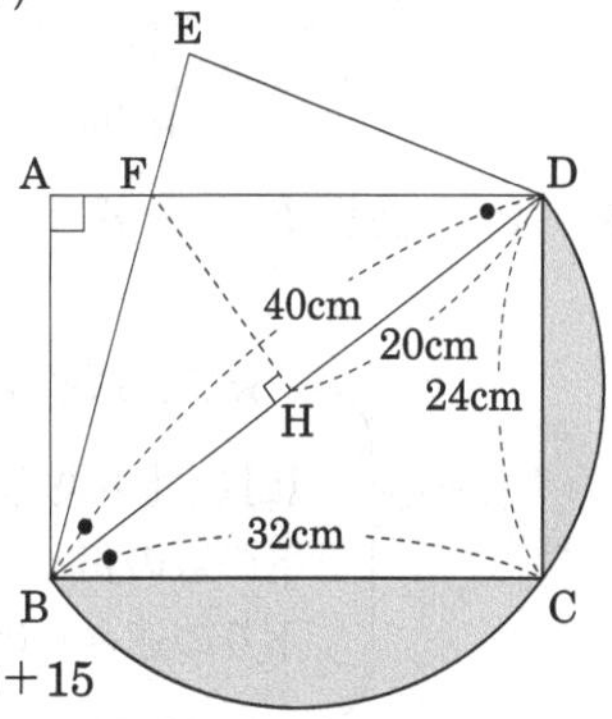

【3】 (平面図形，相似)

基本 (1) 32＋24＋40×3.14÷2＝56＋62.8＝118.8(cm)

基本 (2) 20×20×3.14÷2－32×24÷2＝628－384＝244(cm^2)

重要 (3) 三角形FHDとDCBは相似であり，二等辺三角形

BDFは20×20÷4×3＝300(cm^2)

【4】 (数列)

基本 (1) (1＋9)×9÷2＋4＝49

重要 (2) (1＋14)×14÷2＝105より，105×8＋1＋3＋5＋7＋9＋11＋13＋15

＝840＋16×4＝904

やや難 (3) 白と黒のカードの数の和についての差

1段目…1　2段目…3－2＝1　3段目…1＋4＝5

4段目…1×2＝2　5段目…1×2＋11＝13

6段目…1×3＝3　7段目…1×3＋22＝25

偶数段目…61×2＝122(段目)

奇数段目…1×5＋(1＋10)×10÷2＋1＝61より，11段目

1段目	1							
2段目	2	3						
3段目	4	5	6					
4段目	7	8	9	10				
5段目	11	12	13	14	15			
6段目	16	17	18	19	20	21		
7段目	22	23	24	25	26	27	28	
8段目	29	30	31	32	33	34	35	36

重要 **【5】 (速さの三公式と比，旅人算，割合と比)**

(1) 藤沢さんの登りと下りの速さの比は3：5＝6：10であり，

三田さんの比の5：9について6－5＝10－9＝1が6mに相当する。

したがって，三田さんの下りは分速6×9＝54(m)

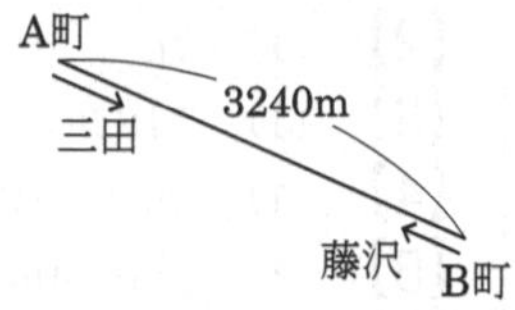

(2) (1)より，藤沢さんの登りは分速6×6＝36(m)

したがって，最初に会うのは3240÷(54＋36)＝36(分後)

(3) (1)・(2)より，計算する。

三田さんがB町に着く時刻…3240÷54＝60(分後)

三田さんがA町に着く時刻…60＋3240÷(6×5)

＝168(分後)

藤沢さんがA町に着く時刻…3240÷36＝90(分後)

藤沢さんがB町に着く時刻…90＋3240÷(6×10)

＝144(分後)

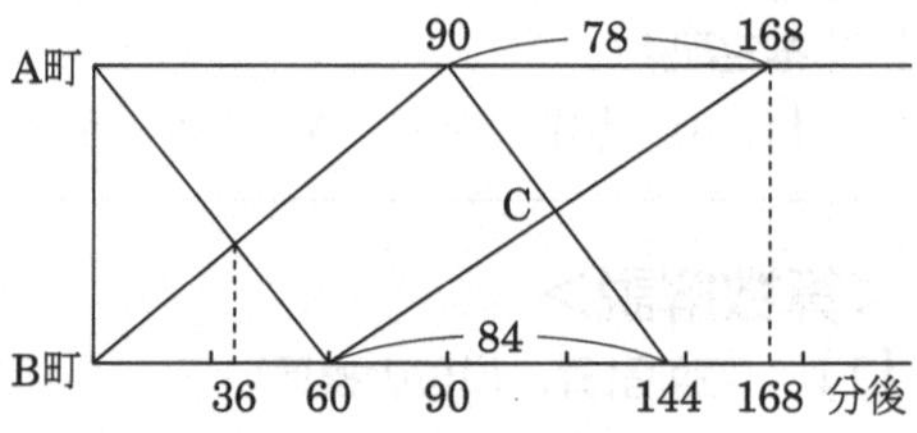

右図より，頂点Cを共有する2つの三角形の相似比は84：78＝14：13

したがって，最初に出会ってから2回目に出会うまでの時間は60＋(168－60)÷(14＋13)×14－36＝80(分)

【6】 (平面図形，立体図形，割合と比)

基本 (1) 12×12×12÷48＝36(秒後)

基本 (2) 図1・2より，12×4×(2＋6＋10)÷48＝18(秒後)

図1

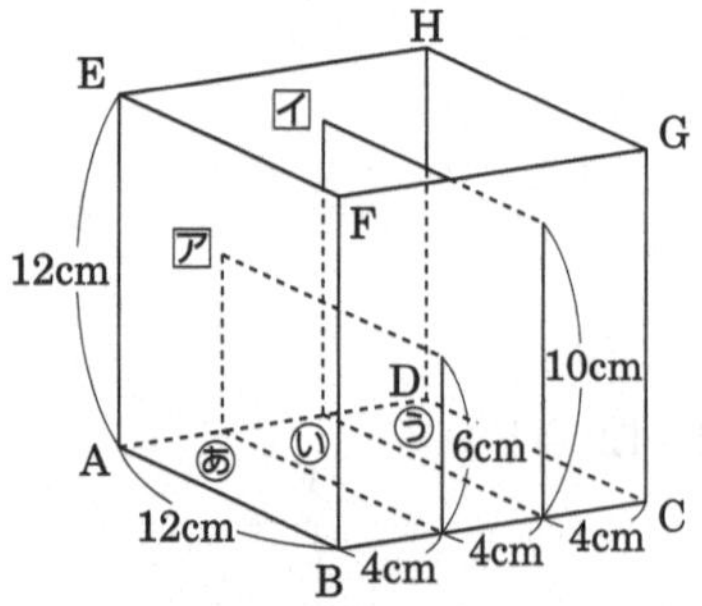

図2

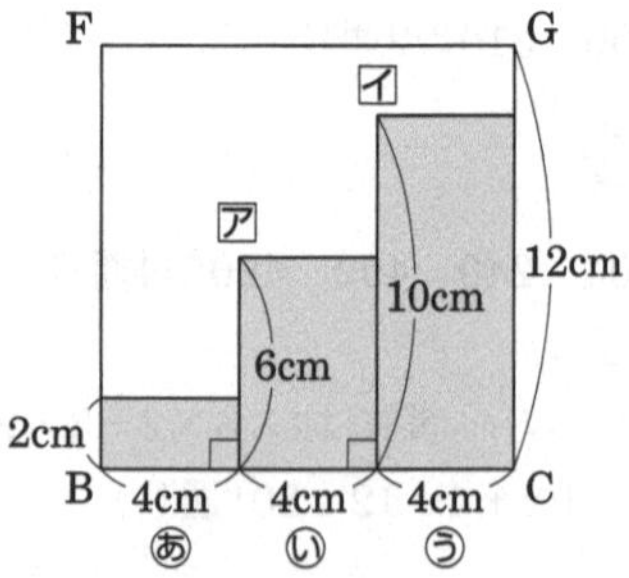

図3

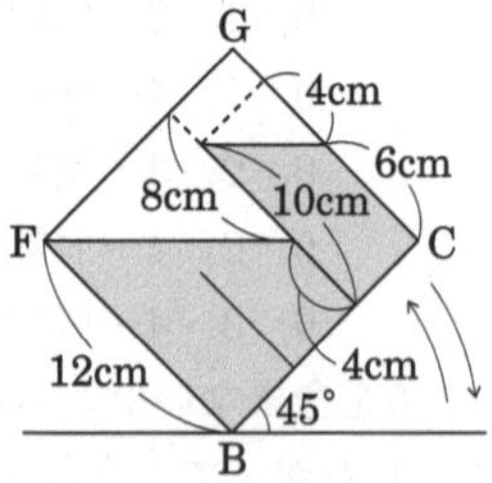

重要 (3) 図1・3より，残っている水量は{(6＋10)×4＋(4＋12)×8}÷2×12＝1152(cm^3)

★ワンポイントアドバイス★

【2】(1)「中央値」の意味を覚えていないと，この問題は解けない。【4】(3)「白のカードの数の和と黒のカードの数の和」についての計算が，間違いやすい。【5】「登りと下りの速さ」は，5：9と3：5について，どう気づくかが問題。

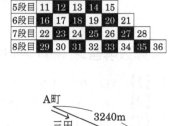

＜理科解答＞《学校からの正答の発表はありません。》

【1】 (問1) (マツ) 風 (カボチャ) 昆虫 (問2) 鳥 (問3) 2，3，5
(問4) 4，6，8 (問5) A 3 B 4 C 2 D 1

【2】 (問1) 2 (問2) 3 (問3) 2，4 (問4) 雪が積もりにくくするため。
(問5) 再生可能

【3】 (問1) 551g (問2) 200g (問3) 505.7 (問4) 9：7

【4】 (問1) X 1 Y 4 Z 4 (問2) 1，3 (問3) 2，5 (問4) 石灰水を集気びんに入れよく振る。白くなれば二酸化炭素である。

○推定配点○

【1】 問5 4点(完答) 他 各2点×4(各完答)
【2】 各3点×5 【3】 問4 4点 他 各3点×3
【4】 問1・問4 各3点×2(問1完答) 他 各2点×2(各完答) 計50点

＜理科解説＞

【1】 (生物全般―植物・動物・進化)

基本 問1 風によって花粉が運ばれる花を風媒花，昆虫によって運ばれる花を虫媒花という。マツは風媒花で，空気袋が風を受けて飛びやすい構造である。カボチャの花粉の表面には粘り気のある部分があり，これが昆虫の体にくっついて運ばれる。

基本 問2 冬には昆虫の活動がなくなるので，蜜を吸いに来た鳥が受粉を助ける。このように，鳥が受粉の仲立ちをする花を鳥媒花という。花は鳥が止まりやすいように丈夫なつくりになっていて，多量の蜜を出して鳥を引き寄せるが，鳥は嗅覚が鈍いのでにおいはほとんどない。

重要 問3 見た目や働きは違うが，元々は同じものから進化したと考えられる器官を相同器官という。見た目は似ているが，もともとは別のものであった器官を相似器官という。ウマの前足，魚類の胸びれ，人の手，クジラの胸びれは相同器官である。ジャガイモの芋は地下茎が変形したもので，サツマイモの芋は根が変化したもの。サボテンのとげは葉が変形したもの。昆虫のはねはもともとは皮膚から変化したものであり，鳥のはねは前足から変化したものである。

基本 問4 マグロ，メダカ，サメが魚類である。イソギンチャク，アサリ，エビは無脊椎動物。イルカはホ乳類，カエルは両生類，ペンギンは鳥類である。

問5 最初の分岐は，背骨があるかないかであり，Dは無脊椎動物のバッタである。次の分岐は，肺呼吸するかどうかで，Cは魚類のタイである。3つ目の分岐は，卵生か胎生かであり，Bは卵生のカエル，Aがウサギになる。

【2】 (気象―南中高度・気温)

基本 問1 夏と冬で南中高度は異なるが，いずれの時期にも柱の影は北側に伸びる。しかし，南中高度が高くなる夏には影の長さは短く，冬には長くなる。

問2 太陽からの光が最も強くなるのは正午ごろで，このとき発電量が最も多くなり影が最も短くなる。しかし，気温は海水温の影響でこれより少し遅れて最高気温に達する。

問3 鹿児島県は神奈川県より緯度が低いので，太陽の南中高度が少し大きくなる。パネルは太陽光に垂直方向に近づくように設置する方が効率が良いので，設置角度は神奈川県より小さくする。夏の方が南中高度が高いので，角度を小さくする方が良い。

問4 北海道などでは，太陽光パネルに雪が積もると発電効率が低くなる。そのためパネルの角度を少し大きくして，雪が自然に滑り落ちるようにしているものもある。

基本 問5　太陽光や風力，地熱などの自然エネルギーを利用して取り出すエネルギーを，再生可能エネルギーという。

【3】（力のはたらき—浮力・密度）

重要 問1　銀メダルをばねばかりにつるして水の中につけると，ばねばかりの値は498.5gになった。銀メダルの体積は52.5cm^3なので，これにはたらく浮力も52.5×1.0＝52.5(g)になる。上向きに浮力とばねばかりがメダルを引く力が働き，下向きに銀メダルの重さがかかる。これらの力がつりあうので，銀メダルの重さは498.5＋52.5＝551(g)である。

重要 問2　実験1より，銀メダルと容器の合計の重さは731.0gであり，銀メダルの重さが551.0gなので，容器の重さは731.0－551.0＝180.0(g)である。水と容器の合計の重さが380.0gなので，水の重さは380.0－180.0＝200.0(g)である。

問3　金メダルの重さは551.0＋7.6＝558.6(g)である。銀メダルの表面に塗られた金の体積は7.6÷19.0＝0.4(cm^3)になり，金メダルの体積は52.5＋0.4＝52.9(cm^3)になる。メダルにかかる浮力は52.9gになるので，ばねばかりの値は558.6－52.9＝505.7(g)になる。

やや難 問4　どちらの実験も支点から棒の先までの距離の差が1cmであることに注目して，実験3で銅と亜鉛の重さを9gとすると，棒の右端にかかる力は8gになる。このとき銅にかかる浮力は9－8＝1(g)になる。つまり，9gの銅のかたまりの体積が1cm^3になる。また実験4より，銅と亜鉛の重さを7gとすると，棒の左端にかかる力は6gになり，亜鉛にかかる浮力は7－6＝1(g)になる。よって，7gの亜鉛のかたまりの体積が1cm^3である。それで，銅と亜鉛の1cm^3あたりの重さの比は9：7になる。

【4】（化学総合—状態変化・気体・中和反応）

重要 問1　X　シャボン玉の中は空気とみなしてよい。これを二酸化炭素のたまった水槽に入れるとシャボン玉が浮いたので，二酸化炭素は空気より重いことがわかる。　Y　空気中の水蒸気がドライアイスに触れて冷やされ水や氷に変化したものが，白い煙のように見える。　Z　Yと同様に白く見えるのは水蒸気から変化した水や氷で，はいた息の中にも水蒸気が含まれている。

問2　霧は空気中の水蒸気が冷たい地面に触れて水滴が生じることで発生する。やかんの湯気も，やかんの口から出る暖かい蒸気が冷やされて水滴に戻るので白く見える。

基本 問3　BTB溶液が黄色に変化するものは酸性の水溶液である。5つの水溶液のうち酸性のものは，うすい塩酸とレモン果汁である。

重要 問4　集気びんの中に石灰水を入れてよく振り混ぜる。二酸化炭素が含まれていると，石灰水が白くにごる。

★ワンポイントアドバイス★

問題は標準レベルのものが大半である。問題数のわりに試験時間が短い。論述式の問題が出題されるので，文章をまとめる力も必要である。

<社会解答>《学校からの正答の発表はありません。》

【1】 問1 1　問2 4　問3 1　問4 1　問5 5

【2】 問1 1　問2 3　問3 2　問4 2　問5 （あ） 3 （い） 1 （う） 2
問6 1

【3】 問1 3　問2 2　問3 （う） 9 （え） 2 （お） 4　問4 4

【4】 問1 4　問2 1　問3 3　問4 2　問5 1　問6 4　問7 2

【5】 問1 3　問2 1　問3 4　問4 4→2→1→3　問5 2　問6 3
問7 自由民権(運動)

【6】 問1 3　問2 1　問3 高等　問4 3　問5 コンセント　問6 3

【7】 問1 4　問2 2　問3 1　問4 3　問5 4
問6 4→1→3→2

○推定配点○

【1】 各1点×5　【2】 各1点×8　【3】 各1点×6　【4】 各1点×7
【5】 問7 3点　他 各1点×6　【6】 問3・問5 各2点×2　他 各1点×4
【7】 問6 2点　他 各1点×5　計50点

<社会解説>

【1】 (日本の地理―日本の人口に関する問題)

重要　問1 1 現在，日本の65歳以上の人口は全体の29%ほど。パーセントの数値で100人当たりの人数と同じになる。

問2 4 総人口が1億2600万人で換算すると，出生数は882000人，死亡数は1386000人となるので，死亡数の方が約50万人ほど多くなるので，人口が約50万人の減少となる。

問3 1が正しい。2は，現状では今後日本の人口は減少し続ける。3は人口の偏りを直す政策は特にとられていない。4は海外在留の邦人数，在日外国人数はともに20年ほどの間では増えている。

問4 1 東京は中心部の人口は少ないので1。2は大阪，3は名古屋。

やや難　問5 5 2020年の時点で自然増減率，社会増減率ともにプラスなのは沖縄県のみでイ。エが東京都，ウは大阪府，アは青森県。

【2】 (総合―現代の様々な問題に関する問題)

基本　問1 1 水力発電の依存度が高い国にブラジルやカナダがある。2が火力で，日本の発電の中心。3は原子力で，原子力発電の依存度が極めて高い国にフランスがある。4が太陽光で，太陽光はクリーンなエネルギーではあるが，その発電量は絶対的に小さく，これを中心に据えられる国はない。

問2 3 ジェンダー平等ということで，さまざまな分野においての男女格差を小さくする取り組みがあるが，現状では選挙の際に選挙区に女性優遇枠というのは設置されていない。

問3 2 表を選択肢と照らし合わせていけば正解はわかる。BRICSのブラジル，ロシア，インド，中国，南アフリカの中でロシアは二酸化炭素排出量は減少している。

問4 2 温室効果ガスの排出を全面的にゼロにするというのは実現するのは極めて難しいことなので，現状では削減できる限りは削減し，残りの排出量と，植物などで吸収される量とでだいたい一致するようにし，全体としての排出量が増えるのを抑えるというのがカーボンニュートラルというもの。

問5 1のUNESCOは国連教育科学文化機関の略で，その目標の一つが(い)。2のILOは国際労働機関で，その目標の一つは(う)。3のWHOは世界保健機関で，その目標は(あ)。

重要 問6 1 フードマイレージは食品の移動距離とその重さを掛け合わせたもので，この数値が大きな食品はそれだけ長距離を運ばれてくるものになり，その輸送手段の交通機関が排出する温室効果ガスが問題となるので，温室効果ガスを削減するためには食品の輸入は極力抑えた方が良い。

【3】 (日本の歴史―縄文，弥生時代に関する問題)

問1 3 明治初期の1877年に発見された貝塚が大森貝塚。

問2 2 エドワード・モースはアメリカの動物学者で，日本には海辺にいる生物の標本を採集するために来て，横浜から東京へ鉄道で移動している際に，車窓から大森貝塚を発見したといわれる。

重要 問3 (う) 三内丸山遺跡があるのは青森県。 (え) 登呂遺跡があるのは静岡県。 (お) 吉野ヶ里遺跡があるのは佐賀県。

問4 奴国の王が金印を授けられた話は「後漢書」東夷伝にある。中国の漢王朝は紀元前の時期のものが前漢とされ，紀元後のものが後漢とされる。それぞれ200年ほど続いた。

【4】 (日本の歴史―戦国時代に関連する問題)

問1 4 慈照寺銀閣を建てさせたのは室町幕府第8代将軍足利義政。

問2 1 応仁の乱は足利義政の時代の1467年から77年にかけて起こった。

問3 3 一向宗は親鸞の開いた浄土真宗が変化したもの。

問4 2 加賀国は現在の石川県南部。石川県北部は能登国。

問5 1 堺は会合衆と呼ばれる大商人たちが自治を行っていた。

問6 4 信長が焼き討ちをしたのは比叡山延暦寺(1571年)。

問7 2 現在の山梨県にあった甲斐国を支配していたのが武田氏。

【5】 (日本の歴史―明治時代の政治運動に関連する問題)

基本 問1 3 板垣退助は当初は明治政府に参加していたが，1873年に征韓論を大久保利通らに反対されると政府から離れ，自由民権運動を展開するようになった。

問2 1 官僚は政府の中で政治の実務をこなす人々で，国家公務員。

問3 4 1868年に天皇が神に誓う形式で，近代国家を建てることを宣言したのが五箇条の御誓文で，その中に「広く会議を興し，万機公論に決すへし」とある。

重要 問4 4 1877年→2 1881年→1 1884年→3 1889年の順。

問5 2 1873年の地租改正で，土地所有者に地価を示した地券を発行し，土地所有者はその地価の3%を現金で地租として納めるようになった。

問6 3 明治のころは，政治運動をやる人々が，自分の意見を発表する手段が新聞の紙面と演説であった。1のかわら版は江戸時代の新聞のようなもの。4のラジオ放送が始まるのは1925年。明治の初期にはまだ雑誌はない。飛脚は江戸時代に文書を運んだ人。

問7 自由民権運動は板垣退助らが当時の藩閥政治を批判し，国民が選ぶ議員による議会の開設と憲法制定を求めて行った政治運動。

【6】 (日本の政治―裁判に関連する問題)

問1 3 明治以後の戦争などで命を落とした軍人を祀ってあるのが靖国神社。出雲大社は大国主命を祀った神社，明治神宮は明治天皇を祀った神社，鶴岡八幡宮は源氏の源義家を祀った神社。

問2 1 信教の自由は，自由権の中の精神の自由の中に含まれるもの。個々の国民がどういう宗教を信仰したり，あるいは信仰しなかったりするのも自由ということで，国や地方自治体が特定の宗教に肩入れするようなことは，この自由権を侵害するものと考えられる。

問3 三審制で，一審がどちらも地方裁判所になっているので，地方裁判所の上の裁判所は高等裁判所になる。

問4　3　自己決定権は自分に関する事柄を自分で決める権利があるというもので，医療行為を受けるかどうかの選択も患者自身ができるという考え方につながる。

重要　問5　インフォームド・コンセントは医療機関が，患者に対してどのような医療行為をこれから行うのか，そのことによって得られる成果およびリスクがどのようなものになるのかなどを説明し，患者に理解させたうえで治療を行うようにするもの。Informedは知らせた，教えたという意味で，consentは同意の意味。

問6　三審制で一審の内容に不服の場合に上級の裁判所に訴えるのが控訴で，二審の内容に不服の場合に上級の裁判所に訴えるのが上告となる。

【7】（経済―戦後の日本経済に関連する問題）

基本　問1　4　太平洋戦争終了後，日本の中の生産設備などが受けていた被害もあったが，基本的に日本は加工貿易国であり，原材料を輸入し加工したものを輸出することで経済が動いていたが，終戦後の日本の円が国際的に信用がなく，海外から原材料となるような資源を輸入するのが困難であった。その状況の中で，朝鮮戦争が起こり，アメリカが日本で軍需物資を調達するために，その原材料を持ち込み，生産させたことで，アメリカのドルが日本に流入することになり，そのアメリカドルでさらに輸入ができるようになり，いわゆる特需景気になった。

問2　いわゆる高度経済成長期の早い段階で国内で普及するようになった電化製品が洗濯機，冷蔵庫，白黒テレビで，これらを「三種の神器」と呼ぶこともある。

問3　1　1973年に，西アジアで起こった第四次中東戦争の際に，産油国が原油の輸出制限や価格のつり上げを行ったことで，世界中で起こった経済危機が第一次石油危機(オイルショック)。

問4　1980年代のアメリカと日本との間の経済摩擦は，自動車をほぼ日本からアメリカに一方的に輸出しているような状態に対して，アメリカが日本に農作物を輸出しようとしても，日本が農作物に関しては輸入の制限をおこなっていたことで起こり，日本に対してアメリカは牛肉とオレンジの輸入自由化を迫り，コメに関しては段階的に輸入量を増やしていく最低輸入義務を課すということが求められた。

問5　平成景気は，景気の拡大期間が1986年(昭和61年)12月から1991年(平成3年)2月までの51か月続いた，大型景気。この間，経済が泡(バブル)のように実体以上に膨らんだことから，バブル景気ともいう。

重要　問6　4　1999年→1　2003年→3　2009年～12年→2　2014年の順。

★ワンポイントアドバイス★

試験時間が短いのでスピードが大事。選択肢を選ぶ問題で，そのものずばりの答えがわからない場合，関連する事柄から連想していくことで，答えが絞り込めるものもある。臨機応変に解いていくことが必要。

＜国語解答＞《学校からの正答の発表はありません。》

【一】 問一 ① うちわけ　② たいやく　③ せんて　④ かおく　⑤ したく　⑥ さいく　⑦ どりょく　⑧ じんか　⑨ こうげん　⑩ ほっさ

【二】 問一 ① B　② A　③ A　④ A　問二 あ オ　い エ　う ク　え イ　問三 オ　問四 カ　問五 ウ　問六 イ　問七 ① B　② B　③ A　④ B　問八 す(く)な(く)と(も)　問九 その考えを

【三】 問一 ウ　問二 ① B　② A　③ A　④ B　⑤ B　問三 a 不意　b 財布　c 素直　d 故郷　e 余地　問四 イ　問五 ウ　問六 ウ　問七 ウ　問八 ウ　問九 ふしあわせ

【四】 (例) 第5戦の勝敗結果に関係なく決勝に進むことは決定しているので，決勝に勝つための試合として，決勝でも戦う相手チームのデータを得るために，思い切った作戦を取っていく方針で臨む。そうした方針とともに，選手たちには失敗や結果をおそれずにさまざまな戦略を試していくように，ということを伝える。(140字)

○推定配点○

【一】 各2点×10

【二】 問一・問二　各1点×8　問四・問九　各3点×2　他　各2点×8

【三】 問二～問四　各2点×11　他　各3点×6　【四】 10点　計100点

＜国語解説＞

【一】 (漢字の読み)

問一　①の他の語の読みは「直訳＝ちょくやく」「通訳＝つうやく」。②の他の語の読みは「現役＝げんえき」「使役＝しえき」。③の他の語の読みは「入手＝にゅうしゅ」「旗手＝きしゅ」。④の他の語の読みは「楽屋＝がくや」「平屋＝ひらや」。⑤の他の語の読みは「密度＝みつど」「節度＝せつど」。⑥の他の語の読みは「木工＝もっこう」「施工＝せこう，しこう」。⑦の他の語の読みは「馬力＝ばりき」「非力＝ひりき」。⑧の他の語の読みは「王家＝おうけ」「出家＝しゅっけ」。⑨の他の語の読みは「小言＝こごと」「寝言＝ねごと」。⑩の他の語の読みは「工作＝こうさく」「不作＝ふさく」。

【二】 (論説文―文章の細部の読み取り，空欄補充，ことばの用法，文学史)

問一　〰①の「れ」は受け身の助動詞。〰②の「られ」は可能の助動詞，〰③の「組め」，〰④の「歌え」はいずれも可能動詞。

問二　空らんあは直前の内容とは予想に反したものであることを示す意味でオの「それでも」が入る。空らんいはさらにという意味でエの「ましてや」が入る。空らんうは直前の内容につけ加えるという意味でクの「ちなみに」が入る。空らんえは直前の内容の理由が続いているのでイの「なぜなら」が入る。

問三　空らんAには思い切りよく金銭を出すという意味のオがふさわしい。

重要 問四　――1は「カンパチ」「ハマチ」など魚にいちいち名前をつけるのはおかしいと思っているベーシストの言葉で，どのような名前がついていようと1＝魚は魚だろ，ということなのでカが適切。魚はどれも似たようなものであることを説明していない他の選択肢は不適切。

問五　空らんBには大体においてそのようであるという意味でウが適切。

問六　イの『一房の葡萄』の作者は有島武郎である。

重要 問七　――2のある段落で述べているように，「宮沢賢治」にとって「目にする雲はすべて違う雲であって」，このことと同様に「雪とともに暮らすイヌイットには，その表層の呼び方だけでも幾十もの言葉がある」と述べているので，③は2と同じ意図である。①の「カリフォルニア」は「雨に対する細分化がない土地」，②の「入学直後」は「だれがだれだと区別がつ」かないこと，④の「ベーシスト」は「カブトムシも……カミキリムシも全部まとめてビートルと言」うこと，を述べているので，いずれも2とは反対の意図である。

基本 問八 ——3は少なく見積もっても，という意味で「す(く)な(く)と(も)」が入る。

やや難 問九 「その考えを……」で始まる段落で，目に見えないものの《違い・差異の認識》と《言葉》の関係として「感情」と「言葉」の関係について述べている。

【三】（小説—心情・場面・文章細部の読み取り，指示語，空欄補充，ことばの意味，漢字の書き取り）

問一 最後の場面で「戦争中にも……疎開させた荷物の中へいれて」いた「『仕舞ってある下駄』」について，「三十年を経た」今，あらためて見返していることから，戦後三十年の話であることが読み取れるのでウが適切。

問二 現在のきよは「一人住み」なので①は合わない。十九歳のころからきよは家計を支え，進学予定の弟二人と母の四人家族で父は登場しないので②は合う。現在のきよは「六年前に夫を見送った」が，三年生の孫は六年前には生まれており，きよの夫も顔を見ていることが読み取れるので，③は合うが④は合わない。きよに作った下駄をわたした後，その職人は東京を離れているので⑤は合わない。

基本 問三 ══aは思いがけず，突然という意味。══bは昔は布製の袋を用いていた。══cはありのままでまっすぐなさま。══dは「ふるさと」とも読む。══eはあまっている部分，ゆとりのこと。

問四 ——1はほかと比べて得である，有利であるという意味で，労働量に対して報しゅうが良いことなのでイが適切。

重要 問五 ——2はおかみさんがくれる心付けで下駄を買うことで，きよが暮らす下町では足をうつくしく，足もとをすずやかにという風俗が受け継がれ，きよの足も粋好みな下駄がよく似合う美しい足だったことから，ウが適切。アの「自由に買えるのは下駄がやっとだった」，イの「機会は限られていた」，エの「やっとなじみ並みのサーヴィスをしてもらえるようになった」はいずれも不適切。

問六 ——3は，きよがはいていた下駄を褒める，そそっかしい人にもうしろめたい，ということである。

問七 ——4のような下駄でも，きよにとって愛おしいもの，作ってくれた青年への思いのあるもので，息子の家にはいていこうと思うほど今見ても立派な下駄であるが，下駄に否定的な気持ちは描かれていないのでウは正しくない。

重要 問八 この下駄は店員が手間をかけて作り，きよにはいてもらいたいとわざわざ持ってきてくれたものである。粗末な材料でも手間のかかった価値のあるもので，その後，近所の歯つぎでも新品のように仕上げてもらってきた下駄であるため——5のように思っているので，ウが適切。アの「安く手に入れた」，イの「くせを一切感じさせない」，エの「下駄を今まで買えなかった」はいずれも不適切。

やや難 問九 「いずれにもせよ……」で始まる段落で，下駄と下駄を作った店員ときよ自身に「ふしあわせな環境におかれたとき我慢する能力がある(24字)」という点に通じることがある，というきよの心情が描かれている。

【四】（作文）

解答例では，決勝に勝つための試合として相手チームのデータを得るという方針で，失敗や結果をおそれずにさまざまな戦略を試していこうということを伝える，と述べている。決勝進出は決定しているけれども，一つ一つの試合を全力で戦うという方針もあるだろう。いずれにしても，方針とその方針を選手に伝える具体的な内容を端的に述べていこう。

★ワンポイントアドバイス★

論説文では，具体例を通して筆者が述べようとしていることを的確に読み取ろう。

2021年度

★★★★★★★★★★★★★★★★★★★★★★★★

入　試　問　題

2021年度

慶應義塾湘南藤沢中等部入試問題

【算　数】（45分）　＜満点：100点＞

【1】 [ア]，[イ]，[ウ]にあてはまる数を求めなさい。

(1)　$8 \times 9 + 24 \times 5 + 21 \times 8 + 72 \times 3 + 11 \times 24 + 8 \times 39 = \boxed{\text{ア}}$

(2)　$10 \div \left(9 \div \dfrac{12}{\boxed{\text{イ}} - 2} - 1.25 \right) - 3 = 1$

(3)　かげのついた部分の面積は[ウ]cm^2（ただし，円周率は3.14とする。）

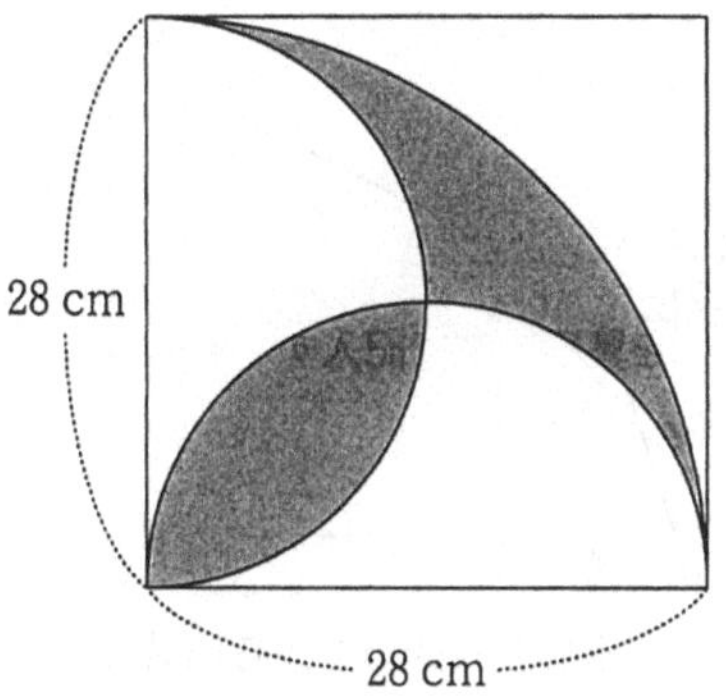

1辺の長さ28cmの正方形と，半円2個と円を四等分したものを組み合わせた図形

【2】

(1)　2つのビーカーAとBの中の水の量の比は17：3であった。AからBに30cm^3の水を移すと，水の量の比は7：3になった。水を移す前のビーカーAに入っていた水の量は何cm^3ですか。

(2)　3つの箱A，B，Cの中にボールが入っている。
AとBの箱のボールの個数の和は137個，
BとCの箱のボールの個数の和は118個，
AとCの箱のボールの個数の和は129個であった。
Aの箱の中に入っているボールの個数は何個ですか。

(3)　下の規則にしたがって，空いているマスに数字をすべて書き入れなさい。
・たて4列，横4列のそれぞれの列の中に，1，2，3，4の数字が必ず一つずつ入る。
・たて2マス，横2マスの太線で囲まれたそれぞれの部分に，1，2，3，4の数字が必ず一つずつ入る。

1			
		2	
	4		
			3

【3】 下の図1は底面をA，高さ20㎝とする直方体と，底面をB，高さ10㎝とする直方体をつなげて作った容器である。2つの底面A，Bはともに1辺の長さ4㎝の正方形である。底面Aに底面積4㎝^{2}，高さ10㎝の直方体Xが置かれている。容器の右はしの上に管Cがあり，毎秒8㎝^{3}で水を入れることができる。底面Bに管Dがあり，ふたを開けると毎秒2㎝^{3}で水を出すことができる。

いま，管Dのふたを開けてから，管Cから水を入れ始め，10秒後に直方体Xをすばやく引きぬいた。図2は水を入れ始めてからの時間と底面Aからの水面の高さの関係をグラフで表したもので，水を入れ始めてからの時間が㋒秒のときに管Dのふたを閉じた。

このとき，グラフの㋐，㋑，㋒にあてはまる数を求めなさい。

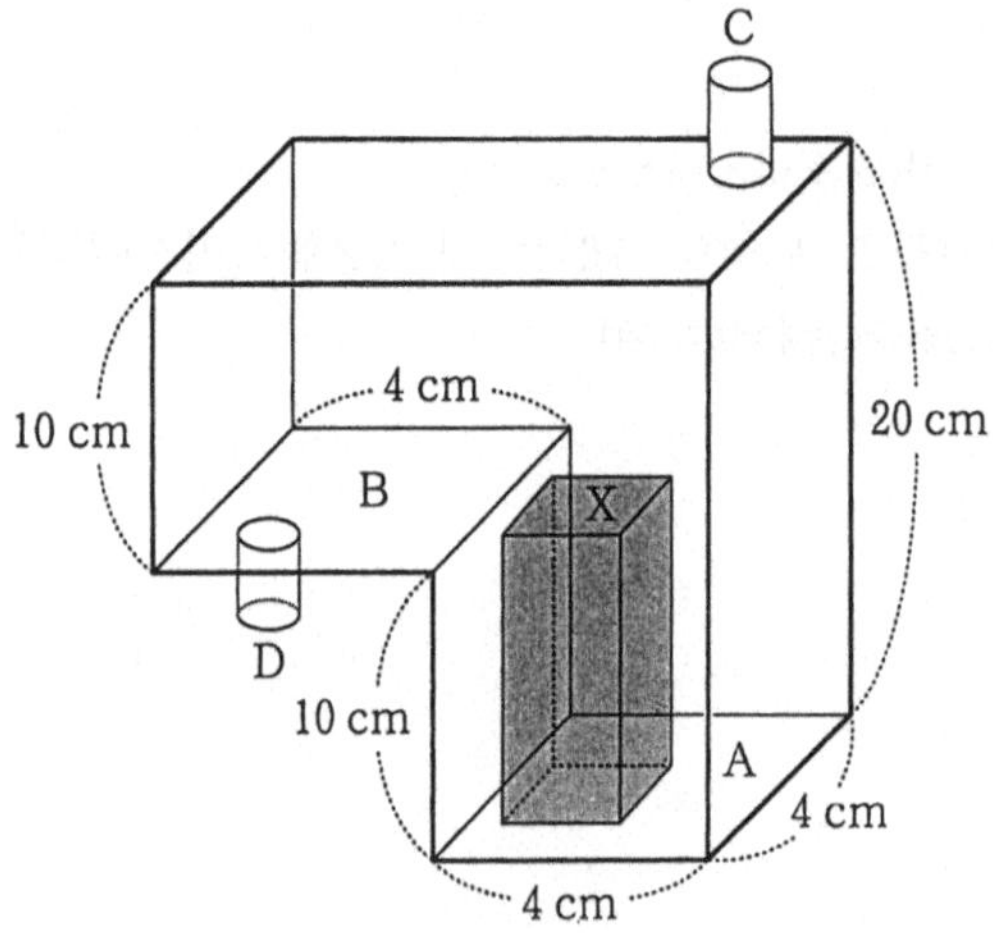

図1

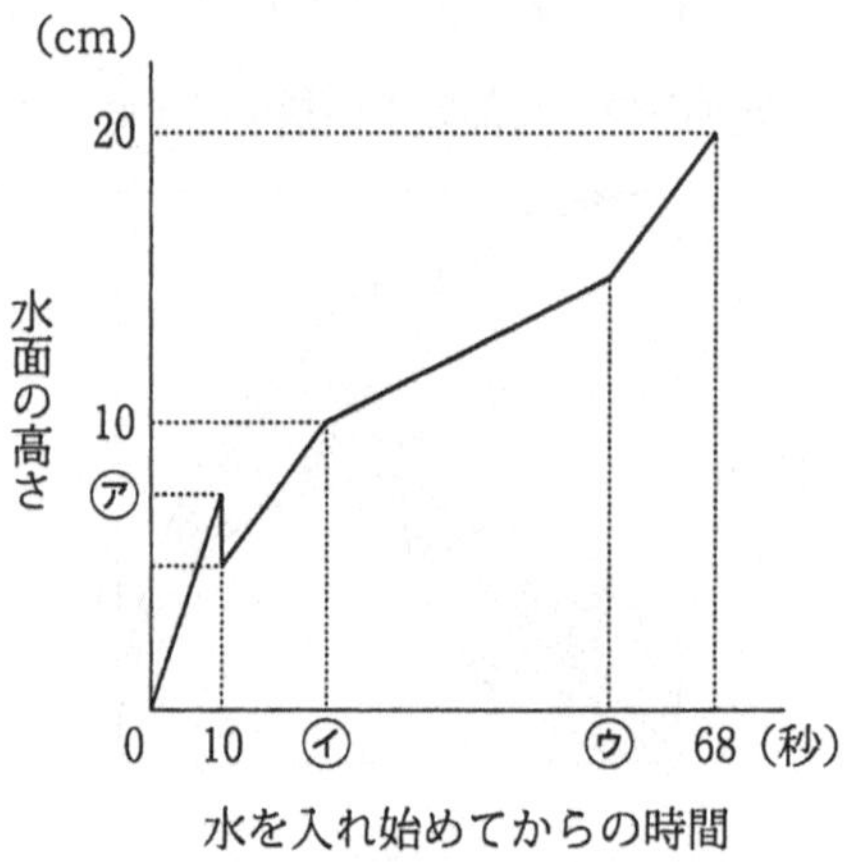

図2

【4】 AさんとBさんは同じ数ずつ玉を持っていて，次のような作業をする。

① Aさんの持っている玉のうち半分をBさんにわたす。

② Bさんの持っている玉のうち半分をAさんにわたす。

①，②の順にくり返し作業を行い，持っている玉の個数が奇数《きすう》になったら終わる。

右の図は最初にAさんが8個，Bさんが8個玉を持っている場合の例であり，玉をわたす作業は3回行われたので，作業の回数は「3」と考えることにする。次の[ア]～[オ]にあてはまる数を答えなさい。

Aさん		Bさん
8	1回目4個	8
4	2回目6個	12
10	3回目5個	6
5		11

⑴ Aさん，Bさんはそれぞれ最初に40個ずつ持っている。この作業が終わったときにAさんは[ア]個の玉を持っていて，作業の回数は[イ]です。

⑵ Aさん，Bさんはそれぞれ最初に[ウ]個ずつ持っている。この作業が終わったときにAさんは63個，Bさんは129個の玉を持っていて，作業の回数は[エ]です。

⑶　Aさん，Bさんはそれぞれ最初に3072個ずつ持っている。この作業が終わったときの作業の回数は[オ]です。

【5】　A君とB君は学校を同時に出発し，分速40mで駅へ向かう。出発してから8分後にB君の忘れ物を持ったCさんが学校を出発し，分速50mで駅へ向かう。B君は出発してから12分後に忘れ物に気がつき，A君と別れて分速90mで学校へ向かったが，途中《とちゅう》でCさんと出会い，忘れ物を受け取って，いっしょに駅へ分速30mで向かった。

A君は，B君と別れてからは分速20mで駅に向かったところ，A君が駅に着いてから3分後に，B君とCさんが駅に着いた。

学校から駅までは一本道で，忘れ物の受けわたしの時間は考えないものとする。

⑴　CさんがB君と出会ったのは，学校から何mの地点ですか。

⑵　A君が分速20mで歩いたのは何分間ですか。

⑶　学校から駅までの道のりは何mですか。

【6】　1辺の長さが8mの正方形の形をした広場がある。広場には図のように1mごとに線がひかれており，いくつかの印が線の交わるところに置いてある。広場の中のある地点からそれぞれの印にまっすぐ行くとするとき，印Aが他の印よりも一番近い広場の部分の面積をⒶとする。

たとえば右の図1のように2つの印A，Bを置いたとき，Ⓐはかげのついた部分の面積で，$24m^2$となる。このとき，かげのついた部分のある地点からAまでの距離《きょり》は，そこからBまでの距離より短くなる。

ただし，印の大きさは考えないものとする。

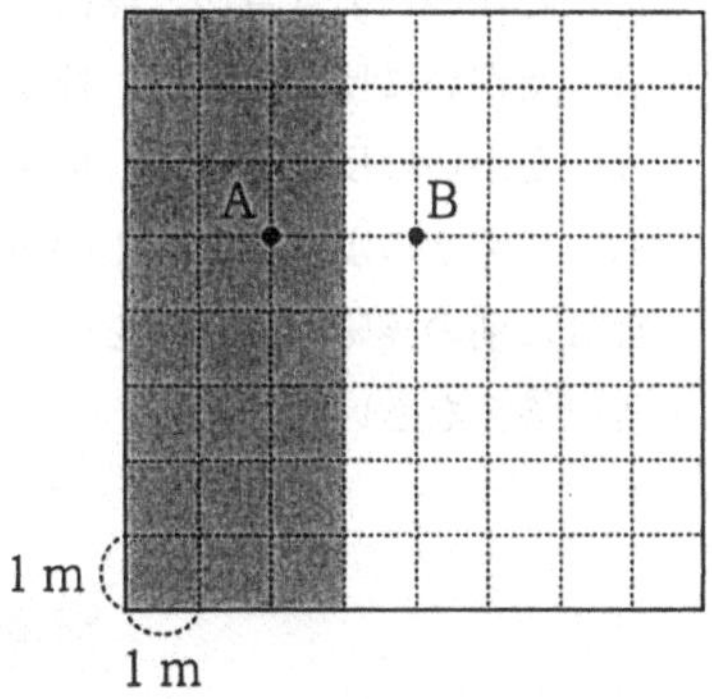

図1

⑴　図2のように，2つの印A，Bを置いたとき，面積Ⓐを求めなさい。

⑵　図3のように，3つの印A，B，Cを置いたとき，面積Ⓐを求めなさい。

⑶　図4のように，3つの印A，B，Cを置いたとき，面積Ⓐを求めなさい。

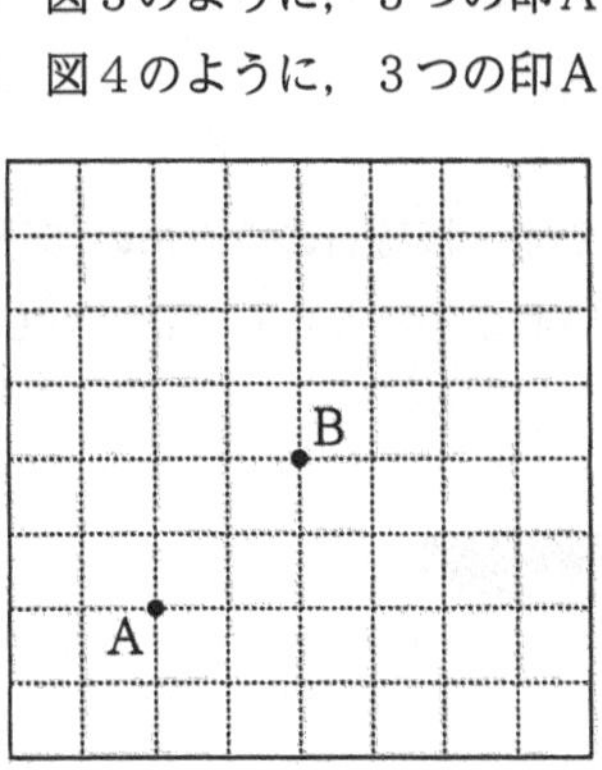

図2

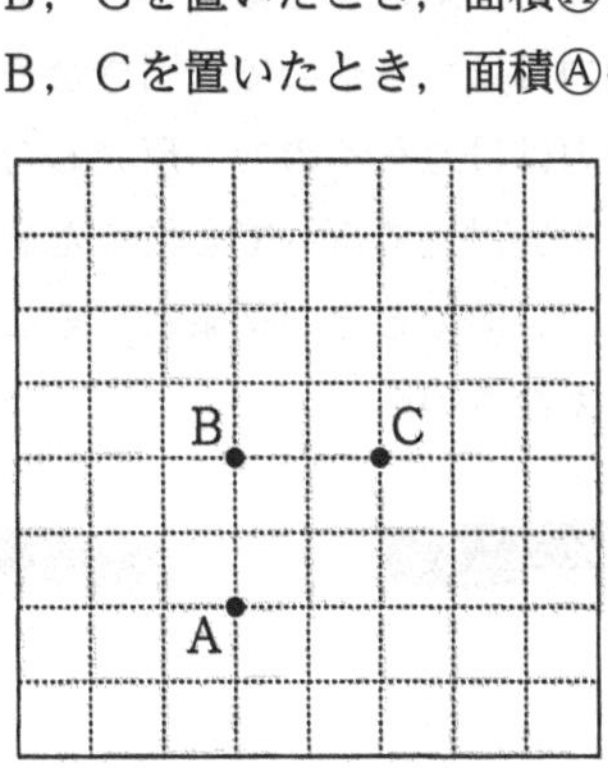

図3

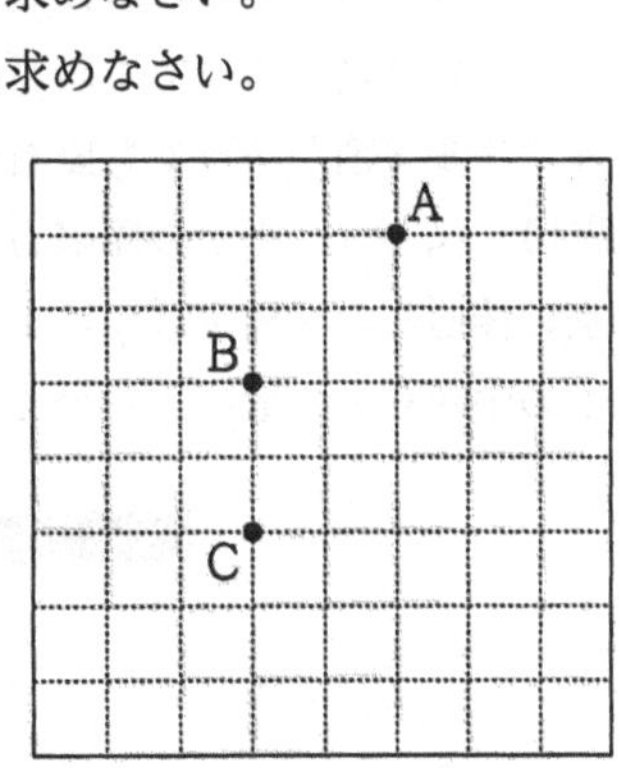

図4

【理　科】（25分）　＜満点：50点＞

【1】 磁石について，以下の問いに答えなさい。

（問1） 棒磁石にくっつく物質を次の中からすべて選び，解答らんの番号を○で囲みなさい。

1　金　　2　銀　　3　銅　　4　プラチナ　　5　鉄　　6　ステンレス

（問2） 図1は棒磁石です。棒磁石のアの部分に別の棒磁石のN極を近づけたところ，たがいに引き合いました。イの部分にS極を近づけたときの結果と，そこからわかることとして正しいものを次の中から1つ選び，番号で答えなさい。

図1

1　たがいに引き合い，棒磁石のイの部分はN極であることがわかる。

2　たがいに引き合い，棒磁石のイの部分はS極であることがわかる。

3　たがいに反発し合い，棒磁石のイの部分はN極であることがわかる。

4　たがいに反発し合い，棒磁石のイの部分はS極であることがわかる。

（問3） 図2のように，図1の棒磁石のアの部分をアルミ箔《はく》でおおいました。アルミ箔でおおった部分に別の棒磁石のN極を近づけると，どうなりますか。次の中から正しいものを1つ選び，番号で答えなさい。

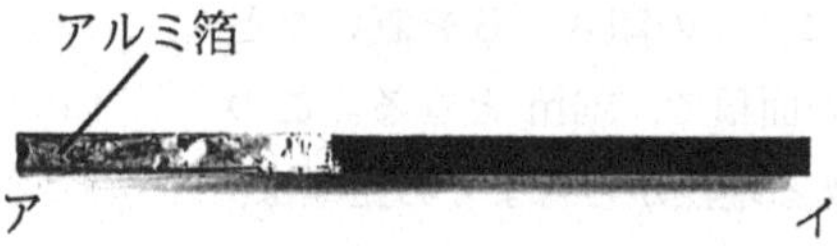

図2

1　アルミ箔は磁石につかないので，引き合うことも反発し合うこともない。

2　アルミ箔は磁石のN極とS極を反対にするはたらきがあるので，反発し合う。

3　アルミ箔があっても磁石の力ははたらくので，引き合う。

4　アルミ箔があっても磁石の力ははたらくので，反発し合う。

（問4） 図3は，図1の棒磁石が中央付近で折れてしまったものです。棒磁石のウ，エの部分に，別の棒磁石のN極を近づけました。そのときの結果と，そこからわかることとして正しいものを次の中から1つ選び，番号で答えなさい。

図3

1　ウに近づけると引き合い，エに近づけると反発し合うことから，ウにN極，エにS極ができている。

2　ウに近づけると引き合い，エに近づけると反発し合うことから，ウにＳ極，エにＮ極ができている。

3　ウに近づけると反発し合い，エに近づけると引き合うことから，ウにＮ極，エにＳ極ができている。

4　ウに近づけると反発し合い，エに近づけると引き合うことから，ウにＳ極，エにＮ極ができている。

5　ウに近づけると引き合い，エに近づけても引き合うことから，ウとエともにＳ極ができている。

6　ウに近づけると反発し合い，エに近づけても反発し合うことから，ウとエともにＮ極ができている。

7　ウやエに近づけても引き合ったり，反発し合ったりしないことから，ウとエにはＮ極もＳ極もできていない。

（問５）　方位磁針は磁石であり，そのＮ極が北を向きます。しかし，方位磁針が指す方向に進んでも北極点に到達《とうたつ》することはできません。地球を１つの棒磁石と考えるとき，正しい図を次の中から１つ選び，番号で答えなさい。

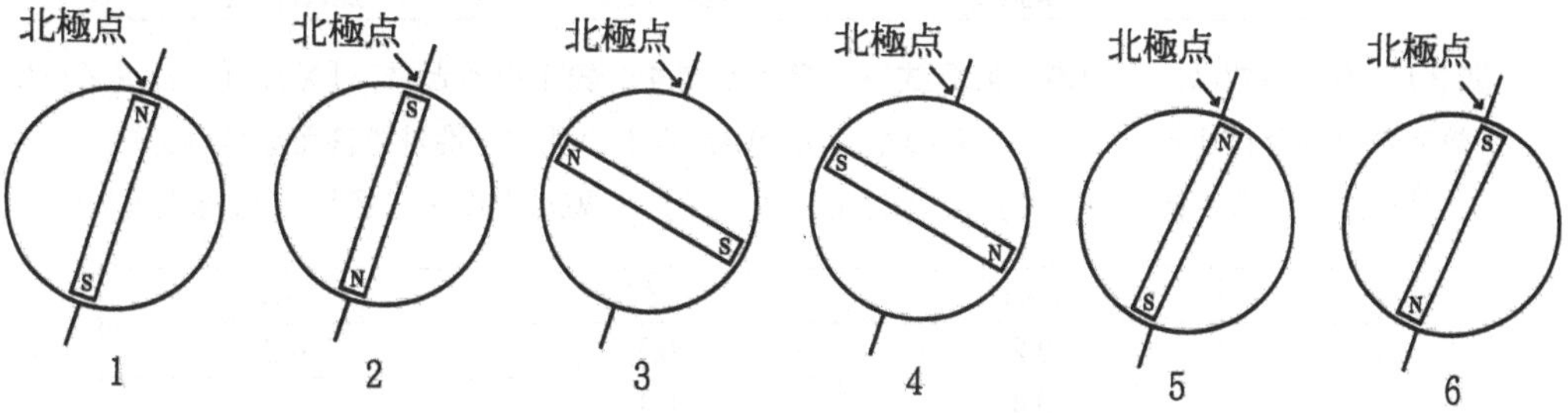

【２】　2020年は，東京都心で８月の猛暑《もうしょ》日が観測史上最多を記録したため，暑さ指数が注目されました。これは，人体と空気との熱のやりとりを反映した数値です。図１は，黒球温度・乾球《かんきゅう》温度・湿球《しっきゅう》温度を測定するための観測器であり，表１は関東地方で観測した３日分のデータと，これらから算出した暑さ指数（℃）です。以下の問いに答えなさい。

図１

黒球温度：黒色にぬった銅板で作った球の中心に温度計を入れ，測定した空気の温度。
乾球温度：温度計を用いて測定した空気の温度。
湿球温度：水でしめらせたガーゼを巻いた温度計で測定した空気の温度。

表１

	１日目	２日目	３日目
ア	32.0 ℃	32.0 ℃	34.0 ℃
イ	55.4 ℃	52.8 ℃	54.8 ℃
ウ	29.6 ℃	27.5 ℃	29.5 ℃
暑さ指数	35.0 ℃	33.0 ℃	35.0 ℃

(問１) 2020年８月は，関東地方で積乱雲や雷雨《らいう》がよく発生しました。積乱雲について誤って述べているものを，次の中から１つ選び，番号で答えなさい。

1　暖められた空気が上昇《じょうしょう》して積乱雲が発達し，夏の夕立の原因となっている。

2　山間部だけでなく都市部でも積乱雲が発生し，ゲリラ豪雨《ごうう》の原因となっている。

3　積乱雲を真下から見上げると灰色のように見えることが多い。

4　地表近くの冷たい空気が上昇し，上空の暖かい空気とぶつかることで発生する。

(問２) 表１において，ア，イ，ウはそれぞれ何を示していますか。組み合わせとして正しいものを，次の中から１つ選び，番号で答えなさい。

	ア	イ	ウ
1	黒球温度	乾球温度	湿球温度
2	黒球温度	湿球温度	乾球温度
3	乾球温度	黒球温度	湿球温度
4	乾球温度	湿球温度	黒球温度
5	湿球温度	黒球温度	乾球温度
6	湿球温度	乾球温度	黒球温度

(問３) 暑さ指数は，下記の＜計算式＞で算出します。表１をもとに，〔X〕，〔Y〕，〔Z〕に入る数字の組み合わせとして正しいものを，次の中から１つ選び，番号で答えなさい。

＜計算式＞　暑さ指数＝〔X〕×黒球温度＋〔Y〕×乾球温度＋〔Z〕×湿球温度

	〔X〕	〔Y〕	〔Z〕
1	0.2	0.1	0.2
2	0.4	0.1	0.4
3	0.7	0.1	0.2
4	0.8	0.1	0.1
5	0.1	0.1	0.7
6	0.2	0.1	0.7

(問４) (問３)の＜計算式＞を参考にして，暑さ指数について最も適切に述べているものを，次の中から１つ選び，番号で答えなさい。

1　温度にもとづく計算式で暑さ指数を求めるため，空気中の水蒸気量の影響《えいきょう》はない。

2　日光の影響を考えていないため，日中でも夜間でも暑さ指数を算出できる。

3　暑さ指数は，日光の影響よりも，空気中の水蒸気量の影響の方が大きい。

4　くもっているときや雨が降っているときは，暑さ指数を算出することができない。

(問５) 2020年８月に関東地方において，環境省と気象庁が暑さ指数にもとづいた暑さに関する情報を発表しました。この情報の名前として正しいものを，次の中から１つ選び，番号で答えなさい。

1　緊急猛暑速報　　　　2　猛暑特別警報

3　猛暑警戒《けいかい》アラート　　4　緊急熱中症速報

5　熱中症特別警報　　　6　熱中症警戒アラート

【3】 ヒトの体のつくりについて，以下の問いに答えなさい。

(問1) ヒトの骨をつくっている主な成分は何ですか。次の中から正しいものを1つ選び，番号で答えなさい。

1 たんぱく質　2 脂質《ししつ》　3 炭水化物
4 マグネシウム　5 カルシウム　6 ナトリウム

(問2) ヒトの体において，骨はどのような役割を果たしていますか。次の中から正しいものを1つ選び，番号で答えなさい。

1 体を支える。　2 全身に電気信号を伝える。
3 全身に血液を運ぶ。　4 体に不要な物質を一時的にためる。
5 体に必要な酸素をためる。　6 体に必要なエネルギーをためる。

(問3) ヒトは，筋肉をゆるませたり収縮させたりすることによって，体を動かしています。図1はヒトの腕《うで》の様子をあらわしています。ひじを伸ばしているとき，筋肉Aと筋肉Bはどのような状態になりますか。25字以内で答えなさい。

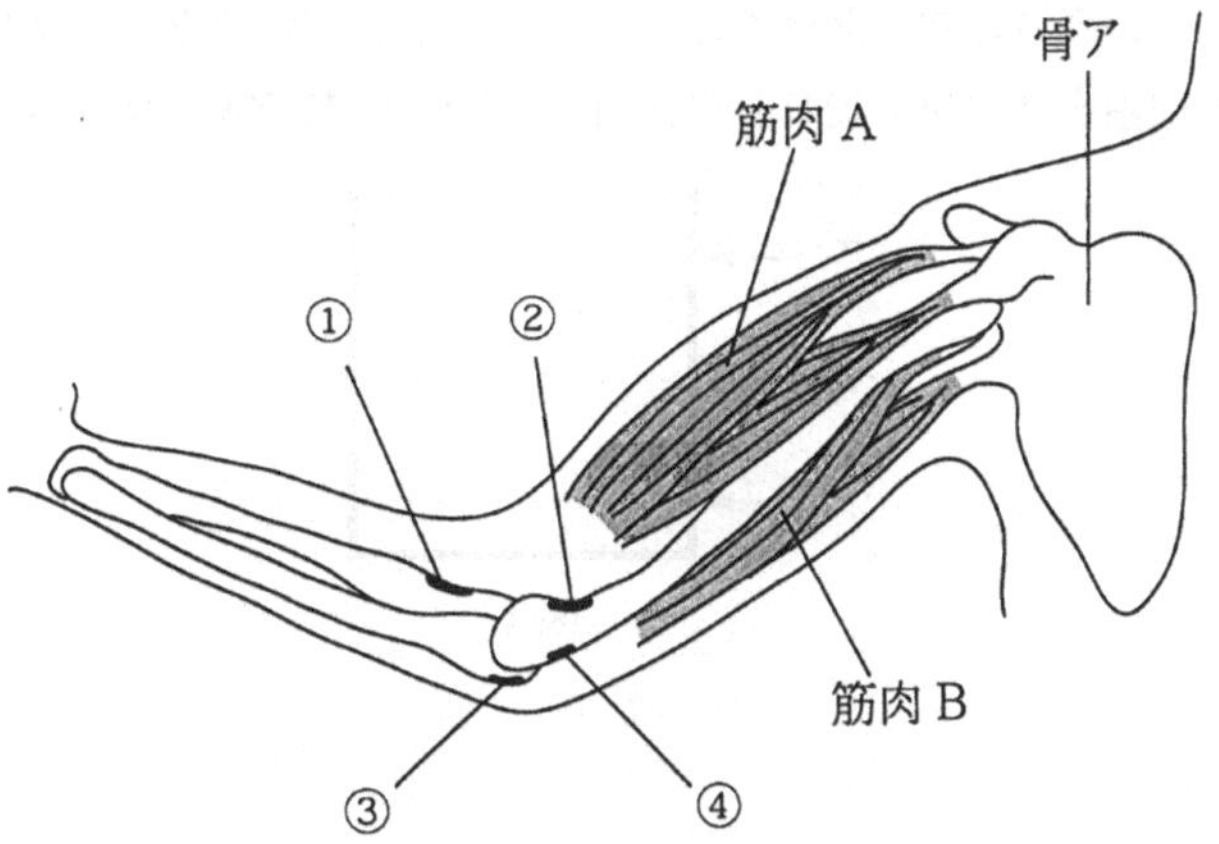

図1

(問4) 図1では，筋肉のひじに近い側が骨につながっていません。筋肉A，Bは，図中の①～④のどこにつながっていますか。正しいものをそれぞれ1つずつ選び，番号で答えなさい。

(問5) 図1の骨アの名前として正しいものを次の中から1つ選び，番号で答えなさい。

1 せきつい骨　2 けんこう骨　3 じょうわん骨　4 骨ばん　5 ろっ骨

(問6) 筋肉は，腱《けん》とよばれる構造によって骨につながっています。腱が食材となっているものを次の中から1つ選び，番号で答えなさい。

1 豚《ぶた》バラ　2 豚レバー　3 鶏《とり》なんこつ　4 鶏ささみ　5 牛すじ
6 牛タン

【4】 ものの燃え方について，以下の問いに答えなさい。

(問1) ろうそく，木炭がそれぞれ燃えているとき，どの状態のろうや炭が燃えていますか。それぞれ，次の中から正しいものを1つ選び，番号で答えなさい。

1 固体　2 液体　3 気体

(問2) 木炭の燃え方と同じように，炎を上げずに燃えることがあるものはどれですか。次の中から正しいものをすべて選び，解答らんの番号を○で囲みなさい。

1　アルコール　　2　サラダ油　　3　スチールウール　　4　線香　　5　木ガス

（問3）　ものが燃えるときには，それとは別のものが発生します。木炭が燃えるときには発生しないが，ろうそくが燃えるときには発生する気体の名前を答えなさい。

（問4）　木炭は，木片を蒸し焼きにして作ることができます。蒸し焼きとはどのような操作ですか。最も適切なものを次の中から１つ選び，番号で答えなさい。

1　水蒸気を吹《ふ》きこみながら加熱する。

2　酸素を吹きこみながら加熱する。

3　水に浸《ひた》したまま加熱する。

4　水や水蒸気にふれないように加熱する。

5　酸素にふれないように加熱する。

（問5）　木片を図１のような缶《かん》の底に入れて燃やそうとしましたが，うまく燃えませんでした。そこで，ア，イ，ウのいずれかの高さに何カ所か穴を開けたところ，木片はよく燃えました。一番よく燃えたのは，どの高さに穴を開けたときですか。正しいものをア～ウから１つ選び，答えなさい。また，その理由を「空気の流れ」に注目して50字以内で答えなさい。

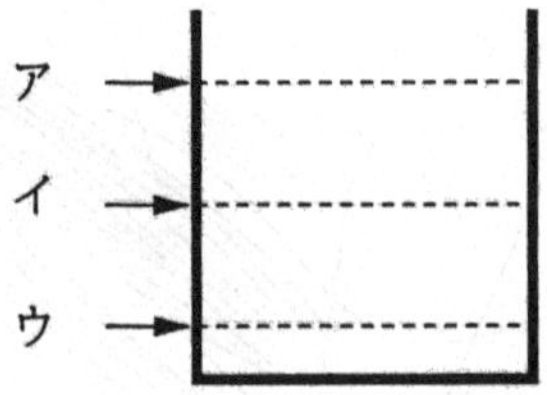

図1

【社　会】（25分）　＜満点：50点＞

【1】 東北地方の太平洋沿岸は2011年３月11日の東日本大震《しん》災で発生した津《つ》波によって大きな被《ひ》害を受けました。各地で復興が進みましたが，今も多くの課題が指摘《てき》されています。東北地方沿岸部について問いに答えなさい。

問１　沿岸部の復興の様子を説明した文として適当でないものを選び，番号で答えなさい。

1　想定される津波の規模を見直して，巨大な防潮堤《てい》が海岸に沿って建設された。

2　復興住宅が整備されたことで，人口は震災前の水準にもどった。

3　災害に備えるために，内陸部と沿岸部を結ぶ道路の建設や整備が進められた。

4　津波の被害を受けた岩手県内の鉄道路線が再建された。

問２　沿岸部では海産物の養殖《しょく》が盛んです。養殖業も大きな被害を受けましたが生産が再開しています。下の表は2018年のわかめ，かき類，ほたて貝の養殖の収獲《かく》量について上位３位までの割合を示したものです。水産物の種類と表の正しい組み合わせを選び，番号で答えなさい。

（日本国勢図会2020/21より作成）

ア	
収獲量	177千t
広島県	59％
宮城県	15％
岡山県	9％

イ	
収獲量	174千t
北海道	49％
青森県	48％
宮城県	2％

ウ	
収獲量	51千t
岩手県	36％
宮城県	33％
徳島県	12％

	1	2	3	4	5	6
わかめ	ア	ア	イ	イ	ウ	ウ
かき類	イ	ウ	ア	ウ	ア	イ
ほたて貝	ウ	イ	ウ	ア	イ	ア

問３　沿岸部に暮らしてきた人びとは，後世に津波の様子を伝えるために伝承碑《ひ》を作ってきました。各地の津波伝承碑について説明した文として適当でないものを選び，番号で答えなさい。

1　津波の到《とう》達地点を記録して，避《ひ》難場所の目印となる役割がある。

2　何度も津波の被害があったことを知らせて，日ごろの備えの大切さを伝える役割がある。

3　津波が押し寄せた時の様子を記録して，避難するときの行動を伝える役割がある。

4　地震による地殻《かく》変動の計測をするための基準点となる役割がある。

問４　下の表は青森県，岩手県，宮城県，福島県の人口，農業産出額，製造品出荷《か》額を示したものです。福島県を示したものを選び，番号で答えなさい。　（「日本国勢図会2020/21」より作成）

	人口 2019年（千人）	農業産出額 2018年（億円）	製造品出荷額等 2017年（億円）
青森県	1246	3222	19361
1	1227	2727	25432
2	1846	2113	51571
3	2306	1939	44953

【2】 次の文を読み，問いに答えなさい。

日本は大量の食料品を輸入しています。食料品を生産国から輸送するときには，大量の燃料を消費し，二酸化炭素の排《はい》出量も大きくなります。食料品の輸送距離《きょり》と重さから地球環《かん》境におよぼす影響を（　あ　）という指標でとらえられます。(ア)輸入に頼《たよ》る割合が高い食料品や，生産の過程や原料に輸入品が用いられているものは（　あ　）が大きくなります。(イ)それぞれの産地で生産された食料品を使い切ること，食べきることは（　あ　）を小さくすることに加えて，無駄《だ》になる食料品を減らすことにもつながります。

熱帯気候の地域には，かつて外国の支配を受けていた国が多くあります。これらの国では独立した後も輸出向けの作物を栽培《さいばい》しています。(ウ)作物は安い価格で原料として輸出されますが，輸出先の国で加工されると高価な食品になります。(エ)産地の人びとの暮らしを支え，持続可能な生産を行うためにフェアトレードという考え方があります。私たちが選ぶ品物が産地の人びとの暮らしを支え，地球環境を守ることにつながっています。

問１　空らん（あ）にあてはまる語句として最も適するものを選び，番号で答えなさい。

１　フードマイレージ　　２　フードロス　　３　フードバンク　　４　フードトレード

問２　下線(ア)について，日本が輸入した農産物（2019年）の特色を説明した文のうち適当でないものを選び，番号で答えなさい。　（統計資料は日本国勢図会2020/21より）

１　輸入される果実は生のままのものと，果汁などに加工されたものがある。

２　野菜の輸入先は中国が最も多く，加工食品の材料や外食産業でも使われている。

３　味噌《そ》の原料としても使われる大豆と小麦の輸入先はオーストラリアが最も多い。

４　家畜の飼《し》料として使われるトウモロコシの輸入先は，アメリカ合衆国が最も多い。

問３　下線(イ)を何と呼ぶか，漢字四文字で答えなさい。

問４　下線(ウ)のような食品としてチョコレートがあります。下の表は2018年のカカオ豆，コーヒー豆，茶の生産国上位４カ国を示したものです。カカオ豆の生産を示した表を選び，番号で答えなさい。

（「日本国勢図会2020/21」より作成。単位は千ｔ）

1	
世界計	10,303
ブラジル	3,557
ベトナム	1,616
インドネシア	722
コロンビア	721

2	
世界計	5,252
コートジボワール	1,964
ガーナ	948
インドネシア	594
ナイジェリア	333

3	
世界計	6,338
中国	2,610
インド	1,345
ケニア	493
スリランカ	304

問５　下線(エ)にもとづいた取り組みが行われる理由として適当でないものを選び，番号で答えなさい。

１　農地として利用するために，一度に広い面積の森林が伐《ばっ》採される。

２　生産の効率を上げるために農薬や肥料が大量に使われて水や土が汚染《おせん》される。

３　十分な資金がないために，伝統的な品種だけが栽培されていて，輸出先が限られる。

４　産地で働く人びとに支払われる賃金が少なく，貧しい暮らしをしている人が多い。

【３】　次の各文は日本列島を通る経線についての説明です。文を読み，問いに答えなさい。ただし経線１～３は東経131度，東経137度，東経139度のいずれかです。

経線１

この経線付近には，日清戦争の講和条約が結ばれた都市があり，経線に沿って南に下っていくと（　あ　）ことで知られる島を通過します。

経線２

この経線は（　い　）をきっかけに開港された新潟《がた》港付近を通り，経線に沿って南に下ると絹産業遺産として世界遺産に認定された場所があります。

経線３

この経線付近には合掌《しょう》造り集落で知られる五箇《か》山があり，そこから経線に沿って南に下っていくと（　う　）の古戦場が付近に認められます。

問１　空らん（あ）にあてはまる文として適当なものを選び，番号で答えなさい。

１　後鳥羽上皇が島流しにされた

２　金山の経営のために江戸幕府の領地となった

３　江戸時代に朝鮮との交流の窓口になった

４　鉄砲《ぽう》がポルトガルから初めて伝わった

問２　空らん（い）にあてはまる語句を選び，番号で答えなさい。

１　日米和親条約　　　　　２　日米修好通商条約

３　サンフランシスコ平和条約　　４　日米安全保障条約

問３　空らん（う）にあてはまる古戦場の名前を選び，番号で答えなさい。

１　壇《だん》ノ浦　　２　川中島　　３　厳島《いつくしま》　　４　桶狭間《おけはざま》

問４　経線１～３を西から順番に並べなさい。

【４】　次の文は大塩平八郎が決起した理由を，わかりやすく言いかえたものです。文を読み，問いに答えなさい。

(ア)このころは米価がますます高くなり，(イ)大阪町奉行《ぶぎょう》や諸役人は人びとに仁愛をおよぼすことを忘れ，自分勝手な政治をしている。…（中略）…ここにいたって…（中略）…仲間と申し合わせて，庶《しょ》民を苦しめる役人たちを倒し，さらに大阪市中の金持ちの(ウ)町人を倒すつもり…（以下略）

問１　下線(ア)のころには，どのようなことが起きていましたか。その説明として適当でないものを選び，番号で答えなさい。

１　飢《き》きんによって，各地で一揆《き》や打ちこわしが多く起きていた。

２　米の値段があがり，米からの収入に頼る幕府の財政は潤《うるお》っていた。

３　外国の船が日本近海にあらわれ，幕府に開国を迫るようになっていた。

４　薩摩藩《さつまはん》や長州藩など，雄藩と呼ばれた西日本の諸藩では財政を建て直す動きが始まっていた。

問２　下線(イ)の江戸時代の様子について説明した文として正しいものに○を，誤っているものには×をそれぞれ解答らんに記入しなさい。

１　「天下の台所」として，日本中から様ざまなものが集まり，取引されていた。

２　大阪は人口100万人をこえる世界有数の大都市になっていた。

３　町奉行には町人がなるなど，町人による自治が行われていた。

問３　下線(ウ)について説明した文として，適当なものを選び，番号で答えなさい。

１　町人のなかには高い財力を持つ者もいたが，大名と取引することは禁止されていた。

２　町人は名主を中心に自主的に町を運営したが，農民より重い年貢《ねんぐ》を払っていた。

３　町人は蘭《らん》学や国学などの新しい学問を学ぶことを許されていた。

４　町人は伊勢《いせ》参りなど，全国の有名な寺社にお参りすることは禁止されていた。

問４　大塩平八郎の乱の後，幕府は水野忠邦《ただくに》を中心に改革を始めます。その説明として適当なものを選び，番号で答えなさい。

1　武家諸法度《はっと》を出し，参勤交代の義務化を始めた。

2　生類憐《あわ》れみの令を出し，動物を保護し，違《い》反した者を厳しく処罰《ばつ》した。

3　公事方御定書《くじかたおさだめがき》を出し，裁判の基準を明確にした。

4　上知令を出し，江戸や大阪周辺の土地を幕府の領地にしようとした。

問5　大塩平八郎の乱の後の出来事を順番に並べなさい。

1　ペリーが日本に来航する　　2　薩摩藩と長州藩が同盟を結ぶ

3　大老井伊直弼《なおすけ》が暗殺される　　4　大政奉還《ほうかん》が行われる

【5】 次の文を読み，問いに答えなさい。

日清戦争に勝利した日本は，多額の賠償《ばいしょう》金と領土を手に入れました。(ア)その領土の一部は他国の干渉《しょう》によって手放すことになりますが，(イ)日露《ろ》戦争にかけての時期に（　あ　）分野の産業革命が進んだのは，日清戦争の賠償金がもとでになったからだと言われています。

このころ，(ウ)科学分野でめざましい活躍《やく》をした日本人もいました。日清・日露戦争の勝利もあって日本の国際的な地位は向上していきますが，［　い　］といった問題が国内であらわれるようになりました。

問1　下線(ア)について，干渉してきた国の組み合わせとして正しいものを選び，番号で答えなさい。

1　ロシア・ドイツ・イタリア　　2　ロシア・フランス・イギリス

3　ロシア・ドイツ・フランス　　4　ロシア・フランス・イタリア

問2　下線部(イ)について説明した文として正しいものに○を，誤っているものには×をそれぞれ解答らんに記入しなさい。

1　東郷平八郎が指揮した日本海での海戦で，日本は勝利をおさめた。

2　同盟を結んだアメリカからの支援を受けながら，日本は戦いを優位に進めた。

3　与謝野晶子《よさのあきこ》はこの戦争に反対する詩をよんだ。

問3　空らん（あ）にあてはまる語句を選び，番号で答えなさい。

1　農業　　2　軽工業　3　重工業　　4　情報産業

問4　下線(ウ)について，福澤諭吉の支援《えん》を受けて伝染《せん》病研究所を設立した人物を選び，番号で答えなさい。

1　北里柴《しば》三郎　　2　志賀潔《きよし》　　3　野口英世　　4　高峰譲吉《たかみねじょうきち》

問5　空らん［い］にあてはまる文として適当なものを選び，番号で答えなさい。

1　産業排《はい》水が，四大公害病と呼ばれる病気を引き起こす

2　劣《れつ》悪な労働環境から社会主義運動がおこり，弾《だん》圧される

3　国会の開設を求めた運動が，さまざまな法律で弾圧される

4　国内の基地に関わる外国との条約をめぐって，学生がデモを起こす

【6】 次の文を読み，問いに答えなさい。

日本国憲法は，(ア)前文と103条の条文から成り立っています。憲法は国の最高法規なので，［　あ　］。また，憲法は一人ひとりが自由に生きるために必ず守られなければなりません。しかし，自由といっても他人の権利を侵《しん》害してはいけません。憲法13条には，「国民の権利について

は，（　い　）に反しない限り」尊重されると書いてあります。そのため最高裁判所は（　う　）権を持ち，政府によって国民の権利が侵害されていないか判断をする役割があります。私たちは(イ)行政権をもつ内閣，立法権をもつ国会，司法権をもつ裁判所の力がそれぞれ強くなりすぎていないか，常にチェックしていかなければなりません。

問１　下線(ア)について，日本国憲法前文に示されている原理の内容として適当でないものを選び，番号で答えなさい。

1　国民は平和のうちに生存する権利を持つ。

2　国民は資本主義の原則にもとづき，経済的に成長するようつとめる。

3　国家は，二度と戦争を起こさないようにする。

4　国民が主権を持ち，政治は国民の代表者によって行われる。

問２　空らん あ にあてはまる文として適当でないものを選び，番号で答えなさい。

1　憲法に反する法律や条例は効力を持ちません

2　憲法が保障する基本的人権は，国家も侵《おか》すことのできない権利です

3　天皇や国務大臣は，憲法を尊重し擁《よう》護する義務を負います

4　憲法の改正には，国民投票で三分の二以上の賛成を必要とします

問３　空らん（い）にあてはまる語句として適当なものを次の中から選び，番号で答えなさい。

1　公共の福祉《し》　　2　法の下の平等　　3　社会の良識　　4　法律の定める手続き

問４　空らん（う）にあてはまる語句を答えなさい。

1　国民審《しん》査　　2　国政調査　　3　違憲審査　　4　行政裁判

問５　下線(イ)について，権力が一つに集中しないための工夫として適当でないものを選び，番号で答えなさい。

1　裁判官としてふさわしくないことをした人は，国会の弾劾《がい》裁判にかけられる。

2　内閣総理大臣は，国民の代表者である国会議員の中から指名される。

3　最高裁判所長官は，内閣によって任命される。

4　内閣不信任の決議が可決されたときは，内閣は衆議院を解散することができる。

【７】 次の文を読み，問いに答えなさい。

私たちの生活は，(ア)地方自治体の様ざまな政策によって支えられ，(イ)私たちがよりよい生活を送れるように整備されています。各自治体の政策は，議会で(ウ)首長や議員によって審議され，決定されます。また，(エ)住民が政策に対して意思表示をすることができる制度もあります。政策を実行するために，議会では(オ)年間の予算を決定しています。(カ)自治体の収入は住民が納める税金，国からの補助金などによって成り立っています。

問１　下線(ア)について，下の表は1999年，2005年，2019年３月の市町村の数を示したものです。ア～ウにあてはまる組み合わせとして正しいものを選び，番号で答えなさい。（総務省資料より作成）

	ア	イ	ウ	計
1999年	574	670	1,994	3,238
2005年	372	732	1,423	2,527
2019年	189	792	743	1,724

	1	2	3	4	5	6
ア	市	市	町	町	村	村
イ	町	村	村	市	町	市
ウ	村	町	市	村	市	町

問２　下線(イ)について，地方自治体の仕事として適当でないものを選び，番号で答えなさい。

1　警察や消防の仕事　　　2　上下水道の整備・運営

3　郵便配達を行う事業　　4　保育園の整備などの子育て支援

問３　下線(ウ)について説明した文として適当なものを選び，番号で答えなさい。

1　首長は不信任の議決をされた場合，議会を解散することができる。

2　首長は地方議会の議員から選ばれ，議会によって任命される。

3　首長は地方裁判所の裁判官を指名および任命することができる。

4　首長は有権者の３分の１以上の署名を集めれば，条例の制定，改正，廃《はい》止をすることができる。

問４　下線(エ)について，この制度の例として住民投票があります。次のうち実際に行われた住民投票の内容として適当でないものを選び，番号で答えなさい。

1　市町村合併《ぺい》の是《ぜ》非を問う投票

2　東京都と同じような特別区導入の是非を問う投票

3　住民税の減税の是非を問う投票

4　原子力発電所や産業廃棄《き》物処理場の建設の是非を問う投票

問５　下線(オ)について，日本の会計年度は何月から始まるか，正しいものを選び，番号で答えなさい。

1　1月　　2　4月　　3　7月　　4　9月

問６　下線(カ)について，下の円グラフＸとＹは神奈川県，長崎県のいずれかの歳《さい》入の割合を示したものです。次のうち，グラフについての説明として適当なものを選び，番号で答えなさい。

（平成30年度総務省資料より作成）

1　大都市がある自治体は，国からの補助金の割合が少なくなるからＸが神奈川県である。

2　大都市がある自治体は，地方税の割合が多くなるからＹが神奈川県である。

3　観光収入が多い自治体は，国からの補助金の割合が少なくなるからＸが長崎県である。

4　観光収入が多い自治体は，地方税の割合が多くなるからＹが長崎県である。

X

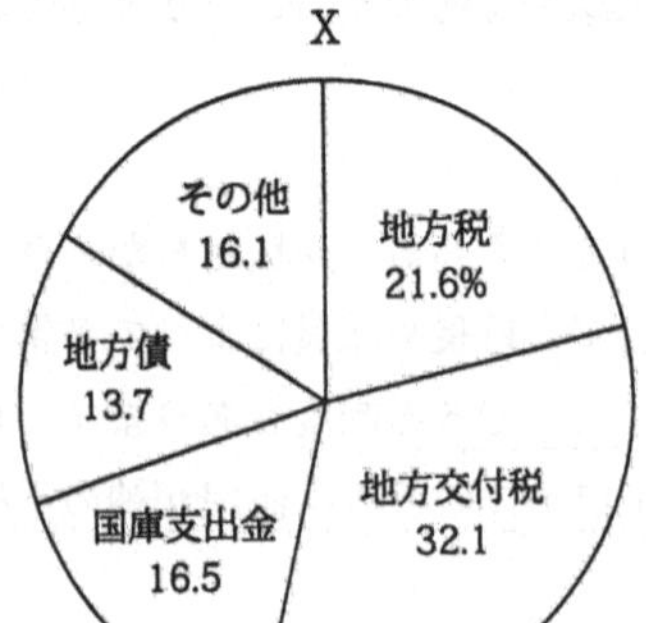

Y

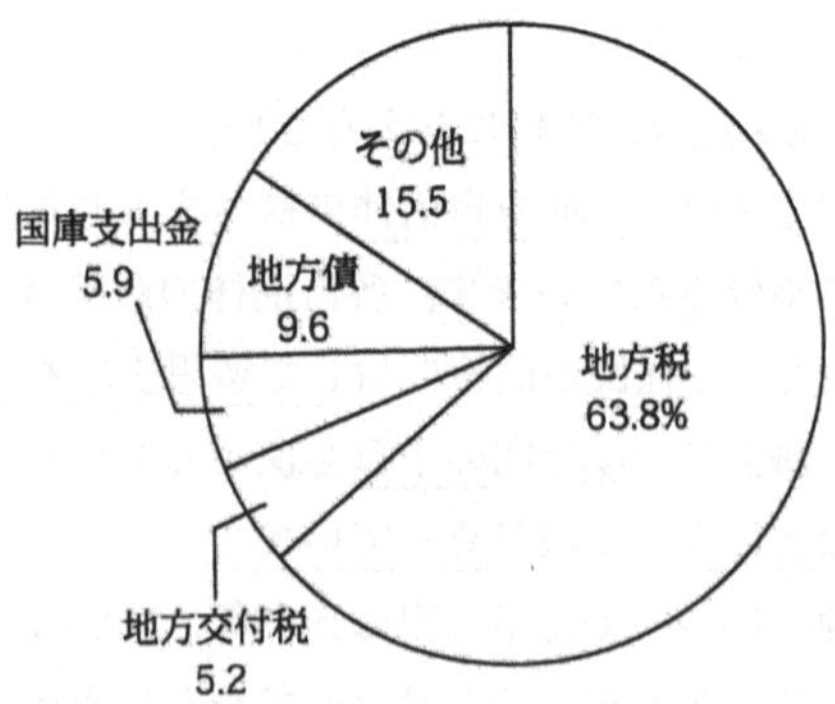

ア　自分の謝罪の言葉に腹を立てた水谷に反感を抱いている。
イ　とっさに代役を引き受けてしまったことを思い悩んでいる。
ウ　父親に対する複雑な思いにとらわれている。
エ　周囲の期待に応えなければならないと思っている。
オ　コンサートでうまくギターを弾けるか不安になっている。

【四】　日本には自然災害が多く、特に東日本大震災《だいしんさい》の際には、多くの人々が被災《ひさい》し、その後の避難《ひなん》生活では長期間にわたってさまざまな制約が必要となりました。もし今後、同規模の災害が生じ、長期間にわたる避難生活をすることになった場合、十歳の子ども達に体験、または経験してほしいとあなたが考えることは何ですか。また、あなたが具体的にどのような工夫をすることで、それは実現できるでしょうか。百四十字以内で書きなさい。

※原稿用紙《げんこうようし》の使い方に従って書くこと。ただし、一マス目から書き始め、改段落はしないこと。

ア 気楽　イ 鈍感《どんかん》　ウ 幼稚《ようち》　エ 勝手

問六 空らんBにあてはまる語として最も適当なものを次の中から選び、記号で答えなさい。

ア いい気味　イ 気の毒　ウ 不幸せ　エ 気がかり

問七 ――1「そうなった」とあるが、どうなったのですか。二十字以内で答えなさい。

問八 ――2とあるが、母親のために「ぼく」が事前にしたことは何ですか。十字以内で答えなさい。

問九 次の**ア**～**オ**を、空らんXに当てはまるように正しく並べ替えなさい。

ア ぼくは答えずに、もう一曲のワンフレーズを弾いた。
　レレシソレー……。
　弾き終わったら、頭の中で自分自身の小さな声がゴーサインを出すのがわかった。

イ ジョー先生は気楽な調子をよそおってうながした。
　すぐには指が動かなかった。
　ぼくは目を閉じて、やっとの思いで、ボロン、と弦をかき鳴らした。きのう夢の中で弾いたコードのひとつを。

ウ ドッドードレドシラソラソ……。
　音色の美しさが楽器の良さを語っている。プロが貸してくれたものだ。水谷のギターよりさらに高価なものにちがいない。
　気をもんで目の前に立ったままだった先生が、そのときになって初めてななめ前のいすに腰《こし》をおろした。
「なんの曲？」
　父さんが作った曲だ。たぶん……。

エ 初めてさわるギターだ。会ったこともない人からの借り物だ。なのに、心より先に、手と体がこのギターを素直に受け入れたのがわかった。なつかしい感触《かんしょく》だった。久しぶりの、でも、確かによく知っているものだ。
「なんでもいいよ。何か弾いてくれる」

オ ぞくっとした。美しい和音の響《ひび》きが、いつまでも空気を伝ってゆく……。
　続いて、コードをもうひとつ。
　もうひとつ。
　それから、ペグ（糸巻き）をギリッと回しては調弦し、試しにそっとあるメロディーをはじいてみた。

問十 ――3とあるが、それはなぜですか。その説明として最も適当なものを次の中から選び、記号で答えなさい。

ア 「ぼく」の演奏が中断したことが残念だったから。

イ 「ぼく」の演奏技術に驚いたから。

ウ 「ぼく」の態度が望みに合わなかったから。

エ 「ぼく」の特別な能力に気がついたから。

問十一 空らん「C」にあてはまる言葉として最も適当なものを次の中から選び、記号で答えなさい。

ア どうでもいいけどさ　イ がんばれよ

ウ ありがとう　エ おれにはかなわないな

問十二 ――4とあるが、ここに込められた気持ちとして不適当なものを次の中からすべて選び、記号で答えなさい。

骨折を機にバンドをぬけた水谷だったが、うわさを聞いて様子を探りに来たのだろう。無関心でいられるはずがない。すんなり代役が現れ、ほっとするよりは悔しかったにちがいない。心おだやかでなかったのは容易に想像がつく。

水谷は三角巾で腕をつった姿で、ドアによりかかった。ぼくはギターをかかえたまま、思わず立ち上がったが、何を言えばいいのかわからなかった。

「あの、腕、だいじょうぶ？」

やっとの思いで、それだけ言った。

水谷は、「ああ」と、うなってから、「うまいんだな」と、いかにも興味のなさそうな言い方をした。ドアの外で、ぼくが弾くギターをこっそり聞いていた、とわかった。

「そんなことないって。水谷くんにはかなわないよ。ぼくのは自己流なんだから」

水谷はプロのギタリストに何年も個人レッスンを受けているという。

水谷はめんどうくさそうにドアから背中をはがし、立ち去りぎわに、

「[C]」と、言った。

無理をしている。

ぼくはつい、「ごめんね」と、口走った。

「あやまることないだろ」

言ってから初めて、水谷は本当に腹を立てたらしい。

「なんであやまるんだよ！　なんでだよ！」

三角巾の腕をつきだすようにして、つめよってきた。

答えられなかった。ぼくは目をそらし、何度も頭をふった。

水谷が床をけって出ていったあと、ぼくはギターをかかえたままいすにすわりこみ、しばらくぼうっとしていた。

4頭の中がごちゃごちゃだった。

きょうはもう練習を続ける気になれない。

ギターをそうっとケースにおさめた。どんなに動揺したって、このギターだけは心して大切に扱《あつか》わなければならない。

十一月も間近にせまっていた。日暮れが早くなっている。ぼくはパーカーのフードを首にeマくようにして、道を急いだ。

（今井恭子『ギフト、ぼくの場合』より）

※出題の都合上、本文の一部を改稿しています。

問一　＝＝A～Eの漢字をひらがなに直しなさい。

問二　〰a～eのカタカナを漢字に直しなさい。

問三　「ぼく」のイニシャルを姓《せい》・名の順番で答えなさい。

問四　空らん[I]～[III]にあてはまる語として最も適当なものをそれぞれ次の中から選び、記号で答えなさい。

Ⅰ　ア　たのしげ　イ　ものほしげ　ウ　なやましげ　エ　ほこらしげ

Ⅱ　ア　ぎこちなく　イ　味気なく　ウ　せわしなく　エ　抜《ぬ》け目なく

Ⅲ　ア　密《ひそ》やか　イ　冷ややか　ウ　軽やか　エ　和やか

問五　空らん[A]にあてはまる語として最も適当なものを次の中から選び、記号で答えなさい。

「じゃあ、音楽室か準備室を使えるように、松本先生にお願いしてみよう。ギターと楽譜は準備室に置いておく。弾いてほしいところに、あとで赤で印をつけておくからね」

それからというもの、放課後は毎日、音楽準備室にひきこもった。

母さんにはギターの代役のことは、いっさいcホウコクしなかった。母さんは夕方までねじ工場で仕事だし、そのあともコンビニのバイトに直行だ。帰宅が遅《おそ》くなっても、気づかれることはなかった。

準備室はいつもしっかり施錠《せじょう》されていた。プロのギタリストから借りている大事なギターだ。盗難《とうなん》や事故にあったら取り返しがつかない。まず、職員室で音楽の松本先生から鍵《かぎ》を受け取るのが日課になった。

だが、準備室に向かう足取りは重かった。どうしたって父さんのことを思い出してしまうからだ。

どうして、こんなことになったんだ。

またギターを弾くだなんて……。

音楽室の奥《おく》にある準備室には、ふだん使っていない楽器や楽譜のほかに、正体の知れない紙袋《かみぶくろ》などがどっさりしまいこんである。ドアを開けるたびに、独特の古くさいにおいが鼻についた。おばあちゃんの家の納《なん》戸《ど》もこんなにおいだったっけ。

ぼくはよどんだ空気の中に、しばらくただつっ立っている。おそるおそる息をしてから、覚悟《かくご》を決める。毎回そうだった。

もう後もどりはできない。

でも、使いこんで色のあせたケースを開け、ギターを取り出すには勇気がいった。実際、伸《の》ばした腕がかすかにふるえることもあった。父さんからもらったギターを自分の手でたたきこわしたあのときの衝撃《しょうげき》を、手が、体が覚えている。

これはあのギターじゃない。

そう自分に言い聞かせる。

ジョー先生の友だちから借りたものだ。

そうして、ようやっとひざの上にギターのボディーをしっかり抱くと、何かかけがえのないものを預けられた気持ちになった。小さいころ、赤ん坊《ぼう》だった美咲を抱っこしたときのように。

水谷が弾いていたソロパートははっきりと頭に入っている。が、念には念を入れ、ジョー先生が印をつけておいてくれた楽譜をdシサイにながめながら、音を確かめていった。あらためて思い出すと、楽譜を使ってギターの練習をしたことは一度もなかったのだ。楽譜を読むのは、頭にあるメロディーを再現するより難しかった。

でも、夢中で練習していると、ほかの全てのことは——悲しいことも、悔しいことも、怒《いか》りも、うらみも——忘れ去った。

バンドの練習がない日でも、ときおりメンバーが準備室をのぞきにきた。興味しんしんで、いや、心配もあったのかもしれない。みんなドアからそうっと顔だけ差し入れて、しばらくぼくの練習を聴《き》くと、何も言わずに帰っていった。

一番ひんぱんに通ってきたのは井村だ。

「すげー。ほんと、信じられない。水谷よりうまいじゃん」

井村はいつもずかずか準備室に入ってくると、ぼくの前に仁王立《におうだ》ちになって断言した。

おどろいたことに、水谷が一度だけふらりと立ちよったことがある。

「譜面はいらないんだね？」

とっさに答えられなかった。

「あ、いえ。はい」
3 先生は無言で頭をふっている。
きっと気に入らなかったんだな、と思った。

「水谷くんが弾いた通りに弾いたね。聞いて覚えた通りに。ちがうかい？」

それじゃ、いけなかったのだろうか？

ぼくが答えるより早く、先生は「はっ！」と、短く笑ってから、両ひざをポンとたたいた。

「絶対音感かもしれない」

えっ？

その言葉を聞いたことはある。音楽に関する特別な能力か何かだ。そんなの、ぼくに関係あるはずがない。

「この音、音名で答えられるかい？」

オンメイ？

先生は立っていって、ピアノの鍵盤《けんばん》を一回だけ軽くたたいた。

「ソ、ってことですか？」

「そうだよ。じゃあ、これは？」

ぼくはだまりこんだ。

「ギターなら弾ける？」

「はい」

先生は一音ずつ何度かくり返して弾き、そのたびにぼくはギターで同じ音を鳴らした。

「うん、ソのフラット」

「ラのシャープ。ギフトだなぁ」

「えっ？」

「神さまからの贈《おく》り物だよ」

「そんな……。だって、水谷くんが弾くのを何十回も、何百回も聞いたからです」

『愛のロマンス』を弾けたとしたら、それしか理由は思いつかない。

「水谷くんも、とてもうまい。練習すればオリジナルの『愛のロマンス』くらいじゅうぶん弾ける。でも、これは小学生の合奏曲だからね。ソロパート以外は、オリジナルよりも簡単に編曲したんだ。きみはその通りに弾いた。譜面も見ずに。

一か所だけ音をはずしたね」

先生はさも面白そうに笑った。

「水谷くんがいつも、同じようにはずした個所《かしょ》だ。

水谷くんの代わり、やってくれるね？」

ぼくはしばらく床を見つめていた。それから、しぶしぶ無言でうなずいた。

E 納得したわけじゃない。ほかにどうしようもなかったからだ。

「ギターは家に持って帰るかい？」

家に？　とんでもない！

「だ、だめです」

思わず声を荒《あら》げる。

「家では練習できません」

先生はちょっとおどろいたようだが、すぐに、「わかった」と、応じた。

自分もまねして、ボロン。

ドッドードレドシララソソラソ……。

父さんが弾くのをまねて、いつまでも弾いていた気がする。


翌日の放課後、重苦しい気持ちをかかえて音楽室へ向かうと、練習日でもないのにドアの外にはバンドのメンバーが群がっていた。

「外山、だいじょうぶなの？」

井村《いむら》が開口一番、聞いてきた。

「えっ、あぁ」

「信じられないよ。ギター弾けるなんて、ひと言も言わなかったじゃん」

「えっ？　うん……」

みんなに囲まれ、いたたまれない気分で立ちつくしていると、ギターケースをさげたジョー先生が小走りにやってきた。

「さ、みんな。どいて、どいて。心配しなくていいから」

先生はぼくを先に音楽室へ通すと、みんなをろうかに残したままドアを閉めた。

「あ、そこにすわって」

先生は机に置いたギターケースを開けながら言った。

「きみは六年生にしては大きいから、大人用のギターでもいいと思う。でも、少し小ぶりのを友だちのギタリストが貸してくれた。小柄《こがら》な人や女性が使うサイズだって」

いつの間にか、まるで時間の流れが変わったみたいだった。ギターを取り出す先生の一挙手一投足がスローモーションで見えた。中年男性にしては長くてきれいな指の一本一本が、ダンスをするように優雅《ゆうが》に動く。映画の一場面のように。ピアニストの指だ。

全てが夢のようだった。

いい夢なのか、悪い夢なのか。

ギターが手わたされた瞬間、背すじにぶるっとふるえが走った。時間の流れは瞬時にして現実のものになった。

重いはずがないのに、ギターはずしっと重い。楽器の重みだけではない。責任という重圧がのしかかってきた。ぼくはこわごわとひざの上にボディーをかかえなおし、左手でネックをにぎりしめた。鉛《なまり》のような足を足台に引き上げた。

すると……。

X

よし、行け！

ぼくはひと呼吸おいてから、ゆっくりと『愛のロマンス』を弾きだした。

水谷がくり返し弾いたソロだ。頭にこびりついているメロディーだ。

初めて弾くのだから、もちろんうまくはない。それでも、事の成り行きに耳をそばだてていたろうかの仲間たちから、どよめきが起こるのがわかった。

しばらくして、頭の中のメロディーがとだえたところで、ぼくは手を止めた。

顔を上げると、先生は穴のあくほどぼくを見つめていた。

会にも、顔を出したことはほとんどない。ママ友もいないから、うわさからばれることはないだろう。けど、コンサートは仕事が休みの日曜日だ。

どうしよう?

その夜はむし暑かった。ガラス戸を開けて横になると、窓の下の夜道を行く足音は昼間よりも高く、耳についた。いつまでも眠《ねむ》れなかった。

ギターなんか弾くどころか、二度とふれるつもりはなかった。父さんからもらったギターは、自分でたたきこわしたのだ。弾くbシカクだってあるはずがない。

ギターとギターにまつわる全てが父さんにつながっている。父さんがぼくたちを捨てたのと同じように、ギターをたたきこわしたあの瞬間、ぼくも父さんを完全に捨てたのだ。

美咲が死んだことさえ知らせもしなかった。知らせれば、父さんは父親らしく後悔もし、苦しみもしただろう。でも、知らせてなんかやるもんか。そうも思った。完全に無視することは存在を否定することだ。そんな形でせめてもの仕返しをしてやりたかった。

父さんなんかじゃない。

ぼくには父さんなんかいない。

いなくって、いい。

なのにまたギターを弾こうとしている。父さんから習ったギターを……。

むし返すことになる。頭も心も混乱し、動揺《どうよう》していた。母さんにも同じ思いをさせたくなかった。

あとから思い出すと不思議だけど、くよくよ思い悩《なや》んだそのとき、うまく弾けないかもしれない、という不安はみじんもなかった。かといって、ぼくならうまく弾ける、という自信もなかった。

そう、弾けるとか、弾けないとか、そういうことを考える余裕《よゆう》は全然なかった。だからこそ、どうして手をあげたのか、説明かつかなかった。

寝返《ねがえ》りばかり打っているうちに、十一時を過ぎたのだろう。2母さんが仕事から帰ってきた。疲《つか》れきっているのにちがいない。ドアを閉めてすぐ、たぶんドアにもたれて大きなため息をつくのが聞こえた。

ぼくはとっさに寝たふりを決めこんだ。

母さんはそれからどさっといすにすわりこんだまま、しばらく動かなかった。だいぶたってから力をふりしぼるように立ち上がり、トイレを使ってから台所のシンクで手と顔を洗った。冷蔵庫から何か取り出して、ぼそぼそ食べているらしい。お茶くらい入れればいいのに、水道の蛇口《じゃぐち》からコップに入れた水を飲んだだけだった。

聞き耳を立てているだけで、寝ているぼくを気づかい、何をするにもできるだけ音を立てないよう努めているのがわかった。それがもうくせになっているのだ、とわかった。

ぼくがしいておいた布団《ふとん》に母さんがぐったりと横になると、ぼくは母さんに背を向けたまま、タオルケットをかんで息を殺していた。

幸い、まもなく小さな寝息がもれた。ようやく身をほぐして、今度はぼくがこっそりトイレに立った。

それからも長いこと眠れなかった気がする。

が、ついに眠りこむと、今度はえんえんと夢を見た。ギターを弾く夢を見た。

父さんがおさえたコードを、ボロン。

だれも［B］だとは思わなかった。

せっかくがんばって練習してきたのに、コンサートが台なしになる。

今年のコンサートはギターが売りだったのに。

みんなも水谷同様、しゅんとしていた。

「その程度のけがですんでよかったじゃないか。自転車事故だって軽く見ちゃいかん。死者が出ることもあるんだし」

ジョー先生はそう言ってなぐさめたが、そのあと、「うーん」と、うなってから思わずつぶやいた。

「まいったな。ほかにギター弾ける子なんて、いないよね」

質問にもなっていなかった。その証拠《しょうこ》に、先生は生徒たちを見回しもせずに言ったのだ。教壇《きょうだん》の上の楽譜《がくふ》に目を落としたまま。

どうして[1]そうなったのか、わからない。

その瞬間の脳みその動きを、ぼくは自分にも説明できない。いや、むしろ何も考えていなかったのだと思う。

気がつくと、ぼくは高々と手をあげていた。うつむいたまま。

ぼくの後ろにすわっていた生徒たちが、声にならない声を上げた。すると、それにつられて、みんながきょろきょろ周りを見回した。うつむいていても、すぐに全ての視線がぼくに集まってくるのがわかった。

小さなどよめきが起こってから、初めてジョー先生は顔を上げた。

「えっ、外山《とやま》くん？」

そのころには、すでに後悔《こうかい》していた。

「ちょっと、前に出てきて」

あとさきも考えず手をあげるなんて、信じられない。

どうして？

どうしよう？

足がもつれた。よろけるようにして前へ出てゆくと、みんなの視線はますます強くなって背中にそそがれた。痛いくらいだ。

「弾けるんだね？」

ジョー先生の声は低かったが、うむを言わせぬ語調だった。

「はぁ」

「習っているの？」

今度は答えなかった。

ただうつむいていると、音楽室の床《ゆか》はキズだらけだ、と気づいた。

「ギターは持ってるんだね？」

ぼくは目をふせたままかぶりをふった。

意外だったのだろう。一瞬、間があった。

「あした、同じ時間にここに来られるかい？」

「はぁ」

消え入るような声で答えた。

「ギターを用意しておくから」

もうのがれようがなかった。

ぼくはだまってうなずいた。

母さんにばれたらどうしよう？

まず、そう思った。

かくし通せるだろうか？

母さんさえコンサートに来なければ……。

母さんは工場とコンビニをかけもちする毎日だ。学校行事にも保護者

フレーズを使った。

　そもそもの発端《ほったん》はこうだった。

　夏休みの集中練習のおかげで、ほとんどの演奏曲はかなり仕上がっていた。どの楽器も、弾きまちがえるといった基本的ミスはなくなっていたので、そこからは、それこそジョー先生の腕の見せ所となった。曲それぞれのふんいきをかもしだす工夫に、多くの時間がさかれた。

　シソー、シファー、シミーレドレー、ソラドミソファレシラシー……。

「はい、みんな。そこはリズムよく、軽やかに。はい、もう一度」

　演奏中も、ずいしょで先生の声が飛んだ。

「ピアノ！　そこ、もっと歌って歌って。テンポは気にするな！」

　水谷のギターはさらに完ぺきになっていた。個人レッスンを受けているギタリストにコンサートの演奏曲も見てもらっているのだろう。特にギターのソロパートは、もう水谷にお任せ、という流れになっていた。

　しかし、他の楽器との合奏部分では、夏休みの間から先生にいつも同じことを指摘《してき》されていた。

「ギター！　少し弱く。もっと。リコーダーと合わせて」

「水谷くん、そこおさえ気味に弾いてね」

　そして、二学期の初め。

　先生はとうとう言葉づかいを変えた。

「水谷、何度も言ってるだろ。リコーダーの音を聞きなさい。いっしょに溶《と》けこむように。そういう気持ちで弾けないか、そこ」

「はい」

「はい、は百回も聞いた。気持ちの問題だ。自分だけ目立とうとするんじゃない！」

しのび笑いがもれた。

　すると、水谷は悪びれもせずに言いかえしたのだ。

「じゃあ、おれ、ここ、弾きませんから」

　音楽室は水を打ったように静まり返った。どうなることかと、C全員が自分のことのように緊張《きんちょう》した。

　先生は怒《おこ》ってどなりつけるだろうか？

　水谷に向かってタクトを投げつけるかもしれない。

「わかった。じゃあ、そういうことで。水谷くんの判断をD尊重しよう」

　先生は全く動じずに、そう言った。

　もしかしたら、まんまと先生の望み通りになったのかもしれない。が、生徒たちは水谷のわがままが通った、と受け取った。

　そこから「じゃあ、おれ」がはやりだした。

　水谷は全てに自信があるからだ。だから、平気であんな態度もとれるのだ。その自信にあやかり、みんなは面白がって「じゃあ、おれ、ここそうじしませんから」などと、言っておどけた。

　水谷がらみで正真正銘《しょうめい》の非常事態が起こったのは、コンサートまで二か月を切ったころのことだ。通学とちゅう、スマホ運転の自転車が水谷の自慢《じまん》のギター目がけてつっこんできたという。とっさに楽器をかばったら、右腕を骨折してしまったのだ。

　三角巾《さんかくきん》で腕をつって、手ぶらで音楽室に現れた水谷からは、さすがにいつもの自信たっぷりの表情は消えうせていた。それどころか、今にも泣き出しそうにさえ見えた。

「結局、ギターも傷ついちゃってさ」

れた。すでにどの弦のどこをおさえるとどんな音が出るかわかっていたから、父さんが弾くのについてぼくも弾いた。教えてもらったというより、父さんのまねをして覚えた。

じきに、聞き覚えのある曲なら、頭の中でメロディーをたどれば初めてでも弾けるようになった。

父さんの出張がやけに多くなり、しかも長引くようになったのは、ぼくが二年生になってからのことだった。家に帰ってきても、どことなく態度がぎこちなかった。それをふざけてごまかしている節があった。

「あっ、父さんだ！」

「おかえりなさーい！」

喜んで出迎《でむか》えるぼくたちを、父さんはスーツ姿のまま高く抱きあげてふり回したり、そのままレスリングのわざに持ちこんだりした。いっしょにお風呂《ふろ》に入れば、自分からお湯をザバザバたたいて、ぼくたちを「キャーキャー」言わせたりもした。出張のおみやげは以前より多くなり、豪華《ごうか》になった。

そんな父さんに対して、母さんのそぶりは徐々《じょじょ》に [Ⅱ] なっていった気がする。父さんが悪ふざけをして騒げば騒ぐほど、母さんの反応は逆に [Ⅲ] になっていった気がする。

小さな違和感を抱《いだ》いた。でも、その違和感を、ぼくははっきり意識したわけじゃない。大人は都合の悪いことをかくすのがうまいのだ。

父さんとギターを練習する時間はどんどん減っていった。が、気にはならなかった。そのころまでには、思いのままにギターをあやつることができるようになっていたからだ。

正式にレッスンを受けたことはない。高度なテクニックなど、もちろん知るはずもない。が、歌を歌うように自由に、自分勝手につまびいた。弾き方やコードは、そのつど好きなように工夫した。

「お兄ちゃん、クマさんの歌、弾いて」

美咲はしょっちゅう、幼稚園《ようちえん》やテレビで覚えた歌をリクエストした。

「悪いな、優太。ギターの時間、なかなかとれなくて」

たまに父さんは申し訳なさそうに言った。

「将来、音大行くか？　父さんの分もがんばれば、プロのギタリストになれるかもな」

ある日、しばらくぶりにぼくが弾くのを聞いて、父さんはそんなことを言った気もする。

けど、そんな野心は、かけらも持たなかった。なんの疑問もなく、ただ弾いていて楽しかったから。父さんと共通の趣味《しゅみ》を持っているだけでうれしかったから。父さんの息子だ、としみじみ感じられたから。

救いがたいほど [A] だった——今になって、そう思う。

（中略）

「じゃあ、おれ、ここ弾きませんから」

二学期に入ってまもなく、水谷がジョー先生に向かって反抗《はんこう》的に発したひと言は、バンド仲間はおろか学年全体に流行語となって広がった。

「じゃあ、おれ、ここやりませんから」

「じゃあ、おれ、ここ行きませんから」

「じゃあ、おれ、ここ描《か》きませんから」

言われたことや指示されたことが気に入らないと、女の子でさえこの

開いたことがあった。小規模な集まりで、観客は家族や友人がほとんどだったが、みんなが拍手喝采《はくしゅかっさい》するすてきな演奏ばかりだった。もちろん、どうしたってひいき目に見てしまうけど、ぼくは父さんが一番うまい、と思った。

　コンサートの終了《しゅうりょう》後、家族も交えてパーティーが開かれた。ギター仲間が何人も、ビールのグラスを片手にぼくに話しかけてきた。

「お父さん、うまいだろ？　ギタリストになるかも、と思ってたんだけどな」

「あなたもギター、弾くの？　そうよね。お父さん譲《ゆず》りなら、きっと上手でしょうね。がんばってね」

「きみのお父さんに追いつきたくて、学校、落第しそうになるまでギターばっかり練習したけどさ、だめだったなぁ」

　昔から父さんはそんなにギターがうまかったんだ。みんなのあこがれの的だったんだ。そう思うとほこらしかった。じまんしてふれ回りたいほどだった。

「どうしてプロのギタリストにならなかったの？」

　一度、ぼくは聞いたことがある。

「うまいと言ったって、B内輪の話だ。この程度のやつは掃《は》いて捨てるほどいる。音大出てるわけじゃなし、つてもない。よっぽど有名な人についてレッスンして、これでもつけてもらうとか？　それで食っていくには何年かかるかわからん。至難のわざだよ。

　第一、父さんがギタリストになっててみろ。母さんとだって結婚もできてなかった。優太《ゆうた》も美咲もこの世に存在しなかったぞ」

「えっ、やだー！」

　ぼくがさけぶと、わけもわからず「やだ、やだー！」と、美咲もまねしてさけんだ。

「だろ？　だろう？」

　父さんは右手にぼくを、左手に美咲を抱《だ》きあげると、その場でぐるぐる回った。ぼくたちの足が、回転する遊園地の飛行機みたいに宙を飛んだ。

「ギターより、こっちの方がいいなぁ。おまえたちも、そうだろう。ああ、よかった、よかった」

　父さんとぼくたちのやり取りを見て、母さんはaシュウシにこにこ笑っていた。

　父さんは、ぼくがもの心ついたころには自分のギターにさわらせてくれるようになっていた。

「この弦《げん》、そう、ここ、おさえてごらん」

　ぼくの指をとって弦の上に置き、「ミー」とか「ソー」とか教えてくれたり、父さんが難しいコードをおさえてぼくにボロンと音を出させてくれたりした。

「ドとミと2弦のドをおさえて。あとは開放でC」

　ボロン！

「レ、ソ、シは開放。1弦のファはおさえて」

　ぼくの指が弦に届かないところは、父さんが手伝ってくれて、「G7」

　ボロン！

　そう、これまでの人生で一番楽しかったのは、父さんと共同作業でかき鳴らす、ボロンの一瞬《いっしゅん》だったと思う。

　小学校に上がるとすぐ、父さんはぼく専用の小さなギターを買ってく

大するはずです。

硬さは、〝使用する人の頭の使い方で役にも立つし、立たないこともある〟ということがお分かりいただけたことと思います。

（寺澤正男『硬さのおはなし』より）

※ 出題の都合上、本文の一部を改稿しています。

〈注〉二十世紀

問一　空らん [1] ・ [2] にあてはまる語を次の中から選び、記号で答えなさい。なお、同じ記号を二度用いてはならない。

ア　では　　イ　なぜなら　　ウ　さらに　　エ　しかし

問二　空らん [I] ・ [II] にあてはまる語を本文中からぬき出し、答えなさい。

問三　――線部「引っかき硬さよりもより精度の高い硬さ測定法」とあるが、どのような方法か。本文中の表現を用いて、二つ書きなさい。ただし、それぞれ四十字以内で説明すること。

問四　空らん [III] にあてはまる語として適当な語を答えなさい。ただし、本文中の語の対義語が入ります。

【三】 次の文章を読んで、あとの問いに答えなさい。

「ぼく」の通っている小学校では十一月に文化祭を行っている。中でもピアニストのジョー先生（澤口常一《さわぐちじょういち》）が指導する「不二見小バンド」が参加するコンサートは地域でも有名である。ぼくはリコーダーとして練習に参加していたが、バンドの花形となるギターを担当する水谷《みずたに》を「鼻持ちならないやつ」と感じ、関わらないようにしていた。

両親が離婚《りこん》したのは、ぼくが三年生のときだった。

父さんは大手の衣料品メーカーに勤めており、いつも忙《いそが》しそうにしていた。「やり手の営業マンなのよ」と、母さんは [I] だった。小さいけれど、建て売りの一戸建ても買った。

そんな父さんは地方への出張が当たり前の日々だったから、母さんと兄妹、三人だけの生活には慣れっこになっていた。母さんは専業主婦でいつも家にいてくれたし、父さんが留守でも困ることは何もなかった。さびしいとも思わなかった。

それに、父さんは休みの日には子ぼんのうぶりをしっかりA発揮していた。

近くの公園では、ブランコを高くゆらしてくれたり、ジャングルジムにおし上げてくれたり、砂場で作ったお城にきれいな窓をたくさんつけたりしてくれた。映画館では、「となりで『007』やってるのになぁ」と言いながら、『アンパンマン』や『クレヨンしんちゃん』にしんぼう強くつきあってくれた。ぼくの背が届かない枝にセミがとまっていれば、つかまえようとしてオシッコをひっかけられ大騒《おおさわ》ぎしたこともある。

「きたないっ!」

思わず飛びのいてから、美咲《みさき》と大笑いしたものだ。

でも、ぼくが何よりうれしかったのは、父さんがしょっちゅうギターを弾《ひ》いて聞かせてくれることだった。クラシックギターの腕前《うでまえ》はプロ並みで――と、自分でもいばっていたが――学生時代にはクラブや結婚《けっこん》式の披露宴《ひろうえん》で演奏のバイトもしたことがあるという。

いつだったか昔の同好会の仲間が数人集まって、小さなコンサートを

〈注〉今世紀に入ってから、材料の硬さから他の機械的性質、例えば引っ張り強さ、伸び、耐衝撃性《たいしょうげき》、耐疲労性《たいひろう》のようなものを推定できると大変便利であるということで、引っかき硬さよりもより精度の高い硬さ測定法が開発されました。

押込《おしこ》み硬さとか反発硬さといわれるものがそれで、簡単に考え方を説明しておきましょう。

押込み硬さは、測定される材料よりもはるかに硬い材料（これを圧子といいます）を被測定物《ひそくていぶつ》に荷重をかけて押し込む方式のもので、同じ荷重で押し込んだとき大きなくぼみができるものは軟かいといい、小さいくぼみのできるものは硬いと考えるわけです。現在、硬さ測定の方法として最も広く用いられているものが、この考え方に基礎《きそ》をもつものです。

反発硬さは、一定高さから一定の重量の圧子部品を被測定物の上に落とし、はね返りの高さの大小で硬さを測定します。硬い材料の上に圧子を落とすと高くはね上がり、軟かいとはね上がり高さは低くなります。この方法は一番簡単なので現場で広く使用されていますが、これにも欠点があります。例えば、消しゴムと鉄とを測ってみますと、ゴムのほうが鉄を測定したときよりも高くはね上がります。［2］ゴムは鉄より硬いのかということになりますと、どう考えてもゴムのほうが軟かいと思われるでしょう。そのとおりなのです。

この方法は、同系列の材料を比較するときには便利ですが、異種材料の硬さの比較には適しないということです。間違《まちが》って使いますと大きな混乱をおこすことになるわけです。

以上述べました3種類の硬さを測る方法をみても、それぞれ考え方が違っていて、共通点はないといってよいくらいです。

ですから、硬さを一言でいい表すことが至難であることがお分かりいただけたと思います。〝硬さとは本当になんだろうか〟という疑問は現在まで未解決であり、今後も容易には分からないのではないでしょうか。硬さとは〝［Ⅰ］では誰《だれ》でも知っているのに、［Ⅱ］的にはよく分からない〟という、まことに硬さとは不思議なものではありませんか。

みなさん方は、〝硬さには直接の用途がない〟といったら、嘘《うそ》をつけと叱《しか》られるでしょう。はたして本当なのでしょうか。

ところが、硬いとか軟かいということは他の性質と結び付けて考えられているのです。〝硬い材料は、強い、変形しにくい、摩耗《まもう》しにくい〟といったようなことを無意識のうちに納得していたのではないでしょうか。軟かい材料は、強さが小さく変形させやすく、減りやすいと思われませんか。硬ければ摩耗しにくいという一般的常識からいっていることで、硬いということの目的をいっているのではなく、他の性質を硬さに置き換《か》えて考えているのにすぎないのです。

〝鉄は硬いじゃないか、それでよいではないか〟といえばそれまでですが、硬いから他の諸性質に対してそれぞれ相関性があって、その性質が機械部品などに役立っているので、硬いことの用途ではないのです。

われわれが硬い、軟かいといっていることは、いわば定性的な話で、常に硬さの裏にある性質を暗黙《あんもく》のうちに了解《りょうかい》して、硬さを［Ⅲ］的に利用しているわけなのです。このように硬さは複雑な内容をもっているので、硬さと他の機械的性質などとの関係をよくみて、どの硬さ試験が本当の目的に適しているかを見究めて使えば、逆に硬さの利用価値は増

【国　語】（四五分）〈満点：一〇〇点〉

※　解答に句読点や記号などが含まれる場合は一字に数えます。

【一】　次の□にあてはまる漢字を答えなさい。また、それと同じ漢字があてはまるものを後の**ア**～**コ**の中から選び記号で答えなさい。

〈例〉□の耳に念仏　〈答〉馬・サ

①　□を割ったような性格　②　□生大事

③　□裁が悪い　④　神□

⑤　相手の□をつく

ア　□進に道をゆずる　**イ**　時は□なり

ウ　失敗を□手にとる　**エ**　看□娘《むすめ》

オ　自□自得　**カ**　□来語

キ　名は□を表す　**ク**　破□の勢い

ケ　□心忘るべからず　**コ**　一身□の都合

サ　□子にも衣装

【二】　次の文章を読んで、あとの問いに答えなさい。

みなさん方は、常識的に硬《かた》い軟《やわら》かいということをよく知っておられ、常に比較《ひかく》してどちらが硬いかを区別することができます。ところが硬さとはなにかということを学問的に表現することは、極めて困難なことで、月旅行もできる現代ですらよく分からないというのが実情で、正直なところ不可思議な話です。

〝そんな馬鹿《ばか》なことってあるか〟といわれるでしょうが、本当なのです。〝鉄は硬くてゴムボールは軟かいではないか〟といわれればまさにそのとおりでありますが、これは硬いものと軟かいものを比較していえることであって、硬いということはなにかという本質になると非常にむずかしく、この何世紀かにわたって多くの研究者が一生懸命《けんめい》考えたのですが、今日にいたるまで〝一言で硬さとはこういうことだ〟と明言できるものはないのです。

一般にいわれている硬い軟かいということは、両者を比較してどちらが硬いかを判断しているだけで、硬さそのものを取りあげているのではないのです。

このように相手を選んで比較する技術は昔からありました。その発端《ほったん》は鉱石の硬い軟かいということを論ずることに始まり、モースという人が〝硬い材料と軟かい材料をこすり合わせて、きずのついたほうが軟かいのだ〟と判断していろいろの材料の硬さの順位を決めたことがあります。これを〝モースの硬さ〟といいまして、1から10まで硬さの順序にならべたものがあります。鉱石に例をとりますと、モースの尺度で1は滑石《かっせき》、2は石膏《せっこう》、3は方解石、4は蛍石《ほたるいし》、5は燐灰石《りんかいせき》、6は正長石、7は石英、8は黄宝石、9は鋼玉、10はダイヤモンドであります。

これは、引っかき硬さといわれる種類の硬さ表示法であり、表面に作られた引っかききずの状態から硬さの大小を比較したもので、初期には広く利用された硬さの考え方でありましたが、他の硬さの表示法が開発されるに及んで段々すたれてゆきました。［　1　］、最近になりまして引っかきによる硬さの表示が便利な用途《ようと》面もでてきまして、ちょっと復活ムードにあるといえるでしょう。もちろんモースの尺度のような単純な方法ではありませんが、引っかききずの大小で硬さを表すものです。

2021年度

解　答　と　解　説

《2021年度の配点は解答欄に掲載してあります。》

＜算数解答＞　≪学校からの正答の発表はありません。≫

【1】（1）　1152　　（2）　7　　（3）　223.44cm^2

【2】（1）　170cm^3　　（2）　74個　　（3）　解説参照

【3】㋐　$6\frac{2}{3}$　　㋑　20　　㋒　52

【4】（1）　ア　25　　イ　3　　（2）　ウ　96　　エ　5　　（3）　オ　10

【5】（1）　300m　　（2）　15分間　　（3）　780m

【6】（1）　18m^2　　（2）　16.5m^2　　（3）　17m^2

○推定配点○

各5点×20　　　計100点

＜算数解説＞

【1】（四則計算，平面図形）

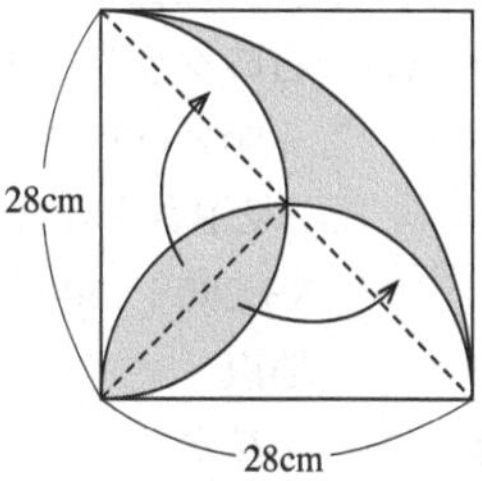

（1）　72×4＋24×16＋8×60＝288＋384＋480＝1152

（2）　$\frac{12}{\boxed{イ}-2}=9\div\left(10\div4+\frac{5}{4}\right)=\frac{12}{5}$　　イ＝5＋2＝7

基本　（3）　右図より，28×28×3.14÷4－28×28÷2＝28×(21.98－14)＝223.44(cm^2)

基本　【2】（割合と比，消去算，論理・推理，平面図形）

（1）　17＋3＝20より，7：3＝14：6であり，17－14＝6－3＝3が30cm^{3}に相当し，最初のビーカーAの水量は30÷3×17＝170(cm^3)

（2）　それぞれの個数をA，B，Cで表すと，A＋B＝137，B＋C＝118，C＋A＝129，A＋B＋＋C＝(137＋118＋129)÷2＝192　　したがって，Aは192－118＝74(個)

（3）　右図のように数字を書き込む。

1	2	3	4
4	3	2	1
3	4	1	2
2	1	4	3

重要　【3】（立体図形，平面図形，グラフ，鶴亀算）

㋐…$8\times10\div(4\times4-4)=\frac{20}{3}$(cm)

㋑…4×4×10÷8＝20(秒)

㋒…20秒から68秒まで68－20＝48(秒)でたまった水量は4×8×10＝320(cm^3)である。したがって，Dのふたを閉じ時刻は20＋(8×48－320)÷2＝52(秒)

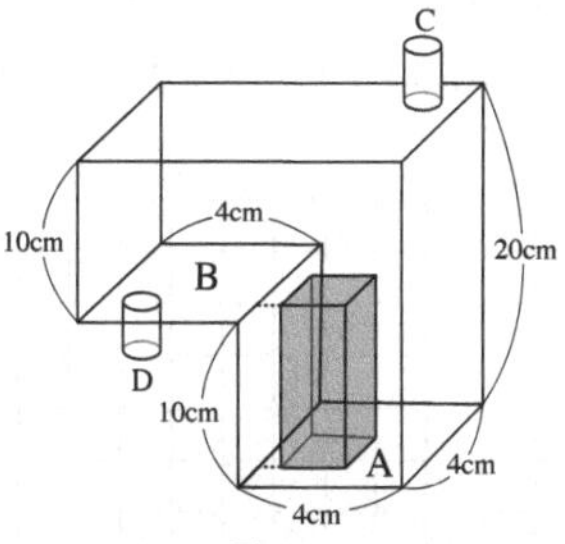

図1

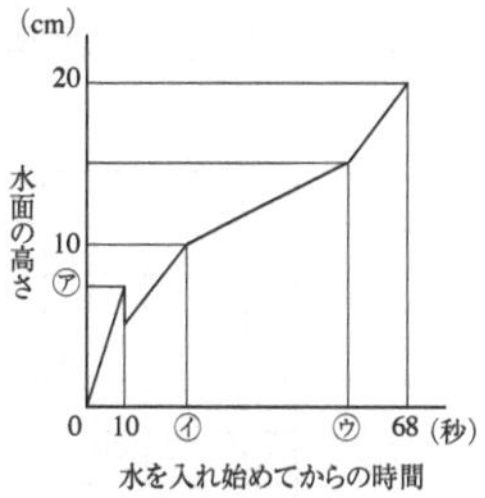

図2

【4】（数の性質）

基本　（1）　次ページの表1より，Aさんは25個もっており，作業回数は3回。

重要　(2)　表2より，下から順に計算すると，最初の個数は96個ずつ，作業回数は5回

(3)　表3より，作業回数は10回

(1)　40＝2×2×2×5

(2)　96＝2×2×2×2×2×3

3072＝2×2×2×2×2×2×2×2×2×2×3より，予測する…1回の作業で2が1つ減る

表1

Aさん	Bさん
40	40
20	60
50	30
25	55

表2

Aさん	Bさん
96	96
48	144
120	72
60	132
126	66
63	129

表3

Aさん	Bさん
3072	3072
1536	4608
3840	2304
1920	4224
4032	2112
2016	4128
4080	2064
2040	4104
4092	2052
2046	4098
4095	2049

【5】（速さの三公式と比，旅人算，割合と比）

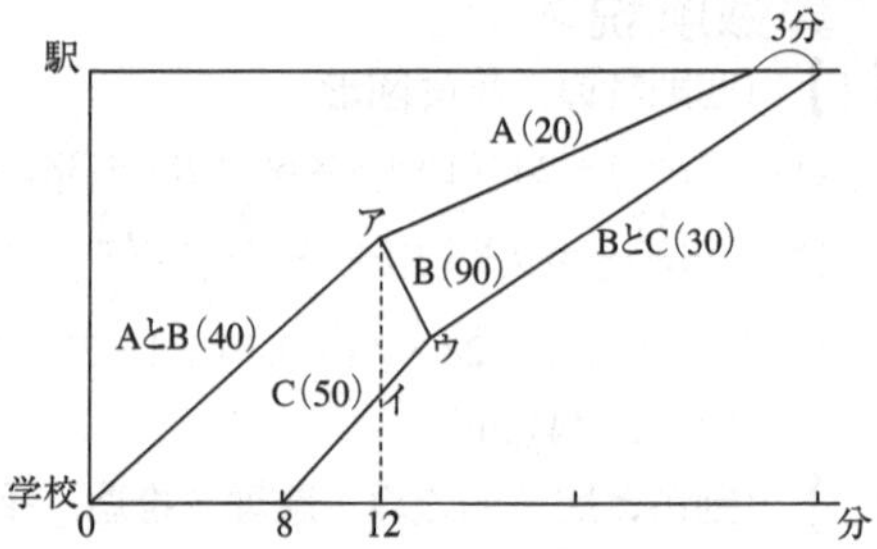

重要　(1)　右のグラフにおいて，アイ間の距離は40×12−50×(12−8)＝280(m)　したがって，CさんとBさんが出会ったのは学校から50×{12−8＋280÷(50＋90)}＝50×(4＋2)＝300(m)の地点

やや難　(2)　学校からアまでの距離は40×12＝480(m)であり，(1)より，B君とCさんが480mの地点まで進んだとき，A君との時間差は2＋(480−300)÷30＝8(分)

したがって，A君が1分，進むごとにB君とCさんとの時間差は1−20÷30＝$\frac{1}{3}$(分)ずつ短くなり，A君が分速20mで駅まで歩いた時間は(8−3)÷$\frac{1}{3}$＝15(分間)

(3)　(2)より，学校から駅までは480＋20×15＝780(m)

重要【6】（平面図形）

(1)　図アより，面積Ⓐは6×6÷2＝18(m^2)

(2)　図イより，面積Ⓐは(4＋7)×3÷2＝16.5(m^2)

(3)　図ウより，面積Ⓐは(6×4＋5×2)÷2＝17(m^2)

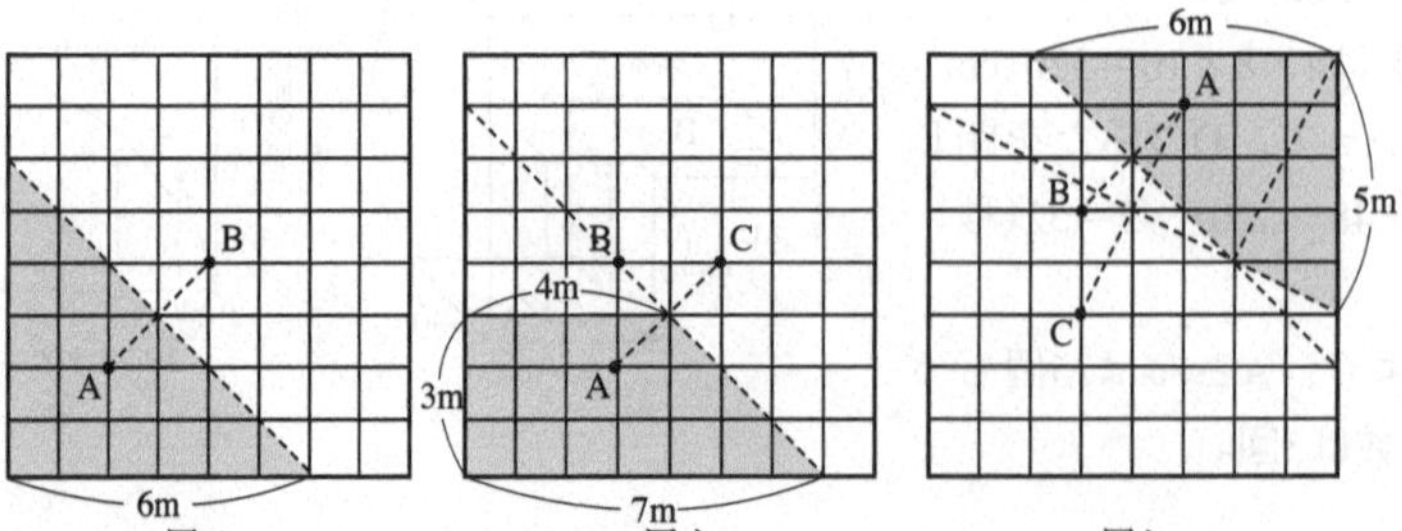

図ア　図イ　図ウ

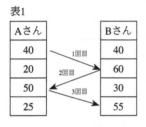

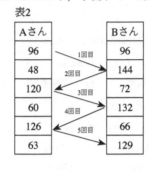

★ワンポイントアドバイス★

ポイントになる問題としては,【3】「管のふたを閉じた時刻」に鶴亀算を利用し,【4】(2)「最初の玉の個数」を作業結果から逆に正確に計算して,【5】(2)「分速20mで歩いた時間」を自力で求める,である。

<理科解答> ≪学校からの正答の発表はありません。≫

【1】 (問1) 5, 6 (問2) 1 (問3) 3 (問4) 3 (問5) 6

【2】 (問1) 4 (問2) 3 (問3) 6 (問4) 3 (問5) 6

【3】 (問1) 5 (問2) 1 (問3) ひじを伸ばしているとき,筋肉Aが伸び筋肉Bが縮む。
(問4) A ① B ③ (問5) 2 (問6) 5

【4】 (問1) ろうそく ③ 木炭 ① (問2) 3, 4 (問3) 水蒸気 (問4) 5
(問5) ウ・温められた空気は缶の上方へ運ばれ,穴を下の方に開けた方が空気の流れが良くなり次々と空気が入ってくる。

○推定配点○

【1】 各2点×5(問1完答) 【2】 各2点×5

【3】 問3 4点 他 各2点×6 【4】 問5 4点 他 各2点×5 計50点

<理科解説>

【1】 (磁石―棒磁石の性質)

基本 (問1) 磁石にくっつく金属は,鉄やニッケル,コバルトなど。代表的なステンレスは鉄を含む合金だが,鉄の割合が少ないのでくっつかない。ただし,鉄の割合の多いステンレスはくっつくものもある。

基本 (問2) アにN極を近づけると引き合うので,AはS極でありイがN極である。

基本 (問3) アルミ箔をかぶせても磁力線は減少するが出ているので,別の棒磁石のN極と引き合う。

基本 (問4) ウの部分がN極に,エの部分がS極になる。そのため,ウでは別の棒磁石のN極と反発しあい,エでは引き合う。

(問5) 方位磁石のN極が北極側に向くので,地球の北極付近はS極になっている。しかし,北極点とS極は少しずれているので,方位磁石が指す方向に進んでも北極点に到達することができない。よって,答えは6の図になる。

【2】 (気象―気温の観測)

基本 (問1) 積乱雲ができるのは,地表付近の暖かい空気が上昇し,上空の冷たい空気とぶつかるためである。積乱雲が生じると夕立やゲリラ豪雨になることが多い。

(問2) 各観測日のうち,イの気温が一番高いので黒球温度を示す。また,ウが一番低いので湿球温度を示し,アが乾球温度である。

(問3) いずれか1日のそれぞれの温度を用いて,その日の暑さ指数になるものを探す。その結果6番の値が正しい。

(問4) 1 空気中の水蒸気量は湿球温度に影響するので間違いである。 2 黒球温度は日光の影響を受けるので間違い。 3 計算式の[Z]の値が[X]の値より大きいので,暑さ指数は日光の影響より,空気中の水蒸気量の影響の方が大きい。 4 雨の日や曇りの日でも暑さ指数は算出できる。

（問5）　熱中症の予防のために，熱中症警戒アラートが発表された。

【3】　（人体―骨・筋肉）

基本　（問1）　骨の主成分はカルシウムである。

基本　（問2）　骨は体を支える役割をする。

基本　（問3）　ひじが伸びるとき，筋肉Aは伸びBは縮む。

（問4）　筋肉Aは図1の①の部分とつながっており，Aが伸びると腕が伸び，縮むと腕が曲がる。筋肉Bは③とつながっており，Aが伸びるときBが縮み，Aが縮むときBが伸びる。

（問5）　図の骨アはけんこう骨という。AとBにはさまれた部分の骨をじょうわん骨という。

（問6）　牛すじはアキレス腱の部分やスネの部分である。コラーゲンを多く含む食品である。

【4】　（燃焼―ものの燃え方）

重要　（問1）　ろうそくは溶けたロウから蒸発する気体が燃える。木炭は固体の表面で燃焼が起こる。

（問2）　炎を上げずに燃えることを無炎燃焼という。固体の表面での燃焼の際に起きる。スチールウールは無炎燃焼する。線香は火を出して燃えることもあるが，炎を吹き消しても燃え続ける。このとき無炎燃焼している。

（問3）　木炭が燃焼すると二酸化炭素が発生する。ろうそくが燃えるとろうそくの中の成分である炭素は二酸化炭素になるが，水素は水蒸気になる。

（問4）　蒸し焼きとは，酸素のない状態で燃やす方法である。

重要　（問5）　物が燃え続けるためには，空気が次々と流れ込ことが必要である。燃焼によって温められた空気は軽くなって缶の上の方に移動し，缶の下の方に穴をあけるとそこから空気が缶の中に流れ込んで次々と空気が缶の中に入ってくるようになる。

★ワンポイントアドバイス★

問題は基本レベルのものが大半である。問題数のわりに試験時間が短い。論述式の問題が出題されるので，文章をまとめる力も必要である。

＜社会解答＞ ≪学校からの正答の発表はありません。≫

【1】　問1　2　　問2　5　　問3　4　　問4　2

【2】　問1　1　　問2　3　　問3　地産地消　　問4　2　　問5　4

【3】　問1　4　　問2　2　　問3　4　　問4　1→3→2

【4】　問1　2　　問2　1　○　2　×　3　×　　問3　3　　問4　4　　問5　1→3→2→4

【5】　問1　3　　問2　1　○　2　×　3　○　　問3　3　　問4　1　　問5　2

【6】　問1　2　　問2　4　　問3　1　　問4　3　　問5　3

【7】　問1　5　　問2　3　　問3　1　　問4　3　　問5　2　　問6　2

○推定配点○

【1】　各1点×4　　【2】　問3　3点　他　各1点×4　　【3】　問4　3点　他　各1点×3

【4】　問5　3点　他　各1点×6　　【5】　各1点×7　　【6】　各2点×5

【7】　問1　2点　他　各1点×5　　計50点

＜社会解説＞

【1】 (日本の地理－東北地方沿岸部に関する問題)

基本 問1 2 復興住宅が整備されても，震災で亡くなったり，他の地域へ転出したりした人がいるため，人口は前のレベルにまでは戻っていない。

問2 5 アがかきの収穫量，イがほたて貝の収穫量，ウがわかめの収穫量。かきの養殖は広島県で盛んで，日本に出回る養殖のかきの6割近くが広島産。養殖ほたて貝は北海道産と青森産とで，日本の9割以上になる。

問3 4 自然災害伝承碑は過去に自然災害があった場所に，どういう災害があったかを伝えるだけでなく，避難場所の目安や避難の際に注意すべきことなどが記されている記念碑類がどこにあるのかを示すもの。

重要 問4 東北地方の中で，福島県は人口が東日本大震災やその後の原発事故の影響でいまだに少ないが，一方で工業は郡山や海沿いの地域で盛んなところがあるので2。東北地方で一番人口が多いのは宮城県なので3。また工業があまりさかんでなく人口も少ないのが青森県と岩手県なので1が岩手県になる。

【2】 (地理－日本の食料品輸入に関連する問題)

問1 1 フードマイレージは食品が輸送される際のその重さと移動距離とを掛け合わせた数値。この数値が大きくなると，輸送の際の化石燃料の使用も多くなり，温室効果ガスの排出量が増え環境への負荷がかかる。

問2 3 日本の大豆や小麦の輸入量はアメリカからが一番多い。

問3 その地域で生産された食品などをその地域内で消費すれば輸送距離も短く，輸送の際の温室効果ガスの排出も少なくて済むので地産地消は温室効果ガスの削減にもつながる。

重要 問4 2 現在，カカオの生産が最も多いのがコートジボワールで，次にガーナが多い。1がコーヒーの生産順位，3が茶の生産順位。コーヒーで2位にベトナムが入っているが，かつての植民地支配をしていたフランスが比較的コーヒーの消費の多い国。茶の生産量が多い国は，中国を除けば，かつてイギリスが植民地支配をしていたところ。

問5 4 フェアトレードはその昔の植民地支配の頃の名残で，不当に安く買いたたかれている農作物などを，その労働に見合った正当な価格で先進国などが買いあげることで，生産国を経済的に支援するもの。原材料費が高くなるので，当然，生産物の価格は現状よりも高くなるが，フェアトレードの原材料を使っていることを明示することで，消費者に理解を求める。

【3】 (日本の地理－経度から考えさせる問題)

基本 問1 日清戦争の講和条約は下関条約。下関付近を通る経線は東経131度。この線に沿って南下すると1543年にポルトガル人が鉄砲をもたらした種子島がある。東経135度が明石なので，明石よりも西の下関のあたりの経度は東経131度以外にない。

問2 2 経線2が東経139度。東経140度が秋田県の男鹿半島の付け根あたりで，南下してくると房総半島の東京湾側あたりになることを知っていると簡単。新潟は1858年の日米修好通商条約によって開港させられた港の一つ。

問3 4 経線3が東経137度。世界遺産になった合掌造りの集落がある五箇山は富山県の南西部。そこから岐阜県，愛知県と南下してくると，愛知県にある古戦場が選択肢の中だと桶狭間になる

重要 問4 1の東経131度線は山口県の西端から南下すると福岡県と大分県の県境近くを南下し，熊本の阿蘇山のそばを通り，宮崎県の南西部，鹿児島県の大隅半島のやや東よりを通り，種子島のほぼ中央を通り抜ける。3の東経137度線は石川県の能登半島から南下し富山県西部を通り，岐阜県内を長良川に沿って南下し，愛知県を南下して知多半島と渥美半島の間を抜けて太平洋に出る。東

経139度線は新潟県の信濃川の河口の西側から南下し，群馬県最北部の奥利根湖の辺りから群馬県に入り，前橋，高崎の西を通って埼玉県の秩父を通り，東京の最西部の奥多摩湖の西端付近を通り抜け，山梨県東部，神奈川県最西部，静岡県の伊豆半島東部を抜けて太平洋に出る。

【4】 (日本の歴史－大塩平八郎の乱に関連する問題)

問1 2 大塩平八郎の乱は1837年，天保の大飢饉の際に起こった。天明の大飢饉の後，復興や飢饉の対策が寛政の改革で行われたが，天保の大飢饉の際には無策であったことから，大塩平八郎が乱を起こしたとされる。米がとれず，幕府の財政も悪化していた。

問2 1 正しい。 2 江戸時代に100万人の都市になっていたのは江戸。大阪は最大でも40万台だったとみられている。 3 大坂町奉行に限らず奉行は幕府直属の旗本が任命されていた。

やや難 問3 1 江戸時代の町人とされる人々は，町に住み自分の家を持つ商人や職人であり，比較的富裕な層の人々である。各大名屋敷と取引のあった札差と呼ばれる商人も町人に入る。 2 江戸時代の年貢は基本的には農民が納めるもので，町の町人は年貢ではないがそれなりの負担金を支払ってはいたが，年貢ほど重くはない。 4 町人の娯楽の一つが寺社参りであった。

重要 問4 1 武家諸法度は2代将軍秀忠になった後，1615年に出され，その後将軍が代わるたびに少しずつ改変された。参勤交代は家光の代に武家諸法度に加えられたもの。 2 生類憐みの令は5代将軍綱吉の時代に出された。 3 公事方御定書は8代将軍吉宗の享保の改革の際に出されたもので，江戸町奉行を務めた大岡忠相が中心になって編纂した。

問5 1 ペリー来航は1853年，1854年→3 桜田門外の変は1860年→2 薩長同盟成立は1866年→4 大政奉還は1867年の順。

【5】 (日本の歴史－日清，日露戦争に関連する問題)

問1 3 三国干渉で日本にリャオトン半島を清に返すことを迫ったのはロシア，ドイツ，フランス。この頃イギリスは日本に接近し，条約改正交渉に応じている。また，イタリアはアジアにはこの時点で進出していないので接点がない。

問2 1 日露戦争の大きな戦の一つが日本海海戦。ロシアのバルチック艦隊がヨーロッパ方面からアフリカ南端を回り，インド洋，東南アジアの辺りを抜けて日本海にやってきたところを東郷平八郎が率いる日本海軍が破ったもの。 2 日本が日露戦争の際に同盟関係を持っていて支援を受けたのはイギリス。 3 日露戦争に出征した弟の身を案じて『君に死にたまふことなかれ』を与謝野晶子が発表。

問3 3 日本における産業革命は，日清戦争の頃にまず軽工業で起こり，次いで日露戦争の頃に重工業で起こった。

重要 問4 1 福澤諭吉の支援を受けて北里柴三郎の伝染病研究所が設立されたのが1914年。

問5 2 19世紀末から20世紀初頭の時期，急速に工業が発達していったが，一方で工場労働者や鉱山の労働者が劣悪な環境で働かされており，このことからたびたび労働争議が起こり，問題となっていた。

【6】 (政治－憲法と三権に関する問題)

問1 2 資本主義に関する事柄は日本国憲法の前文の中にはない。

重要 問2 4 国会の発議の後，憲法改正に必要な国民投票の票数は(有効票の)過半数。

問3 1 現在の日本国憲法では国民の権利を制限できる場合は「公共の福祉に反する」場合で，簡単に言えば他人の迷惑になる場合。

問4 3 違憲立法審査権は正確には裁判所全体に与えられた権限だが，最高裁判所が最終的な判断を下すので，最高裁を「憲法の番人」と呼ぶ。

問5 3 最高裁判所長官は内閣が指名し天皇が任命する。

【7】　(政治－地方自治に関連する問題)

やや難　問1　5　平成の大合併によって，市町村が合併し，市が増え町村は大幅に減少している。人口規模の小さな村の方が町よりも少ない。

問2　3　郵便は近隣の行政区内だけでなく遠隔地へも届けるので，地方自治体単位ではなく国単位でのものにしないと円滑には行えない。

問3　2　首長は議会の議員である必要はない。　3　裁判所の組織は国のものなので自治体がその地域の裁判所の人事にかかわることはない。　4　条例の制定改廃などの住民投票は，有権者数の50分の1以上の署名を集めればよい。議会の解散や首長，議員，公務員の解職を求める場合には3分の1以上の署名が必要になる。

重要　問4　3　徴税に関する事柄は住民の意思で左右できるものでもない。

問5　日本の会計年度は4月1日から始まり翌年の3月31日まで。

問6　2　神奈川県は人口の規模が長崎県よりもはるかに大きく，県内に大企業の工場もあるので地方税収はかなり大きく，補助金である地方交付税への依存度は長崎よりは低い。

★ワンポイントアドバイス★

試験時間が短いのでスピードが大事。難易度はさほど高くないが，選択肢を選ぶ問題で，正しいものを選ぶものと，誤っているものを選ぶものと入り乱れているので問題の指示を的確につかむことが必要。

＜国語解答＞　≪学校からの正答の発表はありません。≫

【一】　①　竹・ク　②　後・ア　③　体・キ　④　業・オ　⑤　逆・ウ

【二】　問一　1　エ　2　ア　問二　Ⅰ　頭　Ⅱ　学問　問三　測定する材料に，それより硬い材料を荷重をかけて押し込んでくぼみを見る押し込み方法／被測定物にそれより硬い材料を一定の高さから落とし，反発しはね返る高さを調べる方法

問四　間接

【三】　問一　A　はっき　B　うちわ　C　ぜんいん　D　そんちょう　E　なっとく

問二　a　終始　b　資格　c　報告　d　子細　e　巻　問三　T・Y

問四　Ⅰ　エ　Ⅱ　ア　Ⅲ　イ　問五　ウ　問六　ア

問七　ギターが弾ける子として挙手をしていた。　問八　布団をしいておいた

問九　エ　→　イ　→　オ　→　ウ　→　ア　問十　エ　問十一　ア

問十二　イ

【四】　自分がした小さな行動に「ありがとう」と言ってもらえる経験をしてほしいと思います。何気なくした自分の行動が人の役に立つことがわかると自信につながると思います。私は周囲に配りょした行動をしていると感じたら，年下の子にでも，何がうれしかったのかを加えてきちんと感謝の言葉を言おうと思います。

○推定配点○

【一】　各2点×5(各完答)　【二】　問一　各2点×2　問三　各4点×2　他　各3点×3

【三】　問一・問二・問三　問四　各2点×14　問七・問九　各4点×2　他　各3点×6

【四】　15点　計100点

＜国語解説＞

【一】　（ことわざ，慣用句）

やや難　①　きわめてさっぱりした性格のことを，「竹を割ったような性格」という。クは「破竹の勢い」という，勢いが激しくとどめられないことという意味の言葉になるので「竹」である。　②　非常に大切にすることを「後生大事(ごしょうだいじ)」という。アは「後進に道をゆずる」という，引退して，その地位，役割などを後輩にゆずるという意味の言葉になるので「後」だ。　③　何となく不都合で居心地が悪い，きまりが悪いことを「体裁(ていさい)が悪い」という。キは「名は体(たい)を表す」という，名前はそのものの実体を表している。名と実は応じているという意味の言葉になるので「体」である。　④　神のしわざ。また，そのような超人間的な技術や行いのことを「神業(かみわざ」という。オは「自業自得」は自分の行いの報いを自分が受けることという四字熟語なので「業」である。　⑤　相手の仕かけを利用して逆に攻めることを「相手の逆をつく」という。サッカーのドリブルなどで「逆をつく」のように使うことがある。ウは「失敗を逆手(さかて)にとる」という，相手の非難や攻撃などを利用してやり返すと言う意味の言葉になるので「逆」である。

【二】　（説明文－細部の読み取り，接続語の問題，空欄補充，反対語，記述力）

基本　問一　1　前部分は，以前は広く利用されていた「引っかき硬さ」が段々すたれていったことが述べられている。後部分は，最近になり，引っかきによる硬さの表示の便利な用途が出てきて復活ムードであるというのだから，「しかし」である。　2　前部分は，消しゴムと鉄を，はね返りの高さで測定するとゴムのほうが高くはね上がるという例を挙げている部分になる。後部分は，その結果からゴムのほうが硬いのかと言えばそうではないという実験とは異なる結果を認めているのだから，「では」だ。

問二　Ⅰ　直後にある「誰でも知っている」に着目する。くわしく説明することはできないけれど，硬さというのは感覚的にわかっているということだ。文中に「感覚」はないので，最終段落にある「頭」を入れ，「頭ではわかっている」とする。　Ⅱ　Ⅰの，くわしく説明することはできないの部分に当たる言葉を入れるということになる。「ところが硬さとはなにか……」で始まる段落にもあるように，「『学問』的に表現することは，きわめて困難」なのである。

やや難　問三　二番目は「推し込み硬さは，……」で始まる段落にある内容で，三番目は「反発硬さは……」で始まる段落から始まっている。問われているのは「どのような方法か」なのだから，方法を中心に書こう。二番目の方法の中心は，被測定物にそれより硬い材料を荷重をかけて「押し込み」くぼみを見るという点である。三番目の方法の中心は，被測定物にそれより硬い材料を一定の高さから落とし」はね返りの高さを調べる方法である。

重要　問四　問二で考えたように，硬さは，感覚ではわかっているがくわしくはわからないものであるという不思議なものだと述べている。「みなさん方は……」で始まる段落にあるように，「硬さには『直接』の用途はない」，他の性質と結び付けて考えられているものだとある。この，「他の性質と結び付けて」がⅢに入る内容となる。「直接」ではなく「間接」的に利用しているということである。

【三】　（物語－論理展開・段落構成，心情・情景，細部の読み取り，指示語の問題，空欄補充，漢字の読み書き，記述力）

基本　問一　A　「発」は音読み「ハツ」の他に，一念発起のように「ホツ」と読む場合もある。　B　「うちわ」とは，外部の者を交えないことという意味である。　C　ひらがな表記で「ぜいいん」としないように気をつけよう。　D　「重」の音読みには「ジュウ」のほかに「チョウ」がある。　E　「納」を「なっ」と表記する。

問二　a　「終」は全11画の漢字。10・11画目の向きに注意する。　b　「格」は全10画の漢字。「口」は，

6画目・7画目に付けないで書く。　c 「報」は全12画の漢字。「幸」である。「達」のように三本にしない。　d 「子細」とは細かくくわしいことという意味の言葉である。「仔細」表記もある。　e 「巻」は全9画の漢字。9画目の始点は7画目の始点とつけない。「巳」ではない。

重要 問三 「第一，父さんが……」で始まる段落に，息子である「ぼく」に「優太」と言っているので名前のイニシャルは「Y」。 苗字は，「ぼく」がギターが弾けると挙手したときジョー先生が「えっ，外山くん？」と言っていることからイニシャルは「T」だ。姓・名の順という条件なので「T・Y」と表記する。

問四 Ⅰ 「やり手の～」というのは，仕事がよくできるということだ。母は「ぼく」の父親である自分の夫のことをほこらしく思っているのだ。　Ⅱ 次の「小さな違和感……」で始まる段落にあるように，両親の間には都合の悪いことが生まれていたのである。Ⅰで考えたように，夫をほこらしげに思っていたものが段々違ってきているということで「ぎこちない」反応になってきているのである。　Ⅲ 父親はわざと陽気に悪ふざけをして子どもに接しているが，母は「逆」に「冷ややか」な対応になっているのだ。

問五 イとウで迷うところである。両親が何か事情をかかえていることに気づかなかったということならイの鈍感も入りそうな気がするからだ。しかし，ここでは，当時感じていた「父さんを共通の趣味を持っていることでうれしい」などと，今考えれば腹立たしいということを言っている。つまり，あの当時の自分は「幼稚」だったということである。

基本 問六 直後に「せっかくがんばって練習してきたのに」・「～ギターが売りだったのに」は本心である。水谷がいやなやつだとしても，けがをしてギターを弾けなくなったことを「いい気味」などとはだれも思わなかったということになる。

重要 問七 指示語の問題だが，指示する内容が後にある形である。「そうなったのかわからない」のは，自分の行動である。どうしてそういうことをしたのか自分自身でも不明だということだ。「ぼく」がしたことは，「気がつくと，～」の一文にあるように，ギターが弾ける子として挙手したことである。

問八 母は疲れ切って帰ってきて，食事もろくろくとらずに「『ぼくがしいておいた布団』にぐったりと横になった」のだ。母親が帰宅する前に「ぼく」は「布団をしいておいた」のである。

問九 ジョー先生が知り合いから借りてきてくれたというギターを目の前にしている場面である。まず，そのギターに向き合ったときの心情としてエが最初である。エの最後が「なんでもいいよ～」というジョー先生の発言は，「ぼく」を緊張させないように「気楽な調子を装ったもの」ということでイ。イの最後は，昨日の夢の中で引いたコードを一つボロンと弾いている。その音に「ぞくっとした。～」のだからオが続く。オの最後は「メロディーをはじいた」のだ。そのメロディーの説明がウの冒頭である。ウの最後の方では「なんの曲？」と先生はたずねるが，ぼくは答えずに弾き続けたのだから最後はアになる。

問十 「譜面はいらないんだね」というジョー先生の発言，その後の「水谷君が弾いた～」という発言から，ジョー先生は，「ぼく」が絶対音感という特別な能力があることに気づいたのである。

やや難 問十一 水谷がクールな性格であることが述べられているのでアとイで迷うところだ。が，自分の代役になった「ぼく」が，何年も個人レッスンを受けていることを知っているので「～水谷くんにはかなわない～」と言っていることに対し「どうでもいいけど」は自然ではない。当然自分のほうが上という水谷のプライドが，めんどくさそうに「がんばれよ」と言う態度になったのだ。この後の「ごめんね」に対する水谷の過剰な怒りはプライドを傷つけられた気持ちからだろう。

問十二 思いもよらない水谷の反応を見て，もともとギターを弾くことに対して，弾きたい気持ちはあるが嫌な思い出を思い出してしまうという複雑な気持ちで始めたことだということが重なり，引き受けなければよかったのかと思い悩んでしまったのだ。

【四】（作文）

やや難　ここで問われていることを整理すると，まず，「十歳の子どもたちに」・「体験，経験してほしいこと」・「あなたが具体的にどのような工夫をするか」の三点がふくまれる文を書くことだ。実際体験したことがないはずの避難生活を考え，さらに自分より年下の十歳の子どもという想定も難しく，さらに，「自分の具体的工夫」となると大変書きにくいテーマである。その子どもたち自身も被災しているはずなので，あまりにも無理なことを想定すると不自然になる。ここでは「十歳の子どもでもできること」あるいは，「普通に生活してしている中でできること」のような点を考慮した話題を選ぶ方が書きやすいだろう。

★ワンポイントアドバイス★

45分の時間内で作文まで解ききるには，スピード力が必要である。知識の対策もしっかり行おう。

2020年度

★★★★★★★★★★★★★★★★★★★★★★★

入　試　問　題

2020年度

慶應義塾湘南藤沢中等部入試問題

【算　数】（45分）　　＜満点：100点＞

【1】 $\boxed{\text{ア}}$，$\boxed{\text{イ}}$，$\boxed{\text{ウ}}$にあてはまる数を求めなさい。

⑴ $\frac{22}{49}\times 2\frac{1}{3}+\frac{11}{49}\times 3\frac{5}{6}-\frac{33}{49}\times 1\frac{2}{3}=\boxed{\text{ア}}$

⑵ $2\div\left(3-\frac{\boxed{\text{イ}}+41}{34}\right)-0.375=1.75$

⑶ 底面の直径が28cm，高さが40cmの円柱の側面積は$\boxed{\text{ウ}}$cm^{2}である。（ただし，円周率は3.14とする。）

【2】 ⑴ ある水そうに，水を毎分一定量ずつ入れていくと1時間30分でいっぱいになる。毎分あたりに入れる水の量を1.2倍にするとき，水そうは何時間何分でいっぱいになりますか。

⑵ コイン1枚を1回投げて，表が出れば5歩前に進み，裏が出れば3歩前に進むものとする。コインを15回投げたところ，合わせて63歩前に進んだ。表が出た回数を求めなさい。

⑶ ある36人のクラスで，金魚と犬をそれぞれ飼っているか，飼っていないかを調べたところ，次のようになった。このクラスで金魚と犬の両方を飼っている者の人数を求めなさい。

①金魚を飼っていない者は13人

②犬を飼っていない者は15人

③金魚と犬の両方とも飼っていない者は6人

【3】 右の図のように，三角形の中に数の書かれたメダルがならんでいる。メダルにはある規則にしたがって数が書かれている。

⑴ 7段目のメダルに書かれている数の和を求めなさい。

⑵ 35段目から73段目には全部で何個のメダルがありますか。

⑶ ある段のメダルに書かれている数の和は4096であるという。その1段下の段のうち一番右と一番左にあるメダルを1個ずつ除いた残りのメダルに書かれている数の和を求めなさい。

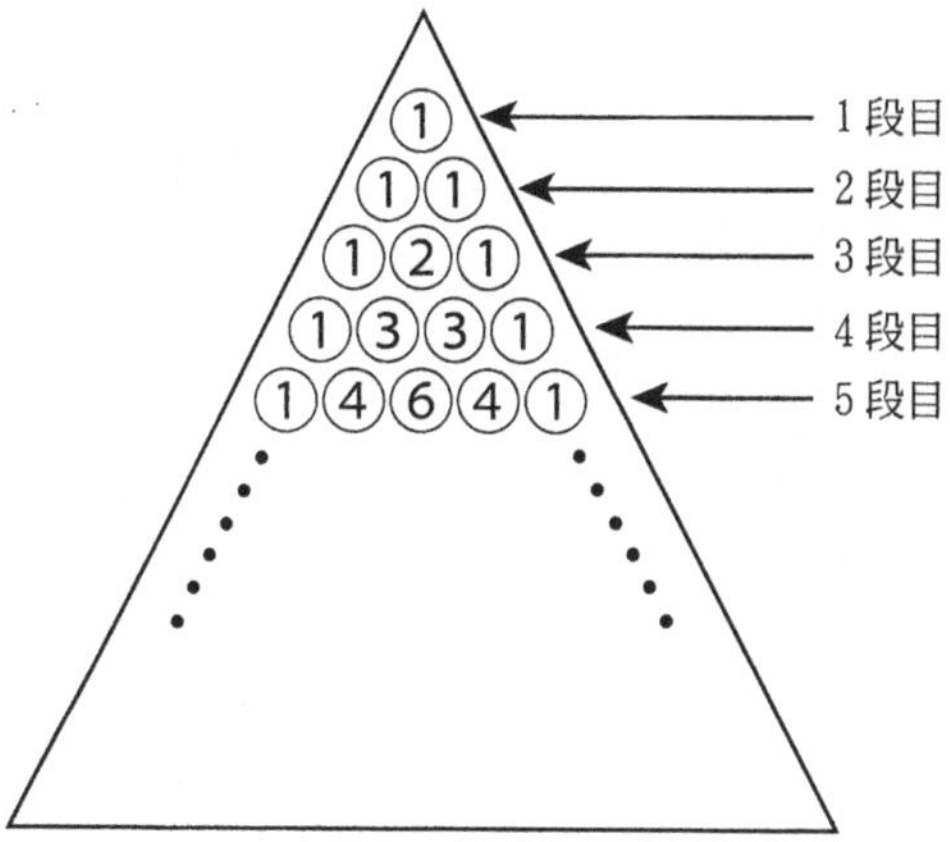

【4】 かべAとBがあり，かべAの面積はかべBの面積の1.5倍である。この両方のかべをKO産業の社員がぬることになった。

最初の40分は社員全員でかべAにペンキをぬる作業をした。次の30分は，社員全体の$\frac{2}{3}$がかべAに，社員全体の$\frac{1}{3}$がかべBにペンキをぬる作業をしたところ，かべAのペンキがちょうどぬり終わった。そこで，かべAで作業していた社員のうち何人かが，かべBの作業を手伝いに行ったところ，手伝いに行ってからさらに50分かかってかべBのペンキがぬり終わった。

(1) 最初の40分でペンキをぬった面積は，かべAの面積のどれだけにあたりますか。割合を分数で答えなさい。

(2) 最後の50分で，かべAからかべBに手伝いに行った人数は，社員全体の人数のどれだけにあたりますか。割合を分数で答えなさい。

(3) 最後の50分を社員全員でぬっていたら，手伝いに行ってから何分でペンキをぬり終わりますか。

【5】 図1のような長方形の形をした紙ABCDがある。辺AB上に点E，辺CD上に点Fをとり，直線EFを折り目として折ったとき，図2のように頂点Bと頂点Dがちょうど重なり，BEとEFの長さが等しくなった。

さらに，辺DA上に点Gをとり，図2の状態から直線EGを折り目として折ったとき，図3のように頂点Aが直線BEに重なった。

(1) 図2の角㋐の大きさを求めなさい。

(2) AGの長さとGDの長さの比を求めなさい。

(3) 図3のかげをつけた部分の面積が$20cm^2$のとき，長方形ABCDの面積を求めなさい。

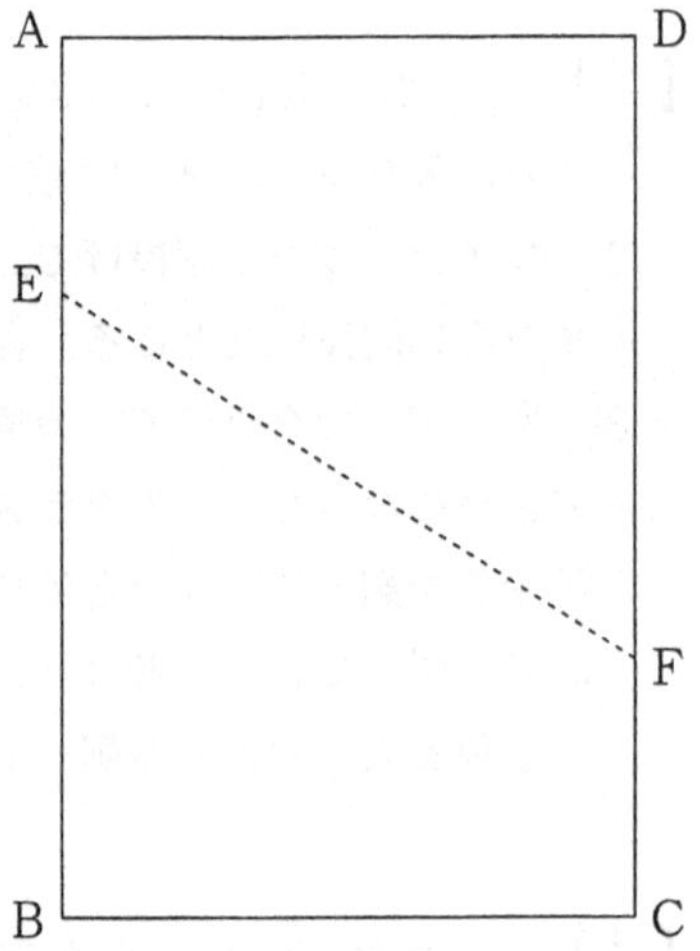

図1

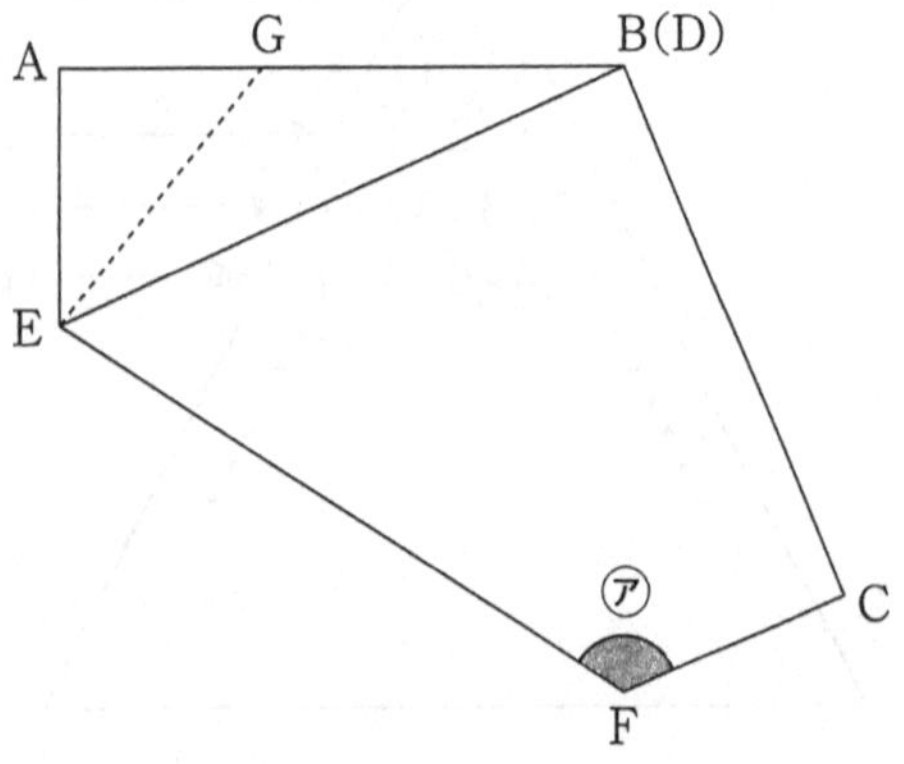

図2

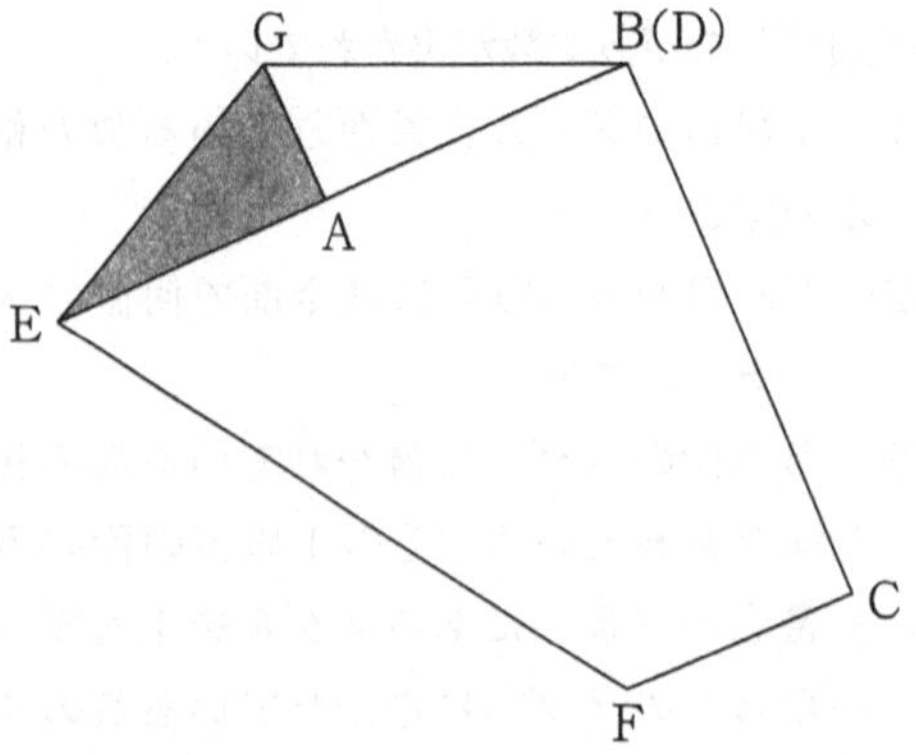

図3

【6】 下の図のように，K君とO君の兄弟が住む家の前には川が流れており，その川には２つの橋A，Bがかかっている。２つの橋A，Bは，ともに９時と９時30分になると橋が上がりはじめて通れなくなり，10分で元の状態にもどる。橋が上がりはじめたときに橋の上にいたときは，その場所に止まって橋が元にもどるまで待つものとする。

K君とO君が歩いて橋をわたり，川の向こう岸にある店に行くとき，次の問いに答えなさい。ただし，K君とO君はそれぞれ分速20m，分速15mで歩くものとする。また，道路や橋の幅《はば》は考えないものとする。

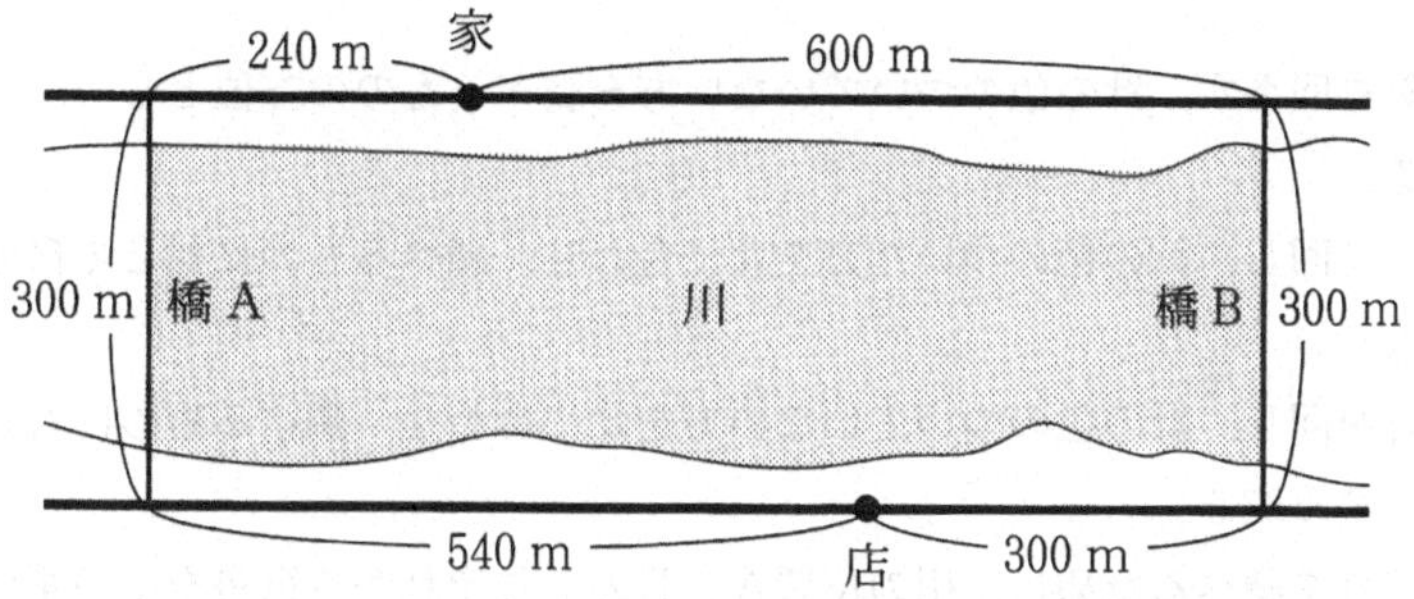

⑴ K君が８時50分に家を出て，橋Aをわたって店に行くとき，何時何分に店に着きますか。

⑵ O君が８時30分に家を出て店に行くとき，どちらの橋をわたったほうが何分早く着きますか。

⑶ O君は橋Aを，K君は橋Bをわたって店に行く。

O君はK君より早く店に着きたいと考えた。K君が８時30分に家を出ると知ったとき，O君はおそくとも何時何分より前に家を出ればよいですか。

【理　科】（25分）　＜満点：50点＞

【1】 川でおこなった実験と観察について，以下の問いに答えなさい。

（問１） 野外で何かの方位を知りたい場合，図１のような方位磁針を用います。方位磁針の使い方として正しいものを，次の中から１つ選び，番号で答えなさい。

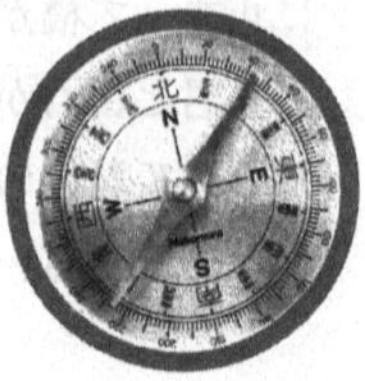

図１

1　方位磁針を回さず，針の色のついた方を調べるものの方位として読み取る。

2　方位磁針を回さず，針の色のついていない方を調べるものの方位として読み取る。

3　方位磁針を回し，針の色のついた方を北に合わせ，調べるものに対して自分の体を向け，方位を読み取る。

4　方位磁針を回し，針の色のついていない方を北に合わせ，調べるものに対して自分の体を向け，方位を読み取る。

（問２） 水の流れを調べるために，川の位置Ａ，Ｂのそれぞれから笹《ささ》舟を１つずつ同時に流し，15秒後に回収しました。図２は川の様子を，図３は実験で使用した笹舟を表しています。川の位置Ａ，Ｂから笹舟が流れた経路として，最も適切なものを次の中から１つ選び，番号で答えなさい。ただし，笹舟の動きは水の流れ以外の影響を受けないものとします。

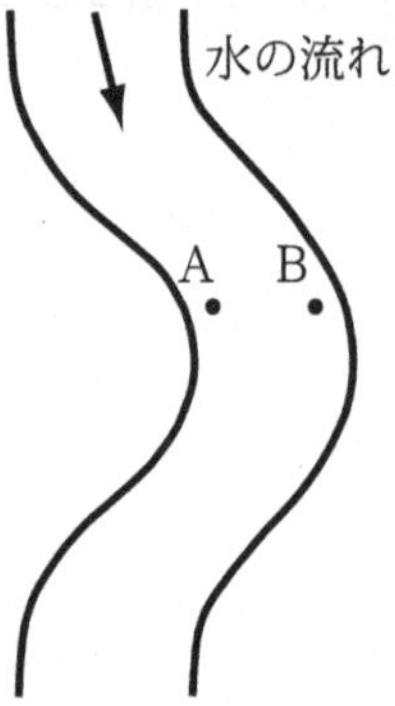

図２

図３

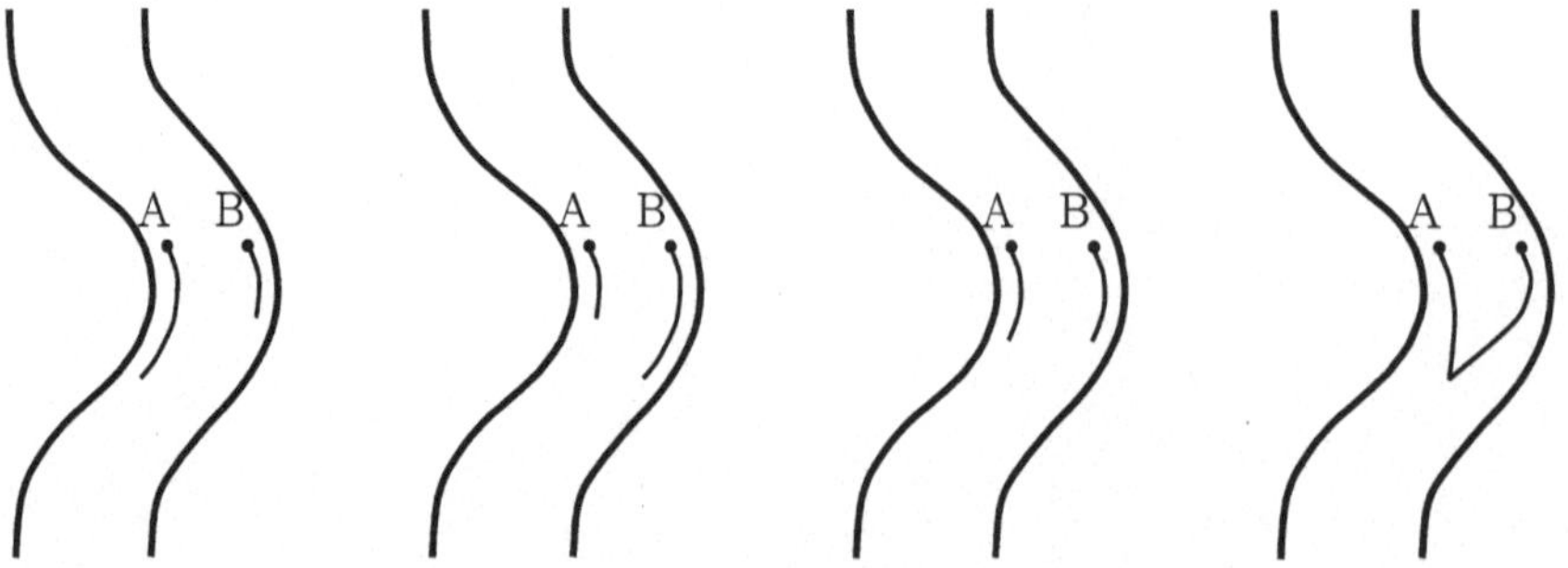

1　　2　　3　　4

（問３） 図４の写真は，川原の石を観察しているときにさつえいしたものです。この写真から読み取れる情報として，最も信らい性の高いものを次の中から１つ選び，番号で答えなさい。

図４

1　石の種類

2　石の重さ

3　石の形

4　1 m^2あたりの石の個数

（問４） 図４の写真からは，石の大きさは分かりません。写真をとるときに，どのような工夫をすれば，写真から石の大きさを推定することができますか。20字以内で答えなさい。

（問５） 川の水がなくならない理由として最も適切なものを次の中から１つ選び，番号で答えなさい。

1　川の上流は地下を通じて海に直接つながっており，水がじゅんかんしているから。

2　地面の下に，かつて降った雨水がたくわえられているから。

3　川の上流ではいつも雨が降っているから。

4　川の源には大きな湖や池が必ず存在しているから。

（問６） 河口は，川の水が海の水と出会う場所です。河口付近における川と海の水について，最も適切なものを次の中から１つ選び，番号で答えなさい。

1　川の水が海の水の上に流れこみ，潮の満ち引きなどで川と海の水が混ざっていく。

2　河口付近の水の塩分の濃さは，蒸発量や降水量のえいきょうを受けにくい。

3　魚などの生物が泳ぐことは，川と海の水の混合に大きくえいきょうする。

4　合流後，川の水が蒸発することで，海の水が占める割合が高くなる。

【２】 図１のように静止しているブランコの板に座《すわ》って，ひもをたるませないで，はじめの板の真下のＡ点から１ｍの点まで動かし，静かに地面から足をはなすとブランコは往復運動しました。

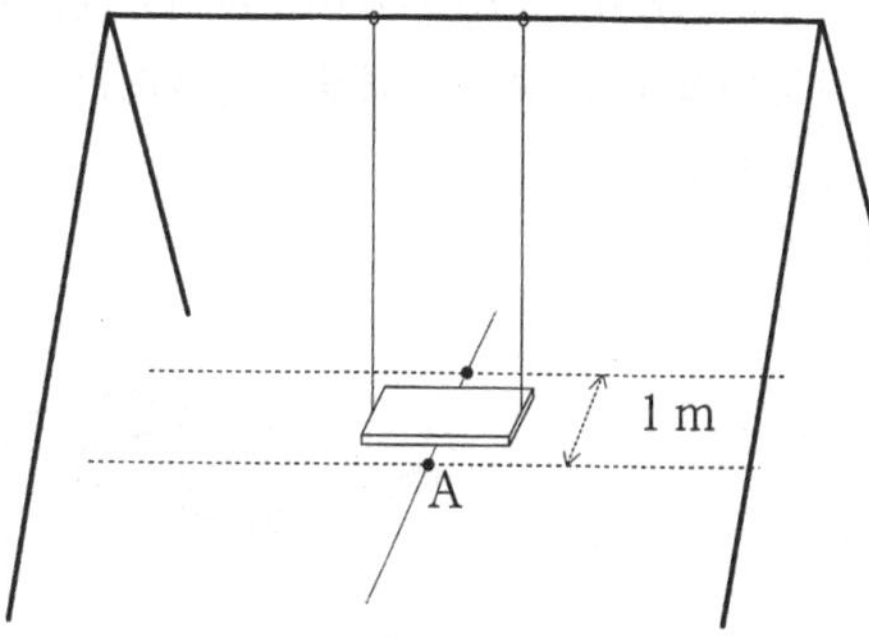

図１

（問１） 一定時間ごとのブランコの板の位置を正しく表している図を次の中から１つ選び，番号で答えなさい。ただし，図はブランコの板を真横から見た位置を表しています。

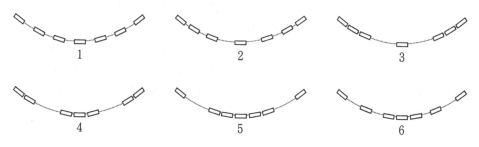

1

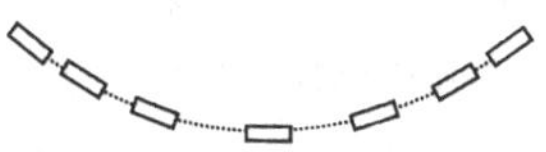
2

3

4

5

6

(問2)　図2はブランコを真横から見たものです。ブランコを往復運動させるのに，はじめにブランコの板をずらす位置を図2のB，C，Dのように変えると，ブランコが1往復するのにかかる時間はどのように変化しますか。正しいものを次の中から1つ選び，番号で答えなさい。ただし，AからB，C，Dはすべて30cm間隔《かく》で並んでいます。

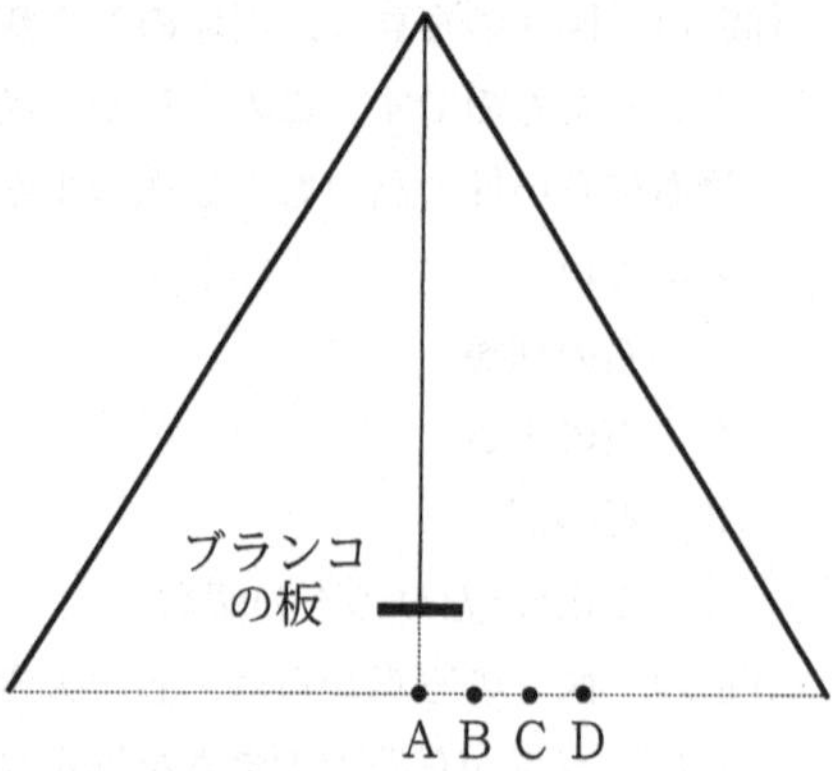

図2

1　Bが最も短く，C，Dの順で長くなる。
2　Bが最も長く，C，Dの順で短くなる。
3　BとCのときは同じで最も短く，Dが最も長くなる。
4　BとCのときは同じで最も長く，Dが最も短くなる。
5　B，C，Dのように変えてもすべて同じ時間である。

(問3)　同じ振《ふ》れはばで，ブランコが1往復するのにかかる時間を長くする方法として正しいものを次の中からすべて選び，解答らんの数字を○で囲みなさい。
1　ブランコの座る板をより重いものに取りかえる。
2　ブランコの座る板をより軽いものに取りかえる。
3　ブランコのひもをより短くする。
4　ブランコのひもをより長くする。
5　ブランコに座って乗っていた状態から板の上に立って乗るようにする。
6　ブランコの板の上に立って乗っていた状態から座って乗るようにする。

次に，図3のように等間隔に線が並んだシーソーの運動について考えることにします。同じ体重の子どもが中心Oから互いに反対方向に同じ距離《きょり》の位置にまたがって座ると，シーソーは水平につりあいます。子どもの体重が違う場合，座る位置を変えると同じように水平につりあわせることができます。

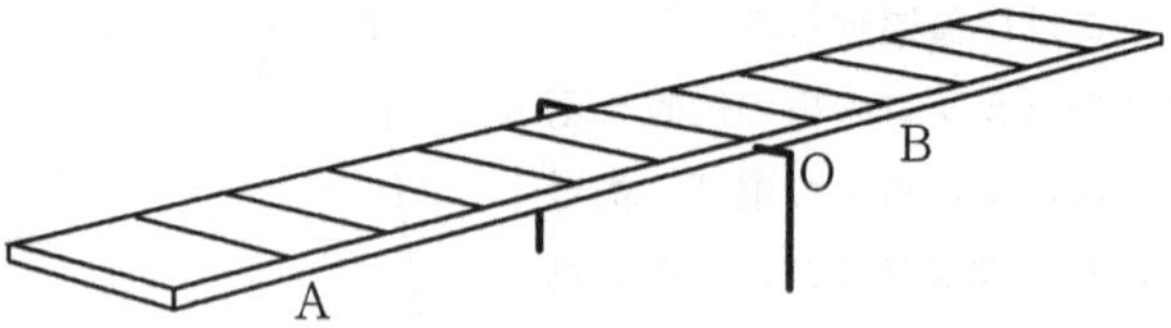

図3

(問4)　慶子さんが図3のAの線上に座り，慶太郎君がBの線上に座るとシーソーは水平につり合いました。慶太郎君の体重は慶子さんの体重の何倍ですか。

(問5)　慶太郎君がおりて，慶子さんの1.5倍の体重の慶次郎君がBの線上に座りました。シーソーをつり合わせるには慶子さんはどこの線上に座ればよいですか。シーソーの中心OからAまでの距離の何倍かで答えなさい。ただし，このシーソーでつり合わせることができない場合には，解答らんに「×」を記入しなさい。

【３】 森林では多くの生物がともに暮《く》らしており，図１は生物どうしのつながりと，気体のやりとりを示しています。例えば，「生物イ➡生物ア」は生物イが生物アに食べられていることを表します。また，「生物ア→気体Ａ」は生物アが気体Ａを放出していることを，「気体Ａ→植物」は植物が気体Ａを吸収していることを表します。

図１

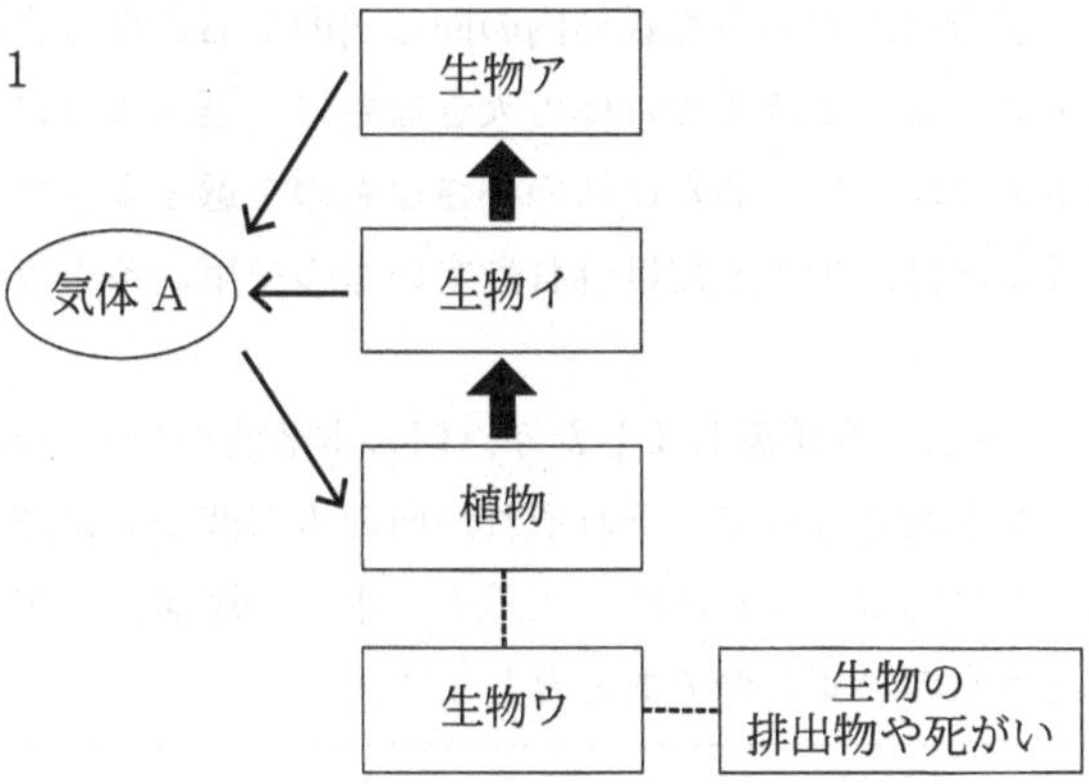

（問１） 図１の生物ウは，植物，生物の排出物《はいしゅつぶつ》や死がいと関わるはたらきをもっています。図中に点線で示されているそのはたらきについて，正しく述べているものを次の中からすべて選び，解答らんの番号を○で囲みなさい。

1　植物が育つのに必要な土を作り出すために，岩石をくだき分解する。

2　土の中から水を吸収し，植物に水を与える。

3　植物が吸収する栄養分を作り出す。

4　生物の排出物や死がいがくさらないようにする。

5　生物の排出物や死がいを食べる。

（問２） 図１の生物ア～ウに当てはまるものを次の中から２つずつ選び，番号で答えなさい。

1　タヌキ　　2　オオタカ　　3　カモメ　　4　タガメ

5　シイタケ　　6　カブトムシ　　7　ノウサギ　　8　ダンゴムシ

（問３） 図１の気体Ａの名称を漢字で答えなさい。

（問４） 図１には，生物間における気体Ａのやりとりのすべてが示されているわけではありません。不足している矢印（→）を解答らんの図に描《えが》き入れなさい。

（問５） ある森林に生息するアカネズミのおおよその総数を知るために，次のような調査をおこないました。文中の（ア）～（ウ）に入る数字として正しいものを次の中から１つずつ選び，記号で答えなさい。

> 生《い》けどりできるわなを用いてアカネズミを32ひきつかまえ，その体に印をつけて森林に戻した（１回目の調査)。その後，適切な日数をおいて，再びわなを用いて29ひきのアカネズミをつかまえたところ，そのうち４ひきに印がついていた（２回目の調査)。
>
> この調査では，アカネズミは森林全体を動き回っていて，森林から出入りしないものとする。ここでアカネズミの総数をNとすると，N：（　ア　）＝（　イ　）：（　ウ　）となるので，森林内にいるアカネズミの総数を推定することができる。

A　4　　B　8　　C　29　　D　32　　E　58　　F　64

（問６）（問５）の調査でより正確な結果を得るためには，どのようなことに気をつける必要がありますか。正しいものを次の中からすべて選び，解答らんの番号を○で囲みなさい。

1　１回目と２回目の調査は，どちらもアカネズミが活発に動いている同じ時間帯におこなうようにする。

2　１回目と２回目の調査は，どちらも森林内の同じ場所でおこなうようにする。

3　つかまえるアカネズミは，できるだけ体の大きなものを選ぶようにする。

4　つかまえるアカネズミは，できるだけ体の小さなものを選ぶようにする。

5　アカネズミにつける印は，できるだけ外れやすいものを用いるようにする。

【4】　８種類の水溶《よう》液（Ａ～Ｈ）を用意しましたが，何の水溶液か分からなくなってしまいました。そこで，以下の実験１～５をおこなって，それぞれが何の水溶液かを確認することにします。ただし，水溶液は①炭酸水，②食塩水，③石灰《せっかい》水，④重そう水，⑤塩酸，⑥アンモニア水，⑦水酸化ナトリウム水溶液，⑧さとう水のいずれかであるとします。

［実験１］　Ａ～Ｈをそれぞれ少しずつ取り，青色リトマス紙につけたところ，ＡとＤだけが赤色に変わった。

［実験２］　Ａ～Ｈをそれぞれ試験管に少しずつ取り，その中にアルミニウムはくを入れると，ＤとＧを入れた試験管からのみ気体が発生した。

［実験３］　Ａ～Ｈのにおいをかいだところ，ＣとＤには鼻がツンとするにおいがあった。

［実験４］　Ａ～Ｈをそれぞれビーカーに少しずつ取り，そこに電池，豆電球，導線を使って，電気を流そうとしたところ，Ｈだけは豆電球がつかなかった。

［実験５］　Ｂ，Ｅ，Ｆをそれぞれ試験管に少しずつ取り，フェノールフタレイン溶液を１滴ずつ加えたところ，Ｂは変化が見られなかったが，Ｅははっきりとした赤むらさき色，Ｆはかすかな赤むらさき色に変化した。

（問１）　Ａ～Ｅのうち，赤色リトマス紙を青くする性質をもつものはどれですか。正しいものをすべて選び，解答らんの記号を○で囲みなさい。

（問２）　Ａ～Ｈのうち，気体がとけているものをすべて選び，解答らんの記号を○で囲みなさい。

（問３）　Ａ，Ｂ，Ｃ，Ｄ，Ｇ，Ｈはそれぞれ何の水溶液ですか。問題文中の①～⑧の記号の数字で答えなさい。

（問４）　ＥとＦがどの水溶液であるかをはっきり決めるために，Ａ～Ｃのいずれかを使って実験をおこないました。文中の［　］を，直後の（　）にしたがって答えなさい。

ＥおよびＦが入ったそれぞれの試験管に，水溶液［　ア　］（Ａ～Ｃから１つ選ぶ）を加えたところ，Ｅでは［　イ　］（実験結果を10字以内）が，Ｆでは変化が見られなかった。

このことから，Ｅが［　ウ　］（①～⑧から１つ選ぶ）であることがわかった。

【社　会】（25分）　＜満点：50点＞

【１】 図１は１/50,000地形図「萩《はぎ》」より作成したものです。地図の方位は上が北で拡大縮小はしていません。問いに答えなさい。

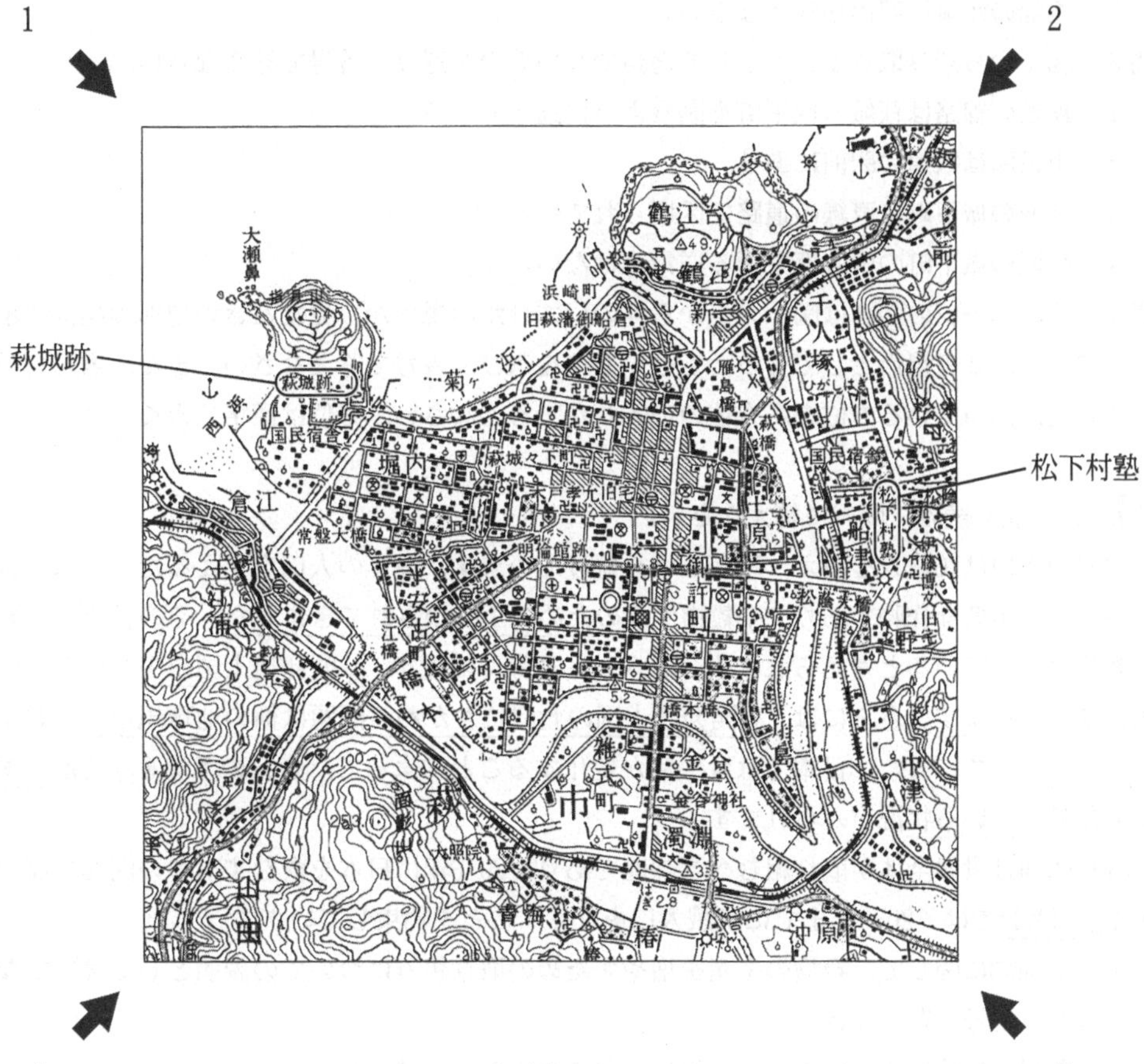

図１

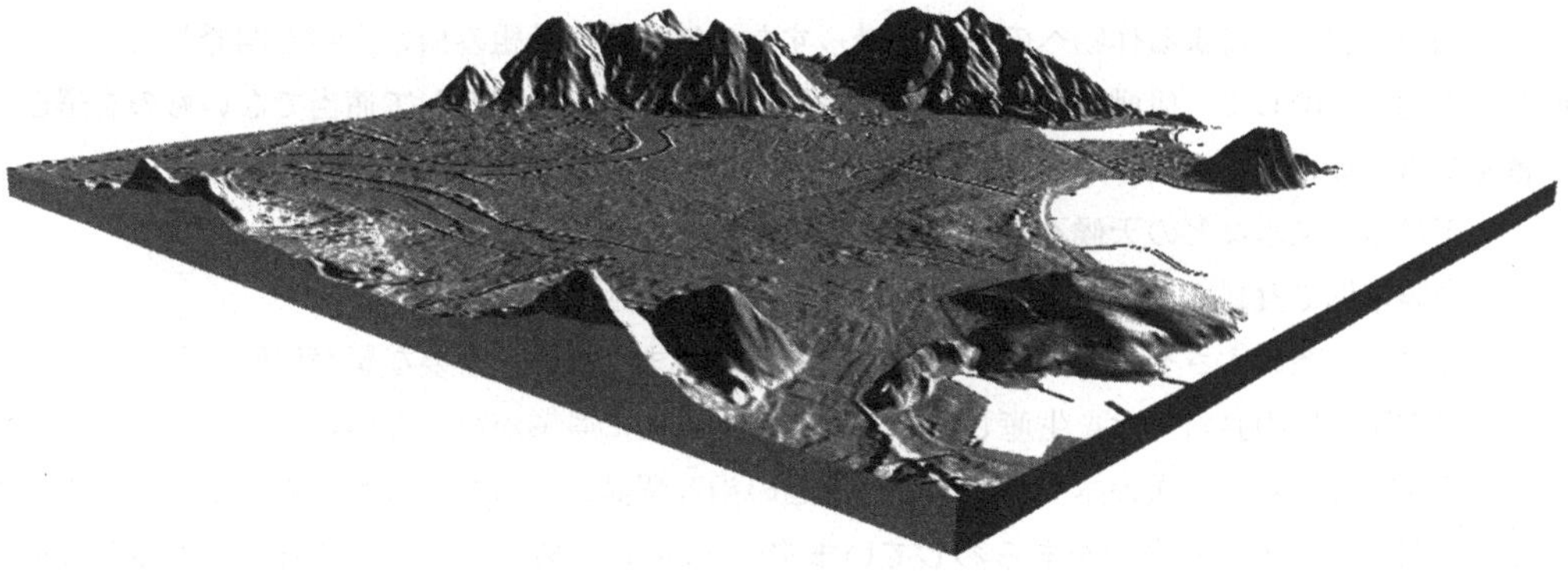

図２

※図の作成にあたっては，国土地理院の電子国土webを使用した。水平方向に対して高さは1.5倍にしてあります。

問１　前のページの図１中には萩城跡があります。萩城の城下町となっている場所の地形としてもっとも適するものを選び，番号で答えなさい。

１　三角州　　２　扇状地　　３　カルデラ　　４　リアス海岸

問２　図１中には松下村塾《じゅく》があります。松下村塾から萩城跡までの直線距離を地図上では６㎝でした。実際の距離は何ｍか答えなさい。

問３　図１から読み取れることとして適当でないものを選び，番号で答えなさい。

１　鉄道の線路は萩城の城下町を囲むように通っている。

２　市役所は鉄道の駅前にある。

３　萩城の城下町は直線の道路で区切られている。

４　萩城の城下町の中心部を通る送電線はない。

問４　前のページの図２は図１の１から４のいずれかの視点から見たときの地形の起伏を示したものです。図２の視点としてもっとも近いものを選び，番号で答えなさい。また，選んだ視点の矢印の先が向いている方位を八方位のいずれかで答えなさい。方位は漢字で書くこと。

【２】　次の文を読み，問いに答えなさい。

世界の人口は76億人を超え，現在も増え続けています。多くの人口を支えるためには，食料の中でも穀物は重要な作物であり，(ア)穀物生産のために工夫がされてきました。その結果，世界全体では穀物は足りていると考えられます。しかし，実際には近年，(イ)開発途《と》上国を中心に飢餓《きが》に苦しむ人は増えています。さらには，(ウ)開発途上国の食料にかかわる問題は他の地球規模での問題とも結びついています。また，日本では食生活が変化することによって，食料の多くを(エ)特定の国からの輸入に頼っている状況がみられます。

食料問題は世界全体が取り組むべき課題であり，2015年に日本を含むすべての国連加盟国が採択《たく》した(オ)SDGsでは，2030年までに飢餓人口をなくすことを約束しています。

問１　下線(ア)に関して，穀物の生産を増やすための取り組みについての説明として適当でないものを選び，番号で答えなさい。

１　飲料水を確保するために，農業に使用する水の量を減らした。

２　同じ土地で一年に何度も作物を栽培した。

３　浅い海や湖を干拓して農地を増やした。

４　病気や虫などによる作物への被害を減らすために，遺伝子組み換え作物を開発した。

問２　下線(イ)に関して，飢餓の発生する原因や理由についての説明として適当でないものを選び，番号で答えなさい。

１　干ばつや洪《こう》水などの天候不順により作物を十分に作ることができない。

２　国際市場で食料の価格が上がり十分に買うことができない。

３　穀物が家畜《ちく》のえさやバイオ燃料として使われてしまうため，必要な量が出回らない。

４　先進国向けの食料だけを生産しているために，自由に農業が行えない。

問３　下線(ウ)に関して，次のページの図１は問題の相互《こ》関係の一部をあらわしています（図中の矢印は影響《えいきょう》を与えている方向をあらわしています）。図中の（あ）～（う）にあてはまるものをそれぞれあとから選び，番号で答えなさい。ただし，関係の一部は省略してあります。

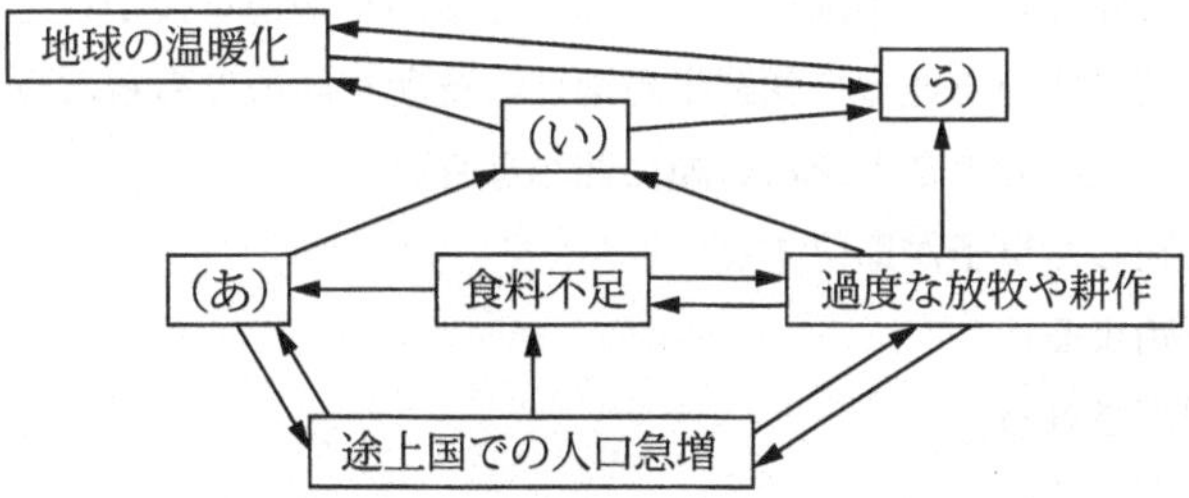

図 1

1　化石燃料の使用　　2　熱帯林の減少　　3　貧困　　4　海洋汚染《せん》　　5　砂漠《ばく》化

問 4　下線(エ)に関して，図 2 は2018年の日本の農産物輸入について表したものです。図中の（え）～（か）は，それぞれ同じ国を表しています。(え)～(か) の組み合わせとして適当なものを選び，番号で答えなさい。

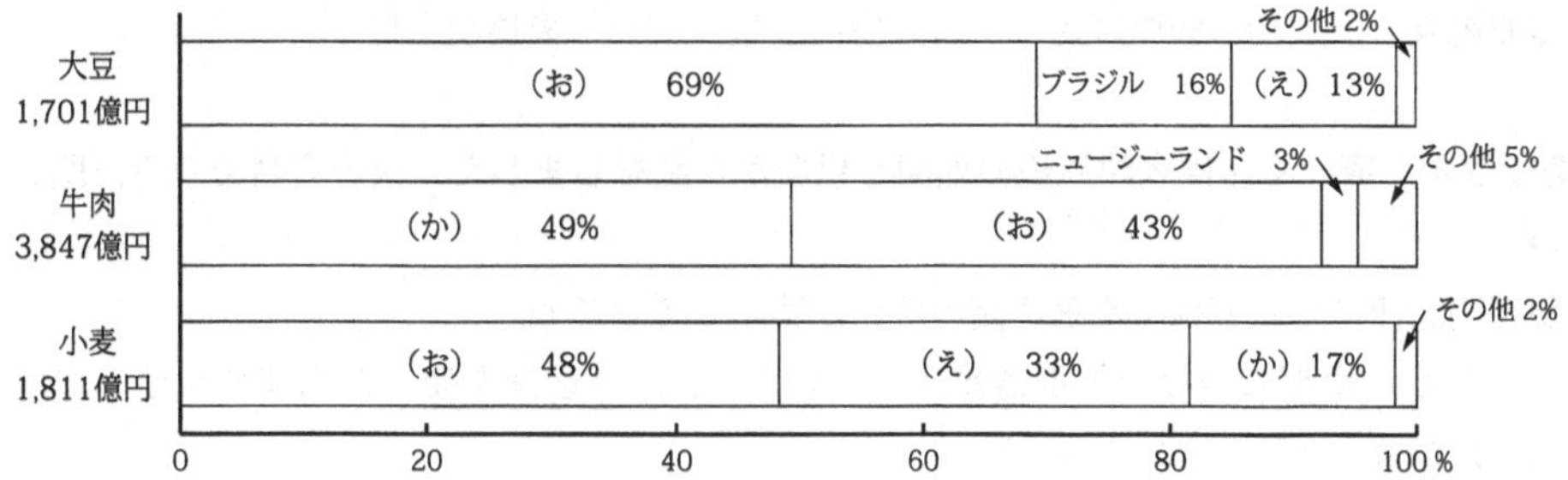

出典）農産物輸出入概況2018年（農林水産省）

図 2

	1	2	3	4	5	6
(え)	アメリカ合衆国	アメリカ合衆国	カナダ	カナダ	オーストラリア	オーストラリア
(お)	カナダ	オーストラリア	アメリカ合衆国	オーストラリア	アメリカ合衆国	カナダ
(か)	オーストラリア	カナダ	オーストラリア	アメリカ合衆国	カナダ	アメリカ合衆国

問 5　下線(オ)の日本語での呼び方について 9 文字で答えなさい。

【3】 次の文を読み，問いに答えなさい。

2019年 7 月，(　あ　) にある(ア)百舌鳥《もず》・古市古墳《ふん》群が世界文化遺産に登録されました。これらの古墳群は土を盛ったところだけで全長400mをこえる日本最大級の古墳を二つもふくんでいて，貴重なものです。埋葬《まいそう》された権力者の力を目に見える形で示すために，巨大な古墳はつくられました。

古墳の大きさは，百舌鳥・古市古墳群がつくられた時期を過ぎると，小さくなっていきました。(イ)中国や朝鮮半島の影響《えいきょう》を受けて次第《しだい》に国の支配のしくみが整えられてゆくと，大きな古墳をつくることではなく，(ウ)仏教の寺院や仏像をつくることで権力を示すようになっていったのです。

問 1　空らん（あ）にあてはまる都道府県の名前を漢字で答えなさい。

問 2　下線(ア)がつくられた時期の説明として正しいものを選び，番号で選びなさい。

1　倭《わ》は百済《くだら》《ペクチェ》救援軍を出したが，白村江で戦いに敗れた。

2　倭の国ぐにのうち，奴《な》の国王が中国に使いを送って金印を授かった。

3　倭の女王である卑弥呼《ひみこ》は，中国に使いを送って金印や銅鏡を授かった。

4　倭王武は，中国に使いを送って朝鮮半島南部の支配を認めてもらおうとした。

問3　下線(イ)に関する次のできごとを古い順に並べなさい。

1　壬《じん》申の乱に勝利した皇子が即位する

2　大化の改新が始まる

3　大宝律令が制定される

4　冠《かん》位十二階を定める

問4　下線(ウ)に関して，A～Dの寺院と最も関係が深い人物を1～12から選び，組み合わせて，古い順に並べなさい。

A　中尊寺金色堂　　B　東大寺　　C　平等院鳳凰《ほうおう》堂　　D　法隆寺

1　中大兄皇子　　2　厩戸《うまやと》皇子（聖徳太子）　　3　桓武《かんむ》天皇　　4　聖武天皇

5　天武天皇　　6　藤原道長　　7　藤原頼通《よりみち》　　8　藤原清衡《きよひら》

9　藤原純友《すみとも》　　10　藤原鎌足《かまたり》　　11　白河上皇　　12　後鳥羽上皇

【4】　慶子さんと慶一くんは大津周辺の地図を見ながら話をしました。次の会話を読み，問いに答えなさい。

慶一：現在の大津には新幹線や高速道路の経路が集中しているね。

慶子：むかしから京都につながる街道が通っていたし，(ア)琵琶湖を使った水運の重要な場所でもあったのよ。

慶一：(イ)織田信長が安土城を拠《きょ》点にした理由のひとつだね。

慶子：江戸時代には，ここを通る(ウ)東海道が整備され，江戸と自分の藩《はん》の間を定期的に往復する（　あ　）の大名行列が歩いていたのよ。

慶一：(エ)朝鮮通信使と呼ばれる朝鮮からの使節団が大津を通ることもあったんだろうね。

慶子：人やものが行き来した活気あふれる場所だったんだね。

問1　下線(ア)についての説明として適当でないものを選び，番号で答えなさい。

1　北陸地方でとれた米などを舟で運んだ。

2　問《とい》が活やくし，琵琶湖を通って運ばれてきたものを倉庫で管理していた。

3　平安京へは琵琶湖から流れ出る川をつかって，海産物などを直接運ぶことができた。

4　大津以外にも多くの港があり，街道とつながっていた。

問2　下線(イ)の織田信長による経済に関する政策で適当なものには○，適当でないものには×を記しなさい。

1　堺などの港町や佐渡の金山を支配し，利益を独占した。

2　楽市楽座により，特権を与えた商人に経済活動の中心を担わせた。

3　各地にあった関所を廃止し，人やものの移動を円滑《かつ》にした。

問3　下線(ウ)についての説明として適当なものを選び，番号で答えなさい。

1　大津は江戸と終点との間のほぼ中間にあたった。

2　いくつかの関所があったが，人は自由に行き来することができた。

3　海運業は発達せず，江戸と西国との間で米の輸送路に利用された。

4　宿場町が整備され，大津にも多くの人が宿泊した。

問４　空らん（あ）に当てはまる語句を漢字で答えなさい。

問５　下線㈤についての説明として適当なものには○，適当でないものには×を記しなさい。

１　長崎に上陸し，陸路を用いて江戸に向かった。

２　将軍の代がかわったときに，お祝いを目的に訪れた。

３　通信使と沿道の庶《しょ》民との交流は一切なかった。

【５】　慶子さんと慶一くんは，アジア太平洋戦争にいたるまでの日本の国内外の様子について話をしました。次の会話を読み，問いに答えなさい。

慶子：第二次世界大戦前の世界は３つの国のグループに分けられそうね。

慶一：広大な国土の中に資源を豊富に持つ（　あ　）と，植民地をたくさん持つ（　い　）などの国，そして資源や植民地の少ない（　う　）などの国だね。

慶子：日本は，（　う　）などの国と同じグループに分けられそうね。

慶一：だから資源や植民地を求めて，海外に積極的に進出すべきという動きが出てくるんだ。

慶子：（　え　）に敷《し》かれていた鉄道が爆《ばく》破されて始まった日中両軍の衝突《しょうとつ》がそのひとつね。

慶一：この時期，日本の国内政治を軍部が中心になって変えていこうという動きもみられたね。それが（　え　）に敷かれていた鉄道を爆破した事件の翌年の（　お　）に起きた事件だね。

慶子：慶應義塾出身の（　か　）首相が暗殺されたのね。

慶一：この事件のあと，（　き　）が皇帝となる新しい国が作られたんだね。

慶子：（　え　）に軍事的に進出したことが諸外国の反発を強め，日本は国際連盟から脱退し，国際的に孤《こ》立を深めていくことになるのね。

問１　空らん（あ）（い）（う）にあてはまる国の名前の組み合わせとして正しいものを選び，番号で答えなさい。

１　（あ）アメリカ　（い）イギリス　（う）ドイツ

２　（あ）アメリカ　（い）ドイツ　（う）イギリス

３　（あ）イギリス　（い）ドイツ　（う）アメリカ

４　（あ）イギリス　（い）アメリカ　（う）ドイツ

問２　空らん（え）にあてはまる地域名を選び，番号で答えなさい。

１　朝鮮　　２　台湾《わん》　　３　シベリア　　４　満州

問３　空らん（お）にあてはまる月日を選び，番号で答えなさい。

１　２月26日　　２　５月15日　　３　８月15日　　４　12月８日

問４　空らん（か）にあてはまる人物を選び，番号で答えなさい。

１　尾崎行雄　　２　犬養毅《いぬかいつよし》　　３　小村寿《じゅ》太郎　　４　陸奥《むつ》宗光

問５　空らん（き）にあてはまる人物を選び，番号で答えなさい。

１　孫文　　２　蒋《しょう》介石　　３　毛沢東　　４　溥儀《ふぎ》

問６　アジア太平洋戦争にいたるまでのできごとを古い順に並べなさい。

１　アメリカによる日本への石油輸出の禁止

２　日中戦争のはじまり

３　日独伊三国同盟の締《てい》結

４　第二次世界大戦のはじまり

【6】 次の文を読み，問いに答えなさい。

参政権には選挙をする権利（選挙権）と(ア)選挙をされる権利（被《ひ》選挙権）がありますが，選挙権は日本が近代国家として出発した明治維《い》新の頃から，下の表のように人びとの権利として徐《じょ》々に拡大しています。（表は「詳説日本史　改訂版」「第六十八回　日本統計年鑑」「総務省　目で見る投票率」より作成）

表　選挙権の拡大

	選挙実施年	人口（千人）	人口に占める 有権者の割合（%）
1	1890	39,902	1.1
2	1920	55,473	5.5
3	1928	62,595	20.8
4	1946	75,750	50.4
5	2013	127,414	81.7
6	2016	126,933	83.7

問1　下線（ア）について説明した文として誤っているものを選び，番号で答えなさい。

1　現在の日本では，衆議院議員の被選挙権は満20歳《さい》以上の男女に与えられている。

2　現在の日本では，参議院議員の被選挙権は満30歳以上の男女に与えられている。

3　現在の日本では，市区町村長の被選挙権は満25歳以上の男女に与えられている。

4　現在の日本では，都道府県知事の被選挙権は満30歳以上の男女に与えられている。

問2　表の1から6の選挙の中で，「普通選挙法」にもとづいて行われた最初の選挙を選び，番号で答えなさい。

問3　表の1の選挙の実施《し》に向けて力を尽くした人物を選び，番号で答えなさい。

1　原　敬

2　吉野作造

3　黒田清隆《きよたか》

4　板垣退助

問4　表の3と4の選挙を比べたときに，有権者の割合が大幅《はば》に増えた理由として，もっとも適当なものを選び，番号で答えなさい。

1　選挙権年齢《れい》が引き下げられ，女性にも選挙権が与えられたから。

2　有権者として納めるべき直接国税の額が減ったから。

3　有権者の条件がゆるやかになり，満25歳以上の男子に選挙権が与えられたから。

4　戦争が終わり，来日するようになった外国人にも選挙権が与えられたから。

問5　表の5と6の選挙を比べたときに，人口が減っているにもかかわらず有権者数が増えた理由として，もっとも適当なものを選び，番号で答えなさい。

1　政治に関心を示す若者が増えたから。

2　インターネットでの投票が認められるようになったから。

3　期日前投票が広く利用されるようになったから。

4　選挙権年齢が引き下げられたから。

【７】 次の文を読み，問いに答えなさい。

小学校で使用している教科書は(ア)税金によって無償《しょう》で支給されています。これは義務教育が無償で行われることを定めた日本国憲法第26条の(イ)教育を受ける権利を保障したものといえます。また，教科書には必ず「（　あ　）省検定済教科書」と記されていますが，(ウ)かつて教科書の検定をめぐって裁判が行われたことがありました。

教科書はそのほかにも多くの人に見やすいカラー（　い　）に配慮《りょ》したつくりがほどこされています。誰《だれ》もが使いやすいように工夫されているのも平等権や(エ)生存権を保障するためといえます。

問１　下線(ア)についての説明として適当でないものを選び，番号で答えなさい。

1　税には所得税や住民税などの国税と相続税や固定資産税などの地方税がある。

2　消費税は税を納める人と負担する人が異なる税である。

3　所得税は収入の多い人ほど多く税を納める仕組みとなっている。

4　法人税は企業の利益に対してかけられている税である。

問２　下線(イ)を保障するために1947年に制定された法律を選び，番号で答えなさい。

1　民法　　2　教育勅《ちょく》語　　3　教育基本法　　4　少年法

問３　空らん（あ）にあてはまる省名を漢字で答えなさい。

問４　下線(ウ)の裁判では何の自由の侵《しん》害について争われたか，もっとも適当なものを選び，番号で答えなさい。

1　信教の自由　　2　人身の自由　　3　経済活動の自由　　4　表現の自由

問５　空らん（い）にあてはまる語句を選び，番号で答えなさい。

1　バリアフリー　　2　ユニバーサルデザイン　　3　ノーマライゼーション

4　トレーサビリティ

問６　下線(エ)の権利の保障を求めた裁判の説明として適当なものを選び，番号で答えなさい。

1　小説の登場人物のモデルとされた人物が，許可なく自分の私生活を公開されたとして，訴《うった》えを起こした。

2　生活保護を受けている人物が，家族から送金をしてもらえるようになったことを理由に，自治体から生活保護費を減らされたことに対して，訴えを起こした。

3　夫婦は同じ姓《せい》にしなくてはならないとする決まりは，憲法違《い》反であるとして訴えを起こした。

4　身体に障がいを抱えた生徒が高校を受験し，障がいを理由に不合格となったことに対して訴えを起こした。

ア　明るさ　イ　おだやかさ　ウ　自由さ
エ　壮大さ　オ　強さ

問十一　空らん［Ⅲ］・［Ⅳ］に入れるのに最もふさわしい語句を次の中から選び、記号で答えなさい。なお、同じ記号を二度用いてはならない。

ア　うしろめたさ　イ　悲しさ　ウ　怖さ
エ　さみしさ　オ　情けなさ　カ　むなしさ

問十二　――5「ただうつむいて、靴の先っぽをじっと見つめている」とありますが、このときのしおりの心情として正しいものを次の中から選び、記号で答えなさい。

ア　まったく予想外の発言に、困惑してしまっている。
イ　葉子のことを簡単に許す気になれず、こらえている。
ウ　すなおな気持ちを聞けて、胸がいっぱいになっている。
エ　二人のいきさつを思い返し、気持ちを整理している。
オ　先に謝《あやま》らせてしまったことで、自分を責めている。

【四】「お金」の機能について、以下のようにまとめました。

品物自体を交かんする場合と比べて、持ち運んだり、ためておいたりすることが簡単である。また、より多くの人々や地域で一定の価値を共有できるため、商品やサービスの売り買いが、広いはん囲でスムーズに行える。

「お金」の例を参考にして、「文字」の機能について説明しなさい。

※一五〇字以内で書きなさい。
※原稿《げんこう》用紙の使い方に従って書くこと。改段落は不要である。

空気に、かすかに夏の始まりのにおいがした気がした。アスファルトの上にふたり分の影法師《かげぼうし》が落ちて、ひっそりと寄りそっている。

（水野瑠見『十四歳日和』より）

※出題の都合上、本文の一部を改稿しています。

問一 ＝＝a～eのカタカナを漢字に直しなさい。

問二 空らん〈A〉～〈D〉に入れるのに最もふさわしい語句を次の中から選び、記号で答えなさい。なお、同じ記号を二度用いてはならない。

ア 怒ったような **イ** おびえるような
ウ ぎょっとしたような **エ** ささやくような
オ とがめるような **カ** 逃げるような

問三 空らん[1]～[4]に入れるのに最もふさわしい語句を次の中から選び、記号で答えなさい。なお、同じ記号を二度用いてはならない。

ア あきれたような声 **イ** 困ったような声
ウ 平べったい声 **エ** わずかに明るい声

問四 空らん[Ⅰ]に入れるのに最もふさわしい語句を次の中から選び、記号で答えなさい。

ア 厳しい **イ** 暗い **ウ** 苦い **エ** にぶい **オ** 冷たい

問五 ――1「やさしい」とはここではどんなことにたいして使われている言葉でしょうか。次の中から選び、記号で答えなさい。

ア 友達の失敗を責めずにフォローをすること。
イ 一人でいるクラスメイトによりそってあげられること。
ウ 昔の友人関係にいつまでも一方的にこだわり続けること。
エ 周囲の皆にいい顔をして自分の意見を言わないこと。

問六 ――2「明るい会話。笑い声。～いつもの、日常だ」とありますが、朱里たちとの「日常」を葉子は何にたとえていますか。本文中から漢字二文字でぬき出しなさい。

問七 二箇所の空らん〔a〕に入れるのに最もふさわしい語を本文中から漢字三文字でぬき出しなさい。

問八 ――3「松村さんのせいじゃない」とありますが、衝突した本当の原因は何でしょうか。次の中から二つ選び、記号で答えなさい。

ア 応援旗に対する思いを朱里が最後までわかってくれなかったから。
イ 葉子自身も今まで言うべきことを言わずに済《す》ませてきてしまったから。
ウ 何の落ち度もない松村さんに対する朱里の発言がひどかったから。
エ 朱里がグループの中で自分とだけ言葉を交わさなくなったから。
オ 何とか修正《しゅうせい》しようとする百井くんの提案を朱里が否定したから。
カ ずっと協力してこなかった朱里に以前から不満があったから。

問九 ――4「本当の友達」とはどのような友達でしょうか。次の中から選び、記号で答えなさい。

ア いつも一緒に行動し明るい会話を楽しむ友達。
イ お互いへの気遣いを忘れないようにする友達。
ウ 困ったときにかばってあげられる友達。
エ すなおな気持ちで接することのできる友達。

問十 空らん[Ⅱ]に入れるのに最もふさわしい語句を次の中から選び、記号で答えなさい。

「大丈夫」

と、私はうなずいて、小さくほほえんだ。

「それに私、あの時初めて、朱里に本音を言えたから」

そう言いながら、自分はこれまで、どれだけの境界線を周りに引いてきたんだろう、と思った。しおりに対してだけじゃなく、朱里たちに対しても。いつだって皆《みな》に合わせて、顔色を読んで、笑っているだけ。一度だって、本気で向き合おうとはしてこなかった。

しおりは少しだまって、小さく「そっか」とつぶやいた。

うん、とうなずきながら、私はぎゅうっと指先を握《にぎ》り込む。そうだ。私はしおりにも、言わなくちゃいけないことがある。

「しおり、ごめんね」

ごめんなさい、と私が言うと、しおりの足がぴたりと止まった。

なんのこと？　と、しおりは、聞かなかった。5ただうつむいて、靴《くつ》の先っぽをじっと見つめている。その姿は薄闇《うすやみ》にぼやけ、表情までは見えなかった。

どのくらい経ったころだろう。

やがて、しおりがぽつんと口を開いた。

「いいの。私も同じだったから」

「……同じ？」

意外な一言に、私は思わず目を見張る。しおりは横顔だけで、小さく笑った。

「中学生になってから、葉子、急にきれいになったでしょ。大人っぽくて、おしゃれで。周りの友達もみんなかわいくて明るくて、私とは、全然ちがったから」

「…………」

「本当は、いつも話しかけたいと思ってた。なのにできなかった。私なんかに話しかけられたら、迷惑なんじゃないかって。無視されたらどうしようって。考えれば考えるほど、葉子が遠い人になってくみたいで、目を合わすのも怖くなっちゃって」

だから――と、しおりはひとりごとみたいにつぶやいて、私に向き直る。

「だから、私も、ごめん」

しおりの声が震えてる。そのことに気づいたとたん、吐く息がにじんだ。まばたきをすると、こらえていた涙が、春の雨みたいにほっぺたを滑《すべ》り落ちた。

「……なんで、葉子泣いてるの」

「しおりこそ。目、真っ赤」

鼻をぐすぐすさせながらそう言って、どちらからともなく、笑みをこぼす。

顔を上げると、青と朱《しゅ》が溶け合って、やわらかなグラデーションを描いた空が目に入った。頭上にはレモンみたいな形の月が透《す》けている。それを見た時、厚ぼったくはれたまぶたからすうっと熱が引いていくような気がした。心に、涼《すず》やかな風が吹く。

描きたいな、と、ふいに思った。

今の気持ちで、私は、この景色《けしき》を描いてみたい。ヘタクソだって、しおりに及ばなくたっていいから。ただ、描きたい。

暮れていく通学路を、並んで帰った。

私たちは一年以上の空白をうめるみたいに、たくさんしゃべった。

「ううん。ただ、佐古さんと瀬川さんって仲よかったんだなって。ちょっと意外だったから、その、びっくりして……」

ごにょごにょとそう言ってから、松村さんはあわてたように、「あ、でも悪い意味じゃなくて！　むしろいい意味で！」と、言葉をついだ。

「なんだか、見てて、4本当の友達って感じがするから。だから、いいなって」

その一言に、驚いた。［ａ］を越えることが、私はずっと怖かった。「日向」からはみ出そうとすることは、とがめられても仕方ないことなんだって、そう思っていた。だけど、いいな、と松村さんは言ってくれた。心を込めて。

「うん。小学校が一緒で。その時から……親友で」

親友、という言葉を使っていいのか、しおりが今もそう思ってくれているのか、それは私には分からない。でも、そうだったらいい。そう思って、私は言った。

「へえ、いいなあ。そういう友達」

百井くんが間のびした声で言って、のんびりと笑う。私はうなずいて、応援旗に目を落とす。

花びらの舞う空の中を、悠々《ゆうゆう》と泳いでいく大きなクジラ。

どこにでも行けそうな［Ⅱ］が、その絵からは伝わってくる。

私もいつか、そんなふうに、なれるだろうか――。

そう胸の内でつぶやいたら、教室に差し込む夕陽《ゆうひ》が、かすかに目にしみた。

応援旗が完成したのは、完全下校のチャイムが鳴った、六時半のことだった。

「……終わったー！」

と、最初に声を上げたのがだれだったのかは分からない。そのぐらい、みんなの声が気持ちよくハモったから。ちょうどそこへ、「なんだ、お前らまだやってたのか」とやってきたザワ先は、完成した応援旗を一目見るなり、「おおっ、すっげえな！」と、年甲斐《としがい》もなくはしゃいだ声を上げて、私たちを苦笑させた。

松村さんと百井くんとは、校門の前で別れた。

「今日はありがとう……本当に」

と、松村さんが言って、「じゃあね」と、百井くんが手をふる。

遠ざかるふたつの背中を見送ってしまうと、その場には、私としおりだけが残された。

「……帰ろうか。私たちも」

どちらからともなく顔を見合わせて、私たちは歩き出した。

ひっそりとした夕暮れの道に、ぱたぱたと、私たちの足音だけがリズムを刻む。そういえば、こうしてふたりで帰るのは、いつぶりだろう。そんなことを考えていたら、ふいに横顔に視線を感じた。目を上げると、しおりがためらうように、おずおずと口を開いた。

「あの……宮永さんのこと、ごめん。私のせいだよね」

朱里の名前を耳にして、心が、ちくりと痛んだ。

平気――では、きっとないだろう。朱里は「日向」からはみ出した私を、きっと受け入れはしないだろう。そのことに、どうしようもない［Ⅲ］はある。でも、少し前まで感じていた［Ⅳ］は、どこを探しても、もうなかった。

「花？」

首をかしげるしおりに、私は大きくうなずいた。

「そう。隠《かく》すんじゃなくて、デザインの一部にするのってどうかな。空に花びらが舞《ま》ってるようなイメージで全体に描きたして。そしたら、遠目からでも華やかに見えるし……」

そこまで言った時、みんなの視線が私に集まっているのを感じて、はっとした。遅ればせながら恥《は》ずかしくなって、かっと頬《ほお》がほてる。どうしよう。もしかして、おかしいことを言ってしまっただろうか――。

けれど、その時。

「いいと思う。すごく」

え、とまばたきをする私の前で、しおりがまっすぐ私にほほえみかけて言った。

「やろうよ、それ」

四人で頭をくっつけるようにして、空に、たくさんの花びらを描いた。そうして少しずつ暮れていく教室の中で、私たちは、今までいちばん、お互《たが》いのことをしゃべったと思う。

松村さんが吹奏楽部《すいそうがくぶ》でホルンを吹いていること。最近、小学生の妹が生意気になって困ってるってこと。そんなことも、初めて知った。

「生意気なのに、やっぱりかわいくて。くやしいけど」と、照れくさそうに笑う松村さんは、教室では見たことのない、「お姉さん」の顔をしていた。

百井くんは、あまり自分のことを話そうとはしなかったけれど、私たちの話にのんびりうなずいたりあいづちを打ってくれたりした。そのおだやかな横顔は、クラスの騒々《そうぞう》しい男子たちとは、まるで雰囲気《ふんいき》がちがう。そのせいだろうか、男子が苦手なはずのしおりまで、百井くんとはごく自然に言葉を交《か》わしてる。そのことに、びっくりした。

「瀬川さんは、将来、画家になるの？」

教室に差し込む光に夕暮れの色が混じり始めたころ、百井くんが、ふいにそう言った。

「……なんで？」

唐突《とうとつ》な質問だったからだろう、ささやくように答えたしおりの頬が、さっと赤くなった。

「え。だって、いつも休み時間に絵、描いてるから。だから、そうなのかなって」

ごく当たり前のように、のんびりと笑って、百井くんは言った。

その言葉に、はっとする。今まで考えたこともなかったけれど、そういえば、百井くんは昼休みにどこで何をしているんだろう、と思って。でも全然、思い浮かばない。そんなことさえ思い出せないぐらい、ごく近い、目の前の出来事しか自分には見えてなかったんだと思って、ふいに恥ずかしくなった。

「……なりたいって、思ってはいる、けど」

やがてしおりが恥ずかしそうにつぶやくと、「うわあ、やっぱりそうなんだ」と、百井くんはうれしそうに、明るい声を上げて笑った。その声にしおりはいっそう顔を赤くして、「私、水換《か》えてくるね」と、にごった色水のバケツを片手に、そそくさと立ち上がる。しおりが教室を出ていったところで、「あの……」と松村さんが、遠慮《えんりょ》がちに私のほうに顔を向けた。

「なに？」

——なんで？　朱里……。

思わず隣をふりあおぐと、朱里はもう他人事《ひとごと》みたいにつまらなそうにそっぽを向いていた。

その瞬間、私の中で、何かが弾《はじ》けた。

「朱里」

口を開くと、思ったよりも低い声が出て自分でも驚いた。

朱里が、おっくうそうに首をもたげて私を見る。その視線にひるみそうになったけれど、私は、構わずに口を開く。

「……なんで、そういう言い方するの。それに、ずっとサボってたじゃん、朱里。こんな時だけ責めるのって、おかしいよ」

言った。言ってしまった。

水を打ったような静けさの中で、カツン、と時計の針が動く音がした。しおりの、そして百井くんと松村さんの視線をひりひりと肌に感じる。怖い。怖くてたまらない。

「……何ソレ。なんであたしが、悪者みたいになってんの？」

抑揚のない声で言って、朱里がカバンをつかむ。そしてポニーテールを揺《ゆ》らして、私をまっすぐに見た。少し前まで「葉！」と笑いかけてくれていた、勝ち気な猫《ねこ》みたいな瞳《ひとみ》。でも今そこにあるのは、以前のような親しみじゃなかった。

「日向《ひなた》」と「日陰《ひかげ》」の「　a　」。それを朱里がたった今、私の前に、完全に引いたことが、はっきりと分かった。

「……もういい。帰る」

そう吐《は》き捨てると、ふり向きもせず、朱里は足早に歩いていってしまった。その背中を視線だけで追いかけながら、私は、そっと目をふせる。

泣きたかった。

だけど、泣かない、と思った。

だって、私は今、朱里に本当の気持ちを言った。そのことに、後悔《こうかい》はなかったから。

ゆっくりと[e]シンコキュウしてふり向くと、しおりと最初に目が合った。心配そうなそのまなざしに、大丈夫だよ、というふうに、私はうなずいてみせる。

「佐古さん……ごめんなさい。私のせいで」

目を赤くした松村さんに、私はううん、と首をふった。それは、本当の気持ちだった。私と朱里が衝突《しょうとつ》したのは、絶対に、[3]松村さんのせいじゃない。

「……だけど、どうしようか。これ」

と百井くんがつぶやいて、私たちは改めて、赤く散らばったシミを見下ろした。

淡《あわ》い色が混じり合った幻想的《げんそうてき》な空の中に、点々と散った鮮やかな赤。たしかに、そこだけ見れば、違和感《いわかん》はある。だけど、なんて鮮やかなんだろう。

そう思った時、ぴんと心にひらめくものがあった。そうだ、初めてしおりと出会った日、私たちの間を吹《ふ》き抜《ぬ》けていった風と、ひらめく花びらと——。

「……花」

ぽつんとこぼした私のつぶやきに、三人が、いっせいに顔を上げる。

くんと松村さんは、細かい作業が苦手なようで、細筆を使って描くところは、私としおりのふたりでやった。息をつめて、筆先に集中して、丁《てい》寧《ねい》に色をつけていく。そうして、ふうっと息を吐いて筆先を持ち上げる瞬間《しゅんかん》は、急に視界が広くなって、清々《すがすが》しい気持ちになれる。

　作業を終えて、片付けをしている時に、

「だいぶ、進んだね」

と、うれしそうに百井くんが言った。「頑張《がんば》れば、明日《あした》か明後日《あさって》には完成するんじゃないかなあ」と松村さんがあいづちを打ち、私としおりも、笑顔でうなずく。応援旗を見下ろせば、パステルカラーの空の中に、まだ白いままのクジラのシルエットがくっきりと浮かび上がっていた。

　――どうか無事に、この絵が完成しますように。

祈るようにそう思いながら、私はそっと、教室のドアを閉める。

　事件が起きたのは、その翌日のことだった。

　午後四時。外は、まだずいぶん明るくて、グラウンドからは野球部の掛《か》け声が、中庭からはトランペットの音色が響いている。作業を開始してまだ十分しか経《た》っていないこともあって、その時教室にはまだ、朱里も含めた応援旗係全員が顔をそろえていた。

　そんな時、それは起こった。

「あ」

　ぽつ、と目の前で鮮《あざ》やかな赤色の絵の具がしぶきのように散《ち》ったのと、松村さんが短い悲鳴を上げたのは、どっちが先だったんだろう。

　――嘘。

　気づいた時には、背景の空の上に、赤い絵の具が点々と散っていた。拭《ふ》きとる間もなく、赤い絵の具はすうっとすいこまれるようにシミになっていく。目の前には、赤く染まった筆をパレットに置いて、青ざめた顔をした松村さんの姿があった。

「ごめん！　ごめんなさい……」

　一瞬、しん、と静まり返った教室の中で、だれよりも先に声を上げたのは、松村さん本人だった。今にも泣き出しそうな顔で、「どうしようどうしよう」とうろたえている。

　実際、これはまずいかも、というのは、私自身も思ってしまったことだった。

　上から塗《ぬ》り直したって、背景の色が薄《うす》いぶん、どうしても派手《はで》な赤色のほうが浮き出てしまう。ごまかそうとしても、かえって悪目立ちしてしまいそうだ。だけど今は、涙目《なみだめ》になっている松村さんを責める気にはなれなかった。

　大丈夫だよ、なんとかなるよ――。

　そうフォローの言葉を口にしようとした。けれど、その時だった。

「えー、超《ちょう》目立つじゃん。どうすんの？　これ」

　ロコツな物言いにぎょっと顔を上げると、さっきまで手持ちぶさたにしていた朱里が、すぐそばに立っていた。きれいに整った眉をひそめて、応援旗を見下ろしている。

「あ、でも上から塗り直せば……」

　おずおずと、百井くんが言いかける。

　けれどそれを朱里は、「や、そこだけ塗り直しても、かえって目立つでしょ」とあっさり一蹴《いっしゅう》した。その一言に、松村さんはさらに耳を真っ赤にして、「ごめんなさい……」とうつむいてしまう。しおりが手を当てた松村さんの肩《かた》は、すでに、泣きだす寸前のように小さく震えている。

私がしおりと親しくするのを、朱里ははっきりと拒《こば》んでいる。それはもう、目に見えて明らかだった。その証拠《しょうこ》に、私がしおりのほうを気にしていると、〈　D　〉朱里の視線が、すぐさま横顔に飛んでくる。まるで、牽制《けんせい》するみたいに。

少しずつ、だけど確実に、何かがずれ始めてる。

そしてそれがいちばん、はっきりと目に見えて分かるのは、やっぱり、放課後の教室だった。

「おーい、朱里ーー」

人気のない、五人きりの教室の中に、朱里をよぶ甲高《かんだか》い声が響《ひび》き渡《わた》る。

手を止めて顔を上げると、ドアの向こうから背の高いショートボブの女の子がぶんぶんと手をふっていた。数秒前まで不機嫌《きげん》そうに、パレットの上でぺたぺたと絵の具を溶《と》いていた朱里は、とたんに顔をぱっと輝《かがや》かせて、「ちーちゃん!」と、その子に駆《か》け寄っていく。

——ああ、まただ。

のど元にこみ上げた［ I ］感情を、ため息とともにのみ下す。だけど、心はざらりと毛羽だったまま、ちっともおだやかになってはくれなかった。きゃはは、と廊下《ろうか》から聞こえてくる朱里たちの笑い声が、やたらと耳にさわる。

今日で、応援旗製作を始めてから六日目。

だけど、朱里がまともに活動に参加していたのは、最初の二日——いや、二日目も途中で帰ってしまったから、初日だけ、だった。

「あっれー？　もしかして朱里も応援旗で残ってんの?」と、隣のクラスの女子が、ひょっこりとうちのクラスの教室をのぞきこんできて言ったのは、今から、三日前のこと。どうやら朱里と同じバスケ部の子だったらしく、以来朱里はこれ幸いとばかりに、連日、隣のクラスに入り浸《びた》るようになってしまったのだった。

——なんか……なんかやだ。こういうのって、すごく。

心の奥でつぶやいて、私はぎゅっと奥歯《おくば》をかみしめる。思っているだけじゃなくて、実際に言わなくちゃいけないんだ、と分かってはいるけれど、隣の教室へ踏《ふ》み込んでいって、朱里を連れ戻すことを考えると、どうしても足がすくんだ。もしかすると、私の煮《に》え切らないところを、朱里は「やさしい」と言ったのかもしれない。

「葉子、大丈夫?」

私がよほどdケワしい顔をしていたんだろう。おずおずとしおりが話しかけてきて、私はようやく、はっとわれに返った。

「……うん、平気」

かろうじて笑顔を返すと、しおりも、ほっとしたように目元をゆるめた。

しおりとは、早朝の教室でしゃべったのをきっかけに、じょじょにではあるけれど言葉を交わすようになっていた。ぎこちなさはまだ完全に消えてはいないし、しおりのほうに壁《かべ》を感じることもときどきある。だけど、「葉子」としおりがよんでくれるようになったことだけで、今は十分にうれしかった。

それに——絵を描くことは、やっぱり、すごく楽しかったんだ。

普段はめったに使わないような大きな刷毛で、思い切り、まだ白いところをすうっとなぞる。そうすると、心にあったもやもや、自分のふがいなさも、全部ぜんぶ、ざあっと流されていくような気がした。百井

ごもった私にちらりと目をやって、朱里は「だったらさあ」と苦笑《くしょう》まじりにつづけた。

「今さら、義理立てしてあげなくたって、大丈夫だって！　瀬川さんっていかにもマイペースって感じだし、うちらと全然ジャンルちがうじゃん。そこまで葉が、気をつかってあげること、ないと思うけど」

――ちがう。義理立てとか、そんなんじゃない。

「そうじゃないの。私が今、しおりと、友達になりたくて」

　気がつくと、とっさに、そう口走っていた。でもそれは、とっさだったからこその、本音でもあった。冷たい汗《あせ》が背中を伝う。どうしよう。朱里の顔が、見られない。

「……へー、そうなんだ」

　ひりつく沈黙の後、朱里は感情の読めない［　3　］でつぶやいて、短く笑った。

「なんかさ、前から思ってたけど、葉ってほんと、[1]やさしいんだね。だれにでも」

　あ、と思って目を上げた時には、朱里はもう、きびすを返したところだった。そのまま、私を置いて、〈　C　〉足取りでトイレから出ていってしまう。

　しばらくして、私がひとり教室に戻《もど》ると、そこに朱里の姿はなかった。呆然《ぼうぜん》と立ち尽《つ》くす私を見つけて、しおりが「葉子」と遠慮《えんりょ》がちに口を開く。その隣《となり》で百井《ももい》くんと松村さんが、眉をハの字に下げていた。

　平静を装《よそお》って、「朱里は？」と、尋《たず》ねると、百井くんが［　4　］で言った。

「宮永さん、今日は部活に行くからって。佐古《さこ》さん、一緒じゃなかったの？」

「やさしい」っていうのは、これまでずっと、ほめ言葉だと思ってた。だけど、ちがった。

　朱里があの時言ったのは、八方美人、いい子ちゃん――きっと、そういう意味だ。

「聞いてよー、今日の染谷《そめや》先生のネクタイ、ウサギ柄《がら》だったんだけど！　ギャップっていうかさ。やっぱかわいくない？」

「うーっそ、ソレ、彼女の趣味《しゅみ》とかなんじゃない？」

「朱里ー、意地悪言わない！　ってか、ソメ先って、もともと乙女《おとめ》趣味っぽくない？」

　休み時間。私たちは、今までどおり、四人でひとつの机を囲む。

　[2]明るい会話。笑い声。ぱっと見ただけじゃ、なんにも変わったところはない。いつもの、日常だ。

　朱里は私のことを、グループから外そうとはしなかった。

　意外なことに、芙美《ふみ》とりっちゃんには何も話していないようで、ふたりとも「葉ー、教室移動するよー」なんて、ふつうに話しかけてくる。その流れで結局は、いつものように四人のままで行動する。そんな日々が、ここ数日はつづいていた。

　だけど朱里が自分から、私に声をかけてくることはなくなった。一緒に机を囲んでいても、朱里は芙美とりっちゃんにだけ、笑顔を向ける。芙美とりっちゃんをはさんでその場を共有しながらも、私と朱里の間で直接言葉が交わされることは、ない。

　なんで――なんて、そんなこと、聞くまでもない。

その日の放課後、私は、朱里の前で、初めてしおりの名前をよんだ。

「しおり、背景の色ってこんな感じの青でいいかな」

そんなふうに、しおりに話しかけた私に、あんのじょう、朱里は〈　A　〉目を向けた。なんで？　葉ってば、何言っちゃってんの――？　あからさまに向けられた困惑《こんわく》とaヒナンのまなざしがぴりぴりと肌《はだ》に突《つ》き刺《さ》さって、息が止まりそうだった。

怖《こわ》くない、なんて言ったら、百パーセント、嘘《うそ》になる。本音を言うと、今すぐにでも逃《に》げ出したかった。

――だけどもう、怖がるのはやめる。やめるって、決めたんだ。

ぐらつく心をぴしっと叱《しか》って、私は、うつむきそうになるのをぐっとこらえる。

耳をすませるまでもなく、bシンゾウがばくばく波打っているのが分かった。パレットの中でつやめく空の色を見つめながら、ただ、祈《いの》るように、息をつめて待つ。

凍《こお》りついたような沈黙《ちんもく》。

それを、先に破ったのは、朱里ではなくて、しおりのほうだった。

「……うん。それで大丈夫《だいじょうぶ》。ありがとう、葉子」

〈　B　〉、まだかすかにためらいのにじんだ声。

けれどしおりは、間違いなく、私の名前をよび返してくれた。

顔を上げると、しおりとcチュウで視線が合った。だけどもう、その目を私はそらさない。「了解《りょうかい》」と笑顔《えがお》で言って、私は、刷毛《はけ》をたっぷりの青にひたした。

だけどもちろん、このままで、今日が終わるはずはなかった。

「あのさ、葉。なんなの、さっきのアレ」

葉、ちょっとトイレ行かない？　と、声をかけられた時から、何か言われるだろうな、とは思っていた。だから覚悟はしていたはずだったのだけど、やっぱり、面と向かって直球を投げられると、足がすくんだ。

「なんで瀬川《せがわ》さんのこと、急によび捨てにしてんの？」

びっくりなんだけど、と朱里はひとりごとみたいにつぶやいて、ロコツに不審《ふしん》そうな顔をこちらに向ける。私は小さく息をすって、意を決して口を開いた。

「……友達、なんだ。小学校からの」

そう言って、必死でなんでもない顔をして、朱里の顔をまっすぐに見る。顔が熱い。なのに、どうしようもなく足元は寒かった。もうじき四月も終わるというのに、身体に細かい震《ふる》えが走る。

「友達って……」

朱里は［　1　］でそうつぶやくと、ぷつりとだまった。眉《まゆ》を寄せ、何かを考えているような表情。だけどややあって、朱里は気を取り直したような、［　2　］で「まあでも、それって、昔の話なんでしょ？」と言った。

――え。

どうして、そういう話になるんだろう。きょとんと私がまばたきをすると、「え、だってそうじゃないの？」と、朱里が首をかしげた。

「だって、これまで瀬川さんと葉がクラスの中でしゃべってるとこ、見たことなかったし。今も仲いいんだったら、もっと前からしゃべってるはずじゃん」

朱里の指摘《してき》に、言葉につまる。たしかに、一理あったから。思わず口

しています。

「〈　　Ⅱ　　〉。それがおすすめです」と。（針生悦子『赤ちゃんはことばをどう学ぶのか』より）

※出題の都合上、本文の一部を改稿《かいこう》しています。

〈注1〉その土地で生まれ育った人。

〈注2〉二つの言語を日常的に使える人。

問一　空らん a ～ d にあてはまる語を次の中から選び、記号で答えなさい。なお、同じ記号を二度用いてはならない。

ア　したがって　イ　すると　ウ　そして　エ　もちろん

問二　空らん A にあてはまる語を本文中からぬき出し、漢字三文字で答えなさい。

問三　――1「良い教材になる」とありますが、それはなぜですか。「～から」に続く一〇文字以内の語句を本文中からぬき出しなさい。

問四　――2「意味不明な雑音」と同じ内容の語句を本文中から十一字以上十五字以内でぬき出しなさい。

問五　――3「この違い」とはどのような違いか、三〇字以内で書きなさい。

問六　空らん〈Ⅰ〉にあてはまる文を次の中から選び、記号で答えなさい。

ア　赤ちゃんでも違いはありません

イ　集中しないわけがありません

ウ　役に立たないはずがありません

エ　楽しくないこともありません

問七　空らん〈Ⅱ〉にあてはまる文を次の中から選び、記号で答えなさい。

ア　とりあえず学校で英語の文法を一通り習ったあと、お子さんが自分で覚悟を持って『行きたい』と言ったのなら、留学でもさせるのがいいのではないでしょうか

イ　英語は大人になってから学習しても十分間に合うので、お子さんが小さいうちはまずは母語である日本語をしっかり身につけることを優先させましょう

ウ　小さいころから特別に英語教育を行う必要はありませんが、日常生活の中でなるべく自然に英語に接する機会が多くあった方が大人になってから苦労しません

エ　英語に関心を示すようになる年齢《ねんれい》は子どもによってそれぞれ違いますから、近くで見ている保護者が必要だと思うタイミングで習わせるのが一番効果的だと思います

【三】　次の文章を読んで、あとの問いに答えなさい。

（これまでのあらすじ）

絵画という共通の趣味もあって、小学校では一番の親友だった葉子（「私」）としおり。中学校に進学した葉子が姉のすすめでおしゃれをするようになると、周囲からの扱《あつか》いも変わり、クラスの華《はな》やかな女子グループの一員に迎《むか》えられるが、一方でしおりとは次第に距離《きょり》をおく。二年生になった春、体育祭の応援旗《おうえんき》を作る放課後の居残り作業を、しおりと、現在のグループのメンバーである朱里《あかり》と一緒《いっしょ》に行うことになった。朱里の目を気にしてしおりによそよそしい態度をとる葉子だったが、朝早くから学校に来て絵を描《か》いているしおりの姿を偶然《ぐうぜん》目にして心を打たれ、もう一度友達としてやり直すことを決意する。

それに対して外国語の音声は、話すリズムもいつもなじんでいる言語とは違《ちが》うし、使われてい音の種類もなんだかヘンだし、よく知っている文末表現もいっさい出てきません。となれば、赤ちゃんにとってそれは、話しことばではなく、ただの2意味不明な雑音でしかないでしょう。

意味不明な雑音と言えば、ふだん耳にしているのが英語である赤ちゃんにとって、オーディオから聞こえてくる日本語は、やはり雑音にすぎないのでしょう。私の研究室でこんなことがありました。

1歳前後の赤ちゃんに日本語のセリフを聞いてもらう研究で、赤ちゃんの母親に、「これから日本語のセリフを聞いていただくのですが」と説明しかかると、その母親は私を遮《さえぎ》って次のように言いました。

「ああ、それでしたら、うちの子はダメかもしれません。私、自分が〈注2〉バイリンガルなので、家では英語でしか話しかけていないし、お父さんは日本語しか話せないんですけど、この子が起きているときはほとんど家にいませんし。この子、日本語を知らないと思います」

「でもまあ、せっかく来てくださったのですし」ということで、試しにその赤ちゃんにもいつもの日本語のセリフを聞いてもらいました。

[d]、その赤ちゃんは本当にまったく興味を示さないのです。音声が流れ始めたとき、ちらっと音のする方を見ることはしたのですが、じっと音のする方を見つめ続けるようなことはせず、すぐに何だかリラックスした様子で部屋の中をあちこち見回し始めたのでした。

たいていの子どもは、日本語のセリフが聞こえ始めると、じっと音がする方を見つめ、時には少し嬉《うれ》しそうな表情さえ浮《う》かべ、音声に聞き入ってくれます。ですから、3この違いには驚《おどろ》きました。

「いやいや、赤ちゃんが集中して聞いていてくれているか、まったく興味を示さないか、なんて、それは見ている方の思い込《こ》みでしょう」と言われれば、返すことばはありません。もちろん、このような印象だけでは、データとは言えず、研究として報告することもできません。それでも、日本語のセリフにまったく興味を示さないその赤ちゃんを見ながら、そのとき私はふと思ったのです。なじみのない外国語のオーディオを聞かされたときの赤ちゃんも、こんな感じなのではないかと。

このように1歳前後とはいえ、何かの話し声を聞かされれば、赤ちゃんには、それがいつも耳にしている言語かどうかぐらいはすぐにわかります。その意味では、なじみのない外国語の音声は、赤ちゃんにとっては意味不明なただの雑音です。それが何なのか、自分の生活にどう関係があるのかなど、さっぱりわからないはずです。対して大人は、初めから「その外国語を学習しよう」と思って、オーディオを一所懸命《けんめい》に聞くわけです。それなら、〈　I　〉。

ここにもまた、赤ちゃんと大人とのあいだの大きな違いがあります。目前の状況《じょうきょう》のなかで、それが必要であることを実感できないと赤ちゃんは学びません。それに対して、大人は少し時間的に離《はな》れた将来に備えて、自分の意思で学習するということを選択《せんたく》できるのです。

言語を身につけるというのは、簡単なことではありません。「今ここでの必要性」から「将来の必要性」まで含めて、本人がその必要性に納《なっ》得《とく》し、そのたいへんさを引き受ける覚悟《かくご》で学習に取り組まなければ、到《とう》底《てい》身につけられるものではありません。

こういう研究をやっていると、よく受ける質問の一つが、「それで、子どもにはいつから英語を聞かせたり習わせたりしたらいいのでしょうか」というものです。この質問に対して、私は次のように答えることに

【国　語】（四五分）〈満点：一〇〇点〉

※解答に句読点や記号などが含《ふく》まれる場合は一字に数えます。

【一】　次の各組の□には同じ漢字一字が入る。その漢字を書きなさい。

また、各組の語句が一般的にどのような意味で用いられるかによって、次のように記号を書きなさい。

・両方ともプラスの意味　→　A
・片方がプラス、もう片方がマイナスの意味　→　B
・両方ともマイナスの意味　→　C

〈例〉□が出る・□をすくわれる　〈答〉　足・C

① □がいい・□の息
② □がきれる・□が下がる
③ □のおけない・□が多い
④ □に流す・□をさす
⑤ □を失う・□をなす

【二】　次の文章を読んで、あとの問いに答えなさい。

「小さなうちに母語以外の言語にも触《ふ》れさせておけば、子どもは〝母語と同じように〟その言語もラクに素早く〈注1〉ネイティブ並みのレベルで身につけられるのではないかしら」

よく聞くそのような考えは、どうやら大人の都合よすぎる期待のようです。

結論として、子どもは母語であろうとラクして学んでいるわけではありません。悲愴《ひそう》な顔つきはしていないかもしれませんが、時間はかかっていますし、相当な努力もしています。

[a]、子どもにそのような努力ができるのは、それがわかるようになることがぜひとも必要だと実感させる環境《かんきょう》が、母語の場合はあるからです。

[b]、1歳《さい》前後の子どもに、なじみのない外国語のオーディオやビデオを与えても、あまり効果はありません。赤ちゃんにとって、オーディオやビデオから聞こえてくる音声は、[A]が実感できるどころか、何だかよくわからない音の流れにすぎず、それが自分の生活にどうかかわってくるかもよくわからないのですから。

授業で大学生にこの研究の話をすると、教室がざわつきます。実際に、自分の外国語学習にオーディオやビデオを使ったりしてきた人も少なくないので、「効果がなかったのか……」とがっかりする人もいれば、「そんなはずないだろう！」と怒る人もいます。

[c]大人、つまり自分でわかって努力できる人には、オーディオやビデオは1良い教材になると思います。ビデオやオーディオに効果がないことを見いだした研究は、1歳にもならない赤ちゃんを対象にしたものでした。

1歳にもならないとしても、それでももう1歳近くの赤ちゃんです。自分がふだん耳にしている言語のすべてを理解することはできなくても、それはどのようなリズムや抑揚《よくよう》で話され、どのような音でできており、そこにはどのような単語や文末表現（たとえば「〜だよ」「〜ているね」などなど）が出てくるか。そんなことはもうわかってきています。

2020年度

解　答　と　解　説

《2020年度の配点は解答欄に掲載してあります。》

＜算数解答＞ 《学校からの正答の発表はありません。》

【1】 (1) $\frac{11}{14}$ (2) 29 (3) 3516.8

【2】 (1) 1時間15分 (2) 9回 (3) 14人

【3】 (1) 64 (2) 2106個 (3) 8190 【4】 (1) $\frac{2}{3}$ (2) $\frac{4}{15}$ (3) 30

【5】 (1) 120度 (2) 1：2 (3) $360cm^2$

【6】 (1) 9時52分 (2) 橋B・2分 (3) 8時24分

○推定配点○

【1】，【2】(1)，【3】(1)，【4】(1)，【5】(1)，【6】(1) 各5点×8 他 各6点×10(【6】(2)完答)

計100点

＜算数解説＞

【1】 (四則計算，立体図形，平面図形)

(1) $\frac{11}{49}\times\left(2\times\frac{7}{3}+3\frac{5}{6}-3-2\right)=\frac{11}{49}\times\frac{7}{2}=\frac{11}{14}$

(2) $\frac{\square}{34}=3-2\div\left(1\frac{3}{4}+\frac{3}{8}\right)-\frac{41}{34}=\frac{29}{34}$ □＝29

基本 (3) $28\times3.14\times40=112\times31.4=3516.8(cm^2)$

【2】 (割合と比，鶴亀算，集合)

基本 (1) $1\times1.5\div1.2=1\frac{1}{4}$(時間)すなわち1時間15分

基本 (2) (63－3×15)÷(5－3)＝9(回)

重要 (3) 右図において，ウ＋6＝13，ア＋6＝15，ア＋ウ＝28－12＝16

したがって，両方とも飼っている人数は36－(16＋6)＝14(人)

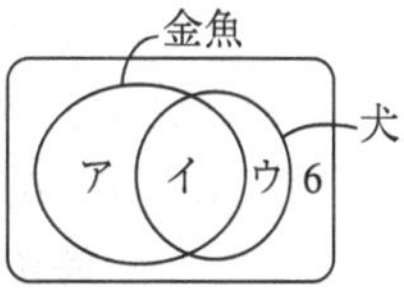

重要 【3】 (数の性質，数列・規則性)

(1) 各段の数の和

1段目…1 2段目…1×2＝2 3段目…2＋2＝4 4段目…2＋3×2＝8 5段目…2＋4×2＋6＝16 したがって，7段目の数の和は16×2×2＝64 【別解】 2×2×2×2×2×2＝64

(2) 35段目には35個，73段目には73個があり，35＋36＋37＋…＋73＝(35＋73)×(73－34)÷2＝54×39＝2106(個)

(3) (1)より，4096×2－1×2＝8190

重要 【4】 (仕事算，割合と比)

(1) 社員全体の人数を3にする。かべAの作業全体は3×40＋2×30＝120＋60＝180であり，40分でぬった面積は全体の$120\div180=\frac{2}{3}$

(2) (1)より，かべBの作業全体は180÷1.5＝120である。AからBへ手伝いに行った人数を□にすると，1×(30＋50)＋□×50＝120であり，□は(120－80)÷50＝40÷50＝$\frac{4}{5}$　したがって，手伝いに行った人数の割合は$\frac{4}{5}$÷3＝$\frac{4}{15}$

(3)　(2)より，最後の50分の仕事量は$\left(1+3\times\frac{4}{15}\right)$×50＝90であり，全員でぬると90÷3＝30(分)で終わる。

重要【5】（平面図形，相似，図形や点の移動，割合と比）

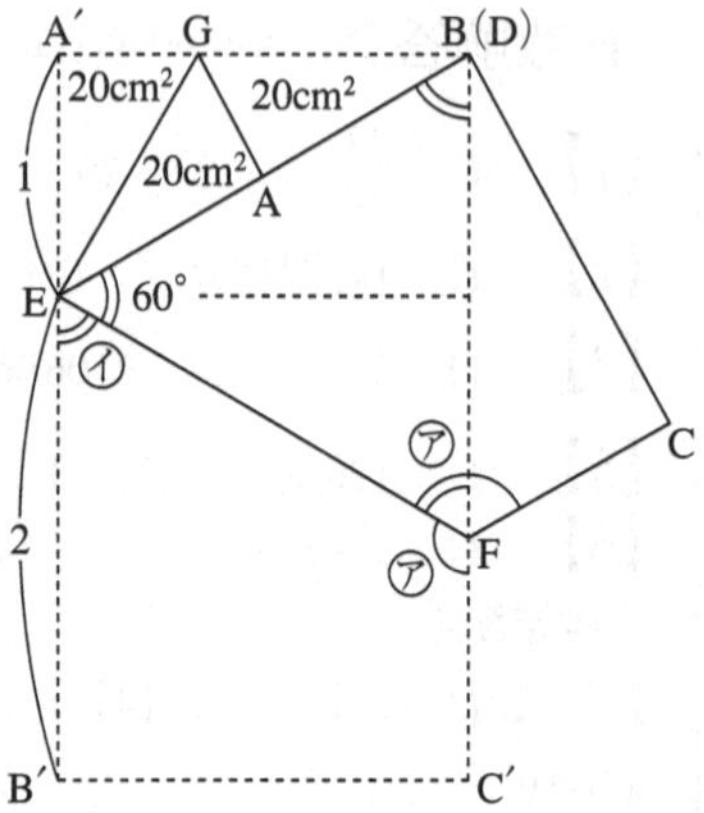

(1)　右図において，角BEF，角EFB，角FBEは共に角㋑であり，三角形EFBは正三角形である。したがって，角㋐は180－60＝120(度)

(2)　(2)より，直角三角形GABは角ABGが90－60＝30(度)であり，AG：GDは1：2

(3)　直角三角形EA´BとGABは相似であり，(2)より，A´E：EBも1：2である。したがって，最初の長方形の面積は20×3×2×(1＋2)＝360(cm^2)

重要【6】（速さの三公式と比，単位の換算）

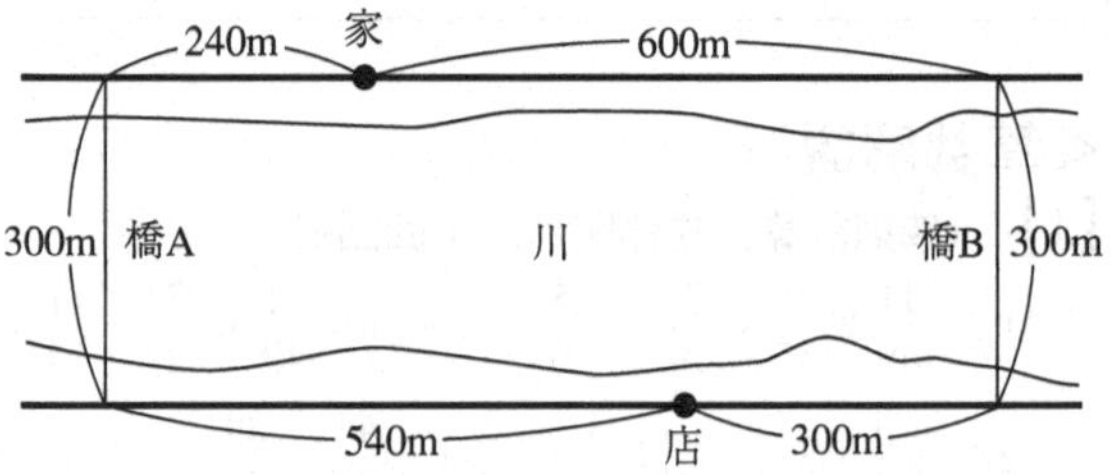

(1)　K君は240÷20＝12(分後)の8時50分＋12分＝9時2分に橋Aの前で待ち，9時10分に橋Aを渡り始め(300＋540)÷20＝42(分後)の9時52分に店に着く。

(2)　橋Aを渡るとき…O君は240÷15＝16(分後)の8時30分＋16分＝8時46分に橋Aを渡り始め，9時まで15×(60－46)＝210(m)歩いたところで止まって待ち，9時10分に歩き始めて(300－210＋540)÷15＝42(分後)の9時52分に店に着く。

橋Bを渡るとき…O君は600÷15＝40(分後)の8時30分＋40分＝9時10分に橋Bを渡り始め，300×2÷15＝40(分後)の9時50分に店に着く。

したがって，橋Bを渡るほうが52－50＝2(分)早い。

(3)　K君が橋Bを渡る場合の時刻…600÷20＝30(分後)の8時30分＋30分＝9時に橋Bの前で待ち，9時10分に橋Bを渡り始めて300×2÷20＝30(分後)の9時40分に店に着く。

O君…540÷15＝36(分前)の9時4分には橋Aを渡っていればよいが，9時から10分間は橋の上を歩けない。したがって，9時に橋Aを渡っているためには，さらに240＋300＝540(m)を歩く時間，36分を引いた8時24分より前に家を出ればよい。

★ワンポイントアドバイス★

ポイントになる問題は【3】「メダルの数の和と個数」，【4】「仕事算」，【6】長方形の折り返し」であるが，これらはそれほど難しいレベルの問題ではなく，解けなかった場合は，自力で解けるようになるまで練習しよう。

＜理科解答＞ 《学校からの正答の発表はありません。》

【1】 (問1) 3　(問2) 4　(問3) 3　(問4) 大きさのわかる物を一緒に写す。
(問5) 2　(問6) 1

【2】 (問1) 2　(問2) 5　(問3) 4，6　(問4) 2.5倍　(問5) 0.6倍

【3】 (問1) 3，5　(問2) ア 1，2
イ 6，7　ウ 5，8
(問3) 二酸化炭素　(問4) 右図
(問5) ア D[C]　イ C[D]
ウ A　(問6) 1，2

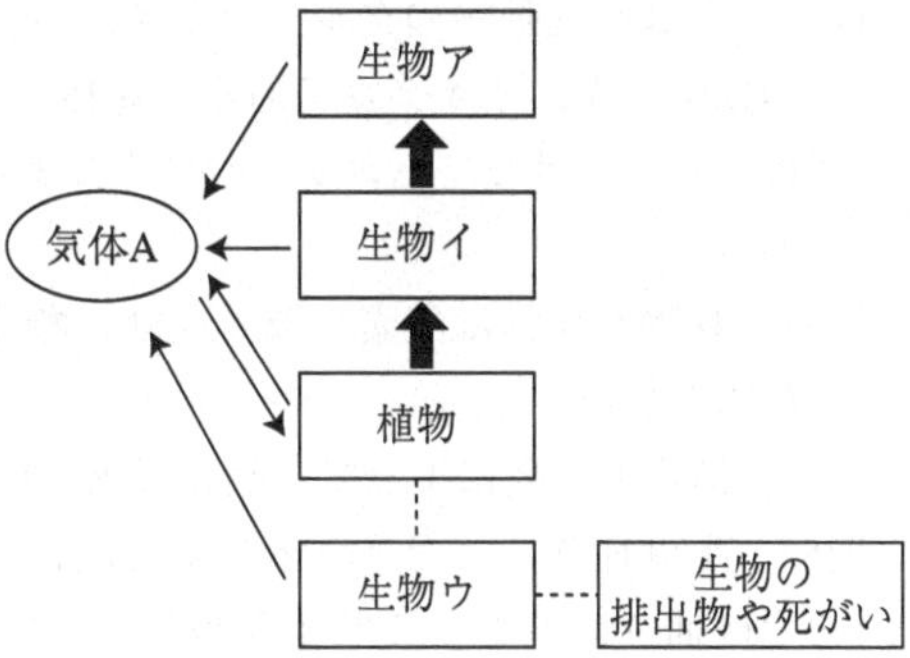

【4】 (問1) C，E　(問2) A，C，D
(問3) A ①　B ②　C ⑥
D ⑤　G ⑦　H ⑧
(問4) ア A　イ 水溶液が白くにごる。　ウ ③

○推定配点○

【1】 各2点×6　【2】 各2点×5((問3)完答)
【3】 各2点×8((問2)ア，イ，ウ各完答，(問4)・(問5)・(問6)各完答)
【4】 (問3) 各1点×6　他 各2点×3((問1)・(問2)・(問4)各完答)　計50点

＜理科解説＞

【1】 (地層と岩石－流水)

基本 (問1) 方位磁石は色のついた針を北の方角に合わせ，調べるものに向いてその方角を読み取る。

(問2) 川の流れの速さは，カーブの外側で速く，内側で遅い。Aでの水の流れの方向は川の中心に向かい，Bでは岸にぶつかって川の中心に流れが変わるので，4のように笹船は流れる。

(問3) この写真から読み取れるのは，石の形である。比較的丸い形の石が多いことがわかる。

(問4) 写真を撮るとき一緒に大きさのわかる物を写すと，それに比べて石の大きさがわかる。

(問5) 降った雨は地面にしみこみ，伏流水として再び地表に出て川となる。

(問6) 川の水は海水に比べて密度が小さく軽い。そのため海に流れ込んだときは川の水が海水の上側にくるが，潮の満ち引きなどで海水と川の水がかき混ぜられて混ざっていく。

【2】 (物体の運動－振り子)

基本 (問1) 振り子の速度は中心を通り過ぎるときが最も速く，両端では0になる。そのため2のように中心付近でブランコの間隔が広くなり，端に行くにしたがって間隔が狭くなる。

重要 (問2) 振り子が1往復するのにかかる時間は，糸の長さだけで決まり振れ幅には関係しない。そのため，板の位置をどこにしても，1往復にかかる時間は変わらない。

(問3) ブランコのひもを長くすると，1往復にかかる時間が長くなる。また，振り子の糸の長さは支点から重心までの距離で決まるので，ブランコに立った状態から座ると重心が支点から遠くなり，1往復にかかる時間も長くなる。

(問4) 支点からの距離×おもりの重さが，支点の両側で等しくなるとシーソーはつり合う。支点からの距離がA：B＝5：2なので，慶子さんと慶太郎君の体重の比は2：5になる。それで慶太郎君の体重は慶子さんの2.5倍になる。

(問5)　慶子さんと慶次郎君の体重の比は1：1.5＝2：3である。それで慶次郎君は中心Oから3の位置に座るとつり合う。この位置はA点までの5分の3倍になる。つまり3÷5＝0.6(倍)である。

【3】（生態系ー食物連鎖）

基本　(問1)　生物ウは分解者とよばれ，生物の排せつ物や死がいを食べ，有機物を無機物にかえる働きをする。これらの無機物は植物の栄養素として使われる。

(問2)　アは肉食動物のグループ，イは草食動物のグループ，ウは分解者である。アに当てはまるものはタヌキ，オオタカである。森林での食物連鎖なのでカモメやタガメは含まれない。イに当てはまるものはカブトムシ，ウサギである。ウに当てはまるものは菌類のシイタケ，ダンゴムシである。

基本　(問3)　動物や植物は酸素を取り入れ二酸化炭素を放出する。植物は光合成で二酸化炭素を取り入れ酸素を放出する。

基本　(問4)　植物も呼吸によって二酸化炭素を放出する。また分解者も呼吸で二酸化炭素を放出する。

(問5)　生け捕りにしたアカネズミ32匹にしるしをつけ森林に戻し，再びワナを使ってアカネズミを生け捕りにする。このとき29匹のうち4匹にしるしがついていた。アカネズミの総数としるしのついたアカネズミの数の比を取ると，N：32＝29：4となり，これより総数を推定できる。比の立て方はN：29＝32：4でも可である。

(問6)　2回の調査は，できるだけ同様の条件で行うべきである。そのため，時間帯や場所は同じにする。

【4】（水溶液の性質ー水溶液の判別）

重要　(問1)　青色リトマス紙が赤色になるのは酸性の水溶液である。AとDが炭酸水か塩酸である。アルミニウムと反応するのは塩酸と水酸化ナトリウム水溶液であるので，Dが塩酸，Gが水酸化ナトリウム水溶液，Aが炭酸水とわかる。また，においよりCがアンモニア水である。Hは電流を流さないので砂糖水である。Bはフェノールフタレイン溶液で変化しなかったので食塩水，Eは赤紫色になったのでアルカリ性が強い石灰水，Fはかすかな赤紫色なので弱いアルカリ性の重そう水である。A～Eのうち，赤色リトマス紙を青くするアルカリ性の水溶液はC，Eである。

重要　(問2)　気体がとけているものは，A，C，Dである。Aは二酸化炭素，Cはアンモニア，Dは塩化水素がとけている。

(問3)　Aは炭酸水，Bは食塩水，Cはアンモニア水，Dは塩酸，Gは水酸化ナトリウム水溶液，Hは砂糖水である。

(問4)　E，Fは石灰水か重そう水であり，これらに炭酸水Aを加えると，石灰水は白く濁り重そう水は変化しない。このことから，Eが石灰水，Fが重そう水とわかる。

★ワンポイントアドバイス★

問題は基本レベルのものが大半である。問題数のわりに試験時間が短い。できる問題から解いて1題でも多く正解するようにしたい。

＜社会解答＞《学校からの正答の発表はありません。》

【1】　問1　1　　問2　3000m　　問3　2　　問4　（番号）　2　　（方位）　南西

【2】　問1　1　　問2　4　　問3　あ　3　　い　2　　う　5　　問4　3

問5　持続可能な開発目標

【3】　問1　大阪府　　問2　4　　問3　4→2→1→3

問4　寺院D　人物2→寺院B　人物4→寺院C　人物7→寺院A　人物8

【4】　問1　3　　問2　1　×　　2　×　　3　○　　問3　4　　問4　参勤交代　　問5　1　×　2　○　　3　×

【5】　問1　1　　問2　4　　問3　2　　問4　2　　問5　4　　問6　2→4→3→1

【6】　問1　1　　問2　3　　問3　4　　問4　1　　問5　4

【7】　問1　1　　問2　3　　問3　文部科学　　問4　4　　問5　2　　問6　2

○推定配点○

【1】　問4　各1点×2　　他　各1点×3　　【2】　問5　2点　　他　各1点×6

【3】　問1・問2　各1点×2　　問3　2点(完答)　　問4　3点(完答)

【4】　問4　2点　　他　各1点×8　　【5】　問1　2点　　問6　2点(完答)　　他　各1点×4

【6】　問1　2点　　他　各1点×4　　【7】　各1点×6　　計50点

＜社会解説＞

【1】（日本の地理－地形図に関する問題）

重要　問1　1　萩の城下町はこの地図を見ると川の河口に発達した三角州に形成されたことが分かる。扇状地は山間から川が平地に出るところに形成される。カルデラは火山活動によってできたくぼ地。リアス海岸は山地が沈降して海岸線が複雑な形になったもの。

問2　縮尺が50000分の1になっているので，6×50000＝300000(cm)となる。メートルにすると3000mになる。

問3　2　市役所の位置は駅前からは少し離れた場所になっている。

問4　奥に山が見え，右手側が海になるのは2から見たもの。一般に地図ではことわりがなければ上が北なのでこの場合には南西の方角を見ているかたちになる。

【2】（地理－世界の食料，環境に関する問題）

問1　1　穀物の生産を増やすための取り組みなら，農業用水を減らすのはあり得ない。

やや難　問2　4　開発途上国は一般に熱帯の地域に多く，そのような場所で生産している農作物はかつての植民地時代の名残で植民地としてその地域をもっていた先進国では栽培されていないようなものが多く，主食になるような穀物以外のものが多い。

やや難　問3　(あ)　途上国の人口急増につながっていること，食糧不足によっておこることで考えると3の貧困になる。　(い)　過度な放牧や耕作，貧困の結果生じ，地球の温暖化につながるものなので2の熱帯林の減少になる。　(う)　過度な放牧や耕作，地球の温暖化，熱帯林の減少の結果になり，なおかつ地球の温暖化の原因にもなっているので砂漠化になる。

問4　3　かつては小麦や大豆，牛肉などの輸入相手はほとんどアメリカであったが，アメリカでおこったBSEの問題以後，牛肉の輸入先の主力はオーストラリアになっている。カナダはアメリカと国境を接する中央部のマニトバ州が一大小麦生産地になっている。

問5　SDGsはSustainable Development Goalsを略したもの。一般に持続可能な開発目標と日本では訳されている。

【3】（日本の歴史－古墳時代から平安時代の歴史に関連する問題）

問1　百舌鳥・古市古墳群があるのは大阪府。

問2　仁徳天皇の時代は5世紀の初頭。この時代に一番近いのは倭王武とされる雄略天皇なので4が正解。1は663年，2はAD1世紀，3は3世紀のもの。

問3　4　603年→2　645年→1　672年→3　701年の順。

重要　問4　D　7世紀前半に法隆寺を建てさせたのが聖徳太子→B　東大寺は大仏造立と並行して8世紀半ばに聖武天皇によって創建された→C　平等院鳳凰堂は11世紀半ばに藤原頼通によって建立された→A　12世紀半ばに中尊寺金色堂は藤原清衡によって建立された。

【4】（日本の歴史ー安土桃山時代から江戸時代に関する問題）

問1　3　琵琶湖から流れる瀬田川は京都では宇治川，大阪では淀川となり海に注ぐ。宇治川は平安京からは離れているので平安京への水運には使いづらい。

問2　1　織田信長は佐渡の金山は支配していない。　2　楽市楽座によって特権商人を排除したので逆。

問3　1　東海道の江戸と京都との中間点は静岡の袋井。　2　江戸時代に一般人が旅に出るのにも関所を通るのにも何かと制約があった。　3　米や酒などの重量物を運ぶ海運は江戸時代には盛んに行われるようになっていた。

重要　問4　参勤交代は徳川家光の代に武家諸法度に加えられ，当初は領国と江戸とを一年毎に行き来する形で行われた。大名の石高による格付けに応じて行列の内容も細かく決められており，大名にとっては多大な出費を強いられるものとなっていた。

問5　1　朝鮮と幕府との間をとりもったのが対馬の宗氏。通信使は最初は対馬から日本へ入って江戸へと向かった。　3　朝鮮通信使は江戸に至る途中で宿泊地で地元の人々との接点はいろいろとあった。

【5】（日本の歴史ーアジア太平洋戦争までに関する問題）

重要　問1　1　空欄のある慶一の発言の内容から広大な国土の国がアメリカ，植民地をたくさん持つ国がイギリス，資源や植民地が少ない国がドイツと判断できる。

問2　満州事変の発端となる柳条湖事件は満州の柳条湖のそばの鉄道を日本軍が爆破したもの。

問3　満州事変に反対していた首相を海軍将校が殺害したのが五・一五事件。

問4　五・一五事件で殺害された首相は犬養毅。

問5　溥儀は中国の清朝の最後の皇帝宣統帝で，袁世凱によって辛亥革命の際に退位させられていたが，日本が満州国を建国する際に担ぎ出された。

問6　2　1937年→4　1939年→3　1940年→1　1941年の順。

【6】（政治ー選挙に関する問題）

問1　1　衆議院議員の被選挙権は満25歳以上の日本国民に与えられている。

重要　問2　3　一般に普通選挙法と言っているのは，1925年に加藤高明内閣の時に行われた選挙法改正による内容で，それまでは納税額による制限があるものであったのが，この法改正によって財産制限はなくなりすべての25歳以上の男子が選挙権を持つようになった。

問3　4　明治時代に国民が選ぶ議会の設立と憲法の制定を求めた運動が自由民権運動であり，それを推し進めたのが板垣退助。

重要　問4　1　太平洋戦争が終わり，1945年の法改正によって，参政権がそれまでの満25歳以上の男子から満20歳以上の男女と年齢制限が下げられ女性にも参政権が与えられたことで，一機に有権者が増大することになった。

問5　4　2016年の参議院選挙から有権者の年齢制限が満20歳以上であったのが満18歳以上と2歳引き下げられたことで有権者数が増えているため。

【7】（政治ー税制，社会権，自由権に関する問題）

問1　1　住民税は国税ではなく地方税，相続税は地方税ではなく国税。

問2　教育基本法は現在の6・3・3・4制の学校の体制と教育の中身に関することを定めなおしたもの。

問3　現在の学校の教科書類は文部科学省が定めた基準に従っているものが公立の学校では採用されることになっている。

問4　4　教科書検定は日本国憲法が保障する表現の自由の権利を侵害するものであるとして，家永三郎氏が国を相手取って裁判を起こした。

問5　2　すべての人にとって使用しやすいデザインというのがユニバーサルデザイン。健常者であっても障害を持つ人であっても使いやすいもの。

重要　問6　2　2の選択肢の内容は生存権をめぐり裁判がおこった朝日訴訟に関するもの。この裁判は結局原告が裁判中に亡くなってしまったことで途中で終わってしまって結論は出ていない。

★ワンポイントアドバイス★

試験時間が短いのでスピードが大事。難易度はさほど高くないが，知識があやふやだと迷っていて時間がなくなる危険もある。基本的な事柄の正確な知識と照らし合わせていけば解答できる。

＜国語解答＞《学校からの正答の発表はありません。》

【一】　①　虫・C　②　頭・A　③　気・B　④　水・B　⑤　色・C

【二】　問一　a　ウ　b　ア　c　エ　d　イ　問二　必要性　問三　自分の意思で学習する　問四　何だかよくわからない音の流れ　問五　音に対してなじみのある反応を見せず，無関心で聞き流す違い。　問六　ウ　問七　ア

【三】　問一　a　非難　b　心臓　c　宙　d　険　e　深呼吸　問二　A　ウ　B　エ　C　ア　D　オ　問三　1　ア　2　エ　3　ウ　4　イ　問四　ウ　問五　エ　問六　日向　問七　境界線　問八　イ・カ　問九　エ　問十　ウ　問十一　Ⅲ　エ　Ⅳ　ウ　問十二　オ

【四】　次々消えていく話すことばと比べて，文字で書き残すことで，いつでも内容をふり返ることができるし，保存しておくこともできる。文字で残せば，文化の継しょうもできる。また，ほん訳という作業は必要だが，国を越えて情報の交換も可能になり，人類の築いてきた知恵や知識を共有でき，人類の財産とすることができる。

○推定配点

【一】　各2点×5　【二】　問一　各2点×4　問五　4点　他　各3点×5

【三】　問一～問四・問十一　各2点×16　他　各3点×7(問八完答)　【四】　10点　計100点

＜国語解説＞

【一】（慣用句）

①「虫がいい」で，自分の都合ばかり考え，身勝手で図々しいという意味。「虫の息」で，今にも死にそうな弱々しい息のことだから，どちらもマイナスの意味になる。　②「頭がきれる」で，ものの考え方がするどく，問題をみごとに素早く解決できるという意味。「頭が下がる」で，敬服

する，感服するということだから，どちらもプラスの意味になる。　③「気のおけない」は，他人ぎょうきに，気をつかったりする必要のないほど親密な関係ということである。「気が多い」で，あれこれ心が移りやすいということだから，前者がプラス，後者がマイナスということになる。④「水に流す」で，過去のいきさつをいっさいなかったことにしてとがめないという意味。「水をさす」で，うまくいっている関係や，ものごとのじゃまをするということだから，前者がプラスで，後者がマイナスということになる。　⑤「色を失う」という，おそれや驚きのために顔色が青ざめるという意味の言葉だ。「色をなす」とは，怒りで顔が赤くなるという言葉だ。したがってどちらもマイナスである。

【二】（論説文一細部の読み取り，接続語の問題，指示語の問題，空欄補充，記述力）

基本　問一　a　ウとエのどちらも入りそうであるので，他所を考えてから確定する。　b　前部分は子どもは，言葉がわかる必要がある環境ではわかるようになる努力をしているという内容であり，後部分は，「なじみのない外国語」つまり，わかる必要のない環境の言葉は与えても効果的ではない，つまりわかるようになる努力をしないということなのでアが入る。　c　前部分は外国語学習用のビデオなどを買った人の中には，「効果がないのか」とがっかりしたり，「そんなはずはない」と怒る人もいるということで，後部分は，努力できる人には効果があると，条件付きで効果を示しているのだから「もちろんこういう人には効果があります」という言い方だ。したがってcでエの「もちろん」を使うことになる。　d　前部分は，日本語を知らない赤ちゃんに日本語のセリフを聞いてもらったという実験が述べられている。後部分は，全く興味を示さなかったという結果を述べているのでイである。cでエを入れたので，aを確認すると，前部分は，努力をしているということで，後部分は，「その努力ができるのは」と続ける流れなのでウで自然な流れになる。

重要　問二　赤ちゃんは，ぜひとも必要だと実感できる言語を，努力して身につけているということを，[a]で始まる段落で述べている。なじみのない外国語は「必要だと実感」するものではないのだ。「三文字」という指定なので，「言語を身につけるというのは……」で始まる段落にある「必要性」を書こう。

問三　「良い教材になる」のは，「大人，つまり自分でわかって努力できる人」である。そこで，大人にはどのような意識があるから良い教材になるのかを考える。「目前の状況の……」で始まる段落に，「それに対して，大人は～」と大人の説明をしている。そこに「自分の意思で学習する」ことを選択できるとある。

問四　――線2の「雑音」とは，この文章の場合，赤ちゃんが自分に必要性を感じていない外国語の音声のことである。このことをおさえれば，赤ちゃんに外国語を聞かせる話題を述べている箇所で，11～15字の言葉を探すことができる。[b]から始まる段落に，「赤ちゃんにとって『何だかよくわからない音の流れ』にすぎず」とある。

やや難　問五　「この違い」に驚いたというのだ。――線3直前に，たいていの子どもが日本語が聞こえると，音のする方を見つめたり，少し嬉しそうな表情をしたりして，音声に聞き入る，とある。この子どもは，日本語を母語に持つ子どもだ。これに対して「それなのに」という出来事が驚いた「違い」ということになる。[d]を入れるときに考えたように，日本語がわからない子どもが日本語を聞いたとき，まったく興味を示さなかった事実があった。これが「違い」である。

問六　「実際に，自分の外国語学習に……」で始まる段落にもはっきりあるように，「効果がなかったのか……」などがっかりする対象として，オーディオやビデオを挙げている。〈Ⅰ〉直前にもオーディオがある。自分の意思で学習しようと思って一生懸命聞けば，学習に「役立つ」と言いたいのだからウだ。

やや難 問七　どれも当てはまりそうな選択肢の内容だ。しかし，本文の流れで，筆者の主張を追って考えよう。イは「母語である日本語をしっかり身につける」とは言っていない。このこと自体は誤りではないかもしれないが，実験では，母語に関しては赤ちゃん自身が相当な努力をして身につけているという程度までしか述べていない。　ウ「日常生活の中でなるべく自然に英語に接する機会が多くある」が誤りだ。母語ではない外国語をいくら流していても「何だかよくわからない音の流れ」でしかないというのが筆者の考えである。　エ　前半の部分の内容は説明されていない。また，「保護者が必要」は誤りである。　ア　問六で考えたように，「自分の意思で学習する」，「今ここでの必要性」から「将来の必要性」まで納得して行うことが大切という主張なので，「覚悟を持って『行きたい』と行ったなら」が筆者の主張と合っている。

【三】（物語ー心情・情景，細部の読み取り，空欄補充，漢字の書き取り）

重要 問一　a「非」は全8画の漢字。1画目ははらう。5画目はとめる。　b「臓」は全19画の漢字。19画目の点を忘れずに書く。　c「宙」は全8画の漢字。6画目はしっかり上に出す。　d「険」は全11画の漢字。10画目を6画目の上に出さない。　e「吸」は全6画の漢字。5画目の始点は4画目の上からである。4画目を上にしないように気をつける。

問二　A　直後に，「なんで？葉ってば，何言っちゃってんの」とある。びっくりしたのだから「ぎょっとしたような」である。　B　直後の「まだかすかにためらいのにじんだ声」に着目する。「ためらい」とは，思い切りがつかなくて，どうしようか迷うという意味の言葉だ。この場合，一応答えたものの，答えてよかったのかどうかおずおずした様子である。したがって小さな声で「ささやくような」答え方だったのだろう。　C　直前が「私を置いて」だ。「なんかさ，……」という発言は，怒りの言葉で，それを投げつけるように言い「怒ったような」足取りで去って行ったのだ。　D「朱里ははっきりと拒んでいる」ことがわかる視線ということだから「とがめるような」視線である。

問三　1　直後の表情に着目する。「眉を寄せ」だ。これは，不快の念などから眉の寄ったような表情をすることである。何を言っているのよという「あきれたような声」が出てしまったのだ。
2　いったんはあきれたが，「でもまあ～昔の話なんでしょ」と思い直して言い出す前なので「わずかに明るい声」になったのだ。　3「……へー，そうなんだ」は，さまざまな印象を与える言い方ができる。驚いたり，喜んだりするときは，どこかに高い音になるはずだ。しかし，「感情が読めない」のは，高低がない「平べったい声」だったからだ。　4　状況は，しおりは遠慮がちに名前を呼び，百井くんと松村さんは，眉をハの字に下げている。そこに「朱里は？」と聞いたのだから「困ったような声」で答えていると考えられる。

問四　どの選択肢もマイナスの感情を表しているイメージなので，どれでも入りそうで迷うところである。が，「のみ下す。」という表現から考えよう。ぐっとがまんして飲み込むという動作に合うのは，味に関したものと考えられる。選択肢の中で味に関するものは「苦い(にがい)」である。にがいものをがまんしてのみ下すということでウを選択する。

基本 問五「ここでは」なので，一般的な意味ではない。状況としてはウも当てはまる気もするが，「『やさしい』っていうのは……」で始まる段落と，続く，「朱里があの時……」で始まる段落に着目する。本当の意味は「八方美人，いい子ちゃん」ということだと思ったのだ。八方美人とは，だれに対してもいいようにふるまう人ということだからエだ。

やや難 問六　――線部は，クラスの華やかな女子グループの一員としての日常を描いている。傍線前後に解答を探せないので難しい。物語の流れを追うと，朱里はグループから外そうとはしなかったが明らかに不快に思っている態度を続けていた。それがはっきりしたのが，応援旗製作の場面である。朱里と決定的に対立したとき，「『日向』と『日陰』の〔a〕を引いた」としている。つまり，自分たち華やかなグループのことを「日向」とたとえているのだ。

問七　問六より先に考えてしまうと，問六のヒントになる設問でもある。「漢字三文字」という条件がなければ，単純に「線」を引いたで成立するのだから，「線」と同義の言葉を探すことになる。「そう言いながら……」で始まる段落に「境界線」とある。この部分は葉子自身が引いていた線であるが，朱里が「日向と日陰」の境に引いた線として使える言葉だ。

問八　しおりとの帰り道の場面で「～あの時初めて，朱里に本音を言えたから」とある。また，問五で考えたように，自分は八方美人と言われたのかもしれないとも思ったことから考えても，「今までは言うべきことを言わなかった」のだから，本音を言って衝突したということも原因の一つだと考えたのである。

問九　葉子が自分のふるまいを反省し謝ると，しおりも本心を述べて謝罪する場面から考える。自分の反省するべき点を自分の口から申し出て謝ることができるような関係を「本当の友達」と読み取ることができる。これはエの内容である。また，「あの時」の本音とは，「～ずっとサボってたじゃん，朱里。こんな時にだけ責めるのって，おかしいよ」であるので，エがふさわしい。

基本　問十　「どこにでも行けそう」が着目する語だ。「自由」にどこにでも行けるということなので，「自由さ」だ。

問十一　Ⅲ　これまで当たり前に過ごしていた「日向」からはみ出し，もう受け入れられないのだから「さみしさ」を感じるのは当然である。　Ⅳ「そう言いながら……」で始まる段落にあるように，「日向」にいても，「皆に合わせて，顔色を読んで」過ごしていたと思いいたったのだ。このような気をつかうのは「日向」から外されてはいけないという思いがあったからだと考えられる。つまりこれは「怖さ」である。

問十二　ウとオで迷うところである。確かに葉子の発言は大変すなおな気持ちを表しているので，そのように思ってくれていたのかと胸がいっぱいにはなるだろう。しかし，葉子の謝罪の言葉を聞いたとたん「足がぴたりと止まった」動作や，何に対する謝罪なのかを聞かないこと，これは，葉子の謝罪の内容がわかっているということだ。これは，その後「だから，わたしも，ごめん」と声を震わせて言っていることからもわかる。このことから考えると，しおりも謝罪しなければいけないことを抱えていたことがわかる。これまでのいきさつで，たまたま葉子が先に謝ってきたのだが，それを聞いたしおりにすれば，謝るのは自分でもあるという思いが「足をぴたり」と止める動作に表れていると読み取り，オを選択する。

【四】（短文作成）

自由記述なので，基本的には書く内容に絶対的な正答はないと言えるが，「『お金』の例を参考にして」とあるので，これに基づいた内容で書いていくことが必要だ。「お金の例」を読むと，「お金の利便性」を述べている。そもそも「機能」とは，ある物事に備わっている働きということなので，「どんなことができるか」を書くことが求められていると考えるべきである。

★ワンポイントアドバイス★

最後にひかえている，自由記述の短文作成までを視野に入れると，スピード力を養う必要がある。

2019年度

★★★★★★★★★★★★★★★★★★★★★★★★

入　試　問　題

2019年度

慶應義塾湘南藤沢中等部入試問題

【算　数】（45分）　＜満点：100点＞

【1】 $\boxed{\text{ア}}$，$\boxed{\text{イ}}$にあてはまる数を求めなさい。

⑴　2つの数360，756の最大公約数は $\boxed{\text{ア}}$ である。

⑵　$125\times 8\times\left(\frac{1}{3\times 5}+\frac{1}{5\times 7}+\frac{1}{7\times 9}\right)\div 25=$ $\boxed{\text{イ}}$

【2】 以下の問いに答えなさい。

⑴　1辺の長さが18cmの正方形の折り紙を図のように折った。このとき，DGの長さは何cmですか。

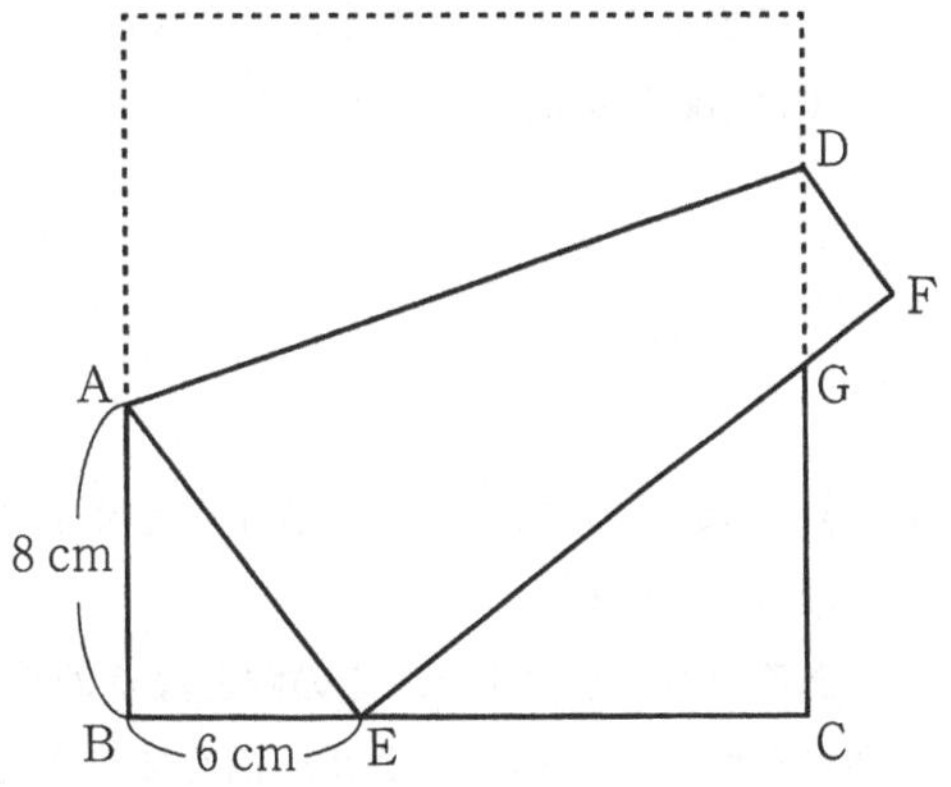

⑵　男子3人，女子3人合わせて6人を1列にならべるとき，男子どうし女子どうしがとなり合わないならべ方は何通りありますか。

⑶　図のように，底面積が12cm²，高さが8cmの三角すいの容器に水が入っている。この容器を水平な台の上に置いたら，水の深さが4cmになった。この容器に入っている水の量は何cm³ですか。

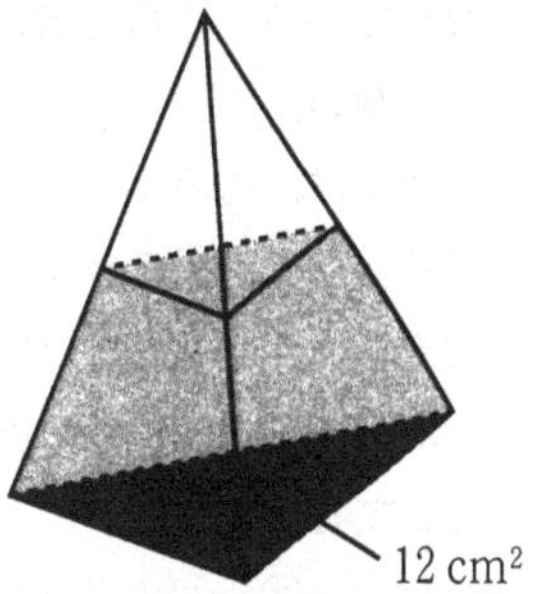

【3】 図のような，さくABCDEFがあり，そこで犬がひもにつながれて飼われている。犬もひももさくをこえることはできないが，AとFの間は自由に通ることができる。犬の大きさとさくの高さは考えないものとする。**円周率を3.14として**，次の問いに答えなさい。

⑴　ひもの長さが12mで，ひもの片方のはしは，図のCからDまでの間をさくにそって自由に動かすことができるとき，犬が動ける範囲《はんい》の面積を求めなさい。

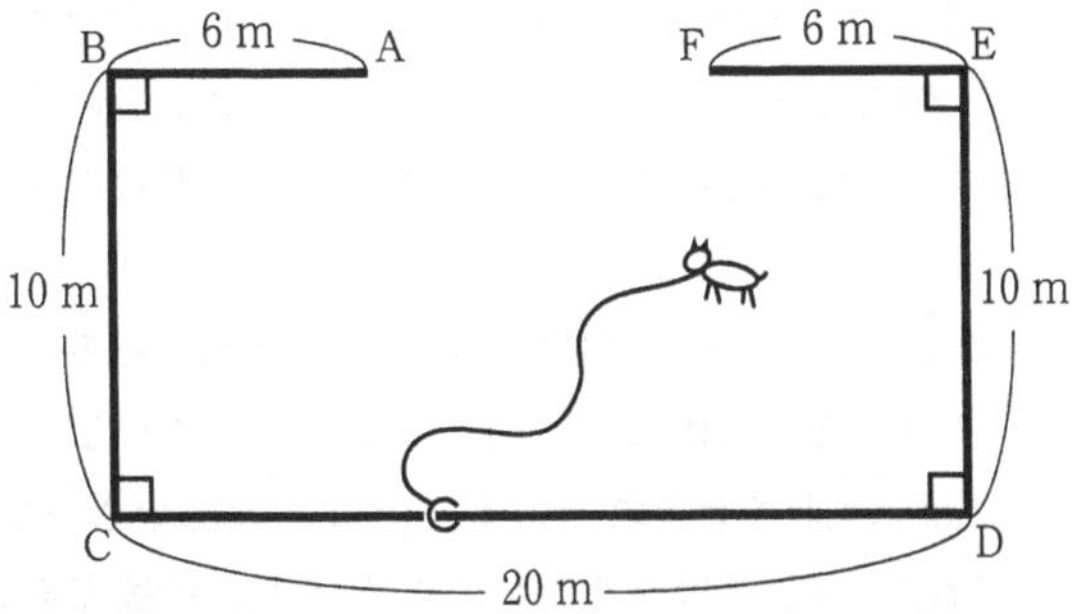

⑵　ひもの長さが６ｍで，ひもの片方のはしは，図のＢからＣ，ＣからＤ，ＤからＥまでの間をさくにそって自由に動かすことができるとき，犬が動ける範囲の面積を求めなさい。

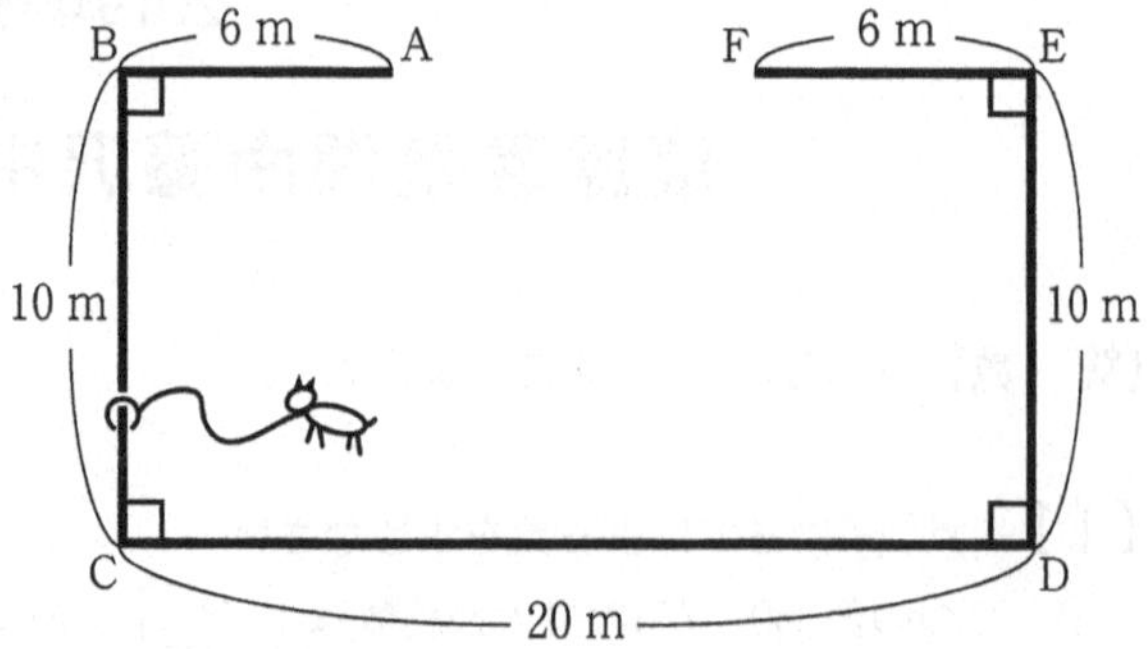

⑶　ひもの長さが８ｍで，ひもの片方のはしは，図のＢからＣ，ＣからＤ，ＤからＥまでの間をさくにそって自由に動かすことができるとき，犬が動ける範囲の面積を求めなさい。

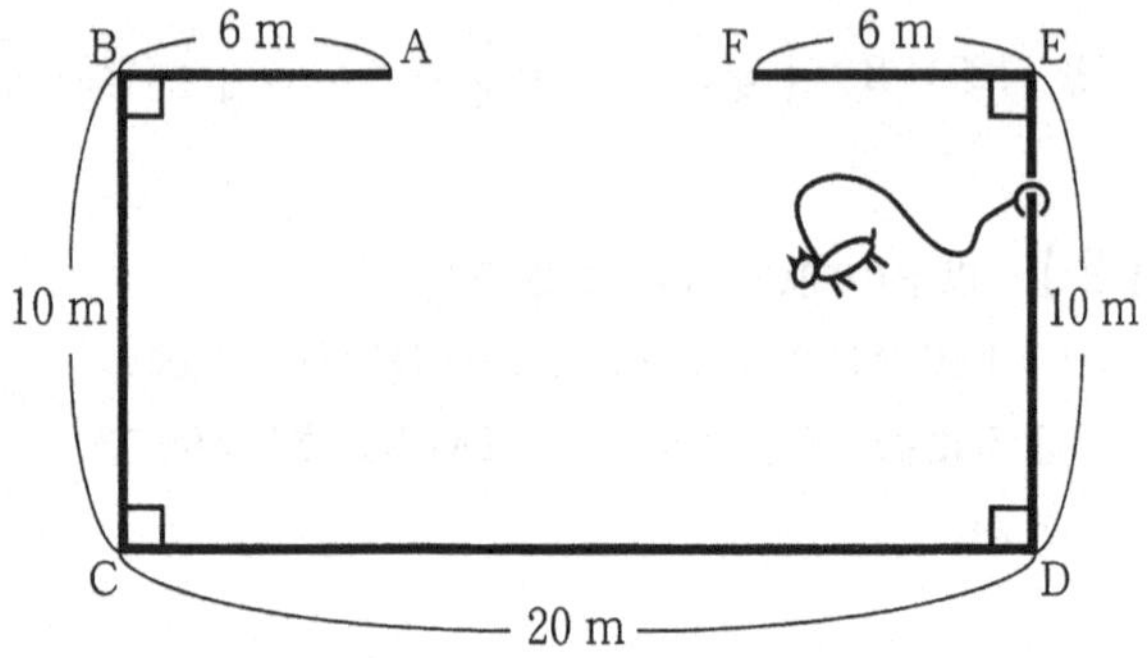

【４】　図のように，1～５の数字がかかれたランプが円状にならんでいる。

あるランプをおすと，その両どなりの２つのランプが，明かりがついていれば消え，消えていればつく仕組みとなっている。このとき，両どなり以外の３つのランプは変わらない。

例えば，①のランプがついていて，③のランプが消えているときに，②のランプをおすと，①のランプが消え，③のランプがつき，②，④，⑤のランプは変わらない。

次の各問いを，最初はすべてのランプがついているものとして答えなさい。

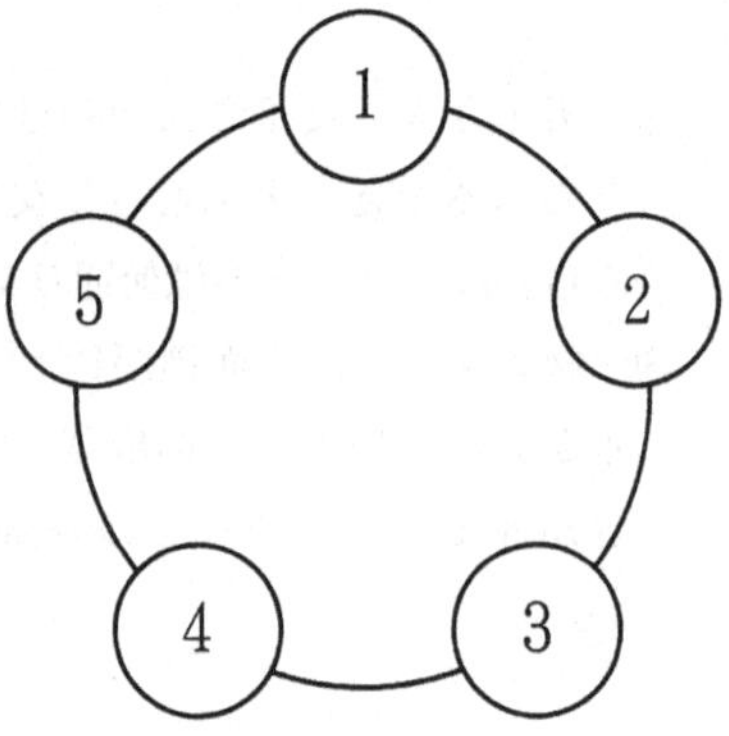

⑴　①→②→②の順番でおしたあと，ついているランプの数は全部で何個になりますか。

⑵　①→④→③→②→⑤→③の順番でおしたあと，ついているランプは①～⑤のどれですか。すべて答えなさい。

⑶　①→③→④→①→⑤→②→③→②→③→④→①→①→②→①→⑤→②→⑤→②→③→□→③の順番でおしたあと，すべてのランプがついていた。

□にあてはまるランプは①～⑤のどれですか。

【５】　次のページの図のように，半径が5.4㎞の半円が４個つながっている形で流れている川があり，そこに橋Ａから橋Ｅがかかったまっすぐな道がある。川の水は，ＡからＥに向かって，時速1.8㎞の速さで流れている。川はどの部分も一定の速さで流れているものとする。また，道と川のはばと高低差は考えないものとする。**円周率を３として**，あとの問いに答えなさい。

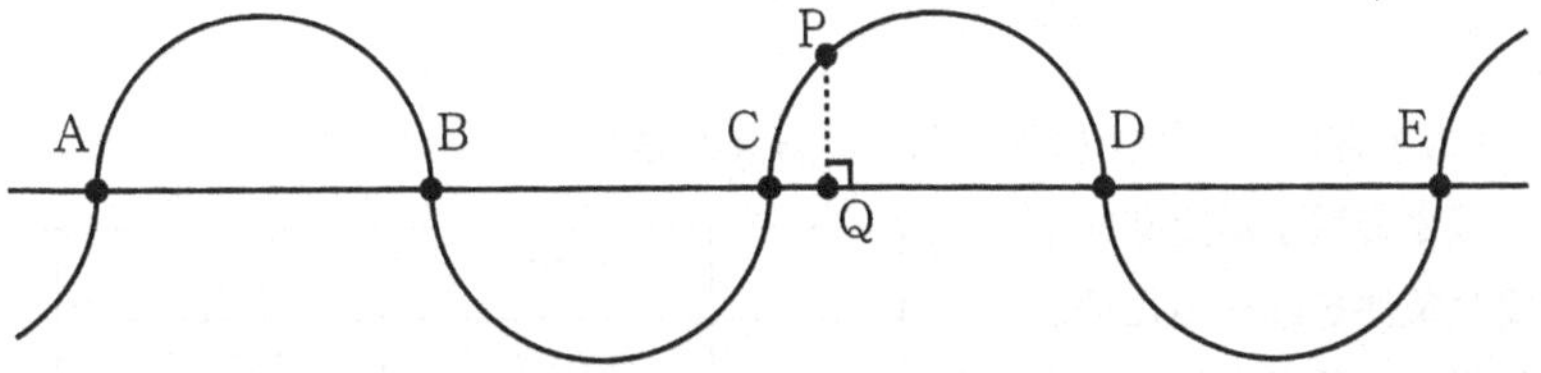

⑴　エンジンを停止した船をAから川に流したとき，Bに着くまでに何時間かかりますか。

⑵　静水時に同じ速さの２そうの船を，AとEから同時に出発させたとき，出発から３時間後にPで出会った。船の静水時の速さは時速何kmですか。

⑶　⑵において，慶太君が自転車で船と同時にAを出発し，Eに向かってまっすぐな道を一定の速さで走っていたところ，ちょうど２そうの船がPで出会うのを，Qで進行方向の左側に90度の向きに見ることができた。慶太君の自転車の速さは時速何kmですか。

【６】　ある工場では，３つの液体原料A，B，Cを混ぜて薬品を作っている。原料Aを入れるパイプ６本，原料Bを入れるパイプ５本，原料Cを入れるパイプ３本を使って，大きなタンクに１時間原料を入れ，それを混ぜると１日分の薬品が生産できる。ただし，どのパイプも時間当たりに入れられる量はすべて同じであるとする。

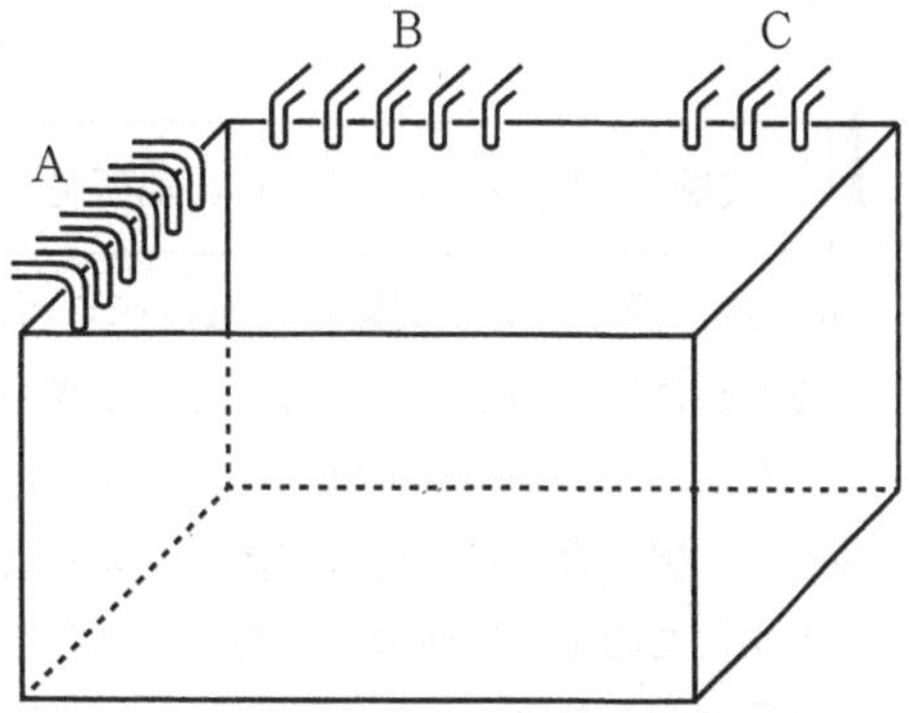

⑴　原料Aの薬品全体に対する割合を答えなさい。

⑵　パイプの本数を①，②のように変えて，1日分の薬品を生産するためには，どのように原料を入れればよいですか。次の[ア]～[オ]にあてはまる数をかきなさい。また，**〔A・B・C〕の中から正しいものを１つだけ選び**○でかこみなさい。

①　Aを入れるパイプ４本，Bを入れるパイプ５本，Cを入れるパイプ３本のとき，A，B，Cを同時に [ア] 分入れて，その後〔A・B・C〕だけを [イ] 分入れる。

②　Aを入れるパイプ５本，Bを入れるパイプ４本，Cを入れるパイプ３本のとき，A，B，Cを同時に [ウ] 分入れて，その後〔A・B・C〕をすべて止めてそれ以外の原料を [エ] 分入れて，その後さらに〔A・B・C〕をすべて止めて残りの原料を [オ] 分入れる。

⑶　パイプの本数を23本に変えて，それぞれの原料を入れるパイプの本数を自由に決める。⑵と同じような方法で１日分の薬品を生産するとき，最短何分でできますか。ただし，パイプに入れる原料の種類を途中《とちゅう》で変えることはできない。

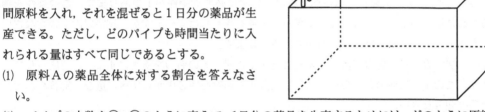

【理　科】（25分）　＜満点：50点＞

【1】 アサガオの生育について，以下の問いに答えなさい。

（問1） アサガオの種子が発芽するために必要な条件を調べるため，さまざまな環境に種子を置いて発芽の有無を調べました。下の［実験］の空らん（ア）～（ウ）に，表の1～8をそれぞれ当てはめたとき，種子が発芽するものはどれですか。1～8の中からすべて選び，解答らんの番号を○で囲みなさい。

	ア	イ	ウ
1	20 ℃	当てて	乾《かわ》いた
2	20 ℃	当てて	湿《しめ》った
3	20 ℃	当てずに	乾いた
4	20 ℃	当てずに	湿った
5	4 ℃	当てて	乾いた
6	4 ℃	当てて	湿った
7	4 ℃	当てずに	乾いた
8	4 ℃	当てずに	湿った

［実験］ 温度が（　ア　）の場所で，光を（　イ　），（　ウ　）脱脂《だっし》綿の上に種子を置いた。

（問2） （問1）の［実験］では調べられない発芽に必要な条件が1つあります。この条件を調べるためには，種子をどのようにして発芽の有無を調べればよいですか。10字以内で答えなさい。ただし，この条件以外は発芽に適切であるとします。

（問3） アサガオは，自力で体を支えることができず，他のものを支えにすることで成長していきます。このように他のものを支えにして成長する植物を次の中からすべて選び，解答らんの番号を○で囲みなさい。

1　オオバコ　　2　イネ　　3　キュウリ　　4　カラスノエンドウ
5　ヘチマ　　6　アブラナ　　7　トウモロコシ

（問4） アサガオが体を支える方法として正しいものを次の中から1つ選び，番号で答えなさい。

1　茎《くき》そのものを他のものにからみつける。
2　茎の一部を巻きひげにして，他のものにからみつける。
3　茎にとげをはやし，他のものにひっかける。
4　茎から根をはやし，根の先を吸盤《きゅうばん》にして，他のものにはりつける。
5　葉の先を巻きひげにして，他のものにからみつける。

アサガオとアブラナを比べて，花のつくりを調べました。図1はアブラナの花を分解したものを，図2はアブラナの花の横断面を，それぞれ表しています。ただし，オ～クの大きさと形は正確ではありません。

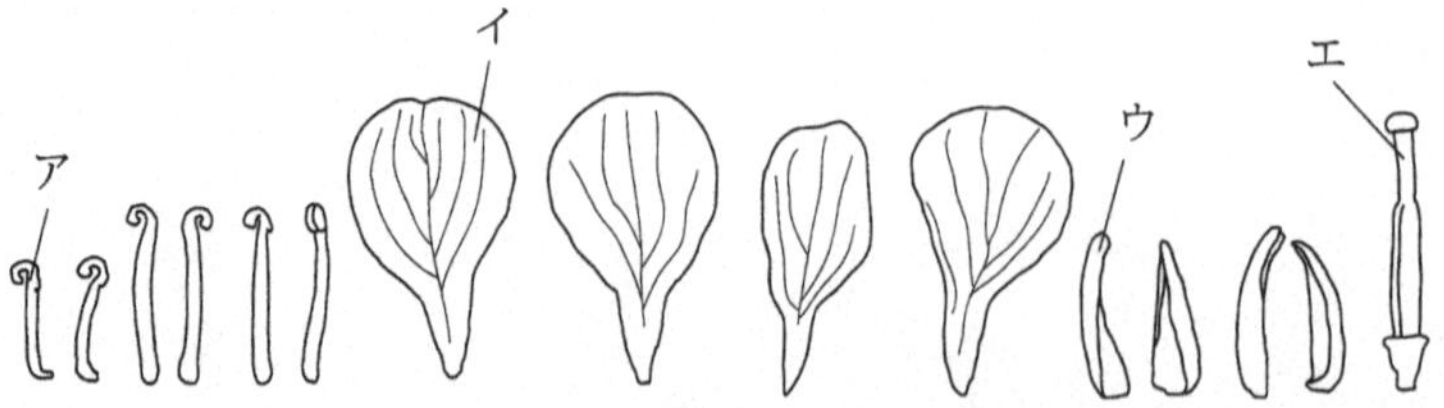

図1

図2

（問5） 前のページの図1と図2において，花びらを表しているものはどれですか。図1と図2からそれぞれ1つ選び，記号で答えなさい。

（問6） アサガオの花の横断面を図2と同じように表したとき，花のつくりを正しく表しているものを次の中から1つ選び，番号で答えなさい。

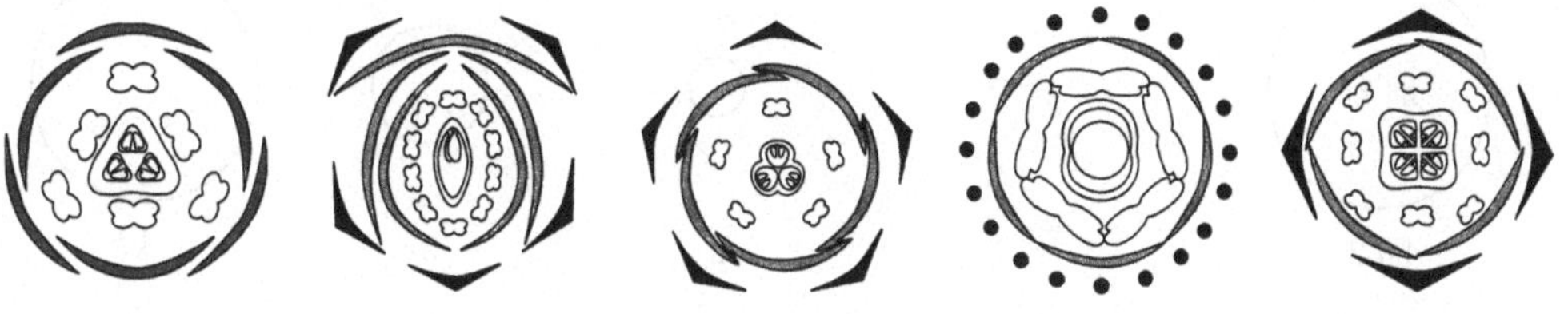

1　　2　　3　　4　　5

【2】 月について，以下の問いに答えなさい。

（問1） 月面には模様が見られ，日本では「ウサギが餅《もち》つきをしているように見える」などと言われています。このように，月面に模様が見える理由として正しいものを次の中から1つ選び，番号で答えなさい。

1　地球の影《かげ》が映っているから。
2　人工衛星の影が映っているから。
3　表面の岩石の種類が場所によって違《ちが》うから。
4　表面に水がある部分とない部分で見え方が違うから。
5　雲がある部分とない部分で見え方が違うから。

（問2）月面の模様は，違う日に観察してもいつも同じ模様が見え，地球から月の裏側を見ることはできません。月の裏側が見えない理由として正しいものを次の中から1つ選び，番号で答えなさい。

1　月は公転しているが，自転はしていないから。
2　月の自転周期が，地球の公転周期と等しいから。
3　月の自転周期が，地球の自転周期と等しいから。
4　月の公転周期が，地球の自転周期と等しいから。
5　月の公転周期が，月の自転周期と等しいから。

図1は，太陽，北極上空から見た地球，月の位置関係を表し，1～8は月の位置を表しています。ただし，太陽，地球，月の大きさおよびそれぞれの間の距離《きょり》の比は正確ではありません。

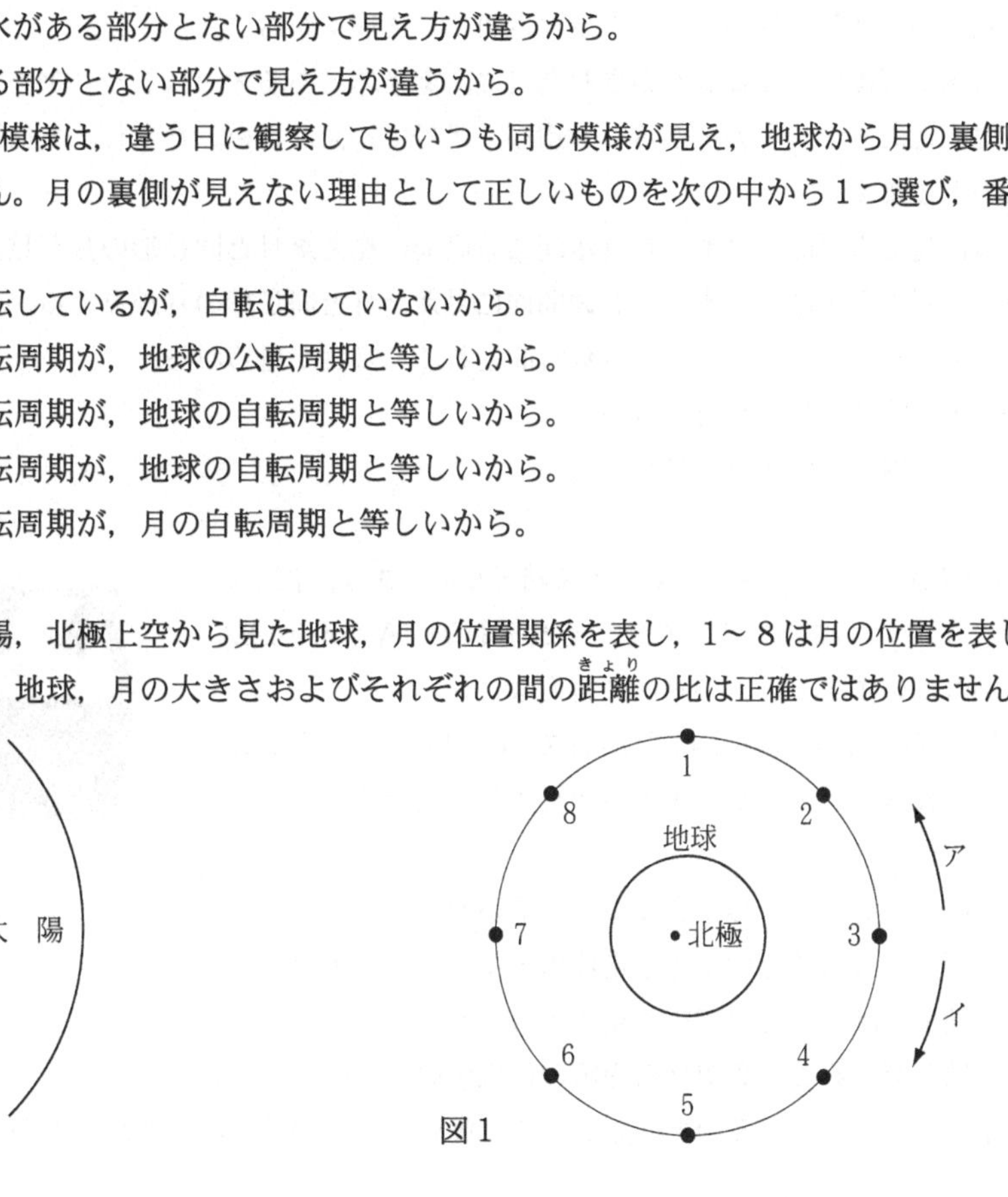

図1

（問３） 月の公転の向きは，前ページの図１のア，イのどちらですか，記号で答えなさい。

（問４） 地球の大きさと比べて，月の大きさはどのくらいですか。図２の地球に対する月の大きさとして正しいものを次の中から１つ選び，番号で答えなさい。

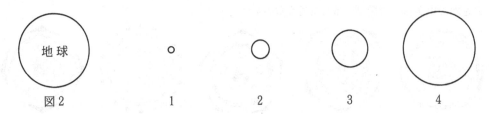

図２　　1　　2　　3　　4

（問５） 月食が起こる可能性があるのは，月の位置が図１のどこにあるときですか。正しいものを１つ選び，番号で答えなさい。

（問６） 月が（問５）で選んだ位置に来るたびに月食が起こるとすると，約１か月ごとに月食を観察できることになります。しかし，実際に観察できる回数はもっと少ないです。この原因として正しいものを次の中から１つ選び，番号で答えなさい。

1　月の公転周期が，地球の公転周期より短いから。
2　月の公転周期が，地球の自転周期より長いから。
3　季節によって夜の長さが違うから。
4　地球の公転面に対して，月の公転面が傾《かたむ》いているから。
5　太陽光が，地球以外の惑《わく》星から反射されて月に届くから。

（問７） 日本で真夜中に月食が観察された日に，南半球にあるオーストラリアで月を観察するとどのように見えますか，次の中から１つ選び，番号で答えなさい。ただし，天気による影響《えいきょう》は考えないものとします。

1　月食は起こらずに，日本で月食が起こる直前に見えた月と同じ形の月が見える。
2　月食は起こらずに，日本で約２週間前に見えた月と同じ形の月が見える。
3　日本で月食が見られたときより数時間遅《おく》れて，月食が見られる。
4　日本と同時に，月食が見られる。
5　月が地平線の下にあり，見られない。

【３】 電流計には，プラス端子《たんし》とマイナス端子があります。図１の電流計ではマイナス端子が３つあり，それぞれ50mA，500mA，５Aと書かれています。以下の問いに答えなさい。

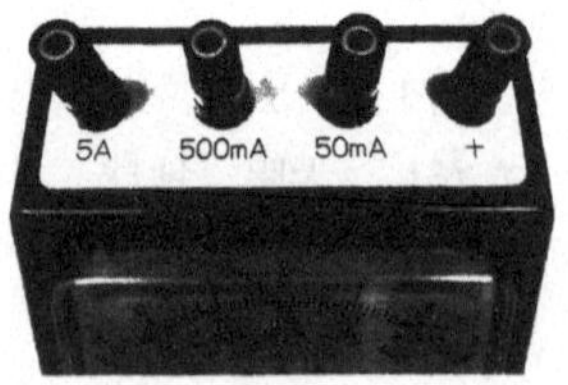

図１

（問１） 図１のマイナス端子に書かれている50mA，500mA，５Aは何を表していますか。次の中から正しいものを１つ選び，番号で答えなさい。

1　その端子で計ることのできる電流の最小値
2　その端子で計ることのできる電流の最小値の半分の値
3　その端子で計ることのできる電流の最大値
4　その端子で計ることのできる電流の最大値の半分の値

（問２） 電流計の針が振《ふ》れるのと同じしくみで動作するものはどれですか。次のページの中から１

つ選び，番号で答えなさい。

1　洗たく機　　2　ガソリン自動車　　3　蛍《けい》光灯　　4　電気ポット　　5　飛行機

（問３）　図２は，同じ豆電球２個が電池に並列《へいれつ》につながれている回路です。Ｃ点での電流に関する記述として正しいものを次の中から１つ選び，番号で答えなさい。

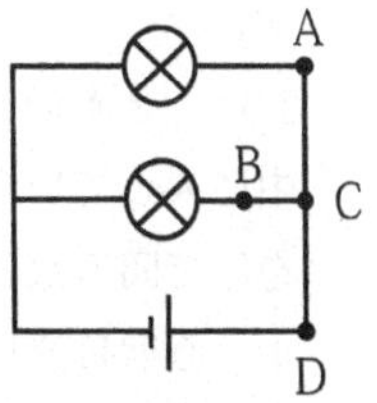

図２

1　Ａ点とＢ点からＣ点に流れ込む電流の値の合計より，Ｃ点からＤ点へ流れ出る電流の値の方が大きい。

2　Ａ点とＢ点からＣ点に流れ込む電流の値の合計より，Ｃ点からＤ点へ流れ出る電流の値の方が小さい。

3　Ａ点とＢ点からＣ点に流れ込む電流の値の合計と，Ｃ点からＤ点へ流れ出る電流の値は等しい。

4　Ｄ点からＣ点に流れ込む電流の値より，Ｃ点からＡ点とＢ点へ流れ出る電流の値の合計の方が大きい。

5　Ｄ点からＣ点に流れ込む電流の値より，Ｃ点からＡ点とＢ点へ流れ出る電流の値の合計の方が小さい。

6　Ｄ点からＣ点に流れ込む電流の値と，Ｃ点からＡ点とＢ点へ流れ出る電流の値の合計は等しい。

（問４）　図２で電池から流れ出る電流の値が50mAのとき，１個の豆電球を流れる電流の値は何mAですか。

（問５）　図３は，同じ豆電球７個と，図２とは異なる電池を用いて作った回路です。ア～カは図１と同じ電流計を表しています。いま，アの電流計の値が50mAを示しています。50mAのマイナス端子を使うと針が振り切れてしまう電流計を，イ～カからすべて選び，解答らんの記号を○で囲みなさい。

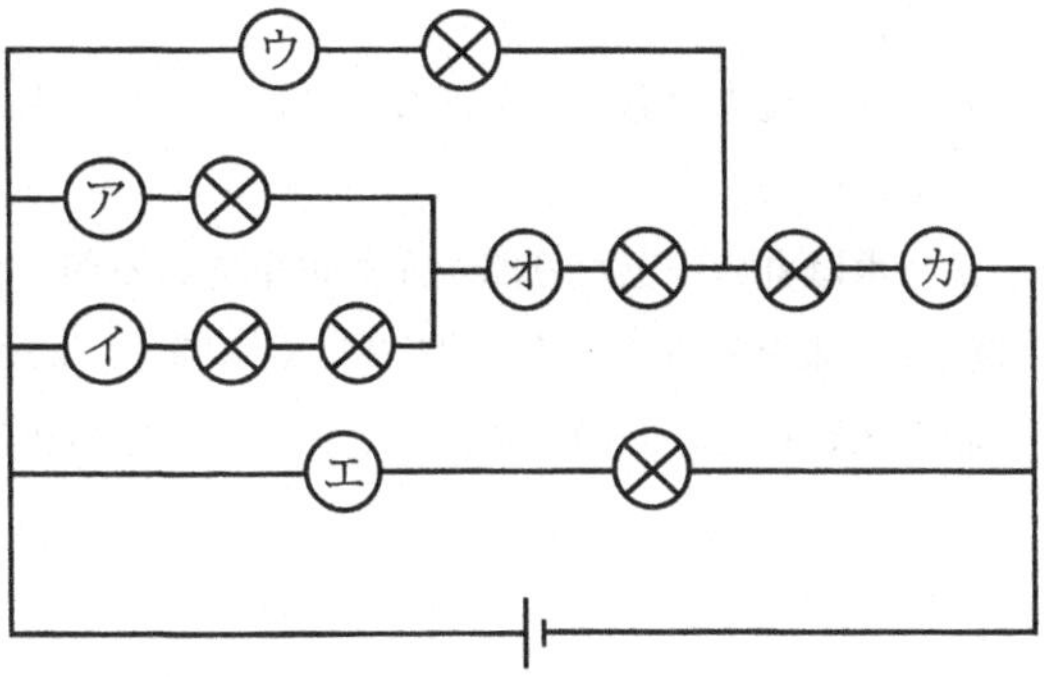

図３

【４】　次の表に示す割合で水に食塩をすべて溶かし，食塩水Ａ～Ｄを作りました。以下の問いに答えなさい。

	食塩水Ａ	食塩水Ｂ	食塩水Ｃ	食塩水Ｄ
食塩（ｇ）	10	5	30	5
水　（ｇ）	50	115	90	55

（問１）　食塩水Ａにさらに食塩15ｇを加えました。元の食塩水Ａと濃さを同じにするためには，ここに水を何ｇ加えればよいですか。

（問２）　食塩水Ａ～Ｄのうち，最も濃さのうすい食塩水には，さらに何ｇの食塩を溶かすことができますか。ただし，この実験中の温度において，100ｇの水に溶ける食塩の最大量は36ｇとします。

（問３）　２本のペットボトルを用意し，一方に食塩水Ａ，もう一方に水を同じ量ずつ入れました。中に入っている液体を見分ける方法として正しいものを次の中からすべて選び，解答らんの番号を○で囲みなさい。

１　直射日光にかざし，不透明《とうめい》なものが食塩水である。

２　水を１滴《てき》たらしたとき，液体内部にモヤモヤとしたものが見えるのが食塩水である。

３　冷凍《とう》庫にしばらく入れ，早く凍《こお》る方が食塩水である。

４　サイコロ状にしたニンジンやジャガイモを入れたとき，すべて浮《う》くのが水である。

５　ＢＴＢ液を加えると，緑色になるのが水である。

６　バラの切り花をしばらくさしておくと，しおれて元気がなくなるのが食塩水である。

（問４）　サラダ油の入ったコップに，食塩水Ｃと水をそれぞれ１滴ずつ落とすと，それらはどうなりますか。次の中から正しいものを１つ選び，番号で答えなさい。

１　食塩水も水もサラダ油に溶けて，見えなくなる。

２　食塩水は溶けて見えなくなるが，水は丸い玉となって浮かんだままでいる。

３　食塩水は溶けて見えなくなるが，水は丸い玉となってゆっくり落ちていく。

４　水は溶けて見えなくなるが，食塩水は丸い玉となってゆっくり落ちていく。

５　水も食塩水も丸い玉となってゆっくり落ちていくが，水の方が食塩水よりゆっくり落ちていく。

６　水も食塩水も丸い玉となってゆっくり落ちていくが，食塩水の方が水よりゆっくり落ちていく。

７　水は丸い玉となり浮かんだままでいるが，食塩水は丸い玉となってゆっくり落ちていく。

（問５）　味をみることや，（問３）や（問４）に書いてある方法以外で，食塩水と水を見分ける実験方法を考え，その実験結果とともに30字以内で書きなさい。

【社　会】（25分）　＜満点：50点＞

【1】　次の文を読み，問いに答えなさい。

近年，海の環《かん》境について様ざまな危機が指摘《てき》されています。まず，海の汚《よご》れについて考えましょう。20世紀後半から世界の人口の増加や工業化が進み，(ア)水質の汚《お》染とともに海を漂《ただよ》うゴミが増加しました。海岸のゴミは，干潟《ひがた》にくらす生物のはたらきで分解されてきました。しかし，生物が分解できないゴミの増加と(イ)日本列島の干潟が減少したために沿岸部の海の汚れが広がっています。

また，世界の貿易が盛んになったことで海上を行き交う船による海の汚染も深刻化しています。(ウ)日本は世界の国ぐにから大量の食料や資源を輸入しています。日本と輸入先を結ぶ航路に沿って陸から遠く離《はな》れた海が汚れ，深海にもゴミがたまっています。

つぎに，地球温暖化が及ぼす影響《えいきょう》について考えましょう。(エ)日本の近海でも海水温の上昇によって，生き物の分布域や生息数が変化していることが観察されています。海の生き物は世界の人びとの食料でもあります。海の環境の変化は(オ)漁業や食料の供給にも影響を与えます。豊かな海の環境を守ることは21世紀の課題です。

問1　下線(ア)についての説明として適当でないものを選び，番号で答えなさい。

1　家庭や工場の排《はい》水に含まれる成分が栄養となって，海中の微《び》生物が大量発生することがある。

2　分解されずに細かい破片となったプラスチックが生物の体内に取り込まれる可能性がある。

3　先進国と開発途《と》上国で海に流れ出るゴミの分量と構成は，ほとんど同じになっている。

4　海に漂うゴミを回収する技術の開発が進められている。

問2　下線(イ)の理由として適当でないものを選び，番号で答えなさい。

1　地殻《かく》変動によって地盤《ばん》が隆《りゅう》起したため。

2　農地や工場用地を得る目的で，干拓《たく》や埋《う》め立てが行われたため。

3　河川の上流部のダム建設によって，河口まで運ばれる土砂の量が減少したため。

問3　下線(ウ)について，日本が世界の国から輸入する品物の種類と，2016年の輸入先第一位の国の正しい組み合わせを選び，番号で答えなさい。（朝日ジュニア学習年鑑2018より）

1	石油・アメリカ合衆国	石炭・オーストラリア	小麦・サウジアラビア
2	石油・アメリカ合衆国	小麦・オーストラリア	石炭・サウジアラビア
3	石炭・アメリカ合衆国	石油・オーストラリア	小麦・サウジアラビア
4	石炭・アメリカ合衆国	小麦・オーストラリア	石油・サウジアラビア
5	小麦・アメリカ合衆国	石炭・オーストラリア	石油・サウジアラビア
6	小麦・アメリカ合衆国	石油・オーストラリア	石炭・サウジアラビア

問4　下線(エ)にあてはまると考えられるものを選び，番号で答えなさい。

1　サンゴ礁《しょう》の分布の北限が北上する。

2　海藻《そう》が生育する水深が，より深い場所になる。

3　サケが産卵するために戻ってくる河川の北限が南下する。

問5　下線(オ)について，次のページの表は日本，中国，アメリカ合衆国の2016年の漁獲《かく》量，2015年の水産物の輸出額，輸入額を示したものです。日本のものを選び，番号で答えなさい。

（表は「日本国勢図会2018/19」より作成）

	2016年 漁獲量（千トン）	2015年 輸出額（百万ドル）	2015年 輸入額（百万ドル）
1	17,807	19,924	8,722
2	3,275	1,986	13,752
3	4,931	5,670	20,052

【2】 下の地形図は縮尺 1/50,000地形図「砂川」の一部です。地形図の方位は上が北で拡大縮小はしていません。問いに答えなさい。

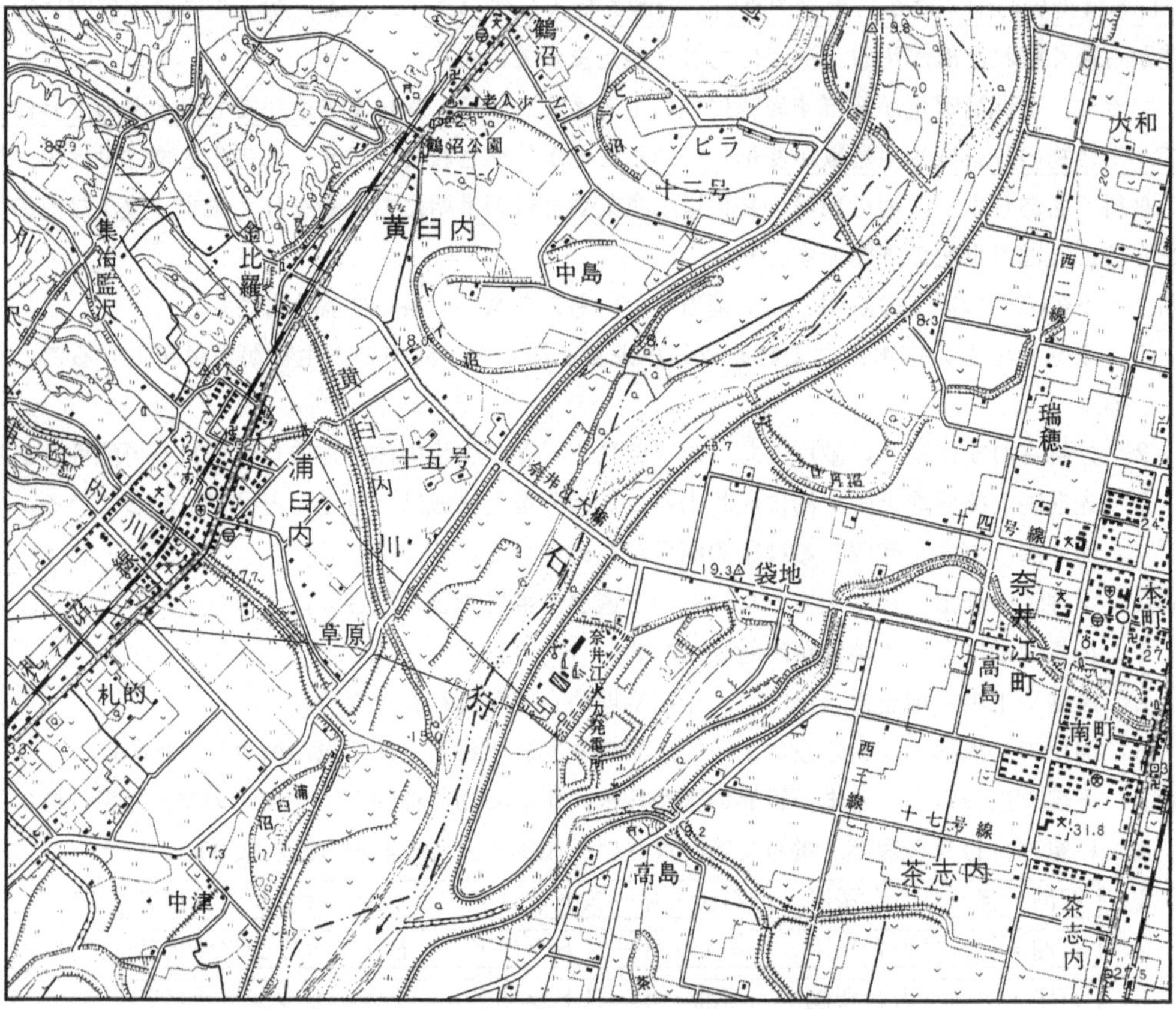

問1　石狩川《いしかり》の河口に最も近い位置にある都市を下から選び，番号で答えなさい。

　1　小樽《おたる》　　2　函館《はこだて》　　3　稚内《わっかない》　　4　釧路《くしろ》　　5　苫小牧《とまこまい》

問2　地形図を見ると石狩川の周囲の農地は正方形に区切られています。地図上で正方形の農地の一辺の長さは１㎝でした。この一辺の実際の長さを求めなさい。単位はmで答えること。

問3　地形図から読み取れることとして適当でないものを選び，番号で答えなさい。

　1　石狩川の両岸には堤《てい》防が作られている。

　2　西の線路沿いにある集落の方が，石狩川の東にある集落よりも人口密度が高い。

　3　石狩川は，ほぼ北北東から南南西に向かって流れている。

　4　石狩川が蛇《だ》行していたときの河道《かどう》の一部が切り離されて，三日月型の沼や池となっている。

問4　北海道の農業の特色についての説明として適当でないものを選び，番号で答えなさい。

（統計数値は「2018データブック　オブ・ザ・ワールド」「朝日ジュニア年鑑2018」「日本国勢図会2018/19」より）

1　稲の栽培に適さない土地に手を加え，低い気温に強い品種の開発によって米の大産地となった。

2　都道府県ごとにみた2015年の農家総数にしめる販売農家の割合は，北海道が最も高い。

3　農家一戸あたりの経営規模が大きく，大型の農業機械が使われている。

4　北海道の2016年の農業産出額で，もっとも高い割合をしめるのは米となっている。

【3】　次の文を読み，問いに答えなさい。

(ア)明治新政府軍と旧江戸幕府軍の戦いが終わって，2019年でちょうど（　あ　）年になります。新政府軍が通ったと思われる道のりを見てみましょう。

新政府軍の一部は(イ)美濃《みの》国の大垣から出発し，中山道から甲州道中を通って江戸を目指しました。江戸にいたった新政府軍は江戸城総攻撃《こうげき》を計画しますが，総攻撃の前日に(ウ)両軍の代表者が会談し，江戸城は新政府軍に明け渡されることになりました。その後，新政府軍が目指したのは，長州藩《はん》と対立した会津藩でした。江戸を出発した新政府軍の一部は奥州道中を通って会津若松を目指します。奥州道中の終点の（　い　）で会津藩を中心とする勢力を破った新政府軍はそこから奥州に侵《しん》入しました。

会津藩を含め東北諸藩を降伏《ふく》させた新政府軍は，翌年の春を待って旧幕府勢力の逃れた北海道を目指します。品川沖《おき》を出た新政府の艦《かん》隊は(エ)銚子沖を北上し，宮古湾《わん》を経由して函館にいたりました。その後５月に旧幕府勢力を降伏させ，この戦いは終結することになりました。

問１　下線(ア)の戦いの名称として正しいものを選び，番号で答えなさい。

1　関ヶ原の戦い　　　2　戊辰《ぼしん》戦争

3　弘安《こうあん》の役　　　4　承久の乱

問２　空らん（あ）にあてはまる数字を算用数字で答えなさい。

問３　下の表１は３つの県の「面積と人口」を，表２は「もも」，「りんご」，「かき（果物）」の生産量の全国にしめる割合を示したものです。下線(イ)を通り江戸を目指す順番に表中の１～３の県を番号で並べなさい。ただし，表中の１～３はすべて内陸県を示しています。

（表は「日本国勢図会2018/19」より作成）

表１　面積と人口

県	面積（km^2）	人口（千人）
1	13,562	2,076
2	10,621	2,008
3	4,465	823

表２　もも，りんご，かき（果物）の生産量の全国にしめる割合

もも		りんご		かき	
県	割合（%）	県	割合（%）	県	割合（%）
3	31.3	青森	58.5	和歌山	20.0
福島	23.0	1	18.6	奈良	14.7
1	12.6	山形	6.0	福岡	7.0
和歌山	7.8	岩手	5.7	2	6.8

問４　下線(ウ)の組み合わせとして正しいものを選び，番号で答えなさい。

1　西郷隆盛と勝海舟　　　2　大久保利通と勝海舟

3　大久保利通と徳川慶喜　　　4　西郷隆盛と徳川慶喜

問５　空らん（い）にあてはまる地名を選び，番号で答えなさい。

1　郡山《こおりやま》　　2　福島　　3　いわき　　4　白河

問６　次の表は，東北地方の６県と，その県で作られる伝統的な工芸品と祭りをまとめたものです。新政府の艦隊が下線(エ)の航路をとったときに，沖合を通過する県を表中の１～６の中から４つ選び，航路に沿う順番になるように番号で並べなさい。

県	工芸品	祭り	県	工芸品	祭り
1	鳴子《なるこ》のこけし	七夕祭り	4	三春駒	相馬野馬追《そうまのまおい》
2	天童《てんどう》の将棋《ぎ》の駒《こま》	花笠《はながさ》祭り	5	津軽塗《ぬり》	ねぶた祭り
3	角館《かくのだて》のかば細工	竿灯《かんとう》祭り	6	南部鉄器	さんさ踊《おど》り

【４】　先生と慶子さんは次の絵について話をしました。２人の会話を読んで問いに答えなさい。

先生：(ア)この絵は(イ)禅《ぜん》宗の僧《そう》で画家でもある雪舟という人物が描《えが》いたものだよ。

慶子：(ウ)実際にある場所のようです。いつ描かれたのですか。

先生：(エ)室町時代です。作者は(オ)全国的な戦乱が始まった1467年に，(カ)当時の中国に渡って絵の勉強をしました。帰国して晩年に書いたのがこの絵です。

慶子：全国的な戦乱が始まっても，文化的な活動は続けることができたのですね。

先生：(キ)戦乱をさけた人びとによって　京都の文化が全国に伝わっていきました。

問１　下線(ア)のような様式の絵は何とよばれるか，正しいものを選び，番号で答えなさい。

　１　洋風画　　２　水墨《ぼく》画　　３　大和絵　　　４　似絵《にせえ》

問２　下線(イ)についての説明として適当なものを選び，番号で答えなさい。

　１　飛鳥時代に聖徳太子によって広められた。

　２　平安時代に空海によって伝えられた。

　３　鎌倉時代に栄西や道元によって伝えられた。

　４　室町時代に勢力を拡大し，一向一揆《き》をおこした。

問３　下線(ウ)とあるが，作者が描いた場所には砂州《す》があり，風景の美しさから日本三景の一つとされている場所です。この場所の名称を選び，番号で答えなさい。

　１　天橋立　　２　松島　　　３　三保の松原　　４　宮島

問４　下線(エ)についての説明として適当なものを選び，番号で答えなさい。

　１　足利尊氏《たかうじ》は幕府を始める時に武家諸法度《はっと》を定めた。

2　幕府は面積の単位や枡《ます》の大きさを統一し，全国的な検地を行った。

3　国ごとに国司がおかれ，幕府の命令を国内の地頭に伝えた。

4　幕府は将軍をたすけて政治全般をみる管領《かんれい》をおいた。

問５　下線(オ)とあるが，この年に始まった戦乱の名前を答えなさい。

問６　下線(カ)と日本との関係についての説明として適当なものを選び，番号で答えなさい。

1　日本は瀬《せ》戸内海の航路を整備して，大輪田泊《とまり》という港に中国船が来ることができるようにした。

2　日本は海賊《ぞく》の取りしまりを行うことを約束して，国どうしのやりとりが開始された。

3　日本は白村江の戦いで敗北したが，外交使節だけでなく多くの留学生も送った。

4　日本は二度にわたって侵攻《しんこう》を受けたが，どちらも撤《てつ》退させることに成功した。

問７　下線(キ)の例としてあてはまらないものを選び，番号で答えなさい。

1　茶の湯　　2　流鏑馬《やぶさめ》　　3　連歌《れんが》　　4　能楽

【５】　次の表は1600年から1995年にかけての日本の総人口を示しています。問いに答えなさい。

（表は「図説 人口で見る日本史」「日本国勢図会2018/19」より作成）

	A	B	C	D	E	F
西暦	1600年	1721年	1846年	1880年	1945年	1995年
人口（百万人）	12	31	32	36	72	126

問１　ＡからＢの時期にかけて人口は急増し，文化面でも変化がありました。この時期の文化についての説明として適当なものを選び，番号で答えなさい。

1　歌川広重や葛飾北斎《かつしかほくさい》の浮《うき》世絵が大量に印刷され，庶《しょ》民も手に入れることができるようになった。

2　俳諧《かい》が発達し，与謝蕪村《よさぶそん》や小林一茶がおおいに活躍《やく》した。

3　江戸の発展にともなって，京都や大坂の文化はおとろえていった。

4　豊かになった町人の気風が，文化に大きな影響《えいきょう》を与えるようになった。

問２　ＢからＣの時期にかけて，人口は大きく変化していません。この時期の都市と農村についての説明として適当なものを選び，番号で答えなさい。

1　都市に住む町人の人口が，百姓《しょう》の人口を上回るようになった。

2　開墾《こん》はほとんど行われず，農地はあまり増えなかった。

3　火山の噴《ふん》火などの天災により，農村では飢《き》きんが何度も起きた。

4　一揆《き》が少なくなり，農村から都市に流入する人口が減少した。

問３　ＤからＥの時期にかけて，人口は再び急増しています。増え続ける人口に対する政策についての説明として正しいものを選び，番号で答えなさい。

1　食料を自給できるように，国民に農地を均等に分配した。

2　人口増加をおさえるために，子どもの数を少なくするように呼びかけた。

3　海外に移住することをすすめ，朝鮮半島や満州などに人びとを送り出した。

4　都市の人口が急増し，住宅を確保するために，郊《こう》外の丘陵《きゅうりょう》地に大きな団地を整備した。

問４　ＥからＦの時期に起きたできごとについての説明として適当なものを選び，番号で答えなさい。

1　食料輸入額に占めるヨーロッパの割合がもっとも大きくなった。

2　朝鮮戦争以降，経済が著しい成長をとげ，国民の生活水準が上昇した。

3　アメリカ軍の駐《ちゅう》留費を負担し，国の財政の半分近くを占めるようになった。

4　日本車の中国への輸出をめぐって，貿易摩擦《まさつ》が大きな問題となった。

問５　2000年以降の日本の社会状況について説明したものとして適当でないものを選び，番号で答えなさい。

1　少子化がすすみ，都市部の保育園では待機児童がいなくなっている。

2　高齢化がすすみ，医療《りょう》費の増大が問題になっている。

3　過疎《そ》化がすすみ，地方の商店街から店が減っている。

4　IT化がすすみ，少ない労働力で効率のよい生産が行われるようになっている。

【６】　慶一くんは長崎を旅行するための下調べをしました。次の会話を読み，問いに答えなさい。

慶一：(ア)長崎県にはたくさんの島と半島があるね。県庁所在地の長崎市は，県の南部に位置しているね。長崎に行ったら，おいしいものを食べたいな。

慶子：(イ)長崎は鎖《さ》国をしているとき，外国との貿易窓口になっていたこともあって，独特な食文化が発達したのよ。

慶一：江戸時代には食べ物だけではなく，外国の文化や学問も入ってきたので，長崎には多くのひとが(ウ)新しい学問を勉強しに来たそうだよ。長崎の街には，さまざまな歴史や文化の積み重ねがあるんだ。

慶子：長崎で受け継《つ》がれてきたことが，(エ)2018年に世界遺産に登録されたよ。

慶一：長崎を訪れるときは(オ)原子爆弾が投下された歴史があることも，きちんと理解しておかないとね。

問１　下線(ア)について長崎県にある島や半島として適当でないものを選び，番号で答えなさい。

1　島原半島　　2　五島列島　　3　対馬《つしま》　　4　壱岐《いき》　　5　国東《くにさき》半島

問２　下線(イ)についての説明として適当なものを選び，番号で答えなさい。

1　江戸幕府が琉球《りゅう》王国を征《せい》服したため，琉球産の砂糖が輸入された。

2　オランダとの貿易窓口だったため，東南アジア産の砂糖が輸入された。

3　朝鮮半島から多くの人が移り住み，朝鮮半島を経由して，大陸産の砂糖が輸入された。

4　東南アジアに進出した日本人商人が買いつけた砂糖が，朱印船で輸入された。

問３　下線(ウ)についての説明として正しいものには○を，誤っているものには×をそれぞれの解答らんに記入しなさい。

1　この学問は厳しく制限されていたが，徳川吉宗が学ぶことを許可した。

2　杉田玄白らによる『解体新書』の出版は，この学問が盛んになるきっかけのひとつとなった。

3　長崎に吉田松陰が開いた松下村塾では，福沢諭吉ら多くの者がこの学問を学んだ。

4　本居宣長《もとおりのりなが》らはこの学問を通じて，古来からある日本人の考え方を明らかにしようとした。

問４　下線(エ)についての説明として適当なものを選び，番号で答えなさい。

1　島に残る固有の自然や生態系が，世界遺産に登録された。

2　古来から受け継がれてきた巡《じゅん》礼の道が，世界遺産に登録された。

3　島における信仰《こう》や海を通じた交流がもたらした古代の遺物が評価され，島自体も世界遺産に登録された。

4　江戸時代以降におけるキリスト教との独特な関わり方が評価され，教会などが世界遺産に登録された。

問５　下線(オ)について，長崎に原子爆弾が投下された年月日を答えなさい。算用数字を用いて西暦で答えること。

【７】　次の文を読み，問いに答えなさい。

物々交換《かん》をしなくてもお金を使えば必要なものを手に入れられます。お金をお金として使うことができるのは，その価値が人びとの信用によって保たれているためです。(ア)世の中に出まわるお金の量によって物価が上がったり下がったりすることがあります。

(イ)世界の国ぐにでは，それぞれ異なる通貨が用いられています。そこで(ウ)海外旅行で買い物を行うときには両替《がえ》が必要です。その交換比率《りつ》は毎日変動します。交換比率の変動は(エ)貿易を行うときにも大きな影響《えいきょう》を与えます。

お金の世界でもグローバル化と情報化が進み，近年では現金での支払いの機会が減っています。電子マネーと呼ばれるデジタルデータやインターネットを利用したお金のやり取りもできるようになり，(オ)お金の価値やあり方が変化してきています。

問１　下線(ア)についての説明として適当でないものを選び，番号で答えなさい。

1　人びとがたくさん物を買うようになると，物価は上がりやすい。

2　銀行がお金を貸し出すときの利子が上がると，物価は下がりやすい。

3　国や地方公共団体が積極的に道路やダムの建設を行うと，物価は上がりやすい。

4　日本銀行が積極的に民間銀行から国債《さい》や地方債を買うと，物価は下がりやすい。

問２　下線(イ)についてヨーロッパでは複数の国ぐにが利用している共通通貨があります。この通貨単位の名前をカタカナで答えなさい。

問３　下線(ウ)について外国の通貨を取引する市場を選び，番号で答えなさい。

1　外国為替《かわせ》市場　　2　外国株式市場　　3　先物《さきもの》取引市場　　4　外国国債市場

問４　下線(エ)について貿易に関するルールを定める国際機関の名称《しょう》を選び，番号で答えなさい。

1　ＩＬＯ　　2　ＷＨＯ　　3　ＷＴＯ　　4　ＵＮＥＳＣＯ

問５　下線(オ)についての説明として適当でないものを選び，番号で答えなさい。

1　スマートフォンを利用した支払いでは，指紋《もん》や顔などによる認証が取り入れられている。

2　日本では仮想通貨が通貨としての価値を認められている。

3　実際の店舗《ぽ》を持たないインターネット上の銀行があり，その口座から支払いができる。

4　あらかじめお金をチャージしたICカードを利用して，バスや電車の運賃だけでなく，コンビニエンスストアでの支払いができる。

【四】次の二つのグラフを見て、「なぜ日本のプロ野球選手は四月～七月生まれが多いのか」という問いに対する答え（仮説）を考えて書きなさい。また、その答え（仮説）が正しいことは、どうすれば証明されるかを説明しなさい。

※百六十字以内で書きなさい。

※原稿《げんこう》用紙の使い方に従って書くこと。ただし改段落をする場合は行をかえず、一マス空けることで示しなさい。

日本のプロ野球選手の月別出生数

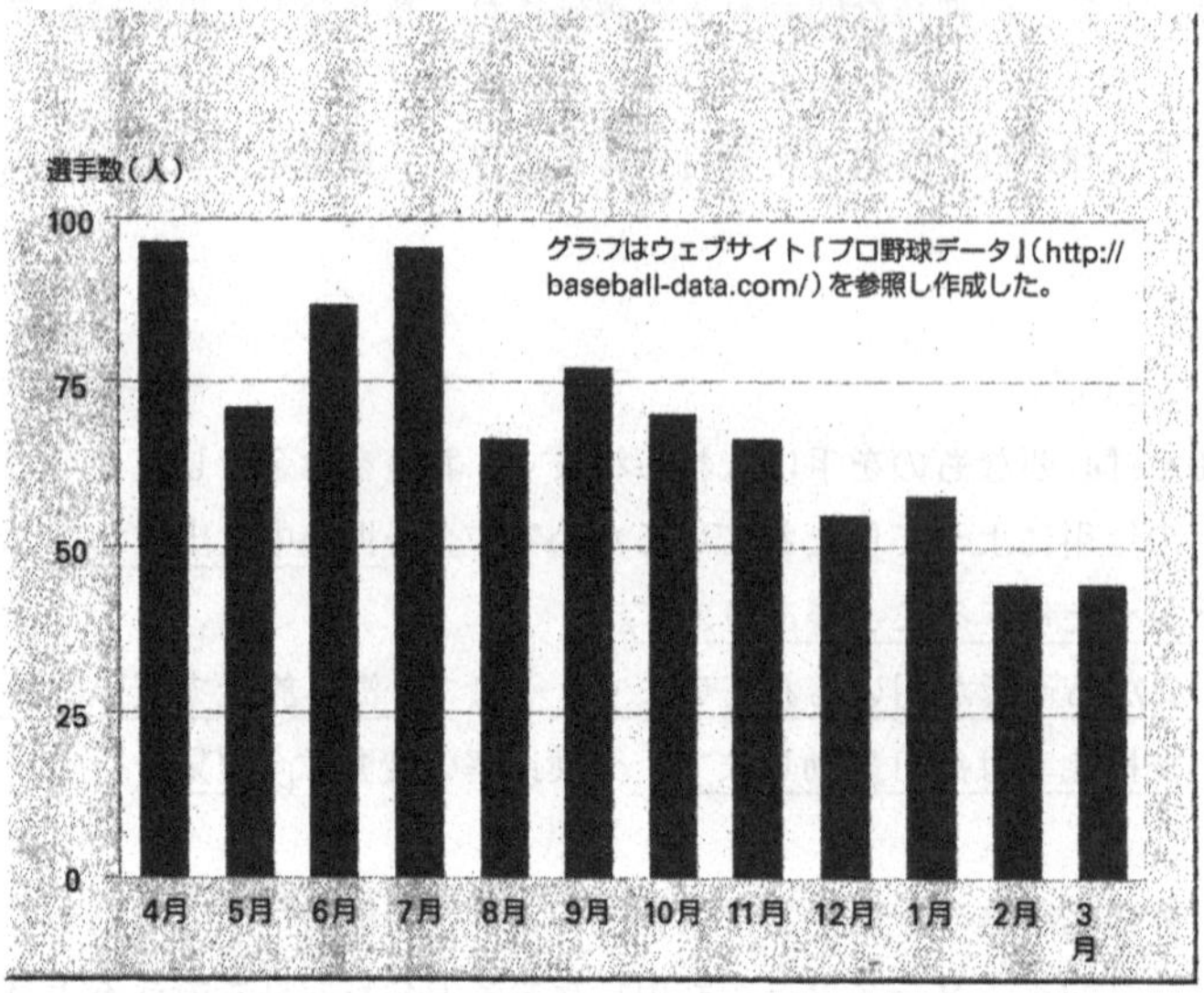

日本人男性の月別出生数（2016年）

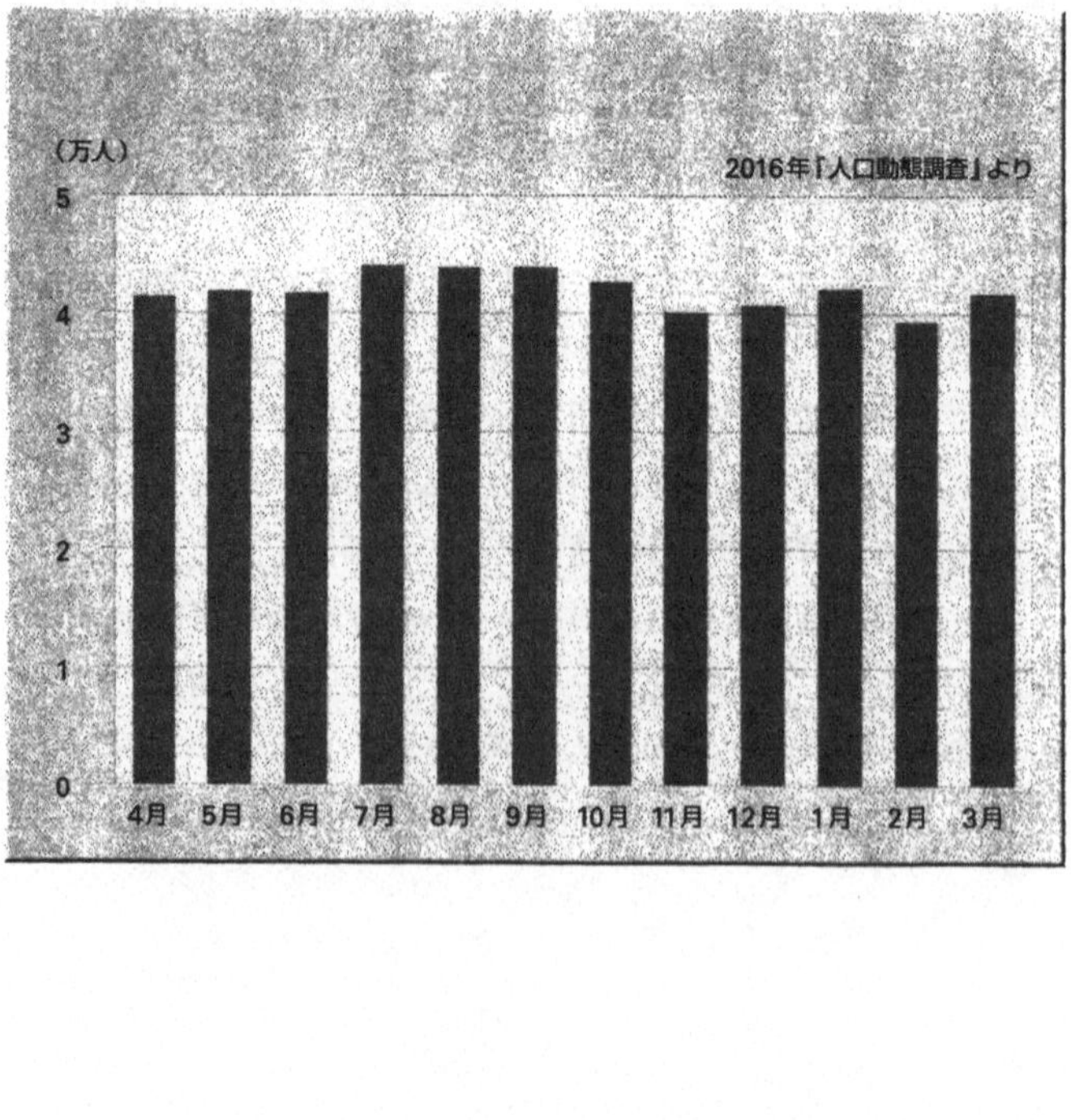

（ニュートン別冊「統計と確率改訂版《かいていばん》 よりよい判断をするための数学」より）

お前はオルゴールが好きなんだ。そうだろう？」と強く言う人もいました。

それでもゼムスは頑《かたく》なに断り続けました。なぜでしょう？　ひょっとして時計作りが好きになったのかもしれません。とにかくゼムスはしゃべらないので、本当の心は闇の中です。

（大山淳子『あずかりやさん　桐島《きりしま》くんの青春』より）

※出題の都合上、本文の一部を改稿《かいこう》しています。

問一　＝①～⑤のカタカナを漢字に直しなさい。

問二　～～～A～Eの漢字をひらがなに直しなさい。

問三　空らん[1]～[4]に体の部分を表す漢字一字を入れなさい。すべて違う漢字が入ります。

問四　――1「大丈夫なの？」という言葉に込《こ》められた意味を次から選び、記号で答えなさい。

ア　お金がかかったのではないかと経済的なことを気にかけている。

イ　加工がむずかしかったのではないかとゼムスの腕《うで》に不安を持っている。

ウ　寝《ね》不足なのではないかとゼムスを気づかっている。

エ　音もいいのかしらとオルゴールの音色を気にしている。

問五　空らん[A]～[D]にあてはまるせりふを、次から選び、それぞれ記号で答えなさい。なお、同じ記号を二度用いてはならない。

ア　おかえりなさい、おかえりなさい、帰ってきてくれてうれしいわ

イ　生まれて来られてうれしいわ。ありがとうありがとう

ウ　元気に生まれておいで。幸せな世界に生まれておいで

エ　だいじょうぶ、だいじょうぶ。ゼムスは戻《もど》る、必ず戻る

問六　空らん[①]・[②]にあてはまる語を次から選び、それぞれ記号で答えなさい。なお、同じ記号を二度用いてはならない。

ア　勝手に　**イ**　きちんと　**ウ**　自然と　**エ**　徐々《じょじょ》に

オ　突然《とつぜん》に

問七　――2「あえてそのことには触《ふ》れませんでした」とあるが、それはなぜか。次の中から選び、記号で答えなさい。

ア　ゼムスのきげんを損《そこ》ねたくなかったから。

イ　自分の体調がすぐれず、聞く元気がなかったから。

ウ　ゼムスが本当はオルゴールを作りたいことがわかっていたから。

エ　自分もオルゴールの欠点に気づいていたから。

オ　自分のためにオルゴールを作ってくれたのがうれしかったから。

問八　ゼムスの性格を表す語を次の中から全て選び、記号で答えなさい。

ア　勇敢《ゆうかん》　**イ**　頑固《がんこ》　**ウ**　正直　**エ**　純朴《じゅんぼく》

オ　明朗　**カ**　凝《こ》り性《しょう》　**キ**　欲張り　**ク**　おおざっぱ

問九　次にあげるA～Gの出来事を、古いものから順に並べ、記号で答えなさい。

A　ゼムスの父がオルゴール職人に転向した

B　わたしが生まれた

C　ゼムスが家出をした

D　オルゴールが発明された

E　ゼムスが時計工房《こうぼう》を継《つ》いだ

F　蓄音機《ちくおんき》が発明された

G　ゼムスが誕生した

ゴールは使わないと機械のすべりが悪くなるからです。ゼムスが消えて半年くらい経った頃でしょうか、おとうさんはわたしを聴きながら泣きました。静かにさめざめと泣きました。おとうさんの髪《かみ》はもう真っ白で、引退をしてもよい歳《とし》でした。頼《たよ》りの息子が行方《ゆくえ》知れずで、もしかしたら死んだかもしれず、工房の行く末も心配だったのでしょう。

わたしはそれからおとうさんのために歌いました。

「[C]」

言葉を持たない歌ですが、伝わるのでしょうか。おとうさんはわたしの歌を聴き終えると、少しだけ微笑み、ほんの少しですが丸い背中が伸《の》びるようでした。

一年後、ゼムスは戻《もど》りました。

石造りの家のドアを開け、まっすぐにわたしのところにやってきて、「ただいま」とつぶやき、わたしを鳴らしました。

「[D]。ありがとうありがとう」

わたしは歌いながら気づきました。声があたたかみを取り戻したことを。一度知った悲劇は消すことができず、メロディーに物悲しさは残りましたが、生まれた時に持っていた、元気と明るさを取り戻していました。「オルゴールは繰り返すだけ」と言った人には一生わからないかもしれません。

繰り返しの中にも変化があるのです。時代や人の心を④ウツすことによる変化です。音は鳴るだけではないんです。音を聴いて体に入れる、その受容体によっても変化するのです。

そう、音は入るんです。聴く人の心に。入ってから、変化するのです。ほんとです。

この一年どこで何をしていたのでしょうか。ゼムスの頬はこけ、体は痩せて小さくなっていました。それでもゼムスは微笑みました。微笑む練習をどこかでしてきたのかしらと思うくらい、いい感じの笑顔でした。わたしを作った時の底抜《そこぬ》けの笑顔とは違います。痛みが刻まれた、美しい笑顔です。

ゼムスは翌日から時計工房で仕事を再開しました。おとうさんはどれだけほっとしたことでしょう?

ゼムスはもともと寡黙な男でしたが、石のようにだんまりになり、その分、腕は精巧さに磨《みが》きがかかったようで、時計工房はうまくいっているようでした。

安心したのでしょう、しばらくしておとうさんが亡くなり、時計工房はゼムスが引き継《つ》ぎました。時たまオルゴールの注文も来ましたが、ゼムスは断っているようでした。

ゼムスの生涯で最後の作品だという⑤ジフがわたしの中に芽生えてきました。こうなったら二度と注文を受けて欲しくないとさえ思い始めました。

一方、オルゴールはその価値を再び認められ始めたようです。贈答《ぞうとう》品として息を吹き返してきたようで、石造りの家にまで人が来て「またオルゴールを作ってくれないか」とゼムスに[4]を下げる場面が何度かありました。

ゼムスは頭を縦に振《ふ》りませんでした。言い訳もせずに、ただ首を横に振るだけです。そういう態度ですから、相手はなかなか納得しません。

「隣のあれ、オルゴール工房だろう? 工房は潰《つぶ》してないじゃないか!

ことに気づきました。ゼムスの指、ゼムスの息遣《いきづか》い、ゼムスの真剣《しんけん》なまなざしを覚えています。ゼムスがピンを埋め込む時の確かな指の動きも、生まれた時にすでに知っていました。

魂っていつ生まれるのでしょうね。そして魂はどこにあるのでしょう？

ゼムスの子もわたしの「元気に生まれておいで。幸せな世界に生まれておいで」という歌を、その心を、きっとしっかりと覚えた状態で生まれてくることでしょう。なんという幸せなことでしょう！

「そうだな。きっと音楽好きの子だ」ゼムスはうれしそうに頷《うなず》きます。

「将来シューマンのような作曲家になるかもしれないわ」

「そうだな、たぶんそうなるな」

「子育てもこのオルゴールと一緒にやっていくわ」

奥さんは頬を紅潮させて微笑みました。

けれど奥さんがわたしを聴きながら子育てをすることは一度もありませんでした。出産はうまくゆかず、奥さんと子どもは命を落としてしまったのです。

この頃の記憶はわたしの中で曖昧《あいまい》です。

嫌なことは思い出さないようにするので、自然とぼやけた記憶になるのです。

もうすぐ幸せの頂点がやってくる、というそわそわとした空気に浸《ひた》ったあと、なんだか雲行きがよろしくないという不穏《ふおん》な空気がやってきて、瞬《またた》く間にその空気が周囲を包み、まさかまさかとあせっているうちに、ドーンと悪いそれが世界を支配して、あとは闇《やみ》があるばかりでした。

当時、そういうことは珍《めずら》しくなかったそうですが、ゼムスにとっては致命《ちめい》的な出来事でした。葬儀《そうぎ》を終えたあとも仕事が手につかず、いつまでも頭を抱えていました。

「今度は若くて丈夫な奥さんをもらおう。そしてまた子どもを作ればいい」とおとうさんはゼムスを励ましました。微塵《みじん》も悪意はなく、息子を思ってのことでしたが、ゼムスはそれどころではありませんでした。

とうとう石造りの家に鍵《かぎ》をかけてこもり、わたしを鳴らしました。

不思議なことですが、わたしの歌は以前と違っていました。

「　B　」と歌っているつもりが、「ごめんなさい。ごめんなさい。死んでしまってごめんなさい」とまるで奥さんの心を代弁するような歌になってしまうのです。そんな歌は駄目《だめ》、ちゃんと励まそうと思い、明るいことばかりを思い浮《う》かべるのですが、わたしの歌はただただ物悲しく室内に響き渡り、ゼムスを涙《なみだ》ぐませることしかできませんでした。

わたしはそれまでゼムスと奥さんの会話から世の中のことを知ることができました。オルゴールの歴史を知り、一家の状況《じょうきょう》を見極《みきわ》め、さらにふたりの心情を知ることができました。奥さんのところには時たま教え子がお見舞《みま》いにくることもあったし、奥さんはひとりでいる時もお腹の子に話しかけていたため、わたしに多くの情報が伝わりました。

ところが奥さんが死んでゼムスひとりになると、当然ですがしゃべりませんし、その頃からわたしはゼムスのことも世の中のことも見えにくくなってきました。

そのうちゼムスは消えました。

石造りの家から出て行ったまま戻らないのです。おとうさんが何度か捜《さが》しに来たので、工房にもいないようです。

おとうさんは時たま石造りの家に来て、わたしを鳴らしました。オル

生できるところです。

百二十年生きてきたわたしには「蓄音機の時代もそう長くは続かないのよ」とわかっていますが、当時は世界中が驚《おどろ》く画期的な発明でした。海の向こうのことで、すぐには影響はありませんでしたが、ゆっくりとスイスにも蓄音機の波が押し寄せてきました。

蓄音機を賞賛する人は決まってこう言ったものです。

「オルゴールは短い曲を繰り返すだけじゃないか。しかもだんだんとテンポが遅《おそ》くなって、途中で［①］止まってしまう」

オルゴールのわたしが聞いても、その言い分は間違っておらず、「はいその通りでございます」と頭《こうべ》を垂れるほかありません。

だんだんとオルゴールの注文は減り、ゼムスのおとうさんは細々と続けていた時計工房に力を入れるようになりました。そしてゼムスにも時計作りをするように言いました。

短い曲しかできない、繰り返すことしかできない、テンポが遅くなる。この三つの欠点はオルゴールの性質上、しかたのないものでした。

ゼムスは大好きなオルゴール作りをやめることに寂《さび》しさはありましたが、絶望はしていませんでした。なぜなら奥さんのお腹に子どもがいるからです。もうすぐ新しい命が誕生するのです。ゼムスはむしろこの時期、人生で最も希望にあふれていたかもしれません。奥さんの心と体をやすませ、お腹の子に心地よい音が届くようにとわたしを作り、それをオルゴール作りの区切りにして、その日から時計工房で働くようになりました。

ゼムスは奥さんにそのことを伝えていませんでした。奥さんは気づいていましたが、2あえてそのことには触《ふ》れませんでした。

ある日奥さんは晩ご飯を食べながらゼムスに言いました。

「オルゴールの良さはね、短いフレーズを繰り返すことと、だんだんゆっくりとなって、［②］止まることね」

ゼムスははっとしました。短い曲しか演奏できない、繰り返すだけ、テンポが遅くなる。この三つはオルゴールの欠点として必ず指摘《してき》されることだったからです。

「そこがいいって、どういうことだい？」

「音楽ってね、繰り返し聴くことで体に染《し》み込むの。学校で子どもたちに教える時は、最初からたくさんの曲を聴かさないで、ひとつの曲を繰り返し聴かせて、メロディーを体に染み込ませるのよ。ちゃんと体に曲が入ったら、次に別の曲が入ってきた時、きちんと違いがわかって、そこから音楽というものが見えてくるようになるの」

「なるほどなあ」

「わたしのように体が普通ではない時は、知った曲を繰り返し聴くことが癒《いや》しになるみたい。だんだん遅くなるのもね、刺激《しげき》が和《やわ》らいでいいのよ。このオルゴールを聴きながらだとよく眠れるし、いい夢が見られるわ」

「そうか、そうか」

ゼムスはうれしそうに微笑みました。

「あ、それともうひとつ良い点があるわ。オルゴールはピアノより小さいでしょう？　持ち運べるからどこでも聴ける。それも良さのひとつね」

「ああ、そうだな」

「この子も一緒に聴いているに違いないの。だからこの子はいい音楽を体に入れた状態で生まれてくるの」

わたしはこの会話を聞きながら、わたしにも生まれる前の記憶がある

けようと工房を覗《のぞ》きましたが、働いているはずのゼムスはそこにはいませんでした。ゼムスがいるのはオルゴール工房ではなく、その隣《となり》の時計工房だったのです。

そこではゼムスのおとうさんと職人さんたちが働いています。

わたしが生まれてひと月が過ぎようとしており、ゼムスや奥さんの会話から、いろんなことがわかってきました。ここはスイスという国で、もともと時計作りが盛《さか》んだったようです。一七九六年にアントワーヌ・ファーブルという時計職人が機械仕掛《じか》けで音楽を奏《かな》でるオルゴールを発明して以来、スイスでは時計と並んでオルゴールが盛んに作られるようになりました。時計職人だったおとうさんは時代の波に乗ってオルゴールを作り始めたのです。

当時はCDもラジオもテレビもありません。音楽といえば、ピアニストがピアノを弾き、バイオリニストがバイオリンを弾くもので、たいそう贅沢《ぜいたく》な文化でした。

演者がいなくても音楽を奏でる魔法《まほう》のようなオルゴールの発明は、国中から歓迎《かんげい》されました。教会やレストランや学校などから次々と注文がありました。さらに技術が進んで木箱におさまる形ができると、貴族の間では結婚《けっこん》祝いや誕生祝いにオルゴールを贈《おく》り合う習慣ができました。とても高価なものなので、貴族しか手にすることができないところも、人気の②ヒミツでした。注文はますます増え、おとうさんは時計工房の隣にオルゴール工房を建てて職人も雇《やと》いました。

ゼムスが生まれたのはその頃です。

ゼムスはオルゴールの部品に囲まれて、オルゴールの音を聴きながら育ち、何の迷いもなくオルゴール職人になりました。

ゼムスの職人としての腕《うで》は確かなものでした。その精巧《せいこう》な仕上がりはおとうさんも「まいった」とシャッポを脱《ぬ》ぐほどでした。ゼムスの寡黙《かもく》で粘り強い気質がこの仕事にぴったり合っていたのです。おしゃべりは極端《きょくたん》にＥ不得手で、社交は苦手でした。外へ飲みに行くことも、祭りでダンスを踊ることもしませんでした。この時代の職人は十代後半で③ショタイを持つのが普通でしたが、そういうわけで、ゼムスは三十を超《こ》えてもひとり身でした。

ある日ゼムスは近所の学校に納めたオルゴールの定期点検に出かけて、そこでピアノを弾いていた奥さんと出会いました。奥さんは音楽の教師で、おしゃべりな人でした。むすっとしたゼムスに何のためらいもなく話しかけ、彼《かれ》の硬い心にどんどん入り込んでゆきました。奥さんにはダンスが上手で遊び好きな恋人《こいびと》がいましたが、彼のふわふわな態度に嫌気《いやけ》がさしていたところで、ゼムスの朴訥《ぼくとつ》で実直な性格に惹《ひ》かれてゆきました。そしてついにふたりは結婚することになったのです。

奥さんは結婚後も教師を続けていましたが、お腹に子どもができてから体が辛くなり、教師をやめ、出産に備えて安静に過ごすようになりました。

皮肉なことに、ゼムスがめでたく結婚した頃から、オルゴールの注文は減ってゆきました。なぜなら遠いアメリカという国で、エディソンという男が蓄音機《ちくおんき》なるものを発明したのです。それは音を記憶する装置なのだそうです。声を保存して再生する目的で作られたそうですが、音楽鑑賞《かんしょう》にも利用できました。

演者がいなくても音楽を再生できるという点で、オルゴールと同じ性質を持っていましたが、蓄音機が優《すぐ》れているのは、さまざまな音楽を再

「でもこの曲はわたしが弾いたのと少し違《ちが》って聴こえるわ」

ゼムスは［3］を曇《くも》らせました。

「何か間違っていたかい？　君が持っていた音符通りにしたつもりだが」

「いいえ、ゼムス、間違いではないのよ」

奥さんはわたしの蓋をそっと閉じました。

「わたしが弾くともっと物悲しく響くの」

「君がピアノを弾いて、俺《おれ》は悲しくなったことはない」

「この曲にはおだやかで優しい気持ちと、平和な中に必ずつきまとう切なさがこめられているのよ。シューマンには愛する人がいたけれど、その人とは一緒《いっしょ》になれない事情があったの。彼女《かのじょ》への思いが、曲へ滲《にじ》み出ているわ。でもこのオルゴールの音色は違う。あなたのこの子へのまっすぐな思いがこもっていて、ずっと明るく、あたたかく聴こえるわ」

奥さんは大きなお腹をさすって言いました。

ゼムスは子どもの誕生を願ってわたしを作ったのです。わたしを作る時のあの粘《ねば》り強い情熱は、子どもと奥さんへの愛だったのです。

「俺は音楽家じゃないから難しいことはわからないし、ピアノの生演奏には勝てないよ」

ゼムスは鼻を手でこすりながら恥《は》ずかしそうに言いました。

奥さんはわたしを手に取り、蓋の手触《てざわ》りを楽しむようになでました。D細工をほどこしていない素直《すなお》な木の箱ですが、柔《やわ》らかな曲線を描《えが》いており、えも言われぬ優しい形をしています。

「随分とよいクルミ材を使ったのね。1大丈夫なの？」

ゼムスは奥さんの肩《かた》を抱《だ》き、額にキスをしました。

「元気な子を産んでおくれ」

そして工房へ戻《もど》って行きました。

奥さんはそのあとすぐにゼンマイを巻き、わたしの歌を聴き始めました。わたしははりきって歌いました。

「作ってくれてありがとう！」

生まれた喜びに感謝しました。

「［A］！」

お腹の子を励《はげ》ますのも忘れませんでした。

奥さんは良い聴き手です。わたしの気持ち、正確に言えばゼムスの気持ちですが、それを素直に受け止め感謝しているのがわかります。わたしは気持ちよく歌い、だんだんとゆっくりになり、やがて歌は消えました。その頃《ころ》には奥さんの寝息《ねいき》が聞こえてきました。安心と幸福に満ちた寝顔でした。見る人をも幸せにする良い寝顔です。幼い頃の彼女はきっと天真爛漫《らんまん》な少女で、みなに愛され、こうして毎晩安心しきった顔で寝ていたのだと想像できます。

それから毎日、奥さんは朝起きるとまずわたしを聴き、食後にはまたわたしを聴き、眠《ねむ》る前にもわたしを聴きました。

さすがのゼムスも「そんなに聴いたら飽《あ》きないかい？」と言うほどでした。

「気持ちが落ち着くのよ」と奥さんは言いました。

「血の巡《めぐ》りがよくなるみたい」

奥さんは食が進んで元気になり、ふっくらとして、しばらくすると大きなお腹で立ち歩くこともできるようになりました。

ある時、とても気分が良いので、お茶をふたりぶんいれてゼムスに届《とど》

気が遠くなるほどの時間放置されたり、空を飛んだり、男の子に放り投げられたりと、辛《つら》いこともたくさんありましたが、へこたれずにやってこられたのは、あのゼムスの笑顔によるところが大きいと思います。

わたしの誕生をあれほど喜んだ男がこの世にひとりはいた。その記憶がどんな時もわたしを支えてくれたのです。

ゼムスは出来上がったわたしを大切そうに抱えて工房《こうぼう》を出ると、同じ敷地《しきち》内にある石造りの家に駆《か》け込みました。そこにはベッドで横になっている女の人がいました。第一印象は「顔色がよくない人」です。ゼムスの奥《おく》さんでした。

ゼムスが黙《だま》ってわたしを差し出すと、奥さんは目を大きく開けて上半身を起こしました。

「まあ、ゼムス！　これをわたしに？　まあ、ゼムス！　ゼムスったら！」

その時初めて、わたしは自分を作った人間がゼムスという名だと知りました。奥さんがB連呼したので記憶にこびりつきました。

奥さんの声は喜びにあふれていて、思いのほかしっかりとしていました。瞳《ひとみ》は灰色《はいいろ》にも緑色にも見え、生き生きとしていました。白い二本の手でわたしを受け取った時、そのあまりの冷たさに、わたしはひやりとしました。ゼムスの手はあたたかかったので、その落差に驚《おどろ》きました。

奥さんはわたしをじっと見つめます。それまで顔色が悪かった奥さんの頬《ほお》はほんのりとC紅潮し、随分と綺麗《きれい》な人なんだとこの時気づきました。痩《や》せているのにお腹《なか》だけ大きいのです。奥さんのお腹には赤ちゃんがいるのでした。

ゼムスは奥さんのベッドの脇《わき》に木の台を置きました。奥さんはそこにわたしを載《の》せました。それはオルゴールが最高に良い音を響かせるための共鳴台なのです。

「蓋を開けてごらん」

ゼムスはいそいそと言い、奥さんは冷たい両手でそうっとわたしを開けました。

すぐに歌い始めました。ゼンマイはしっかり巻かれてあったし、もうもう、うれしくって歌わずにはいられませんでした。生まれた喜びに満ちあふれていました。魂《たましい》が「ありがとうありがとう作ってくれてありがとう」と叫《さけ》び、全身が「よかったねよかったね生まれてこられてよかったね」と震《ふる》えます。

われながらなんて素敵《すてき》な声なのでしょう！

ゼムスはこれ以上ないほどの笑《え》みを浮《う》かべています。奥さんは［2］を細めてうっとりと聴《き》いています。歌はやがてゆっくりとなり、だんだんとなくなりました。

奥さんはにっこりと微笑《ほほえ》みました。

「なんてすばらしい音色だこと。特に低音の深みは胸に響くわ」

「気に入ってくれたかな」

「もちろんだわ」

「君が好きなシューマンだよ」

「ええ、あなたと出会った時、わたしが弾《ひ》いていた曲ね」

「『子どもの情景』の七番目の曲だ」

「ええそう。一番好きな曲よ。夢見るような心地《ここち》がするメロディでしょう？　だから『トロイメライ（夢見心地）』というのよ」

「『トロイメライ』か。タイトルは知らなかったな」

彼のおじいさんは生粋《きっすい》の時計職人でした。おとうさんも時計職人でしたが、途中《とちゅう》でオルゴール職人に転向しました。ゼムスは生まれた時からオルゴールに囲まれており、七歳《さい》でもうおとうさんの仕事を手伝っていたという話です。

わたしを作ったのはゼムスが三十五歳の時で、それはもうもう、とてつもなく丁寧《ていねい》な仕事でした。

まずは真鍮《しんちゅう》でシリンダーを作ります。ぴかぴかとしてつるつるとして筒《つつ》の形をしています。ゼムスはそれまでにもたくさんのシリンダーを作ってきましたし、ひと抱《かか》えもある大きなものを扱《あつか》ったこともあるそうですが、この時作ったのは、当時としては小さめのシリンダーでした。ゼムスの大きなてのひらにすっぽりと入ってしまうくらいの大きさです。

そのシリンダーに小さな穴をいくつも開けてゆきます。これはメロディを記憶《きおく》させる作業です。穴の位置でメロディが決まります。

白い紙に踊《おど》る音符《おんぷ》を睨《にら》みながら、穴の位置を慎重《しんちょう》に決めました。すべての穴を開け終わると、今度は鋼鉄製の細い針金を短くカットします。ピンをこしらえるのです。穴の数だけピンをこしらえると、鼻息で飛んでしまいそうなそれをシリンダーの穴にひとつひとつ埋《う》めてゆきます。気の遠くなるような作業ですが、大きな体を丸めて、手の指に神経を集中させ、こなしてゆきました。これでシリンダー部分は完成です。

シリンダーのピンにはじかれて美しい音を生むコーム（櫛歯《くしば》）は、作って試して作って試してを何回繰《く》り返したことでしょう。ゼムスが一番苦労したのはこのコーム作りでした。シリンダーに合わせて五十の歯、つまり五十の音階があるコームで、ようやく気に入った響《ひび》きに到達《とうたつ》すると、仕上げに研磨《けんま》を丹念《たんねん》に行い、音階を調律してゆきました。

さらには、ゼンマイ。鋼《はがね》で作ります。ゼンマイの力をコントロールするガバナー。それらを組み込む土台も金属で作ります。これが音源となるのです。ムーブメントとも呼ばれます。

ゼムスは自分が納得《なっとく》できるまで、朝から晩まで、わたしを作り続けました。

「いい加減にしないか」とおとうさんに注意されても、［1］を貸そうとしませんでした。ゼムスの手は喜びにあふれていましたし、技術は確かなもので、何よりも心がしっかりとしていて、目指すところが見えているようでした。

随分《ずいぶん》とあとになってわたしは気づいたのですが、見えない目標に向かって試行錯誤《さくご》するのが芸術家で、見えている目標に向かって試行錯誤するのが職人なのではないでしょうか。どちらにしたって試行錯誤は免《まぬか》れませんが、ゼムスは生粋の職人でした。

音源が出来上がると、それを①ナイゾウして音を響かせる木箱もゼムスがこしらえました。木箱はその材質や大きさ、板の厚みすら響きに影響《えいきょう》するのでたいへん重要です。普通《ふつう》は木工職人がやるのですが、ゼムスは時間をかけてひとりでやってのけたのです。木箱に音源を設置すると、音源を守るようにガラスの蓋《ふた》をはめました。木箱の蓋を開けると、ガラス越《ご》しに音源が見える仕組みです。

理想のわたしが出来上がった時の、ゼムスの得意そうな顔。熊が笑ったんですよ。百二十年A経った今もあの時のゼムスの笑顔は忘れられません。

わたしは今、異国の小さなお店のガラスケースに収まっています。ここにたどり着くまでにはいろいろありました。船で延々と揺《ゆ》られたり、

と呼ばれています。ほとんどの配列ではうまくコピーが完了《かんりょう》しますが、突然変異の生じた箇所《かしょ》では親と子で配列が異なってしまいます。

　ＤＮＡの配列が変わっても、それによって生成されるアミノ酸の並び方やタンパク質の構造に大した影響《えいきょう》が生じないこともあります。そのような場合、突然変異は生物の生存にとってプラスでもマイナスでもなく、「中立」であると見なされます。もし突然変異がなんらかの影響を及《およ》ぼすとすれば、多くの場合は生物の生存や繁殖にとって［Ｂ］の効果をもたらすでしょう。［③］、現在の形質は何世代にもわたる自然淘汰を経て存在しているわけですから、その環境においてベストな形質をいじられてしまうことになるからです。こうした「不利な」突然変異は、結局は自然淘汰によって排除《はいじょ》され、後世に伝わりにくくなります。

　［④］、突然変異によって生じた形質が元の形質よりも生存や繁殖において有利になることも稀にあります。その場合、毎世代の自然淘汰を経て、この有利なＤＮＡ配列（形質）は集団の中へ広まっていきます。まさしく、生物はそうしたプロセスを経て今の形や行動を進化させてきたのです。突然変異はたしかに情報伝達の際のエラーなのですが、形質の差を生み出し、新たな適応をもたらすためのスタートになっているともいえます。

　以上のように、突然変異が起きたとしても生物にとってはほとんど中立であって、そうでなければだいたいは有害です。有益な突然変異はそれ以外のケースに限られますが、自然淘汰はまさにこうしたごくわずかなチャンスに賭《か》けているのです。今いる生物の形質は、途方《とほう》もないような試行錯誤《さくご》の積み重ねによって存在しているといえるでしょう。

（鈴木紀之『すごい進化』より）

※出題の都合上、本文の一部を改稿《かいこう》しています。

問一　空らん［①］～［④］にあてはまる語を次の中から選び、記号で答えなさい。なお、同じ記号を二度用いてはならない。

ア　あるいは　**イ**　では　**ウ**　ところが　**エ**　なぜなら

問二　空らん［Ａ］・［Ｂ］にあてはまる語を本文中からぬき出し、答えなさい。

問三　――「ＤＮＡ配列の違いはどのようにして生じるのでしょうか」という質問に対する答えとなる部分を本文中から五十字程度でぬき出し、はじめと終わりの七字ずつで答えなさい。

問四　次の文①～④の内容が、本文の内容に合うものにはＡを、合わないものにはＢを書きなさい。

①　子どもを残す上で有利な形質の個体がうまく生き延びることを自然淘汰という。

②　ペプチターゼは生物の体を形作るタンパク質である。

③　突然変異が起きることは生物にとってはほとんど中立か有害であるが、生存や繁殖において有利になることもある。

④　「イチロー選手は進化している」という言い方は、進化という語を生物学の用語とは異なるニュアンスで使っている。

【三】　次の文章を読んで、あとの問いに答えなさい。

わたしをこしらえたのはゼムスというオルゴール職人です。

大柄《おおがら》な男でした。手の甲《こう》にはみっしりと黒く硬《かた》い毛が生えており、顔には顎《あご》から耳にかけてふっさふさの髭《ひげ》を生やして、熊《くま》に似た風貌《ふうぼう》の男ですが、たいそう繊細《せんさい》な仕事をします。

たのに、何らかの原因によって孫の世代から毛の色が黒い個体が現れることがあります。そうすると、その次の世代以降、黒い個体の割合が増えていったり、①また茶色の個体ばかりの集団に戻《もど》ったりもします。このように、世代をまたいだ変化の過程が進化の本質であるといえます。

ひとつ注意が必要です。よく「イチロー選手は進化している」というような表現を耳にしますが、これはイチロー選手個人の野球のスキルが上達したことを指しているのであって、世代をまたいで置き換わっているプロセスではありません。したがって、生物学の用語としての進化にはあてはまりません。一方でスマートフォンの進化というときは、端末《たんまつ》やソフトウェアが新しい「A」に置き換わっていくプロセスを指しており、生物学の進化と相性《あいしょう》のよい現象といえます。進化という専門用語は今や市民権を得て、本来とは異なるニュアンスで使われることもしばしばあります（まさに、「進化」という言葉の意味が置き換わっているのです）。この文章では、進化とは、あくまでも世代をまたいで生物の形質が置き換わっていくプロセスを指すことにします。

②、どのような要因が進化をもたらすのでしょうか。その代表的なものが自然淘汰（自然選択《せんたく》）です。自然淘汰とは、生物の集団に見られるさまざまな形質のうち、より環境《かんきょう》に適していて生存や繁殖《はんしょく》に向いている形質へと置き換わっていくことを指します。毛の色が茶色の個体と黒の個体というように、形質の違《ちが》いは個体ごとにあります。その中には、天敵の目を逃《のが》れるなどしてうまく生き延びて、子どもを残す上で有利な形質もあれば、天敵に見つかりやすいといった不利な形質もあるでしょう。有利な形質は世代を経るにつれて自動的に割合を増やしていき、逆に不利な形質は減っていきます。このプロセスが自然淘汰による進化です。

自然淘汰とは、さまざまな形質の中からより生存や繁殖に適したものへと置き換わっていくプロセスであると定義されました。もしどの個体もすべて同じ形質を持っているなら、有利も不利もないわけですから、世代をまたいだ進化は起こりようがありません。集団の中に異なる形質が生み出されることが進化のしやすさに直結しています。個体ごとの違いはまさしく進化の源泉なのです。では、ここでいう「さまざまな形質」は、そもそもなぜ存在するのでしょうか。

生物の形質の違いをたどっていくと、ＤＮＡに行き着きます。ＤＮＡとは四種類の小さなユニットが長くつらなっている分子で、細胞《さいぼう》の中に格納されています。四種類のユニットの並び方（配列）によって、異なる種類のアミノ酸が細胞の中で生成されます。このアミノ酸がつらなることで立体的で複雑なタンパク質になります。タンパク質にはコラーゲンやケラチンのように生物の体を形作るものから、アミラーゼやペプチターゼのように酵素《こうそ》として他の化学反応を手助けするものもありますから、このタンパク質こそがまさしく生物の形質の実体であるといえます。元をただせば、すべてはＤＮＡの配列の違いから始まります。ＤＮＡが「生命の設計図」と呼ばれる所以《ゆえん》になっています。

それでは、ＤＮＡ配列の違いはどのようにして生じるのでしょうか。基本的に、細胞にはＤＮＡの配列を正確に複製し、それを親から子へと受け渡《わた》していく仕組みが備わっています。ところが、生物らしいといえるかもしれませんが、この情報の伝達は完璧《かんぺき》ではありません。ＤＮＡの配列を複製するときにごく稀《まれ》にミスが生じてしまい、元の鋳型《いがた》となる配列とは異なる配列が生成される場合があります。この現象は「突然変異《とつぜんへんい》」

【国　語】（四五分）〈満点：一〇〇点〉

※解答に句読点や記号などが含《ふく》まれる場合は一字に数えます。

【一】　次の空らんにあてはまる物の名を、ひらがなで書きなさい。また、その物の絵を後から選び、記号で答えなさい。なお、同じ記号を二度用いてはならない。

〈例〉　遊びと勉強を□にかける。　〈答〉てんびん・ク

①　医者も□を投げそうになったが、奇跡《きせき》的に回復した。

②　悪いことをしないように、あらかじめ□をさしておく。

③　大接戦の末、赤組に□があがった。

④　名監督《かんとく》の□にかなった新人俳優。

⑤　おだてられてその気になったところで□を外されてしまった。

ア

イ

ウ

エ

オ

カ
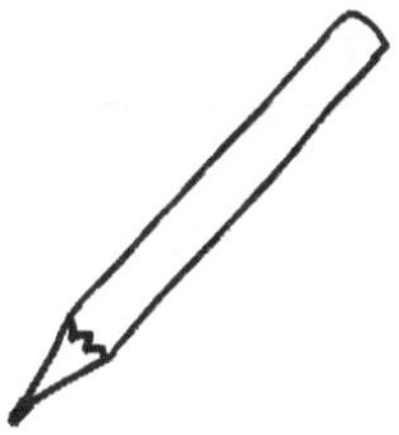

キ
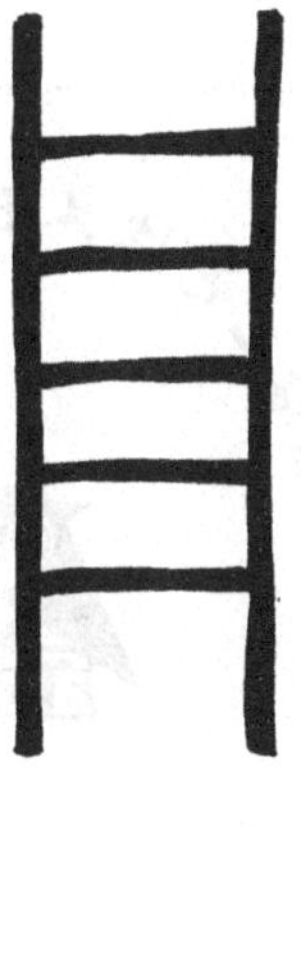

ク

【二】　次の文章を読んで、あとの問いに答えなさい。

前の章で、スジグロカバマダラに姿を似せたツマグロヒョウモンを紹介《しょうかい》しました。似てはいるけど瓜《うり》二つではない両者。自然淘汰《とうた》を経てなおそっくりでないのは、何らかの制約がかかっているからなのか、あるいは実は十分に適応した結果が現在の姿であって、そっくりでない合理的な理由があるからなのか――こうしたことを議論していく前に、まずは「進化とは何か」、そして「自然淘汰とは何か」というところからおさらいしていきましょう。

そもそも進化とは、生物の形質が世代をこえて置き換《か》わっていくプロセスのことです。たとえば、どの個体も茶色の毛をしているネズミの集団がいたとしましょう。その子の世代ではみんなまだ茶色の毛をしてい

MEMO

大切なことはメモしておこうネ！

2019年度

解　答　と　解　説

《2019年度の配点は解答欄に掲載してあります。》

＜算数解答＞《学校からの正答の発表はありません。》

【1】 (1) ア　36　　(2) イ　$4\frac{4}{9}$　　【2】 (1) 5cm　　(2) 72通り　　(3) $28cm^3$

【3】 (1) $222.28m^2$　　(2) $168m^2$　　(3) $204.56m^2$

【4】 (1) 3個　　(2) ①・③・⑤　　(3) ④

【5】 (1) 9時間　　(2) 時速10.8km　　(3) 時速8.1km

【6】 (1) $\frac{3}{7}$

(2) ① ア　60　［Ⓐ・B・C］　イ　30

② ウ　60　［A・B・Ⓒ］　エ　12　［Ⓐ・B・C］　オ　3

(3) 37.5分

○推定配点○

【1】～【3】　各5点×8　　他　各6点×10(【4】(2)，【6】(2)①・②各完答)　　計100点

＜算数解説＞

【1】 (四則計算，数の性質)

(1) 360＝36×10　　756＝36×21　　したがって，360と756の最大公約数は36である。

(2) $125\div25\times8\times\frac{1}{2}\times\left(\frac{1}{3}-\frac{1}{9}\right)=\frac{40}{9}$

【2】 (平面図形，相似，立体図形，場合の数)

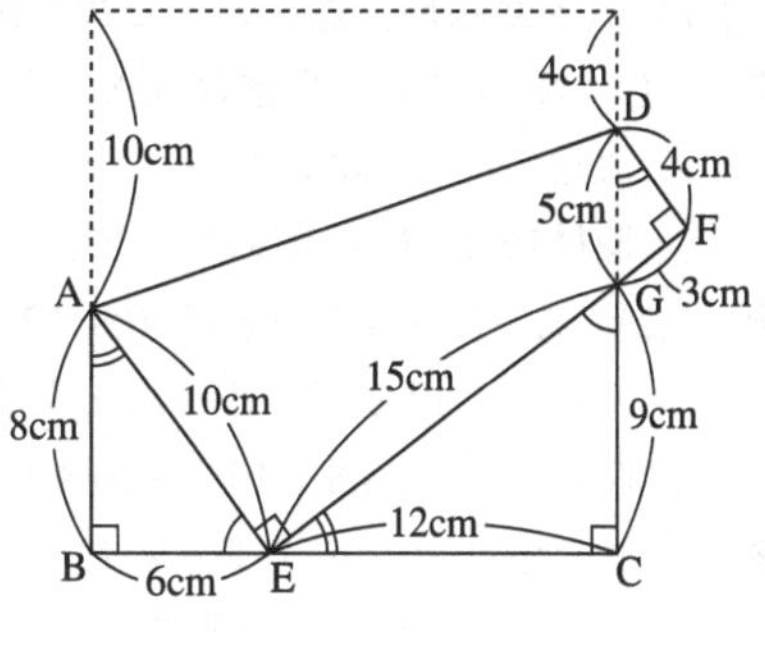

基本　(1) 右図において，直角三角形ABE，ECG，DFGは相似であり，三辺の比が4：3：5であり，DGは5cmである。

重要　(2) 男子が1番目・3番目・5番目に並ぶ場合と，2番目・4番目・6番目に並ぶ場合があり，3人の並びかたは3×2×1＝6(通り)あるので，全部で6×6×2＝72(通り)ある。

基本　(3) 三角錐全体の容積は$12\times8\div3=32(cm^3)$であり，この三角錐の上半分を形成する小さい三角錐と三角錐全体の容積比は(1×1×1)：(2×2×2)＝1：8である。したがって，水の体積は$32\div8\times(8-1)=28(cm^3)$

重要　【3】 (平面図形，図形や点の移動)

図1

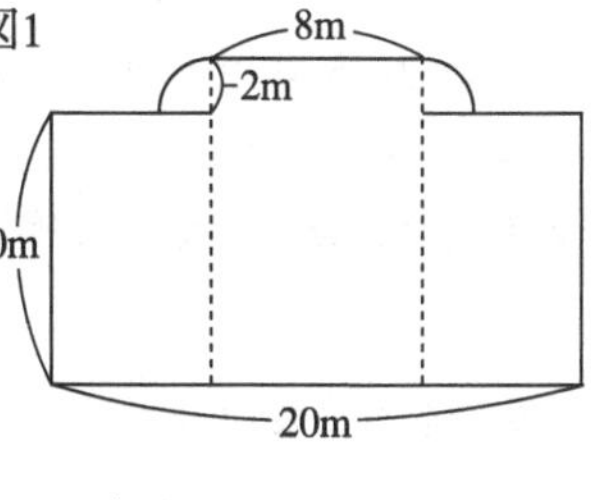

図2

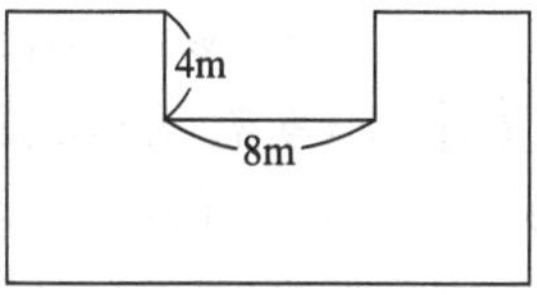

(1) 図1より，求める範囲は10×20＋2×8＋2×2×3.14÷2＝216＋6.28＝$222.28(m^2)$

(2) 図2より，求める範囲は10×20－4×8＝$168(m^2)$

(3)　図3より，求める範囲は10×20－2×4＋2×2×3.14＝192＋12.56＝204.56(m^2)

図3

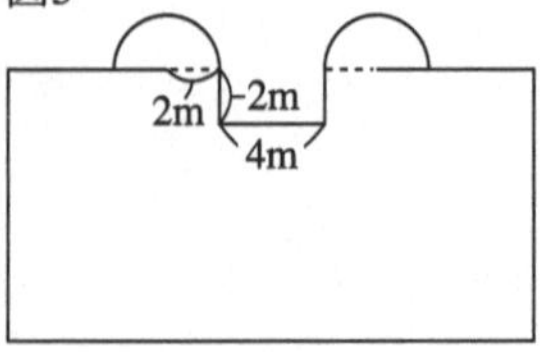

【4】（平面図形，論理）

基本　(1)　右図より，点灯するランプは3個である。

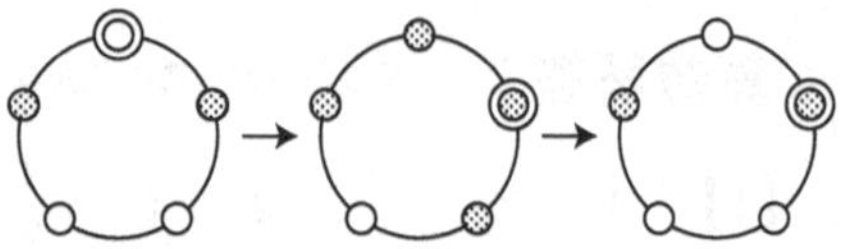

(2)　下図より，点灯するランプは①，③，⑤である。

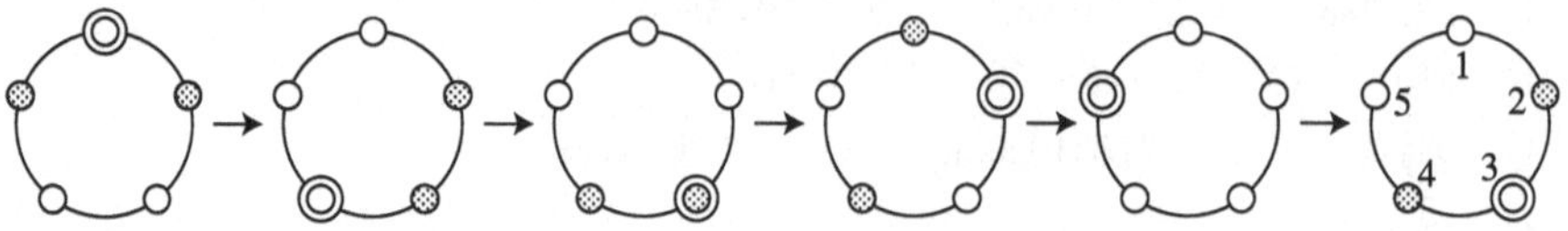

やや難　(3)　下図において，□の前では②～⑤がすべて消えており，最後の③ですべて点灯するので□では，②と④だけ消えていることになる。したがって，□は④である。

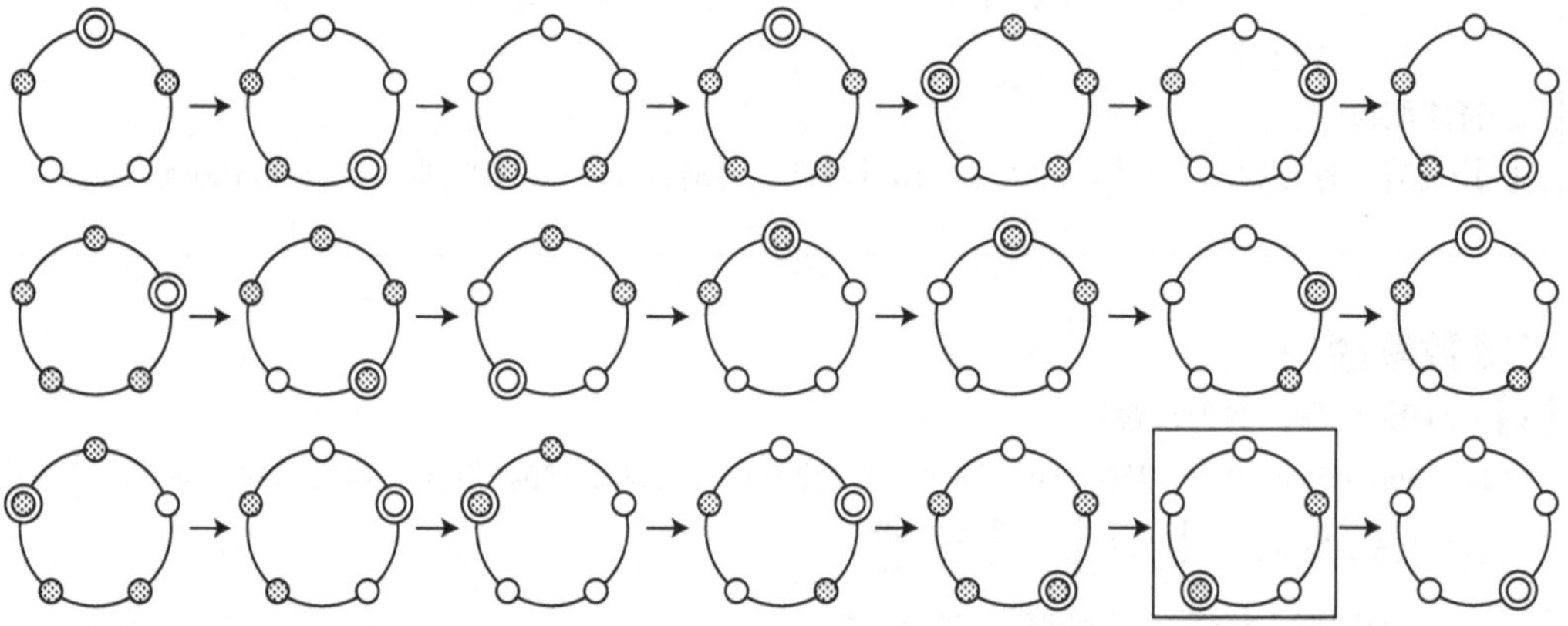

【5】（平面図形，速さの三公式と比，流水算）

基本　(1)　A～Bの川の距離は10.8×3÷2＝16.2(km)，流速は時速1.8kmであり，船が着くまでの時間は16.2÷1.8＝9(時間)である。

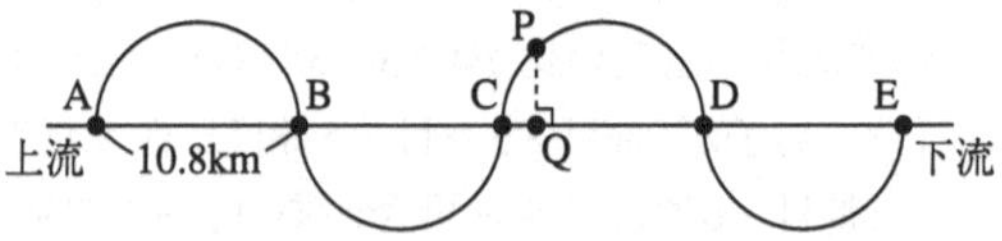

重要　(2)　A～Eの川の距離は10.8×3×2＝64.8(km)であり，川を下る船と川を上る船の速さの和は静水時の速さの2倍に等しい。したがって，静水時の時速は64.8÷3÷2＝10.8(km)

やや難　(3)　(2)より，川を下る船と川を上る船の速さの比は(10.8＋1.8)：(10.8－1.8)＝126：90＝7：5であり，4個の半円の弧の長さ全体を4にすると川を下る船は4÷(7＋5)×7＝$2\frac{1}{3}$進んでおり，右図において，三角形PCOは正三角形であり，AQの距離は10.8×2＋5.4÷2＝24.3(km)である。したがって，慶太君の時速は24.3÷3＝8.1(km)である。

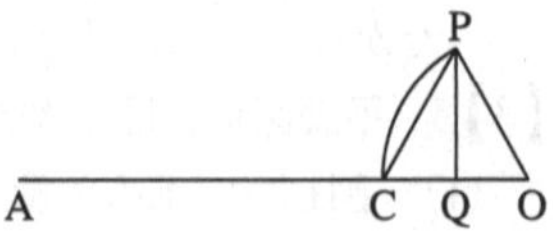

【6】（仕事算，数の性質，割合と比，論理，単位の換算）

基本　(1)　6÷(6＋5＋3)＝$\frac{3}{7}$

重要　(2)　①　B5本，C3本は通常の本数と変わらず，B・Cの時間は ア 60分(1時間)のままである。したがって，その後，[A]だけを イ (6－4)×60÷4＝30(分)入れる。

② C3本は通常の本数と変わらず，Cの時間は ウ 60分のままである。その後，[C]だけ止めると，このときのAの不足分は(6－5)×60＝60，Bの不足分も(5－4)×60＝60である。したがって，AもBも エ 60÷5＝12(分)入れた後，[A・C]を止めてBだけ オ 60÷4－12＝3(分)入れる。

やや難 (3) 通常のAとCの本数が6：3＝2：1であることに注目して，AとBの本数が近くなる組合わせで計算する。A10本，B8本，C5本のとき，最初，すべてで6×60÷10＝36(分)入れると，A・Cは規定量に達する。したがって，この後，Bだけ(5×60－8×36)÷8＝1.5(分)入れると，合計36＋1.5＝37.5(分)で完了する。

★ワンポイントアドバイス★

注意すべき問題は【4】(3)「押したランプ」であるが，確実に作業できれば解ける。【5】「流水算」も，基本がわかっていれば難しくない。他は，【6】(3)「パイプの本数」が容易ではないが，(1)・(2)は「仕事算」として考えればよい。

＜理科解答＞《学校からの正答の発表はありません。》

【1】 (問1) 2，4　(問2) 種子を水にしずめる。　(問3) 3，4，5　(問4) 1
(問5) (図1) イ　(図2) オ　(問6) 3

【2】 (問1) 3　(問2) 5　(問3) ア　(問4) 2　(問5) 3　(問6) 4　(問7) 3

【3】 (問1) 3　(問2) 4　(問3) 6　(問4) 25mA　(問5) ウ，エ，オ，カ

【4】 (問1) 100g　(問2) 36.4g　(問3) 2，6　(問4) 5　(問5) 水溶液に電極を入れ電池とつなぐと，電流が流れる方が食塩水。[石けん水をくわえて白い固まりができる方が食塩水である。硝酸銀水溶液をくわえて，白色の沈殿が生じる方が食塩水である。]

○推定配点○

【1】 (問2) 3点　他 各2点×5(問5は完答)　【2】 各2点×7

【3】 (問5) 3点　他 各2点×4　【4】 (問2)・(問5) 各3点×2　他 各2点×3

計50点

＜理科解説＞

【1】 (植物のなかま－発芽の条件・アサガオとアブラナの花のつくり)

基本 (問1) 種子の発芽の条件は，適度な温度，水分，酸素である。光は発芽には関係しない。発芽に適する温度は25℃～30℃程度である。脱脂綿の上に種子を置いたので酸素は足りており，温度と水分の条件を満たす2，4で発芽する。

(問2) 酸素の有無が発芽におよぼす影響を調べるには，温度を20℃にして種子を水にしずめた条件で実験するとよい。

(問3) つる性の植物を選ぶ。キュウリ，ヘチマはウリ科の植物，カラスノエンドウはマメ科の植物である。

(問4) アサガオは茎を巻き付けながら成長する。このとき，つるの巻き方は決まっていて，上から見て反時計回りである。

基本 (問5)　図では，アとキがおしべ，イとオが花びら，ウとカががく，エとクがめしべである。

(問6)　アサガオの花びらは1つにつながっているが5枚ある。また，がくも5枚，おしべは5本であり，断面図は3である。

【2】（太陽と月－月の動き）

(問1)　月の暗い部分は海と呼ばれ，玄武岩が多い。月の明るい部分は陸と呼ばれ，斜長石が多い。

重要 (問2)　月は地球にいつも同じ側を向けている。これは月の自転周期と公転周期が同じためである。このため，地球からは月の裏側を見ることができない。

基本 (問3)　月の公転の向きは，地球の北極から見て反時計回りである。

(問4)　月の大きさは地球の約4分の1である。図2ぐらいの大きさである。

重要 (問5)　月食は太陽と月の間に地球が入り，地球の影に月が来るときに生じる。

重要 (問6)　地球の公転面と月の公転面は約5°傾いている。このため，月が3の位置にきても必ずしも地球の影に入るわけではない。

(問7)　月食は月の見える場所であれば，同時に観測できる。日本とオーストラリアでは2時間の時差があるので，オーストラリアでは日本より数時間遅れて月食が見られる。

【3】（電流と回路－電流の大きさ）

基本 (問1)　電流計のマイナス端子の数値は，その端子で計れる最大の電流の値を示す。

(問2)　電気ポットは電熱線の抵抗の大きさで流れる電流が異なり，電流が大きいほど発熱量が大きくなる。

(問3)　電流は電池の＋極から－極に向かって流れる。Dを流れる電流はCで2つに分かれる。2つの豆電球が同じものなので，それぞれの回路に流れる電流の大きさも同じである。それでA点を流れる電流と，B点を流れる電流の大きさは同じになる。

基本 (問4)　A点を流れる電流と，B点を流れる電流の大きさは同じになるので，1個の豆電球に流れる電流は25mAである。

(問5)　アを流れる電流が50mAであり，イの回路には豆電球が2個あるのでイの電流計は25mAを示す。オではこの二つの電流が合わさって75mAの電流が流れる。ウの回路には豆電球が1個であり，ア，イ，オの合計の抵抗より抵抗の大きさは小さい。それでウを流れる電流はオより大きくなる。カの電流値はウの電流とオの電流の和になるのでさらに大きい。また，エでも上側の回路の合計の抵抗より抵抗の大きさが小さいので，電流はカよりさらに大きくなる。電流値が50mAを超えている電流計は，ウ，エ，オ，カである。

【4】（ものの溶け方－食塩水の濃度と特徴）

重要 (問1)　元の食塩水では10gの食塩が50gの水に溶けて60gの食塩水となっている。15gの食塩を加えたので，25gの食塩が□gの食塩水となったとすると，10：60＝25：□　□＝150g　初めからあった水が50gなので，あと100gの水をくわえる。

重要 (問2)　食塩水の濃さが最も小さいのはBである。100gの水にこの温度で最大36gまで食塩を溶かすことができるので，食塩水Bの水115gには最大□gの食塩が溶けるとすると，36：100＝□：115　□＝41.4g　すでに5gの食塩が溶けているので，あと41.4－5＝36.4(g)溶かすことができる。

(問3)　食塩水も水も透明な液体であり見分けられない。濃い食塩水に水を1滴たらすと，モヤモヤしたものが見える。これは濃度の違いによる光の屈折が原因である。水に水1滴をくわえてもこれは見られないので，この方法で区別できる。冷蔵庫に入れると食塩水の方が水より氷りにくい。どちらの水溶液も中性でBTB溶液は緑色を示す。バラの切り花をさしておくと，食塩水にさしたものはバラから水分がぬけていき，しおれてしまう。

(問4)　水や食塩水はサラダ油より重い。そのため，どちらも丸い球になって沈んでゆくが，食塩水の方が同じ体積で重さが重いので，水の方がゆっくり落ちる。

(問5)　電極を差し込み電流が流れるか測定する。電流が流れた方が食塩水である。

★ワンポイントアドバイス★

問題数のわりに試験時間が短い。説明文を書く問題もふくまれており，できる問題から解いて1題でも多く正解するようにしたい。

＜社会解答＞ 《学校からの正答の発表はありません。》

【1】　問1　3　　問2　1　　問3　5　　問4　1　　問5　2

【2】　問1　1　　問2　500m　　問3　2　　問4　4

【3】　問1　2　　問2　150　　問3　2(→)1(→)3　　問4　1　　問5　4

　　問6　4(→)1(→)6(→)5

【4】　問1　2　　問2　3　　問3　1　　問4　4　　問5　応仁の乱　　問6　2　　問7　2

【5】　問1　4　　問2　3　　問3　3　　問4　2　　問5　1

【6】　問1　5　　問2　2　　問3　1　○　　2　○　　3　×　　4　×　　問4　4

　　問5　1945(年)8(月)9(日)

【7】　問1　4　　問2　ユーロ　　問3　1　　問4　3　　問5　2

○推定配点○

【1】　各2点×5　　【2】　各1点×4　　【3】　各1点×6　　【4】　各1点×7　　【5】　各1点×5

【6】　各1点×8　　【7】　各2点×5　　計50点

＜社会解説＞

【1】（日本の地理－ゴミをめぐる問題，日本の貿易など）

やや難　問1　年間に約800万トンのプラスチックごみが海に排出されているが，その約6割は中国，インドネシア，フィリピン，タイ，ベトナムの5か国から排出されているといわれる。つまり，発展途上からの排出量が圧倒的に多い。

問2　地殻変動による地盤の隆起と干潟の減少は直接の関係はない。一方，干拓や埋め立てによって干潟は確実に減少する。有明海諫早湾の干拓による干潟の減少が典型的。また，河川の上流部にダムを建設すると，ダム内に土砂が堆積し，河口まで運ばれる土砂の量が減少する。その結果，海岸侵食が進み，干潟が消滅してしまう。

基本　問3　日本の小麦の最大の輸入相手国はアメリカ合衆国で，輸入額の45.5％を占める。日本の石炭の最大の輸入相手国はオーストラリアで，輸入額の64.7％を占める。日本の石油(原油)の最大の輸入相手国はサウジアラビアで，輸入額の35.3％を占める(いずれも2016年現在)。

問4　サンゴ礁の北上は日本各地で確認されている。例えば，樹木状サンゴの「スギノキミドリイシ」は，1988年までは種子島が北限であったが，2008年には約280kmも北にある五島列島・福江島まで北上した。

問5　1は漁獲量が最も多いことから，世界最大の漁獲量を誇る中国。3は水産物の輸入額が最も多いことから，世界最大の水産物輸入国であるアメリカ合衆国。残った2が日本である。

【2】（日本の地理ー地形図の見方，北海道の地誌など）

問1　石狩川の河口は石狩市南部に位置。小樽市の東部と石狩市の西部は接している。

基本　問2　地形図上の1cmは，縮尺が5万分の1であるから，1cm×50,000＝50,000cm＝500m。

やや難　問3　西の線路沿いにある集落の方が，石狩川の東にある集落よりも人口密度が低い。

問4　北海道の2016年の農業産出額で，もっとも高い割合を占めているのは畜産物。農業産出額の57.7％を占めている。

【3】（総合ー幕末の歴史，東北地方の地誌など）

基本　問1　戊辰戦争は，1868年から翌年にかけて行われた新政府軍と旧幕府側との戦いの総称。鳥羽・伏見の戦い，彰義隊の戦い（上野戦争），長岡藩・会津藩との戦い，函館戦争などを含む。新政府軍の勝利に終わった。

問2　戊辰戦争が終結したのは1869年。よって，2019年は，これからちょうど150年となる。

重要　問3　1は長野県，2は岐阜県，3は山梨県。よって，岐阜県(2)→長野県(1)→山梨県(3)の順になる。

問4　1868年の新政府軍の江戸攻撃に際し，15代将軍徳川慶喜の恭順，幕臣の勝海舟と薩摩藩の西郷隆盛の会見などにより，幕府は江戸城を無血で明け渡した（江戸城無血開城）。

問5　奥州道中は五街道の一つで，江戸千住から奥州白河（現在の福島県白河市）に至る街道。江戸と宇都宮間17宿は日光道中と重なる。

問6　1は宮城県，2は山形県，3は秋田県，4は福島県，5は青森県，6は岩手県。このうち，山形県，秋田県は日本海側なので除かれる。

【4】（日本の歴史ー鎌倉時代～室町時代の歴史）

問1　水墨画は，墨一色の濃淡によって対象を描写する東洋独特の絵画。日本には鎌倉時代に中国から伝わり，室町時代に雪舟により大成された。

問2　禅宗は，座禅をおもな修業方法とし，自ら悟りを得ようとする仏教の一派。日本には，鎌倉時代に栄西により臨済宗が，道元により曹洞宗が伝えられ，特に武家の信仰として広く普及した。

問3　天橋立は，京都府北部，宮津湾西部にある国の特別名勝。宮城県の松島，広島県の宮島（厳島）とともに日本三景に数えられる。宮津市江尻から南西に伸びる砂州で，白砂松林が美しい。

問4　管領は，室町時代の役職で，将軍を補佐して政務を統轄する。足利一族の最有力守護である斯波，細川，畠山の3氏から選任された。

基本　問5　応仁の乱（1467～1477年）は，8代将軍足利義政の後継者争いに，守護大名の勢力争いがからんで起こった大乱。この結果，京都は焼け野原となり，将軍家の権威は地に落ちた。

重要　問6　日明貿易は，室町時代，日本と明との間で行われた貿易で，明の倭寇禁圧要求と室町幕府の貿易の利益追求が背景にある。倭寇と区別するために勘合とよばれる割符を使用したことから，勘合貿易ともよばれる。1404年，勘合を用いた貿易が開始された。1ー宋との関係，3ー唐との関係，4ー元との関係。

問7　応仁の乱をさけて地方に逃れたのは，主に貴族や僧侶など。武士の武芸である流鏑馬は，貴族や僧侶の文化ではない。

【5】（総合ー江戸時代の文化，人口問題など）

やや難　問1　AからBは，江戸時代前期。この時代の文化は元禄文化で，豊かになった町人の気風が，文化に大きな影響を与えるようになった。1・2ー江戸時代後期の化政文化。3ー元禄文化は，上方（京都や大坂）中心の文化。

問2　1782年は天候不順で凶作，翌1783年は春から冷雨が続き，さらに洪水，浅間山の大噴火のため大凶作となった。1784～1786年も不作で慢性的な大飢饉となり，各地で餓死，病死が続出した（天明の飢饉）。1ー百姓の人口が圧倒的に多かった。2ー新田開発が進められ，耕地面積は増加した。4－飢饉のため，農村で一揆が多発した。

問3　DからEの時期，日本は，国内の疲弊した農村の農民を満州や朝鮮に入植され，経済的な苦境がら脱することを目指した。1－農地の均等分配は行われていない。2－「産めよ増やせよ」のスローガンのもと，人口増加を目指す政策が行われた。4－1960年代以降。

問4　1950年に始まった朝鮮戦争の際，日本に米軍からの軍事物資の注文が殺到。景気は急速に良くなった(特需景気)。1960年代になっても好景気が続き，日本の経済は大きく成長した(高度経済成長期)。このため，国民の生活水準も上昇した。

問5　少子化は進んでいるが，都市部の保育園では，希望しても保育園に入れない児童(待機児童)がみられる。

【6】（総合－長崎県を題材にした日本の地理，歴史など）

問1　国東半島は，大分県北東部，瀬戸内海に突出する半島。石仏と寺が多いことで有名。

問2　長崎は，江戸時代の鎖国期，外国人居住区を構築し(中国人は市内の唐人屋敷，オランダ人は長崎港内の出島)，対オランダ，対中国の唯一の貿易港であった。オランダは，現在のインドネシアを植民地として支配していたため，オランダからインドネシア産の砂糖が伝わったと考えられる。

やや難　問3　1－「新しい学問」は蘭学。蘭学は，オランダ語によって西洋の学術を研究しようとした学問で，8代将軍徳川吉宗が洋書輸入を緩和したことから盛んになった。2－『解体新書』は西洋医学に関する日本最初の翻訳書。その後の蘭学の発展に大きな役割を果たした。3－吉田松陰が開いた松下村塾は長州(現在の山口県)の萩にあった。また，福沢諭吉は松下村塾では学んでいない。4－本居宣長は国学の大成者。蘭学者ではない。

問4　2018年6月30日，ユネスコの世界遺産委員会は，「長崎と天草地方の潜伏キリシタン関連遺産」を世界文化遺産に登録することを決定した。今回登録されたのは長崎県と熊本県に残る12件の構成資産で，長崎市内の大浦天主堂，熊本県の原城跡などが含まれる。1－小笠原諸島，2－紀伊山地の霊場と参詣道，3－沖ノ島。

基本　問5　長崎に原子爆弾が投下されたのは1945年8月9日。なお，広島に原爆が投下されたのは1945年8月6日である。

【7】（政治－物価，通貨，国際機関など）

やや難　問1　日本銀行が積極的に民間銀行から国債や地方債を買うと，民間で流通する通貨の量が増加する。民間で流通する通貨の量が増加すると，物価は上昇しやすい。

問2　ユーロは，EU(ヨーロッパ連合)加盟国の多くで使用されている通貨。10年以上の準備期間を経て2002年から一般に流通した。

問3　外国為替市場は，外国為替取引が行われる場のこと。ここで，為替レートが決まる。対顧客取引の場も広義の外国為替市場であるが，一般には銀行間取引の場をいう。

重要　問4　WTOは世界貿易機関の略称。世界貿易の自由化を推進するルールづくりと，そのルールを守らせる役割を持つ。モノの貿易だけでなく。サービス貿易や知的所有権も対象とする。1－国際労働機関，2－世界保健機関，4－国連教育科学文化機関。

問5　仮想通貨は，インターネット上でのみ流通する，紙幣や硬貨を持たず公的金融機関を媒介しない通貨。日本で，通貨として認められているのは，日本銀行券とこれを補助する硬貨のみである。

★ワンポイントアドバイス★

地形図の見方に関する問題が頻出である。等高線，地図記号，縮尺などは十分確認しておく必要がある。

＜国語解答＞《学校からの正答の発表はありません。》

【一】 ① さじ・オ　② くぎ・ウ　③ ぐんばい・ア　④ めがね・エ
⑤ はしご・キ

【二】 問一 ① ア　② イ　③ エ　④ ウ　問二 A 世代　B マイナス
問三 （はじめ） DNAの配列を　（終わり） 列が生成される　問四 ① B
② B　③ A　④ A

【三】 問一 ① 内蔵　② 秘密　③ 所帯　④ 映　⑤ 自負　問二 A た
B れんこ　C こうちょう　D さいく　E ふえて　問三 1 耳　2 目
3 顔　4 頭　問四 ア　問五 A ウ　B イ　C エ　D ア
問六 ① ア　② ウ　問七 ウ　問八 イ・エ・カ
問九 D→A→G→F→B→C→E

【四】 （例） 出生数は大きな差がないので，四～七月生まれに才能がかた寄っているとは言えない。四～七月に多いのは，学年の区分けにあると考える。いわゆる早生まれの子供は，学年の中では身体的に不利で活やくの場にも恵まれない。一～十二月で区切り，早生まれを先頭にすれば，一～九月生まれの選手が多い状況が生まれ，仮説の正しさが証明される。

○推定配点○

【一】 各1点×5　【二】 問一 各2点×4　問三 4点(完答)　他 各3点×6
【三】 問一・問二 各1点×10　問三 各2点×4　問九 5点(完答)　他 各3点×9
【四】 15点　計100点

＜国語解説＞

重要 【一】 （ことわざ・慣用句）

① 救済や解決の見こみがないことを「さじを投げる」という。「さじ」とは，今では「スプーン」という言い方が一般的になったオである。 ② 相手が約束を破ったり，逃げ口上を言ったりできないように，かたく約束しておくこと，また，相手の行動を予測してきつく注意することを「くぎをさす」というのでウである。 ③ 相撲で，行司の持つうちわのようなものが上がる動作から，勝敗・善悪などの判定で勝利が示されること。うちわのような物のことを「ぐんばい(軍配)」という。軍配はアだ。 ④ 目上の人に良いと認められることを「めがにかなう(おねがねにかなう)」というのでエになる。 ⑤ 人をおだて上げておいて，態度を変えて応援するのをやめ，孤立させることを「はしごを外す」という。多くの場合「はしごを外される」と受け身で使う言葉だ。キが「はしご段」である。

【二】 （説明文ー要旨・大意，細部の読み取り，接続語の問題）

基本 問一 ① 直前が，「……割合が増えていったり」，で直後が，「……戻ったりもします」なのだから，どちらかになるということで「あるいは」を入れる。 ② 前部分は「進化」についての説明で，後部分は，その前部分を受けて，要因という話題に移っているので「では」が入る。
③ ③をふくむ文の文末は「……なるからです。」とあるので「なぜなら」を入れることになる。
④ 前部分は「不利な」突然変異は後世に伝わりにくくなると説明していて，後部分は，突然変異によって生じた形質などが「有利に」なることが稀にあるという説明が続いているので「ところが」である。

やや難　問二　A 「そもそも進化とは……」で始まる段落に,「生物の形質が世代をこえて置き換わっていくプロセス」とある。スマートフォンの進化は,「生物」ではないものの,「進化」の定義としては相性のよい現象として紹介している。つまり,生物の進化と同じように考えてよいということだから,「新しい『世代』に置き換わっていくプロセス」を表す言葉として認めているということになる。　B 「DNAの配列が変わっても……」で始まる段落によると,突然変異が起きてもたいていは生存にとってプラスでもマイナスでもない「中立」と見なされるとある。現在の形質は何世代にもわたる自然淘汰を経て存在しているのだから,むしろ,「中立」であることが望ましいのだ。「中立」ではなく,自然淘汰が生存に影響を及ぼすことになれば「ベストな形質をいじられてしまう」ので「マイナス」の効果になるというのだ。

問三　――線部の「DNAの配列が違う」現象は,つまり「突然変異」と呼ばれる現象だ。したがって,「この現象は『突然変異』と呼ばれています」に着目し,「DNAの配列を複製するとき～異なる配列が生成される」の50字を選び,その最初と最後の7字で答える。

問四　①　②で始まる段落に,「自然淘汰とは……」と説明がある。「……置き換わっていくこと」を指すと述べているので,①の「うまく生きのびることを自然淘汰」というのではない。
②「生物の形質の違いをたどって……」で始まる段落に,「アミラーゼやペプチターゼのように酵素として……」までをふくめて「このタンパク質こそが」とまとめているが,ペプチターゼは,酵素として他の化学反応を手助けすると説明しているので,②の「体を形作る」は不適切である。
③　問二と,問一④で考えたことを合わせると,③の内容は適切だと言える。　④「進化」は「生物の形質が世代をこえて置き換わっていくプロセス」なのだから,イチローが「世代をまたいで置き換わって」いるのではない。したがって「生物の用語」としては正しい使い方ではなく,新たなニュアンスで使われているといえるので合っている。

【三】（物語ー論理展開・段落構成心情・情景，細部の読み取り，空欄補充，ことわざ・慣用句，漢字の読み書き）

重要　問一　①「内蔵」は,その内部におさめ持っていることだ。「蔵」は全15画の漢字。15画目の点を忘れずに書く。「臓」と混同しないように気をつける。　②「密」は全11画の漢字。6画目ははねる。　③「所帯」とは,一家をかまえて独立した生計を営むことで「所帯を持つ」という表現は一般的に「結婚する」ことをいう。「帯」は全10画の漢字。3画目は左右よりやや長めに書く。
④「ウツ(す)」には同訓の漢字があるので注意する。「時代や心をウツ(す)」とは,「反映する」ということなので「映」である。　⑤「負」は全9画の漢字。2画目の始点は1画目の始点と同じにせず,やや下から書き始める。

問二　A 「へ(る)」という読みもあるが,「た(った)」だ。　B 「れんこ」は,続けざまに言うこと。　C 日に映えて紅色に見える海の波という意味と,「ほおが赤らむこと」という意味がある。この文章では後者である。　D 「金細工(きんざいく)」のように「ざいく」となる場合もある。　E 「ふえて」とは得意ではないということである。

基本　問三　1 「耳をかさない」で聞こうとしないということになる。　2 うっとりしているのだから「目を細める」だ。　3 妻に「少し違って聞こえる」と言われ,不安や心配などで暗い表情になったのだから「顔を曇らせる」である。　4 オルゴールの依頼をしている客だから,お願いしますと「頭を下げる」のである。

問四　オルゴールの曲や音色にも十分満足したが,「大丈夫なの」の直前には,良い材質のものを使っているのねと指摘している。ずいぶんお金がかかったプレゼントなのではないかと思っているのだ。

問五　A 直後の「お腹の子を励ますのも……」が着目点である。まだ生まれていない我が子に

「生まれておいで」と励ましているのだ。　B　以前と同じように歌っているつもりなのに，「ごめんなさい。……」のような歌になってしまうということだから，Bには以前歌っていた歌である「作ってくれてありがとう」「よかったね～生まれてこられてよかったね」と歌うつもりだったのだ。　C　直前の「おとうさんのために」に着目する。便りの息子が行方知れずで泣いている父を励ますためと考えると「だいじょうぶ～ゼムスは戻る」だ。　D　ゼムスが帰ってきた場面である。「おかえりなさい～うれしいわ」と歌うのが自然である。

重要　問六　①は「止まる」ことを不満に思う表現だから，自分の都合ではなく，オルゴールが「勝手に」止まってしまうと文句を言うのだ。オの「突然」も不満の気持ちが読み取れる言葉だが，「突然止まる」なら成立するが，「突然に止まってしまう」は言葉としてふさわしくない。②は，妻がオルゴールの良さとして挙げている止まり方だ。不満を持つ人が「勝手に」と思う止まり方も，だんだんゆっくりになって「自然と」止まると言っているのである。，

問七　オルゴールの注文が減ってしまい，父は元の時計作りに戻り，ゼムスにも時計作りをするように言っていた時期である。それを妻に言わないゼウスの心情を「夫は本当はオルゴールが作りたい」と思っているので，気持ちをおしはかって言わないでいるのだ。

問八　再びオルゴールの価値が認め始められ注文がきても「頑なに断り続ける」のだから「頑固」である。また，社交は苦手でダンスを踊ることもしない，当時の結婚年齢をはるかに超えてもひとり身でいるような「純朴」さがうかがわれる。さらに，妻のために作るオルゴールには，これでもかというほど手間ひまかけている点で「凝り性」であることがわかる。ウの「正直」は迷うところだが，最終段落にあるように，自分の気持ちをしゃべらないということから「正直」とは言い難い。

やや難　問九　長い課題文である上に，回想場面が入り組んでいて大変難しい文章である。出だしですでに「わたし」が登場しているので，Bの「わたしが生まれた」を先にもってきてしまいがちだが，「わたし」がオルゴールで，制作者のゼムス，その父と妻の登場人物を整理すること，また，「わたし」が何のために作られたのかをしっかりつかもう。オルゴールが発明され(D)，時計職人からオルゴール工房を作ったゼムスの父だった(A)。職人まで雇ったころゼムスは生まれる(G)。だが，アメリカで蓄音機が発明され(F)，オルゴール人気は失われていく。ゼムスの父は元の時計職人に戻り，ゼムスにも時計を作るように言う。ゼムスは妻へのプレゼントのオルゴールで区切りをつけようと作成し完成する(B)。しかし，妻子が亡くなり，ゼムスは家出をしてしまう(C)。家に戻ったゼムスは時計職人になり，見届けた父が亡くなり，ゼムスが跡を継いだ(E)という流れである。

やや難　**【四】**（作文）

この設問の場合，グラフが二つ挙がっているので，どちらにも触れておく必要がある。解答例では，出生数が違うからという理由にはならないことで下のグラフに触れている。設問の中心である，「4～7月に多い」理由だが，解答例に挙げた「早生まれ」説が一番妥当だと考えられる。他に暖かい季節ということも頭に浮かぶが，その節だと，8月が成立しなくなるので整合性がつかない。

★ワンポイントアドバイス★

出題に工夫をこらした知識問題が出題される。国語の学習という範囲にとらわれず，幅広い知識を身につけるようにしよう。

平成30年度

入　試　問　題

平成30年度

慶應義塾湘南藤沢中等部入試問題

【算　数】（45分）　　＜満点：100点＞

【1】 [ア]，[イ]，[ウ]にあてはまる数を求めなさい。

(1) $\left\{0.6-\left(0.375-\frac{1}{8}\right)\right\}\div\frac{14}{[ア]}+2\frac{3}{5}=\frac{29}{10}$

(2) 直径5cmの円の面積は[イ]cm^2である。（ただし，円周率は3.14とする。）

(3) 箱の中に[ウ]個のみかんが入っている。全体の$\frac{3}{7}$のみかんを取り出したところ，箱の中には64個のみかんが残った。

【2】 (1) A君，B君，C君の3人の所持金の合計は2500円である。B君の所持金はA君の3倍より100円多く，C君の所持金はB君の2倍より500円少ない。B君の所持金を求めなさい。

(2) 15本の等しい長さの紙テープを，のりしろを2cmにして1本につなげたところ5m42cmになった。紙テープ1本の長さは何cmですか。

(3) 「先生2人が等しい金額を出して生徒に45個のケーキを買ったところ，代金の合計は□602□円だった」一万の位と一の位の□には数字が1つずつ入る。このケーキ1個の値段を求めなさい。ただし，ケーキ1個の値段は整数とする。

【3】 数の書かれた白と黒のカードが以下の規則に従って左から順番に並べてある。

次の[ア]，[イ]，[ウ]にあてはまる数を求めなさい。

(1) 最初の黒い1のカードは2番目である。最初の黒い5のカードは[ア]番目である。

(2) 7番目の白い1のカードは，白いカードだけを数えて4枚目である。白いカードだけを数えて30枚目のカードに書かれている数は[イ]である。

(3) 7番目の白い1のカードは，白い1のカードだけを数えて2枚目である。白い2のカードだけを数えて10枚目のカードは，[ウ]番目である。

【4】 次のページの図で6つの角がすべて等しい六角形ABCDEFと円の$\frac{1}{4}$の図形ODGが，図のように重なっている。点Oは辺BCの真ん中の点で，点Pは円周と辺EFが重なる点である。

また，半径OGは点Bと点Pを結んだ直線の真ん中の点Qで交わっている。

⑴　OQの長さを求めなさい。

⑵　㋐の角度は何度ですか。

⑶　辺ABの長さが２㎝のとき，六角形ABCDEFの面積は三角形OCDの面積の何倍ですか。

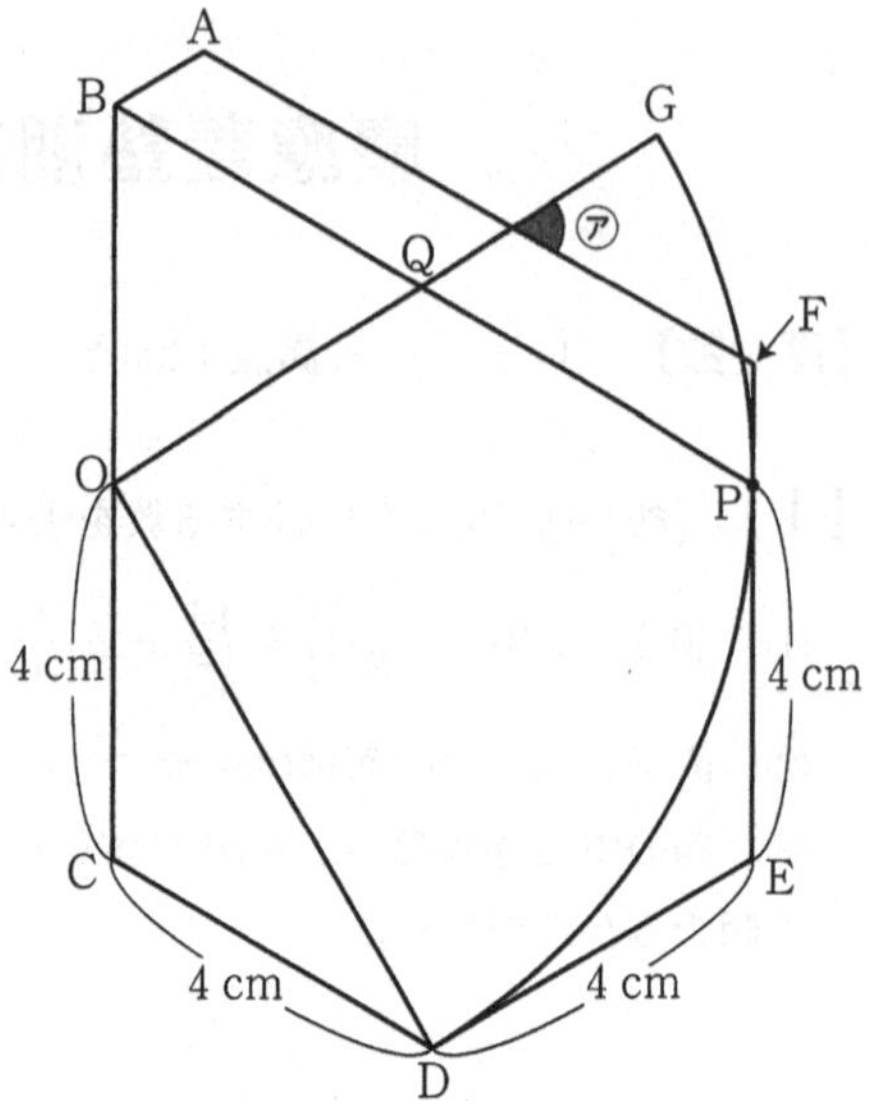

【5】 底面を水平のまま動かせる水そうがある。右の図のように最初の底面の位置は深さ60㎝のＡのところにある。ここに水を一定の量ずつ入れ始めると同時に毎分２㎝の速さで底面を上げていったところ，３分後の水面の高さはＡから８㎝になった。

⑴　水は毎分何Ｌずつ入りますか。

⑵　水そうがいっぱいになるのは，水を入れ始めてから何分後ですか。

⑶　水を入れ始めてから□分後に，底面の上がる速さを$\frac{1}{3}$にして，水を入れる量を２倍にしたところ，水を入れ始めてから24分後に水そうがいっぱいになった。□に入る数を求めなさい。

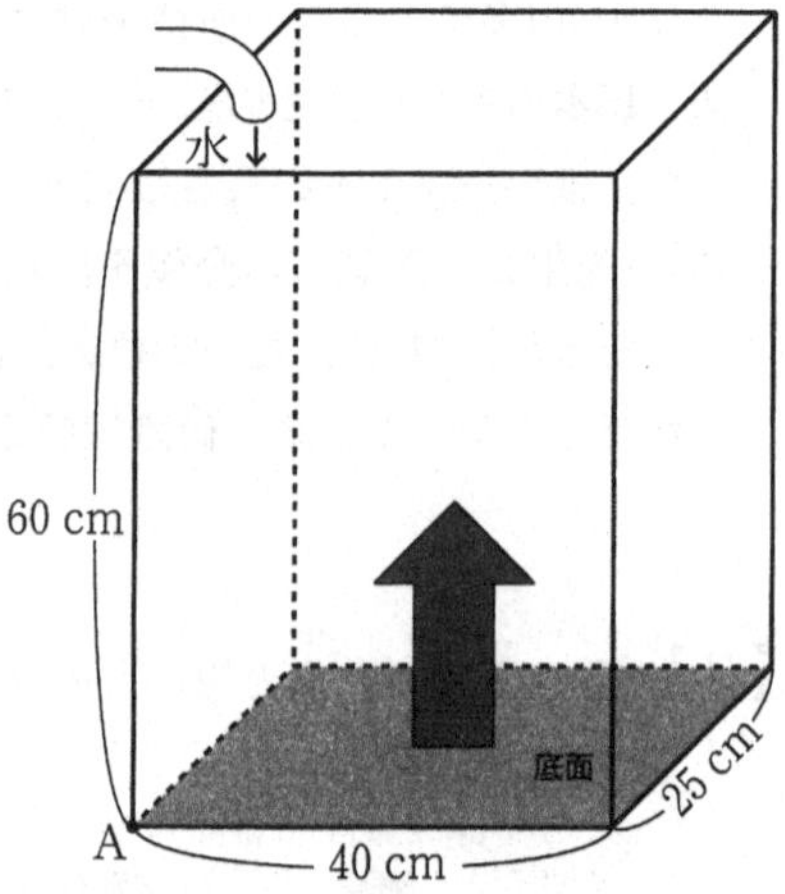

【6】 ある川では，上流にある地点Ｐと，その下流にある地点Ｑを，２そうの船Ａ，Ｂが往復している。どちらの船も地点Ｐ，Ｑに着くとすぐ折り返すものとする。

⑴　毎日午前６時に地点Ｐを出発する船Ａは，午前７時30分に地点Ｑに着き，折り返して午前10時30分に地点Ｐに着く。船Ａの静水時の速さは，川の流れの速さの何倍ですか。

⑵　毎日午前６時に地点Ｐを出発する船Ｂは，午前７時12分に地点Ｑに着く。船Ｂの静水時の速さは，船Ａの静水時の速さの何倍ですか。

⑶　ある日，午前７時30分に地点Ｑを出発した船Ａが途《と》中《ちゅう》で動かなくなり，下流の方に流され始めた。そして，地点Ｐに着いてから折り返してきた船Ｂと午前10時６分に出会った。

船Ａが動かなくなったのは午前何時何分ですか。

【理　科】（25分）　＜満点：50点＞

【1】 K君は，川原の石は上流ほど大きく，下流ほど小さいと習いました。そこで，ある川の上流（山の中），中流（平地へ流れ出たあたり），下流（平地）の川原で，①～④の方法で石の大きさを調べました。次の問いに答えなさい。

① 図1のように，一辺の長さが5mの枠《わく》を糸で作り，同じ糸で枠内を50cmごとに網目《あみめ》状に区切りました。

② ①で作ったものを，川原の石の上に置きました。

③ 糸と糸の交わった場所（交点）の下にある石の大きさを測りました。このとき，石の大きさは，図1のXのように最も長いところで測りました。ただし，図1の石Aのように2カ所以上の交点にまたがる大きな石は，大きさを1回だけ測り，重複して測らないようにしました。

④ すべての交点の下にある石の測定結果をもとに，石の大きさと個数の関係をまとめました。

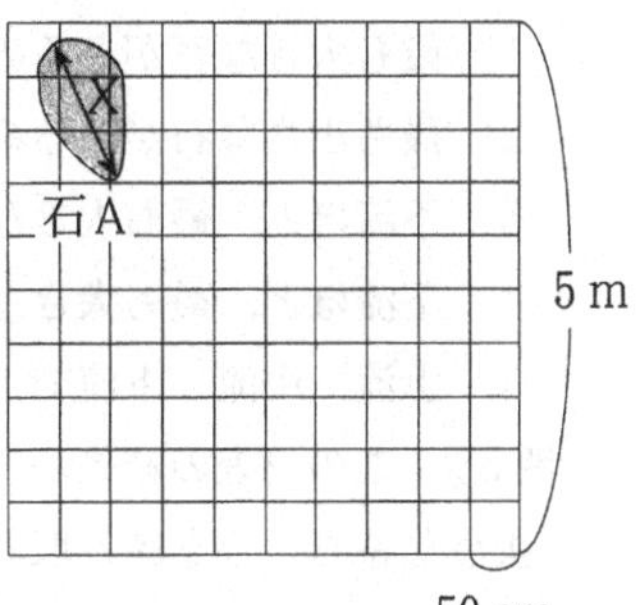

図1

（問1） 図2は，川のようすを表しており，矢印は水が流れる向きを表しています。川原ができやすいのはどのような場所ですか。図2のア～ウから1つ選び，記号で答えなさい。

（問2） ①～④の方法で川原の石の大きさを調べる利点は何ですか。次の中から2つ選び，番号で答えなさい。

1　その場所での平均的な大きさの石を選んで測ることができる。

2　大きな石だけを選んで測ることができる。

3　同じ方法で別の川を調べたときの結果と，同じ条件で比べることができる。

4　特定の大きさの石にかたよることなく調べることができる。

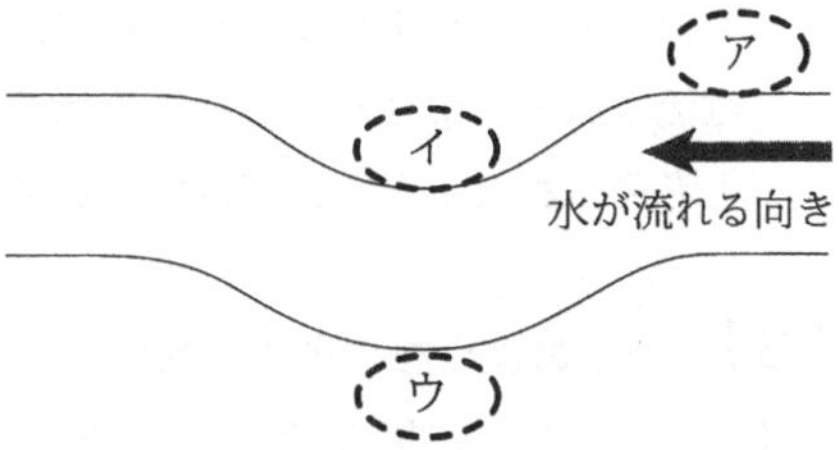

図2

（問3） グラフ㋐～㋒は，石の大きさと個数の関係を示したものです。㋐～㋒は，それぞれどの川原での結果ですか。次のページの中から正しい組み合わせを1つ選び，番号で答えなさい。

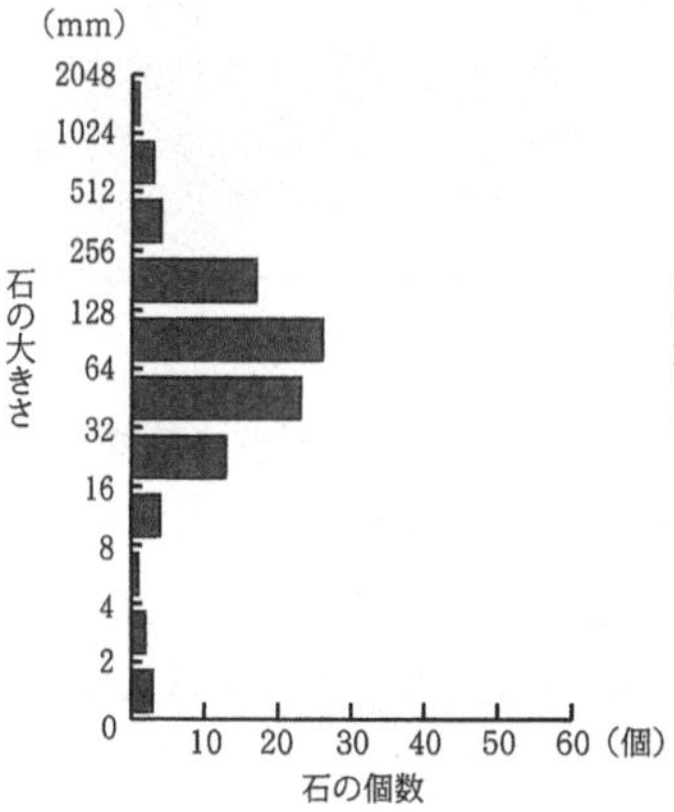

㋐

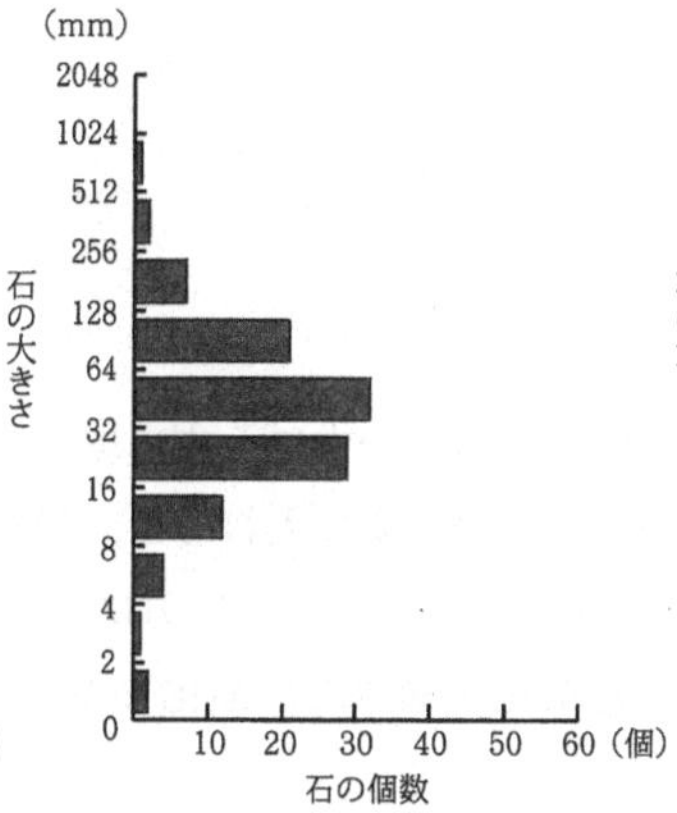

㋑

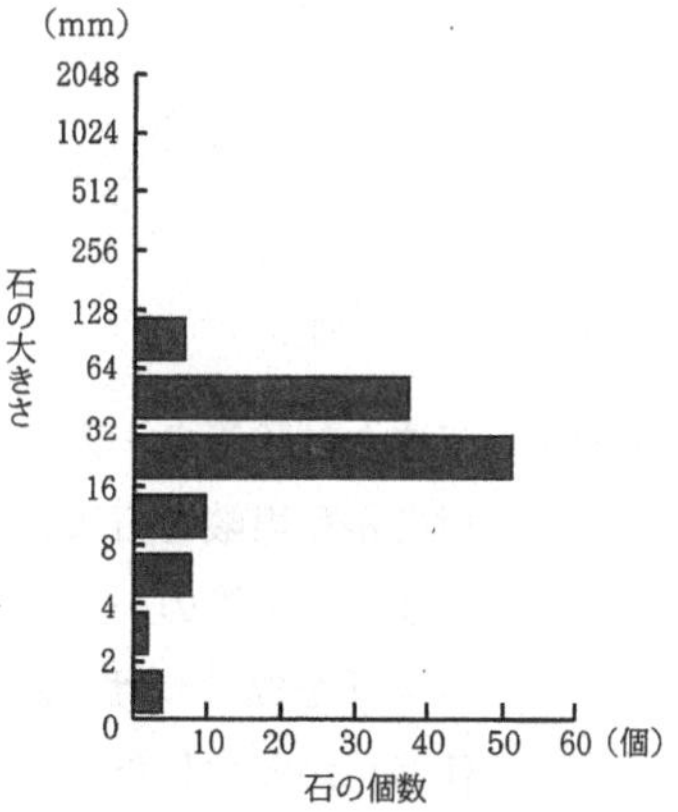

㋒

1　㋐上流　㋑中流　㋒下流　　2　㋐上流　㋑下流　㋒中流
3　㋐中流　㋑下流　㋒上流　　4　㋐中流　㋑上流　㋒下流
5　㋐下流　㋑上流　㋒中流　　6　㋐下流　㋑中流　㋒上流

（問4）　この調査の結果から，上流，中流，下流の川原の石の大きさの特ちょうは何であるといえますか。次の中から正しいものをすべて選び，解答らんの番号を○で囲みなさい。

1　最も大きな石があるのは，上流である。
2　最も小さな石があるのは，下流である。
3　下流ほど，最も大きな石の大きさが小さい。
4　下流ほど，最も大きな石と，最も小さな石の大きさの差が小さい。
5　上流，中流，下流で，最も大きな石と，最も小さな石の大きさの差は等しい。

（問5）　この調査の結果から，上流，中流，下流の川原の石の大きさと個数の関係について，どのような特ちょうを読み取れますか。次の中から正しいものを１つ選び，記号で答えなさい。

1　上流は，大きな石ほど個数が多い。
2　下流は，小さな石ほど個数が多い。
3　同じ位の大きさの石の個数が最も多いのは，上流である。
4　同じ位の大きさの石の個数が最も多いのは，下流である。

（問6）　Ｋ君は，中流の川の中で，どのような石が流されているかを確かめるために，水中カメラを使って観察しました。その結果，川原で見られた石のうち最も大きな石と同じ位の大きさの石は流されていませんでした。中流の川原で見られた最も大きな石は，どのようなときに流されたと考えられますか。10字以内で答えなさい。

【２】　図１のような二《ふた》また試験管と，ゴム管・ガラス管・水槽《そう》を用いて，図２のような装置を作りました。ただし，図２では図１の◌部分の構造は省略しています。次に，実験１～３の操作によって気体を発生させ，試験管に集めました。次の問いに答えなさい。

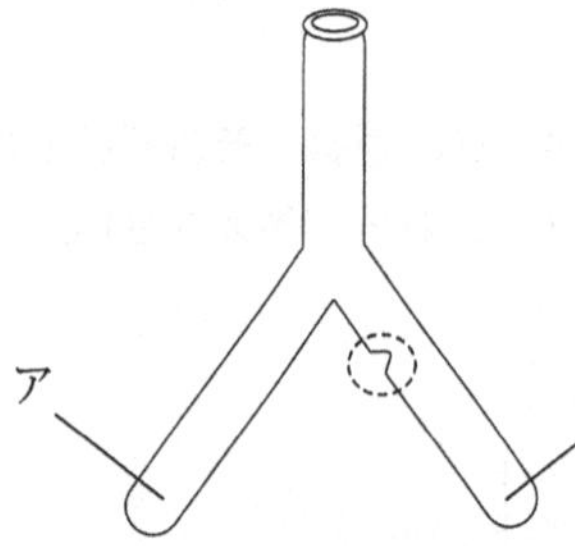

図１

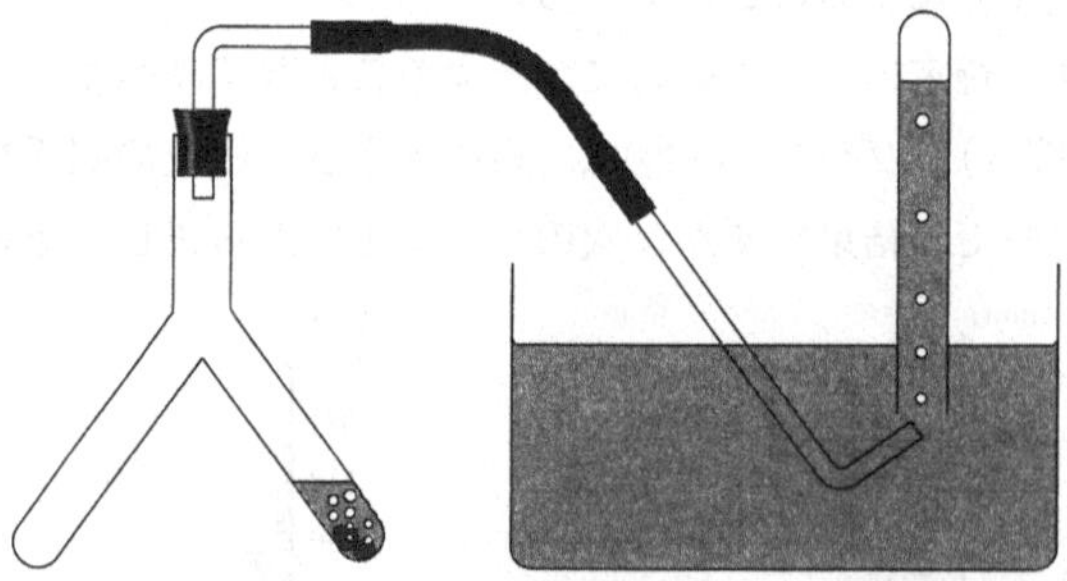

図２

実験１　二また試験管の一方に石灰石，もう一方にうすい塩酸を入れ，ゴム管・ガラス管を取りつけてから塩酸を石灰石のほうに少しずつ入れると，「気体Ａ」が発生した。

実験２　二また試験管の一方に二酸化マンガン，もう一方にうすい過酸化水素水を入れ，ゴム管・ガラス管を取りつけてから過酸化水素水を二酸化マンガンのほうに少しずつ入れると，「気体Ｂ」が発生した。

実験３　二また試験管の一方に亜鉛《あえん》のつぶ，もう一方にうすい塩酸を入れ，ゴム管・ガラス管を取りつけてから塩酸を亜鉛のほうに少しずつ入れると，「気体C」が発生した。

以下の文は，二また試験管を用いる２つの利点を示しています。

> 液体を固体に少しずつ加えることで［　①　］ことと，液体を最初にあった方に戻《もど》すことによって，反応を止められることです。反応を止めるためには，固体を二また試験管の［　②　］に入れる必要があります。

（問１）［①］にあてはまる利点を，15字以内で答えなさい。

（問２）［②］にあてはまるものを，前のページの図１のア，イから選び，記号で答えなさい。

（問３）実験１で発生した「気体A」にあてはまる性質をすべて選び，解答らんの番号を○で囲みなさい。

1　空気よりとても軽い。
2　気体の入った試験管に石灰水を入れて振《ふ》り混ぜると白く濁《にご》る。
3　気体の入った試験管に火のついた線香《せんこう》を入れると，空気中よりも激しく燃える。
4　気体の入った試験管に火のついた線香を入れると，火は消える。
5　鼻をつくようなにおいを持つ。
6　気体の入った試験管に少量の水を入れてよく振り混ぜてからＢＴＢ溶液を入れると，青色に変化する。

（問４）実験２で発生した「気体B」にあてはまる性質をすべて選び，解答らんの番号を○で囲みなさい。

1　空気の約２割をしめる。
2　気体の入った試験管に石灰水を入れて振り混ぜると白く濁る。
3　気体の入った集気びんに火のついた線香を入れると，空気中よりも激しく燃える。
4　気体の入った試験管に火のついた線香を入れると，火は消える。
5　鼻をつくようなにおいを持つ。
6　「気体A」と混ぜ合わせてから火をつけると，激しく燃える。

（問５）実験３で発生した「気体C」にあてはまる性質をすべて選び，解答らんの番号を○で囲みなさい。

1　空気よりとても軽い。
2　気体の入った試験管に石灰水を入れて振り混ぜると白く濁る。
3　鼻をつくようなにおいを持つ。
4　「気体A」と混ぜ合わせてから火をつけると，激しく燃える。
5　「気体B」と混ぜ合わせてから火をつけると，激しく燃える。
6　水道水の殺菌《さっきん》に用いられることがある。

（問６）実験３では亜鉛を塩酸に溶《と》かして気体Cを発生させました。亜鉛と塩酸のどちらも使わないで「気体C」を発生させる方法は，他にどのようなものがありますか。使用する物質の名前をあげて，10字以上25字以内で答えなさい。ただし，使用する器具を示す必要はありません。

【3】 図1のように，太さ・材質が均一な棒《ぼう》の中心をスタンドに固定し，自由に回転できるようにしました。棒には，フックをかけられる穴が中心から等間隔《かんかく》にあいています。これらの穴の位置を，それぞれ中心に近い方から左1～10，右1～10と呼ぶことにします。左1～10には皿を，右1～10にはおもりをかけて実験をします。おもりは，1個5ｇのものが5個あり，1つの穴には1個しかかけることができません。次の問いに答えなさい。

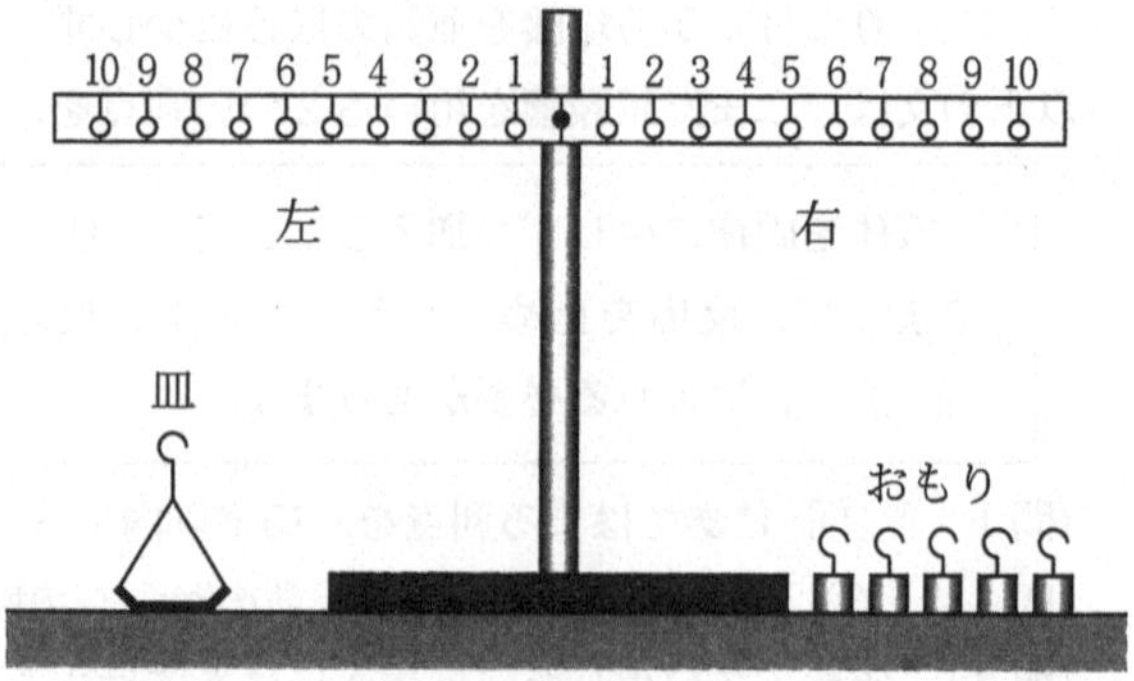

図1

（問1） 左6の位置に，皿をかけました。おもりを右9にかけると棒の左側が下がり，右10に移動すると右側が下がりました。皿の重さは何ｇから何ｇの間と考えられますか。整数で表せない場合は，最も簡単な帯分数で答えなさい。

（問2） 皿の位置を左6から1目盛《めもり》となりに移動し，おもりの位置を右8にすると棒は水平につり合いました。皿を左5，左7のどちらに移動しましたか，解答らんのあてはまる方を○で囲みなさい。

（問3） 皿の重さは何ｇですか，答えなさい。

（問4） 皿の上にものをのせ，ものの重さを①～⑤の手順で測ります。この手順で測定できる，ものの重さは最大何ｇですか，答えなさい。

① 測りたいものをのせた皿を，左5の位置にかける。

② 1個目のおもりを，右10にかける。棒の右側が下がるときは，おもりの位置を1目盛ずつ左へ移動していき，棒が水平になったらその位置で固定し，⑤へ進む。棒が水平にならないときは，初めて棒の左側が下がるようになったところに1個目のおもりを固定し，③へ進む。

③ 2個目のおもりを1個目のおもりの位置より1目盛左側にかけ，②と同じ手順で1目盛ずつ左へと移動していく。棒が水平になったらその位置で固定し，⑤へ進む。水平にならない場合は，初めて左が下がるところで固定し，④へ進む。

④ おもりを1個追加して，③と同じ操作を行う。5個目のおもりを使っても水平にならない場合は，操作を終了する。

⑤ 計算で皿とものの重さの合計を求め，皿の重さを差し引く。

（問5） 問4の手順で，どのくらいまで細かな測定ができますか。何ｇごとの測定ができるかを次の中から1つ選び，番号で答えなさい。

1 0.1ｇごと　　2 0.5ｇごと　　3 1ｇごと　　4 2ｇごと　　5 5ｇごと

（問6） 問4の測定で，皿にのせたものの重さが20ｇとわかりました。棒が水平になった状態では，おもりは右1～10のどの位置にかけられていますか。おもりがかけられている位置をすべて選び，解答らんの番号を○で囲みなさい。

【4】 図1は，ヒトの体を腹側から見たときの，器官の位置を表しています。次の問いに答えなさい。

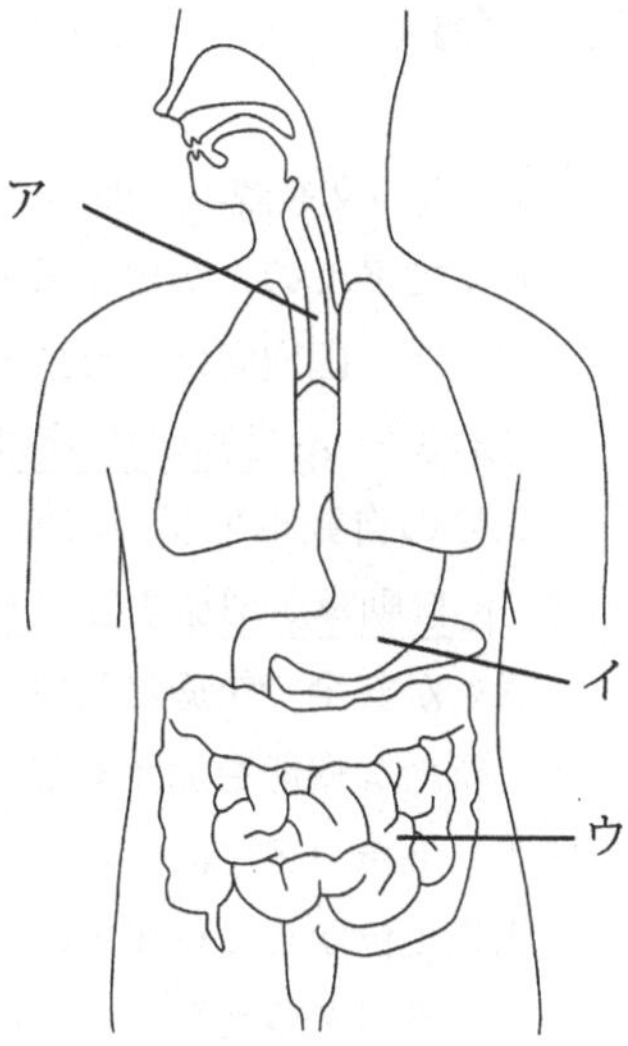

図1

(問1) 図1のア～ウの名前をそれぞれ漢字で答えなさい。また，その器官の主な働きとして正しいものを1つずつ選び，番号で答えなさい。正しいものがない場合は×を記入しなさい。

1 だ液を出す。

2 すい液を出す。

3 肺に空気を取り入れる。

4 体内に水分を吸収する。

5 体内に栄養分を吸収する。

6 体内の栄養分を貯蔵する。

(問2) 図1には，心臓とかん臓が表されていません。心臓とかん臓は体のどこにありますか。解答用紙の図に，その位置がわかるようにそれぞれ描《か》き入れなさい。ただし，心臓とかん臓は，解答用紙に示した形・大きさで表し，他の器官と重ねて描いてよいものとします。

(問3) ヒトは息を吸うとき，横かく膜とろっ骨によって囲まれた胸の空間の容積を変化させることで，肺をふくらませます。息を吸っているとき，横かく膜の位置は息を吸う前に比べてどうなりますか。また，胸の空間内の圧力はどうなりますか。次の文の空らん（ア），（イ）にあてはまるものを1つずつ選び，番号で答えなさい。

息を吸う前に比べて，横かく膜の位置は（　ア　）にあり，胸の空間内の圧力は（　イ　）。

1 上　　2 下　　3 高い　　4 低い　　5 変わらない

(問4) ヒトが生きていくために必要な物質は，血液によって全身へと運ばれます。図2は，成人男性が安静にしているときと激しい運動をしているときの，1分間に各器官へ流れこむ血液量を表しています。図2のア～ウは，それぞれどの器官であると考えられますか。適切な器官を次の中から1つずつ選び，番号で答えなさい。ただし，1分間に心臓から全身へ送り出される血液量は，安静にしているときは5L，激しい運動をしているときは25Lであるとします。また骨格筋《こっかくきん》とは，体を支える骨につく筋肉のことです。

1 全身の皮ふ・骨格筋　　2 肺　　3 じん臓

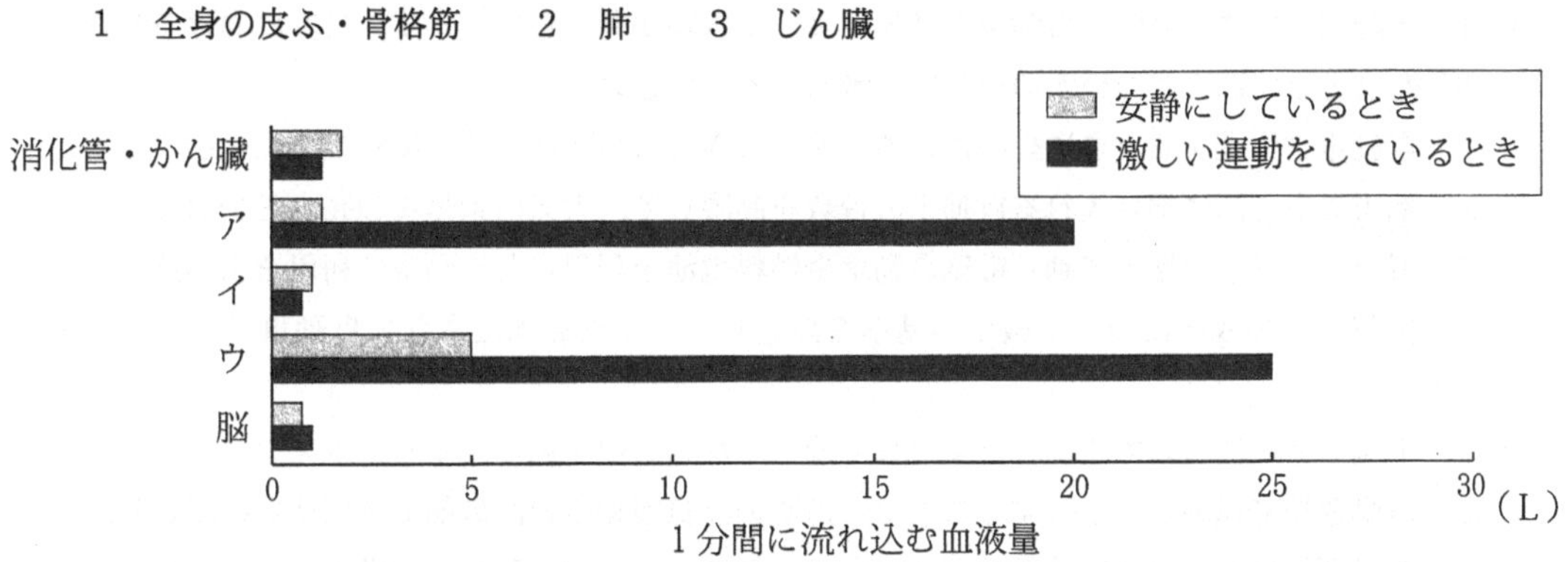

図2

【社　会】（25分）　＜満点：50点＞

【1】 次の文を読み，問いに答えなさい。

日本で多くの人が自家用車を手に入れられるようになったのは高度経済成長期を迎えてからのことでした。国内向けの自動車の生産とともに，(ア)工業製品の輸出が増えていきました。

これまで(イ)自動車の生産は先進工業国が中心でしたが　近年は大きな変化が見られます。

世界の自動車生産が増加するなかで，(ウ)安全性や快適さを高める工夫がされてきました。一方で，(エ)自動車が増加することで地球環《かん》境に大きな負荷がかかっています。

誰もが安全で快適に利用できる自動車を目指して(オ)自動運転技術の実用化に力が入れられています。新たな機能を加えるだけでなく地球環境への負荷を抑えることが求められています。

問１　下線（ア）について，下の表は2016年の日本の合成繊《せん》維《い》織物，石油製品，鉄鋼，自動車の輸出先１位から４位までの割合を示したものです。単位は％です。自動車の輸出を示したものを選び，番号で答えなさい。（日本国勢図会2017/18より作成）

1

中国	16.3
韓国	14.2
タイ	13.1
アメリカ合衆国	6.7
輸出総額	28,433億円

2

アメリカ合衆国	38.9
オーストラリア	6.0
中国	4.7
アラブ首長国連邦	4.1
輸出総額	113,329億円

3

オーストラリア	23.5
シンガポール	15.1
韓国	14.1
中国	12.3
輸出総額	8,685億円

4

中国	35.7
ベトナム	19.3
アラブ首長国連邦	10.1
サウジアラビア	6.4
輸出総額	1,458億円

問２　下線（イ）について，下の表は日本，ドイツ，アメリカ合衆国，中国の４か国について自動車の生産台数（単位　千台）の移り変わりを示したものです。表から日本を選び，表中の番号で答えなさい。

表　世界の自動車生産（日本国勢図会2017/2018より作成）

	2000年	2010年	2015年	2016年
1	2,069	18,265	24,567	28,119
2	12,800	7,743	12,106	12,198
3	10,141	9,629	9,278	9,205
4	5,527	5,906	6,033	6,063

問３　下線（ウ）として人工衛星と通信して音声や画面で道案内するしくみを何と呼ぶか。解答らんの指示にしたがって，カタカナで答えなさい。

問４　下線（エ）について，自動車の増加によって課題が発生しています。日本における対策を説明した文として適当でないものを選び，番号で答えなさい。

1　自動車を生産するときに排出される二酸化炭素を減らすために，海外での生産をやめる。

2　都市の中心部に乗り入れる自動車の台数を制限して，大気汚染物質の発生を少なくする。

3　ガソリン以外の燃料で動く電気自動車や燃料電池を利用した自動車の利用を広める。

4　排気ガスの成分について厳しい基準を設定して，基準を満たさない自動車の走行を制限する。

問５　下線（オ）について説明した文として適当でないものを選び，番号で答えなさい。

1　自動運転で効率よく走行することで，道路の混雑緩和や資源の節約が期待されている。

2　自動運転技術の開発には自動車メーカー以外にＩＴ企業が運転を制御するソフトの分野から参加している。

3　自動運転で走行していた自動車が事故を起こした時の責任の扱いが，まだ定まっていない。

4　自動運転技術の研究開発は道路を走行する自動車に限られていて，農業や土木工事の作業機械などには導入されていない。

【2】　次の表1は，日本国内の新幹線（北海道線，東北線，上越線，北陸線，東海道線，山陽線，九州線）について，長さ（旅客営業キロ）と旅客数および終点の駅がある道府県の人口をあらわしたものです。ここで，東京駅または東京駅に近い側を起点とし，遠い側を終点としています。また，A～Fのそれぞれの終点位置については，地図中のア～カで示しています。地図は一部省略しています。問いに答えなさい。

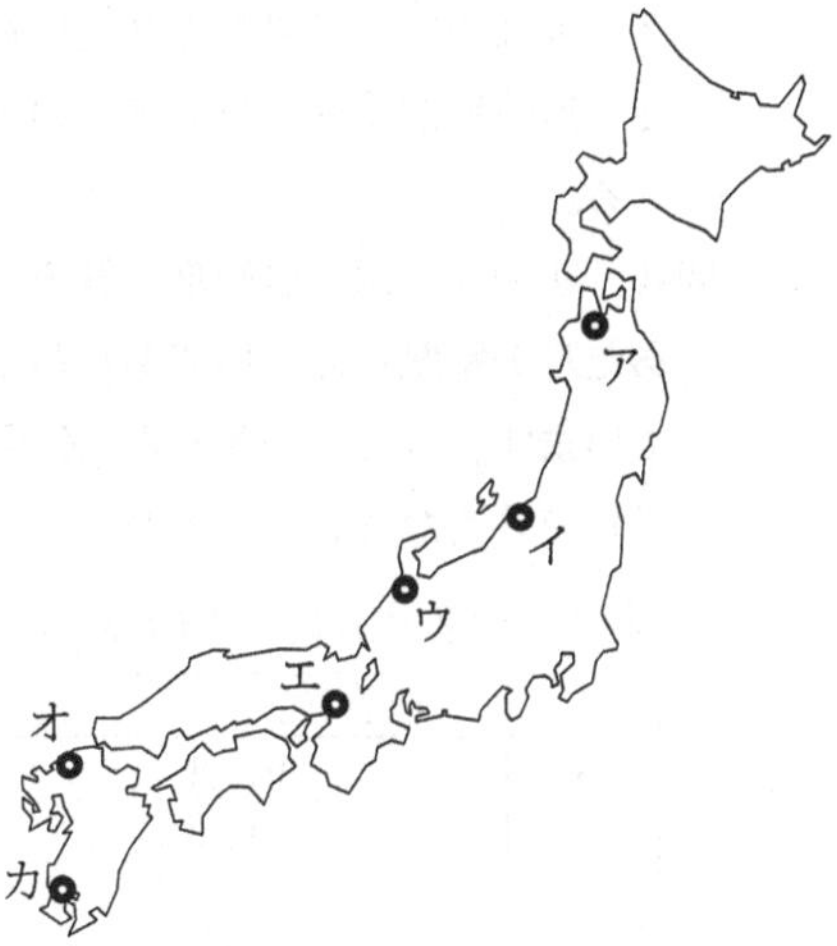

表1

	長さ（km）	旅客数（万人）	終点の道府県人口（千人）
A	713.7	9,045	1,308
B	644.0	7,206	5,102
C	552.6	16,297	8,839
D	345.5	3,184	1,154
E	303.6	4,296	2,304
F	288.9	1,365	1,648
北海道線	148.8	10	5,382

注）長さと旅客数は2015年度，人口は2015年10月1日の数値。

日本国勢図会2017/18より作成。

問1　表1中の新幹線A・C・Fの終点として，それぞれ地図中のア～カから選んだ地点の組み合わせとして正しいものを選び，番号で答えなさい。

	1	2	3	4	5	6
A	ア	ア	エ	エ	カ	カ
C	エ	カ	ア	カ	ア	エ
F	カ	エ	カ	ア	エ	ア

問2　次のグラフは，ウ・エ・オ・カの駅がある府県について，人口集中地区と過疎《そ》地域が各県の面積に占める割合をあらわしたものです。地図中でオの駅がある県をあらわすものを選び，グラフ中の番号で答えなさい。

（データでみる県勢2017より作成。グラフ中の白い部分はどちらにもあてはまらない面積をあらわす。）

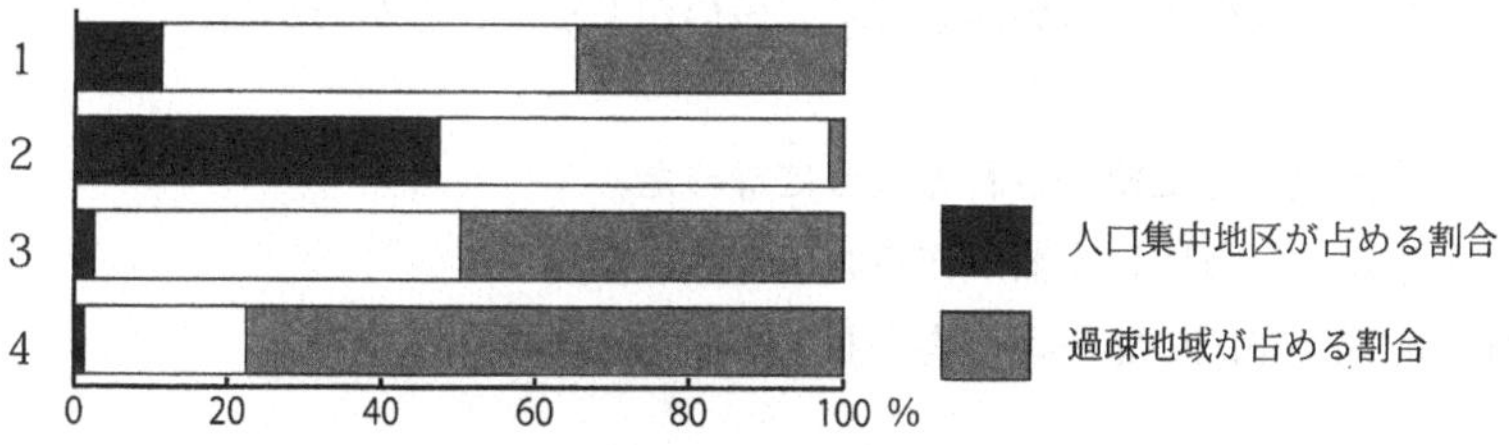

問3　日本の鉄道について説明した文として誤っているものを選び，番号で答えなさい。

1　現在では北海道から鹿児島まで新幹線を乗り継いで行くことができる。

2　地方では人口減少により路線が廃止されることがあるが，その一方で新幹線は延長されつつある。

3　大都市圏《けん》では異なる鉄道会社の相互《ご》乗り入れが増え，新たな地域の結びつきが生じている。

4　道路網《もう》が整備されてきたので，近年では鉄道による旅客輸送，貨物輸送ともに減少しつつある。

問4　次の表2は，自動車，鉄道，航空，船による旅客と貨物の平均輸送距離（旅客1人・貨物1 tあたりの距離）についてあらわしたもので，X・Y・Zは自動車，鉄道，航空のいずれかを示しています。表2中のX・Y・Zがそれぞれ表しているものの組み合わせとして正しいものを選び，番号で答えなさい。（数値は2015年度。日本国勢図会2017/18より作成）

表2　旅客と貨物の平均輸送距離（km）

	旅客輸送	貨物輸送
X	918.4	1,067.7
Y	17.6	498.0
Z	13.1	46.6
船※	34.6	493.5

※旅客船または国内輸送

	1	2	3	4	5	6
X	自動車	自動車	鉄道	鉄道	航空	航空
Y	鉄道	航空	自動車	航空	自動車	鉄道
Z	航空	鉄道	航空	自動車	鉄道	自動車

【3】　慶一君は，縄文時代，弥生時代，古墳時代について，3つずつ特徴《ちょう》を書いてみました。それぞれの文1～3について適当なものには○，適当でないものには×をつけなさい。

縄文時代

1　この時代に作られた土器はもろいが，複雑な形をしていることもある。

2　クリの木をはじめとして，いくつかの植物が栽培《さいばい》されていた。

3　三内丸山遺跡に見られるように，定住するようになった人びともいた。

弥生時代

1　水田を使った米づくりが行なわれるようになったのは，この時代の後半に入ってからである。

2　青銅製や鉄製の鍬《くわ》や鋤《すき》が多数出土するなど，日常の道具の多くが金属で作られていた。

3　堀《ほり》や柵《さく》をめぐらせて守りを固めた村の跡《あと》も多く，争いがあったことがわかる。

古墳時代

1　古墳の種類は前方後円墳だけに統一されるようになった。

2　渡来人によって須恵器《すえき》という固い土器が作られるようになった。

3　倭《わ》の五王に関する記録が中国の歴史書に書かれている。

【4】 史料Aは，北条泰時《やすとき》が京都にいる弟に出した手紙です。問いに答えなさい。

史料A

> (ア)この法令をつくったことについて，なにをもとにして書かれたものかと，人びとはきっと非難してくるでしょう。確かにこれといったもとになるものはありませんが，ただ(イ)道理に基づいてつくったものです。…（中略）…これによって，朝廷が取り決めたことや，(ウ)以前からある朝廷が定めた法令の決まりが改められることは少しもありません。…（中略）…京都の人びとが非難してくることがあれば，こうしたことをよく心にとどめて，伝えてほしいのです。

問1　弟に史料Aの手紙を出したとき，北条泰時は何という地位についていましたか。正しいものを選び，番号で答えなさい。

1　摂政《せっしょう》　　2　執権《しっけん》　　3　将軍　　4　管領《かんれい》

問2　下線（ア）の法令の内容についての説明としてもっとも適当なものを選び，番号で答えなさい。

1　大名の家どうしでの自由な結婚《こん》を禁止した。
2　農民が武器を持つことを禁止し，武士に反抗《こう》した者を罰《ばっ》した。
3　土地に関する争いを裁《さば》くため，公正な基準を示した。
4　政治のことは会議を開いて，みんなの意見を聞いて決めるとした。

問3　下線（イ）の道理とは，武士の道徳や慣習を指します。この手紙が書かれたころ，武士はどのような生活を送っていましたか。もっとも適当なものを選び，番号で答えなさい。

1　武士は農村に住み，農民らから年貢《ねんぐ》を集め，生活の糧《かて》としていた。
2　武士は朝廷《てい》に年貢を納めなくてよいかわりに，命をかけて天皇のために戦った。
3　武士は集めた年貢だけでは生活が成り立たないので，積極的に商いを行なった。
4　武士は城下町に住み，集めた年貢を売って生活していた。

問4　下線（ウ）が示す法令を何と呼びますか。ひらがな5文字で答えなさい。

問5　次の1～4のできごとを古い順に並べなさい。

1　後醍醐《ごだいご》天皇が鎌倉幕府を倒そうとしたが失敗して，島流しにされた。
2　朝廷を監《かん》視することを目的に，六波羅探題《ろくはらたんだい》が設置された。
3　中国全土を統一した元が日本に攻めてきた。
4　史料Aの法令がつくられた。

【5】 慶吾くんと藤子さんは明治時代の政治のようすについて調べました。二人の会話を読んで問いに答えなさい。

慶吾：明治時代になってまもなく政府の中で対立がはじまるね。そのきっかけとなったのが，江戸時代に結ばれた不平等条約改正を大きな目的とした，ヨーロッパへの使節団の派遣《はけん》だね。その団長が（　あ　）だよ。

藤子：この使節団には，長州出身の（　い　）も参加しているのよ。なかには女性の（　う　）も含まれているのね。

慶吾：反対に，この使節団に参加しなかった者の中には西郷隆盛がいるよ。

藤子：新政府は（　え　）に国を開くように求めたけど，使節団に参加しなかった者たちを中心に，開国に応じようとしない（　え　）に対して出兵しようという方針が打ち出されるのね。

慶吾：結局，使節団に参加した者たちが中心となって打ち出した方針が論争において勝ちをおさめ，この方針に敗れた西郷隆盛らは故郷へ帰って行くことになるんだ。

藤子：故郷へ帰った者たちは，それぞれの方法で政府への対抗を試みるのよ。西郷隆盛は武力対決を試み(ア)西南戦争を起こすの。結局は失敗したんだけどね。

慶吾：言論で政府に対抗しようとした者が土佐出身の（　お　）だね。彼を中心に始まった(イ)自由民権運動が，結局のところ国会開設につながっていくんだ。

藤子：武力で政府に対抗しようとした試みが失敗し，言論で対抗しようとしたことが成功を収めたことを考えると，まさにペンは剣よりも強しってことになるのね。

問1　空らん（あ）～（お）にあてはまる語句を選び，番号で答えなさい。

1	板垣退助	2	清	3	樋口一葉	4	福沢諭吉	5	朝鮮
6	岩倉具視《ともみ》	7	木戸孝允《たかよし》	8	平塚らいてう	9	琉《りゅう》球	10	大久保利通
11	坂本龍馬	12	津田梅子						

問2　下線（ア）についての説明として，適当なものを選び，番号で答えなさい。

1　西郷軍はイギリスの支援《えん》を受けていた。

2　士族を中心とした西郷軍は，3年以上に渡って政府軍と戦った。

3　政府は徴《ちょう》兵で動員した兵を用いて戦った。

4　西南戦争以前，士族は武力による政府への抵抗を行わなかった。

問3　下線（イ）以降の動きについての説明として，適当なものを選び，番号で答えなさい。

1　大隈重信は立憲改進党をつくり，国会開設に備えた。

2　フランスの憲法を大いに参考にして，大日本帝国憲法はつくられた。

3　第1回衆議院議員選挙では，25歳以上の成人男性全員に選挙権が与えられた。

4　自由民権運動の広がりを受けて，政府は言論の自由を認めるようになった。

【6】　慶太くんと湘子さんは，衆議院と参議院について話をしました。二人の会話を読んであとの問いに答えなさい。

慶太：2017年9月に安倍晋三内閣は（　あ　）の冒《ぼう》頭で衆議院を解散したね。

湘子：前回の総選挙から3年弱で衆議院議員は資格を失ったというわけね。わたしは将来なれるのなら，任期途中の解散がない(ア)参議院議員の方がいいな。

慶太：衆議院の方が強い権限を認められることがあるけれども，それでも参議院の方がいいの？

湘子：たとえば？

慶太：（　い　）の審議については，衆議院が可決した後，参議院が30日以内に議決しないと衆議院の議決が国会の議決になるね。

湘子：なぜ衆議院は強い権限が認められているの？

慶太：では考えてみよう。参議院と比較して，衆議院の特徴《ちょう》を挙げてごらん。

湘子：1衆議院の方が若いうちから立候補できる。

2衆議院は参議院にはない小選挙区制を取り入れている。

3衆議院の方が参議院よりも任期が短い。

4衆議院の方が参議院よりも歴史が古い。今思いつくのはこれくらいかな。

慶太：そうだね。（　う　）し，解散もあるから，そのときどきの民意を反映しやすい。だから強い権限が認められているんだよ。

湘子：なるほど。では，参議院の存在する意味はなに？

慶太：衆議院のいきすぎをおさえるというブレーキの役割が期待できるんだ。でも，最近はそういう意識がうすれているから「参議院不要論」というのもあるくらいだよ。

湘子：そういえば，今回の解散前に東アジア情勢が緊迫《きんぱく》していることが話題になったけど，衆議院の解散中に大きな問題が起きたらどうするの？

慶太：内閣が要求することで参議院議員が集まって（　え　）が開かれるんだ。

湘子：それなら安心ね。

問１　空らん（あ）にあてはまる語句を選び，番号で答えなさい。

１　常会　　２　臨時会　　３　特別会　　４　両院協議会

問２　下線（ア）の参議院議員の定数は何名ですか。正しいものを選び，番号で答えなさい。

１　47　　２　121　　３　242　　４　295

問３　空らん（い）にあてはまる語句を選び，番号で答えなさい。

１　予算案　　２　内閣総理大臣の指名　　３　法律案　　４　内閣不信任案

問４　空らん（う）にあてはまるもっとも適当な文を，直前の湘子さんの発言の１～４の中から選び，番号で答えなさい。

問５　空らん（え）にあてはまる語句を答えなさい。

【７】 次の文を読み，問いに答えなさい。

条約とは，国家間または国際機関との間で交わされた取りきめのことを指します。(ア)その内容には国交回復や平和的関係についてのものや，経済，(イ)自然環《かん》境に関するものなどがあります。

条約を結ぶ手順について，日本では，（　あ　）とされており，毎年いくつもの条約が結ばれています。

しかし，(ウ)日本は採択された全ての国際的な条約を批准《ひじゅん》（最終的な合意）しているわけではありません。同様に，各国もそれぞれの事情から足並みがそろわずに未発効のままとなる条約があります。特に(エ)核《かく》軍縮に関する条約には，不徹《てつ》底となっているものもあります。

問１　下線（ア）について，以下の条約（宣言）を結ばれた年が古い順に並べなさい。

１　日韓基本条約　　２　日中平和友好条約

３　日ソ共同宣言　　４　サンフランシスコ平和条約

問２　下線（イ）について，自然環境に関する条約の説明として正しいものを選び，番号で答えなさい。

１　ウィーン条約は絶滅《めつ》のおそれのある野生動物の取引について定めている。

２　ワシントン条約はオゾン層保護のためフロンの使用禁止について定めている。

３　バーゼル条約は生物の多様性を保護し，生物資源の持続可能な利用について定めている。

４　ラムサール条約は国際的に重要な湿《しっ》地・干潟《がた》の保護について定めている。

問３　空らん（あ）にあてはまる文を選び，番号で答えなさい。

１　国会が結び，結んだ後に内閣の承認を必要とする

２　内閣が結び，結ぶ前か後に国会の承認を必要とする

3　国会が結び，結ぶ前に天皇の承認を必要とする

4　内閣が結び，結ぶ前か後に天皇の承認を必要とする

問４　下線（ウ）について，日本が2017年４月の時点で批准していない条約を選び，番号で答えなさい。

1　拷《ごう》問禁止条約　　2　人種差別撤廃《てっぱい》条約　　3　子どもの権利条約　　4　死刑廃止条約

問５　下線（エ）について，核軍縮に関する条約の説明として誤っているものを選び，番号で答えなさい。

1　包括《かつ》的核実験禁止条約は核爆《ばく》発をともなうすべての核実験を禁止する条約だが，核保有国のアメリカ合衆国や中国が批准していない。

2　核拡散防止条約はアメリカ合衆国・ロシア・イギリス・フランス・中国のみを核保有国とし，他国への核兵器の拡散を防ぐための条約である。

3　部分的核実験停止（禁止）条約は地下以外での核実験を停止（禁止）する条約であり，1963年にアメリカ合衆国・ソ連・イギリスの３国間で結ばれた。

4　核兵器禁止条約は核兵器の保有，実験，使用すべてを禁止する条約として2017年に結ばれ，日本は唯《ゆい》一の被爆国として条文の作成に関わり，採択当初から批准している。

問６　2017年のノーベル平和賞は，核兵器廃絶を進める国際キャンペーンが受賞しました。その名称《しょう》を選び，番号で答えなさい。

1　ICAN　　2　IAEA　　3　IMF　　4　IOC

イ　正太郎だから、大丈夫よ

ウ　できるよ、家族なんだから

エ　真琴の泳ぎ、お父さんに似てきたでしょ

オ　今度、お父さんと話してみたら

【四】　あなたはこれから新しく作る小学校の教室の設計を任《まか》されました。教室を設計する際、どのような工夫をしますか。工夫したい点とその理由を、二つ説明しなさい。

※百二十字以内で書きなさい。

※原稿《げんこう》用紙の使い方に従って書くこと。ただし、改段落をする場合は行をかえず、一マス空けることで示しなさい。

〈注1〉 部活に全く出ない部員のこと。
〈注2〉 ハセと近田さんは僕の同級生。

問一 ═══a～eのカタカナを漢字に直しなさい。

問二 空らん［A］に入れるのに最もふさわしい語を次の中から選び、記号で答えなさい。

ア 達成感　イ 楽しみ　ウ 悔しさ　エ 速さ　オ 上達

問三 空らん［B］に入れるのに最もふさわしい語を次の中から選び、記号で答えなさい。

ア 痛かった　イ 悲しかった　ウ つらかった
エ まぶしかった　オ うらやましかった

問四 ――①について、ここにはお父さんのどんな気持ちが込められているか。次の中から選び、記号で答えなさい。

ア 私にはもう関係ないと突《つ》き放している気持ち。
イ つらい思いをさせたかもしれないから好きなことをやってほしいという気持ち。
ウ どう声をかければよいのか分からず、とりあえず応援しておこうという気持ち。
エ 美術部に向いていると思って応援している気持ち。

問五 空らん［Ⅰ］・［Ⅱ］・［Ⅲ］に入る語を次から選び、記号で答えなさい。なお、同じ記号を二度用いてはならない。

ア 唐突《とうとつ》に　イ 急に　ウ やさしそうに
エ おもむろに　オ 熱心に

問六 ――②について、「素直に応援でき」るとはどういうことか。本文中から四十五字以内でぬき出し、文の最後が「～こと」につながるように、答えなさい。（なお、句読点なども字数に含《ふく》みます。）

問七 ――③の「……ごめんなさい」を聞いて、お母さんはどういう気持ちになったか、次の中から選び、記号で答えなさい。

ア 正太郎の気持ちをそのまま受け止めようと思っている。
イ やっと素直に認めたかとほっとしている。
ウ オムライスを美味《おい》しく食べてほしいのにと困っている。
エ 泣いたりして、どうしたのかととまどっている。

問八 空らん［C］に入る語句を次から選び、記号で答えなさい。

ア うらやましくなった
イ 帰りたい気持ちになった
ウ 父のうれしそうな声を思いだした
エ 続ければよかったと思った
オ 胸がキリリと痛んだ

問九 ――④とあるが、お母さんはどう思っているのか。次の中から選び、記号で答えなさい。

ア お父さんと話してほしい。
イ 水泳をがんばってほしい。
ウ 好きなことをやってほしい。
エ 正太郎の絵をみせてほしい。
オ 真琴と仲良くしてほしい。

問十 空らん［D］に入る語句を本文中からぬき出し、六文字で答えなさい。

問十一 空らん「［E］」に入る文を次から選び、記号で答えなさい。

ア 真琴の大会、今度皆で応援に行こうか

見てた？　また記録更新《こうしん》したんだよ！　と言った。

「ごめん、二人でお昼食べてたら見逃しちゃった」

怒《おこ》るかと思ったが、真琴は、バカー！　と言っただけだった。いや、これでちゃんと怒っているのか。

「またすぐに更新するでしょ。そのときはちゃんと見るから」

母の言葉に、真琴はうれしそうな顔をした。

笛が鳴って、真琴はコーチのもとへ走っていった。

「じゃ、最後にクロールね」

真琴はゴーグルをばちんと目にはめて、コーチの笛の合図で壁を蹴《け》り、泳ぎ出した。

初めて見る真琴の泳ぎは見事だった。しなやかで、力強くて、子供のころに見た父の泳ぎをミニサイズにしたみたい。僕にはできなかった、父みたいな泳ぎ。そう思うと、やはり［　C　］。でも僕は、ちゃんと最後まで真琴の泳ぎを見た。

真琴は、ひとかきごとに確実に速くなっていくのだろう。

僕だって、あのとき水泳をやめていなければ、真琴みたいに、父みたいに速くなれたのだろうか。

僕はいつか、真琴の泳ぎを、胸の痛みなしで、心の底から「がんばれ」と思いながら、見られるようになるだろうか。

そう思いながら、僕は真琴のクロールを見ていた。

帰りの車内は静かだった。

母がバックミラーにちらりと目をやって言った。

「見てよ、あの寝顔《ねがお》」

真琴は、体を斜《なな》めにして口を開け、上を向いて爆睡《ばくすい》していた。水泳は、ものすごく体力を使うのだ。

「お父さんね、このまえ言ってたよ」

母がまた［　Ⅲ　］言った。

「……何を」

「正太郎に、どういうふうに接していいかわからないって」

「………」

「自分が無理矢理水泳をやらせて、つらい思いをさせたんじゃないかって。だから、正太郎がやることに関して、口を出すのはやめようって、正太郎が水泳やめたときに決めたんだって。でも、そんなの、口に出してくれないとわからないよね。お父さん、そういうの、へたくそなんだよ。だからいま、お母さんが代わりに言っちゃった。④お父さんのこと、許《ゆる》してあげて。お父さんだって、お母さんと同じこと、正太郎に対して思ってるんだよ」

今日の母は、まるで［　D　］口調で話す。

僕は、本当は、わかっていたのだ。

でも、途中であきらめた自分が情けなくて、僕のほうが、父と距離《きょり》を置くようになったのだ。

いまからでも、僕たち親子は、笑って話したり、思っていることを伝え合ったりできるだろうか。流れていく窓の外の景色に目をやりながら、僕はそんなことを考えた。

「［　E　］」

母は、僕の心が読めるみたいだ。

（小嶋陽太郎『ぼくのとなりにきみ』より）

※　出題の都合上、本文の一部を改稿しています。

「……おはようくらいなら、毎日言ってるけど」

「正太郎、お父さんのこと、嫌い？」

言葉に詰まる。

そして母は、

「正太郎が、真琴のこと、②素直に応援できない気持ち、お母さんにはわかる」

と言った。

母は今日、僕を道案内のために連れてきたわけではないのだ。

「……母さん、メダルのこと、気づいてる？」

それは、声に出して言った言葉なのか、心の中だけで言った言葉なのか、自分でもわからなかった。

母は眉尻《まゆじり》を少し下げて、困ったような顔をした。たぶん、僕は、声に出して言ったんだ。

僕はもう一度、言い直した。

「僕が真琴の部屋からメダル盗んだこと、気づいてる？」

母はその質問には答えず、

「お母さんは、正太郎が、好きなことやってくれてたら、それでいいと思う」

と言った。

僕はなんと言ったらいいかわからなくて、何口目かのオムライスを口に運んだ。卵はふわふわではなく薄いやつで、ケチャップの味が強くする。

母さんは、僕がメダルを真琴の部屋から持ち出したことを知っているのだ。母さんだけじゃない、真琴だって、きっと知っているのだ。あのメダルは、真琴の努力の証《あかし》だ。努力して取った大事なメダルがなくなって、気づかないはずがないだろう。

「なに泣いてるのよ」

「③……ごめんなさい」

真っ赤なケチャップに、涙《なみだ》が垂《た》れる。

ごめんなさい。ごめんなさい。

僕は、同じ言葉を繰《く》り返しながら、オムライスを食べた。

「泣きながら食べたら、作ってくれた人に失礼じゃない」

と母は言った。

僕は、オムライスを、時間をかけて食べ切った。

おばあさんがやってきて、温かい紅茶をテーブルに置き、おいしかった？　と言った。おいしかったです、と僕は答えた。

店を出て、さらに一時間ほど街をドライブした。ラジオでは昭和歌謡《かよう》ベストヒットをやっていて、母はすべての曲を適当に口ずさみ、聞いてもいないのに、これは井上陽水《いのうえようすい》、これは山下達郎《やましたたつろう》、これは中島みゆき、と教えてくれた。

午後、僕は母と並んで真琴の合同練習をプールサイドの端《はじ》っこのほうで見学した。市民プールは、塩素のにおいがした。僕がこの世で、一番嫌いなにおい。

真琴のコーチは母を発見すると軽く頭を下げ、そのあと、ちょっと不思議そうな顔をしながらこちらにやってきた。

「正太郎君？　大きくなったわねえ」

六年もたっているのに、わかるもんなんだな。

休憩《きゅうけい》時間になり、水泳帽《すいえいぼう》を被《かぶ》った真琴は母と僕を発見して、ちゃんと

車場が広い。dカンバンがあり、カフェ&レストと書いてある。

店に入ると、にこにこしたおばあさんに出迎《むか》えられた。コーヒーの香《かお》りがする。

日当たりのいい、明るい席に通された。厨房《ちゅうぼう》にはおじいさんがひとりいた。夫婦でやっているのだろう。

メニューはシンプルで、飲み物はコーヒー、紅茶、オレンジジュース、カルピス、ジンジャーエールしかなかった。

母はアイスコーヒーを頼み、僕はカルピスを頼んだ。喉が渇いていたので、僕は一口目でほとんどカルピスを飲み干してしまった。大きな氷の隙間《すきま》にストローを差し込んで、ずるずると残りのカルピスをすする僕の向かいで、母は、店の入り口に置いてあった十数年前からありそうな日焼けした生活eザッシを読みながら、ちんたらとした動作でアイスコーヒーにミルクだけ入れた。ストローでかき混ぜて、ちょびっとだけ飲んで、またテーブルに戻した。

「早く飲まないと、真琴の順番きちゃうよ」

「いまから戻っても、たぶん間に合わないよ。今日はいいや、いつも見てるんだし」

友達みたいな口調で母は言った。

いったい、どういうつもりだろう?

母は軽食メニューを眺《なが》め出した。「ご飯も食べちゃおう」

軽食メニューは三種類。サンドイッチとカレーとオムライス。

母がおばあさんにすいませーんと声をかける。

「サンドイッチと」

母が僕に目を向ける。

「……じゃあ、オムライスで」

おばあさんは、はーい、と言い、厨房のおじいさんに注文を伝えた。

おじいさんの仕事は早く、十分しないうちに両方運ばれてきた。

焦《こ》げ目のない黄色い薄焼《うすや》き卵に真っ赤なケチャップがかかっている。

パセリが横に添《そ》えられていて、バターの濃厚《のうこう》な香りがする。スプーンを入れる。ケチャップライスには玉ねぎと角切りの鶏肉《とりにく》が入っていた。

「昔ながらの、一番おいしいやつだ」

と母は言い、タマゴがぎっしり詰《つ》まったサンドイッチをかじった。

「正太郎、いつも真琴の宿題みてくれてありがとね」

「なにそれ、[Ⅱ]」

「部活、どう? 楽しい?」

「うん、まあまあ」

「そう」

僕は放課後、ハセと、途中からは、〈注2〉ハセと近田さんと寄り道をしてから帰っているので、帰宅時間は部活をやっている人と同じくらいになる。だから母は僕が部活に出ていないことに気づいていない。

「今度、正太郎が描《か》いた絵、見せてよ」

「いや、それは、恥《は》ずかしいからいい」

「じゃ、見せたくなったらでいいや」

母はアイスコーヒーをまた一口飲んだ。

もしかしたら母さんは僕が絵を描いていないことに気づいているのではないか、と思う。

「最近、いつお父さんと話した?」

と母が言った。

母に強引に連れられてきてしまったけど、それを考えていないことに僕は気がついた。

知らない町だから、散歩すれば多少は新鮮《しんせん》かもしれないが、それだけでつぶれる時間ではない。

母はずっと真琴について、応援《おうえん》したり見学したり、ほかの子のお母さんとおしゃべりをしているだろうし。どこかに図書館でもあればいいんだけど。お昼は、散歩をしたついでにコンビニかファストフードですませればいい。

と考えていると、母が建物から出てきた。

「探したわよ」

「ああ、うん」

「さて」

と母は言った。「どうしよう。お昼には早いね。どこかでお茶でも飲む？」

「え、母さん、真琴についてるんじゃないの？」

「コーチがいるんだから大丈夫よ。だいたい、大会のときはマユちゃんミキちゃんとべったりでキャッキャしてるし、真琴、お母さんのことなんかすぐ忘れちゃうんだから。ちょっと車でbシュウユウしましょ。」

母は車に乗り込《こ》んでエンジンをかけた。

ラジオを聴《き》きながら、しばらく走る。

母はcヒトケのなさそうな、住宅街っぽい雰囲気《ふんいき》が強くなるほうを選んで走った。たまにコンビニがあり、変な名前の喫茶店《きっさてん》のようなものがある。近くに山が見える。山があって、家があって、人が住んでいて、要素は同じなのに、僕の住む町とはまた雰囲気が違う。町って不思議だ、と僕は思う。

聞いたことのある音楽が聞こえてきて、母はそれを口ずさんだ。

「誰《だれ》の曲？」

「ユーミン」

と母は言った。「松任谷由美《まつとうやゆみ》」

へえ、と僕は言った。

その曲が終わると
「手の傷、大丈夫？」

［Ⅰ］母は言った。ハンドルを右に切った。

「大丈夫だけど」

と僕は言った。

母は山のふもとのほうまでのろのろと行って、また、市街地のほうに戻《もど》ってきた。

母は無言でハンドルを右に切ったり、左に切ったりする。考えてみれば、母と二人でドライブというのは初めてだ。

「今日、あったかいわね。なんか喉渇《のどかわ》いてこない？」

「……真琴が泳ぐの、十二時過ぎくらいでしょ？　そろそろ戻らないと、見逃《のが》しちゃうよ」

車のデジタル時計は十一時三十一分を指している。

「この時計、四分遅《おく》れてるから三十五分ね。まあ、コーヒー一杯飲むくらいなら大丈夫でしょ」

週末なのに市街地にもヒトケはなかった。

駅の周辺をくるくるとシュウユウしていると緑色の屋根をした喫茶店があり、母はそこの駐車場《ちゅうしゃじょう》に車を停《と》めた。小さな店なのに、やたらと駐

そうか、美術部か、と父は言った。

それから父は、ちょっと黙《だま》り、①まあ、がんばれよ、とだけ言って席を立った。

なんだよそれ。

僕は、その次の日から、放課後、美術室に行くのがいやになって、〈注I〉幽霊《ゆうれい》部員になった。

（中略）

「真琴の大会、一緒《いっしょ》に行ってくれない？」

突然《とつぜん》、母にそんなことを言われた。

週末に、真琴の出る水泳大会があるらしい。

高速道路を使って車で一時間ほど行った町で催《もよお》される小学生対象の記録会で、とても小さな大会のようだ。もとはその町と隣《となり》町にあるスイミングスクールに通っている子供たちが合同で行うものだったらしいのだが、今年は参加人数が少ないので、コーチ同士が知り合いの真琴のスイミングスクールにも参加者募集《ぼしゅう》の通知が来たらしい。

「会場の場所がわかりにくいらしいのよ。お父さん、その日仕事でいないし。お母さんの車、ナビついてないでしょ。携帯《けいたい》で地図見ながら行くの不安だから助手席に乗って案内してほしいの」

母はたしかに方向音痴《おんち》ではある。そのうえ運転が苦手だ。ほとんど行ったことのない町で、初めての目的地にすんなりたどりつけるとは思えない。しかし助手席で地図を見て案内するくらい、真琴にもできるじゃないか。

僕がそう言ったら、

「真琴じゃ頼《たよ》りにならないから」

と母は言った。

たしかに、九九をいまだに間違える真琴に道案内を頼《たの》むのは、不安ではある。しかし母だっていい大人なんだから、その気になれば自力でたどりつけるとは思うんだけど。

とは思いつつも、どうしても、と母が言うので、僕は、初めて真琴の水泳大会に同行することになった。

（中略）

なんとか、十時五十五分に会場に到着《とうちゃく》した。

会場は市民プールだった。この町のスイミングスクールは、市民プールを使っているらしい。

急いで急いでと言いながら、母は真琴を連れて車を降りた。

「何してんの、正太郎も降りなさいよ」

「いや、僕は……」

母に無理矢理引っ張られて一緒に行くと、建物に入ってすぐのロビーのところに真琴のスイミング仲間の子がいて、あ、マユちゃんミキちゃん～、と駆《か》け寄っていった。

真琴のコーチもいた。四十代の女性のコーチ。僕も小学校一年の一年間だけ、あの人に水泳を教わっていた。

僕は慌《あわ》ててロビーを出て車に戻った。しかし母がいないと鍵《かぎ》がないから、車に乗ることができない。

人数も少ないし、記録会自体は一時に終わるようだが、その後、昼食をはさんで地元のスイミングスクールの子と交流会という名の合同練習が予定されているらしく、すべてが終わるのは四時のようだ。

さて、どうやって時間をつぶそう。

速くなるはずだ、と言い聞かせ、週末にはやはり僕を市民プールに連れていった。二十五メートルプールで、バタ足の特訓をしてくれた。あんなに憧《あこが》れた二十五メートルプールは、僕にとって苦痛でしかなかった。水泳を始めてから僕は一度も［A］を感じたことがなかったから。

簡単な話で、僕は、水泳に向いていなかったのだ。

スクールに通い始めて一年がたったころには、コーチはお情けで僕にもクロールを教えてくれていたが、僕のクロールが、まるで、泳げない人が沈《しず》まないようにあがいているみたいな、無様《ぶざま》な泳ぎでしかないことが、僕にはわかった。順調に技術を上げていく僕以外の三人は、へたくそな僕の泳ぎを見て笑った。

ある日僕は、水泳をやめたいと父に言った。

「ほんとにやめたいのか？」

父は、食卓《しょくたく》に僕と向かい合って座り、真剣《しんけん》な目で僕を見て言った。大人の、本当に真剣な目を見たのはそのときが初めてだった。

「一度やめたら、もうやり直すことはできないぞ」

父の目にはぎりぎりとした力がこもっていて、僕は、その目を、怖《こわ》いと思った。

「それでもほんとにやめるのか？」

僕は、水泳が嫌《きら》いなのだ。泳ぎたくないのだ。笑われたくないのだ。絶対に、やり直したくなんかならない。

「正太郎、やめたかったら、父さんの目を見て言いなさい」

いやだよ、お父さんの目を見てなんて、すごく、言いづらいじゃないか。

でも、僕は、水泳を続けることのほうが耐えられなかった。

僕は父の目を見て言った。

「水泳、やめたい」

父の目から、ふっと、力が抜けた。

それ以来、父は、僕に興味を失ったように見えた。

二週間後、当時年中だった真琴を父はスイミングスクールに入れた。母の反対を押《お》し切って。真琴は、泳ぎを教えられるとスポンジのように a<u>キュウシュウ</u>し、まさに水を得た魚のように水中で躍動《やくどう》した。彼女が泳いでいるところを見たことはなかったが、家の中で交わされる会話を聞いていると、それがわかってしまう。父のうれしそうな声が、僕には［B］。

真琴は、僕のために父が買ったのと色違いのゴーグルをつけて、ぐんぐん上達した。

僕は、真琴が水泳を始める前にやめておいてよかったと思った。三つも年下の妹が上達して、すぐに僕を追い抜くところをすぐ近くで見せられるのは、きっと、僕には耐えられなかっただろう。

水泳をやめてから、僕が父に話しかけることはなかったし、父のほうも、僕に話しかけることはほとんどなかった。

中学生になり、僕は美術部に入った。

部活は、親にやらせてもらうものではないし、自分ひとりで決められるのだ。

入学から二か月もたったころになって、夜の食卓で父は思い出したように言った。

「正太郎は、部活は、何をやっているんだ」

美術部だけど、と僕は答えた。

父は僕をスイミングスクールに入れるまでの二年間、何度も僕を市民プールに連れていった。週末に父がたまの休みをとることができたときの僕たち父子《おやこ》の過ごし方は、まず間違いなく市民プールだった。

市民プールの二十五メートルプールは四レーンあった。そこで、僕は初めて父が泳ぐのを見た。水を掘《ほ》るみたいに左右の手をぐんぐんと回転させて、足を激しく水面に叩きつけ、何かが爆発《ばくはつ》するような激しい水しぶきを上げてすごい速さで前に進む父の姿に、僕は驚《おどろ》いた。比喩《ひゆ》ではなく、そのときの僕には、父が、強力なエンジンを搭載《とうさい》したロケットに見えた。

あんなふうに、水の中でびゅんと前に進むことができたら、どんなに気持ちがいいだろう。

四つある二十五メートルプールのうちのひとつは浅いもので、小学生限定のプールになっていた。四歳の僕は、その隣にある子供用の丸プールで父からバタ足を習いながら、小学生になったらあっちのプールで泳ぐことができるんだぞ、という父の言葉に、幼稚園の卒業を心待ちにして毎日を過ごした。（中略）

そして幼稚園を卒業し、小学生になり、念願叶《かな》って僕はスイミングスクールに通い出した。

父は張り切って、子供にはもったいないくらいの高価なゴーグルと水泳パンツを僕に買った。

初めてスイミングスクールに行った日、コーチが教えてくれたのはバタ足だった。僕は、二年間も市民プールで父からバタ足を習っていたので、とても上手にバタ足をすることができた。僕と同じで小一になるのと同時に入会した子が三人いたが、その子たちは、幼稚園以外でプールに入ったことはないと言った。その日、一度だけ、よーいドンでいっせいに前に進んでみたら、僕が一番速かった。コーチも、正太郎君、速いわね、と言ってくれた。きっとぼくがいちばん水泳がうまいぞ、とそのときの僕は思った。

家に帰ると、母に聞かれた。

「正太郎、どうだった？」

「すごくたのしかったよ！」

僕は、初めて子供用丸プール以外のプールに入ったという感動で興奮していて、その夜はテレビを見るときも、ご飯を食べるときも、お風呂《ふろ》に入るときもゴーグルをつけて、母を笑わせた。お父さんの子供ね、と母は何度も言って楽しそうだった。

でも、一か月くらいたって、僕はあることに気がついた。

僕のバタ足は、同学年の四人の中で、一番遅《おそ》くなっていたのだ。

僕の二年間の貯金は、たったの一か月でほかの子たちに追い越《こ》されてしまった。

二か月がたち、バタ足をしているのは僕だけになった。ほかの子たちは、クロールの練習を始めていた。

僕にとって、泳ぐことは、思っていた何倍もむずかしかった。

いくら足を動かしても、思うように体が前に進まないのだ。

頭の中では父がやっていたみたいに、爆発のような大きな水しぶきを上げて、ぐんぐん前に進んでいるつもりでも、実際は、ちんたらと、よく見なければ前進しているのがわからないくらいのスピードでしか進まない。どうして、僕以外の子たちは、ちゃんと前に進むのだろう。

でも、父はそんな僕に、根気強く、コツさえつかめばおまえも絶対に

と言いつつ部屋に入るのを僕は躊躇《ちゅうちょ》する。

「なにしてるの、お兄ちゃん、これがわかんないんだって～」

真琴がイスから立ち上がり、僕の腕をつかんで勉強机の隣《となり》まで引っ張っていく。（中略）

「どれがわかんないんだよ」

「これ、ちんぷんかんぷん」

しかし真琴はちょっとヒントを与えるとすぐに理解した。少し我慢《がまん》して自分の頭で粘《ねば》ってみればできるのに、最初から僕に手伝ってもらおうと手を抜《ぬ》いているに違いない。兄がいるという利点を最大限に生かすという賢《かしこ》さを僕の妹は持っているのだ。

「次のもいまのと同じやり方でできる」

六畳《ろくじょう》の部屋で真琴がノートに計算式をカリカリと書くのを見ながら、だんだん、心拍《しんぱく》数が上がって、何かに圧迫《あっぱく》されるような息苦しさを僕は感じ始める。その何かは僕の背後の、本棚《ほんだな》の上にある。僕の部屋にはないが、真琴の部屋にだけあるそれらが僕に与える圧迫感で、僕は、真琴の部屋にいることが、だんだんと耐《た》えられなくなってくる。

「真琴、ちょっと、下でやろう」

と言って僕は部屋を出た。

出るときに、目に入ってしまった。本棚の上に飾《かざ》られた、トロフィーや盾《たて》やメダルと、その上の壁《かべ》に貼《は》られた何枚もの賞状。とくに、メダルの数は多い。金色や銀色や銅色のもの。一枚なくなってもすぐには気がつかないくらいにたくさんある。そしてそれらは、いつもギラギラと光っている。水泳を一年でやめた僕を刺《さ》すみたいに。

逃《に》げるようにして下に下りていくと、

「もう終わったの？」

と母に言われた。

「いや、下でやろうかと思って」

「真琴の部屋でやりなさいよ、せっかく勉強机あるんだから」

「ちょっと真琴が気分転換《てんかん》したいって言うからさ」

真琴が僕に続いて下りてきた。勉強道具を一式抱《かか》えている。

母が不満そうにラジオのスイッチを切った。

僕は、鍋《なべ》で何かが煮込《にこ》まれる音を聞きながら真琴の宿題を手伝った。

僕が水泳を始めたのは小一のときだった。

父は僕が幼稚園《ようちえん》の年中になったあたりから僕に水泳を習わせたくてうずうずしていた。父は若いころ国体で泳いだ水泳選手だったらしいので、その夢を息子にも引き継《つ》いでほしかったのだろう。息子が生まれたら自分がやっていたのと同じスポーツをやらせたいと考えている男は一定数いるようだけど、父はまさにそれだった。

でも母は、そんなに小さいうちから習い事をさせるのには反対と言って、二年ほど、僕を水泳教室に通わせるのを遅らせた。せめて小学校に上がってからにして、と。

そのころ三十代前半たった父は朝早くから会社に行き、夜は遅く帰ってきて、週末もほとんどつぶして仕事をしていた。男には、ものすごく働かなければいけない時期というものがあるらしいのだ。だから、幼い僕は、父と同じ家で暮らしていながらも、顔を合わせる時間がほとんどなかった。なのでたまの休みに父が家にいると僕はとてもうれしかった。（中略）

〈注〉 哲学者、作家。本文中に引用されている著作の題名は『これがニーチェだ』。

問一 ――A〜Eの漢字をひらがなに直しなさい。

問二 空らん a にあてはまる語を次の中から選び、記号で答えなさい。

ア 意識　**イ** 家庭　**ウ** 身体　**エ** 健康　**オ** 自然

問三 空らん b にあてはまる語を本文中からぬき出し、答えなさい。

問四 空らん 1 〜 4 にあてはまる語を次の中から選び、記号で答えなさい。なお、同じ記号を二度用いてはならない。

ア あるいは
イ それどころか
ウ そして
エ つまり

問五 空らん Ⅰ 〜 Ⅲ にあてはまる語をそれぞれ**ア**〜**エ**から選び、記号で答えなさい。

Ⅰ **ア** 売る　**イ** 殺す　**ウ** 食べる　**エ** 増やす
Ⅱ **ア** 飾《かざ》る　**イ** つぶす　**ウ** 摘《つ》む　**エ** 見る
Ⅲ **ア** 壊《こわ》す　**イ** 崩《くず》す　**ウ** つぶす　**エ** 失《な》くす

問六 空らん c に入る語句を考え、四文字で答えなさい。

問七 ――1「他人の身体〜感じる練習だ」とあるが、作者は何を育てる練習だと考えているか。本文中の語句を用いて、文の最後が「〜練習」につながるように説明しなさい。

【三】 次の文章を読んで、あとの問いに答えなさい。

僕《ぼく》（正太郎）は小一の時に水泳を始めたが一年でやめてしまった。代わりに水泳を始めた妹（真琴）は、何枚ものメダルを獲得《かくとく》するほど活躍《かつやく》している。一方、僕には小五の時に真琴の部屋にこっそり入り、メダルの一枚を盗《ぬす》み出して黒く塗《ぬ》りつぶしたという過去があった。

家に帰ると、母に「真琴の勉強みてあげてよ」と言われた。

「……また？」

「お兄ちゃんなんだから」

母は台所で野菜を切りながら言った。

「二階？」

と僕は聞いた。

「うん、下でやってるとすぐに、できない〜って話しかけてきて進まないの。お母さん、ご飯作ってるあいだラジオ聴《き》きたいし、下だとあの子、集中できないのよ」

僕は階段を上がり、真琴の部屋に行った。ドアを開けると、

「お兄ちゃん、これわかんない〜」

と真琴が情けない声で言った。

「算数？」

ドアを半分くらい開けた状態で部屋の入り口に立ったまま、真琴にたずねた。真琴は算数が苦手なのだ。小四にもなって、いまだに九九を間《ま》違《ちが》える。

「そんなところに立ってないで教えてよ」

「うん」

ンスの練習もした。が、どちらの時間も生徒だった頃のわたしはてれにてれた、あるいはふてくされた。なにか恥《は》ずかしかったからである、おもしろくなかったからである。ひとといっしょに歌うのは楽しいはずである。踊《おど》るのも楽しいはずである。ついこのあいだも見物してきたのだが、知人がやっている阿波《あわ》踊りの練習会を見ているだけでもそれは分かる。みんな同じように踊りながら、みんなどことなく違《ちが》う。勝手に踊っている。音楽や体育の時間は、音と動作をきっちり揃《そろ》えることが要求される。それがつまらない理由だ。もともとみんなで同じような動作をすることは楽しいのだが、[C]をするのはいやなのだ。ファッションだってそう。みんなよく似た服装をしているが（していないと不安だが）、同じ服装は絶対にいやなのだ。人間というのはまったくの孤《こ》立《りつ》に耐えられるほど強くないが、共通性のなかに埋没《まいぼつ》して安心するほど無神経でもないのだ。

　幼稚園では、いっしょに歌い、いっしょにお遊戯をするだけでなく、いっしょにおやつやお弁当も食べる。1他《た》人の身体に起こっていることを生き生きと感じる練習だ。そういう作業がなぜ学校では軽視されるのか、不思議なかんじがする。ここで他者への想像力は、幸福の感情と深くむすびついている。

　生きる理由がどうしても見当たらなくなったときに、じぶんが生きるにあたいする者であることをじぶんにD納得させるのは、思いの外むずかしい。そのとき、死への恐れは働いても、生きるべきだという倫理《りんり》は働かない。生きるということが楽しいものであることの経験、そういう人生への肯定《こうてい》が底にないと、死なないでいることをじぶんでは肯定できないものだ。お歌とお遊戯はその楽しさを体験するためにあったはずだ。〈注〉永井均は最近の著作のなかでこう書いている。「子供の教育において第一になすべきことは、道徳を教えることではなく、人生が楽しいということを、つまり自己の生が根源において肯定されるべきものであることを、体に覚え込ませてやることである」と。あるいは、幼児期に不幸な体験があったとして、それに代わるものを、それに耐えられるだけの力を、学校はあたえうるのでなければその存在理由はない。だれかの子として認められなかった子どもに、その子を「だれか」として全的に肯定することで、存在理由をあたえうるのでなければ、その存在の意味がない。

　近代社会では、ひとは他人との関係の結び方を、まずは家庭と学校という二つの場所で学ぶ。養育・教育というのは、共同生活のルールを教えることではある。が、ほんとうに重要なのは、ルールそのものではなくて、むしろルールがなりたつためのE前提がなんであるかを理解させることであろう。社会において規則がなりたつのは、相手も同じ規則に従うだろうという相互《そうご》の期待や信頼《しんらい》がなりたっているときだけである。他人へのそういう根源的な〈信頼〉がどこかで成立していないと、社会は観念だけの不安定なものになる。

　幼稚園でのお歌とお遊戯、学校での給食。みなでいっしょに身体を使い、動かすことで、他人の身体に起こっていること（つまり、直接に知覚できないこと）を生き生きと感じる練習を、わたしたちはくりかえしてきた。身体に想像力を備わせることで、他人を思いやる気持ちをはぐくんできたのである。

（鷲田清一『悲鳴をあげる身体』より）

※　出題の都合上、本文の一部を改稿《かいこう》しています。

が、調理だった。

　ひとは調理の過程で、じぶんが生きるために他のいのちを破壊《はかい》せざるをえないということ、そのときその生き物は渾身《こんしん》の力をふりしぼって抗《あらが》うということを、身をもって学んだ。［1］じぶんもまたそういう生き物の一つでしかないということも。そういう体験の場所がいまじわりじわり消えかけている。見えない場所に隠《かく》されつつある。このことがわたしたちの現実感覚にあたえる影響《えいきょう》は、けっして少なくないと思う。

　いのちを潰《つぶ》さないことには、わたしたちが生きていけないということ、このことをしっかり思いださせてくれる行事がある。NHKテレビの「ひるどき日本列島」という番組で紹介《しょうかい》していた埼玉県《さいたまけん》のある村の祭りはその一つだ。

　つつじが満開になる季節に、赤や白のその花を毟《むし》りとって、籠《かご》いっぱいにためる。それを子どもたちが手にもち、大空を仰《あお》いで空中に花をふりまく。［2］、たがいにかけあって戯《たわむ》れる。ほんとうの花吹雪《はなふぶき》である。地面が花びらの絨毯《じゅうたん》と化す、その豪奢《ごうしゃ》なこと。

　花を引きちぎること、それをあたり一面にぶちまけること。せっかく育てたもののいのちを奪《うば》うこと、それを、ふだんは掃《は》いて清めている道に棄《す》てること。フランスのある思想家の言葉をもじって言えば、世界が無秩序《むちつじょ》に変えられるためにある秩序のように見えてくる。

　いずれ［Ⅰ］ために飼育すること、いずれ［Ⅱ］ために栽培《さいばい》すること。これは農牧業というかたちでひとびとがいとなんできたことだ。せっかくていねいに作りあげたものを［Ⅲ］というわたしたちの日々のいとなみの構造だけを純粋《じゅんすい》に析出《せきしゅつ》したのが、この祭りだ。

　いのちの深いやりとり、深い交感。その単純な事実を子どもたちに身をもって味わわせる祭り。あるいは、世界がこのようでもありうるということを世界は現にあるのとは別のありかた、反対のありかたもしうるということを確認する作業であると言ってもよい。［3］必然と思われたものを偶然《ぐうぜん》に変える作業……。世界をひっくり返すこの愉悦《ゆえつ》は、子どもを陶酔《とうすい》のなかに浸《ひた》す。

　わたしたちは日々、獣《けもの》を殺し、魚を釣《つ》り、菜を毟って食べている。そしてそれをほんとうにおいしくいただく。ひとつのいのちが別のいのちの火に変わる。が、宇宙的とも言っていいこの単純な事実を、わたしたちはふだんひとの眼に触《ふ》れないようにばかりしている。肉や魚を切り身にし、透明《とうめい》ラップをかけて売ったりして。［4］じぶんたちの誕生や死も、病院というひとの眼に触れない場所でC処置するようになった。新生児も遺体もきれいにされ、衣にくるまれてから対面するようになった。

　この覆《おお》いは残酷《ざんこく》さを隠《かく》すためのものだろうが、ほんとうは、いのちのやりとりというもっと大事なものを隠してしまっているとは言えないか。

　家庭と学校という場所は、いのちのやりとりというこの大事なものを深く体験するためにあるはずだった。家庭や学校で体験されるべきとても大事なこと、それについてもう少し考えてみよう。

　学校について友人と話したとき、彼がおもしろい問いをぶつけてきた。幼稚園《ようちえん》じゃお歌とお遊戯《ゆうぎ》ばかりだったのに、どうして学校に上がるとお歌とお遊戯が授業から外されるんだろうというのだ。

　小学校に入ると音楽の時間に楽譜《がくふ》の読みかた、笛の吹きかた、合唱のしかたは習った。体育の特別授業として一学期に一、二回、フォークダ

【国　語】（四五分）〈満点：一〇〇点〉

※　**解答に句読点や記号などが含《ふく》まれる場合は一字に数えます。**

【一】　次の□の中に、植物に関する漢字一字を入れなさい。

〈例〉□に美しい景色だ。〈答〉実

① 失敗の原因に思い当たる□がある。
② □をつめて働く。
③ 大きな契約《けいやく》を取った社員の□があがる。
④ ご近所とのトラブルが悩《なや》みの□だ。
⑤ 悪の□は早いうちに摘《つ》んでおこう。

【二】　次の文章を読んで、あとの問いに答えなさい。

料理をするということについて考えておこう。ひとは食べずには生きていけない。そして食べるためには、食べるものを作らなければならない。狩猟《しゅりょう》民や採集民にしても、獲物《えもの》や採集物を、調理もせずに食べるのはまれであろう。調理は、人間生活におけるもっとも基礎《きそ》的な行動であることは疑いない。火がしばしば文明の象徴《しょうちょう》とされるのも、おそらくそういう理由からであろう。

が、この調理といういとなみに、奇妙《きみょう》なことが起こっている。独身の人たちにかぎらず、料理をしないひとが増えてきたというのは、正確な数字情報はもっていないが、コンビニエンス・ストアやデパートの地下の食料品売り場、あるいは夜の居酒屋などの風景を見るかぎり、どうもたしかな事実のようである。昼休みともなると、みずから調理したお弁当をA開けるひとはさらに少なくなる。ほとんどのひとが社員食堂に行くか、ほっかほか弁当を買いに行く。パンやスナック菓子ですませるひとも少なくない。

作らないということは、食事の調理過程を外部に委託《いたく》するということだ。調理を家の外にだすということ、そのことの意味は想像以上に大きいように思われる。

たしかに、むかしは調理も公共の場で、たとえば露地《ろじ》の共同炊事《すいじ》場でおこなわれることが多かった。それは戦後の二十年くらいまではふつうの光景だった。その後料理の仕事は「マイホーム」に内部化されたのだが、現在ふたたびその過程が、わたしたちからは見えない場所に移動させられつつある。それはちょうど、かつて排泄《はいせつ》が野外や共同便所でなされ、汲《く》み取りもわたしたちの面前でなされていたのに、下水道の完備とともに排泄物処理が見えない過程になったのと同じことである。

それとほぼB並行して、病人の世話が病院へと外部化された。出産や死という、人生でもっとものっぴきならない瞬間《しゅんかん》も家庭の外へと去った。家で母親のうめき声を聴《き》くことも、赤ちゃんの噴《ふ》きだすような泣き声も聴くことはなくなってしまった。いや、じぶんの身体でさえ、もはやじぶんでコントロールできず、体調がすぐれないときには、すぐに医院にかけつけるしまつだ。自己治療《ちりょう》、相互《そうご》治療の能力はほぼ枯渇《こかつ》した。

その点で、［ a ］はもはやじぶんのものではない。

誕生や病いや死は、人間が有限でかつ無力な存在であることを思い知らされる出来事である。同じように排泄も、じぶんがほかならぬ自然の一メンバーであることが思い知らされるいとなみである。そういう出来事、そういういとなみが、「戦後」という社会のなかで次々に［ b ］していった。そして家庭内にのこされたそういう種類の最後のいとなみ

平成30年度

解答と解説

《平成30年度の配点は解答用紙に掲載してあります。》

＜算数解答＞《学校からの正答の発表はありません。》

【1】（1）ア　12　（2）イ　19.625cm^2　（3）ウ　112個

【2】（1）910円　（2）38cm　（3）356円

【3】（1）ア　20番目　（2）イ　4　（3）ウ　173番目

【4】（1）4cm　（2）60度　（3）8.75倍

【5】（1）$\frac{2}{3}$L　（2）22.5分後　（3）18分後

【6】（1）3倍　（2）$1\frac{1}{3}$倍　（3）午前8時52分

＜算数解説＞

【1】（四則計算，平面図形，相当算）

（1）$\boxed{ア}$＝(0.6－0.25)÷(2.9－2.6)×14＝12

基本　（2）2.5×2.5×3.14＝6.25×3.14＝19.625(cm^2)

基本　（3）全体の個数が7のとき，7－3＝4が64個に相当するので，全体は64÷4×7＝112(個)である。

重要　【2】（分配算，植木算，数の性質，単位の換算）

（1）Cの所持金がBの所持金の2倍であるとすると，3人の所持金の合計は2500＋500＝3000(円)であり，これが，Aの所持金の1＋3＋3×2＝10(倍)と100＋100×2＝300(円)に相当する。したがって，Bの所持金は(3000－300)÷10×3＋100＝910(円)である。

（2）(542－2)÷15＋2＝38(cm)

（3）45＝5×9であり，2人が同額を負担しているのでA602BのBは偶数で5の倍数0であり，A＋6＋2＝A＋8が9の倍数であるから，Aは1である。したがって，ケーキ1個は16020÷45＝356(円)になる。

重要　【3】（数列・規則性）

（1）右表において，5で最初の黒カード$\boxed{5}$は(1＋6)×6÷2－1＝20(番目)である。

（2）右表において，白カードは1～3段目に1×3＝3(枚)，4段目に2枚，5～7段目に3×3＝9(枚)，8段目に4枚，9・10段目に5×2＝10(枚)あり，ここまでの合計が3＋2＋9＋4＋10＝28(枚)である。したがって，30枚目の白カードは11段目の$\boxed{1}$，2，$\boxed{3}$，4，…の4である。

1
$\boxed{1}$，2
$\boxed{1}$，2，$\boxed{3}$
1，$\boxed{2}$，3，$\boxed{4}$
1，$\boxed{2}$，3，$\boxed{4}$，5
$\boxed{1}$，2，$\boxed{3}$，4，$\boxed{5}$，6
$\boxed{1}$，2，$\boxed{3}$，4，$\boxed{5}$，6，$\boxed{7}$
1，$\boxed{2}$，3，$\boxed{4}$，5，$\boxed{6}$，7，$\boxed{8}$

（3）2は，2・3段目，6・7段目，10・11段目，14・15段目，18・19段目に並ぶ。したがって，19段目の2は，最初から(1＋18)×18÷2＋2＝173(番目)である。

【4】（平面図形，相似，割合と比）

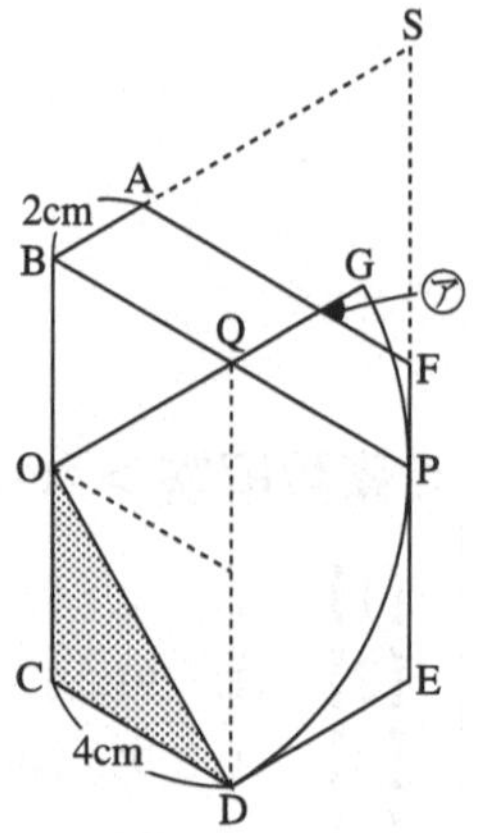

基本 (1)　右図において，六角形CDEFQOは正六角形であり，OQは4cmである。

基本 (2)　角㋐は，正六角形の1つの外角に等しく$360\div6=60$(度)である。

やや難 (3)　二等辺三角形OCDの面積を1にすると，五角形BCDEPの面積は$1\times2\times3+1=7$である。また，正三角形SBPの面積は$1\times4=4$であり，正三角形SBPとSAFの辺の比は$8:(8-2)=4:3$，面積比は$16:9$である。したがって，六角形ABCDEFの面積は三角形OCDの$7+4\div16\times(16-9)=8.75$(倍)

【5】（立体図形，平面図形，速さの三公式と比，鶴亀算，単位の換算）

重要 (1)　3分後に底面にたまった水の高さは$8-2\times3=2$(cm)であり，水は毎分$25\times40\times2\div1000\div3=\frac{2}{3}$(L)ずつ入る。

(2)　(1)より，水面は水ソウの下端Aから$2+\frac{2}{3}=\frac{8}{3}$(cm)ずつ上がるので，$60\div\frac{8}{3}=22.5$(分後)に満タンになる。

やや難 (3)　□分後から，水面は$2\div3+\frac{2}{3}\times2=2$(cm)ずつ上がるので，(2)より，□は$(60-2\div24)\div\left(\frac{8}{3}-2\right)=18$(分後)である。

【6】（速さの三公式と比，流水算，割合と比，単位の換算）

重要 (1)　Aの下りの時間は7時30分－6時＝1.5(時間)，上りの時間は10時30分－7時30分＝3(時間)であり，下りと上りの速さの比は$3:1.5=4:2$である。したがって，このとき，Aの静水時の速さは$(4+2)\div2=3$であり，川の流れの速さの$3\div(3-2)=3$(倍)である。

(2)　Bの下りの時間は7時12分－6時＝1.2(時間)であり，AとBの下りの速さの比は$1.2:1.5=4:5$である。したがって，(1)より，Aの静水時の速さが3のとき，川の流れの速さは1，Bの静水時の速さが$5-1=4$であり，Bの静水時の速さはAの$4\div3=\frac{4}{3}$(倍)である。

やや難 (3)　(1)・(2)より，Aの上りの速さが2，川の流れの速さが1，Bの下りの速さが5，Bの上りの速さが$4-1=3$，PQ間が$4\times1.5=2\times3=5\times1.2=6$であるとする。BがPを折り返すのは7時12分から$6\div3=2$(時間後)の9時12分であり，10時6分までに54分＝0.9時間，下っているので，AとBが出合ったのはQから$6-5\times0.9=1.5$の位置である。一方，AがQから1.5の位置まで上った時間は$1.5\div2=0.75$(時間)であり，このときの時刻は7時30分＋60×0.75＝8時15分である。したがって，Aが流され始めのは10時6分－8時15分＝111分を$1:2$に分けた$111\div(1+2)=37$(分後)の8時52分である。

★ワンポイントアドバイス★

まず【2】(3)「ケーキの値段」は，具体的に「数の性質」の問題であると気づくことがポイントになる。【3】「数列・規則性」で着実に得点する，さらに，【5】(3)「流水算」も，等しい距離についての速さと時間の関係に気づけば難しくない。

＜理科解答＞《学校からの正答の発表はありません。》

【1】（問1） イ　（問2） 3，4　（問3） 1　（問4） 1，3，4
（問5） 4　（問6） 大雨で水量が増すとき

【2】（問1） おだやかに気体が発生する　（問2） イ
（問3） 2，4　（問4） 1，3　（問5） 1，5
（問6） アルミニウムに水酸化ナトリウム水溶液を加える。

【3】（問1） $7\frac{1}{2}$と$8\frac{1}{3}$の間　（問2） 左5　（問3） 8
（問4） 32　（問5） 3　（問6） 1，8，9，10

【4】（問1） ア　気管，3　イ　胃，×　ウ　小腸，5
（問2） 右図　（問3） ア　2　イ　4
（問4） ア　1　イ　3　ウ　2

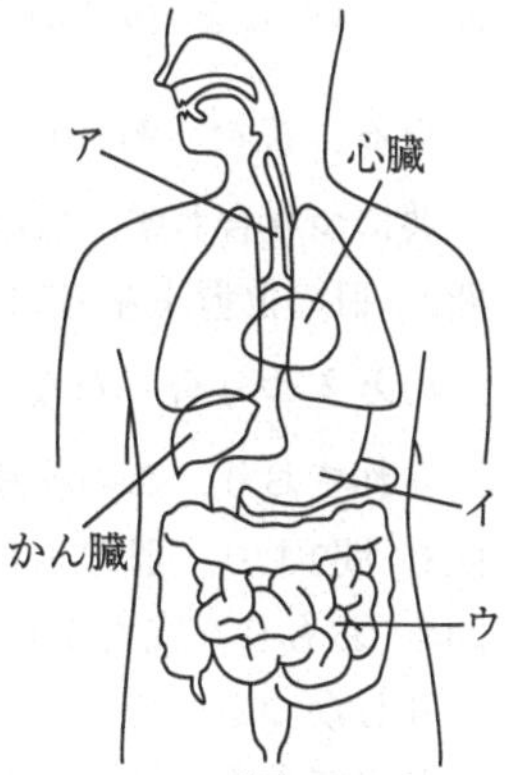

図1

＜理科解説＞

【1】（大地の活動ー水のはたらき）

基本　問1　川が曲がっている所では，内側では流れがゆるやかで土砂がたい積しやすく河原ができやすい。外側は流れが速く，侵食されやすい。

問2　このような方法で調べると，範囲内の石の大きさをかたよることなく測定でき，他の川でも同様の調査をして，結果を比較することができる。

基本　問3　上流ほど大きな石が多く，下流では小さな石が多くなる。3つのグラフの石の数が最も多い部分の石の大きさを比べると，アが一番大きく，イが次に大きく，ウが一番小さい。よってアが上流，イが中流，ウが下流とわかる。

問4　グラフの結果より，アのグラフで最も大きな石が測定されている。最も小さな石は各グラフで観測されている。ウのグラフの最も大きい石の大きさが，他のグラフより小さい。最も大きな石と最も小さな石の大きさの差は，ウのグラフで一番小さい。

問5　ウのグラフの16～32mmの大きさの石の数が，3つのグラフの中で一番多い。

問6　普段の水の流れでは流されない石も，大雨が降った後などの水量が増したときには流される。

【2】（気体の発生ー気体の発生実験と気体の性質）

問1　液体を少しずつ固体に加えていくと，反応をゆっくりと進ませることができる。

問2　ふたまた試験管のくぼみのある方に固体を入れる。液体を戻すとき試験管を傾けると，くぼみの部分で固体が止まり，液体と分離しやすい。

基本　問3　実験1で発生する気体は二酸化炭素である。二酸化炭素は空気より重い，無色，無臭の気体であり，石灰水に吹き込むと石灰水が白く濁る。

基本　問4　実験2で発生する気体は酸素である。酸素は空気の約2割を占める。他の物質が燃えるのを助ける性質がある。

基本　問5　実験3で発生する気体は水素である。水素は気体の中で一番軽い。無色，無臭の気体であり，酸素と混ぜあわせて火をつけると激しく燃える。

問6　水素の発生方法には，アルミニウムを水酸化ナトリウム水溶液に入れる方法もある。水を電気分解して水素と酸素を取りだすことも考えられる。

【3】（力のはたらき－天びん）

問1　おもりを右9にかけた時につり合ったなら，皿の重さを□として，□×6＝5×9　□＝$7\frac{1}{2}$gになる。また，右10にかけた時につり合ったなら，皿の重さは□×6＝5×10　□＝$8\frac{1}{3}$gになる。共につり合わず，皿の重さはこの間の重さになる。

問2　皿の位置を左5にしたときつり合ったとすると，皿の重さは□×5＝5×8　□＝8gとなる。左7のときつり合ったなら，皿の重さは□×7＝5×8　$5\frac{5}{7}$gになる。問1より皿の重さの範囲が求められており，この範囲を満たすのは8gの方である。よって皿をつるしたのは左5の目盛である。

問3　問2より，皿の重さは8gである。

問4　おもりを支点から遠くにつるす方が，より重いものの重さをはかれる。1つの穴に1つのおもりしかつるせないので，5つのおもりを右10，9，8，7，6にそれぞれかけた時，一番重いものを測定できる。測りたいものの重さを□gとすると，左5に皿にのせてかけるので，(8＋□)×5＝5×10＋5×9＋5×8＋5×7＋5×6　右辺を5でくくると，(8＋□)×5＝5×(10＋9＋8＋7＋6)となり，8＋□＝40より，□＝32gが最大の重さになる。

やや難　問5　問4の解説からわかるように，皿とおもりの重さと右側におもりをつるした位置の支点からの距離の和が等しくなる。おもりは目盛りを1つずつ左に移動させるので，測定される重さも1gずつ変化する。

やや難　問6　皿とおもりの重さの和は28gなので，右側におもりをつるした位置の支点からの距離の和が28になる組合せを選ぶ。はじめに10につるし，2個目を9に，3個目を8につるした時点でも左の方が重い。4個目のおもりを1につるすと距離の和が28になりつり合う。

【4】（人体一体の各部のはたらき）

基本　問1　アは気管である。気管は肺に空気を取り入れるはたらきをする。イは胃である。胃では食物が消化・分解される。ウは小腸であり，小腸では栄養分が吸収される。

重要　問2　心臓は胸の中央よりやや左側にあり，にぎりこぶしほどの大きさである。肝臓は腹部の右上に位置する。

問3　息を吸うときは，横かく膜が下がり肺の空間内の圧力が下がるので外から空気が入ってくる。吐くときは，横かく膜が上がり圧力が上がるので外に息を吐き出す。

問4　本文中の説明より，ウの変化は肺での変化とわかる。アでも激しい運動をするとき血液量が増加している。これは全身の皮膚や骨格筋が激しい運動で多くの酸素を必要とするためと考えられる。よってアが1とわかる。

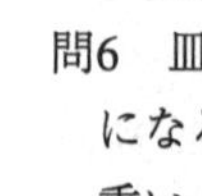

★ワンポイントアドバイス★

問題数のわりに試験時間が短い。説明文を書く問題もふくまれており，できる問題から解いて1題でも多く正解するようにしたい。

＜社会解答＞《学校からの正答の発表はありません。》

【1】　問1　2　　問2　3　　問3　カーナビゲーション・システム　　問4　1　　問5　4

【2】　問1　1　　問2　1　　問3　4　　問4　6

【3】　（縄文時代）　1　○　　2　○　　3　○　　（弥生時代）　1　×　　2　×　　3　○

（古墳時代）1 × 2 ○ 3 ○
【4】 問1 2 問2 3 問3 1 問4 りつりょう 問5 2(→)4(→)3(→)1
【5】 問1 あ 6 い 7 う 12 え 5 お 1 問2 3 問3 1
【6】 問1 2 問2 3 問3 1 問4 3 問5 緊急集会
【7】 問1 4(→)3(→)1(→)2 問2 4 問3 2 問4 4 問5 4 問6 1

＜社会解説＞

【1】（日本の地理ー自動車をめぐる問題，日本の貿易など）

基本 問1 日本の自動車の最大の輸出相手国はアメリカ合衆国。日本の輸出の約4割を占めている。1は鉄鋼，3は石油製品，4は合成繊維織物。

基本 問2 2016年現在，自動車の生産台数が最も多いのは中国で，世界生産の約30％を占めている。これにアメリカ合衆国，日本，ドイツが次いでいる。

問3 カーナビゲーション・システムは，静止衛星からの電波を受信して，自動車内のモニターの地図上に現在位置を表示するシステム。出発地と目的地を入力することで，最適ルートを表示することもできる。「カーナビゲーション」，「カーナビ」などと略されることが多い。

問4 海外での生産をやめて，日本で生産したとしても，自動車を生産するときに排出される二酸化炭素の量は変わらない。

問5 自動運転技術の研究開発は，作業効率や安全性が特に重視される農業や土木工事の分野が先行しており，すでに実用化されている作業機械もある。

【2】（日本の地理ー新幹線を題材にした日本の人口，交通など）

やや難 問1 Aは距離が最も長いことから東北新幹線。また，Aの終点は，道府県人口が最も少ないことから青森県(終点の駅はアの新青森駅)と判定できる。Cは旅客数が最も多いことから東海道新幹線。また，Cの終点は，道府県人口が最も多いことから大阪府(終点の駅はエの新大阪駅)と判定できる。Fは距離が北海道新幹線の次に短いこと，また，旅客数が北海道新幹線に次いで少ないことから九州新幹線(終点の駅はカの鹿児島中央駅)。

重要 問2 2は人口集中地域が面積のほぼ半分を占め，過疎地域がわずかなのでエの大阪府。オの福岡県は，政令指定都市である福岡市，北九州市があるため，大阪府に次いで人口集中地域の割合が高いと考えられる。よって，オは1である。なお，石川県と鹿児島県では，島が多い鹿児島県の方が過疎地域の占める割合が高いと考えられるので，カの鹿児島県が4，ウの石川県が3となる。

やや難 問3 近年，鉄道による貨物輸送は減少しつつある。しかし，鉄道による旅客輸送は，1990年が3875億人キロ，2014年が4140億人キロ，2015年が4275億人キロと増加傾向にある。

問4 航空は速度が速く，長距離輸送に向いている。一方，自動車は小回りがきくので，短距離輸送に向いている。よって，旅客輸送，貨物輸送とも平均輸送距離が最も長いXが航空，最も短いZが自動車。両者の中間的な平均輸送距離を示すYが鉄道である。

【3】（日本の歴史ー縄文時代，弥生時代，古墳時代に関する正誤判定問題）

（縄文時代） 1 縄文時代につくられた土器(縄文土器)は，焼いたときの温度が低く，もろくて壊れやすい。しかし，新潟県で発掘された火焔土器のように複雑な装飾を施したものもある。

2・3 青森県の三内丸山遺跡は，1992年から行われた発掘・調査により，この集落には，5500年前から4000年前まで，およそ1500年間にわたり約500人ほどが定住していたと推定されている。また，クリ，ゴボウ，ヒョウタン，マメなどの植物栽培の痕跡も発見された。

（弥生時代） 1 弥生時代の初期には，水田を使った米づくりが行われていたと考えられている。

2　弥生時代，金属製の農具は貴重品で，多くの農具は木製であった。

3　佐賀県の吉野ヶ里遺跡は，弥生時代を代表する遺跡の一つで，周囲に約2.5kmの外濠がめぐらされ，内濠や土塁，物見櫓と推定される掘立柱建物の跡などが確認された。これらのことから，村と村の争いが激しかったことがわかる。

(古墳時代)　1　古墳は，方墳，円墳，前方後円墳，前方後方墳，上円下方墳など多様であった。

2　須恵器は，古墳時代の後半から日本でつくられるようになった陶質の土器。青黒色をした硬質のもので，弥生土器，土師器とは系統が異なる。中国または朝鮮からの渡来人によって伝えられたものと推定される。

3　倭の五王は，5世紀に中国南部に朝貢した倭の5人の王の総称で，中国の『宋書』倭国伝などの歴史書にその名が見える。

【4】（日本の歴史ー史料を題材にした鎌倉時代の歴史）

基本　問1　北条泰時は，鎌倉幕府3代執権。執権は，鎌倉幕府の職名で，将軍の補佐役として幕政を統轄した。北条政子の実家である北条氏が代々この役職に就いた。

問2　アの法令は，1232年に制定された御成敗式目。源頼朝以来の先例や武家社会の道理を基準とし，御家人の権利・義務や土地争いを裁くためのきまりが多い。1は江戸時代の武家諸法度，2は安土桃山時代の刀狩令，4は明治時代の五箇条の御誓文。

問3　鎌倉時代の武士は，自分の所領内に住み，農民たちに指図しながら農業を営んでいた。武士が城下町に住むようになるのは，戦国時代以降である。

問4　りつりょう(律令)は，奈良・平安時代に，中国の隋・唐にならって制定された基本法。律は刑罰について，令は一般行政について規定した。701年に制定された大宝律令が著名。

重要　問5　2(1221年)→4(1232年)→3(1274年，1281年)→1(1332年)

【5】（日本の歴史ー明治時代の政治，外交など）

重要　問1　あ　岩倉具視は，幕末・明治時代の公家・政治家。最初，公武合体に努めるが，のちに倒幕運動の朝廷における中心となった。明治維新では政府の中枢を占め，条約改正のための使節(岩倉遣米欧使節団)を率いて欧米諸国を訪れた。　い　木戸孝允は長州藩出身の尊王攘夷派の志士。明治初期の政治家。高杉晋作らと藩論を倒幕に導き，薩長連合の締結に貢献。新政府発足後は，五箇条の御誓文の起草，版籍奉還，廃藩置県などで指導的な役割を果たした。岩倉遣米欧使節団では副使を務めた。　う　津田梅子は，明治・大正時代の女子教育者。8歳のとき，日本最初の女子留学生としてアメリカ合衆国に渡る。帰国後，華族女学校，女高師教授を経て，女子英学塾(現在の津田塾大学の前身)を開き，女子の専門教育に尽力した。　え　朝鮮(朝鮮王朝)は，太祖(李成桂)の建国(1392年)から韓国併合(1910年)まで続いた王朝の名称。俗に，李氏朝鮮ともよぶ。1897年には国号を，大韓帝国と改めた。　お　板垣退助は，明治時代の政治家。土佐藩出身で，倒幕運動に参加し，明治政府では参議となったが，1873年，征韓論をめぐる権力闘争に敗れ，下野した。翌年，後藤象二郎らと民撰議院設立の建白書を政府に提出し，自由民権運動の口火を切った。1881年には自由党を結成した。

問2　西南戦争において，政府軍は九州を北上した西郷軍を熊本城で阻止し，徴兵制により編成された常備軍を動員してこれを鎮圧した。政府軍は，西洋式の教練を受け，最新式の装備を支給されていた。

問3　1882年，大隈重信を中心に立憲改進党が結成され，1890年に予定されている国会開設に備えようとした。立憲改進党は，イギリス流の立憲君主制を理想とし，都市商工業者や知識人などを基盤とする政党であった。2－「フランス」ではなく「プロシア(ドイツ)」。3－第1回衆議院議員選挙において選挙権があったのは，直接国税15円以上納める25歳以上の男子のみ。当時の国民のわずか1.1％にすぎなかった。4－明治政府は，1875年，讒謗《さんぼう》律，新聞紙条例を制定し，出版条例を改正するなど，言論をきびしく統制した。

【6】（政治ー日本の政治のしくみ）

問1　臨時国会は，内閣が必要と認めたとき，またはいずれかの議院の総議員の4分の1の要求があった時に召集される国会。会期の延長は両院一致の議決による。主な議題は，国政上緊急を要する問題や予算・外交問題などである。

基本　問2　2018年2月現在，参議院議員の定数は242名。参議院議員選挙は3年ごとに行われ，半数が改選されるので，1回の選挙で選出されるのは121名である。

問3　日本国憲法第60条②は，「予算について，参議院で衆議院と異なった議決をした場合に，法律の定めるところにより，両議院の協議会を開いても意見が一致しないとき，又は参議院が，衆議院の可決した予算を受け取った後，国会休会中の期間を除いて30日以内に，議決しないときは，衆議院の議決を国会の議決とする。」と明記している。

問4　衆議院の方が参議院よりも大きな権限を与えているのは，衆議院の方が任期が短く，解散もあるため，世論を敏感に反映すると考えられているからである。

やや難　問5　緊急集会は，衆議院が解散され，したがって参議院が閉会中，緊急の必要があるとき内閣の求めによって開かれる参議院の集会。ここでとられた措置は，次の国会開会後，10日以内に衆議院の同意がない場合は，その効力を失う。会期は内閣が決定する。

【7】（総合ー日本の外交史，条約の締結など）

重要　問1　4（1951年）→3（1956年）→1（1965年）→2（1978年）。

問2　ラムサール条約は，「特に水鳥の生息地として国際的に重要な湿地に関する条約」の通称。1971年，イランの都市ラムサールで採択された。1－「ウィーン条約」ではなく「ワシントン条約」。2－「ワシントン条約」ではなく「ウィーン条約」。3－「バーゼル条約」ではなく「生物多様性条約」。

問3　日本国憲法第73条の3は，内閣の職務として，「条約を締結すること。但し，事前に，時宜によっては事後に，国会の承認を経ることを必要とする。」と明記している。

問4　日本には死刑制度があるので，死刑廃止条約は批准していない。

やや難　問5　アメリカ合衆国の「核の傘」に入っている日本は，アメリカ合衆国との関係から核兵器禁止条約に賛成できず，核保有国が参加しない条約は現実的ではないとして，交渉にすら参加しなかった。

問6　2017年のノーベル平和賞は，核兵器禁止条約の採択に貢献したとして，国際的なNGO（非政府機関）の1つである「核兵器廃絶国際キャンペーン（ICAN）」が受賞した。

★ワンポイントアドバイス★

今年度は，地形図の見方に関する問題が出題されなかった。しかし，本校では頻出なので，等高線，地図記号，縮尺などは十分確認しておく必要がある。

＜国語解答＞ 《学校からの正答の発表はありません。》

【一】 ①　節　②　根　③　株　④　種　⑤　芽

【二】 問一　A　あける　B　へいこう　C　しょち　D　なっとく　E　ぜんてい

問二　ウ　問三　外部化　問四　1　ウ　2　ア　3　エ　4　イ
問五　Ⅰ　ウ　Ⅱ　ウ　Ⅲ　ア　問六　同じ動作　問七　他人を思いやる気持ちをはぐくむ

【三】 問一　a　吸収　b　周遊　c　人気　d　看板　e　雑誌　問二　オ
問三　ア　問四　イ　問五　Ⅰ　エ　Ⅱ　イ　Ⅲ　ア　問六　真琴の泳ぎを，胸の痛みなしで，心の底から「がんばれ」と思いながら，見られるようになる
問七　ア　問八　オ　問九　ア　問十　友達みたいな　問十一　ウ

【四】 教室の一部にたたみをしいたスペースを作る。低学年の時行っていた学童クラブにたたみがあり，くつを脱ぐとほっとした気になったからだ。また，今は洋室ばかりの家が多く，日本人なのにたたみの良さを知らず，めずらしい物と感じるのは残念だからだ。

＜国語解説＞

【一】（ことばの意味）

① 「思い当たる節がある」とは，「そういえば，と気づかされる点，思い出す点がある」という意味の言葉である。「竹の節」の「節」が植物に関する漢字である。　② 「根をつめる」とは，一つの物事をするのに，精神・肉体の疲労をかえりみず，精神を集中させて没頭することを表す言葉だ。　③ 「株があがる」は，その人の評価が高くなるという意味である。「株」が植物に関する漢字である。6画目より7画目を長めに書く。　④ 「悩みの種」は文字通り，心を悩ませる原因となっているもののこと。　⑤ 「悪の芽を摘む」とは，悪くなることを早いうちに進行をとめるということである。植物に関する漢字なので「目」ではなく「芽」と表記しよう。

【二】（論説－要旨・大意，細部の読み取り，接続語の問題，空欄補充，漢字の読み，記述力）

基本　問一　A　お弁当箱は「あける」や「ひらく」という表現を使う。いずれも「開」だ。　B　同じ「へいこう」読みだが，「並行」表記は，同時に行われるという意味。「平行四辺形」の「平行」は，二つの線などが交わらないことを意味する。　C 「処分(しょぶん)」の「しょ」である。
D 「納品」の「ノウ」は，場合によっては「ナッ・ナ・ナン」などと読む。　E　ある物事が成り立つための，前置きとなる条件のことである。

問二 「それとほぼ並行して～」で始まる段落でも，前段落に引き続き，さまざまなものが外部化されている例を挙げ，「いや，じぶんの身体さえも～」と展開して，「身体も」じぶんでコントロールできなくなってきていると主張している。aの直後に着目すると「もはやじぶんのものではない」とあるので，「身体」のウを選ぶ。

問三 「誕生や病や～」で始まる段落の内容を確認する。問二で考えたように，これまでさまざまなものが「過程の外に出してきた」ことを述べている。そのことを「外部化」と呼んでいる。

重要　問四　1　前部分は「～抗うことを，身をもって学んだ」であり，後部分は「～また，～一つでしかないということも。」である。前後ともに「学んだ」ことを重ねているのだから，「そして」のウである。　2　前部分は毟りとった花びらを「空中にふりまく。」であり，後部分は「たがいにかけあって戯れる」だ。どちらも毟りとった花びらの扱い方を説明しているので「あるいは」を入れる。　3　前部分は，埼玉県で行われるつつじの祭りがどのような作業であるかをまとめている。後部分も，前部分のまとめをさらにまとめている内容なので「つまり」が入ることになる。
4　前部分は，わたしたちが食べる物が他の生き物のいのちを食べていることが「ひとの眼に触れないようにしている」ことを再び述べている。後部分は同じことが「じぶんたちの誕生や生」でも起きているということの確認なので「それどころか」である。

重要 問五 「ひとは調理の過程で～」で始まる段落からⅠ直前の段落までの内容をしっかり把握する。まず，Ⅰは，「ひとは調理の過程で～他のいのちを破壊せざるをえない～」とあるので，「食べる」ために「飼育する」ということになる。Ⅱは同じことを「栽培する」で言いかえているので植物のいのちを破壊するということになり，「摘む」を入れることになる。Ⅲには，Ⅰ・Ⅱに共通する「命を破壊する」という内容が入るので「壊す」が適切である。

問六 Cの直前に着目する。「同じような動作」をすることは楽しいの「だが」という逆接の言葉でCに接続されている。つまり，「ような動作」なら楽しいが「全く同じ動作」をするのはいやという流れになる。しかし，「全く同じ」では，字数は満たすが「全く同じをするのは～」となってしまうので合わない。そこで一番シンプルに「同じ動作」とすれば「～をする」につながる。

やや難 問七 ――線1直後に「他者への想像力」ということに結びついている。このことは，最終段落にある「他人の身体に起こっていることを生き生きと感じる練習」につながる。そして，これをくりかえすことで「他人を思いやる気持ちをはぐくんできた」としているのだから，「何を育てる練習か」という問いには「他人を思いやる気持ちをはぐくむ練習」とできる。

【三】（物語－心情・情景，細部の読み取り，空欄補充，漢字の書き取り）

基本 問一 a 「吸」は全6画の漢字。4画目の上に5画目の始点があるように書く。 b 「周遊」とは，各地を旅行してまわること。「周」を「週」と混同しないように気をつける。 c 同じ表記で「にんき」とも読むのでとまどいがあるかもしれないが「人の気配」なので「人気」である。

d 「看」は全9画の漢字。3画目は2画目より長く書く。5画目は4画目のはらいにつけて書く。

e 「誌」を「紙」と書き誤るような初歩的なミスをしないようにする。「誌」は全14画の漢字。10画目は8画目より短く書く。

やや難 問二 エ以外はどれも入りそうで迷う。Aの直前に「コツさえつかめば」・「訓練してくれた」と，直後の「向いていなかった」という表現から考える。父に励まされ，いくら練習しても「上達」しないから，「苦痛でしかなく」，直後にあるように「向いていない」と判断するのだ。

やや難 問三 どの選択肢も入りそうである。父はわざと正太郎に聞かせているわけではないのだが，思わず出てしまううれしそうな声なのだ。しかし，挫折した思いを持つ正太郎にとっては，身に突き刺さるように「痛い」のだ。「つらい・悲しい」も当てはまるが，「痛かった」にすることで，それらの気持ちも含んでいることになる。

重要 問四 「お父さんね，このまえ言ってたよ」で始まる母と正太郎の会話が着目点である。両親が話した内容を伝えているということだ。父は「～口を出すのはやめようって，正太郎が水泳やめたとき決めたんだって～」と母に言っていたのだから，――線①のときの父の気持ちはイである。

問五 まず，エの「おもむろに」という言葉は「ゆっくりと」という意味である。誤りやすい言葉なのできちんと把握しておこう。Ⅰはオ以外はどれでも入りそうである。その後の母の様子は「のろのろと行って」だから，母は「ゆっくり」言いだしたがふさわしい。Ⅱは，突然言いだしたという状況だから，アかイということになる。ここは息子の話し言葉なので「急に」がふさわしい。 Ⅲ いろいろな話題で母と話しているが，直前は真琴の寝顔の話題だ。それが急に，お父さんが言っていたという話題に変化しているので，「唐突に」である。

問六 ――線②の母の話の後に，真琴の泳ぎを見ることになるのだが，この段階でも「最後まで真琴の泳ぎを見た」だけで「素直に応援している」わけではない。着目点は，真琴の泳ぎを見終わった後の，「僕はいつか～」で始まる段落だ。「素直に」は「心の底から『がんばれ』と思いながら」である。したがって，「真琴の泳ぎを～見られるようになる(こと)」を抜き出すことになる。

問七　正太郎の謝罪は「オムライスを泣きながら食べている」ことについてではないので，ウは問題外で外せる。謝罪は真琴のメダルを盗んだことについてであるが，母は知っているとしているので，エの「とまどい」ではない。正太郎が謝ってもその話題について何も言わない母なのだから，「やっと認めたか」という追いつめるための発言ではないので，アを選択する。

問八　感覚的にはどれも入りそうな気持ちになるが，「僕はいつか，真琴の泳ぎを胸の痛みなしで～」に着目すると，今は「胸が痛んでいる」と考えられる。そのことからオがふさわしい。

問九　両親の話を聞いているので，「好きなことをがんばれ」としたくなるが，母が，自分たち家族のことについての話題に触れてきた場面を見ると，「最近，いつお父さんと話した？」だ。真琴が寝てしまった車中でも父親がとまどっていることを話題にしている。「好きなことをしてほしい」ということはすでに口に出して伝えているのだから，一番伝えたいことは「お父さんと話してほしい」という願いである。

重要　問十　直前が「今日の母は，～」であることに着目する。母との会話は多く出てきているが，母の口調の説明としてはっきりしているのは，「友達みたいな口調で母は言った」である。今日の母は，説教がましく言い聞かせるようなことをせず，正太郎が聞く耳を持ちやすく，自分の気持ちを話しやすいようにという配慮で「友達みたいな」口調で話しているのだ。

問十一　直後の「僕の心が読めるみたい」が着目点である。この言葉が合うのは，エの「父に似た泳ぎ」がある。「父みたいな泳ぎ。」は確かに正太郎が思ったことであるが，この場面で思い出すには唐突なものだ。それに対して，直前にある「いまからでも～できるだろうか」という正太郎の考えに，まるで答えるかのような「できるよ～」という母の言葉に，「心が読めるみたい」と思ったのである。

【四】（作文）

書く条件を守ってさえいれば，内容は思いつくもので書いてかまわない。ただし，学校全体ではなく，「教室の設計」というところを勘違いしないように気をつけよう。また，思いついた内容でかまわないとは言うものの，例えば，「ゲームを備え付ける」のような，遊びの要素が強い話題を選ばない方が無難である。仮にそのような話題で書くなら，裏づけになる理由を「友達との共感・協力」のように，個人の楽しみを追及したものでないものにする配慮が必要だ。

★ワンポイントアドバイス★

特に物語文では，選択肢にまぎらわしいものが多い。しっかり場面をおさえた上で，心情を把握しよう。

平成29年度

★★★★★★★★★★★★★★★★★★★★★★★

入　試　問　題

平成29年度

慶應義塾湘南藤沢中等部入試問題

【算　数】（45分）　＜満点：100点＞

【１】 $\boxed{\text{ア}}$，$\boxed{\text{イ}}$にあてはまる数を求めなさい。

⑴　$8\times\boxed{\text{ア}}\div 4-14-6=4$

⑵　$\left\{\left(3\frac{5}{6}-1\frac{4}{15}\right)\times\left(8\frac{1}{3}-\frac{5}{6}\right)-2\frac{1}{4}\right\}\div 2.125=\boxed{\text{イ}}$

【２】 ⑴　ある商品の原価に15％の利益をみこんでつけると定価は4830円である。この商品の原価を求めなさい。消費税は考えないこととする。

⑵　男子野球部と女子サッカー部の合計120人を対象にして算数のテストを行ったところ，男子野球部の平均点は，女子サッカー部の平均点より８点高く，120人全員の平均点より2.4点高かった。男子野球部の人数を求めなさい。

⑶　袋の中に白と黒のご石が入っている。黒のご石は全体の$\frac{3}{8}$より６個多く，白のご石は全体の$\frac{9}{16}$より１個少ない。袋の中に入っているご石の数は全部で何個ですか。

⑷　下のような16個のますの中に，A，B，C，Dの４個の文字が次の条件を満たすように入っている。

- ■　１個のますには１個の文字だけを入れることができる。
- ■　同じ段・同じ列の中には文字は１個だけしか入らない。
- ■　AはBより３列左に入っている。
- ■　DはAより２段下に入っている。
- ■　BはCより２列右に入っている。
- ■　BはCより下の段に入っている。
- ■　４個の文字がななめに一列にならぶことはない。

	ア列	イ列	ウ列	エ列
あ段				
い段				
う段				
え段				

A，B，C，Dの文字を，解答用紙のますの中に書き入れなさい。

【３】 図１は，直角二等辺三角形である。図２は，半径10㎝，中心角180°のおうぎ形と，図１の直角二等辺三角形と，１辺の長さが15㎝の正方形が組み合わさった図形である。

（図１，図２は次のページにあります。）

㋐の角度は53°であり，円周率を3.14として，図２の図形について，以下の問いに答えなさい。

⑴　㋑の角度は何度ですか。

⑵　図形の外周（太線の部分）の長さを求めなさい。

⑶　かげの部分の面積を求めなさい。

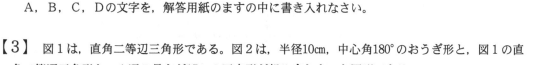

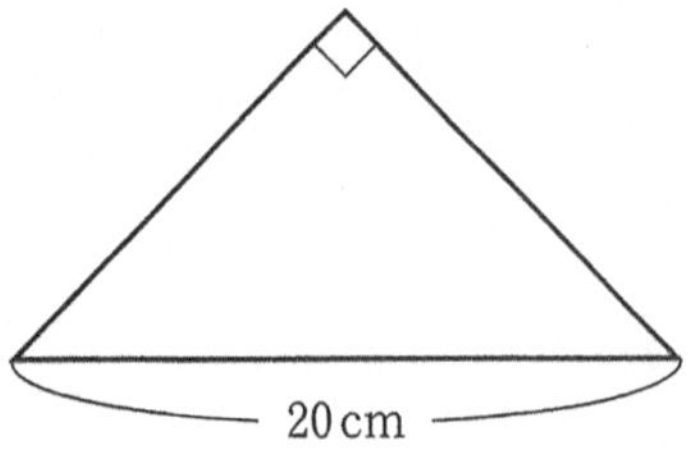

図1

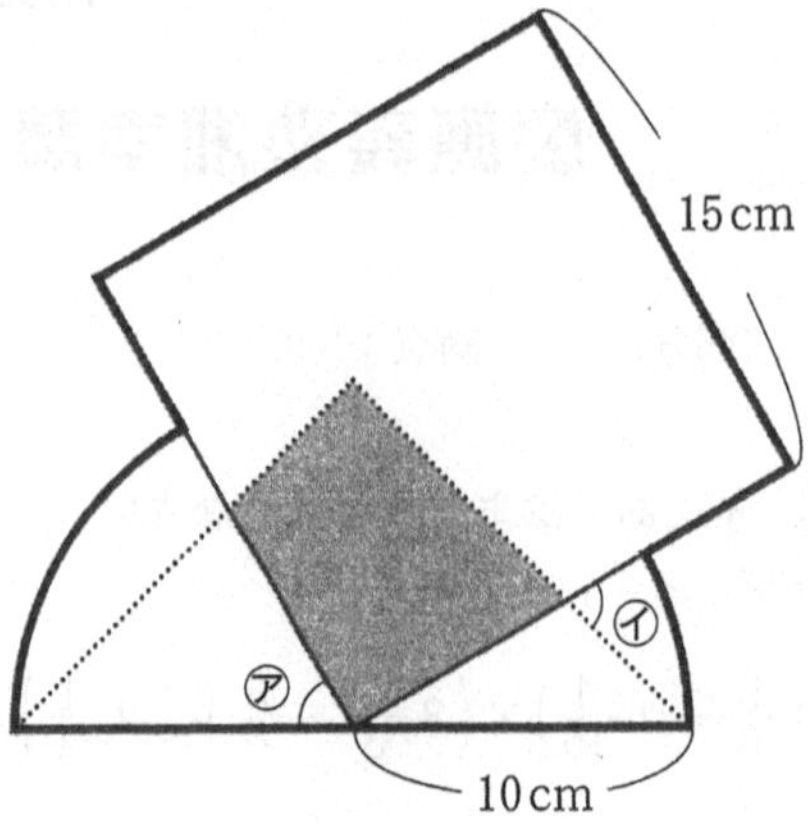

図2

【4】 下の図のように1円，5円，10円の硬貨を，ある規則に従ってならべていく。このとき，下の[ア]，[イ]にあてはまる数を求めなさい。

①⑤⑩①①⑤⑩①①⑤⑤⑩①①⑤⑤⑩⑩①①①⑤⑤⑩⑩……

⑴ 42枚の硬貨をならべたとき，その42枚の合計金額は[ア]円である。

⑵ 487枚の硬貨をならべたとき，その中に10円硬貨は全部で[イ]枚ある。

【5】 下の図の太線は，ある立体の展開図である。

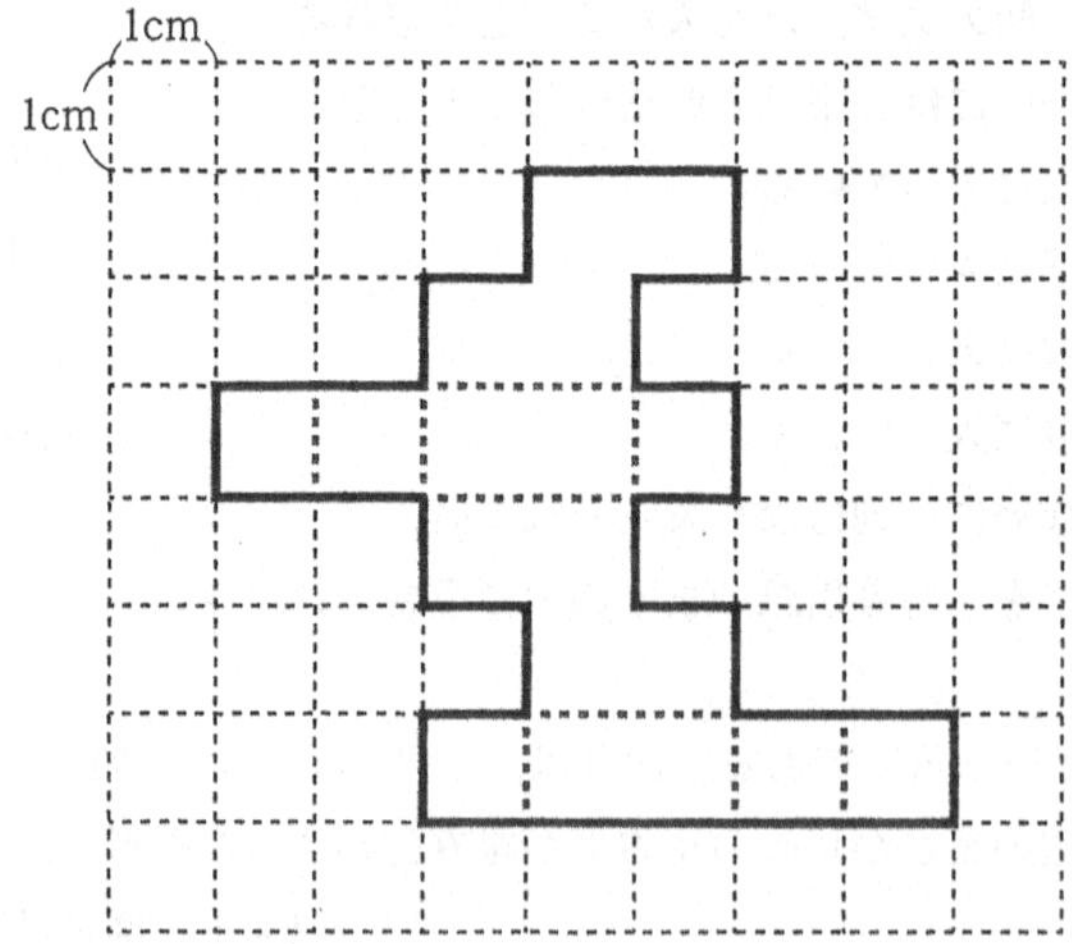

⑴ この立体の体積を求めなさい。

⑵ この立体を6個用いて，すきまなく組み合わせると直方体ができる。この直方体の表面積を求めなさい。

⑶ ⑵でできた直方体を同じ向きに用いて組み合わせてできる立方体のうち，最も小さいものを作る。このとき，⑵の直方体は何個必要ですか。

【6】 ある公園には図のような道のりの異なる２つのハイキングコースがある。長いコースは，地点Ｋを出発してＥ，Ｉ，Ｏ，Ｋの順に通る全長3.6㎞のコースである。短いコースは，地点Ｋを出発してＥ，Ｏ，Ｋの順に通る全長1.3㎞のコースである。

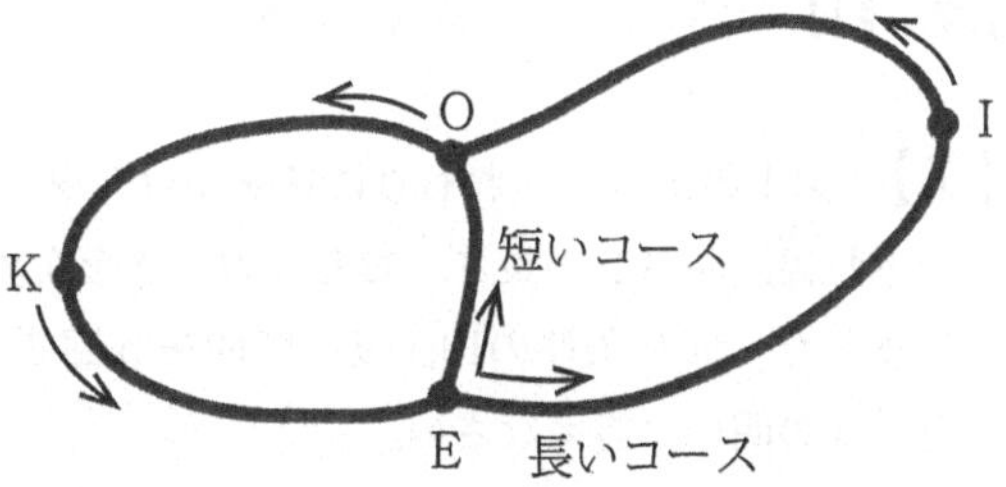

Ａ君が地点Ｋを出発して長いコースを，その後Ｂさんが地点Ｋを出発して短いコースを，それぞれ１周したところ，Ａ君はＢさんよりも９分早く地点Ｋに戻った。

また，途中《とちゅう》でＡ君とＢさんは地点Ｏで出会った。

Ａ君は分速30m，Ｂさんは分速20mで進むものとして次の問いに答えなさい。

⑴ Ｂさんが出発したのは，Ａ君が出発してから何分後ですか。

⑵ Ｃ君はＡ君といっしょに地点Ｋを出発し，同じ速さで同じコースを進んでいたが，途中で忘れ物に気がついた。そして，Ｃ君は分速45mでコースを引き返して地点Ｋに戻り，分速45mのまま長いコースをＫ，Ｅ，Ｉ，Ｏ，Ｋの順に１周したところ，Ｂさんより21分遅れて地点Ｋに戻った。忘れ物に気がついたのは出発してから何分後ですか。

⑶ ⑵のＣ君が，Ｂさんと２度目に出会ったところが地点Ｅであった。短いコースの地点Ｅから地点Ｏまでの道のりは何mですか。

【理　科】（25分）　＜満点：50点＞

【1】 図1のように，おもりに糸をつけスタンドに固定し，ふりこにして実験をしました。ふりこのふれ幅《はば》，ふりこの長さ，おもりの重さを変えて，10往復にかかる時間をストップウォッチで測定しました。同じ条件の10往復の時間を5回ずつ測り，その平均をとったものを表1にまとめました。次の問いに答えなさい。

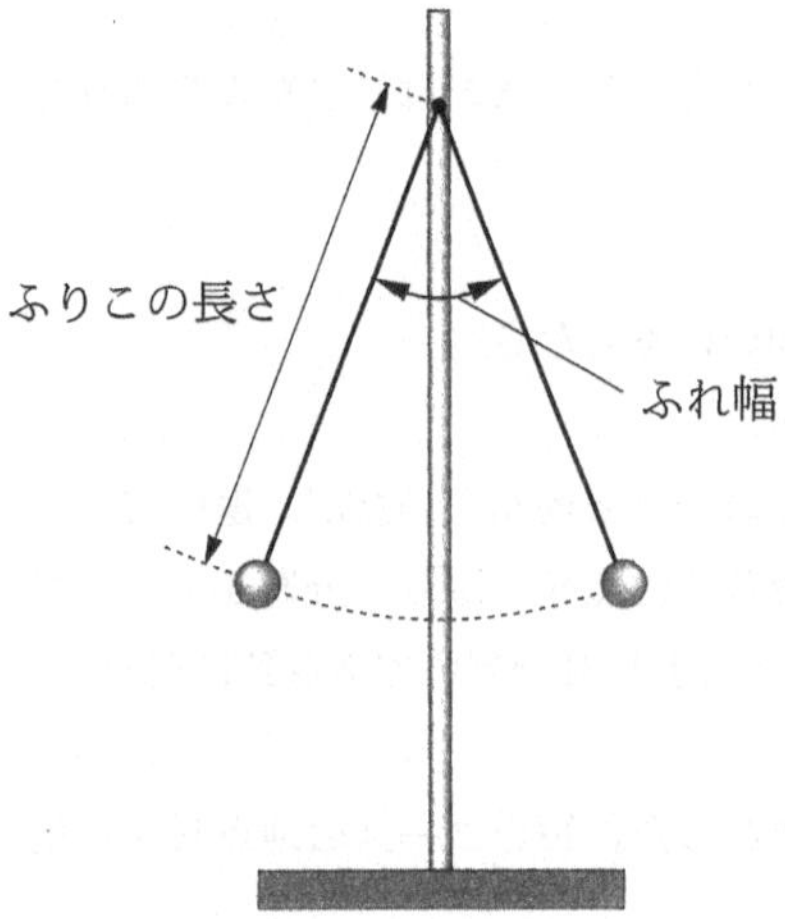

図1

表1

ふりこのふれ幅（度）	ふりこの長さ（cm）	おもりの重さ（g）	10往復の時間（秒）
10	10	10	6.3
10	20	10	9.0
10	40	10	12.6
10	90	20	18.9
20	20	10	9.0
20	40	20	12.6
30	20	10	9.0
30	40	30	12.6

（問1） 同じ条件で，10往復の時間を5回ずつ測定して平均をとっている理由を，15字以内で説明しなさい。

（問2） 10gのおもりを使い，「ふれ幅」または「ふりこの長さ」の一方だけを変化させて実験を行ったとき，10往復の時間はどのようになりますか。縦軸を「10往復の時間」，横軸を「ふれ幅」または「ふりこの長さ」としたときのグラフを，次の中からそれぞれ1つずつ選び，番号で答えなさい。

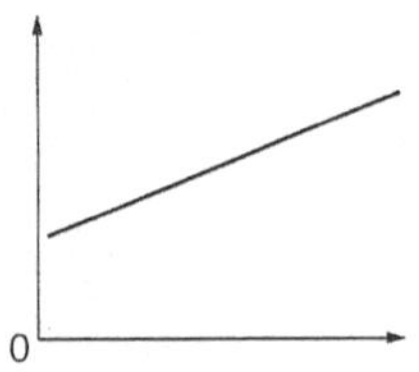

1

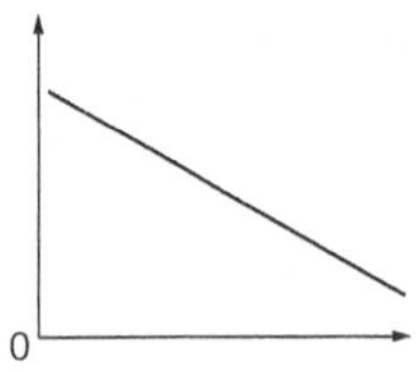

2

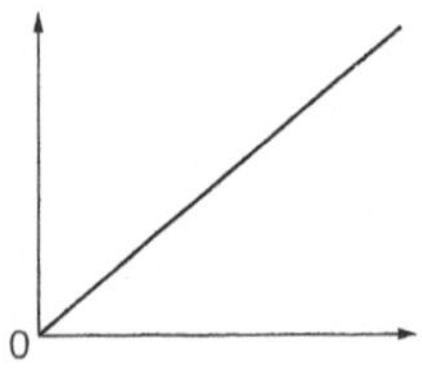

3

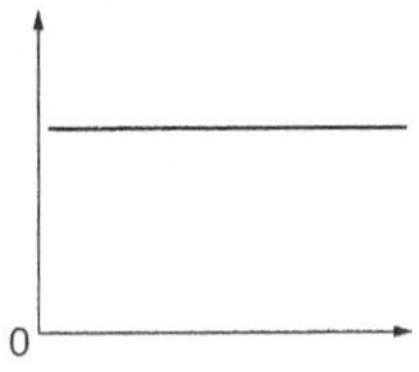

4

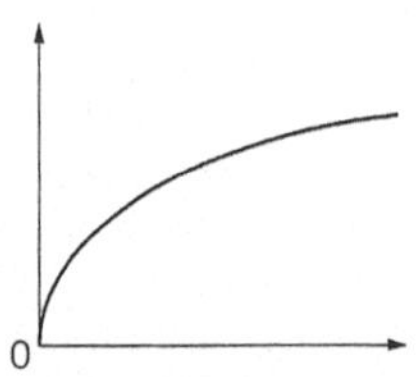

5

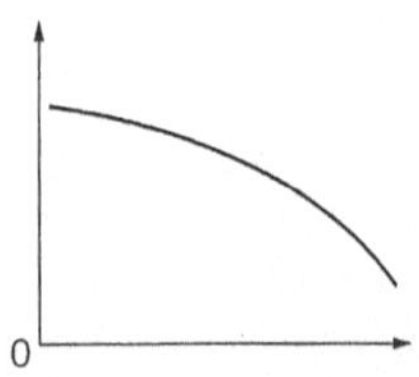

6

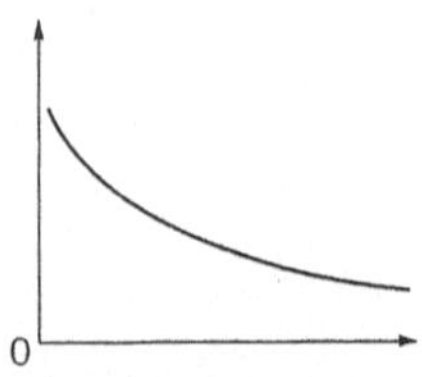

7

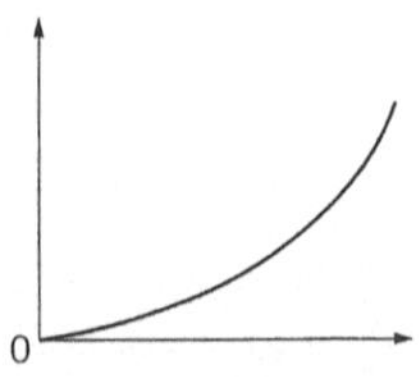

8

（問3） あとの文章は，この実験からわかったことをまとめた文章です。（ア）～（エ）に入る語句としてもっとも適切なものを語群の中から1つずつ選び，それぞれ番号で答えなさい。

ふりこが1往復するのにかかる時間は，（　ア　）によって決まり，（　イ　）には関係しない。1往復の時間は（　ア　）の値が大きくなるほど（　ウ　）なるが，両者の関係は（　エ　）。

［語群］

1　ふりこのふれ幅と長さ　　2　ふりこのふれ幅とおもりの重さ

3　ふりこの長さとおもりの重さ　　4　ふりこのふれ幅　　5　ふりこの長さ

6　おもりの重さ　　7　長く　　8　短く

9　比例である　　10　反比例である　　11　比例でも反比例でもない

（問4）　ふりこが往復する時間についての「きまり」を発見した科学者は誰《だれ》ですか。次の中から1つ選び，番号で答えなさい。

1　アインシュタイン　　2　平賀源内　　3　パスカル　　4　湯川秀樹

5　コペルニクス　　6　ニュートン　　7　ガリレオ　　8　エジソン

（問5）　図2は，メトロノームと呼ばれるもので，ふりこの原理を応用して一定のリズムを刻むものです。おもりが1往復する時間を短くしてテンポを速めるためには，どのようにしたらよいですか。次の中から正しいものを1つ選び，番号で答えなさい。

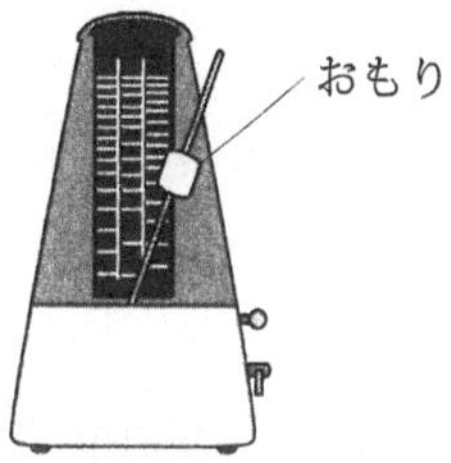

図2

1　おもりをより重いものに取りかえて，上方向に移動する。

2　おもりを上方向に移動する。

3　おもりを下方向に移動する。

4　おもりのふれ幅を大きくする。

5　おもりのふれ幅を小さくする。

6　メトロノームは一定のリズムを刻むものだから，1往復の時間は変えられない。

【2】　次の問いに答えなさい。

（問1）　図1は，地球の北極側から見た月，地球，太陽の位置関係を表しています。月がどの位置にあるときに，日本で満月を見ることができますか。図1のア～クの中から1つ選び，記号で答えなさい。

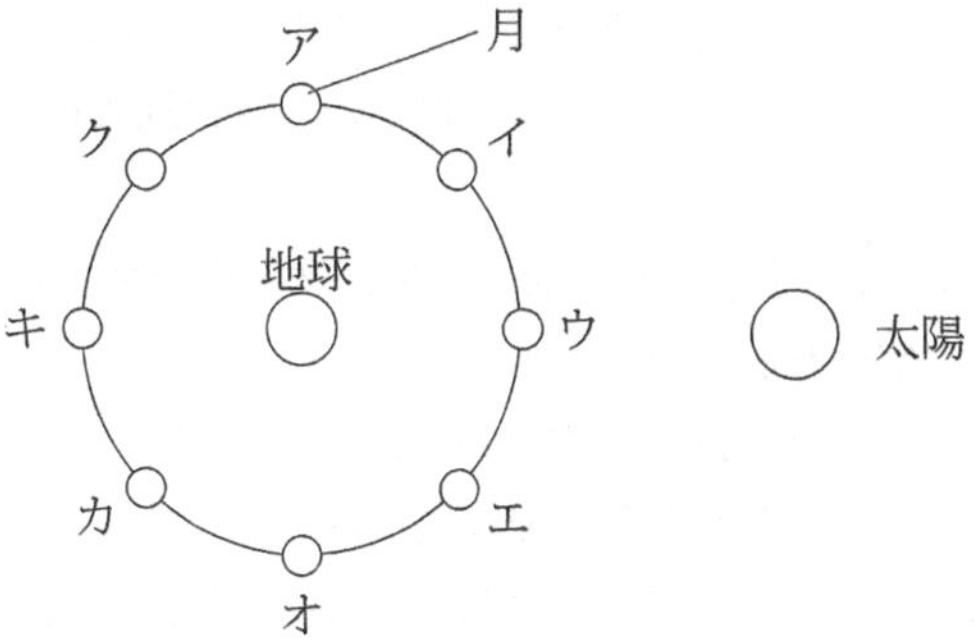

図1

（問2）　6月に藤沢市で見た満月が真南にきたときの地平線からの角度は，12月に同じ場所で真南に見えた満月よりも小さくなりました。このことから，6月と12月の月の公転軌道《きどう》面，地球，太陽の位置はどのような関係になっていると考えられますか。あとの中からもっとも適切なものを1つ選び，番号で答えなさい。ただし，図中の地球は，上が北極側であるものとします。

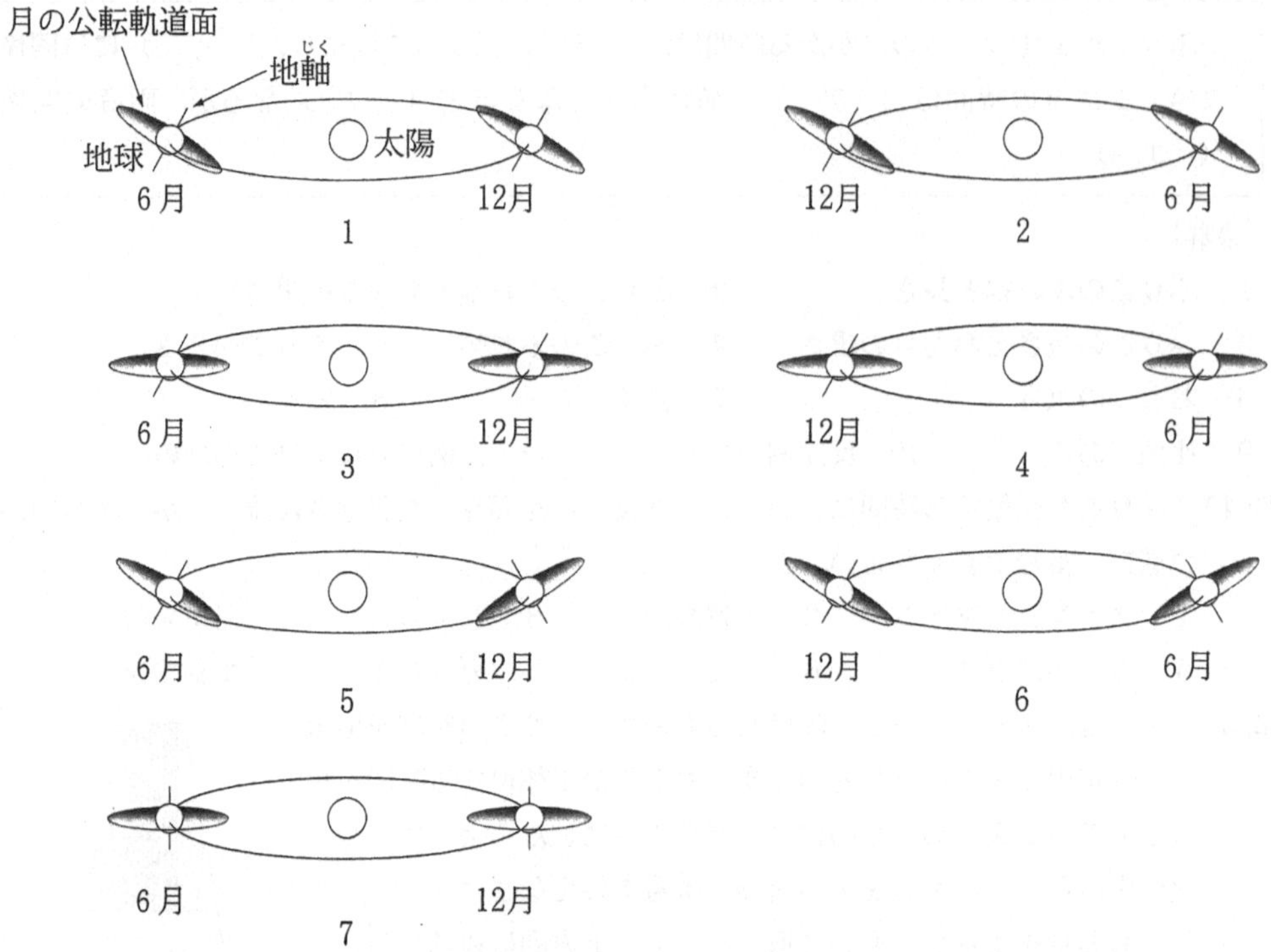

(問3) 藤沢市で図2の形の月が見えるのは，満月から何日後ですか。次の中からもっとも近いものを1つ選び，番号で答えなさい。

1　4日後　　2　9日後　　3　14日後　　4　19日後　　5　24日後

(問4) 6月に藤沢市で見えた満月後の月（図2の形）が，真南にきたときの地平線からの角度は，6月の満月と比べるとどうなりますか。次の中から正しいものを1つ選び，番号で答えなさい。

1　大きい　　2　小さい　　3　同じ

図2

(問5) これまでに月は，アメリカやロシア（旧ソ連）などの探査機によって調べられています。アメリカとロシア以外に，月に探査機を送りこんだ国の名前を1つ答えなさい。

【3】 上皿天びんを用いて，物質の重さをはかったり，はかりとったものの溶液《ようえき》をつくったりする実験をおこないました。

(問1) 食塩を39.8gはかりとりたい。そのために必要な操作を次の中から3つ選び，正しい順に並べて番号で答えなさい。

1　天びんの左右の皿に同じ薬包紙をのせ，針が真ん中を中心に同じふれ幅《はば》で動いていることを確認する。

2　天びんの左右の皿に同じ薬包紙をのせ，針が真ん中で止まったことを確認する。

3　分銅を利《き》き手と反対側（右利きの人は左側）の天びんの皿にのせる。

4　分銅を利き手側（右利きの人は右側）の天びんの皿にのせる。

5　食塩を利き手と反対側（右利きの人は左側）の天びんの皿にのせる。

6　食塩を利き手側（右利きの人は右側）の天びんの皿にのせる。

（問２）（問１）で食塩をはかりとるときに薬品さじを利き手に持ちますが，反対の手はどうすればよいですか。次の中から正しいものを１つ選び，番号で答えなさい。

1　食塩の入っている容器に手をそえ，台からはなれないようにする。
2　食塩の入っている容器を持ち，胸の前に持ってくる。
3　食塩の入っている容器を持ち，容器の口をはかりとる天びんの皿に近づける。
4　天びんの皿の部分を押さえておく。
5　天びんの台の部分を押さえておく。

（問３）金属でできたおもりＡの重さをはかりたい。そのために必要な操作を次の中から３つ選び，正しい順に並べて番号で答えなさい。

1　針が真ん中を中心に同じふれ幅で動いていることを確認する。
2　針が真ん中で止まったことを確認する。
3　分銅を利き手と反対側（右利きの人は左側）の天びんの皿にのせる。
4　分銅を利き手側（右利きの人は右側）の天びんの皿にのせる。
5　おもりＡを利き手と反対側（右利きの人は左側）の天びんの皿にのせる。
6　おもりＡを利き手側（右利きの人は右側）の天びんの皿にのせる。

（問４）おもりＡの重さは56.8ｇでした。いずれかの分銅を上皿にのせる，あるいは下ろす操作をそれぞれ１回と数えるとすると，７回目の操作は，どの分銅をのせた，あるいは下ろしたことになりますか。なお，上皿天びんについている分銅は表１の通りとし，６回以内に操作が終わっていた場合には，解答用紙の重さのらんに×を記入すること。

表１

分銅の重さ（g）	0.1	0.2	0.5	1	2	5	10	20	50
個　数	1	2	1	1	2	1	2	1	1

（問５）食塩は，水100ｇに対して20℃で36.0ｇ，100℃で39.0ｇまで最大溶けることができ，それ以上は溶け残ります。加熱とろ過に必要な実験器具と水100ｇを用いて，（問１）ではかりとった食塩にごくわずかな量の砂つぶと砂糖が混ざってしまったもの（「混合物」）から，食塩だけを９ｇ取り出すために，はじめに次のような［操作］を行いました。これに続けて，どのようなことを行えばよいですか。解答らんに説明しなさい。

［操作］　20℃の水100ｇに「混合物」をすべて加え，よくかき混ぜて溶かした後，ろ過をして溶け残りを取り除いた。

【４】　次の問いに答えなさい。

（問１）図１は，メダカの体のようすを表しています。図１のア～カの中から，オスとメスで異なる形のひれがついている位置を２つ選び，解答らんの記号を○で囲みなさい。

（問２）図１のひれＸの役割としてもっとも適切なものをあとから１つ選び，番号で答えなさい。

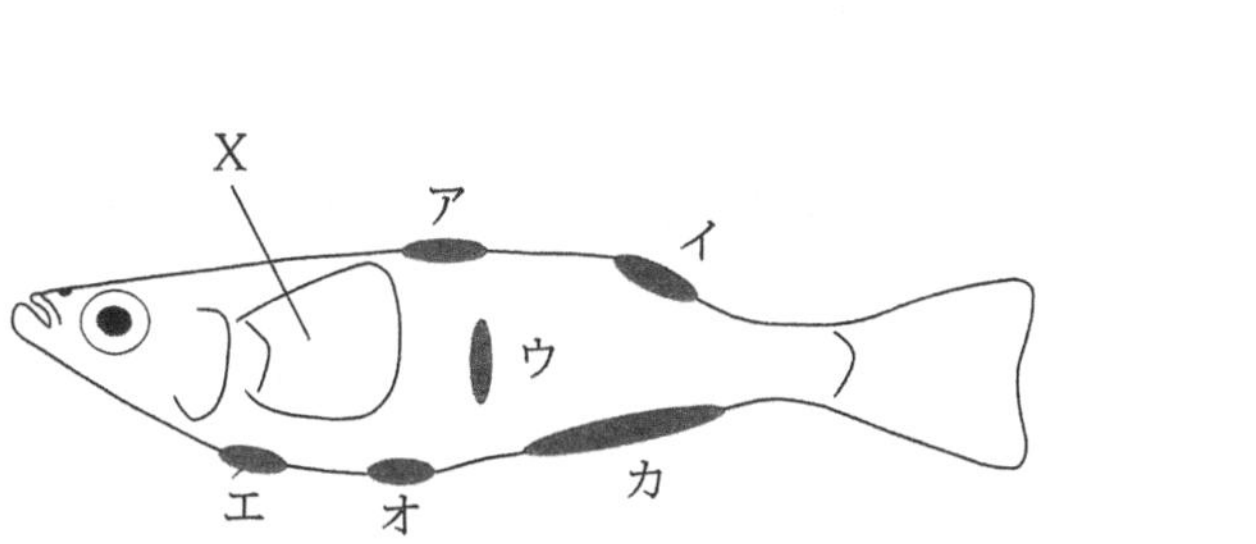

図１

1　体を前進させる　　2　体を左右に方向転かんさせる

3　体の平こう（バランス）を保つ　　4　体を浮《う》き沈《しず》みさせる

（問３）　野生のメダカは，流れのゆるやかな小川や田んぼなどに生息しています。同じような環境《かんきょう》に生息している次の生物の中から，メダカのエサとして適切でないものをすべて選び，解答らんの番号を○で囲みなさい。

1　ゲンゴロウ　　2　ミドリムシ　　3　ボウフラ

4　ヌマエビ　　5　ミジンコ　　6　マツモ

（問４）（問３）の１～６の生物の中から，バイオ燃料や栄養補助食品の原材料として利用できるために注目を浴びているものを１つ選び，番号で答えなさい。

（問５）　次の表１の魚（あ）～（か）の中から海で卵を産むものをすべて選び，解答らんの記号を○で囲みなさい。

表１

	卵の直径（mm）	体重１ｇあたりの一度に産む卵の数（個）	メスの最大体長（cm）
メダカ	1.4 ～ 1.5	30	4
（あ）サケ	5.5 ～ 6.0	2	70
（い）タラ	1.2 ～ 1.8	500	110
（う）コイ	1.2 ～ 1.5	100	60
（え）サバ	0.9 ～ 1.4	800	50
（お）マス	3.2 ～ 4.0	8	50
（か）ヒラメ	0.9 ～ 1.2	1200	100

（問６）　表１から読みとれることと（問５）の答をふまえて，正しいことを述べているものを次の中からすべて選び，解答らんの番号を○で囲みなさい。

1　メスの最大体長が小さいものほど，卵の直径が大きい。

2　卵の直径が大きいものほど，体重１ｇあたりの一度に産む卵の数が少ない。

3　体重１ｇあたりの一度に産む卵の数が多いものほど，卵１個が軽い。

4　川で卵を産むもののほうが，体重１ｇあたりの一度に産む卵の数が少ない。

5　海で卵を産むもののほうが，メスの最大体長が小さい。

【社　会】（25分）　＜満点：50点＞

【1】 問いに答えなさい。下図は，２万５千分の１地形図「函館」より作成したものです。

問１　下から函館の気温と降水量を示したものを選び，番号で答えなさい。

※適切な解答が選択肢中になく全員正解とする。　　　　(理科年表2016年版より作成)

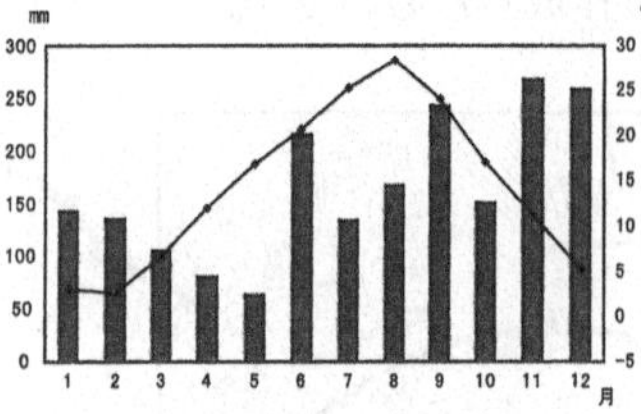

1

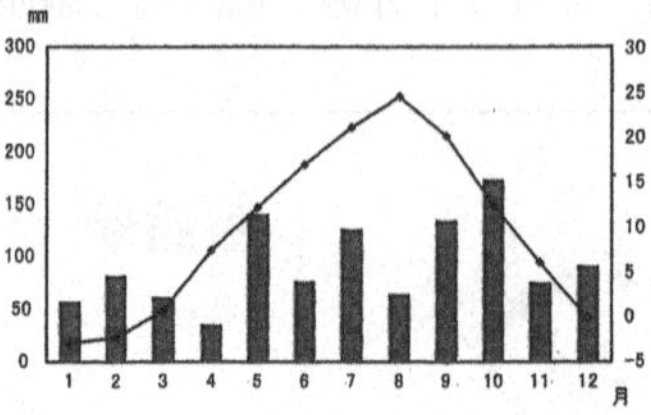

2

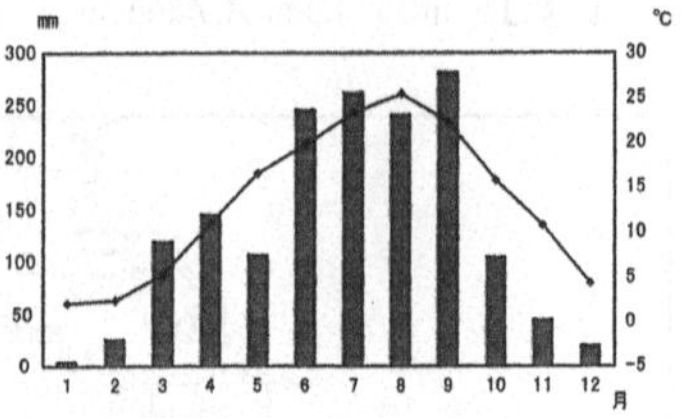

3

問２　図の矢印Aの方向から見た函館山の形として最も適当なものを選び，番号で答えなさい。

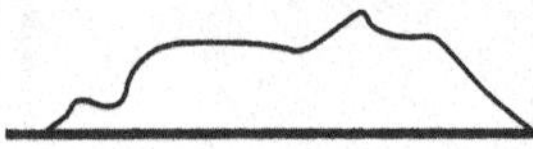

1

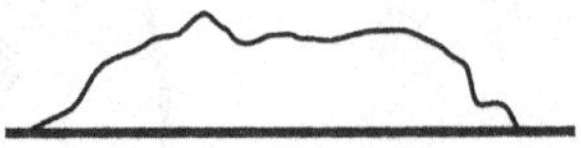

2

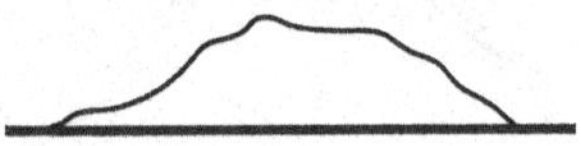

3

問３　図中の太線で囲まれた範《はん》囲の地形の説明として最も適するものを選び，番号で答えなさい。

1　潮流によって函館山周辺の土地が削られて残ってできた平地。

2　函館山と周辺の海底が隆起してできた平地。

3　函館山周辺の地面が沈下して海面上に残った平地。

4　潮流によって運ばれた土砂がたまってできた平地。

問４　函館駅から函館公園までの経路を地図上で測ったら８㎝でした。解答用紙の単位にしたがって実際の距離を求めなさい。

問５　次の都市の間の直線距離が最も長いものを選び，番号で答えなさい。

1　函館－東京　　2　新潟－東京　　3　金沢－東京　　4　鹿児島－東京

【２】 慶子さんは関東地方の地図から５つの県の境界が集まっている場所を見つけました。図１は，慶子さんが見つけた場所を抜き出したものです（図の方位は上が北です。また，図中の点線は県境を示しています）。

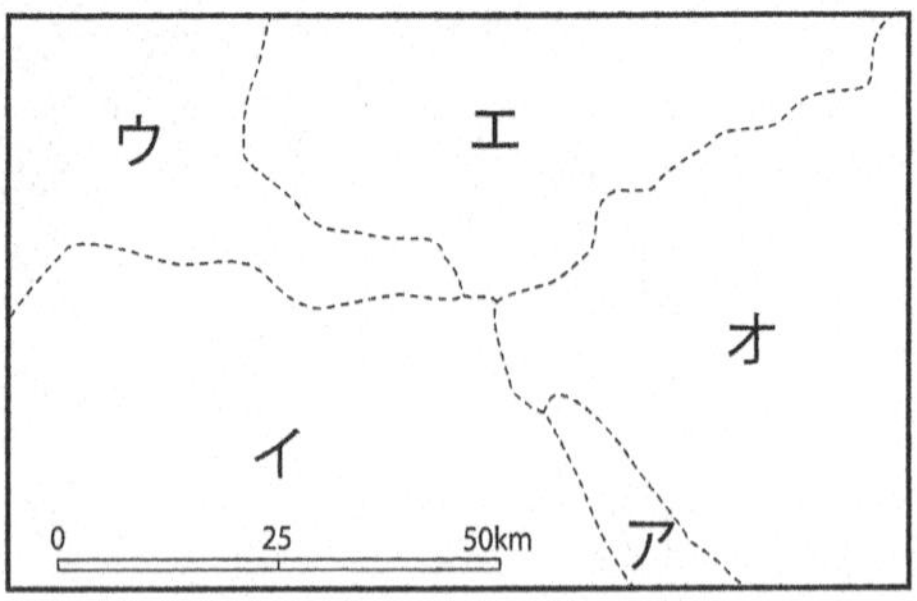

図１

問１　下の表１，２，３は，関東地方にある貿易港における輸出入を示しています。ア県にある国際空港にあたるものを選び，番号で答えなさい。

1

輸出　8.1兆円		輸入　11.7兆円	
半導体等	9.1%	通信機	14.0%
光学機器	6.6%	半導体等	10.3%
半導体等製造装置	5.8%	医薬品	9.4%
その他	78.5%	その他	66.3%

2

輸出　6.1兆円		輸入　11.0兆円	
事務用機器	7.9%	事務用機器	8.2%
自動車部品	5.1%	衣類・付属品	7.8%
光学機器	4.9%	魚介類	4.9%
その他	82.1%	その他	79.1%

3

輸出　7.1兆円		輸入　4.6兆円	
自動車	21.8%	天然ガス	8.1%
原動機	5.6%	石油	7.2%
自動車部品	5.3%	非鉄金属	7.0%
その他	67.3%	その他	77.7%

数値は2014年　　出典）アクティブ地理総合

問２　図１中の**イ**県について，県の南部は東京に通勤，通学する人が暮らす町がたくさんあります。右の表は，関東地方の３つの県の昼夜間人口を示したものです。**イ**県にあたるものを選び，表中の番号で答えなさい。

	昼間人口（万人）	夜間人口（万人）
1	201	201
2	289	297
3	637	719

（2010年）出典）アクティブ地理総合

問３　図１中の**ウ**県は高速道路沿いに工場が進出し，内陸の工業団地が形成されました。**ウ**県の製造品出荷額等割合を表した図２中の**A**にあたるものを選び，番号で答えなさい。

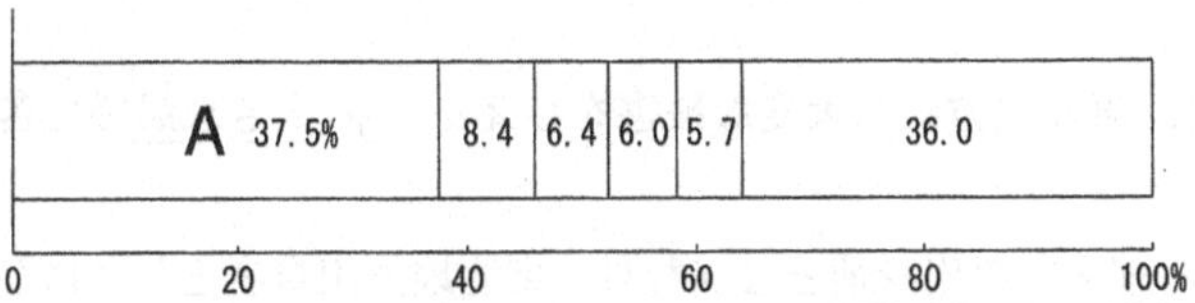

図２　出典）データでみる県勢2016

１　輸送用機械　　２　精密機械　　３　非鉄金属　　４　石油・石炭製品　　５　電子部品

問４　図１中の**エ**県にある火山を選び，番号で答えなさい。

１　妙高山　　２　鳥海山　　３　浅間山　　４　那須岳　　５　蔵王山

問５　下の表は図１中の**ア**県～**オ**県の耕地面積（2010年，単位千ha）および農業産出額（2013年，単位億円）を示したものです。**オ**県にあたるものを選び，表中の番号で答えなさい。

	耕地面積	米	野菜	その他作物	畜産	総額
1	75	162	936	224	947	2,303
2	80	403	1,025	249	284	2,012
3	127	685	810	146	955	2,690
4	129	710	1,687	357	1,094	4,141
5	175	875	1,767	282	1,131	4,356

注）米，野菜，その他作物，畜産の合計と総額は一致しないことがある。出典）県勢2016，二宮高等地図帳

問６　図１中を北西から南東に向かって流れ太平洋に注ぐ河川があります。この河川の説明として正しいものには○を，誤っているものには×をそれぞれ解答らんに記入しなさい。

１　江戸時代の工事で流路を変更するまでは東京湾に河口があった。

２　日本で最も長く，流域面積も最大である。

３　東京の水源として重要な役割を果たしている。

【３】　慶子さんは飛鳥，奈良，平安時代の特色について調べたことをカードにまとめてみました。問いに答えなさい。

Ａ　『古今和歌集』を編さんした（　あ　）は『土佐日記』という作品も書きました。

Ｂ　唐の僧，鑑真《がんじん》が苦労して来日し，（　い　）を建立しました。

Ｃ　世界最古の木造建築である（　う　）は世界文化遺産に登録されています。

Ｄ　正倉院は（　え　）の構造をもつ建築物です。

問１　空らん（あ）～（え）にあてはまる語句を選び，番号で答えなさい。

１　校倉《あぜくら》造り　　２　柿本人麻呂　　３　延暦寺《えんりゃくじ》　　４　紀貫之　　５　書院造り

６　薬師寺　　７　法隆寺　　８　寝殿造り　　９　菅原道真　　10　唐招提寺《とうしょうだいじ》

問２　カードＡ～Ｄはどの時代に関わるものですか。Ａ～Ｄにあてはまる組み合わせとして正しいものをあとから選び，番号で答えなさい。

	1	2	3	4	5	6
A	平安時代	奈良時代	飛鳥時代	平安時代	奈良時代	飛鳥時代
B	奈良時代	平安時代	奈良時代	奈良時代	飛鳥時代	奈良時代
C	奈良時代	奈良時代	平安時代	飛鳥時代	奈良時代	平安時代
D	飛鳥時代	飛鳥時代	奈良時代	奈良時代	平安時代	飛鳥時代

【4】 次の文を読み，問いに答えなさい。

A 「私」は，争いのない世の中になるよう願いをこめ，（　あ　）の地に中尊寺金色堂を建てました。

B 「私」は，1830年代に起き，東北地方にも大変な被害を与えた(ア)大きな飢饉《ききん》で苦しむ人々を救おうと兵をあげました。

C 「私」は，(イ)これまでの総理大臣の出身地とは異なり，東北地方出身者としてはじめての総理大臣となりました。

問1 A～Cの「私」は誰ですか。あてはまるものを選び，番号で答えなさい。

1 板垣退助　2 吉田松陰《しょういん》　3 藤原道長　4 原敬《たかし》　5 藤原定家

6 大塩平八郎　7 大隈《おおくま》重信　8 天草四郎　9 藤原清衡《きよひら》

問2 空らん（あ）にあてはまる語句を選び，番号で答えなさい。

1 北上　2 酒田　3 平泉　4 天童

問3 下線（ア）の「大きな飢饉《ききん》」が起きた年号を選び，番号で答えなさい。

1 寛政《かんせい》　2 天保　3 享保《きょうほう》　4 天明

問4 下線（イ）の「これまでの総理大臣の出身地」として最も多い都県を選び，番号で答えなさい。

1 高知県　2 佐賀県　3 東京都　4 山口県

問5 東北地方の歴史についての説明として正しいものを選び，番号で答えなさい。

1 江戸時代，大阪方面への東北地方の物産の積み出しは，主に日本海側にあった港が用いられた。

2 古代，東北地方には熊襲《くまそ》と呼ばれる人びとが住み，彼らを支配しようとした中央政府にしばしば抵抗した。

3 弥生時代中期に属《ぞく》する青森県の亀ヶ岡遺跡《いせき》では，めがねをかけたような顔をした土偶《どぐう》が出土した。

【5】 慶太くんと慶子さんは日本の鉱物資源について調べました。二人の会話を読んで問いに答えなさい。

慶太：東大寺の大仏には日本各地から集められた銅などが使われていたらしいよ。

慶子：(ア)大仏をつくったころは，どんな世の中だったのかな。

慶太：室町時代に建てられた京都の金閣には，金箔がはられているね。(イ)足利義満がもっていた力の大きさが伝わってくるようだね。

慶子：(ウ) 16世紀ころの日本では銀が採掘され，輸出していたのよ。

慶太：明治時代になると，(エ)日本各地で石炭の採掘が進んだよ。

慶子：(オ)日本で産出する鉱物資源が，さまざまなことに用いられてきたのね。

問1　下線（ア）についての説明として正しいものを選び，番号で答えなさい。

1　各地で武士による反乱が相次ぎ，天皇は仏教の力で人びとの不安を取り除こうとした。

2　天皇は平城京から都を動かさず，安定した政治を行っていたので，人びとは大仏づくりに進んで協力できた。

3　空海が各地を歩き，大仏づくりに協力するように人びとにはたらきかけた。

4　天皇の命令が全国に伝わる仕組みができ，鉱物資源や人びとを各地から集めることができた。

問2　下線（イ）の人物が行ったことについての説明として正しいものを選び，番号で答えなさい。

1　中国との朱印《しゅいん》船貿易を盛んにし，大きな利益を得た。

2　各地の守護をおさえ，室町幕府の全盛期をもたらした。

3　歌舞伎《かぶき》を保護し，日本特有の文化の基礎《そ》をつくった。

4　応仁の乱を終わらせ，将軍の力を高めた。

問3　下線（ウ）についての説明として誤っているものを選び，番号で答えなさい。

1　日本国内では銀貨は用いられず，銀のほとんどが海外に輸出された。

2　銀山の開発により，力を高めようとする戦国大名もいた。

3　スペイン人やポルトガル人らとの間で，主に銀を用いて取引をする南蛮《なんばん》貿易が行われた。

4　石見銀山では大量の銀が採掘され，ヨーロッパでもその名前が知られていた。

問4　下線（エ）についての説明として正しいものを選び，番号で答えなさい。

1　太平洋戦争までは日本からの輸出品の大半が石炭だった。

2　明治時代半ば以降，製鉄業が盛んになり，石炭の需《じゅ》要は高まった。

3　九州や北海道を中心に現在でも石炭が大量に採掘されている。

4　端島《はしま》（軍艦《ぐんかん》島）は，世界文化遺産に登録されたことにより，石炭の採掘を再開した。

問5　下線（オ）についての説明として正しいものには○を，誤っているものには×をそれぞれ解答らんに記入しなさい。

1　江戸幕府は各地の金山や銀山を直接支配し，財源のひとつとした。

2　明治時代以降に導入された近代的な製鉄では，輸入された原料を用いずに製鉄が行われていた。

3　21世紀になってからは，レアメタルはほぼ自給できている。

【6】　次の文を読み，問いに答えなさい。

日本国憲法第27条に「すべて国民は，勤労の権利を有し，義務を負ふ」とあるように，「働く」ということはとても大切なことです。そして，(ア)「働く人びと」の権利もまた憲法や法律によって保障されています。

社会にはさまざまな職業があるように，「働き方」もさまざまです。1985年に（　あ　）が成立して以降，とくに(イ)女性の働き方は，大きく変わってきています。そして，現在では働く女性が増え，さまざまな場面で女性が活躍《やく》しています。しかし，その一方で女性の社会進出を支える国の仕組みには，まだまだ課題があります。安倍内閣は「（　い　）活躍社会」の実現を政策目標の一つとして掲《かか》げましたが，そのためには，(ウ)女性が安心して働けるような制度作りが求められています。

問1　空らん（あ）にあてはまる語句を選び，番号で答えなさい。

1　労働基準法　　2　最低賃金法　　3　労働者派遣《けん》法　　4　男女雇《こ》用機会均等法

問2　空らん（い）にあてはまる語句を漢字で答えなさい。

問3　下線（ア）について，日本国憲法第28条では働く人々の権利を保障していますが，その内容として誤っているものを選び，番号で答えなさい。

1　労働条件に不満があるため，わざと仕事をしなかった。

2　賃金の増加や労働環境の改善を求めて会社と話し合った。

3　会社と話し合いをするために労働者同士の団体をつくった。

4　労働時間が長すぎることに対して，裁判で会社を訴《うった》えた。

問4　下線（イ）について，現代の15歳《さい》～65歳までの日本の働く女性の割合をグラフで示すと，どのような形になりますか。以下の1～4から選び，番号で答えなさい。

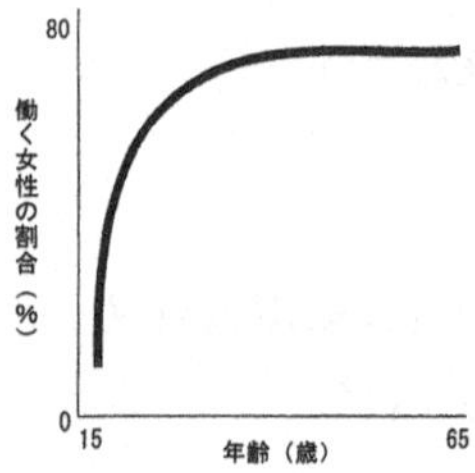

1

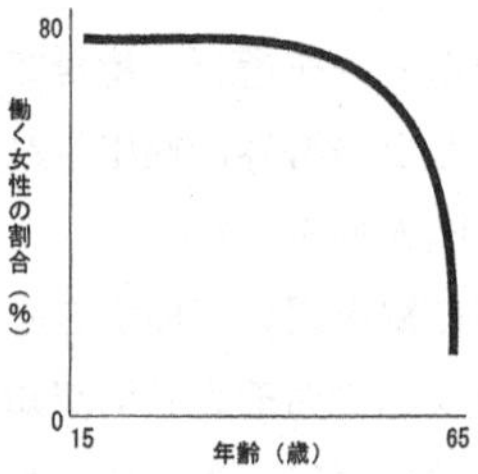

2

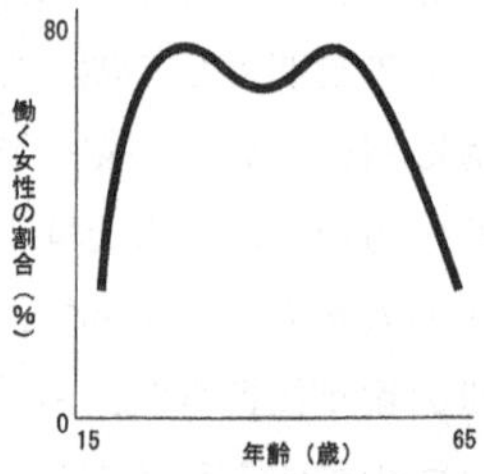

3

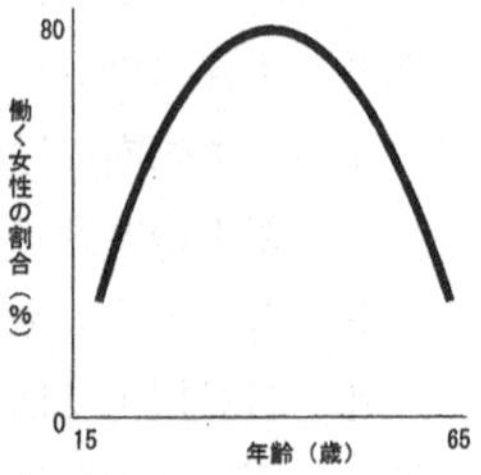

4

問5　下線（ウ）について，女性が子育てをしながら安心して働くための取り組みとして，適当でないものを選び，番号で答えなさい。

1　会社はAさんの夫に対して子育てをするための休みを積極的に取れるようにした。

2　会社はBさんを正社員からアルバイトにして，子育てをする時間を確保させた。

3　Cさんの住む自治体では，認定こども園や認可保育所の数が増えた。

4　子どもを持つDさんに対して児童手当が支給された。

【7】　次の文を読み，問いに答えなさい。

地球温暖化は，大気中の温室効果ガスが増加することによって，地球全体の平均気温が上がっていく現象です。温室効果ガスを減らしていくには，(ア)わたしたちの生活スタイルを見直すと同時に，世界各国がこの問題に協力して取り組んでいくことが重要です。

1992年には，国連環境開発会議「地球（　あ　）」で気候変動枠《わく》組条約が調印され，1995年からは(イ)毎年，地球温暖化対策の国際的なルール作りに向けての会議が，世界各地で開かれるようになりました。2015年12月には，京都議定書に代わる新たな国際ルールとして，途上国を含む全ての国・地域が温室効果ガスの削《さく》減に取り組む（　い　）協定が採択《たく》され，18年ぶりに世界は温暖化対策のために大きく前進することになりました。

2016年9月には，2大排《はい》出国のアメリカ合衆国と中国がこの協定に従って協力すると発表し，その後2016年11月に発効しました。

問1　空らん（あ）（い）にあてはまる語句をカタカナで答えなさい。

問2　下線（ア）について，温室効果ガスを減らすために行われていることの説明として適当でないものを選び，番号で答えなさい。

1　ごみの量を減らすために，ごみは分別し，できるだけ再利用している。

2　森林の手入れをして，二酸化炭素を取りこむ量を増やしている。

3　買い物客には，買い物袋《ぶくろ》を持参させ，レジ袋を使わないようにしている。

4　植物の一部や動物のふん尿《にょう》などから作られるシェールガスの利用を進めている。

問3　下線（イ）の会議をあらわすことばとして，最も適するものを選び，番号で答えなさい。

1　TPP　　2　PKO　　3　COP　　4　APEC

問4　消費者が，環境を守るために役立つと考えられる商品を買うときの目印になるものがエコマークです。右の「エコレールマーク」が表示されていると，「地球温暖化対策がしてある商品」として認められるのはなぜでしょうか。その理由を40字以内で説明しなさい。

エコレールマーク

イ　はるかの言葉に衝撃をうけたから。

ウ　うみかは夜をこわいと思ったことがなかったから。

エ　うみかはいつも感動しながら星空をながめているから。

問三　――2とはどういうことですか。次の文の〈①〉～〈③〉に本文中の一節をあてはめて答えなさい。なお、それぞれ字数が指定されていますが、その字数には句読点をふくみます。

はるかが〈① 十字 〉と教えたのに、〈② 十六字 〉せいで、うみかが〈③ 九字 〉て、骨折した。

問四　――3について、この時のはるかの気持ちを次の中から選び、記号で答えなさい。

ア　お母さんに怒られる。　イ　もともと私のものだったのに。

ウ　怪我《けが》をしたのはうみかなんだ。

エ　うみかのけがが治らなかったらどうしよう。

問五　空らん[Ⅰ]～[Ⅲ]に入るものを次の中から選び、それぞれ記号で答えなさい。同じ記号を二度以上使うことはできない。

ア　謝らなきゃ　イ　謝りたい　ウ　謝る

エ　謝ろう　オ　謝った方がいい　カ　謝らざるを得ない

問六　――4について、うみかが怯《おび》えているのはなぜですか。その理由が分かるせりふを抜き出し、最初の五字（句読点をふくむが「」は書かないこと）を書きなさい。

問七　空らん[A]～[E]にあてはまるせりふを、次から選び、それぞれ記号で答えなさい。

ア　心配しなくても大丈夫だよ、はるか

イ　ちょっと、長くかかるかもしれない

ウ　どうして？　ただの骨折なんでしょ

エ　うみか、すぐに退院できるんでしょう？

オ　骨が育つ大事な時期の怪我だから、ちょっとね

問八　空らん[Ⅳ]にあてはまる語を次の中から選び、記号で答えなさい。

ア　楽しそうに　イ　遠慮《えんりょ》がちに

ウ　自信満々に　エ　恥ずかしそうに

問九　――5について、「お姉ちゃんみたいな人」とはどんな人か。次の[①]・[②]にあてはまる漢字二字の言葉を答えなさい。

・[①]の中に宇宙に関する表現がふくまれる人

・言葉にして何か言うのが[②]な人

問十　――6について、「前に、お姉ちゃんと海に行った」時、うみかは何年生でしたか。漢数字で書きなさい。

問十一　空らん[Ⅴ]・[Ⅵ]にあてはまる語句を本文中からぬき出し、答えなさい。

問十二　うみかの性格を表す語を次の中から全て選び、記号で答えなさい。

ア　がまん強い　イ　狡猾《こうかつ》　ウ　素直

エ　強がり　オ　向こう見ず　カ　無邪気《むじゃき》

キ　冷静　ク　わがまま

【四】「じゃんけん」をしたことがない人に、二人でじゃんけんをする時のやり方やルールを説明する文章を、百八十字以内で書きなさい。

なお、記述する際には、原稿用紙の使い方に従いなさい。

――私、月は好きだけど、月は月の色で、黄色でも金でも、うまく表現できない。宇宙から地球を見ても、どんなふうに言えばいいか、きっとわからない。ガガーリンみたいに、きっとあれからずうっと時間が経ってるのに同じように『青かった』しか言えないと思う」

「そうなの?」

「うん」

少しおかしくなって笑うと、うみかが「だから、お姉ちゃんみたいな人を宇宙につれていくのが、私の夢」と答えた。

「画家の人をつれてって、地球を実際に自分の目で見て絵を描いてもらったり、青も、ただ青じゃなくて、どんな青なのか、言葉で語ってくれる人たちをつれていきたい。何十年かかるか、わかんないけど」

「つれてってよ」

私は言った。

「私が死ぬ前に、そういう時代にしてよ」

「でも、正直、お姉ちゃんは間に合わないかも」

「何だと」

真剣《しんけん》に腕組《うでぐ》みして考えるうみかの物言いが本当にこの子らしい。「そういえば」とせっかくだから私も尋《たず》ねてみる気になった。

「海に行った時、貝殻の音のことも話したよね。私が海の音だって言ったら、あんたが違うって言ってそれで怒っちゃったけど、あの時、本当はなんか言おうとした? 『その音は』って言いかけて、やめてた」

「ああ――」

うみかが長く息を吸い込んだ。どうやら覚えているらしい。唇《くちびる》をきゅっと結ぶ。うみかが小声になって、答えた。

「『その音は、[V]が[VI]音だよ』って、言おうとしたの」

私は咄嗟《とっさ》に妹を振り返った。私の背中を一生懸命押してる頭が見える。髪は、病院で切った時よりも少し伸《の》びてきた。

すごくいい、と思った。思わず言った。

「うみか、きちんと言葉にできてるよ。奏《かな》でるなんて言い方、私もできないよ」

「そうかな」

ピー、とまたホイッスルが鳴って、ストレッチが終わる。立ち上がった私たちはお互《たが》いの顔を眺《なが》めた。

集合の合図がかかって、先生のもとに走り出すとき、うみかが私の腕をすっと摑《つか》んだ。柔《やわ》らかい手の感触《かんしょく》と体温を感じた途端《とたん》、無性に、この子は私の妹だ、と思った。考え方が似てなくても、姉より頭がいいかもしれなくても。無条件で私の腕を頼っていいのは、この地球上で、この子だけだ。

キーン、と頭上で高い音がして、振り仰《あお》ぐと空に飛行機が飛んでいた。白い飛行機雲が線を残している。

一九九二年の秋空がこんなふうに高かったことを、覚えていようと思った。

（辻村深月『家族シアター』より）

※ 出題の都合上、本文の一部を改稿しています。

〈注〉 うみかの入院は夏休みいっぱいかかった。

問一 ～～～a～eのカタカナを漢字に直しなさい。

問二 ═══1について、うみかが「え?」と言ったのはなぜですか。あてはまるものを次の中から選び、記号で答えなさい。

ア はるかの言葉が聞き取れなかったから。

知っていた。

五年の男子たちが「すっげえ、ザ・夢って感じ！」と騒《さわ》いでいた。パイロットとか、宇宙飛行士とか、大きくて叶《かな》わないものの代名詞のように言われる〝夢〟。だけど、言いたい人には言わせておけばいい。

私は、自分は人にどう見られるかが相変わらず気になるにもかかわらず、うみかになら、そう言い放ってしまえた。

「私、宇宙に行く人っていうのは、あんたみたいな子だと思うよ。物の見方や、宇宙への考え方が私と全然違う」

深呼吸する。そして、ようやく「ごめんね」と謝った。

「怪我した日、私、鉄棒の練習付き合うって言ったのに、行かなかった。約束、破ってごめん。私がきちんと行ってたら、うみかは怪我しないで済んだかもしれない」

「別にお姉ちゃんのせいじゃないよ。お姉ちゃんがいてもいなくても、私は鉄棒から落ちただろうし」

「それでもごめん」

「いいってば」

普段どんな時でもけろりとしているうみかが、珍《めずら》しく居心地悪そうに顔をしかめる。しばらく無言でストレッチを続けていると、やがて、うみかが思いがけないことを言った。

「私は5お姉ちゃんみたいな人が宇宙に行けばいいと思う」

「は？」

ふざけてるのかと思って顔を覗《のぞ》きこんだけど、うみかに限ってそれはなさそうだった。

「〝はるか〟って名前、宇宙飛行士に向いてる」

「名前？」

「宇宙のことを〝はるか彼方〟って表現してある本がたくさんあって、私、それ見るたびに、昔からずっと羨ましかった。お姉ちゃんの名前、いいよ」

驚いてしまう。私はずっと「うみか」の名前が羨ましかったけど、うみかもそんなふうに思ってたなんて。

名前を面と向かって「いいよ」なんて褒《ほ》められたら、照れてしまった。どんな顔をしていいかわからない私の前で、うみかが「それと」とさらに続ける。

「私、言葉にして何か言うの、苦手なんだ」

真面目な顔のままでいう。

「色を見ても、自然を見ても、仕組みを理解するのが楽しいし、いいなって思うけど、それだけなんだ。6前に、お姉ちゃんと海に行った時、お姉ちゃん、私に夜が暖かいって言ったの、覚えてる？」

そう感じたことは確かに覚えているけど、口に出したかどうかはわからない。どちらにしろ、些細《ささい》なことだ。黙《だま》ってしまった私に、うみかが言う。

「私、夜を怖いと思ったこと、ないから。お姉ちゃんが、暗いけど怖くない、夜の色の空が地球を包んでる本当の空だって言った時、衝撃《しょうげき》だった。そうか、夜が怖い人が見る空ってそういうものなんだって、びっくりしたの」

うみかが私を振《ふ》り返って、少し笑った。前の方で先生のホイッスルの合図が鳴って、今度は私が背中を押される番になる。

「あと、その時に、月を黄色じゃなくて、白に近い金色って言った。

――宇宙に行ってるしかない。

痛みには逃げ場がない、と話していた。何をしてても、気が紛《まぎ》れないって。

――想像するの。自分が宇宙にいるとこ。

そう笑ってた。

ああ。

わかったよ、うみか、と心の中で呼びかける。

月がとても近い。私が見てるこの空の向こうにあるものを、うみかだったらもっとたくさん想像できるんだろう。あの子になら、見えるのだろう。

うみかはたぶん、宇宙にいるのだ。

嫌なことがあった時、いつも大好きな宇宙のことを思い出して、きっと耐《た》えている。だから平気なんだ。クラスでひとりぼっちの時も、逆上がりで残された時も、お気に入りだった長い髪を切られた時も。つらくなかったわけがない。だからきっと、自分の居場所を別に作った。狭《せま》い教室や目に見える場所だけをすべてにしなかった。だから、あんなに強いのだ。

彼方《かなた》にある星々の明かりを見上げながら、私は自分に何ができるかを、必死に必死に、考え続けた。

（中略）〈注〉

うみかの腕は、当初考えられていたよりdジョウタイがかなりよかったらしい。

「うみか、手術するの？」

思いきって、ある夜両親に尋《たず》ねた私に、二人は驚《おどろ》いていた。答えを聞くのが怖くて、私の肩《かた》も表情も、緊張《きんちょう》に強張っていた。顔を見合わせた二人が、私を自分たちの間に座らせる。そして教えてくれた。

「大丈夫。――完全にまっすぐにするためにはそういう方法もあるってお医者さんに言われただけなんだ。この間レントゲンを撮《と》ってみたら、どうやらそこまでしなくてもうみかの骨はきちんとまっすぐだった。指もきちんと動かせるだろうって」

お父さんの言葉どおり、うみかのギプスは十月に取れた。少しして体育の授業にも出るようになった。まだ見学してればいいのにって思うけど、ぶっきらぼうな口調で「いい」と答える。こういう時、この子はとても頑固《がんこ》だ。

苦手だからサボってるって思われるのが、きっと嫌なのだ。本音の声を聞かせないで突《つ》っぱね続けるのも、本当にうみからしい。

五、六年合同ペアになってやるストレッチを、私は自分から「うみかとやりたい」と申し出た。怪我のことを知ってるみんなが、怖々《こわごわ》とうみかの身体に触《さわ》ることを考えたら、私がやるのがきっと一番いい。姉妹でやるなんて気まずいと思ってた気持ちは、今は不思議と消えていた。みんなから「いいお姉ちゃん」だと思われても、まあ、仕方ない。

軽い力で背中を押していると、ふいにうみかが言った。

「この間ね」

「うん」

「文集の原稿《げんこう》の、eショウライの夢のとこに『宇宙飛行士』って書いたよ」

「そっか」

行った病室で、髪を短くされたうみかを見た時は、衝撃《しょうげき》だった。

「スースーする。変な感じ」

　うみかは何でもないことのように言ってみせたけど、この時も私の目を見ようとしなかった。

　私の小六の夏休みは、ほぼ、うみかの怪我の思い出で埋まった。うみか自身が感じてるように、あの子の怪我は私が思っていたよりずっと重傷だった。両親が私が寝た後で、いつまでもリビングで話してる声が聞こえて、私はそっと布団《ふとん》を出て、ドアに耳をくっつけて、声の内容を聞いていた。

――肘《ひじ》のところから切って、神経を一つ一つくっつけ直す――という声を聞いた日、私は全身の血が一度に下がっていくのをはっきり感じた。聞いてしまったことを後悔《こうかい》しながら布団に入ると、背筋が熱を出した時のようにぞくぞくした。

　うみかが手術する。

　繋《つな》がっている自分の腕の付け根を見ながら、皮膚《ひふ》にメスが入ることを想像して、嫌《いや》だ、と叫《さけ》びそうになった。ダメだ、ダメだ、ダメだ、うみかの腕を切るなんて、ダメだ。

　宇宙飛行士が目指せなくなるなんて、ダメだ！

　眠れずにまた布団を出ると、二段ベッドの上から、うみかの机が見えた。並んだ『科学』のふろくたち。中に、ドーム型プラネタリウムの丸い頭が見えたら、気持ちが抑《おさ》えられなくなった。

　南向きのカーテンの向こうから、月と星の明かりが差し込んで、部屋の中は窓辺だけが明るかった。ベッドを降りて窓を開くと、夜の蟬《せみ》が鳴いていた。晴れた空に浮《う》かぶ星の名前。学校で習ったけど、私は北極星と北斗七星《ほくとしちせい》くらいしかわからない。

　宇宙飛行士になるには、勉強ができることはもちろん、身体が丈夫《じょうぶ》なことだって必要だろう。どうしよう。あの子は本気だ。あんなふうに Ⅳ 夢を打ち明けるくらい、大事に思ってる。エンデバーの打ち上げを、楽しみにしてる。

　私はあの子のために何ができるだろう。

　うみかに話を聞いてから、図書館で片っ端《ぱし》から宇宙飛行士に関する本を探して読んだ。手術したらダメなのか、目指すにはどんなことが必要なのか――、字がずらっと並んだ大人向けの分厚《ぶあつ》い本も開いてみた。

　怪我は私のせいだ。どうしよう、どうしよう、と一生懸命《いっしょうけんめい》内容を読んだけど、私にちゃんとした答えをくれる本は一冊もなかった。両親や先生に聞くことも考えたけど、宇宙飛行士の夢のことはナイショにするって、うみかと約束していた。

　闇が、この時も少しも怖くなかった。去年の夏、うみかと歩いた浜辺の空も、こんなふうに暖かい光に満ちていた。思い出したら胸が詰まって、あの時、ケンカしたことすら縋《すが》りつきたいほど懐《なつ》かしかった。

　海岸で、貝殻の音のことで私はうみかに怒ってた。あの子が「その音は――」と続けようとしたのを遮《さえぎ》って、勝手に歩き出した。

　だけど、あの時、あの子はなんて言いたかったんだろう。私が何で怒ってるのかもわからないあの子に、私は一度だって怒ってる理由を自分から説明したことがない。口答えするうみかに、私はいつだってそこで話すのをやめてた。あの子が話すことはどうせ生意気でかわいくないって決めつけて、まともに聞かなかった。

　病院で聞いたうみかの言葉を思い出す。

「　A　」

「　B　」

帰りの車の中でお母さんに聞くと、少し間をおいて返事が返ってきた。

ちょっと、と、長く。

矛盾《むじゅん》する二つの言葉を聞いて、嫌《いや》な予感がした。

「　C　」

「　D　」

「　E　」

運転席のお父さんも言う。だけど、二人の声は疲れて、元気がなかった。

結局、怪我についての肝心なことを私に教えてくれたのは、うみか本人だった。

一学期の終業式を迎《むか》えて夏休みに入っても、うみかは退院できなかった。私は五年のうみかのクラスからもらったお見舞《みま》いの寄せ書きの色紙と「早くよくなってね」と書かれた紙がぶらさがった千羽鶴《せんばづる》をcアズかって、病室を訪ねた。

「骨が曲がった方向でくっついちゃってるから、手術しなきゃならないかもしれない」

うみかの口調は、いつもみたいに淡々としていた。私は「え」と呟いて、咄嗟《とっさ》にうみかの腕を見てしまう。それからあわてて目をそらした。

「手術、するんだ?」

「うん。たぶん」

うみかが、クラスメートからもらった色紙のメッセージを目で読んでいる。一度ずつ読んだら、それでおしまいとばかりに、さっさと棚《たな》にしまう。蛍光《けいこう》ペンを駆使《くし》して、かわいい絵を入れてうみかにメッセージを綴《つづ》ってる子たちとうみかが本当はそんなに仲良くないことを、私も知っていた。

「あのね、お姉ちゃん」

「うん」

「もし、骨折で、手術して、腕にボルトを入れたりすると、それがたとえ一個でも、もうそれだけで宇宙飛行士にはなれないんだって」

「え」

二度目の「え」は大きな声になった。うみかが目を伏《ふ》せ、何でもないふうに窓の外を見る。だけど、私にはわかる。わざとだ。無理やり平気そうにしてる。うみかはいつも、しっかり私の目を見て話す。

「痛いのって、逃《に》げ場がないんだよね」

言葉がかけられない私の前で、うみかが小さくため息をついた。

「何をしてれば気が紛《まぎ》れるっていうのがないから、宇宙に行ってるしかない」

「宇宙?」

「想像するの。自分が宇宙にいるとこ」

うみかはそう言って、ちょっとだけ笑った。海に穏《おだ》やかな波が寄せてすぐになくなる時みたいな、静かな笑顔だった。

夏休みになって少しして、うみかは長かった髪《かみ》を病院でばっさり、お母さんに切られてしまった。怪我のせいで思うようにお風呂に入ったり、髪を洗えなくなって、長い髪をきれいなままにしておくのが難しくなったのだ。ボサボサになっちゃうし、ちょうど暑い季節だし、いいじゃない、とお母さんは簡単なことのように言ったけど、お見舞いにけなくなった。

　うみかはとろんとしたいつもの二重瞼《ふたえまぶた》をさらに重そうにして、うっすらと目を開けて、ベッドに横になっていた。力と、光のない目で私たちの方を見る。朝までのうみかとまったく違った。顔を見たら、走っていって、抱《だ》きついて、［Ⅱ］気持ちになったけど、私は足を開いて立ったまま、妹に近づくことさえできなかった。

「うみか、お姉ちゃんが来てくれたよ」

　お母さんが励《はげ》ますように言うのが苦しかった。私は約束を破った。何も言えずに、せめて目だけはそらさないようにしていると、うみかが「うん」と頷《うなず》いた。右腕《みぎうで》が白い包帯で何重にも固定されて、ベッドの上に吊《つ》られている。手がどんなふうになっているのかは、包帯に覆《おお》われてるせいでわからなかった。

　私のせいだ。

　怪我をした時の詳《くわ》しい状況《じょうきょう》はわからないけど、私が弾《はず》みをつけた方がいいって教えた。うみかはその勢いのまま、鉄棒の向こうに落ちたんじゃないのか。

　bせめられることを覚悟《かくご》した。お母さんたちにも、きっと怒《おこ》られる。だけど、うみかは何も言わなかった。ぼんやりと天井《てんじょう》を見てる。お母さんに言われて、私はうみかのすぐそばに座った。［Ⅲ］、と思うけど、ここまで来ても、言葉は口から出てこなかった。

　両親が二人とも、入院のことで先生と話すため病室を出て行ってしまう。私は下を向いて、沈黙《ちんもく》の時間にただ耐《た》えていた。

「九月までに、手、よくなるかな」

　うみかがぽつりと言った声に顔を上げる。うみかの唇《くちびる》が、かさかさに乾《かわ》いて白くなっていた。「痛いなぁ」と呟《つぶや》いて顔を歪《ゆが》める。

「エンデバーの打ち上げ、家で、見たい」

「……見ようよ、一緒に」

　一緒に、を言う声が震《ふる》えた。

　一緒に練習しよう、の約束を破った私が口にしていい言葉じゃないのかもしれない。だけどうみかがゆっくりと私を見た。その口元が、なぜか笑った。

「私ね、お姉ちゃん」

「うん」

「宇宙飛行士になりたいんだ」

　どうして、この時を選んでうみかがそう言ったのかはわからなかった。だけど大事な秘密を打ち明けるように、うみかが「ナイショだよ」と続ける。

「うん」

　私は頷《うなず》いた。そして、唇を噛《か》んだ。そうしていないとまた涙《なみだ》が出てきそうだった。痛いのはうみかなのに、私が泣いちゃダメなのに。

寝《ね》たまま言う4うみかが怯《おび》えていることに、声の途中で気づいた。人の目なんて気にしない、『科学』を面白がるセンスのある、風変りで強い、私の妹が弱気になっている。

「なれるよ」と私は答えた。水の中に放りこまれたように、鼻の奥がつんと痛んで、涙がこらえきれなくなる。

「なってよ」

　もう一度、今度はそう言い直した。

「この貝、どのぐらい深いとこに沈んでたのかな。なんで、海の音がするんだろう。貝が記憶《きおく》して一緒に持ってくるのかな。だとしたら、テープレコーダーみたい」

うみかにも聞かせたくて、貝を手渡《てわた》す。貝を耳に当てたうみかは、私と同じようにしばらく音を聞いた後で「お姉ちゃん」と呼びかけてきた。

「何？」

「貝の中から聞こえる音は、海の音じゃなくて、自分の耳の音なんだよ」

うみかはにこりともしていなかった。

「よく、貝殻から海の音が聞こえるっていうけど、それを出してるのはお姉ちゃん自身。保健室で耳の断面図の写真見たことない？　耳って、かたつむりの殻みたいな蝸牛《かぎゅう》って器官があるんだ。あの中、聞いた音を鼓膜《こまく》から脳に伝える役割をする体液が入ってるんだけど、それ、波みたいに揺《ゆ》れて動くんだって。お姉ちゃんが聞いたのは、その、蝸牛の体液が動いて認識した音だよ。普段は小さくて聞こえないんだけど、貝殻にぶつかると耳に跳《は》ね返って聞こえる。――だからこの音は海の音じゃないし、貝殻の記憶でもないよ」

浮《う》かべていた笑みが強張《こわば》って、表情が固まる。うみかが私を見て「その音は――」と続けようとしたところで、頭の奥《おく》で真っ白い光が弾《はじ》けた。

猛烈《もうれつ》に腹が立った。無言でホテルの方に歩き出す。急に引き返した私を、うみかがびっくりしたように追いかけてくる。

「待ってよ。どうしたの、お姉ちゃん」

「知らない！」

実際、どう言えばいいのかわからなかった。

「あ、貝殻……」

うみかから「返すね、はい」と渡されても、受け取る気がしなかった。

うみかはいっつもそうだ。こういうところが生意気だ。私が何か言うと必ず言い返してくるし、そのことで私が怒っても、自分の何が悪いのかわかってない。他の子の妹はみんな、お姉ちゃんの言うことは素直に聞いてるみたいなのに。

（中略）

仕事から帰ってきたお父さんと一緒に病院に向かう時、私はずっと俯《うつむ》いていた。

頭の奥でずっと、2お前のせいだ、という誰《だれ》のものかわからない声がしてる。

車の中、私の隣《となり》で、お母さんに持ってくるように言われたうみかの着替《きが》えが、半透明《はんとうめい》の袋《ふくろ》の中から透《す》けていた。灰色の、私のお下がりの下着。「はるか」と書かれた名前がマジックの線で消されて、下に、あの子の名前が「うみか」と書いてある。

うみかが怪我《けが》をしたと聞かされた時から、ずっと泣けたらいいのにと思いながら、3出てこなかった涙《なみだ》が、その書き直しの名前を見たら、じわっと目の奥に滲《にじ》んだ。車の外で、国道の向こうの夜景が筋を引いて流れていく。

骨折したことがある子は、うちのクラスにも何人かいた。みんなギプスをしながら学校に来てた。だけど、入院したという話はあんまり聞かない。うみかはそんなにひどい怪我なのか。

あの子は、練習に来なかった私を怒ってるに違いない。きちんと［I］と思ってたのに、薬の匂《にお》いのする病室に一歩入った途端《とたん》、口が利《き》

問二　空らん[I]・[II]にあてはまる語句を次の中から選び、記号で答えなさい。

ア　偽装《ぎそう》工作　**イ**　先制攻撃《こうげき》　**ウ**　逃避《とうひ》行動

エ　防御《ぼうぎょ》手段　**オ**　模倣《もほう》行為

問三　空らん[a]～[c]に入るひらがな一字を書きなさい。

問四　――1「身をやつして」と同じ意味の語句を本文中から抜き出しなさい。

問五　――2「あの手この手」とあるが、いくつの「手」があげられているか、算用数字で答えなさい。

問六　空らん[1]～[4]にあてはまる語を次の中から選び、記号で答えなさい。なお、同じ記号を二度用いてはならない。

ア　しかも　**イ**　そこで　**ウ**　そして　**エ**　ところが

【三】　次の文章を読んで、あとの問いに答えなさい。

去年の夏、家族で海に行った。

海岸沿いのホテルに泊《と》まって、両親と私たち、家族四人で夜の浜辺を散歩した。夕日のオレンジ色がだんだんと藍色《あいいろ》に押され、空が夜になっていく。遮《さえぎ》るもののない視界いっぱいの海と空を見上げていると、いつの間にか、うみかが横に来ていた。

実を言うと、私はうみかの名前が羨《うらや》ましかった。

はるかとうみか。似てる名前だけど、一つだけで見た時に、はるかは普通《ふつう》の名前で、うみかの方が個性的でかわいい感じがした。うみかの名前の中には「海」がある。暗い夜の海とうみかは、よく似合ってる。

普段から『科学』派で、宇宙に関する本だっていっぱい読んでる妹は、私より、今もずっとたくさんのことを考えて、感動しながら星空を眺《なが》めているかもしれない。そう考えたら、迂闊《うかつ》に声をかけてはいけない気がした。少し迷ってから、ようやく「いいね」と話しかけた。

「きれいだね。私、絵を描《か》く時、月を黄色く塗《ぬ》ってたけど、本当は白に近い金色なんだって、今、気づいた」

遠い場所に来たことで、ビー玉を散らしたようにきれいな夜空は、自分の家から見る空と違って『宇宙』なのだとはっきり思えた。波の音がしていた。

「空っていうと普通、昼間の水色の空を想像するけど、それって実は薄《うす》い膜《まく》みたいなもので、こっちの夜の色の空が地球を包んでる本当の空なんだって思えるね。不思議。暗いけど、怖《こわ》くない。暖かい感じがする」

旅のaコウフンと、日中海で泳ぎ疲《つか》れたことと、何より家族と一緒《いっしょ》にいるという気のゆるみが、いつになく暗闇《くらやみ》を身近に感じさせてくれた。

1うみかが「え?」と短く声を上げ、私を見た。聞き取れなかったのかもしれない。我ながら恥《は》ずかしいセリフだったから、私は言い直さずに下を向いた。

砂浜《すなはま》には、作り物みたいにきれいな形をした貝殻《かいがら》がたくさん落ちていた。ザリガニのハサミのように表面がごつごつした巻き貝を手に取る。耳に当て、そして「うわぁ」と声を上げた。

「海の音がするよ、うみか」

ピンク色につやつや光った貝の内側から、水の底で聞くような遠い音が流れ込《こ》んできた。自分がとても贅沢《ぜいたく》なことをしている気分になる。だって、貝が沈《しず》んでいた海底では、こんなにはっきりと星は見えなかったはずだ。

物な鳥も、さすがに鳥の糞は食べない。そのため、糞の姿に1身をやつして身を守っているのである。しかし、いつまでも糞の姿をしているわけにはいかない。体が大きくなると鳥の糞に成りすましていたのでは巨大な糞になってしまう。こうなると、不自然でかえって目立ってしまうのだ。

　そこで、幼虫は成長すると植物の茎《くき》や葉と同じ緑色の保護色になる。そして、緑色になったアゲハチョウの幼虫には大きな目玉模様ができるのである。この目玉模様は重要な働きをしている。駅やベランダ、田畑などの鳥よけに、大きな目玉模様の風船が用いられるが、鳥は大きな目玉模様を嫌う性質がある。そのため、アゲハチョウの幼虫も鳥が嫌がる目玉模様で鳥の攻撃を避《さ》けているのである。また、二つの目玉模様によってアゲハチョウの幼虫は鳥の天敵であるヘビの顔に似せているとも考えられている。実際に襲《おそ》われるとヘビの鎌首《かまくび》のように頭をもたげて威嚇《いかく》する。

　さらに、幼虫の体に描《えが》かれた白い帯模様にも意味がある。横方向に線状の模様があることによって、体が区切られ、幼虫の全体の大きさがわかりにくくなる。そのため、顔を出したヘビのように鳥に思わせることができるのである。それだけではない。攻撃を続けられると、アゲハチョウの幼虫は臭角《しゅうかく》と呼ばれる鳥がいやがるにおいのする黄色い角を出して威嚇する。こうして2あの手この手で鳥から身を守るのである。

　さなぎになってもアゲハチョウの［Ⅱ］は手を抜《ぬ》くことはない。

　さなぎはごつごつした場所では茶色いさなぎとなり、細くすべすべした場所では緑色になる。アゲハチョウの幼虫はミカン科の植物を餌《えさ》とするが、ミカンの木はごつごつした場所は茶色いC幹で、すべすべした場所は緑色の細い茎である。そのため、その場所にあわせた保護色となるようにさなぎの色を変化させるのである。［1］、さなぎはミカン科の植物によく見られる、枝のトゲに似せた形をしているから、手が込《こ》んでいる。

　チョウが、ひらひらと飛ぶ理由は鳥の攻撃を避けるためだったが、アゲハチョウは、その美しい羽にも秘密がある。アゲハチョウの後の羽には尾状突起《びじょうとっき》と呼ばれるしっぽのような突起があるが、尾状突起の根元にはオレンジ色の中に黒い点のある斑状《はんじょう》模様がある。この模様も目玉を模している。この小さな目玉模様に鳥を脅《おど》かすほどの効果はない。［2］、鳥は獲物《えもの》に逃げられないように、チョウを襲うときには頭を狙《ねら》って攻撃を仕掛《しか》ける。［3］アゲハチョウは尾状突起を触角《しょっかく》に見立て、オレンジ色の目玉模様で羽の方を頭だと思わせるように偽装《ぎそう》しているのである。［4］、鳥が羽を攻撃しているうちに、アゲハチョウは首尾《しゅび》よく逃げるのである。

　平安時代には嫌われていたチョウであるが、その後D台頭した平氏は優雅で美しいアゲハチョウをE文様として用いるようになり、アゲハチョウは武家の家紋《かもん》として好んで用いられるようになった。しかし、平氏がアゲハチョウの美しさだけでなく、その策略に満ちた生き残り戦略にまで、思いを致《いた》すことができたとしたら、どうだっただろう。もしかすると、平氏は滅《ほろ》びることはなく歴史は大きく変わっていたかもしれない。

（稲垣栄洋『身近な虫たちの華麗な生きかた』より）

※出題の都合上、本文の一部を改稿《かいこう》しています。

〈注〉　万葉集…奈良時代に出来た歌集

問一　＝＝＝A～Eの漢字をひらがなに直しなさい。

【国　語】（四五分）〈満点：一〇〇点〉

※解答はすべて解答用紙に記入しなさい。

※解答に句読点や記号などが含《ふく》まれる場合は一字に数えます。

【一】次のスポーツの試合をするエリアを何といいますか。（　）内に指定した字数に従い、正確なカタカナで書きなさい。

〈例〉ハンマー投げ（5）　〈答〉フィールド

①テニス（3）

②フィギュアスケート（3）

③一万メートル走（4）

④サッカー（3）

⑤ボクシング（3）

【二】次の文章を読んで、あとの問いに答えなさい。

「蝶《ちょう》よ花よ」と言うように、美しいチョウは誰《だれ》からも愛される存在である。

ところが、日本の花鳥風月を詠《よ》んだ歌も多い『〈注〉万葉集』には、どういうわけか、チョウを詠んだ歌が一つもないという。また平安時代に書かれた清少納言の『枕草子』の第四十三段の「虫は」では、ハエやアリまで登場するのに、意外なことに女性が好みそうなチョウが紹介《しょうかい》されていないというから不思議だ。

一説には、ひらひらと飛ぶチョウは、昔は死者の魂《たましい》を運ぶとされており、A不吉なものとして、忌《い》み嫌《きら》われていたという。しかし、どんなに万葉の人々に嫌われようと、チョウはひらひらと飛ばなければならない事情がある。

ひらひらと舞《ま》う飛び方は、天敵の鳥の攻撃《こうげき》から身を守るための［Ⅰ］である。

よく映画やドラマの一場面で銃《じゅう》を撃《う》ってくる悪者から逃《のが》れる主人公が、車をジグザグに走らせて逃《に》げるが、チョウの飛び方もまさに同じである。ひらひらと不規則に舞うチョウの動きは、鳥にとっては何とも捕捉《ほそく》しにくい。こうしてチョウは、直線的に高スピードで迫《せま》りくる鳥の攻撃をかわすのである。優雅《ゆうが》に見えるチョウの飛翔《ひしょう》は、敵から逃れるための［Ⅰ］だったのである。

ひらひらと羽を動かしているように見えるチョウであるが、実際には羽を閉じてふわっと落ちる［a］、羽をはばたかせて、舞い上がるという動きを繰《く》り返している。もっとも、羽が大きいので、激しく上下運動をして敵をまどわすのに対して、意外にも体の方は大きく［b］上下しない。何ともB優れた飛び方なのである。

アゲハチョウは「揚羽蝶《あげはちょう》」と書く。着物の裾《すそ》の余った部分をたたんで縫《ぬ》うことを「揚《あ》げ」と言った。アゲハチョウが蜜《みつ》を吸うときに羽根を上げることから、羽根を揚げるという意味で揚羽と呼ばれるようになったのである。また、「揚げる」という言葉には、艶《あで》やかに遊ぶという意味があることから、大きくて美しい羽で舞うようすからつけられたと［c］言われている。軽やかに舞って敵を惑《まど》わすチョウにとって、一番の天敵は鳥である。アゲハチョウの生涯《しょうがい》は、まさに天敵の鳥との戦いであると言っていい。

卵から孵《かえ》ったばかりの小さなアゲハチョウの幼虫は、黒と白の混じった色をしている。これは鳥の糞《ふん》に姿を似せているのである。芋虫《いもむし》が大好

平成29年度

解答と解説

《平成29年度の配点は解答用紙に掲載してあります。》

＜算数解答＞《学校からの正答の発表はありません。》

【1】 (1) ア 12 (2) イ 8
【2】 (1) 4200円 (2) 84人 (3) 80個 (4) 解説参照
【3】 (1) 82度 (2) 75.7cm (3) 50cm^2 【4】 (1) ア 206円 (2) イ 149枚
【5】 (1) 4cm^3 (2) 52cm^2 (3) 72個
【6】 (1) 64分後 (2) 42分後 (3) 544m

＜算数解説＞

【1】（四則計算）

(1) $\boxed{\text{ア}}\times2-20=4$　$\boxed{\text{ア}}=(4+20)\div2=12$

(2) $\boxed{\text{イ}}=\left\{\left(3\frac{25}{30}-1\frac{8}{30}\right)\times7\frac{1}{2}-2\frac{1}{4}\right\}\times\frac{8}{17}=\left(\frac{77}{4}-\frac{9}{4}\right)\times\frac{8}{17}=8$

【2】（割合と比，平均算，相当算，推理）

基本 (1) 4830÷(1＋0.15)＝4200(円)

基本 (2) 男子野球部の平均点と全員の平均点との差は2.4点，全員の平均点と女子サッカー部の平均点との差は8－2.4＝5.6(点)であり，これらの比は2.4：5.6＝3：7である。したがって，2つの部の人数の比は7：3であり，男子野球部は120÷(7＋3)×7＝84(人)である。

重要 (3) ご石の総数が16のとき，黒のご石は16÷8×3＝6より6個多く，白のご石は9より1個少ない。したがって，総数の16は，6＋9＝15より6－1＝5(個)多く，16－15＝1が5個に相当するので，総数は5×16＝80(個)である。

基本 (4) ●Aはア列・Bはエ列・Cはイ列であるからDはウ列である。

●①Aが「あ段」・Dが「う段」か，②Aが「い段」・Dが「え段」である。

●①Aがア列「あ段」のとき，Bはエ列「え段」・Cはイ列「い段」・Dはウ列「う段」→1列

したがって，②Aがア列「い段」・Bはエ列「う段」・Cはイ列「あ段」・Dはウ列「え段」

	ア列	イ列	ウ列	エ列
あ段		C		
い段	A			
う段				B
え段			D	

【3】（平面図形，相似）

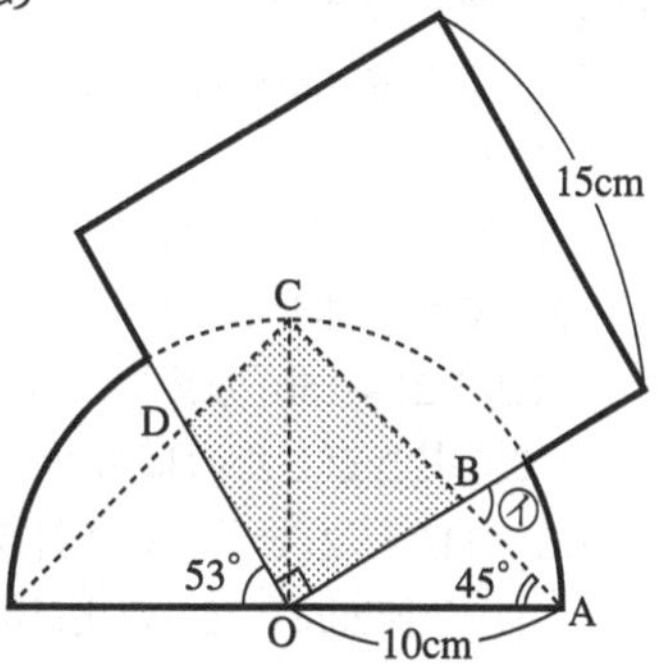

基本 (1) 右図において，三角形OABの外角㋑は180－(53＋90)＋45＝82(度)である。

重要 (2) 右図において，おうぎ形の直径が10×2＝20(cm)，弧の長さが20×3.14÷4＝15.7(cm)，正方形に含まれる太線部分が15×4－10×2＝40(cm)である。したがって，全体の周は20＋40＋15.7＝75.7(cm)である。

重要 (3) 前ページ図において，三角形OCDとOABは合同であり，影の部分の面積は10×10÷2＝50 (cm^2)である。

【4】（規則性）

重要 (1) 並び方の規則は，以下の通りである。これら①～⑦の枚数の合計は(3＋9)×7÷2＝42(枚)であり，これらの合計の金額は1×(1×1＋2×3＋3×3)＋5×(1×2＋2×3＋3×2)＋10×(1×3＋2×3＋3×1)＝16＋70＋120＝206(円)である。

1・5・10 …①3枚
1・1・5・10 …②4枚
1・1・5・5・10 …③5枚
1・1・5・5・10・10 …④6枚
1・1・1・5・5・10・10 …⑤7枚
1・1・1・5・5・5・10・10 …⑥8枚
1・1・1・5・5・5・10・10・10 …⑦9枚

やや難 (2) 1から30までの整数の和は(1＋30)×30÷2＝465であり，(1)の並び方で①3枚から㉘30枚までの合計が465－(1＋2)＝462(枚)になり，㉙は487－462＝25(枚)が並ぶ。これらのうち，10円硬貨は①～③が1×3(枚)，④～⑥が2×3(枚)，…，㉕～㉗が9×3(枚)，㉘が10枚である(1円・5円硬貨も10枚)。最後㉙では25枚のうち，1円硬貨が11枚，5円硬貨が10枚並ぶので，10円硬貨は25－(11＋10)＝4(枚)並ぶ。したがって，10円硬貨は全部で(1＋9)×9÷2×3＋10＋4＝149(枚)ある。

【5】（立体図形，平面図形，数の性質）

基本 (1) 図1より，2×2＝4(cm^3)である。

やや難 (2) 下図の6個を組み合わせると，図2の直方体ができるので，表面積は3×4×2＋(3＋4)×2×2＝26×2＝52(cm^2)である。

図1

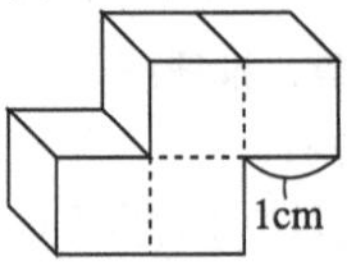

図2

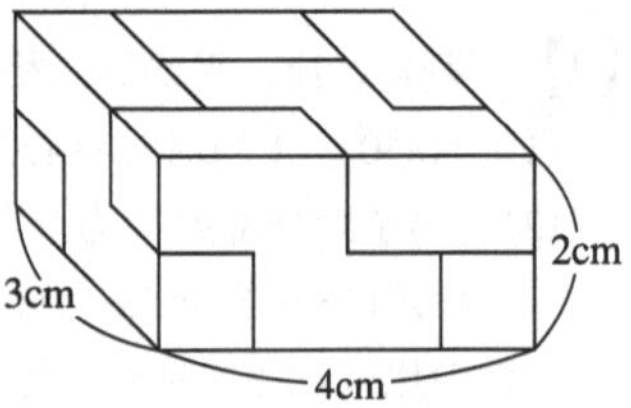

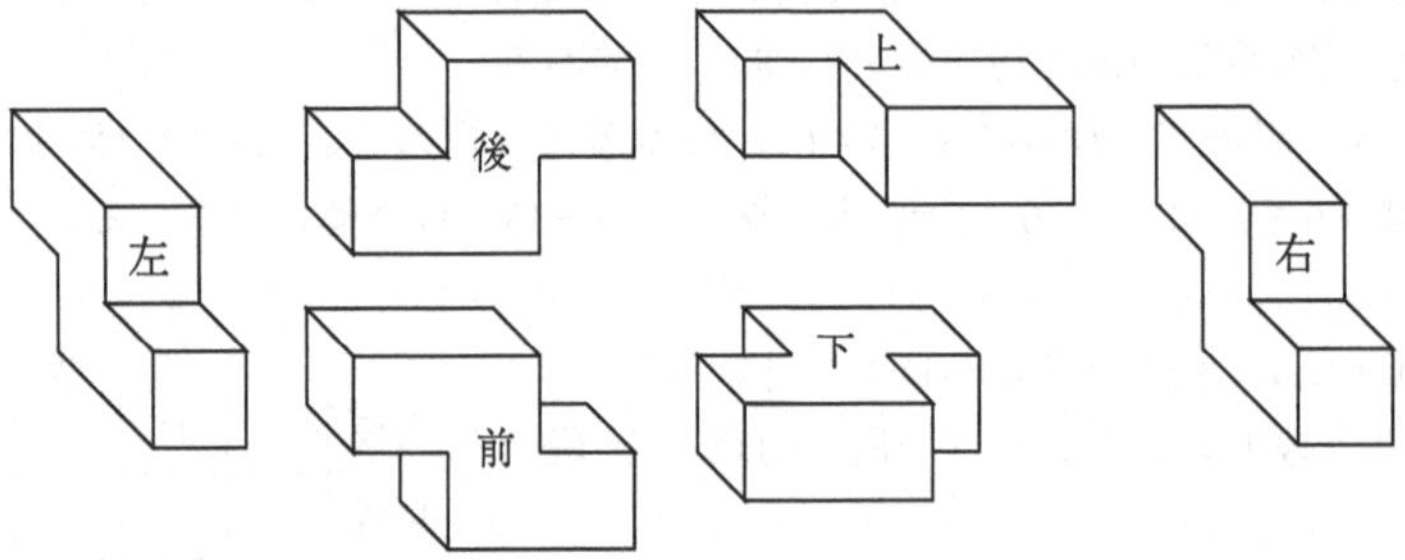

(3) (2)より，立方体の1辺は3，4，2cmの最小公倍数より12cmであり，直方体の個数は12÷3×12÷4×12÷2＝72(個)必要である。

重要 【6】（速さの三公式と比，旅人算，単位の換算）

(1) Aが3600mを1周する時間は3600÷30＝120(分)，Bが1300mを1周する時間は1300÷20＝65(分)である。したがって，BはAがスタートしてから120＋9＝129(分後)に地点Kに戻っているので，BがスタートしたのはAがスタートしてから129－65＝64(分後)である。

(2) Cが分速45mで3600mを1周する時間は3600÷45＝80(分)であり，(1)より，スタートしてから129＋21＝150(分後)に1周して地点Kに戻っており，分速30mと45mの比は2：3である。したがって，引き返したのはスタートして (150－80)÷(2＋3)×3＝70÷5×3＝42(分後)

(3) (1)・(2)より，Cが引き返して地点Kに戻ったとき，Bは20×(70－64)＝120(m)先に進んでおり，分速20mと45mの比は4：9であるから，地点KからEまでの距離は120÷(9－4)×9＝216(m)である。一方，分速20mと30mで距離600mを進むときの時間差は600÷20−600÷30＝10(分)であり，これらの分速で地点OからKまで進んだときの時間差が9分であるからこの間の距離は600÷10×9＝540(m)である。したがって，地点EからOまでの距離は1300−(216＋540)＝544(m)である。

★ワンポイントアドバイス★

まず【1】～【3】で着実に得点する。さらに，【4】(1)「合計金額」，【5】(1)「体積」，【6】(1)「時間差」も難しくない。これらの問題を正確に解くことが，第一のポイントである。後は，時間配分に注意して挑戦しよう。

＜理科解答＞ 《学校からの正答の発表はありません。》

【1】 (問1) 測定値の誤差を少なくするため (問2) 「ふれ幅」 4 「ふりこの長さ」 5
(問3) (ア) 5 (イ) 2 (ウ) 7 (エ) 11 (問4) 7 (問5) 3

【2】 (問1) キ (問2) 3 (問3) 2 (問4) 1 (問5) 日本

【3】 (問1) 1→3→6 (問2) 3 (問3) 1→5→4 (問4) 2gの分銅をのせる。
(問5) 水25gを蒸発させて，20℃にもどしてろ過する。

【4】 (問1) イ，カ (問2) 3 (問3) 1，4，6 (問4) 2
(問5) (い)，(え)，(か) (問6) 2，4

＜理科解説＞

【1】 (物体の運動ーふりこ)

問1 実験の回数が多いほど，測定値の誤差が小さくなり正確な値が得られる。

重要 問2 ふりこの往復時間は，振れ幅やおもりの重さに関係なく，ふりこの長さが一定なら一定の時間となる。グラフは4である。しかし，ふりこの長さが4倍になると往復時間は2倍に，9倍になると3倍になる。これをグラフで表すと5のグラフになる。

基本 問3 ふりこが1往復する時間はふりこの長さによって決まり，ふりこの振れ幅やおもりの重さは関係しない。ふりこの長さが長くなるほど1往復にかかる時間も長くなる。しかし，これらは比例や反比例の関係ではない。

問4 ふりこの原理を発見したのは，ガリレオ・ガリレイである。

問5 おもりを下方向に移動させるとふりこの長さが短くなり，1往復の時間が短くなる。

【2】 (地球と太陽・月ー月の運動)

基本 問1 月が太陽と反対側に来るとき満月が見られる。

問2 地球が太陽の周りをまわる公転面と月が地球の周りをまわる公転面は，わずかにずれているがほぼ同じとみなせる。地軸の傾きから北半球で6月に太陽の南中高度が高くなるのは3の図である。

基本 問3 月は約30日で満ち欠けを繰り返している。図2の月になるのは図1のエの位置に月が来る時で，満月から約9日後である。

問4 夏至のころの満月の南中高度は低く，新月の南中高度は高い。図2の月の南中高度はその間の値になるため，満月の南中高度より高くなる。

問5　アメリカ，ロシアについで月に探査機を送り込んだのは日本である。1990年に「ひてん」が月の軌道に到着した。2007年には「かぐや」が月に到達し，その後1年8か月周回軌道を回り続けて観測を行った。

【3】（器具の使用法ー上皿天びんの使い方）

基本　問1　決まった重さをはかりとるときは，まず天びんのつり合いを確認してから，分銅を利き手と反対側の天びんの皿に乗せ，はかるものを利き手側の天びんにのせる。

基本　問2　食塩をはかりとるときは，食塩の入っている容器を利き手と反対の手で持ち，容器の口を皿に近づけてこぼれないように薬包紙の上にのせてゆく。

基本　問3　物体の重さをはかるときは，物体を利き手と反対側の天びんの皿に乗せ，分銅を利き手側の天びんにのせる。

問4　重いおもりから皿にのせてゆく。1回目に50gの分銅をのせる。2回目に20gの分銅をのせると分銅の方が重くなってしまうので，3回目に20gの分銅はおろす。同様に4回目は10gをのせて5回目に10gの分銅をおろし，6回目は5gの分銅をのせたままにし，7回目は2gをのせる。

分銅の重さ	0.1	0.2	0.5	1	2	5	10	20	50
操作の回数					7	6	5, 4	3, 2	1

問5　20℃の水100gに混合物を溶かすと，36.0gの食塩と砂糖が溶ける。過剰量の食塩は砂と共にろ過される。食塩は20℃で水100gに36.0g溶けるので，20℃で9gの食塩を溶かすには水は25g必要である。つまり，この水溶液から25gの水を蒸発させると溶けきれなくなって9gの食塩が沈殿する。これをろ過するとよい。砂糖は少量なので，水に溶けたままと考えられる。

【4】（昆虫・動物ーメダカ・魚の特徴）

基本　問1　イの背びれはオスでは切れこみがある。カの尻びれはオスの方が大きい。

問2　Xは胸びれで，体のバランスを保つのに重要な役割をする。また，体を左右に方向転換するのにも用いられる。

問3　メダカはプランクトンを食べる。ゲンゴロウやヌマエビは体長か大きく，エサとして適切ではない。マツモはメダカの産卵場所としてふさわしい水草である。

問4　ミドリムシは豊富な栄養素を持ち，栄養補助食品として注目されている。また，バイオ燃料としての利用も研究されている。

問5　海で卵を産むものは，タラ，サバ，ヒラメである。

重要　問6　表1より次のことがわかる。ヒラメやタラはメスの最大体長は大きいが卵の直径は小さい。卵の直径の大きいサケやマスは，体重1gあたりの一度に産む卵の数も少ない。卵の直径は大きいほど1個の重さは軽いと考えられが，一度に産む卵の数と重さに関連性は見られない。メダカ，サケ，コイ，マスなどの川で卵を産む魚の方が卵の数は少ない。タラやヒラメのメスの最大体長は大きい。

★ワンポイントアドバイス★

問題数のわりに試験時間が短い。説明文を書く問題もふくまれており，できる問題から解いて1題でも多く正解するようにしたい。

＜社会解答＞《学校からの正答の発表はありません。》

【1】 問1 全員正解　問2 1　問3 4　問4 2(km)　問5 4
【2】 問1 1　問2 3　問3 1　問4 4　問5 5　問6 1 ○　2 ×　3 ○
【3】 問1 (あ) 4　(い) 10　(う) 7　(え) 1　問2 4
【4】 問1 A 9　B 6　C 4　問2 3　問3 2　問4 4　問5 1
【5】 問1 4　問2 2　問3 1　問4 2　問5 1 ○　2 ×　3 ×
【6】 問1 4　問2 一億総　問3 1　問4 3　問5 2
【7】 問1 (あ) サミット　(い) パリ　問2 4　問3 3　問4 (例) トラックにくらべて鉄道は二酸化炭素の排出量が少なく，地球温暖化を抑制できるから。(40字)

＜社会解説＞

【1】 (日本の地理ー北海道の気候，地形図の見方など)

問1 函館は北海道南西部，渡島半島南部に位置する都市。北海道の中ではやや温暖であるが，それでも1月，2月の気温は0℃を下回る。また，北海道は梅雨がないので，6月の降水量が少ないのが特徴である。

問2 Aの方向から見ると，函館山の山頂(標高334m)は，山体のやや右側に見える。

問3 函館市の中心市街地は，トンボロ(陸繋砂州)の上に発達している。トンボロは，陸地と島をつなぐ砂州のことで，海岸からそれほど離れていない距離に島があると，海流の侵食，運搬作用によって運ばれてきた砂礫が陸地と島の間に堆積し，両者をつなぐことになる。

基本 問4 地形図の縮尺は2万5千分の1であるから，地図上の8cmは，実際は，8cm×25000＝200,000cm＝2,000m＝2km。

問5 鹿児島・東京間は直線距離で963km。新潟・東京は253km，金沢・東京は294km。また，函館・東京は690km程度。

【2】 (日本の地理ー関東地方の地誌)

重要 問1 アは千葉県。千葉県にある国際空港は成田国際空港で，半導体のような小型軽量で高価なものの輸出入が多い。2は東京港，3は横浜港。

問2 イは埼玉県。埼玉県は，東京に通勤・通学する人が多いので，夜間人口が昼間人口を大きく上回っている。1は群馬県，2は茨城県。

問3 ウは群馬県。群馬県は内陸に位置しているが，関越自動車道，上信越自動車道などの高速道路が県内をはしり，トラック輸送に有利である。このため，自動車工業が太田市，大泉町などに立地している。このため，製造品出荷額に占める輸送用機械の割合が高い。

問4 エは栃木県。那須岳は栃木県北部に位置する活火山。山麓には温泉が多くあり，夏の登山，避暑，冬のスキーの拠点になっている。1は新潟県，2は秋田県・山形県の県境，3は長野県・群馬県の県境，5は山形県・宮城県の県境。

問5 オは茨城県。茨城県は東京に近いという地の利を活かして，野菜の栽培が盛ん。また，米の生産も関東地方で最も多い。1は群馬県，2は埼玉県，3は栃木県，4は千葉県。

問6 1 利根川は古くは東京湾に注いでいたが，江戸の防備と新田開発を兼ねて，1654年，幕府が現在の流路に変更した。　2 利根川は流域面積では日本最大であるが，長さでは信濃川に次いで第2位である。　3 利根川の上流には矢木沢ダム，藤原ダム，下久保ダムなど多くの巨大ダムがあり，東京の水源として重要な役割を果たしている。

【3】（日本の歴史ー飛鳥～平安時代の政治，文化など）

基本 問1　あ　紀貫之は，平安時代前期の歌人。『古今和歌集』編纂の中心的役割を果たし，その「仮名序」は日本最初の歌論とされる。晩年の著『土佐日記』は平安時代日記文学の先駆をなした。

い　唐招提寺は奈良市にある律宗の総本山。759年，鑑真が戒律道場として創建した。金堂は天平建築の代表的遺構。　う　法隆寺は，奈良県生駒郡斑鳩町にある聖徳宗の総本山。607年，聖徳太子の開基創建と伝えられる。670年に焼失し，8世紀初めまでの漸次再建された。　え　校倉造は，高床で柱を用いず，断面がほぼ三角形の木材を井桁型に組んで壁面をつくる建築洋式。東大寺正倉院が代表的な建築物。

問2　古今和歌集が成立したのは905年ごろ。鑑真が来日したのは753年。法隆寺が創建されたのは607年，正倉院は大仏殿造営（745～52年）前後に建造。

【4】（日本の歴史ー東北地方をテーマにした日本の通史）

重要 問1　A　中尊寺金色堂を創建したのは藤原清衡。1124年，清衡が自らの葬堂として建立した。

B　大塩平八郎は江戸時代後期の陽明学者。大阪奉行所の与力。天保の飢饉の際，窮民の救済策を上申したが，受け入れられず，蔵書を売却して挙兵。敗死したが，幕府に大きな衝撃を与えた。

C　原敬は明治・大正期の政党政治家。陸奥盛岡藩家老の子。1918年，米騒動で寺内正毅内閣が総辞職したのを受けて，立憲政友会総裁として政党内閣を組織した。爵位を持たない平民宰相として人気があったが，1921年に暗殺された。

問2　平泉は，岩手県南部，北上川中流域にある町。平安時代後期，奥州藤原氏の本拠地として栄えた。源義経最期の地としても知られる。

問3　天保の飢饉は，1833～36年，長雨，洪水，冷害によって全国的に起こった大飢饉。米価が急騰して，餓死者が多く，一揆や打ちこわしが各地に発生して，幕藩体制の衰退が進んだ。

やや難 問4　伊藤博文，山県有朋，桂太郎，寺内正毅，田中義一，岸信介，佐藤栄作，安倍晋三の8人が山口県出身の内閣総理大臣。都道府県別では圧倒的に多い。

問5　江戸時代，大阪方面への東北地方の物産の積み出しは，主に日本海側の秋田，酒田などの港が用いられた（西廻り航路）。2ー熊襲ではなく，蝦夷。3ー弥生時代中期ではなく，縄文時代晩期。

【5】（日本の歴史ー鉱物資源をテーマにした日本の通史）

やや難 問1　大仏建立に必要な鉱物資源は，天皇の命令により全国から集められた。銅は長門（山口県）の長登銅山，金は陸奥（宮城県），水銀は伊勢（三重県）の丹生鉱山のものが用いられたとされる。1ー武士の発生は平安時代の中期。2ー聖武天皇は，恭仁（くに）京，紫香楽（しがらき）京，難波（なにわ）京と3回にわたって遷都を行った。3ー空海ではなく，行基。

問2　足利義満は，室町幕府3代将軍。山名氏，大内氏などの有力守護大名を粛清し，幕府権力を確率。室町幕府の全盛期を現出した。1ー朱印船貿易ではなく，勘合貿易。3ー歌舞伎ではなく，能楽。4ー応仁の乱ではなく，南北朝の争乱。

問3　16世紀ころ，日本国内で産出された銀は，銀貨にも使用された。1587年，豊臣秀吉の命令によって鋳造された天正通宝の銀貨が代表例。

問4　官営八幡製鉄所が1901年に開業して以降，日本では製鉄業が盛んになり，石炭の需要は高まった。1ー石炭ではなく，せんい製品。3ー現在，国内で石炭はほとんど採掘されていない。4ー端島（軍艦島）は石炭の採掘を再開していない。

重要 問5　1　江戸幕府は，佐渡金山（新潟県），大森（石見）銀山（島根県），足尾銅山（栃木県）などを直轄地として経営した。　2　明治時代，製鉄業の最も重要な原料である鉄鉱石は，ほとんど中国から輸入した。　3　現在もニッケル，パラジウム，モリブデンなどのレアメタルは，ほとんどを輸入にたよっている。

【6】（政治ー「働き方」をテーマにした日本政治）

問1　男女雇用機会均等法は，雇用の分野で，男女の均等な機会および待遇の確保を目的とする法律。事業主に，募集，採用，配置，昇進や定年，退職，解雇などで女性を差別する取り扱いを禁止する。1985年成立，1986年施行。

問2　「一億総活躍社会」には，国民全員が活躍できる社会をめざすという意味が込められている。

問3　労働条件に不満があったとしても，それを理由にわざと仕事をしないと，解雇の理由となってしまう。

重要　問4　20歳代後半から30歳代にかけて，出産，育児を理由に一旦仕事をやめてしまう女性が多く，グラフがM字を描くことが特徴である。

問5　出産や育児を理由に，女性を正社員からアルバイトに降格させることは，経済的に不利益になるだけでなく，男女雇用機会均等法の規定からも許されない。

【7】（政治ー地球温暖化と国際的な取り組み）

問1　あ　地球サミットは，1992年，ブラジルのリオデジャネイロで開かれた国連環境開発会議の通称。世界の多くの国，地域の首脳が一同に会したことから，このようによばれる。　い　パリ協定は，2016年11月に発効した条約で，批准国が2020年以降の温室効果ガスの削減目標をそれぞれ設定し，世界全体で産業革命前と比べた気温の上昇を2℃未満に抑えることを目標としている。

問2　シェールガスは頁岩（シェール）層から採取される天然ガス。植物の一部やふん尿から得られるガスはバイオガスである。

やや難　問3　COPは，「Conference of the Parties」の略称。日本語では，締約国会議と訳す。1ー環太平洋経済連携協定の略称。2ー国連平和維持活動の略称。4ーアジア太平洋経済協力会議の略称。

問4　1トンの荷物を1km運ぶ際に排出される二酸化炭素の量は，貨物鉄道輸送は営業用トラックの約8分の1とされる。よって，トラックから貨物鉄道輸送への転換（モーダルシフト）は，二酸化炭素排出量の削減に効果があるといえる。

★ワンポイントアドバイス★

地形図の見方に関する問題が頻出。今年度は函館の地形図が出題された。等高線，地図記号，縮尺などは十分確認しておく必要がある。

＜国語解答＞《学校からの正答の発表はありません。》

【一】①　コート　②　リンク　③　トラック　④　ピッチ　⑤　リング

【二】問一　A　ふきつ　B　すぐ　C　みき　D　たいとう　E　もんよう
問二　Ⅰ　ウ　Ⅱ　エ　問三　a　と　b　は　c　も　問四　（鳥の糞に）成りすまして　問五　6　問六　1　ア　2　エ　3　イ　4　ウ

【三】問一　a　興奮　b　責　c　預　d　状態　e　将来　問二　イ
問三　①　弾みをつけた方がいい　②　一緒に練習しよう，の約束を破った
③　鉄棒の向こうに落ち　問四　ウ　問五　Ⅰ　エ　Ⅱ　イ　Ⅲ　ア
問六　もし，骨折　問七　A　エ　B　イ　C　ウ　D　オ　E　ア
問八　エ　問九　①　名前　②　得意[上手]　問十　四年生
問十一　Ⅴ　お姉ちゃん自身　Ⅵ　奏でる　問十二　ア・エ・キ

【四】　指をすべてにぎった形をグーといい石を表す。すべて開いた形をパーといい紙を表す。二本指の形をチョキといいハサミを表す。たがいに思い通りの指の形を同時に出し合う。

石であるグーは紙であるパーに包まれてしまうのでグーの負けだが，ハサミであるチョキには切られないので勝ちになる。チョキが勝つのは切れる紙である。二人が同じ場合はあいことなり，勝負がつくまでくり返す。

＜国語解説＞

【一】（ことばの意味）

①　テニスが行われるエリアを「コート」という。　②　フィギュアスケートはスケートリンだ。3文字なので「リンク」としよう。　③　一万メートル走は陸上競技である。マラソンのようにロードを走るのではなく，「トラック」を周回する。　④　サッカーは「ピッチ」というエリアで行う。　⑤　ボクシングやプロレスは「リング」で行われる。

【二】（説明文一細部の読み取り，接続語の問題，空欄補充，ことばの意味，漢字の読み）

重要　問一　A　不吉とは，良くないことが起こりそうなきざしがあること。　B　「優」は音読み「ユウ」。訓読みには「すぐ(れる)」の他に「やさ(しい)」・「まさ(る)」がある。　C　「みき」は訓読み。音読みは「カン」である。　D　台頭とは，あるものの勢力が伸び進出するという意味の言葉だ。　E　「もんよう」は，模様のこと。「ぶんよう」としないように気をつけよう。

やや難　問二　ウの「逃避行動」がⅠにもⅡにも入れられそうで難しいが，Ⅰの直前の「逃れるための」と，次の段落にある「敵をまどわす」という表現に着目する。どちらにも，ひらひらと舞うのは「逃げるため」と読み取れるので「逃避行動」である。　Ⅱ　さなぎ以前で身を守っていたが，さなぎになっても「手を抜かない」ことの説明をし始める段落である。ここからの説明は，枝のトゲに「形を似せた」り，目玉模様になったりという内容になっているので「偽装」としたくなるが，Ⅱの直前は「さなぎになっても」である。もし「偽装」を入れるなら，さなぎ以前の説明でも「偽装」について述べられていなければならないことになる。しかし，前半は「逃げる」話題だったことから「偽装」は入らない。「逃げる」ことも「偽装」することも身を「防御」するためのものということで「防御手段」である。

問三　a　「ふわっと落ちる『と』すぐ舞い上がる」動きを繰り返しているということだ。　b　「羽は激しく上下しているのに『対して』体は……」という言い方をしている。つまり，羽に比べて体はということになるから「は」である。　c　アゲハチョウの由来を説明している。一つは「着物の裾の余った部分」という説で，もう一つは「艶やかに遊ぶという意味」を挙げている。どちらが正しいかは明確ではないので「……とったと『も』言われている」としているのだ。

やや難　問四　「身をやつす」とは，「みすぼらしい姿に身を変える」という意味である。文章中では「糞の姿に」という「みすぼらしい姿」を説明した上で「身をやつす」としているので，——線1がある段落の，「成りすます」が「身を変える」ということになるが，「身をやつす」という言葉の意味に含まれる「みすぼらしい姿に」の部分がない。そこで「鳥の糞に成りすます」とした。

問五　「こうして」で始まる文なので，ここまでで挙げている「鳥から身を守る方法」を読み取る。まず，「ひらひらと舞う～身を守るための」とあるので，一つ目は「ひらひらした飛び方」だ。次に「卵から孵ったばかり……」で始まる段落では，小さな幼虫が「鳥の糞に似せた姿」になっていることで身を守っているとしているので二つ目。三つ目は，大きくなった幼虫が「緑色の保護色」になり，そこにさらに「目玉模様ができる」とあるので四つ目である。「さらに……」で始まる段落には「幼虫の体に描かれた白い帯模様」についても身を守る役割があることを述べているのでこれが五つめになる。また，「それだけではない」として，「臭角」と呼ばれる黄色い角から鳥の嫌いな臭いを出すことも付け加えているので，「こうして」までに述べられている身を守る術は六つである。算用数字でという条件なので「6」と解答しよう。

基本　問六　1　前部分はミカンの木の場所に応じた色に変化させているという内容で，後部分はさらに手が込んで「枝のトゲ」に似せているというものだから，「しかも」が入る。　2　前部分は，目玉模様には，脅かすのにはたいした効果がないと述べていて，後部分は，実際鳥がどのように狙うかを述べ，目玉模様が実は役立っていることを説明しているので「ところが」である。

3　前部分は鳥がどのように攻撃するかを説明し，後部分は，その攻撃をかわすための目玉模様の役割を述べているから「そこで」を入れる。　4　目玉模様の本当の役割を説明している前部分に対して，後部分は，偽装のおかげで逃げられるとしているので「そして」である。

【三】（物語ー論理展開・段落構成，心情・情景，細部の読み取り，空欄補充，漢字の書き取り）

基本　問一　a　「奮」は全16画の漢字。3画目を1画目の横棒より上から書かないように気をつける。

b　「責」は全11画の漢字。4画目は上の横棒より長く書きバランスをとる。　c　「預」は全13画の漢字。「矛」ではなく「予」なので注意する。　d　「態」は全14画の漢字。「能」や「熊」など類似する漢字があるので混同しないように気をつける。　e　「将」は全10画の漢字。2・3画目の向きに注意する。また，1画目より右に出ないように書く。

問二　═══線1の会話の前後では「えっ」と発する心情はわからない。この場面のことを回想しているのが，「真面目な顔のまま……」で始まる段落にあるうみかの言葉だ。ここに「……衝撃だった」と振り返る言葉があるのでイを選ぶ。

問三　「～と教えたのに」という掲出文によると，①には，はるかが教えたことが入ることになる。「怪我をした時の……」で始まる段落に「(私が)弾みをつけた方がいい」って「教えた」とある。鉄棒の練習は一緒にやろうと約束していたのだ。しかし，私は「一緒に練習しよう，の約束を破った」から，うみかは一人で私の言った通りに弾みをつけてしまい落下したと思い自分を責めているということだから②には「一緒に練習しよう，の約束を破った」を入れることになる。自分が約束を破った結果一人で練習をしたうみかがどのように怪我をしたのかを入れるのが③である。自分のアドバイス通りにやったので「鉄棒の向こうに落ちた」のではないかと考えているのである。

やや難　問四　ウとエで迷うところである。「お母さんたちにも，きっと怒られる」文中にあるが，これは═══線3の段階で一番に思ったことではないのでアは外す。その後，うみかの怪我が思っているより重傷であることが展開されるので，「治らなかったらどうしよう」もじゅうぶん考えられる選択肢だが，もし，「治らなかったら」という心配なら「怪我をしたと聞いたとき」でも泣ける心配であるはずだ。自分のお下がりの下着の名前を見て「じわっ」としている点から考えて，「自分のせいで」「うみかが怪我をした」ということが書き直された名前で改めて自分にせまってきたのだ。

やや難　問五　どれでも入れることができそうで難しい。まず，カの「謝らざるを得ない」と，オの「謝った方がいい」のような，しぶしぶながら，本意ではないがのような意味合いをふくむ選択肢は外すことができる。　Ⅰ　私を怒っているにちがいないと思っているし，自分も落ち度を感じているので「謝ろう」と思っていたのだ。しかし，口が利けなかったという流れだ。　Ⅱ　朝まではまったく違ってしまった様子のうみかを見たら，「謝ろう」より強く「謝りたい」という思いになっているのである。そのように思っているにもかかわらず「近づくこともできないでいる」はるかである。　Ⅲ　責められることも両親にしかられることも覚悟したが，うらみごとは何も言わないうみかを見て，謝ろうとしていたのにそれができなかったことをそのままにしてはいけない，「謝らなきゃ」という気持ちにはなっているのである。

重要 問六　この段階では「宇宙飛行士になりたい」という希望を述べているだけなので，何に怯えているのかはわからない。なれるかどうかの不安などという空想で考えないようにしよう。「せりふを抜き出し」という条件にも着目すると，「もし，骨折で……」のせりふが，宇宙飛行士になれない理由になり，手術でボルトが一本でも体に入れば宇宙飛行士になる資格がなくなることに怯えを感じているということがわかる。

問七　「ちょっと，と，長く。矛盾する二つの言葉を聞いて，厭な予感がした。」という記述から考えると，Bが一番わかりやすいかもしれない。Bには「ちょっと，長くかかるかもしれない」が入る。これが答えなのだから，Aには「すぐ退院できるんでしょう？」という質問が入ることになる。Bの「ちょっと長く」という曖昧な答えを聞いて，Cでは，「どうして？ただの骨折なんでしょ」とくいさがったのだ。このCでは，はるかは単純な骨折ならそんなに長く入院するはずはないと言いたいのだ。それを察したから，その答えとしてDに「骨が育つ大事な時期の怪我だから……」と言っているのである。しかし，当然それで納得はしないだろうという思いと，これ以上心配させない配慮としてEで「心配しなくても……」で終わらせているという流れである。

問八　直前が「あんなふうに」である。うみかが将来の希望を打ち明けたときの様子から考える。うみかは「大事な秘密を打ち明けるように」「ナイショだよ」と続けて告白していた。これは，イの「遠慮がち」とも考えられるが，遠慮しなければならないなら，はるか自身が思うように，わざわざ「この時を選んで」言う必要はない。とても大切な秘密を打ち明けて，誰にもナイショというのは，大きな夢を告白する「恥ずかしさ」である。

問九　①　うみかは「はるか」という名前が，「はるか彼方」という表現をよく見かけることでうらやましく，また，宇宙飛行士に向いていると思っているのだ。したがって，「名前の中に宇宙に関する表現がふくまれている人」だ。　②　うみかは自分自身を「言葉にして何かを言うのが苦手な人」だととらえている。だから，「苦手」の対義語になるような言葉を解答にしよう。「得意」・「上手」などが思い浮かぶ。

問十　「私の小六の夏休みは……」でわかるように，うみかが怪我をしたのははるかが六年生のときである。「五，六年合同ペアになってやる……」で姉妹は一つ違いの年子だ。つまり，現在の設定は六年生のはるかと，五年生のうみかということになり，「去年の夏海に行った」のだから，うみかは四年生ということだ。

問十一　Ⅵはわかりやすい。このⅥをふくむうみかの言葉を聞いて「……奏でるなんて言い方，私もできないよ」と応じているので，Ⅵには「奏でる」が入る。Ⅴには「だれが」奏でるのかということを考えることになる。去年の夏に行った海で，はるかが「海の音がする」と言って貝殻を耳に当てたとき，うみかは，その音の要因を説明している。その音は「自分の耳の音」と言い，「それを出しているのはお姉ちゃん自身」なのだということが説明内容だ。「出している」という表現が「奏でる」なので，Ⅴには「お姉ちゃん自身」が入る。

問十二　クラスで浮いていても，姉である自分が腹を立てても，髪を切られても，痛くても文句も言わずにいるうみかは「がまん強い」のでアは正しい。　イ「狡猾」とは，ずる賢いということなので当てはまらない。　ウ　本質では素直なのだろうが，ああ言えばこう言うようなところがあり「かわいくなく」，「つれてってよ」のように良いふんい気になっても結局「でも，正直，お姉ちゃんは間に合わない」のようなことを言いだし，それが「この子らしい」のだから「素直」だとは言い難いので不適切。　エ　ア同様，つらいことがあっても表には出さないので「強がり」は正しい。　オ　「向こう見ず」とは，結果がどうなるかも考えずことを行うということだ。うみかにはそのようなとっぴょうしもないところはない。　カ「無邪気」とは，あどけなくて，素直なことという意味であるので不適切である。　キ　姉がロマンチックに語っても，科学的に解説したり，自分の怪我が深刻な状態でも大騒ぎしたりしない「冷静」な性格だ。　ク　アで考えたように，うみかは「がまん強い」性格なので「わがまま」ではない。

【四】（作文）

180字の制限なので，こと細かく書こうとしても書ききれない。「じゃんけん」は一種の勝負なので，最低限何を使って，どのように勝敗がつくのかだけはきちんと書こう。「原稿用紙の使い方に従って」なので，記述用のマス目とは異なり，書き出しの一字下げ，行の冒頭に，句読点などの記号を書かないようにする注意が必要だ。

★ワンポイントアドバイス★

課題文をきちんと読み切ることが結局は早道である。

MEMO

大切なことはメモしておこうネ！

収録から外れてしまった年度の
問題・解答解説・解答用紙を弊社ホームページで公開しております。
巻頭ページ＜収録内容＞下方のQRコードからアクセス可。

※都合によりホームページでの公開ができない内容については，
　次ページ以降に収録しております。

【四】　あなたがいま住んでいる地域《ちいき》について、考えてみましょう。

今後十年間で、地域はどのように変わっていくと予測しますか。

一八〇字以内の文章で、あなたの考えを書きなさい。

※解答には、変化するであろう点と、そう予測する理由の両方をふくめること。

※原稿用紙の使い方に従って書くこと。ただし、改段落をする場合は行をかえず、一マス空けることで示しなさい。

※現在住んでいる地域のことをよく知らない場合は、これまでの居住地の中から一つ選んで書いてもよいことにします。

〈注6〉民宿…小規模《きぼ》の宿泊施設《しゅくはくしせつ》。一般民家が家族で経営することが多い。土地の特産物や自家製の料理を提供し、郷土色豊かで家庭的なサービスをすることを特徴《とくちょう》とする。

〈注7〉ブース…間仕切りをした小さな空間。

〈注8〉了見《りょうけん》…考え。思慮《しりょ》。

問一 ……部1～6を、起きた順に並べかえなさい。

問二 空らん A ～ E にはそれぞれ、「辰島」か「倉部」のどちらかが入ります。「辰島」は合計何回入りますか。算用数字で答えなさい。

問三 辰島にあるものを次からすべて選び、記号で答えなさい。

ア 観光ホテル
イ 公民館
ウ コンビニエンスストア
エ 神社
オ スーパーマーケット
カ 動物病院
キ 百貨店
ク 港

問四 竜太はトクさんの人柄《ひとがら》・風貌《ふうぼう》・行動などをどのように感じていますか。(1)～(3)それぞれから、あてはまらないものをすべて選び、記号で答えなさい。

(1) **ア** 温厚《おんこう》 **イ** 聡明《そうめい》 **ウ** 偏屈《へんくつ》 **エ** 優雅《ゆうが》
(2) **ア** 狡猾《こうかつ》 **イ** 壮健《そうけん》 **ウ** 辛辣《しんらつ》 **エ** 精悍《せいかん》
(3) **ア** 紅顔《こうがん》 **イ** 篤実《とくじつ》 **ウ** 尊大《そんだい》 **エ** 朴訥《ぼくとつ》

問五 ＝＝1について答えなさい。竜太は、トクさんが「がんばった」理由は何だと思っていますか。理由として本文中から読み取れるものには「○」、読み取れないものには「×」を書きなさい。

ア 島の宣伝ともなる新聞を中学生が作ろうとしており、それを後押ししたいから。
イ トクさんは口下手で、話すのが苦手だから。
ウ 話をきく中学生が、自分の話を楽に、正確にノートにまとめられるようにしたかったから。
エ 島を出て行った自分の娘や孫が、島にもどり、また一緒に住むよう思い直してほしいから。
オ 未来を背負う島の子どもたちが島を知ろうとしており、うれしいから。
カ 漁師を引退したトクさんにとって、辰島にできるせめてものことだから。

問六 ＝＝2について答えなさい。「客がくることをきらっていた」のは、辰島が竜太にとって、どのような存在だったからですか。本文中から、辰島がどのような存在だったか表す四字以内の言葉を、二つぬき出して書きなさい。

問七 ＝＝3について答えなさい。客に対して反抗的な態度をとっていた竜太が「いまでは客をよびこむ誘致活動に加担」するように変化したのは、彼の考え方が灯子の発言を聞いて大きく変わったからだと書かれています。竜太の考え方はどう変化したのですか。解答らんのAには、反抗的な態度をとっていたころの竜太の考え方を、Bには、灯子の発言を聞いた後の考え方を書きなさい。それぞれ本文中の言葉を適切に用いること。

「竜太は客をきらいすぎよ。わたしだったらお客さんがくると、うれしい。辰島っていいところでしょって、じまんしたくなる」って、まだきて三ヵ月もたたないのに、よくいってくれたものだ。

「辰島だけがきびしいと思ったら大まちがいよ。町の生活にも町の生活なりのきびしさがあるの。それをいやすためにお金をはらって、ここにくる。それのどこがわるいの」

竜太を説得するのにも、灯子はいっしょけんめいだった。灯子にいわれて、はじめて気づいたのは、自分はなんと〈注8〉了見《りょうけん》がせまかったんだろう、ということだ。竜太は灯子にひかれていき、感化《かんか》され、3いまでは客をよびこむ誘致《ゆうち》活動に加担《かたん》しているのだから、われながらびっくりする。

そしてもっとおどろくのは、灯子にふりまわされているような、こんな自分がいやではないことだ。ひとに指図《さしず》されるのがきらいで、自分でやろうと思っていても、ひとから「やれ」といわれると、とたんにやりたくなくなってしまう、あまのじゃくタイプだったのに、だ。

灯子には、尊敬できるところといじらしいところの両方あって、いっしょにいると楽しいし……女子には全然関心がなくて、めんどうくさいだけだと思っていたのについには、灯子に、

「好きだ」

と告白までしてしまっている。

灯子の飼い犬、みかんの具合がわるくなり、倉部の動物病院へつれていった帰りの船の上でのことだった。

灯子が島にきて、自分は変わったと竜太は自覚しているし、変わった自分に好感を持っている。灯子を好きになって、以前の自分より、おとなになったと思うし、心がひろい、いいヤツになれたような気がしている。

灯子にそういったら、「究極《きゅうきょく》のジコチュー」だといわれてしまったけれど……自分ではよくわからない。

6そのとき、ブオッと汽笛《きてき》が鳴った。

定期船の出航の合図だ。やはり定刻よりも早い。波はだんだん高くなっていくという見通しなのだろう。

竜太は立ちあがって、ガラス戸に近づいた。定期船はいままさに岸壁《がんぺき》をはなれようとしている。そこに兄の航平《こうへい》がのっているのを確認する。

……やっぱりな。

航平は強い風にシャツをはためかせながら、そとのデッキに立ち、港側でそれとなく見送っている島の漁師たちにかるく会釈《えしゃく》すると、船室にはいっていく。港をでて波がしらの立つ沖にむかっていく定期船を目で追いながら、きょうの定期船はゆれるぜ、と、竜太は心の中でつぶやいた。背中から、

「話すことはだいたい、こんなもんだな」

という声がきこえてきた。トクさんの話が終わったようだ。

（杉本りえ「明日は海からやってくる」より）

※出題の都合上、本文の一部を改稿《かいこう》しています。

〈注1〉 ローカル…一地域に限った。
〈注2〉 風貌《ふうぼう》…すがたかたち。容姿。
〈注3〉 きっすい…まじりけのないこと。
〈注4〉 本土…その国の主な国土。離島《りとう》などに対していう。
〈注5〉 沖《おき》あい…岸から遠くはなれた辺り。

日本の沿岸漁業はどこもたいていそうなのだが、辰島は漁業だけでは先細りなのだと、おとなたちはいっている。漁獲高《ぎょかくだか》はへっているうえに、日本人の魚ばなれと外国産の安い冷凍《れいとう》ものにおされて消費は拡大しない。資源の保護と漁師の生活の保護のバランスを、ぎりぎりのところでたもっているような状況だ。

しかし、だからといって、辰島が観光業でやっていけるはずがなく、だいいちこんな小さな島に客がきたって、高が知れていると竜太は思う。

「まずは知ってもらうこと」

と、トクさんはいっていた。

「ここにきて、ここの魚を食べてもらうこと」

そうすると、つぎの消費につながる。……かもしれない。つながって、つながって、ゆくゆくは、辰島の漁業の発展になる。……かもしれない。

まるで、細い糸でむすばれたところを、綱《つな》わたりして進んでいって、ようやくそのさきに輝《かがや》く未来があるかのような、気の遠くなるほど遠大な計画だ。

でも、みんな、いっしょけんめいなのだ。「まずは知ってもらうこと」のために。

灯子だって……。灯子には、その材料が神社なのだろう。まあ、それもありかもしれない。

「なに？」

灯子が目だけをうごかして、竜太を見た。竜太は無意識のうちに灯子のよこ顔を見つめていたことに気づいて、あわてて灯子が書きとっているノートをのぞきこんだ。トクさんの話は、竜太もなんとなくではあるけれど、きいていたのだ。そこには、トクさんの話したことがそのまま書かれていた。

「あ、べつに、[1]トクさん、がんばったんだなと思って」

トクさんは、話したことを灯子がそのまま書きうつせるように、あらかじめまとめてきていたようだ。

「うん。助かる」

といって、灯子がほほえむ。

みんな、いっしょけんめいなのだ。でもいっしょけんめいの度あいでは、灯子はきわだっている。

トクさんががんばったとはいったけれど、ほんとうは灯子のほうがずっとがんばっていると竜太は思っている。

灯子には、なにごとにもひたむきに取り組むようなところがある。結果がともなわなかったり、不器用なところもあるけれど、ともかくけなげにがんばる。この島にきてからずっと、この地にとけこもうとして、理解しようとして、いっしょけんめいだった。

その姿勢《しせい》に、竜太はいつのまにかひきずりこまれていた。いうことがあまりに正論すぎて、時にはむかつくこともあるけれど、助けてやらずにはいられない気持ちにさせられるのだ。

灯子の家は民宿なので、客をもてなすことにも家族の一員として灯子はいっしょけんめい、それは[2]島に客がくることをきらっていた竜太には、大きなジレンマにもなった。客に反抗的《はんこうてき》な態度をとる竜太に、灯子はいろんなことをいった。

た。灯子が島にきて、いちばん劇的に変わったのは、じつは竜太自身だったかもしれない。

辰島分校の本校との合同の行事としては、十月の末ごろにある二泊《はく》三日の修学旅行や、十月なかばに予定されている文化祭がある。

夏休みが終わってまもなく、担任《たんにん》の中野《なかの》先生から、文化祭に発表、展示するものについて相談《そうだん》するようにとの話があった。

辰島分校の中学校には、部活がなかった。これまで、小学校もふくめた先生たちが、とくいなことを教えてくれる、習いごとみたいなものならときどきひらかれていた。が、生徒だけでなにかをすることはなかった。だいいち人数がすくなすぎて、できることがなかったのだ。去年、竜太が一年だったときは、三年生にひとりいて、その三年生の生徒が卒業して、勇気が一年生として入学してきたのだから、つねにふたりだったわけだし……。

しかし竜太がそういうと、

「ふたりでも、その気になれば、できることはあったんじゃないの?」

と、灯子はきこえよがしにつぶやいていた。竜太はきこえないふりをしていた。

したがって部活動として発表するものもなく、昨年は辰島学級からの発表として、夏休みの自由研究をそのまま展示した。

文化祭の展示など、正直なところ竜太にはまるで関心がなかった。

ところが、今年は灯子が〈辰島ニュース〉をつくることを提案した。

辰島のことをつたえるローカルな新聞のようなもので、学校のパソコンをつかって写真やイラストをつける。自分はまえの中学では美術部で絵をかくのは好きだから、イラストを担当してもいい。それを文化祭でくばろう。島のひとたちにもくばろう。あちこちにくばったら、島のPR《ピーアール》にもなるかもしれない。できれば部活として三カ月にいちどぐらいの発行でつづけていきたい――。

5灯子は、そうあつく語った。

「材料はいっぱいあると思うの。だれかの網に最近、こんなめずらしいものがかかった、とか、季節のたより、旬《しゅん》の話題、島にやってくるわたり鳥の紹介《しょうかい》とか」

事情を話したとき、トクさんはよろこんだ。未来を背負う島の子どもたちが、島のことを知ろうとするのはいいことだと。そして、

「十一月には、はじめてのイベントもあるし、そのまえにあちこちにくばって、島の宣伝をしないとな」

といって、中学生で〈辰島ニュース〉をつくるという試みを絶賛した。

いまのところ、辰島にくる客は釣《つ》りが目的のひとがほとんどだけど、ほかの魅力《みりょく》もアピールして、もっとよびこもうということで、十一月にはじめてのイベントも企画《きかく》されている。そのための準備委員会がもうけられ、灯子の父や竜太の父、勇気の祖父もそのメンバーだ。

〈辰島市場《たつしまいちば》〉と名づけられているイベントは、倉部漁協が主催《しゅさい》するもので、昨年までは、毎年 [A] の港で開催される〈海の幸《さち》祭り〉の中に、[B] の〈注7〉ブースがもうけられるという形で参加していた。今年は、同じ時期に飛び地としてここで開催される。[C] の〈海の幸祭り〉は知名度もあり、毎年観光バスで団体客がやってくる。そこから [D] まで足をのばしてもらおうというわけだ。[E] の船が水揚《みずあ》げした新鮮《しんせん》な魚介類《ぎょかいるい》を格安で販売《はんばい》し、大鍋《おおなべ》もふるまわれるらしい。

辰島にはいま、そとからの客を誘致《ゆうち》しようという大きな流れがある。灯子たち一家の民宿も、その大きな流れの一環《いっかん》だった。

しかしそれは、灯子にとっては意にそわない、家族ぐるみとはいえ、島流しも同然のできごとだったことだろう。

実際、はじめのころ、灯子はいつも泣きそうな顔をしていた。そんな灯子を子どもたちは「ヒメ」というニックネームでよんだ。取りあつかいに注意を要する、たいせつなひと、という意味をこめて、子どもたちなりに気をつかいながら、灯子を仲間として受けいれようとしていたのだ。が、竜太だけは、灯子をふくめた東一家を歓迎《かんげい》する島のムードに逆行して、はじめは反発を感じていた。

辰島は竜太にとって、たいせつなわが家であり、神聖なふるさとだった。離島《りとう》である辰島は、たしかにふべんだ。定期船が欠航になれば、たちまち生活に不自由する。漁にでることができるかできないか、つまりかせぐことができるかできないかも天候次第《しだい》。そんなきびしい環境にあり、自然に左右される暮らしを強《し》いられているからこそ、島はとくべつであり神聖だったのだ。

そこに観光であれなんであれ、よそ者を受けいれるということに、竜太はまず感情的に抵抗《ていこう》があった。たまにあそびにくるひとに、「いいところだ」なんていわれたくないし、「なんにもなくて大変ね」と同情されるのはもっとむかつくし、実質的にはゴミがふえて、島はよごれる。しかもそれが「お金のため」であるとしたらなおのこと、「お金のためだから、家の中に他人がはいってこようと、よごされようとがまんしろ」といわれているようで、屈辱的《くつじょくてき》でもあった。

民宿〈東《ひがし》〉は、そんな島の方針のシンボルだったし、また、島になじもうとせずに、都会をなつかしんで落ちこんでいる灯子は、竜太にとっては、ゆるしがたいものの象徴《しょうちょう》だった。

しかし灯子は、みるみるうちに変わっていった。

辰島分校には、本校との合同の行事もあれば、分校独自の行事もある。灯子がやってきてまもなくあった学校祭は、分校独自の行事で、おとなたちを学校に招待して、子どもたちがいろんな演目をひろうする、お楽しみ会のようなものだ。

そこでまず灯子は、地元っ子への第一歩をふみだした。4島のひと全員の似顔絵をかいて、それもまた手づくりの、島の大きな地図上の、それぞれが住んでいる場所にはりだしたのだ。それがどんなに大変なことだったか——島民全員、百二十人あまりの似顔絵だ——あれには度肝《どぎも》をぬかれたし、竜太は灯子に一目おくようになった。

灯子は竜太が当初想像していたような、あまっちょろくてヤワな、ただの都会っ子ヒメではなかった。やるときはやるのだ。それは竜太にとっては、ホッとするような発見だった。いつまでも暗い顔をしていられるのは、クラスメートとしてはうっとうしいではないか。

なにがきっかけで、灯子があのようなことをしようと思い立ったのか、竜太はいまでもよくわからない。島にきてしばらくしたころ、家族で島をはなれて、もと住んでいた町に買い物にいき、もどってきたとたんにとりつかれたようにかきだしたのだから、そこでなにかあったのかもしれないと思っている。

とにかく、灯子はその後も着々と島になじんでいき、いまではもう、灯子を「ヒメ」とよぶ子はいない。

そして、灯子の地元っ子への第一歩は、竜太の変貌《へんぼう》の第一歩でもあっ

全然労力がかかっていないにしても。

竜太はトクさんの声をききながしながら、トクさんをぼんやりとながめた。赤銅色《しゃくどういろ》の肌《はだ》、深いしわ、いかにも漁師らしい〈注2〉風貌《ふうぼう》の持ち主であるトクさんは、この島で生まれ、この島で父親のあとをついで漁師になった、〈注3〉きっすいの辰島人だ。子どもは娘《むすめ》がふたり。ふたりとも島をでて、家庭を持っている。孫は四人、祭りのときや正月には家族そろってあそびにくる。

七十六歳だったらもう引退してもいい年なのに、ひとり暮らしをしながらも、現役で漁師をつづけているのは、海にでて漁をすることがトクさんの生きがいになっているからなのだろう。

竜太はトクさんを尊敬している。竜太自身も、父と祖父ののっている船をひきついで、高校をでたら漁師になるつもりでいる。

けれども、自分もトクさんのように生きていけるかどうかについては、確固《かっこ》たる自信はない。島もそして島の漁業をとりまく環境《かんきょう》も、将来の見通しはけっして明るくない。現に、トクさんには後継者《こうけいしゃ》がいないから、トクさんが引退したら、島の漁師はまたひとりへることになる。このさき、いろんな意味で状況《じょうきょう》は変わっていくだろう。それにまどわされず、信念をつらぬきとおすのは並たいていのことではないと思えるからだ。

3竜太は窓のそとへと視線をうつした。

きょうは風が強い。

公民館のガラス戸ごしに見える海には、白い波がしらが立っている。トクさんは、いずれにしてもこの日は中学生たちのためにあけておくといっていたが、しけのためにきょうは漁が休みだ。

公民館は港のうしろのやや高台にあり、ガラス戸は南側に面しているので、辰島港が見わたせる。漁船がたくさん係留されている。前後をロープにつながれながら、前後左右にウェーブをえがくようにゆれている。漁がないとき、港のあたりは漁師たちのたまり場になる。隣接《りんせつ》する倉庫で網のつくろいなどの陸《おか》仕事をしたり、世間話をしながら船の点検やそうじをしたり、なにをするでもなく、海をながめたり……。

船着き場のいちばんはしに、ひときわ大きな高速定期船が停泊《ていはく》している。欠航になるかと心配されたが、なんとかやってきてくれた。午前に到着《とうちゃく》して、島をでていくのは午後三時半だが、この天候では早目の出航になるかもしれない。

ふだんなら、定期船がたまに欠航になろうが、いつ島をでていこうが、まるでむとんちゃくなのだけど、きょうはちょっと気になっている。

辰島は、周囲三キロほどの島だ。対岸の〈注4〉本土の町、倉部《くらべ》から三十キロほど〈注5〉沖《おき》あいにある。人口は約百二十人、ほとんどの世帯が漁業にたずさわっている。高速定期船が一日一往復、所要時間四十五分で運航しており、スーパーもコンビニもないけれど、生活に必要なものは、倉部のスーパーに電話で注文すると、よく日、定期船ではこばれてくることになっている。だから定期船の欠航は、島の住人には死活問題なのだ。

島には、小中併設《へいせつ》の辰島分校がある。

全校生徒は九人、小学生が六人と、中学生が、五月に転校してきた東《ひがし》灯子をふくめて三人だ。この島の出身だった灯子の父が、ここで〈注6〉民宿を開業するために家族でユーターンしてきたのだ。

トクさんのむかい側にならんで腰《こし》をおろした。

　トクさんは七十六歳《さい》、数年まえに奥《おく》さんに先立たれひとり暮らし、以前は親戚《しんせき》の若者をやとって底引き網漁《あみりょう》をしていたが、いまはひとりでもできる小規模《きぼ》な刺《さ》し網漁をやっている。定期的に訪問している診療所《しんりょうじょ》の医師には、健康優良老人だとの太鼓判《たいこばん》をおされている、ばりばりの現役《げんえき》漁師だ。灯子のまじめ優等生的なあいさつに、「おう」とこたえ、三人を笑顔《えがお》で見まわした。

　灯子がノートとえんぴつを用意する。トクさんとは面識ぐらいはあるだろうが、まともに相対するのは、たぶんきょうがはじめてだろう。勇気が、カメラと小型の録音装置を取りだした。録音装置をテーブルにおいてスイッチに指をかける。勇気は写真の担当だが、録音については打ちあわせていない。勇気は竜太からすると、ときどき憎《にく》たらしいほど気がきく。

　竜太は、きょうのところはとりあえずすることがない。

かといって、畳《たたみ》に寝《ね》そべってゲーム機であそんでいるわけにもいかず、しびれないようにそっと足をくずしつつ、まじめにきいているふりをするつもりではいる。

　トクさんに語ってもらうのは、島にたくさんある神社について。さっそく、すべての神社の名前を書きだし、おおまかなところから説明しはじめた。

「辰島にはじめてひとが住みはじめたのは、室町《むろまち》時代のことといわれている。島のいちばん大きな神社は、そのころにできたものだ。もともと住んでいたところから、分社して持ってきたものらしい」

　灯子がノートにえんぴつを走らせ、トクさんはときどきそれをのぞきこみながら、ゆっくり話していく。

〈辰島ニュース〉は、中学生でつくる〈注1〉ローカル新聞で、発案者は灯子。創刊号の特集は島の神社、それも灯子の考えだった。

「創刊号はやっぱり、神社よ。なんといっても島のかなめでしょ」

　辰島は小さな島のわりには、神社が多い。それも、ひなびていて素朴《そぼく》で、だからこそ神聖な感じがすると灯子はいうのだ。辰島で生まれ育った竜太は、古びてありふれた（神社はたいてい古びているだろう）神社としか感じたことはなかったし、どれも海や漁業に関係した神がまつられていることぐらいはわかっていたけれど、それぞれの神社のくわしい由来など知ろうとしたこともなかった。

「知らないの？」

　あきれた、とばかりにいわれて、テーマはそれにすんなり決まった。というか、反論の余地がなかった。そしてまた、辰島にきてまだ日のあさい灯子にそういわれるのは、快感でもあった。自分の知らない自分のよさを、他人に発見されているようなものだったからだ。

　だったら、トクさんにきいてみようと、島の住人を知りつくしている、竜太が人選をした。トクさんは、かつては島の区長として神社の係をまかされたひとでもあったし、物知りで島のひとたちの人望もあつい。それに、どちらかというと口べたで人前で話すことを苦手としている島の漁師の中では、きちんと論理的に話ができるひとだ。

　2連絡《れんらく》をとって事情を話し、つごうのいい時間と場所の打ちあわせをしたのは、竜太だ。きょうは灯子と勇気ががんばっているが、竜太だって、すでに役目はたしているのだ。きょうのふたりの働きにくらべると、

照しながら、相手が何を感じ考えているかを知るための器官なのだ。[4]、自分が何を欲《ほっ》しているかということもモニターしているので、それと連動して、目標を達成するために、次に何をしなければいけないかといった物事の優先順位を決める役割もある。

　これは言語能力などとは別々に管理されており、例えば事故で前頭前野をアソンショウしてしまっても、言葉や記憶《きおく》、思考には問題ない。しかし、他人の気持ちが読めなくなったり、次にするべきことの判断ができず、何かをしようという意[い]もわかなくなってしまう。

　前頭前野の働きをほかの霊長類と比較すると、サバンナに出て環境に適応したヒトが、他人の心を読んで《 c 》作業をし《 d 》生活をD営むようになった、という進化の過程がわかるのである。

　人間の脳は、だらだらと何となく大きくなっていったのではなくて、サバンナに進出したときと、ホモ・サピエンスが登場したときに、一気に大きくなった。その二度の拡張《かくちょう》の際、ヒトがどのようなカコンナンに直面し、切り抜けていったのかが、現在の自然人類学で一番おもしろい部分なのだ。

（長谷川眞理子「ヒトはなぜヒトになったか」より）

※出題の都合上、本文の一部を改稿《かいこう》しています。

〈注1〉 サバンナ…熱帯雨林と砂漠《さばく》の中間に分布する草原地帯。低木も点在する。雨季には丈《たけ》の高い草が茂《しげ》り、乾季《かんき》には枯《か》れる。

〈注2〉 霊長類《れいちょうるい》…サルの特徴《とくちょう》を持った哺乳類《ほにゅうるい》を呼ぶ語。サルとヒトを含《ふく》む。

問一 ══部ア～カのカタカナを漢字に直しなさい。

問二 〰〰部A～Dの漢字をひらがなに直しなさい。

問三 空らん[1]～[4]にあてはまる言葉を次の中から選び、記号で答えなさい。

ア ゆえに　イ しかし　ウ そこで　エ だから

オ つまり　カ では　キ ともかく　ク また

問四 空らん[i]～[iii]には「こ」「そ」「あ」「ど」のどれかが入ります。当てはまる字をそれぞれ書きなさい。

問五 空らん《a》～《d》にあてはまる言葉を、本文中からぬき出して、それぞれ漢字で書きなさい。字数は一字または二字です。

問六 空らん[あ]・[い]に入る漢字一字を考えて書きなさい。

問七 次にあげるア～エの出来事を、古いものから順に並べなさい。

ア 森林から出て行く必要性が生じた。

イ 石器を使っての狩りを始めた。

ウ ヒトとチンパンジーとの進化の方向が分かれた。

エ ホモ・サピエンスが登場した。

【三】 次の文章を読んで、あとの問いに答えなさい。

　九月の最終土曜日、午後二時。

　1下出徳治《しもでとくや》、通称《つうしょう》トクさんは、〈辰島《たつしま》ニュース〉創刊号の取材に応じるために、約束の時間どおりに公民館にあらわれた。手にしていた分厚い書類のようなものをテーブルにおくと、そのまえにどっかりとあぐらをかいてすわる。

　二年の灯子《とうこ》と竜太《りょうた》、一年の勇気《ゆうき》、あわせて三人の中学生は、十五分まえにあつまっていた。灯子が、

「きょうは時間をとってもらって、ありがとうございました。よろしくお願いします」

と、すこしうわずった声であいさつをする。三人は灯子を中心にして、

私たちヒトは暑さで汗びっしょりになるが、こういう哺乳類《ほにゅうるい》は実はあまりいない。ウマは汗をかくが、イヌやネコはそんなにかかないし、そもそもそんなに長距離を走るようにはできていないのだ。ヒトの特徴《とくちょう》の一つとして、長距離移動が可能であることが挙げられる。チーターなどは高速で移動できるが、長距離は走れない。[ii]れも汗腺と同じように、サバンナに適応し生き抜《ぬ》くための、ヒトの進化である。

次に、食べ物の問題がある。[iii]れまでは樹木が生い茂《しげ》る森で、木々の葉っぱや果実をもぎとって食べていればよかった。しかし、サバンナにはヒトが簡単に手に入れられるような食料は、ほとんどない。シマウマのような、タンパク質の塊《かたまり》ともいえる草食動物が多く生息してはいるが、ヒトは肉食動物ではない。肉食動物はつめやきばを持ち、ほかの動物を食料にできるが、木の上で暮らしていた〈注2〉霊長類《れいちょうるい》が簡単にほかの動物を狩《か》ることはできなかった。では、植物はというと、こうした過酷な場に生息する植物は水分をあまり含んでおらず乾燥しているものが多い。また、外殻《がいかく》が硬《かた》かったり、水分を含《ふく》む実の部分は地中に埋《う》もれていることがほとんどである。そうした実をとるためには地面を掘《ほ》らなくてはならないが、器用さを重視した手なので、つめで掘り進むこともままならなかった。

[2]、彼らはこの難局にどう適応していったのか。一つは、食料をウカクホするために、自然を利用して非力さをカバーする道具を製作し、活用することを覚えた。石器を使っての狩りや、B食物採取である。

そしてもう一つ、目標のために役割分担《ぶんたん》し複数で共同作業をすることを知ったのである。それまでのように、一人ひとりが群れの中で勝手に暮らすのではない。群れという組織《そしき》において、互《たが》いが自分と相手の果たすべき役割を理解し、目標達成のために何をするかを考え、いっしょに行動する。群れ全体が自分の立ち位置と役割を意識する集団となり、こうした社会関係の理解こそが、類人猿とは異なる、ヒトをヒトたらしめた最大の分岐点《ぶんき》になったのだ。このときを契機《けいき》として、ヒトの脳は著《いちじる》しく進化する。やがてヒトは、ほかの動物と比べて格段に大きな脳を持つようになった。これは過酷な環境でヒトがC編み出した、生き抜くために必要な進化だったといえるだろう。

人類は二足歩行に加え、大きな頭部を持つように進化したが、その頭部で特に大きいのが脳である。最初から大きかったのではなく、300～400万年前の時点では、チンパンジーやゴリラとあまり変わらなかった。[3]、サバンナに出て行き環境に適応したホモ属が出てきた頃から、一度エキュウゲキに大きくなる。その後しばらく、大きさは変わらないが、現在のホモ・サピエンスが登場したときに、またもう一段大きくなったのである。

実際に脳の大きさを比較《ひかく》してみると、チンパンジーの脳の容量が約380ccであるのに対し、ヒトは約1400ccある。しかも、進化の過程で単純にチンパンジーの脳がそのまま大きくなったということではなく、目の裏側の部分から頭のてっぺんにかけて、おでこ周辺にある前頭前野という部分が特に大きくなっているのだ。

その前頭前野とは、何を司《つかさど》る部分なのか。脳の働きは解析《かいせき》されてきたが、前頭前野にあたる部分がどのような機能を持っているかは長年わからなかった。近年ようやく、前頭前野は「自分を[あ]観的に見る」感覚を司っていることがわかってきた。自分が何をして、何を感じているか。そして他人が何を思い、どう感じているか。自分の気持ちを参

【国　語】（四五分）〈満点：一〇〇点〉

※解答はすべて解答用紙に記入しなさい。

※解答に句読点や記号などが含《ふく》まれる場合は一字に数えます。

【一】　次の問いの□には、それぞれ同じ漢字が入ります。何が入るか考え、例にならって漢字一字を答えなさい。二つ目の□に「々」が入る場合も、同じ漢字がくり返し入るものとして考えなさい。

〈例〉□□交換《こうかん》　…　物物　または　物々　が入る　→〈答〉物

① 大丈夫《だいじょうぶ》です。ぼくは自信□□です。

② □□な目にあう。

③ その危険性は、□□承知しております。

④ 夜が□□とふける。

⑤ □□に火の手があがる。

⑥ 会議は□□一昼夜におよんだ。

【二】　次の文章を読んで、あとの問いに答えなさい。

君たちが使っている教科書にはまだ記述はないのだが、チンパンジーと分かれて二足歩行を始めたこの時点では、ヒトの祖先は平原ではなくまだ森林で生活していた、と最近の研究で考えられている。ひと昔前までは、ヒトは生活の場を森から平原に移し、その影響《えいきょう》で二本足で歩くようになったとされていたのだが、森での生活の時点ですでに二本足で歩いていたことがわかった。この頃の類人猿《るいじんえん》は、二足歩行をしつつ、木登りもできるような体つきをしている。

[1]、チンパンジーとアケイトウが分かれて、すぐに生活の場が平原に移ったわけではなく、しばらくはまだ森と平原の両方にいて生活していた。《　a　》に出るために二足歩行になったというシナリオは理解しやすいのだが、《　b　》で暮らしている段階から、なぜ二本足を使うようになったのかは、現在まで解明されておらず、謎《なぞ》のままである。

現在のヒトと完全に同種の体格が見られるようになるのは、約１６０万年前にA生息していたホモ・エルガスタという種類からである。この頃から、森から平原に出て、長距離《ちょうきょり》を二足歩行で移動し生活していたと考えられている。

では、なぜヒトは過酷《かこく》な平原・〈注1〉サバンナに進出していったのか。実はその時代、地球上では乾燥《かんそう》・寒冷化が進んでおり、生息地であるアフリカの森林が少なくなっていた。その際に、最後まで残された森林にしがみついていたのが現在のチンパンジーであり、環境《かんきょう》変化のためにサバンナに出て行かざるをイエなかったのがヒトであった。森林をチンパンジーたちにとられてしまったともいえるが、外の世界に出て行かなくてはならなかったことが、後の進化につながることとなる。

森林からサバンナに出た彼らを待ち受けていたのは、大変に過酷な生活環境であった。まず、水がほとんど存在しないのだ。水場がところどころに点々としかないので、水場から水場へ歩いて移動するにも長距離を移動しなくてはいけない。そして気温が高いので、汗をどんどんかいて体温調節をする必要がある。[i]の環境のために、彼らは体毛を失い、代わりに汗をかくための汗腺《かんせん》という器官が増えたと考えられる。６００万年前、チンパンジーと分かれたばかりの頃《ころ》はまだ毛むくじゃらだったはずで、本当に毛をなくさなければいけなくなったのはサバンナに進出した２００万年前ぐらいからであろう。

よかった。この一点が、早季子の絶望に浮かぶ唯一の安堵《ど》だった。嵐の海での浮き輪のように、早季子はこれにしがみついた。

帰り道、早季子は5ずっと左目だけで歩いた。身体の痛みはなかなか治まらず、そのうち涙があふれてきて、車や家や雲や電柱や⑤ガイロジュや、いろんなものがぼやけてにじんだ。冷えた皮膚《ふ》の上で、涙だけが熱かった。

（奥田亜希子『左目に映る星』より）

※出題の都合上、本文の一部を改稿しています。

注1　逢瀬《おうせ》　男女がひそかに会うこと。
注2　遜色《そんしょく》ない　劣《おと》らない。
注3　闊歩《かっぽ》　周囲に気がねしないで大胆《たん》にふるまうこと。

問一　――①～⑤のカタカナを漢字に直しなさい。

問二　[A] にあてはまる文を次の中から選び、記号で答えなさい。

ア　走るなよ　**イ**　だめじゃないか
ウ　先生に言うぞ　**エ**　けがするよ

問三　空らん [1] ～ [4] にあてはまる語を次の中から選び、それぞれ記号で答えなさい。

ア　うっくつ　**イ**　不満　**ウ**　寄る辺なさ
エ　興奮《ふん》　**オ**　はずかしさ　**カ**　いたたまれなさ

問四　――1「数回」とは何回くらいですか。次の中から選び、記号で答えなさい。

ア　二回くらい　**イ**　五回くらい
ウ　十回くらい　**エ**　十五回くらい

問五　――2「吉住から醸し出されていた根拠のない特別さ」と同じ意味の文を本文中から十字以内で抜《ぬ》き出しなさい。

問六　――3「違和感」は何から発生したのか、次の空らんにあてはまるように本文中の表現を八字で抜き出しなさい。

[　　　　]たこと。

問七　早季子が――4「吉住は～生きられるようになった」と考えたり、――5「ずっと左目だけで歩いた」りしたのは吉住のどのセリフを受けてのことですか。それぞれ最初の六字で答えなさい。

【四】　スポーツを二つ挙げ、その違いを三つの観点から百五十字以内で説明しなさい。

りあえることを。

「あの、吉住くん」

「そういえば」

　声が重なった。二人は顔を見合わせ、しばし笑った。早季子のほうが先に笑い止《や》んだので、どうぞと手で吉住を促《うなが》した。吉住は、じゃあ僕から、と前置きしてから、

「僕ね、三ヶ月前からコンタクトレンズを使い始めたんだ。こっちだけ」

　と、左目を指した。

「視界の感じはほとんど変わらないけど、乱視と近視を矯《きょう》正したら、目がかなり疲《つか》れにくくなったよ。神田さんも試《ため》してみたら？」

　早季子は頭の中で強い光が炸裂《さくれつ》するのを感じた。思考回路は一瞬にして、白一色に塗《ぬ》りつぶされていった。まともになにかを考えることは不可能だった。早季子はうわごとのようにただ繰《く》り返した。

「どうして？　どうして？　なんで、どうしてなんでコンタクトに？」

「小学校のときに比べて、部活が本格的になったから、そのほうがいいかなって。野球のボールって白くて小さいでしょう？　あれを長時間目で追っていると、④ケッコウ辛《つら》いんだよ。それで眼科のお医者さんに相談したんだ。そうしたら、左目にだけコンタクトレンズをしたらどうかって。コンタクトって痛そうなイメージがあって、最初はちょっとどきどきしたけど、ソフトコンタクトならほとんど装用感もなくていいよ」

「そう……なんだ……そう……」

「あの……神田さんのほうはなに？」

「え？」

「さっき。言いかけたこと」

　早季子はやっと我に返った。吉住の問いに、ぎこちなく首を横に振《ふ》る。表情を取り繕《つくろ》わなければと思うものの、顔面の筋肉はまだ思うように動かなかった。早季子の様子に吉住は怪訝《けげん》そうな顔を見せたが、自分が部活動中であることを思い出したようだ。

「ごめん。そろそろ行かなきゃ」

「あ、うん。あの……部活、頑張《がんば》って」

「ありがとう。神田さんは気をつけて帰ってね」

　吉住は靴下のまま、職員室のほうへと廊下を駆《か》けていった。それも小学生のころの吉住にはなかった仕草だ。早季子はようやく、さきほどの違和感の正体を掴《つか》んだ。彼は廊下を走ったり、靴を脱ぎ散らかしたりする子どもではなかった。むしろそういう子どもたちを優《やさ》しく注意する役回りだった。

　4吉住は小学校に通うあいだ、ずっと大勢からの強い注目に晒《さら》されていた。今、やっとそれから解放されたのだ。ぱっとしなくなったのではなく、肩《かた》の力を抜いて生きられるようになった。きっと、そういうことなのだ。

　喜ぶべきことと頭の隅《すみ》では理解していた。しかし、早季子の身体の内側は、強烈な痛みを訴《うった》えていた。胸部だけではなく、下腹も足の指先も、どこもかしこもずきずきと痛んだ。

　吉住くんが教えてくれた、嫌な気持ちになったときに右目を瞑ること、すっかり私の癖《くせ》になっちゃったよ。

言わなくてよかった。こちらから先に話すよう促《うなが》されなくて、本当に

なくなる。早季子の中学は県内でも有名な、変わりものの多い学校だった。

そんな中でも吉住は、小学校時代と注2遜色ない結果を残していた。クラスでは学級委員長を任され、野球部では一年生で唯《ゆい》一のレギュラーとなり、テストは常に学年で五位以内。誰も吉住の怒《おこ》っている姿を見たこともなければ、吉住の悪い噂を耳にすることもない。同級生からも教師たちからも愛される存在として現役《えき》なことは、ほかのクラスにまで届いていた。

しかし、2吉住から醸《かも》しだされていた根拠《きょ》のない特別さは、少しずつ薄《うす》まっていた。すぐに荒っぽい言動にはしる子や、授業中でも平気で教室を出て行く子、髪の毛が金色の子や、写生大会で真っ赤な校舎を描き上げた子。そんな強烈《れつ》な個性が注3闊歩する世界で、吉住の存在感は明らかに弱まっていた。

このことは早季子だけでなく、吉住の小学校時代を知る女子みんなが感じていた。なんだかぱっとしなくなっちゃったね、とはっきり言葉にする子もいた。吉住を好きだと③コウゲンして憚《はばか》らなかった何人もの女子が、別の男子に鞍替《くらが》えしたらしかった。

しかし、早季子の吉住への思いは変わらなかった。彼は確かに変わったようだが、そもそも万人を惹《ひ》きつける特別さが、吉住の魅《み》力なのではない。乾《かわ》いていて、少し冷たくて、寂しい音がする。図書室で見せた秋風のような姿こそが、本当の吉住なのだ。自分が好きなのは本当の彼であり、その辺の軽薄な女子連中とは気持ちの深さが違う。優越《えつ》感と共に、そう思っていた。

吉住の変化がもっと内部に及《およ》んでいたことを知ったのは、中学一年の冬だった。その日、早季子は日直だった。教室の戸締《じま》りと日誌の提出を終え、さあ帰ろうと下駄箱《たばこ》の前に立ったとき、体操服姿の吉住が校庭からやって来た。

「吉住くん」

胸を高鳴らせながら声をかけると、吉住はすぐに気づき、

「神田さんだ。久しぶり。今帰り？」

と、目を細めた。小学校の卒業式以来、実に九ヶ月ぶりの二人きりでの会話だった。

「うん。吉住くんは今から部活？」

「ううん、部活はもう始まってるんだ。今は体育準備室の鍵《かぎ》を借りに行くところ」

「部活、寒いのに大変だね」

吉住は、本当だよ、と笑いながら、すのこの前で勢いよく靴《くつ》を脱《ぬ》いだ。白地に紺《こん》の線の入ったスニーカーが、タイルの上でころんと転がった。右の靴は底を上に、左の靴は底を横にして停止した。

早季子の胸を3違《い》和感が刺《さ》した。しかし、なにから発生したものなのかはよく分からなかった。追究しようとする意識を抑《おさ》え、急いで気を取り直す。せっかく吉住と言葉を交《か》わせたのだ。この機を無駄《だ》にしたくなかった。

吉住に聞いてもらいたいことはたくさんあった。友だちとの会話、母親からの束縛《ばく》。教科書の行間にも、茶碗《わん》に残った一粒《つぶ》の米にも、生活のいたるところに孤独の穴は開いていた。そこに落ちては負ってしまった数々の傷を撫《な》でて欲《ほ》しい。だが、部活動中の吉住を長々引き止めるわけにはいかなかった。一つでいい。一つでいいから、なにか、なにか分か

室のドアを開けると、目の前に色鮮《あざ》やかな光景が広がった。黄葉した無数のイチョウの葉が風に吹《ふ》かれ、渡り廊下をひらひらと横切っていた。

私、吉住君のことが好きだ、すごく。

早季子は自分の気持ちに唐突《とうとつ》に気がついた。一方の吉住は、さっさと歩き出している。置いていかれないよう、慌《あわ》てて吉住の横についた。

長い渡り廊下を抜け、教室のある校舎に入る前、吉住は足を止めた。

「そうだ、神田さんにいいこと教えてあげる」

吉住の口調にはもうすっかり無邪《じゃ》気さが戻っていた。図書室で見せた大人の影《かげ》はもうない。早季子もそれに合わせ、

「なあに?」

と、若干の節をつけて応じた。吉住はくすぐったそうに微笑《ほほえ》んだ。

「嫌《いや》だなって思うことがあったとき、乱視のほうの目だけになるといいよ。いろんなものがぼやけて見えて、なんだかちょっとほっとするから」

そのときやや強い風が吹いて、イチョウの葉が一枚、吉住の頭にのった。吉住は気づいていないようだ。取ってあげようと手を伸《の》ばしかけ、早季子はすぐに引っ込《こ》めた。指先がじんじんと熱かった。吉住に近づけた先から指が溶《と》けていきそうに思われた。教室に着くまでのあいだ、何度も試みたが、結局早季子はそのイチョウの葉を取ることができなかった。

「やだぁ、吉住くん、頭に葉っぱついてるよ」

吉住の左隣の席に座る女子が、嬉しそうにイチョウの葉を摘み上げた。その光景を、早季子は斜《なな》め後ろの席からぼんやりと見ていた。

六年生のクラスは五年生からの持ち上がりだったため、一ヶ月に一度の図書室での逢瀬は、二人が小学校を卒業するまで続いた。後半は取るに足らない話ばかりをしていた。自信満々だったテストの答えが、まったく合っていなかったこと。目玉焼きにはソースか醤《しょう》油かで、友だちと口論になったこと。

しかし、なにを話しているときでも、吉住は早季子に潜《ひそ》む孤独を的確に嗅《か》ぎ当てた。早季子が笑いを交えて話しても、

「同じものを食べていても、感じる味は人それぞれ違うんだよね。本当の味ってきっと、人間には触《ふ》れないところにあるんだろうね」

というようなことを、吉住はしみじみ言うのだった。

そのたび早季子は泣きたくなった。人に理解してもらえる喜びと、それさえも打ち消せない孤独の寂しさと、膨《ふく》れていく吉住への気持ちが混ざり合い、感情の身動きが取れなかった。あのときの [4] を、早季子は今でもはっきり覚えていた。

早季子と吉住は同じ公立中学校に進学した。だが、クラスは分かれてしまい、また中学校の図書室は小学校のように閉鎖《さ》的な空間ではなかったため、落ちあえる場所もなかった。二人の距離《きょり》は自然と離《はな》れた。

早季子の中学はいわゆるマンモス校で、市内の三つの小学校の進学先となっていた。一学年が十クラス、全校生徒数は千を超《こ》えていた。それ故《ゆえ》、中学進学に伴《ともな》う環《かん》境の変化も大きかった。制服や校則や授業や、そういった外面的な変化だけではなく、子どもが集団生活を送ることで生じる空気が、小学校とは桁《けた》違いに濃《こ》かった。異質も同質も反応し合って強度を増し、それが思春期②ドクトクの精神回路に乗って、収拾がつか

意を払《はら》って、さっきからずっと気になっていたことを尋《たず》ねた。

「吉住くん」

「うん?」

「さっき、どうして片目を瞑っていたの?」

「さっき?」

「私が図書室に入ったとき。吉住くん、左目だけで校庭を見てた」

胸はひりつき、声は明らかに上ずった。吉住は気づいていないのか気を遣《つか》ったのか、まったく表情を変えず、

「僕ね、左目にだけ、弱い近視と乱視が入ってるんだ。眼鏡をかけるほどではないんだけど。景色《けしき》がぼんやりするのが面白くて、ときどき左目だけでものを見るんだ」

早季子はそれまでの十一年間に覚えたことのない [2] を感じた。胸が弾《はじ》けそうに高鳴って、叫《さけ》びたいほど嬉《うれ》しいのに、同時に涙《なみだ》がでそうになった。なにかに感謝したくて、でもなにに感謝をしていいのか分からなくて、自分のスカートの裾《すそ》を強く握《にぎ》った。手の甲《こう》に血管が浮き出るほど強く、強く。

「私も同じ」

「神田さんも?」

「私も左にだけ、少し」

それから早季子と吉住は、ときどき図書室で会うようになった。吉住は児童会にも所属していて忙《いそが》しかったし、早季子も基本的には友だちと昼休みを過ごすことにしている。二人がそろって図書室に顔を出せるのは、せいぜい一ヶ月に一度だった。

やがて早季子は、抱《かか》えていた [3] を吉住に打ち明けた。左目だけでものを見たときの衝撃《しょうげき》。そこから感じた世界の脆《もろ》さ。人と分かり合えない孤《こ》独感。昼休みの二〇分ではとても話しきれず、この話題は1数回の注1逢瀬に亘《わた》った。

すべてを語り終えたとき、季節は秋に変わっていた。校庭ではイチョウが黄色の葉を散らしていた。

「分かるよ」

吉住が重々しく頷《うなず》いて、早季子は本当に少し泣いた。ずっとさまよっていた宇宙空間で、やっと酸素を供給された気持ちだった。声は出さずに、はらはらと涙をこぼした。手のひらで拭《ぬぐ》っても拭っても止まらなくて、早季子は、ごめんね、と詫《わ》びた。

「謝ることないよ」

教室の吉住よりも、図書室の吉住のほうが大人みたいに優しい。早季子はそう思ってさらに落涙《るい》した。

自分たちは同じものを見ている。早季子の身体に痺《しび》れが走った。頭に浮かぶ同意の言葉は、どれも安易で軽薄《はく》に思えた。

「身体の中で、人はみんな一人なんだよ。自分以外の人間がなにをどう見ているかなんて絶対に分からない。身体がある限り、人は一人ぼっちで、つまり、寂《さび》しいのは当たり前のことなんじゃないかって、最近僕は思う」

「うん」

「でもこの当たり前さに気づくほど、寂しさっていうのは大きくなるんだよね」

昼休みの終わりを知らせる予鈴《れい》が鳴った。二人は同時に席から立った。木製の椅子《いす》の脚《あし》が床《ゆか》で跳《は》ね、かたんと乾《かわ》いた音がした。吉住が図書

「神田さんは、よく図書室に来るの？」

「ううん、ときどき。吉住くんは？」

「僕《ぼく》もときどき。ここ、静かで落ち着くから」

校庭から一際《ひときわ》大きな喚《かん》声が届き、二人はそろって窓の外を見た。校庭では、低学年から高学年までの児童が、ボール遊びや長縄跳《なわと》びに興じていた。校庭と図書室のあいだには壁《かべ》一枚があるだけなのに、あちらとこちらでは、まるで重力までもが違《ちが》って感じられた。

吉住はふっとなにかを思い出したような表情になって、早季子を見つめた。

「神田さんって、確か去年、うちの学校に転校してきたんだよね？」

「うん」

「どこから来たの？」

「岐阜《ぎふ》。二年しかいなかったけど」

吉住は、

「岐阜か。本州の真ん中だね」

と、言って微笑《ほほえ》んだ。岐阜に対してそんな知的な言葉が返ってきたのは初めてで、早季子の胸は少しどきどきした。

「またすぐに転校しちゃうの？」

「ううん。お母さんがもう引っ越《こ》しは嫌《いや》だって言ってこの町に家を買ったから、もうしない」

「そうなんだ。ねぇ。転校生って、どんな気分？」

「学校によっていろんなことが違うから、ちょっと大変かな」

「いろんなことって？」

「うーん。例えば、この小学校だとあいうえお順で机を並べるとき、教室の左前に先頭がくるでしょう？　で、最後が一番右の列の後ろの席。でも、前にいた学校は、先頭、あ行の子が右の列の一番前なのね。で、最後は一番左の列の後ろ。まったく逆なの。だから初めはびっくりしちゃった」

「へえ、そんなことまで違うんだ」

吉住は心底感心したように甲《かん》高い声を出した。そんなにたいした話でもなかったのにと、早季子は顔を赤らめた。

「吉住くんは、ずっとこの小学校にいるの？」

「うん。生まれたときからこの町に住んでる。幼稚《ち》園からの知り合いもいっぱいいるよ。だから神田さんが少し羨《うらや》ましいな」

早季子は驚いた。友だちができるまでに苦労する早季子には、昔からの知人がたくさんいることを嘆《なげ》く気持ちが理解できなかった。吉住は言葉を間違えたのではないかと、一瞬《しゅん》疑ったほどだった。

「どうして？」

吉住は早季子から視線を外し、窓を見て首を傾《かたむ》けた。

「自分のことを誰も知らないところに行けば、いろいろと楽になれる気がする」

思いもよらない、寂《さび》しげな声と言葉だった。早季子は虚《きょ》を衝《つ》かれてしばし黙《だま》った。すると吉住は慌《あわ》てたように、

「ごめんね。神田さんは転校が大変だって言っているのに、簡単に羨ましがって」

「ううん」

早季子はそっとあたりを窺《うかが》った。司書の先生はまだ奥《おく》の準備室にいるようだ。ほかには誰もいない。熟《う》れた桃《もも》に触《ふ》れるように①サイシンの注

学区内の誰《だれ》もが知る金持ちの家の息子。なのにそれを鼻にかけたところは微塵《みじん》もなく、いつも穏《おだ》やかで、二つ下の妹の世話を熱心に焼いていた。吉住が声を荒《あ》らげたところを、誰も見たことがなかった。クラスでも、大人しい子が教科書を忘れて困っていれば、さりげなく隣《となり》の子に見せてやるよう頼《たの》み、活発な子が教室を走り回っていれば、［A］、と声をかけた。

吉住を嫌《きら》う子どもは一人もいないどころか、教師からは、吉住がクラスにいるといじめがなくなる、とまで言われた。その上、背丈《たけ》こそやや小柄《がら》だったものの、色白の肌《はだ》に涼《すず》やかな目を持ち、中身を抜《ぬ》いても格好のいい少年だった。天才児でも英雄《ゆう》でもアイドルでも足りない。吉住を表す言葉は奇跡以外にないと、彼に関わった人はみんな思った。

小学校四年生のとき、早季子は吉住のいる小学校に転入した。そして五年生に上がる際のクラス替《が》えで、同じクラスになった。もちろん、その前から存在は知っていた。先生から当然のようにクラス委員長に任命された吉住を見て、噂《うわさ》どおりだ、と感嘆《たん》もした。しかしこのころの早季子には、多くの女子が彼に抱《いだ》いていた類の興味はなかった。話しかけることも話しかけられることもないまま、暦《こよみ》は五月に入った。

よく晴れて空の高い日だった。昼休み、早季子は図書室へと足を向けた。図書室とは呼ばれていたが、この小学校の図書室は、校舎と渡《わた》り廊《ろう》下で結ばれた、実質の別館だった。校舎よりもずっと古い木造で、お化けがでるという噂もあってか、児童からは不人気だった。

早季子はこの人気《ひとけ》のなさが好きで、ときどき図書室に赴《おもむ》いた。友だちといることに、早季子はしばしば無性《しょう》に疲《つか》れを覚えた。小学生の女子は、秘密を打ち明ける回数と友情の深さを比例して考えがちだ。それが苦痛だった。自分の本心をさらけ出すことと相手に友情を感じることは、まったく別問題だと思っていた。

だからといって、友だちよりも一人の時間を優先する勇気はなかった。親しい子のいない学校生活の辛《つら》さを、早季子はよく分かっていた。転入直後の、まだ誰とも馴染《なじ》んでいない状態での班分けの［1］。永遠に終わらない気がしてくる昼休み。恐怖《きょうふ》は早季子の骨の髄《ずい》にまで染《し》み込《こ》んでいた。誘《さそ》いを断って、友だちを失うわけにはいかなかった。機会を見つけてこそこそと図書室に通うしかなかった。

その日、早季子は委員会の用事を手早く済ませると、教室には戻《もど》らずに図書室に向かった。軋《きし》むドアを引き、驚《おどろ》いた。珍《めずら》しく先客がいると思ったら、傷だらけの木の机に頬杖《ほおづえ》をついていたのは、吉住だった。右目を瞑《つむ》って、呆《ほう》けたように校庭を見ている。

「あ」

早季子が思わずもらした声に、吉住は反応した。億劫《おっくう》そうに頭を動かして、入り口を、早季子を見た。

「神田さん」

そのときにはもう、吉住の目は両方とも開かれていた。いつもの人好きのする笑顔が浮《う》かんでいる。それを避《さ》けるのは、不自然かつ不道徳に思われた。早季子はおずおずと近寄り、それでも笑顔が消えないのを確認してから、隣に座《すわ》った。

「私の名前、覚えててくれたんだ」

「もちろん。同じクラスじゃない」

吉住は小首を傾《かし》げた。前髪《がみ》がさらりと揺《ゆ》れた。猫《ねこ》のように細い毛だった。

す。今は絶滅していなくても、生息地がなくなることによって、数十年のうちに絶滅してしまうと危惧《ぐ》されているものもいます。(J)

5、我々の便利さは、ほかの生き物の生息地を奪ってできているわけです。この便利さを手放すことができるでしょうか。さらにいえば、これから地球上の人口が増えていけば、食料のために、農地を増やさなくてはならないかもしれません。それによって、絶滅する動物がでるのはどうでしょうか。飢《う》え死にする人がいる中で、生き物を守ることができるでしょうか。

　このようなとき、絶滅させる・させないの単純に2つの選択《たく》を考えるのは現実的ではありません。生き物への影響を減らしつつ、多少の不便さは我慢《まん》して、やっていく道を探《さが》さなくてはならないのです。われわれと、生き物の間で3妥《だ》協点を探していくのです。(K)

　いまは、以前に比べて、開発をするときには、6生き物への影響を小さくするような配慮《りょ》が求められるようになっています。それは手間もかかります。ですが、この地球の上で多くの生き物がうまくつきあっていくには必要なことなのです。

(三上修『スズメの謎《なぞ》』より)

※出題の都合上、本文の一部を改稿《こう》しています。

問一　空らん1～6に当てはまる言葉を次の中から選び、記号で答えなさい。

ア　たぶん　**イ**　なるべく　**ウ**　つまり　**エ**　ところで

オ　しかし　**カ**　たとえば　**キ**　もちろん

問二　次の一文は(A)～(K)のどこに入るか、記号で答えなさい。

　こんな風に考えると、「スズメが減った、じゃあ、増やそう」と簡単にはいかないことがわかります。

問三　――1の例は、第三段落の中ではどんな「立場」からのどんな「意見」が書かれていますか。①「立場」については解答らんにあてはまるように二十字程度でまとめ、②「意見」については十五字以内で本文中から抜《ぬ》き出しなさい。

問四　――2「そういうこと」とはどういうことですか。

問五　――3「妥協点」と同じ意味の語を本文中から抜き出しなさい。

問六　次の文①～⑤の内容が、本文の内容に合うものにはAを、合わないものにはBを書きなさい。

①　スズメの問題に関しては解決法が見つからないので、これ以上話し合う必要はない。

②　さまざまな立場から意見を出し合い、あらゆる問題に目を向けることが大切だ。

③　生き物を絶滅させないためには感情論ではなく、冷静な議論だけで進めていくのが良い。

④　我々の便利さと引き換えに他の生き物を絶滅させることがあってはならない。

⑤　生態を守るために最も必要なことは、意見をまとめることではなく、さまざまな立場からそれぞれが行動することである。

【三】　次の文章は二六歳《さい》の早季子《さきこ》が過去を回想したものです。よく読んで、あとの問いに答えなさい。

吉住《よしずみ》は奇跡《きせき》だった。

がむしゃらに勉強している様子はないのに、テストは常に満点だった。スポーツも得意で、運動会のリレーの選手には毎年必ず選ばれた。

行って、農業被害をもたらすわけです。それでも、本当に、スズメを守るべきでしょうか。（C）

一方で、私は、もし身のまわりからスズメがいなくなってしまったら、それはとても大きな損失だと考えています。スズメというのは、私たちにとって、もっとも身近な鳥です。もっともよく接する鳥で、もっともよく見かける鳥です。スズメが電線で鳴いている姿や道端《ばた》に降りてエサを食べている姿を見てかわいいなと思ったり、興味を持てたりする日常をなくしてしまったらもったいないと思うのです。もし今の減少率がそのまま続くとすると、町の中ではスズメの声も姿もいっさいなくなってしまうかもしれません。（D）

そういった日常の変化に加えて、スズメがいなくなったら、私たちは文化的な意味でも大きな損失を招くと思うのです。スズメは俳句や昔話によく登場する鳥です。小林一茶は「雀《すずめ》の子　そこのけそこのけお馬が通る」という有名な俳句を詠《よ》んでいます。舌切りスズメのおとぎ話は聞いたことがあると思います。「すずめの涙《なみだ》」「すずめ色」というような言葉もあります。テレビやラジオの中でスズメの「チュンチュン」という声は、町中などの場所や朝が来たことを示す効果音として用いられています。つまりスズメの姿や声は私たちの文化の中にも溶《と》けこんでいるのです。でも、スズメが身近な鳥でなくなってしまったら、私たちにはこういったものを、実感をともなったものとして感じられなくなってしまうでしょう。スズメが身近な鳥でなくなるというのは、2そういうことなのです。（E）

科学者は、本来は、事実に基《もと》づいて客観的に冷静に議論を進めなければいけないのに、スズメがいなくなるとさみしいという私の主張の中には、私の個人的な感傷や思い入れが入っています。（F）

生き物に対する愛情や思いがなくては、その生き物を守ろうという気持ちはわいてきませんが、それだけに流されるわけにもいきません。こんな風に、スズメが減ったからどうすべきかということは、さまざまな立場があり、簡単に語れることではありません。全員がすっかり納《なっ》得のいく結論を出すのは難しいかもしれません。だからこそ、さまざまな意見を出し合い、何かよい落としどころを見つけていくのが、これからの生き物を守っていくうえで大事なことなのです。（G）

ここまでのところ、「スズメがもし絶滅したとしたら、大変だ。しかし、絶滅しなくても大変な問題がある」と話を進めてきました。［2］、スズメが絶滅したらなぜいけないのでしょうか。（H）

これに答えるのはとても難しいのです。［3］、多くの人が絶滅しない方がよいとは思っているでしょう。でも、何かと引き換《か》えにしないといけないとしたらどうでしょうか。

私たちは、今とても便利で快適な生活の中にいます。［4］、私たちが普《ふ》段使う電気は、発電所でつくられていますが、発電所をつくるために、海岸をつぶしています。水を安定的に得るために、谷川をつぶしてダムをつくっています。食べ物のなかには、森林を伐《ばっ》採して、畑にしたり牧畜《ちく》をしたりして得ているものがあります。さまざまな鉱物も、豊かな山林を破壊《かい》して得ています。これは日本の国内だけでなく、われわれ日本に住む人のために、海外のそういった環境を破壊している場合も多々あります。（I）

その過程で、小さな生き物から大きな生き物までたくさんの生き物の生息地を奪《うば》っています。それによって、絶滅してしまった生き物もいま

【国　語】（四五分）〈満点：一〇〇点〉

※解答はすべて解答用紙に記入しなさい。

※解答に句読点や記号などが含《ふく》まれる場合は一字に数えます。

【一】 次の各組の[A]と[B]には同じ漢字が入ります。その漢字を答えなさい。

（例）英語は「[A]国[B]」。
　　　コップは「[A]来[B]」。
　　　[A]…外　[B]…語

① 和食の「[A]理[B]」になる。
　 ライオンの「[A]教[B]」になる。

② 「[A]用[B]」な発言。
　 「[A]本[B]」な成績。

③ ヒロインの「[A]手[B]」。
　 会社の「[A]談[B]」。

④ 立派な「[A]格[B]」。
　 クラスの「[A]気[B]」。

⑤ 国交を「[A]常[B]」する。
　 自分の行動を「[A]当[B]」する。

【二】 次の文章を読んで、あとの問いに答えなさい。

現在、スズメが減少しています。そして、まだ減り続けると考えられます。では、それを知った私たちはどうすればよいのでしょうか。これは、私がずっと考えながらも、いまだ答えが出ていない問題です。

なぜ答えが出ないかというと、1立場の違《ちが》いによって、異なる意見が出てくるからです。（A）

まず、スズメの減少によって農業被《ひ》害が大きくなるとか、生態系のバランスが崩《くず》れてしまうとか、そういったことに力点をおいた場合の考え方です。その場合にカギとなるのは、スズメが減ったことで本当に影響《えいきょう》が出たかどうかです。今のところスズメが減ったことで、何か生態系や人に悪い影響が出たという報告はありません。[1]、実際は起きているけれども気づいていないという可能性もあります。しかし、少なくとも、何か問題が起きたわけではないですから、急いで対処する必要はないのかもしれません。（B）

次に、もっと広く鳥類全般《ばん》の減少に目を向ける立場で考えてみます。スズメが減っていることがわかったのは、それを示す記録があったからです。しかしスズメよりも、はるかに速いスピードで減っている鳥もいるかもしれません。実際、絶滅《めつ》の危険性にある鳥は日本だけでも数十種類います。生き物を調べるためには、人もお金も時間もかかります。であれば、スズメになんて目を向けずに、もっと絶滅の危険性の高い鳥を守ることに力を入れるべきだという意見も成り立ちます。

さらに、スズメが増えた場合のデメリットを考える立場もあります。仮に、スズメを守るために、スズメが巣をつくれるような巣箱をかけ、スズメがエサをとれる環《かん》境をつくり、さらにはスズメにエサを与《あた》えることで、スズメが増えやすい状況《きょう》をつくったとしましょう。でも、スズメが増えれば、どこかの方が大事に育てていた桜の花が落とされてしまうかもしれません。楽しみに食べようと思っていた柿《かき》の実がスズメに食べられてしまうかもしれません。さらに、スズメは、秋冬になると農地に

問六　空らん 5 に入る表現を文中から五字で抜き出しなさい。

問七　――2について、このときのマチコさんの気持ちとしてふさわしいものを選び、記号で答えなさい。

ア　あまりにも幼い二人の行動を見てあきれた。

イ　別れることになってしまった二人に同情した。

ウ　自分が作ったおまじないを目にしてはっとした。

エ　小学生のひたむきな姿を見てほほえましく思った。

問八　空らん X ・ Y に入る表現を考えて、それぞれ五字以内で答えなさい。

【四】　※問題に使用された作品の著作権者が二次使用の許可を出していないため、問題を掲載しておりません。

気づいてればなあ……」

「でも、また来ます」

自分でも意外なほど、きっぱりとした口調で言えた。それがなによりうれしかった。

ハセガワくんも、マチコさんの答えを喜んでくれた。「ですよね、うん、絶対にまた来てください」と返す声は、涙交じりにもなっていた。

「いまはみんな大変で、ウチなんかもずーっと避難所生活で、おふくろがまだ行方不明なんですけど……でも、来年の春、また来てください……来年間に合わなかったら、再来年でも、その次でもいいですから、みんなまた元気になって、町も⑤フッコウして、そうしたら同窓会しましょう」

はい、と応えた。言葉だけでは足りない。なつかしい町に向かって、頭を深々と下げた。

電話を切って、ブランコ板の上に立った。

ブランコは何年ぶりだろう。息子が小学校に上がってからは公園に連れて行く機会もなかったから、十年近いブランクがある。立ち漕ぎになると、十数年……二十年と見たほうがいいかもしれない。

思いのほか板は不安定だし、鎖《くさり》もよじれながら揺《ゆ》れどおしだった。それでも、ゆっくりと漕ごう。最初は小さな振り幅《はば》でも、少しずつ勢いをつけていけばいい。

おまじないの言葉は、「[X]」を十回。

つづけて、「[Y]」を十回。

膝《ひざ》を軽く曲げて、伸《の》ばし、その反動を使って漕いでいった。

なつかしい町がゆらゆらと揺れはじめた。

（重松清『まゆみのマーチ』より）

※出題の都合上、本文の一部を改稿《こう》しています。

問一 ＝＝①～⑤のカタカナを漢字になおしなさい。

問二 マチコさんについて、次の問いに答えなさい。

① マチコさんのフルネームを漢字で答えなさい。

② マチコさんの年齢《れい》を選び、記号で答えなさい。

ア 三十代後半　イ 四十代前半

ウ 四十代後半　エ 五十代前半

③ マチコさんの家族構成について、次の空らんにあてはまるものを選び、記号で答えなさい。

マチコさんは、夫と息子とその[　]の四人家族である。

ア 兄　イ 姉　ウ 弟　エ 妹

問三 ――1「その問いの答え」とは何だったでしょうか。次の空らん[A]・[B]に入る表現を文中から抜き出しなさい。

[A]（五字）や[B]（十二字）を見つけに行く。

問四 空らん[1]に入る語としてふさわしいものを選び、記号で答えなさい。

ア 惨《みじ》めさ　イ 深刻さ

ウ はかなさ　エ 理不尽《じん》さ

問五 空らん[2]～[4]に入るものを選び、記号で答えなさい。

ア 理由のわからない不安になってしまった

イ 急に胸が重くなった

ウ 急に不安になった

なってしまう。

　でも、いつかまた会いたい――。

　絶対にまた、一緒に遊びたい――。

「いまのおまじないって……」

　マチコさんが訊くと、転校してしまう子が「六年生のひとが教えてくれたの」と答え、見送るほうの子が「ずーっと、二小の伝統になってるの！」と自慢するようにつづけた。

「そうそう、伝統だよねー。だって、ウチのお父さんも二小なんだけど、お父さんの頃からあったんだって。ほかの学校にはないから、二小だけの伝統なんだよね」

「すごく効き目があるって六年生のひとが言ってたよ」

「奇跡《きせき》を呼ぶんだよね」

「だからまたエリちゃんと会えるよね」

「会える会える」

　ケイコちゃんが友だちの誰かに伝えてくれた。その友だちが別の誰かに伝え、年下の子にも広がって、やがて代々語り継《つ》がれる伝統になった。

「あれ？　おばちゃん、泣いてるの？」

「なんで？　えーっ、わたし、なにもヘンなこと言ってないよね？」

「でも泣いてるよ」

「やだ、なんでぇ？」

　わかった。わたしがこの町でいちばん会いたかったのは、昔のわたしだったんだ、と思った。だいじょうぶ。ちゃんといた。マチコさんがこの町で暮らしたことの証《あかし》は、ここに残っていた。

　胸のつかえが、すうっと消えていく。やっと、誰かのためにきちんと涙《なみだ》を流せる気がした。「誰か」の顔は浮かばないままでも、もう落ち込まなくていいんだ、と顔の見えない誰かが、そっと背中をさすってくれた。

　二人が公園からひきあげて、頬《ほお》を伝った涙の痕《あと》もなんとか乾《かわ》いた頃、電話が鳴った。

　ケイコちゃんから――だと、さすがに話が出来過ぎになってしまう。男のひとだった。元・四年一組の男子。ハセガワと名乗った。さっき体育館で写真を見つけたのだという。とてもなつかしくて、とてもうれしかった、と言ってくれた。

　ハセガワくん、ハセガワくん、ハセガワくん……写真を手に記憶をたどったが、思いだせない。よそよそしい「です、ます」をつかったハセガワくんの口調も、マチコさんのことをはっきり覚えているというわけではなさそうだった。

　写真のどこに写っているかを教えてもらったら、ああそういえば、と記憶がよみがえるかもしれない。

　それでも、マチコさんは写真から顔を上げ、広大な更地になってしまった「下町」の風景に目を移した。まっすぐ見つめる。また目に涙が溜《た》まってくるのがわかる。

「この写真のために、わざわざ東京から来てくれたんですか？」

「ええ、まあ……」

「それで、いま、どこにいるんですか？」

　マチコさんは強くまたたいて、涙を振《ふ》り落としてから、言った。

「ごめんなさーい、もう、東京に帰ってきてるんです」

「そうなんですか、せっかく来てくれたのに、すみません、もっと早く

仕上げの小さな嘘《うそ》で、もう完璧《べき》――ケイコちゃんはあっさり信じて、じゃあやろうよ、いまからわたしたちもやろうよ、と張り切ってブランコを漕ぎはじめたのだ。

ケイコちゃんって単純だったもんなあ、とベンチで苦笑《しょう》して、バッグからクラスの集合写真を取り出した。前から二列目の、右から四人目。担任の先生の斜《なな》め後ろ。この子だ、この子、田舎っぽい顔してたんだ、とオカッパ頭のケイコちゃんを指で軽くつつくと、ほんの少し気分が楽になった。

あの日のおまじないでは、再会する日をいつに決めていたのだろう。細かいところは覚えていない。「夏休み」あたりだっただろうか。そこまで待ちきれずに「ゴールデンウィーク」にしただろうか。どっちにしても、おまじないの効果はなく、修了式の翌日に引っ越《こ》したきり、二度とケイコちゃんに会うことはなかった。

ケイコちゃんはいまも元気でいるだろうか。結婚して、この町を離れて、地震や津波の被害を受けなかった町で、家族そろって幸せに暮らしていてほしい。ケイコちゃんだけではない。みんな。みんな。みんな。みんな。集合写真をじっと見つめ、名前が出てこない友だちの顔を一人ずつ目と指でたどって、心から祈《いの》った。

祈るだけでは気がすまない。ブランコを漕いでみよう。おまじないを信じてみたい。いまなら、あのおまじないは願いを叶えてくれるかもしれない。

ベンチから立ち上がり、ブランコに向かって歩きだした。そのときだった。

小学生の女の子が二人、公園に入ってきた。ランドセルを背負って、学校帰りに寄り道しているのだろう。一人の子が「あ、ラッキー、空いてる」と歓《かん》声をあげると、もう一人の子も「早く行こう！」と声をはずませて、二人で手をつないでブランコに駆け寄った。

何年生だろう。四年生か五年生といった背格好だろうか。ブランコで遊ぶにはお姉さんすぎる気もしたが、やっぱりそういうところが田舎の子の純朴さなのかな、とマチコさんは苦笑して、ブランコを二人に譲《ゆず》り、ベンチに座《すわ》り直した。

二人はさっそくブランコ板の上に立ち、作戦を確認《にん》するみたいに目配せし合って、漕ぎはじめた。

前、後ろ、前、後ろ、前、後ろ……。二台のブランコが交互に前に出る。「いーち、にーい、さーん……」と二人はそれぞれ自分のブランコが前に出る回数を数え、三十までいったところで、相手の名前を呼びはじめた。

「エリちゃん」「ハルカちゃん」「エリちゃん」「ハルカちゃん」「エリちゃん」「ハルカちゃん」――早口に、十回ずつ。

そして、つづけて「夏休み！」「夏休み！」「夏休み！」「夏休み！」と、同じ言葉を交互に、十回ずつ。

マチコさんは思わずベンチから腰《こし》を浮《う》かせ、[2]呆《ぼう》然と二人を見つめた。

二人は第二小学校の四年生だった。大親友なのだという。二人とも家族は全員無事だったが、「下町」にある家は津波に流され、火災で焼き尽《つ》くされてしまった。いまは避難所から「山の手」の学校に通っているが、片方の子が親戚《せき》の家に家族で身を寄せることになった。お別れに

チと同じ、お母さんとお姉さんと弟の三人だった。子どもたちの年格好も似ている。お父さんがいないのは仕事に出ているからなのか、それとも――。

　その家の前を通り過ぎてから車を停《と》めた。なにか手伝えることはないだろうか、と思った。だが、エンジンを切ってシートベルトをはずすと、【4】。ため息をついて、「小さな親切、大きなお世話、か……」とつぶやくと、もう車を降りる気力はなくなってしまった。

　疎《うと》んじられるかどうかはわからない。自分で③カッテに決めつけただけのことだ。もしかしたら、たいして役には立たなくても、誰かが手伝ってくれたというだけで、三人は喜んだかもしれない。

　それでも、やっぱり違う。なにかが違う。とにかく違う。再びエンジンをかけて、車を走らせた。舗《ほ》装の剥《は》げた埃《ほこり》っぽい道路を、急加速して駆《か》けていった。やめればよかった。おばさんの図々《ずうずう》しさで押し通してはいけないものがあるんだと、もっと早く気づけばよかった。（中略）

　夕方、お別れをするつもりで、なつかしい町に戻《もど》った。最後の最後に町を見渡《わた》しておこうと思って、【5】の公園に向かった。

　昔は、自然公園の名前どおり、ほとんどひとの手が入っていない雑木《ぞうき》林《ばやし》が三方を取り囲んでいたが、いまはその林はそっくり住宅地に変わってしまい、門に刻まれた名前も「自然公園」から「④ジドウ公園」になっていた。

　それでも、町と海を一望できる眺《なが》めの良さはあの頃と同じだった。ブランコを漕《こ》いでいると、勢い余って空を飛んでいってしまいそうな気がして、胸がドキドキしていたものだった。ブランコの位置や向きは昔どおりだったから、いまの小学生たちも、同じように胸をドキドキさせながらブランコを漕いでいるのかも――と想像しかけて、ふと思いだした。

　あ、そうだ、と声も漏《も》れそうになった。

　忘れていた記憶《おく》がよみがえった。

　なつかしい町に来て、初めて、友だちの顔がくっきりと浮かんだ。

　三学期の終わりで転校することが決まったあと、クラスでいちばんの仲良しだったケイコちゃんと二人で、この公園で遊んだのだ。

　修了《りょう》式まであまり間のない、お別れの日が迫《せま》っていた頃だった。

　ケイコちゃんはマチコさんが転校してしまうのをとても悲しんで、お別れした友だちとまた会えるおまじないをリクエストしてきた。

　そんなもの、知らない。だが、ケイコちゃんのリクエストに応えるためだけではなく、自分自身がそれを本気で信じたくて、とっさにオリジナルのおまじないを考えた。

　ブランコが二台。二人で並んで、前後に振《ふ》るタイミングが交互《ご》になるように立ち漕ぎしながら、勢いをつけていく。三十回漕いでから、おまじないを始める。自分のブランコが前に出たときに相手の名前を呼ぶ。それを十回。次に、いつ会いたいかを、同じように十回。そのときに隣《となり》にいる相手の顔を見てはいけない。まっすぐに前を向いて、ブランコが後ろに戻《もど》る前に早口に言わなければならない。

　急いで考えたわりには、自分でもなかなかの出来だと思った。「横を向いてはいけない」「早口に言う」というところが、なんとなくおまじないっぽい。

「東京の子は、みんなやってるんだよ」

になるのか、さっぱり見当がつかない。

　通っていた小学校は、避難所になっていた。子どもたちは「山の手」の小学校で授業を受けていて、教室ではそれぞれ十世帯ほどのひとたちが避難生活を送っている。救援物資の仕分け場になっている体育館の壁《かべ》は、大きな伝言板のような役割も果たしていて、安否不明の家族の情報を求める紙や、身を寄せた先の住所を書いた紙が、びっしりと貼《は》ってある。

　その隅《すみ》をマチコさんも使わせてもらった。

　出発前に、クラスの集合写真をスキャンして、たくさんプリントアウトした。その束をクリップで②トめて壁に掛《か》け、手紙を添《そ》えた。

＜市立第二小学校で、昭和47年に4年1組だった皆さんへ

　被災して古いアルバムなどを失ってしまった方々がたくさんいらっしゃると聞いて、クラスの集合写真を持ってきました。必要な方はどうぞご遠慮《りょ》なく持ち帰ってください。

　私は、元・4年1組の山本真知子といいます。結婚して、いまの姓《せい》は「原田」です。いまは東京で、夫と子ども二人と暮らしています。この写真の、最前列の右から二人目が私です。新年度が始まった4月に東京から転校してきて、3月に学年が終わるのと同時に、今度は札幌《さっぽろ》に転校していきました。4年1組では「マッちん」と呼ばれていました。覚えていらっしゃいますか？

　震災で市内が大きな被害を受けたことを知り、いてもたってもいられなくて、東京から来ました。もし、この手紙を読んだ元・4年1組のひとで、私のことを覚えているひとがいらっしゃったら、よろしければ下記の番号に電話をいただけませんか？＞

　手紙を壁に掛けたあと、［2］。

　東京で手紙を読んだ子どもたちの反応も、「ちょっと無神経な感じがするって思うひともいるかもよ」「お母さんは被災してないんだし、家族を亡くして避難所生活してるひともいるはずだから、東京で何人家族とかって書かないほうがいいんじゃない？」と、けちょんけちょんだった。

　「まあいいよ、やりたいようにやってみればいいんだ」ととりなしてくれた夫も、「ダメでもともとのつもりでな」と釘《くぎ》を刺《さ》すのを忘れなかった。

　もっとも、当のマチコさんには自信があった。だいじょうぶ、手紙を読んだ昔の同級生はみんな昔をなつかしんでくれる、と信じ込んでいた。その根拠《きょ》のない自信は、いざ手紙を壁に掛けたあとは、クルっと裏返ってしまったかのように、［3］のだ。

　その夜は、遅くまでビジネスホテルの部屋で起きていたが、電話はかかってこなかった。

　翌日は早朝から市内に入った。といっても、マチコさんには、瓦礫《がれき》の町をあてもなく車を走らせる以外にすることがない。市役所ではボランティアの受付をしていたが、五十前のおばさんがなんの準備もせずに、ほんの一日だけ働くというのでは、足手まといどころか、申し込みをすることじたい失礼になってしまいそうな気がする。

　町を何周もした。電話は鳴らない。

　港に近づくと、道路に水たまりが増えてきた。自宅の瓦礫を片づけながら、泥《どろ》をスコップで掻《か》き出している親子がいた。マチコさんのウ

パートタイムの仕事のスケジュールをやり繰《く》りして、五月の大型連休明けにようやく二泊《はく》三日の時間をつくった。

ワゴン車に水や食料、思いつくままに救援《えん》物資を積み込《こ》み、地震《しん》や津《つ》波の被《ひ》害を幸いほとんど受けなかった内陸部の町のビジネスホテルを予約して、一人で東京を発《た》った。

なんのために――？

1その問いの答えは結局見つからないまま、マチコさんは北へ向かった。

夜明け前に自宅を出て、高速道路に乗り、車窓の風景が都会から郊《こう》外をへて、田園地帯に変わった頃《ころ》、遅《おく》ればせながら気づいた。

結婚《こん》をして二十四年、一人きりで泊《と》まりがけの旅行をするのは、これが初めてのことだった。

日が傾《かたむ》きかけた頃に着いたなつかしい町は、「なつかしい」という言葉をつかうことすら叶《かな》わないほど、変わり果てていた。

港に近い地区は、一面の焼け野原になっていた。津波で建物が根こそぎさらわれたあと、火災が発生して、三日三晩①モえつづけたのだという。陸に打ち上げられた漁船の数は予想以上に多かった。冷凍《とう》倉庫の建物の骨組みは津波に流されずに残っていたが、倉庫の中にあったカツオやサンマはすべて外に出てしまい、腐《ふ》敗して、鼻の曲がるような異臭《しゅう》を放ち、それを無数のウミネコがついばんでいる。

ただし、町のすべてが壊滅《かいめつ》的な被害を受けてしまったというわけではない。

山が海のすぐそばまで迫《せま》った地形なので、町並みは高台にも広がっている。東京を真似《まね》たわけでもないのだろうが、港の近くは「下町」、高台の地区は「山の手」と呼び習わされていた。

マチコさんが住んでいた社宅は「下町」にあった。当時の「山の手」は段々畑や果樹園の中にぽつりぽつりと古い農家があるぐらいだった。「下町」の子どもたちはちょっとした遠足や冒《ぼう》険気分で、放課後に急な坂道を登って「山の手」を訪ねては、湾《わん》を一望できる自然公園で遊んでいたものだった。

だが、いまでは「山の手」もすっかり開けた。ひな壇《だん》に造成された土地には新しい住宅が建ち並び、市役所が何年か前に「下町」から移転したこともあって、むしろ市の中心は「山の手」に移りつつある様子だった。

なにより、「下町」には復旧作業の重機やダンプカーや自衛隊の車両しか見あたらないのに、津波が届かず火災にも遭《あ》わなかった「山の手」は、以前と変わらないたたずまいで、五月の風にこいのぼりがたなびいている。

あの日のあの瞬《しゅん》間を境に、一つの町で明暗が残酷《こく》なほどくっきりと分かれた。おそらく、同じ「下町」でも、家族全員亡《な》くなってしまった世帯もあれば、運良く全員が難を逃《のが》れたという世帯もあるだろう。建物の被害こそなかった「山の手」でも、家族や身内や知り合いを亡くしたひととそうでないひとが分かれてしまうことになる。その［ 1 ］が悲しく、悔《くや》しい。

「下町」を車で回った。建物がなくなったからというだけではなく、昔を思いだすよすがになるものはほとんど残っていない。電柱の住居表示を見ても、町名が変わってしまったのか、そこが昔でいえばどのあたり

問三　――2とほぼ同じ内容の表現を三十字程度で抜き出し、最初の五字を答えなさい。

問四　空らん[X]にあてはまることばを本文中の表現をつかって、六字で答えなさい。

問五　空らん[Y]にあてはまるものを選び、記号で答えなさい。

ア　利用　　イ　引用　　ウ　使用　　エ　運用

問六　本文の内容として正しいものにはA、正しくないものにはBをつけなさい。

ア　単語の組み合わせ方を工夫することは語彙を増やす方法ではない。

イ　一時的に流行する表現も社会に存在を認められたといえる。

ウ　楔形文字の時代にも若者の言葉づかいに批判的な人がいた。

エ　よい行動をしていきたいと思う人は、自分を引きつけるものを熟読して判断するとよい。

【三】　次の文章を読んであとの問いに答えなさい。

田舎《いなか》の母親に連絡《らく》して、子どもの頃《ころ》のアルバムを送ってもらった。

いまと違《ちが》って、写真を気軽に撮《と》るような時代ではない。あの町で暮らした一年間で撮った写真は二十枚ほど、それも、ほとんどは家族で撮った写真で、学校の友だちと一緒《しょ》に写っているのは、転入した直後に撮ったクラスの集合写真の一枚きりだった。（中略）

写真の中の友だちはみんな、服装も髪《かみ》形も野暮《やぼ》ったい。正直に言うと、みすぼらしい。そんな中でマチコさんは明らかに雰《ふん》囲気が違う。いかにも都会から来た女の子だった。

「東京から来た転校生なんて、ふつういじめられちゃうんじゃない？」

と息子に訊《き》かれた。

「ぜーんぜん。みんなすごく親切だったし、素朴《ぼく》で優しくて、お母さんも東京で流行《はや》ってる遊びとか教えてあげてたんだから」

「遊び、って？」

「おまじないなんかが多かったかな。四年生ぐらいの女子って、そういうのが好きなのよ」

「ふうん……」

息子にはよくわかっていない様子だったが、横で話を聞いていた娘は、なるほどね、と笑ってうなずいてくれた。

実際、マチコさんはたくさんのおまじないをクラスの友だちに伝えたのだ。

緊《きん》張をほぐすおまじない、自信のない問題を先生にあてられずにすむおまじない、なくし物が見つかるおまじない、仲直りができるおまじない……。東京の学校で上級生から下級生に受け継《つ》がれていたものもあれば、みんなの期待に応《こた》えるべくマチコさんがとっさに思いついたおまじないもあった。

「えーっ、それって嘘《うそ》ってことじゃん、ひどくない？」「お母さん、向こうが田舎者だからと思ってナメてたんじゃないの？」

子どもたちの抗《こう》議の声を「おまじないは、そういうものなの」と強引にねじ伏《ふ》せた。

遠く離《はな》ればなれになってしまっても、また会えますように――。

そんなおまじないもオリジナルでつくったような気がする。肝《かん》心の中身のほうは、もう忘れてしまったのだけど。

人間の行為《い》・行動に、社会のいろいろな状況《きょう》に応じて新しい行動が出てくるように、必要から新しい言葉が出てきます。それがいい言葉かどうかを感じる鋭い感覚が必要です。[2] 必要なことはまず区別できる単語の数を増やすこと。自分が区別して使える語彙《い》が多くなくては、ぴったりした表現ができない。

自分の語彙を増やすことに関しては、小説家とか歌詠《よ》みたちなどは、みんな非常な苦心をしています。例えば、与謝野晶子《よさのあきこ》とか斎藤茂吉《さいとうもきち》などの歌人は、辞書を読んでいって単語を拾ったようです。井上《いのうえ》ひさしさんは、辞書をたくさん買って頭からそれを読むようですし、大江健三郎《おおえけんざぶろう》さんは、あの堅牢《けんろう》な製本の『広辞苑《えん》』を三冊取り替《か》えたという噂《うわさ》です。『広辞苑』はそう簡単にはこわれない。だから、大江さんがいかに辞典を引いたか分かります。普《ふ》通の人間は、せいぜい五、六万語知っていれば多い方でしょう。しかし、彼は二〇万語の日本語を消化しようとしたように見えます。[3] 覚えた単語をそのままは使わない。大江さんには『万延《まんえん》元年のフットボール』とか『芽むしり仔撃《こう》ち』とか、普通にはない単語の組み合わせがあるでしょう。それは単語そのものではなくて、単語の組み合わせ方において新しくしようとしたのでしょう。(中略)

人の話す言葉のどれが正しいとするかは、なかなかむずかしいことです。それはどこに基準点をおくか、いつの時代、どこの言葉を規準とするかによります。どれが正しいかというところに踏《ふ》みこむと、保守的な態度の人、新しいことを好む人、いろいろあって、その人の人生や世界に対する考え方が言葉の選択《たく》の上に出てきます。今から何千年も昔の楔《くさび》形文字を解読したところ、「このごろの若者の言葉づかいが悪くて困る」とあったそうです。言葉は人間の行為だから、保守的、改新的という相違《い》があるのは当然です。

私が「単語に敏《びん》感になろう」と言っていることに注意して下さい。言葉をどう使うかは、その人が保守的な態度をとるのか、新しい態度をとるのかによって違う。2それはその人その人なのです。これだけが正しい言い方だなどと簡単にはいえない。「言葉の違いに敏感になろう」。鈍《どん》感ではだめです。(中略)

単語を的確に使うということで、大事なことが一つあります。例えば、「臆《おく》病な人」を「慎《しん》重な人」といったら、それは不的確ということになるでしょう。[4]、「臆病」と「慎重」とではまったく別の言葉で間違えようはありません。不的確な表現になった原因は単語にはなく、[X] が曇《くも》っているのです。ほんとうは「臆病」なのに、それを「慎重」な態度だというのは、あるいは真実を避《さ》けて表現しているのかもしれません。「臆病な政治家」を「あの人は臆病だ」とはっきりと表現するのは、単に言葉に敏感になるだけでなく、事実そのものをよく見る眼と心とが要《い》ることです。はっきり見てきちっと表現する心がまえがなくては、言葉を的確に [Y] できないのですね。

(大野晋『日本語練習帳』より)

※出題の都合上、本文の一部を改稿《こう》しています。

＊骨董　古道具や古美術として大切にされるもの。

問一　空らん [1] ～ [4] にあてはまるものを選び、記号で答えなさい。

ア　だから　　イ　しかし　　ウ　しかも　　エ　そこで

問二　——1がさしている内容を本文中の表現をつかって、二十字以内で答えなさい。

【国　語】（四五分）〈満点：一〇〇点〉

※　**解答に句読点や記号などが含まれる場合は一字に数えます。**

【一】　次の各組の空らんには同音異義語が入ります。空らんBにあてはまる語を漢字で答えなさい。すべて二字の熟語です。

（例）　記録［A］　入場［B］　　（答）　行進

①　［A］晩成　［B］電力

②　［A］な成績　［B］の美を飾《かざ》る

③　通学［A］　問題［B］

④　［A］労働省　［B］に名を残す

⑤　手［A］　背［B］

【二】　次の文章を読んであとの問いに答えなさい。

言葉づかいが適切かどうかの判断は、結局それまでに出あった文例の記憶《おく》によるのです。人間は人の文章を読んで、文脈ごと言葉を覚えます。［1］、多くの文例の記憶のある人は、「こんな言い方はしない」という判断ができます。

よい行動をしていきたいと思う人は、よいことをした人の話を聞いて見習うでしょう。同じように、鋭《するど》い、よい言葉づかいをしたいと思う人は森鷗外《もりおうがい》、夏目漱石《なつめそうせき》、谷崎潤一郎《たにざきじゅんいちろう》とか、現代だったら誰《だれ》でしょうか、言葉に対してセンスが鋭い、いわゆる小説家・劇作家・詩人・歌人たち、あるいは適切な言葉を使って論文を書く学者、そういう人たちの作品・文章を多く読んで、文脈ごと言葉を覚えるのがよいのです。

＊骨董《こっとう》の目利《き》きになるためには、よい物を、まず一流品を見続けなければだめだといいます。二流品を見ていては眼《め》がだめになる。文章もそれと同じです。よいと思われるもの、心をひくものを見馴《な》れているうちに、ああ、これは雑だなとか、ここはおかしいなとか気づくようになる。自分を引きつけるものはその人にとってよいものなのです。だから、自分を引きつけるものを熟読して、それをいっそう鋭く深く受け取るようにすること。次に、よい文章といわれるものを読んで、どこが違《ちが》うか、どちらがよいかを自分の目で判断すること。

ときには、「新しい言葉」をつくる人もいます。新しい言葉をつくろうと、現在は落語家や漫《まん》才師、あるいはコピーライターがしのぎを削《けず》っています。戦後にアジャパーだとかトンデモハップンだとか、一時は流行する表現がつくられました。その大部分は一〇年もたたずに消えました。それはつくられたものの底が浅かったのです。

久米政雄《くめまさお》が「微笑《びしょう》」でもない「苦笑」でもない笑いを表現したいと思って、「微苦笑」という新語をつくった。この単語は現在、和英辞典にも項《こう》目として立っています。これは人間社会にある一つの事実を的確にとらえて言語化したから、社会に存在を認められたのです。「わざと変な言葉」を使うと、その場だけは面《おも》白がられたりするでしょう。1それと社会で存在権を認められる単語とは別です。

い。

ア　集合規模の拡大とマイクの過剰《じょう》使用

イ　コミュニケーション機器の小型化と収録量の拡大

ウ　聞く努力の放棄《き》と大きな音量への依《い》存

エ　声量の低下と機械への過信

問六　空らん [7] にあてはまる表現を本文中から二十五字以内で抜き出し最後の六文字を書きなさい。

問七　空らん [8] ～ [11] にあてはまる語を次の中から選び、それぞれ記号で答えなさい。

ア　しかし　　イ　そして　　ウ　だから

エ　つまり　　オ　では　　カ　または

問八　～～～1～5のカタカナを漢字になおしなさい。

【四】　現在、日本の多くの美術館は、展示品の写真撮影《さつえい》について、次の二つの方針のどちらかを取っています。

①　条件付きで許可する

②　全面禁止する

今後十年、増えていくのはどちらの方針を取る美術館でしょうか。予想して、一六〇字以内で述べなさい。そう考えた理由も書くこと。なお、記述する際には、原稿《こう》用紙の使い方に従いなさい。

聞くことについての最大の誤解については、前にも触《ふ》れた。それは、[7]との誤解である。だから、人が話すときにはこちらは黙《だま》って話さないようにしていればよい、それで聞くことができる——最大の誤解、勘《かん》違いである。

詳《しょう》細は後でみるが、聞くということは、じつは、さまざまなプロセスからなるかなり複雑な行為である。そして、それを2テキセツに実行するには、スキルが必要になるのである。「聞くスキル」である。

一般に「スキル」とは、「複雑な行動パターンを、目的が達成されるように、円滑《かつ》に実行する能力」を指す。[8]、スキルは、どんなスキルであっても、訓練や練習を必要とする。この点が、スキルということにとって忘れてはならない点だ。例えば、車の運転、パソコン3ソウサ、水泳……。どのスキルもそれを身につけるには、時間と努力を費《つい》やした訓練・練習がどうしても必要である。

言語的コミュニケーション能力のうち、「読む」「書く」「話す」に関しては、それらのスキルを身につけるには訓練・練習が必要なことが、ちゃんと認識されてきた。学校教育でも、そのための注2カリキュラムがちゃんと組まれ、4ソウトウな時間を使ってスキル形成のための教育が施《ほどこ》される。

[9]、「聞く」に関しては、事情が異なる。そもそも、さきにも触れた誤解が根強くあるために、聞くことにもスキルが必要だとは認識されてこなかったのが実情である。[10]、聞くスキルを身につける訓練や練習がどこかで行われるなどということもまれである。学校教育でも、小中学校の国語の指導要領には聞く力をつけることが目標として一応掲《かか》げられているが、そのための注3手だてが明確にされていないため、5ジッコウの薄《うす》いスローガン的なものに終わっているのが現状ではないかと思う。

[11]、どうすればよいのか？　聞く力を増強するためには、腰をすえた取り組みとして、どんな取り組みをすればよいか？

（以下略）

（伊藤　進『〈聞く力〉を鍛える』より）

※出題の都合上、本文の一部を改稿《こう》しています。

注1　濫用……むやみに使うこと。
注2　カリキュラム……学習する内容を、目的や段階に応じて配列したもの。
注3　手だて……目的を達成するための方法・手段。

問一　——①「こういう」が示す内容を、これより前の部分から十五字程度で抜《ぬ》き出して書きなさい。

問二　空らん[1]～[3]にあてはまる語をそれぞれ本文中から抜き出して書きなさい。同じ語を何度使ってもかまいません。

問三　空らん[4]・[5]にあてはまるものを次から選び、記号で答えなさい。

ア　情報の垣根《かきね》　　イ　情報の洪《こう》水
ウ　情報更《こう》新の速さ　　エ　情報発信者の増加
オ　無責任な情報が匿《とく》名で発信される
カ　次々と大量の情報が押し寄せてくる
キ　情報はそれぞれ特定の集団の中でしか通用しない
ク　情報は次々に新しいものへと塗《ぬ》り替《か》えられる

問四　——②「第三の要因」について書かれているのはどこまでですか。終わりの七文字を抜き出しなさい。句読点は含まない。

問五　空らん[6]にあてはまるものを次から選び、記号で答えなさ

て、私たちはごくいいかげんにしか聞かなくなる。他のことについてもこういった聞き方をしていれば、聞く力はやはり低下していく。

そして②第三の要因は、コミュニケーション機器の著《いちじる》しい発達と普及《ふきゅう》だ。今、人の集まるところ、至るところでマイクが使われる。これくらいの人数ならマイクは要《い》らない、こんな部屋ならマイクは必要ないというときにも、使われる。マイクの注1濫《らん》用・誤用である。しかも過剰《じょう》な音量での使用が目立つ。その結果、人々は聞く努力をするということをしなくなってしまった。その証拠《こ》に、肉声でも十分聞こえるだろうと判断してマイクなしで話したりすると、マイクを使ってくれと要求される始末である。［ 6 ］は、まちがいなく聞く力を衰《おとろ》えさせる。

携《けい》帯音楽プレーヤーが恐るべき進化をとげた。すごく小型化された機器に膨《ぼう》大な量の音楽を収録して持ち歩き、自分の好みの音楽をいつでもどこでも高音質で聞けるようになった。どこへ行くにも、ほとんどいつもそれを使用するという人もめずらしくない。大音量での常用が聴《ちょう》力を低下させるということもあるが、それ以外の弊《へい》害もある。

携帯音楽プレーヤーで音楽を常時かけているとき、それは聞くというよりは音を耳から流し込《こ》んでいるのである。けっして、注意を向けて聞いているのではない。これもやはり、聞く力の低下につながる。

そして、携帯電話。これさえあれば、いつでもどこでも、好きな相手と、あるいは仕事などで必要な相手と、つながることができる。周りに人がいても、事実上いないのと同じである。つまり、携帯電話という道具は、限られた相手とのコミュニケーションを促《そく》進する一方で、それ以外の人々とのコミュニケーションの機会をなくしてしまうような性質を持つ道具なのだ。限られた相手だけとのコミュニケーションに明け暮《く》れていれば、必然的に、多様な人々とコミュニケーションを取り結ぶ力、そして多様な人々の話を聞く力は衰えることになる。

（中略）

ここまで私たち現代人の聞く力が低下しているのではないかということについてみてきた。聞く力の低下は、さまざまな問題と損失をもたらす。今の時代、ぜひとも聞く力の増強が求められる。

かつては、多分、普通の生活環《かん》境の中で普通の生活を送っていれば、社会生活に必要な聞く力が自然に身についたのではないかと思われる。今のように変化の急なテンポの速い生活ではなく、もっとゆったりした生活が送れたころである。そして、しつけということもきちんとなされていて、そのなかでたいていの人が社会生活上必要となるマナーやコミュニケーション能力を身につけていた。人の話をきちんと聞く能力も、そういった人間形成総体の一環として形成されていたと考えられるのである。

しかし、時代は変わった。マナーもコミュニケーション能力も、そして聞く力も、自然にまかせていたら育たないという時代になってしまった。今は、それらを意識的に努力して身につけさせ、また、身につける時代なのである。

では、どうしたらよいか?

「じゃあ、これからは人の話をもっとちゃんと聞くようにするよ」

そう決意しただけでことが片づくと思った人がいたとしたら、それは考えが甘《あま》すぎる。そう決意したほうがしないよりは、聞き方が幾《いく》分かは1カイゼンされるだろうが、聞く力を本格的に増強しようとするなら、腰《こし》をすえた取り組みがどうしても必要になる。

のほうがより大きな努力を必要とすると考えておいたほうがいい。

さて、「どうもわたしは話し下手でして」と言う人は少なくない。話の仕方が下手だということを［1］しているわけである。しかし、「どうもわたしは聞き下手でして」などと言う人は、ごくまれにしかいない。しかしである。聞き下手は確実に存在している。そこらじゅうにごろごろ存在していると言ってもいい。それなのに、本人たちはそのことを自覚していないのだ。聞くのが下手だということがあるということそのものを［2］していないのだから、そういう［3］も生じないのである。

（中略）

小学校の教員になった教え子が、一年生の担任になったときのことを話してくれる。子どもたちのすさまじい状態に、啞《あ》然としたという。教師の話を聞くような状態ではないというのだ。何人かは立って歩き回り、教室の外へも出て行く。ある子は、机の上を飛び回る。他の子どもたちの頭を次々と叩《たた》いて回る子どももいる。着席している子どもたちは子どもたちで、おしゃべりをやめない。「はい、みんな静かにして！　先生の言うことを聞いてください！」と呼びかけても、注意を向けるのは一部の子どもたちだけ。騒《そう》然とした状態は一向におさまらない——。そんな状態が来る日も来る日も続き、先輩《ぱい》教員の助けを借りて、やっと混乱を収めたのだそうである。

「授業崩壊《ほうかい》」などと呼ばれる現象である。何でこんなことが起こるのか、さまざまな要因が絡《から》んでいるので簡単には論じられないが、聞けない子どもの増加が大きく関係していることは否定できない。子どもたちの聞く力が低下してきていると考えられるのである。

大人の聞く力はどうか？　聞けない人たちが、あまりにも多くなってきているように感じられる。もしこの印象が事実を反映しているとしたら、子どもだけでなく、大人の聞く力も低下していることになる。

これについては、残念ながら調査データのようなものはないので、確かなことは言えない。しかし、次のことを考え合わせると、あながち単なる印象として片づけてしまうわけにはいかないのではないかと考えられる。

それは、今の時代、社会そのもののなかに聞く力を低下させるような要因が多数存在していることである。主な要因を三つあげよう。

第一の要因は、今、急速変化の時代だということである。情報、道具、制度など、あらゆるものが日々刻々と目まぐるしく変化する。その変化の速度は、歴史上かつてなかった速さであり、また加速度的に速さを増している。私たちは、それについていくだけで精一杯《ぱい》。人とのコミュニケーションも、次々とこなしていかなければならず、人の話を落ち着いてきちんと聞いている余裕《ゆう》などない。ただ表面をかすめ取るように聞くだけである。こうして、人の話をきちんと受け止めて聞く力は弱くなる。

第二の要因は、今日の社会における［4］である。［5］。それにより、個々の情報の価値は低下する。そこで、それらをきちんと受信しようとしなくなる。聞くことで言えば、きちんと聞こうとしなくなるのだ。

例えば、テレビの天気予報。どのチャンネルでも、一日に何度も天気予報を流している。しかもその内容は盛りだくさんだ。そんなに頻繁《ひんぱん》に放送されなかったときにくらべ、一回〳〵の天気予報の価値は確実に低くなっている。聞き逃《のが》しても、すぐに別のがあるからである。したがっ

ア　声をひそめるように　　イ　思いつめたように
ウ　言いくるめるように　　エ　意を決したように
オ　威《い》圧するように

問七　——キ「さっきのおばあちゃんの言葉」とはどのせりふですか。本文中から該《がい》当する一文を選び出し、最初の四文字を書きなさい。

問八　〰〰1～6のときの梢の気持ちを最もよく表す語を次の中から解答らんに指示された個数選び、それぞれ記号で答えなさい。同じものを二度以上使わないこと。

ア　安堵《ど》　イ　覚悟《ご》　ウ　気兼《が》ね　エ　逡巡《しゅんじゅん》
オ　焦燥《しょうそう》　カ　深慮《りょ》　キ　同情　ク　戸惑《とまど》い
ケ　反省　コ　煩悶《はんもん》　サ　不安　シ　落胆《たん》

問九　——クはだれのせりふですか。本文中の語で答えなさい。

問十　空らん [2] ～ [5] にあてはまるものをあとから選び、それぞれ記号で答えなさい。

ア　も吹《ふ》き出した
イ　がひるんだような顔になった
ウ　は戸惑《とまど》ったような顔になった
エ　の目が急にしんとなり、深くうなずく

【三】　次の文章を読んであとの問いに答えなさい。

話すことに関しては、「話し上手」という言葉にたいして、その反対をあらわす「話し下手」という言葉があり、その両方がどちらもよく使われる。しかし、聞くことに関しては、どうだろう。「聞き上手」にたいする言葉として、「聞き下手」という言葉もあることはあるが、しかし、実際に使われることはめったにない。

こういう言葉の使われ方というのは、社会における認《にん》識のあり方を反映している。「聞き下手」という言葉が普《ふ》通めったに使われないということのなかには、じつは看過できない認識の誤りが隠《かく》されている。

話すことに関しては、「話し上手」と「話し下手」の両方とも使われるということは、話すのが上手な人がいて、普通の人がいて、そして下手な人がいると、社会において認識されてきたことを意味する。つまり、普通を基準にして、それよりも上手というレベルがあれば、下手というレベルもあるととらえられてきたわけである。

ところが、聞くことに関しては事情が異なる。聞くのが上手な人というのはいるが、聞くのが下手な人というのはいない——「聞き下手」という言い方があまりされないということは、あたかもそうであるかのように認識されてきたということである。この認識においては、聞くのが上手な人以外は、あとはみんな普通のレベルなのである。そもそも、聞くなどということは、誰だって普通にできることなのである。だから、取り立てて「聞き下手」などという言い方は必要ないというわけだ。

これは、とんでもない誤解である。聞くことにも、ちゃんと上手もあれば下手もある。話す場合と同様、聞くことにも、すごく上手だというレベルからすごく下手だというレベルまで、さまざまなレベルがあるのだ。

①こういう誤解の根っこには、「話すということは努力を要する能動的行為《い》であるが、聞くということは特別の努力を要しない受動的行為だ」という誤解が横たわっている。これはまったくの誤解である。聞くことについての最大の誤解と言ってもよい。実際には、むしろ聞くこと

うことはできるはずだ。

「がんばれば日帰りできるよ。交通費はかかるけど、東京の家の家賃よりは安いでしょ」

「でも……」

お母さん[2]。

「たいへんだよ。それで苦痛になってやめたくなるかも」

「ならない。そのくらいのことでやめるなら、東京にいたってやめるでしょ。どこにいても同じだよ。もう決めたの。わたしはこれからもバイオリンを弾く、って」

あれから何度か練習したが、右腕が動かなくなることはなかった。

バイオリンを弾くことがわたしの道なんだ。この先また弾けなくなることもあるかもしれない。思うような道に進めないことだってあるだろう。だけど、絶対にやめない。

「六年って長いんだよ。そんなことしてたら、お母さん、おばあちゃんになっちゃうよ」

お母さん[3]。

「冗談《じょうだん》。でも、わたしも遠い道を通うんだから、お母さんも、お店、ちゃんと開いてよね。繁盛《はんじょう》させてよね」

梢は笑って言った。その顔を見て、お母さん[4]。

「わかった。そうだね。梢ももういろんなことできるよね。わかった」

お母さん[5]。

「梢のためとか言って、自分のこと先延ばしにするのは、逃《に》げだよね。わたしもちゃんとやる。梢が夢を考えるのと同じくらい真剣《けん》に、わたしも自分の夢をかなえるように考える。一生は一度しかないんだから」

おばあちゃんがにこっと笑うのが見えた。

（ほしおさなえ『お父さんのバイオリン』より）

※出題の都合上、本文の一部を改稿《こう》しています。

注1　もん太……遊びに来ていた友人のニックネーム。

注2　ぼんぼり……手持ちの灯。ろうそくの台を紙や布などでおおい、柄《え》を取り付けたもの。

問一　梢はこの時何年生ですか。解答らんにあてはまるように答えなさい。数字は漢数字で書くこと。

問二　梢は普《ふ》段どこに住んでいますか。解答らんにあてはまるように本文中から抜《ぬ》き出して答えなさい。

問三　この文章は三つの場面に分けることができます。二つ目と三つ目の場面の最初の五文字を答えなさい。

問四　次の各問に本文中の語で答えなさい。

①　――ア「お母さん」はだれのお母さんですか。

②　――イ「ひいおじいちゃん」はだれのひいおじいちゃんですか。

③　――ウ「両親」はだれの両親ですか。

④　――エ「お前」とはだれのことをさしていますか。

問五　次の各問に本文中のことばを抜き出して答えなさい。

①　――オ「お母さんのなかにだって」のあとにはどんなことばが省略されていますか。

②　――カ「お父さんも」のあとにはどんなことばが省略されていますか。

問六　空らん[1]にあてはまるものを次の中から選び、記号で答えなさい。

お母さんが言った。

「お父さんも来たことあるの？」

梢は顔を上げた。

「うん。あれは梢が三歳《さい》のときだったっけ。あのときはたいへんだったんだ。梢、できもしないのに金魚すくいもヨーヨー釣りも射的も、なにもかもやりたがって」

おばあちゃんが笑った。

「梢がどうしても金魚すくいやりたい、って言い張って、お父さんが仕方がない、ってお金払《はら》ったのに、いざとなったら、やっぱり怖《こわ》い、って言い出してさ」

お母さんが言った。梢は首をかしげた。全然覚えていなかった。

「それで結局お父さんがやったんだよね。梢の横にしゃがんで、最初は梢にアミをにぎらせて、うしろから梢の腕《うで》を取ってね」

「それで、取れたの？」

「取れなかった。梢が手を突《つ》っ張るから、お父さん、自由に手が動かせなくってね。それに、お父さんってドイツ育ちだったから、金魚すくいなんてやるの、はじめてだったらしいの。結局一匹《ぴき》も取れなくて」

お母さんが笑った。

「クお前、こんなことならわたしがやればよかったって何度も言ってたよね」

おばあちゃんも笑った。

「でも、オマケで二匹、金魚をもらったんだよ。ビニールの袋《ふくろ》に入れてもらって、梢、金魚ちゃん、金魚ちゃん、ってうれしそうにながめてたなあ」

「その金魚は？」

「東京には持って帰れないから、うちに置いてってたんだよ。何年か生きてたよね」

おばあちゃんが言った。そういえば金魚のことはうっすらと覚えている。ひらひらと透《す》ける赤いひれを、飽《あ》きもせずぼんやりながめていたこと。あれはお父さんと来たときのものだったのか。

人が少なくなり、あたりが少し暗くなった。お母さんが梢の手を取った。骨張った手だった。ぎゅっと力を入れて梢の手をにぎる。

いつもこうだった。小さいころから、お母さんはいつも痛いくらいに強く梢の手をにぎる。保育園の送り迎《むか》えのときからそうだった。いつも、痛いよ、と文句を言った。小学校に上がってからは、そんなに手をつなぐことはなかったけれど。

梢はぎゅっとお母さんの手をにぎり返した。お母さんははっとしたように梢の顔を見た。

「お母さん」

梢は小さな声で言った。

「わたし、この町で暮らしてもいいよ」

「梢、もうその話はいいよ」

困ったように笑う。

「よくない。わたしね、考えたの。東京に帰って働くことになったら、お母さん、たいへんで、身体壊《こわ》しちゃうかもしれない。パンのこと、忘れちゃうかもしれない。この町に住もう。バイオリン教室は、わたしが日曜だけ東京に行けばいい」

今は水曜にレッスンを受けているが、事情を話せば曜日を変えてもら

お母さんが［1］口を開いた。

「いろいろ考えたんだけど……わたし、ゆくゆくはパン屋になろうと思う」

きっぱりした口調で言った。梢は息をのんだ。

「わたしね、ずっと楽団のためにがんばってきた。でも、それはお父さんの大事にしてた楽団だっていうのがあったから。でも、もういいかな、って。ここに来て思ったの。わたしがわたしの道を行く方が、お父さんも喜ぶのかも、って」

お母さんはなにかをなつかしむような目になった。

「けど、東京では無理。だからね」

お母さんが大きく息を吸う。梢は1次の言葉をじっと待った。

「ここに……綿町に戻ろうと思う。ここでなら店も持てる。生活も安定する」

そうか。梢は思った。2やっぱり。やっぱりそうなるんだ。目を閉じる。竹山グリーンタウンの風景が目の裏によみがえった。

「けど、それはもう少し先の話。今は、梢のバイオリンの練習が大事。梢が音大にはいるまでは、東京にいて佐々木《ささき》先生の教室に通った方がいいと思うから。梢が大学にはいったら、わたしはこっちに戻る。戻ってパン屋をする。そのころになれば、梢も東京でひとりで暮らせるでしょ？」

3え、と思った。今すぐ、じゃないのか？

「じゃあ、それまでは？　お母さん、どこで働くの？」

「それは帰ってから探す。正社員が無理ならパートでも」

お母さんは両手を顔の前に組み、顎《あご》をのせた。

「4それでいいの？」

「え？」

お母さんが怪訝《けげん》な顔をした。

「わたしが大学にはいるまで、あと六年以上あるんだよ」

「パン屋をはじめるのはいつだっていい。親にとってはね、自分の夢も大事だけど、子どもの夢をかなえるのも夢なんだよ。子どもは、親にとっては自分の未来なんだから」

キさっきのおばあちゃんの言葉を思い出し、はっとして5黙った。自分の未来。わたしは、お父さんの、お母さんの、未来。6でも……。

「梢？　わかった？」

外からはいって来た虫がぱたぱたと部屋のなかをさまよって、台所のガラス戸にとまった。

「お祭りが終わったら、東京に帰ろう」

お母さんがぽつんと言った。

お祭りの日、梢は浴衣《ゆかた》を着て、お祭りに行った。お母さんもおばあちゃんも浴衣だった。山の下で注2ぼんぼりを渡《わた》される。裏山をのぼる道は暗い。だからこれをつけてのぼるのがお祭りの日の決まりだった。坂のあちこちにぼんぼりの灯《あかり》が見えた。みんな町の人だ。蛍《ほたる》のようにぼんぼりだけが動いて見えるので、「蛍行列」という名前がついていた。梢は光の列に吸いこまれるように道をのぼって行った。

「いつ見てもきれいだねえ、このぼんぼりの列は」

おばあちゃんがうっとりと言った。

「お父さんも好きだったんだ、この行列。こんなの見るのはじめてだ、って感動してたっけ」

「おじいちゃんも、年取ってから言ってたんだよ。わたしたち人間は、木や草がひとつひとつ独立して生きてると思ってる。だから木は長生きで、草の命は短い、と感じる。だけど、ちがうんじゃないかなあ、って」

「ちがう？」

「うん。学校で習った」

「草にも一年草とか多年草があるのは知ってるよね？」

「木は長いものだと何千年も生きる。一年草はたった一年。でも、種になって冬を越《こ》すんだよね。木はひとつの大きな身体《からだ》で何年も生きる。草は身体を変えて、やっぱりずっと生きている。ほんとは同じことなんじゃないか、って。植物たちにとっては、身体が変わるのもひとつの身体であり続けるのも、生きているのにちがいがないのかもしれない、って」

梢はおばあちゃんのほたほたの頬《ほお》をじっと見つめた。

「時期が来ると木は葉を落とし、また新しい葉が出て来る。あの葉っぱの一枚一枚が一年草と同じようにそれぞれ生きてるって考えてもいい。ひとつひとつの長い短いじゃない、生命にとって大事なのは、命が続いてくことだけなんじゃないか、って」

「でも……人間は？　その人が死んじゃったら、その人の考えていたことは全部消えちゃうよね。記憶《おく》も、やりたかったことも」

たしかに命は続いていくかもしれない。でも……。

「そうかなあ」

おばあちゃんの声がした。

「人間も、同じなんじゃないかな。子どものときにはそう思わないかもしれないけど。死んだらもちろん自分は消える。けど、子どもは……。親になるとね、子どもが自分の未来だって思うようになるんだよ」

「自分の未来？」

「梢のお父さんが死んだあと、ア お母さんが言ってた。お父さんが言ってたんだって。イ ひいおじいちゃんから、亡《な》くなったウ 両親のためにもエ お前はしあわせになれ、ってよく言われてたって。梢が生まれてその言葉の意味が少しわかった。梢はまだ小さくて、なにをしたいんだかわからないけど、あの子がよく生きていくことが、今はなによりの望みなんだ、って」

おばあちゃんの声が梢の心にしみこんできた。

「たしかにね、人はみんな死ぬ。けど、だからって、なにもかもなくなるっていうわけじゃない。おじいちゃんだって全部消えてなんかいないよ。木にも家にもおじいちゃんの気配が残ってる。オ お母さんのなかにだって。カ お父さんもだよ。梢にはお父さんの血が流れてるじゃないか」

梢はなにも言えず、うつむいたままうなずいた。とくとくと身体に血が流れている。胸が詰《つ》まって、バイオリン・ケースの持ち手をぎゅっとにぎった。

家に戻《もど》るとお母さんがいた。三人でしずかな夕食がはじまった。食器がかたかたいう音が響《ひび》き、注1 もん太がいたときはにぎやかだったなあ、と思った。

もしここで三人で暮らすことになったら。こういう日々がずっと続くのか。わたしは綿町《わたまち》の学校に行き、おばあちゃんはシロップ漬《づ》けを作り、お母さんはパンを焼く。

「あのね、梢」

【国　語】（四五分）〈満点：一〇〇点〉

【一】　次の各組の□には同じ漢字一文字があてはまります。その漢字を書きなさい。

①　困っている人がいるのに、□て□ぬふりをするのはよくない。
②　彼《かれ》は□る人ぞ□るギターの名人だ。
③　そんなにもめるなら、□る所へ□て決着をつけたらどうだい。
④　いつうそが発覚するか、□が□ではなかった。
⑤　彼女《かのじょ》は□が□ならお姫《ひめ》様なんだよ。

【二】　次の文章を読んであとの問いに答えなさい。

梢《こずえ》はバイオリニストだった父を小さいころに交通事故で亡《な》くした。母は父のいた楽団で楽譜《ふ》管理の仕事をしている。何年か経《た》った五月のある日、交通事故を目撃《げき》した梢は、ずっと練習してきたバイオリンを弾《ひ》くことができなくなってしまった。その年、梢は母と一緒《しょ》に母の実家で夏休みを過ごしている。


「もうすぐお祭りだねえ」

おばあちゃんが言った。

お母さんもおばあちゃんも盆踊《ぼんおど》りは踊らない。梢もちゃんと踊れない。遠くから見ているのはつまらない気がして、踊りの輪にははいるけれど、見よう見真似《まね》で、手の先をてきとうにひらひら動かすだけだ。それでも輪にはいってみんなとぐるぐる回っていると、踊っているような気分だけは盛り上がる。

屋台もたくさん出た。綿飴《あめ》、りんご飴、かき氷。甘《あま》すぎて持てあまして、最後まで食べられないのに、見ていると買わずにはいられなくなる。金魚すくいにヨーヨー釣《つ》り、射的。お面やくるくる回る光る棒、光る飾《かざ》りのついたカチューシャ。あとで見ればどれもくだらない、安っぽいおもちゃなのに、お祭りではどうしてあんなにきらきらかがやいて見えるのか。

「梢、小さいころからお祭りが好きだったよねえ」

おばあちゃんが暗い空を見上げて言った。梢は無言で小さくうなずいた。

「ねえ、おばあちゃん」

街灯のほんのりした光を抜《ぬ》けたとき、梢はぼそっと言った。

「生きてるものって、なんてみんな死ぬんだろう」

「えっ？」

梢の質問に、おばあちゃんははっとしたように足をとめた。しばらくじっと黙《だま》っている。

「わからない」

おばあちゃんが言った。しずかな声だった。

「きっとわたしたち生き物には、その答えはわからないんだよ。いくら考えてもね。答えを知ってるのは神さまだけ」

おばあちゃんが息をつく。

「でもね、みんな死んじゃうって、ほんとにそうなのかな。おばあちゃん、年を取ってから、そうじゃないような気もしてきたんだよ」

おばあちゃんがくすっと笑った。

「え？」

梢はおばあちゃんの横顔を見た。

【四】　左の絵は、ある働きをする四本足の物体です。どういう仕組みになっていて、どのような働きをすると考えられますか。百字以内で説明しなさい。

（朝日新聞出版「ＨＡＰＴＩＣ」より）

問一　空らん[A]～[D]にあてはまる言葉を次の中から選び、記号で答えなさい。

ア　おずおずと
イ　のろのろと
ウ　ぼんやりと
エ　さっと
オ　すとんと
カ　そっと

問二　――1・2の意味としてもっともふさわしいものを次の中から選び、記号で答えなさい。

1　いうにいわれぬ
ア　言葉では表現できない
イ　気持ちが良くて言葉に出せない
ウ　口にするのもばかばかしい
エ　言いたくてしかたがない

2　言葉を濁《にご》す
ア　言葉数が少ない様子
イ　言葉づかいがきたない様子
ウ　小さなことを大げさに言う様子
エ　はっきりものを言わない様子

問三　空らん[1]～[4]にあてはまる言葉を次の中から選び、記号で答えなさい。

ア　腰《こし》　イ　頭　ウ　膝《ひざ》　エ　胸　オ　顔　カ　口

問四　空らん[X]にあてはまる言葉の組み合わせとしてもっともふさわしいものを次の中から選び、記号で答えなさい。

ア　冷静沈着《ちんちゃく》で頑固者《がんこもの》
イ　負けず嫌《ぎら》いで愚《おろ》か者
ウ　優柔《ゆうじゅう》不断で臆病者《おくびょうもの》
エ　半人前で不器用者

問五　――3「忘れないのは…思ってくれている人間」とありますが、この時に良平が思い浮《う》かべている人物は誰《だれ》でしょうか。文中の言葉を使って氏名を漢字で答えなさい。

問六　九月が終わって、良平の精神的な成長が行動としてあらわれている一文の初めと終わりの四字を答えなさい。

問七　次の文ア～エの内容が、本文の内容に合うものにはAを、合わないものにはBを書きなさい。

ア　川に飛びこめないから勉強にも身が入らなくなるという考え方に否定的なのは、正太だけである。
イ　良平は、大倉や美樹や博信の声援《せいえん》を気にして焦《あせ》ってしまい、川に飛びこむことができなかった。
ウ　新橋から飛びこめなかった直後の良平の心の中は、町中に自分の噂《うわさ》が広がっていくことへの恐怖《きょうふ》に満ちていた。
エ　良平の姉は、新橋から飛びこむことだけが一人前になる方法だとは考えていない。

【三】　※問題に使用された作品の著作権者が二次使用の許可を出していないため、問題を掲載しておりません。

かったんやて」

　母親の和子が箸《はし》をひょいととめて屈託《くったく》のない声でいった。

　もう噂が広まっている。この分では志保子も知っていそうである。誰に何を思われてもいいが、姉の志保子に軽蔑《けいべつ》されるのは嫌《いや》だった。

「あれは、ちょっと目眩がして――」

と[2]言葉を濁《にご》す良平に、

「気にせんでいい。無理して飛びこんで、えらいことになったらそれこそ大変や。あんたはうちの一人息子や。もしものことがあったらえらいことや」

　真顔になって和子がいった。そんな様子を脇からじっと見ていた志保子が、ふいに口を開いた。

「そうや。新橋から飛びこんでようやく一人前やなんていう注5風習は忘れたらいい。そんなことせんでも、良平はもう一人前の男や――けどよかったやんか。夏も過ぎて、こんでもう新橋のことは考えんでもいいようになったんやから。良平は自由の身や。煩《わずら》わしさから解放されて、いらんことで頭を悩《なや》まさんでもいいようになったんや。そんなことより、これからは学問の時代や。一生懸命《けんめい》勉強すればそれでいいと姉ちゃんは思うよ」

　ふわりと笑って良平を見た。目の奥に輝《かがや》くものがあった。あれは涙と思った瞬間、輝きが良平の顔をまともに見た。あれは……怒《いか》りだ。姉ちゃんは、新橋から飛びこめなかった自分を怒っている。良平はそう感じた。うつむいて箸を握《にぎ》りしめた。

「こら畑中。何をぼんやりしとるんや、お前は。ちゃんと授業を聞いとらんとあかんやないか」

　教壇《きょうだん》から声が飛んだ。数学の教師の梅本だ。黒板には円錐《えんすい》の絵がチョークで描《えが》かれ、表面積を求める数字がずらっと並んでいる。

「いつもそんな態度やから、お前は新橋の上からいつまでたっても飛べんのや」

　梅本の言葉に良平の胸がずきりと疼《うず》く。

　ここにもあの件を忘れていない人間が一人いた。大抵《たいてい》の人間は人のことなどすぐに忘れてしまうのに、梅本はしっかりと覚えている。[3]忘れないのは本当に自分を思ってくれている人間か、その対極にいる人間。そんな気がしきりにした。

「そんな過ぎたことは、今は全然関係ないと思うけど」

　教室のなかから声が飛んだ。正太だ。

「関係ないとはどういうことや。何事においても一時が万事《ばんじ》や。どんなことやって、みんな関連しとるんや」

　むきになったようにいう梅本に「先生」と良平が大きな声をあげた。胸のなかがもやもやして、注6理不尽《りふじん》さに対する怒りが急激に湧きおこっていた。

（池永陽「少年時代」より）

注　1　基本的な区分。種類。

2　迷うこと。ためらうこと。

3　良平は、以前筏《いかだ》で川下りをした際に、急流でおぼれそうになった体験を思い出している。

4　折りたたみの出来る脚《あし》のついた低い食卓《しょくたく》。

5　昔からある考え方。

6　根拠《こんきょ》のない一方的な主張を通す様子。

※　出題の都合上、本文の一部を改稿《かいこう》しています。

辺りがしんと静まり返った。

欄干に［B］手を置いた。

下を覗きこんだとたん、ふらっと目眩《めまい》のようなものを感じたが足を踏《ふ》んばった。みんなが凝視《ぎょうし》していた。やめるわけにはいかないのだ。ふいに岐阜の味噌《みそ》カツ屋で正太のいった言葉が胸をかすめた。あれは蜆《しじみ》の話だ。

「……良ちゃんは周りをけっこう気にするから、そういう性格が気を弱うしてしまうんや。俺らはまんだ若いんやから、人の目みたいなそう気にせんでもいいんや」

しかし……良平は視線を大空に向けた。学校橋から飛んだときと同じように、雲ひとつない澄んだ空だった。悲しいくらい大きな空だった。あのときと一緒だった。飛べるはずだった。

「頑張《がんば》れ、良ちゃん」

博信の叫び声が聞こえた。

「そうや。そんなもん、目えつぶって飛び出しゃあそんで終りや。良ちゃんならきっとできる。軽い気持ちでやりゃあいいんや」

正太の声が耳に突き刺さった。

良平は目を閉じる代わりに半眼にした。両目を閉じてしまえば、欄干に登ることができなくなる。かといって下を見れば足が竦むのはわかりきっていた。

良平は軽く目をつむって両手を欄干にしっかりかけた。右足を地にしっかりつけ、左足をあげて欄干に取りついた。

その瞬間、心のなかがぐるりと回転した。

ふいに、いいようのない恐怖感が体全部を一気に突き抜《ぬ》けた。欄干にしっかりとつけていたはずの両手から力が［C］抜けていった。

残ったのは［X］の自分だけだった。

腰《こし》から下が無感覚になり、そのまますとんと両膝《りょうひざ》をついた。両目に涙《なみだ》が滲《にじ》んでくるのがわかった。悔《くや》しさよりも何もかもが怖くてたまらなかった。

良平の夏は終った。

ようやく九月も終り、八幡の町を爽《さわ》やかな風が吹きはじめて秋がすぐそこに［3］を覗《のぞ》かせていた。

良平は机の上に頬《ほお》づえをつき、ぼんやりと教室の窓から空を見ている。

この一カ月間、良平にとっては文字通り針の莚《むしろ》の毎日だった。良平はとうとう新橋から飛ぶことができなかった。橋の上に［D］腰を落して立ちあがれなかった。そんな良平の様子は多くの人の目に晒《さら》され、噂《うわさ》は町中に広がった。良平にできることは、ただうつむいて歩くことだけだった。

しかしそれも——水の季節が終り、秋を過ぎて冬になるころには誰もが忘れてくれるはずだった。時間がたてば周囲の者は人のことには興味はなくなる。現に十月の声を聞いてからは、周囲の視線も元に戻《もと》ったような気がした。忘れていないのはたった二人。良平自身と姉の志保子だけである。

あの夜——。

珍《めず》しく母親の和子も残業がなかったようで早く帰り、志保子も交えて久しぶりに三人一緒になって注4卓袱台《ちゃぶだい》の前に座った。

「良平。お前、今日新橋から飛びこむつもりが、［4］が抜けてできん

空があった。良平は空をめざして突き進んだ。

（中略）

そこまではよかったのだ。

問題は岐阜《ぎふ》から帰ってきたあとのことだった。学校が始まるまで残っているのはあとわずか、その間に良平は新橋から飛びこまなければならなかった。学校橋から飛びこむことができて、自信は確かにできた。今度こそはみごとに飛びこんで一人前の男になれるはずだった。

それがどうにも怪《あや》しくなったのだ。

一昨日、夏休みの宿題のほうが段々切羽つまってきて、どうにもしようがなくなり、正太の家で博信もまじえてやっていたときのことだ。

「良ちゃん、例の新橋からの飛びこみはいつやるの」

と博信が訊《き》いてきたのである。そのとき余裕《よゆう》を持って良平は、二日後の午後と答えたのだがそれが今日のことだった。

念のため、良平は同じように昨日、夏休みの宿題を正太の家でやったあと、すぐそばの新橋の上から吉田川を覗いてみた。とたんに、信じられないほどの恐怖感《きょうふかん》が良平の体全部をつつみこんだのだ。

わからなかった。なぜ今になって……思いあたるのは納涼台《のうりょうだい》での注3筏の事故だった。あの溺《おぼ》れかかった体験が自分の心のなかにきっちりと居座《いすわ》って……。

良平はもう一度新橋から水面を覗いた。視点が定まらなかった。体が小刻みに震えているのがわかった。体も心も完全に萎縮《いしゅく》していた。こんな状況ではたして自分はここから飛びこむことができるのだろうか。それから今まで、良平はずっと [2] を抱《かか》えて悩《なや》みつづけていたのだ。

時計を見ると一時を少し回っている。もうそろそろ二人がくるころだと、思った瞬間、

「良ちゃーん」

階下から正太と博信の声が響《ひび》いてきた。

海パンはすでに着けている。タオルも持った。あとは新橋に出かけて飛びこめば、それで事は全部すむはずだった。昨日は恐怖心にかられたが今日ならひょっとして。それにいくら恐怖心にかられたとしても、両目を固く閉じて宙に舞《ま》えばそれで終るのだ。

「今、行く」

良平はゆっくりと階段をおりて一階の土間に向かった。

「よう」

と軽く手をあげて土間を見ると、正太と博信の他に人影《ひとかげ》が二人見えた。美樹と、それに大倉だった。

（中略）

「おおい、お前ら。ちょっと遠慮《えんりょ》したってくれんかなあ。これから八幡《はちまん》中学一年の畑中良平がみごとに、その橋の欄干の上から飛びこむからな」

大倉の言葉に、欄干を占領《せんりょう》していた中学生たちが脇により、ぽかっと大きな空間が新橋の上にできた。

「本当に大丈夫、良平君」

美樹の言葉に良平は、はいと小さく答え、着ていた半袖《はんそで》のシャツを脱いで海パンひとつの姿になり、新橋の中央にゆっくりと歩いた。体がかすかに震えているのがわかったが、こうなったらやるしかなかった。

良平は新橋の真中に立った。

生経験もつんどるやろ」

大人びた口調でいった。

（中略）

学校橋まではすぐだった。

良平は橋の脇《わき》でのろのろと衣服を脱《ぬ》いで海水パンツひとつになった。

実をいうと、この学校橋から飛びこむのも良平にとっては初めての経験だった。ずっと岩場止まりで、新橋はおろか学校橋からでさえ良平は飛びこむことができなかった。

良平はゆっくりと橋の中央に向かって歩いた。心臓が物凄《ものすご》い速さで鼓《こ》動《どう》をくり返しているのがわかった。

「良ちゃん。ちゃんと証拠《しょうこ》写真としてカメラに撮《と》ってくから」

博信が叫んだ。

「大丈夫か良ちゃん、顔が青いけど。別に無理せんでもいいんやぞ。まだ夏休みはたっぷりあるからな」

正太がよってきてささやいた。

「大丈夫や。こんなところでびびっとったら、とても新橋の上には立てんから」

「それはそうやけど、無理はせんほうがいいと思って」

「無理をせんと、俺は一人前にはなれん。俺は臆病者やから。無理をして早う、こんな気持から逃《に》げたいんや」

「そうか」

と正太がそばを離《はな》れると同時に、

「頭からか足からか、どっちから飛びこむんや良ちゃん」

博信がまた叫んだ。

頭と足……どっちにしたらいいのか。頭からがいいのは最初からわかっていたが。良平は一瞬《いっしゅん》迷った。注2 逡巡《しゅんじゅん》した。

「足から飛びこめ、畑中」

大倉の大声が耳に突《つ》き刺《さ》さった。

「はいっ」

と素直《すなお》に口から言葉が滑《すべ》り出た。

空を見上げた。雲ひとつない澄《す》んだ空だった。悲しいくらい大きな空だった。自分がひどく小さく見えた。

欄干に手をかけて橋の下を覗きこむと、渦《うず》を巻いている水が見えた。濃くて深い水の色だった。また自分が小さく見えた。

そろそろと欄干に足をかけた。ついさっき、筏《いかだ》の試運転をしたときのことを思い出した。あのときと同じ這《は》うような格好だが、あのときは楽しかった。だが今は――。

［A］欄干の上に立った。

「下を見るな、畑中。上を見ろ」

大倉の声だ。

その声の通り、良平は上を見た。空があった。やはり悲しいくらい大きな空だった。

何かがふわりと吹《ふ》っきれた。悲しさめがけて良平は飛んだ。空と水の間に身を投げだした。経験したことのない奇妙《きみょう》な浮遊感と同時に、1いうにいわれぬ快感が走った。

「やった」

［1］の奥で叫ぶと同時に両足にどんと衝撃《しょうげき》を受けて、良平の体は柔《やわ》らかいものにつつまれた。心地いい感触《かんしょく》だった。見上げると水の上に

【国　語】（四五分）〈満点：一〇〇点〉

【注意】**解答はすべて解答用紙に記入しなさい。解答に句読点などがふくまれる場合は一字に数えます。**

【一】　次の①～⑤の空らん[A]・[B]にあてはまる漢字一字を、あとにあげるア～タから選び、記号で答えなさい。

①　新しい部署に[A]属された
　　運動部に[B]属している

②　[A]覚えのいい人
　　[B]覚えのある顔

③　新商品が発[A]された
　　新しい体制が発[B]した

④　けが人を救[A]する
　　失業者を救[B]する

⑤　これまでの規則を[A]定した
　　証拠《しょうこ》から犯人を[B]定できた

ア　心　イ　改　ウ　買　エ　特
オ　所　カ　配　キ　済　ク　物
ケ　付　コ　見　サ　売　シ　現
ス　測　セ　足　ソ　出　タ　職

【二】　次の文章を読んであとの問いに答えなさい。

覗《のぞ》きこんだとたんに体が震《ふる》えた。

橋の下では濃《こ》い緑色をした急流が、うねりを打ちながら飛沫《ひまつ》をあげている。欄干《らんかん》の上に立てば目の位置から水面までは軽く十三メートルを越《こ》える。水深はおよそ四メートルだ。

「こんなとこから、どうやったら飛べるんや」

良平《りょうへい》はさっきから何度も胸のなかで同じ言葉を叫《さけ》びつづけている。橋の上から眺《なが》めているだけでも体が竦《すく》んで、眉間《みけん》の辺りがチーンとしてくるのに、こんなところから飛ぶなんて。

だけど、今年こそは飛ばなければえらいことになる。文字通り最後のチャンスだった。後はなかった。

本来なら小学校を卒業するまでに橋の上から水面に向かって飛ばなければ、臆病者《おくびょうもの》のレッテルを貼《は》られ、一人前の男の注1範疇《はんちゅう》から外されてしまう。だが体の大小もあることから、中学一年までは飛べなくてもいいという暗黙《あんもく》の了解《りょうかい》があるのも確かだった。

「大丈夫《だいじょうぶ》やて良ちゃん。今年こそは絶対飛べるようになるから心配いらん。夏になったら俺《おれ》と一緒《いっしょ》に徹底的《てっていてき》に練習すりゃあいい。そうすりゃそんなもんすぐや」

同じクラスで餓鬼《がき》大将の正太《しょうた》だ。正太は小学四年生の夏に、この欄干の上からすでに飛びこんでいる。

二人は近所の遊び仲間で中学一年生。といっても今日が始業式で、まだ中学生になったばかりのほやほやだ。

「去年も練習したけど飛べんかった……」

ぼそっという良平に、

「去年は最後やということで焦《あせ》りすぎたんや。そのために体も心も縮こまって、最悪の状態になってしまったんや。けどあれからかなりの時間が過ぎてる。良ちゃんもけっこう浮世《うきよ》の苦労はしてきとるやろうし、人

解答用紙集

○月×日 △曜日　天気（合格日和）

◆ご利用のみなさまへ

＊解答用紙の公表を行っていない学校につきましては、弊社の責任において、解答用紙を制作いたしました。

＊編集上の理由により一部縮小掲載した解答用紙がございます。

＊編集上の理由により一部実物と異なる形式の解答用紙がございます。

人間の最も偉大な力とは、その一番の弱点を克服したところから生まれてくるものである。 ――カール・ヒルティ――

東京学参株式会社

慶應義塾湘南藤沢中等部　2024年度　　◇算数◇

※この解答用紙は学校からの発表がないため，東京学参が制作いたしました。

【1】

(1)	(2)	(3)
ア	イ	ウ

【2】

(1)	(2)	(3)
毎分　　m	個	°

【3】

(1)	(2)	(3)

【4】

(1)	(2)	(3)
cm	cm	cm^2

【5】

(1)	(2)	(3)
cm		cm^3

【6】

(1)	(2)	(3)
個	分後	分間

慶應義塾湘南藤沢中等部　2024年度

◇理科◇

※この解答用紙は学校からの発表がないため，東京学参が制作いたしました。

【1】

（問 1）

（問 2）

（問 3）　→　→

（問 4）

（問 5）

（問 6）

【2】

（問 1）

（問 2）　ア　イ　ウ　エ

（問 3）

（問 4）

（問 5）

【3】

（問 1）

（問 2）

（問 3）

（問 4）

（問 5）

（問 6）

（問 7）

【4】

（問 1）

（問 2）

（問 3）　1，2，3，4，5　6，7，8，9

（問 4）　2番目に多く含まれている気体　3番目に多く含まれている気体

（問 5）

（問 6）

（問 7）

慶應義塾湘南藤沢中等部　2024年度

◇社会◇

※この解答用紙は学校からの発表がないため，東京学参が制作いたしました。

【1】

問 1　A　B　C　D

問 2　E　H

問 3　I　J　K　L

問 4　M　N　O　P

【2】

問 1　A　C

問 2

問 3

問 4

問 5

【3】

問 1　あ　い　う

問 2　A　B　C

【4】

問 1

問 2

問 3

問 4

問 5

問 6

問 7

【5】

問 1　あ　い　う　え　お

問 2　→　→　→　→

【6】

問 1

問 2　課税

問 3

問 4

問 5

【7】

問 1

問 2

問 3　1　2　3　4

問 4　A　B　C　D

問 5　E　F　G　H

【四】

あなたが「世の中をハッピーにしている」と考えるもの

その理由

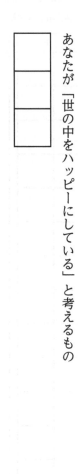

慶應義塾湘南藤沢中等部　2024年度

◇国語◇

※この解答用紙は学校からの発表がないため，東京学参が制作いたしました。

【一】

① ② ③ ④ ⑤ ⑥ ⑦ ⑧ ⑨ ⑩

【二】

問一 ① ② ③ ④ ⑤

問二 A B C D

問三 1 2 3 4

問四

問五

問六

問七

【三】

問一

問二

問三

問四 2 3 4 5

問五

問六

問七

問八

問九

問十

慶應義塾湘南藤沢中等部　2023年度

◇算数◇

※この解答用紙は学校からの発表がないため，東京学参が制作いたしました。

【1】

(1)	(2)	(3)
ア	イ	ウ

【2】

(1)	(2)	(3)
ページ		cm

【3】

(1)	(2)	(3)
cm	cm	秒後と　秒後

【4】

(1)	(2)	(3)
cm	倍	倍

【5】

(1)	(2)	(3)
：	：	km

【6】

(1)		(2)	(3)
最後の数	回	回	回

慶應義塾湘南藤沢中等部　2023年度　◇理科◇

※この解答用紙は学校からの発表がないため，東京学参が制作いたしました。

【1】

（問1）

（問2）　1　2　3　4　5　6

（問3）

（問4）

（問5）

【2】

（問1）　A　B

（問2）

（問3）

（問4）

（問5）

【3】

（問1）　A　B

（問2）

（問3）

（問4）

（問5）

（問6）

【4】

（問1）

（問2）

（問3）

（問4）　X　Y　Z

（問5）

慶應義塾湘南藤沢中等部　2023年度　◇社会◇

※この解答用紙は学校からの発表がないため，東京学参が制作いたしました。

【1】

問1　問2　問3　問4

問5

A		B		C		D	

【2】

問1　問2　問3　問4

【3】

問1　問2　問3

問4　問5　→　→　→

問6

【4】

問1　問2　問3　問4

問5

1		2		3		4	

【5】

問1　問2　問3　問4

問5　問6　問7

【6】

問1

あ		い	

問2

う		え	

問3　問4

【7】

問1

あ		い		う	

問2　問3　問4

【四】

慶應義塾湘南藤沢中等部　　2023年度

◇国語◇

※この解答用紙は学校からの発表がないため，東京学参が制作いたしました。

【一】

①
②
③
④
⑤
⑥
⑦
⑧
⑨
⑩

【二】

問一
ア
イ
ウ
エ
オ

問二
a
b
c
d

問三

問四

問五

問六

問七

問八

問九

問十
ア
イ
ウ
エ

【三】

問一
1
2
3
4
5
6
7

問二

問三

問四

問五

問六
B
C
D
E

問七
1
2

問八

慶應義塾湘南藤沢中等部　　2022年度

◇算数◇

※この解答用紙は学校からの発表がないため，東京学参が制作いたしました。

【1】

(1)	(2)	(3)
ア	イ	ウ

【2】

(1)	(2)	(3)

【3】

(1)	(2)	(3)

【4】

(1)	(2)	(3)

【5】

(1)	(2)	(3)

【6】

(1)	(2)	(3)

慶應義塾湘南藤沢中等部　2022年度　◇理科◇

※この解答用紙は学校からの発表がないため，東京学参が制作いたしました。

【1】

(問1)

マツ		カボチャ	

(問2)

(問3) 1　2　3　4　5

(問4) 1　2　3　4　5　6　7　8　9

(問5)

A	B	C	D

【2】

(問1)　(問2)　(問3) 1　2　3　4

(問4)

(問5)

【3】

(問1)　(問2)　(問3)　(問4)

【4】

(問1)

X		Y		Z	

(問2) 1　2　3　4　5　(問3) 1　2　3　4　5

(問4)

慶應義塾湘南藤沢中等部　2022年度　◇社会◇

※この解答用紙は学校からの発表がないため，東京学参が制作いたしました。

【1】

問1　問2　問3

問4　問5

【2】

問1　問2　問3　問4

問5　（あ）　（い）　（う）　問6

【3】

問1　問2

問3　（う）　（え）　（お）　問4

【4】

問1　問2　問3　問4

問5　問6　問7

【5】

問1　問2　問3

問4　→　→　→　問5

問6　問7　運動

【6】

問1　問2　問3

問4　問5　問6

【7】

問1　問2　問3

問4　問5　問6　→　→　→

【四】

慶應義塾湘南藤沢中等部　2022年度

◇国語◇

※この解答用紙は学校からの発表がないため，東京学参が制作いたしました。

【一】

①	②	③	④	⑤	⑥	⑦	⑧	⑨	⑩

【二】

問一

①	②	③	④

問二

あ	い	う	え

問三

問四

問五

問六

問七

①	②	③	④

問八

く

く

も

問九

【三】

問一

問二

①	②	③	④	⑤

問三

a	b	c	d	e

問四

問五

問六

問七

問八

問九

慶應義塾湘南藤沢中等部　2021年度

◇算数◇

※この解答用紙は学校からの発表がないため，東京学参が制作いたしました。

【1】

(1)	(2)	(3)
ア	イ	ウ
		cm^2

【2】

(1)	(2)	(3)
cm^3	個	（下図）

1			
		2	
	4		
			3

【3】

㋐	㋑	㋒

【4】

(1)		(2)		(3)
ア	イ	ウ	エ	オ

【5】

(1)	(2)	(3)
m	分間	m

【6】

(1)	(2)	(3)
m^2	m^2	m^2

慶應義塾湘南藤沢中等部　2021年度

◇理科◇

※この解答用紙は学校からの発表がないため，東京学参が制作いたしました。

【1】（問1）　1　2　3　4　5　6　　（問2）

（問3）　　（問4）　　（問5）

【2】（問1）　　（問2）　　（問3）

（問4）　　（問5）

【3】（問1）　　（問2）

（問3）

（問4）　A　　B　　（問5）　　（問6）

【4】（問1）　ろうそく　　木炭　　（問2）　1　2　3　4　5

（問3）　　（問4）

（問5）　記号　　理由

慶應義塾湘南藤沢中等部　2021年度

◇社会◇

※この解答用紙は学校からの発表がないため，東京学参が制作いたしました。

【1】 問1　問2　問3

問4

【2】 問1　問2　問3

問4　問5

【3】 問1　問2　問3

問4　→　→

【4】 問1　問2　1　2　3

問3　問4

問5　→　→　→

【5】 問1　問2　1　2　3

問3　問4　問5

【6】 問1　問2　問3

問4　問5

【7】 問1　問2　問3

問4　問5　問6

問七

問八

問九

↓

↓

↓

↓

問十

問十一

問十二

【四】

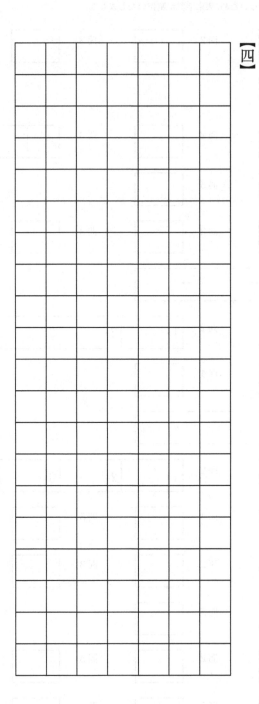

慶應義塾湘南藤沢中等部　　2021年度

◇国語◇

※この解答用紙は学校からの発表がないため，東京学参が制作いたしました。

【一】

①

②

③

④

⑤

【二】

問一

1

2

問二

Ⅰ

Ⅱ

問三

一つめ

二つめ

問四

【三】

問一

A

B

C

D

E

問二

A

B

C

D

E

問三

問四

Ⅰ

Ⅱ

Ⅲ

問五

問六

慶應義塾湘南藤沢中等部　2020年度

◇算数◇

※この解答用紙は学校からの発表がないため，東京学参が制作いたしました。

【1】

(1)	(2)	(3)
ア	イ	ウ

【2】

(1)	(2)	(3)
時間　分	回	人

【3】

(1)	(2)	(3)
	個	

【4】

(1)	(2)	(3)
		分

【5】

(1)	(2)	(3)
度	：	cm^2

【6】

(1)	(2)		(3)
時　分	橋	分	時　分

慶應義塾湘南藤沢中等部　2020年度

◇理科◇

※この解答用紙は学校からの発表がないため，東京学参が制作いたしました。

【1】（問1）　（問2）　（問3）

（問4）

（問5）　（問6

【2】（問1）　（問2）　（問3）　1　2　3　4　5　6

（問4）　倍　（問5）　倍

【3】（問1）　1　2　3　4　5

（問2）　ア　イ　ウ

（問3）

（問4）

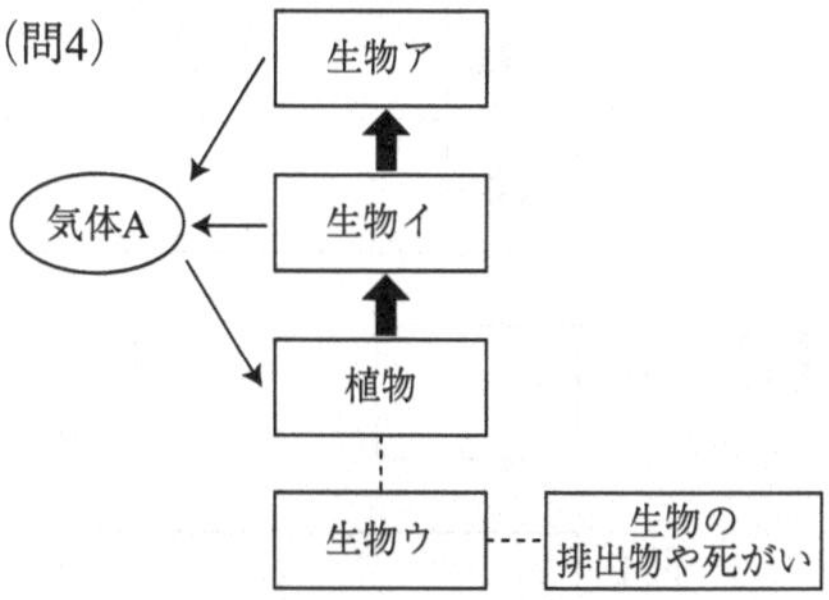

（問5）　ア　イ　ウ

（問6）　1　2　3　4　5

【4】（問1）　A　B　C　D　E

（問2）　A　B　C　D　E　F　G　H

（問3）　A　B　C　D　G　H

（問4）　ア　イ　ウ

慶應義塾湘南藤沢中等部　2020年度　◇社会◇

※この解答用紙は学校からの発表がないため，東京学参が制作いたしました。

【1】 問1 問2 m 問3

問4 番号 方位

【2】 問1 問2

問3 あ い う 問4

問5

【3】 問1 問2 問3 → → →

問4

寺院 / 人物		→		→		→	

【4】 問1 問2 1 2 3 問3

問4 問5 1 2 3

【5】 問1 問2 問3 問4

問5 問6 → → →

【6】 問1 問2 問3 問4

【7】

問5

【7】 問1 問2 問3

問4 問5 問6

【四】

慶應義塾湘南藤沢中等部　2020年度

◇国語◇

※この解答用紙は学校からの発表がないため，東京学参が制作いたしました。

【一】

①　・

②　・

③　・

④　・

⑤　・

【二】

問一　a　b　c　d

問二

問三　から

問四

問五

問六

問七

【三】

問一　a　b　c　d　e

問二　A　B　C　D

問三　1　2　3　4

問四

問五

問六

問七

問八

問九

問十

問十一　Ⅲ　Ⅳ

問十二

慶應義塾湘南藤沢中等部　2019年度

◇算数◇

※この解答用紙は学校からの発表がないため，東京学参が制作いたしました。

【1】

(1)	(2)
ア	イ

【2】

(1)	(2)	(3)
円	通り	cm^3

【3】

(1)	(2)	(3)

【4】

(1)	(2)	(3)

【5】

(1)	(2)	(3)
時間	時速　km	時速　km

【6】

<table>
<tr><th colspan="3">(1)</th></tr>
<tr><td colspan="3"></td></tr>
<tr><th colspan="3">(2)</th></tr>
<tr><th colspan="3">①</th></tr>
<tr><th>ア</th><td rowspan="2">A · B · C</td><th>イ</th></tr>
<tr><td></td><td></td></tr>
</table>

<table>
<tr><th colspan="5">②</th><th>(3)</th></tr>
<tr><th>ウ</th><td rowspan="2">A · B · C</td><th>エ</th><td rowspan="2">A · B · C</td><th>オ</th><td rowspan="2">分</td></tr>
<tr><td></td><td></td><td></td></tr>
</table>

慶應義塾湘南藤沢中等部　2019年度　　◇理科◇

※この解答用紙は学校からの発表がないため，東京学参が制作いたしました。

【1】（問1）　1　2　3　4　5　6　7　8

（問2）

（問3）　1　2　3　4　5　6　7

（問4）

（問5）　図1　　図2

（問6）

【2】（問1）

（問2）

（問3）

（問4）

（問5）

（問6）

（問7）

【3】（問1）

（問2）

（問3）

（問4）　mA

（問5）　イ　ウ　エ　オ　カ

【4】（問1）　g

（問2）　g

（問3）　1　2　3　4　5　6

（問4）

（問5）

慶應義塾湘南藤沢中等部　2019年度　　◇社会◇

※この解答用紙は学校からの発表がないため，東京学参が制作いたしました。

【1】 問1　問2　問3

問4　問5

【2】 問1　問2　問3

問4

【3】 問1　問2

問3　→　→　問4

問5　問6　→　→　→

【4】 問1　問2　問3

問4　問5

問6　問7

【5】 問1　問2　問3

問4　問5

【6】 問1　問2

問3　【7】　2　3　4　問4

問5　年　月　日

【7】 問1　問2　問3

問4　問5

【四】

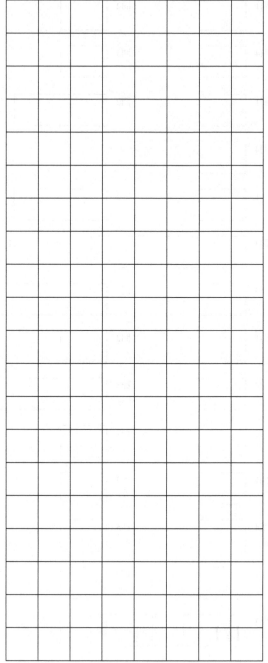

慶應義塾湘南藤沢中等部　2019年度

◇国語◇

※この解答用紙は学校からの発表がないため，東京学参が制作いたしました。

【一】

①

・

②

・

③

・

④

・

⑤

・

【二】

問一　①　②　③　④

問二　A　B

問三　はじめ　終わり

問四　①　②　③　④

【三】

問一　①　②　③　④　⑤

問二　A　B　C　D　E

問三　1　2　3　4

問四

問五　A　B　C　D

問六　①　②

問七

問八

問九　↓　↓　↓　↓　↓　↓

慶應義塾湘南藤沢中等部　平成30年度

◇算数◇

※この解答用紙は学校から発表がないため，東京学参が制作いたしました。

【1】

(1)	(2)	(3)
ア	イ	ウ
	cm²	個

【2】

(1)	(2)	(3)
円	cm	円

【3】

(1)	(2)	(3)
ア	イ	ウ
番目		番目

【4】

(1)	(2)	(3)
cm	度	倍

【5】

(1)	(2)	(3)
L	分後	分後

【6】

(1)	(2)	(3)
倍	倍	午前　時　分

○推定配点○　【1】～【3】(2)　各5点×8　他　各6点×10　計100点

/100

慶應義塾湘南藤沢中等部　平成30年度

◇理科◇

※この解答用紙は学校から発表がないため，東京学参が制作いたしました。

【1】

(問1)

(問2)

(問3)

(問4)　1　2　3　4　5

(問5)

(問6)

【2】

(問1)

(問2)

(問3)　1　2　3　4　5　6

(問4)　1　2　3　4　5　6

(問5)　1　2　3　4　5　6

(問6)

【3】

(問1)

(問2)　左5　左7

(問3)　g

(問4)　g

(問5)

(問6)　右　1　2　3　4　5　6　7　8　9　10

【4】 (問1)

ア		

イ		

ウ		

(問2)

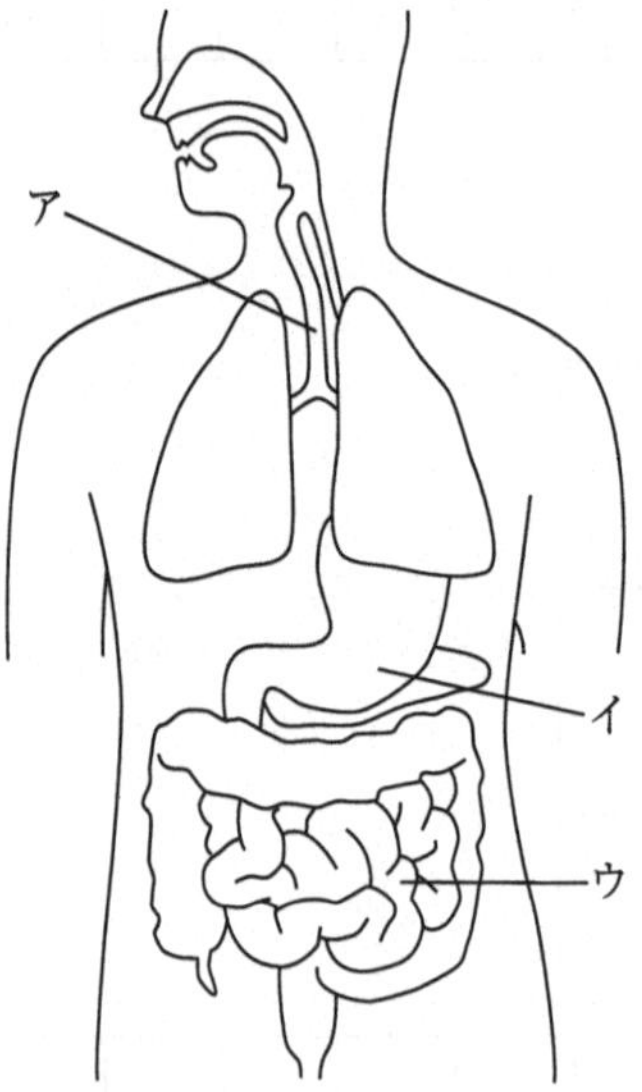

図1

(問3)

ア		イ	

(問4)

ア		イ		ウ	

○推定配点○ 【1】 問1・問3・問5 各1点×3 他 各2点×3
【2】 問2 1点 他 各2点×5 【3】 各2点×6
【4】 問3 各1点×2 他 各2点×8(問2は別々に) 計50点

/50

慶應義塾湘南藤沢中等部　平成30年度

◇社会◇

※この解答用紙は学校から発表がないため，東京学参が制作いたしました。

【1】 (問1)　(問2)

(問3)　(問4)

(問5)

【2】 (問1)　(問2)　(問3)　(問4)

【3】

縄文時代			弥生時代			古墳時代		
1	2	3	1	2	3	1	2	3

【4】 (問1)　(問2)　(問3)

(問4)　(問5)　→　→　→

【5】 (問1)　あ　い　う　え　お

(問2)　(問3)

【6】 (問1)　(問2)　(問3)

(問4)　(問5)

【7】 (問1)　→　→　→　(問2)

(問3)　(問4)　(問5)　(問6)

○推定配点○　【1】　各2点×5　【2】　各2点×4　【3】　各1点×9　【4】　各1点×5
【5】　各1点×7　【6】　各1点×5　【7】　各1点×6　計50点

/50

問六

問七

問八

問九

問十

問十一　こと

【四】

○推定配点○
【一】　各2点×5
【二】　問一　各1点×5　　問四　各2点×4　　問六・問七　各4点×2
　　　　他　各3点×5
【三】　問一　各2点×5　　問五　各2点×3　　問六　4点　　他　各3点×8
【四】　10点　　計100点

/100

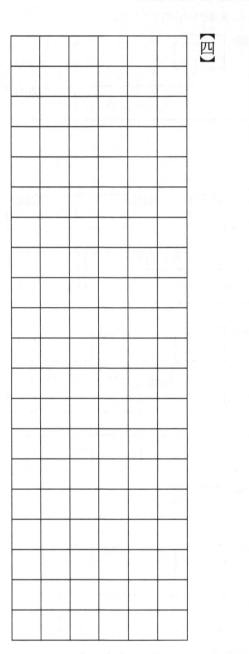

慶應義塾湘南藤沢中等部　平成30年度

◇国語◇

※この解答用紙は学校から発表がないため，東京学参が制作いたしました。

【一】

①

②

③

④

⑤

【二】

問一

A

B

C

D

E

問二

問三

問四

1

2

3

4

問五

Ⅰ

Ⅱ

Ⅲ

問六

問七

練習

【三】

問一

a

b

c

d

e

問二

問三

問四

問五

Ⅰ

Ⅱ

Ⅲ

慶應義塾湘南藤沢中等部　平成29年度　◇算数◇

※この解答用紙は学校から発表がないため，東京学参が制作いたしました。

【1】

(1)	(2)
ア	イ

【2】

(1)	(2)	(3)
円	人	個

(4)

	ア列	イ列	ウ列	エ列
あ段				
い段				
う段				
え段				

【3】

(1)	(2)	(3)
度	cm	cm^2

【4】

(1)	(2)
ア	イ
円	枚

【5】

(1)	(2)	(3)
cm^3	cm^2	個

【6】

(1)	(2)	(3)
分後	分後	m

○推定配点○　【1】 各5点×2　　他　各6点×15　　　計100点

/100

慶應義塾湘南藤沢中等部　平成29年度

◇理科◇

※この解答用紙は学校から発表がないため，東京学参が制作いたしました。

【1】（問1）

（問2）「ふれ幅」　「ふりこの長さ」

（問3）（ア）　（イ）　（ウ）　（エ）

（問4）　（問5）

【2】（問1）　（問2）　（問3）

（問4）　（問5）

【3】（問1）　（問2）

（問3）

（問4）

分銅の重さ(g)	0.1	0.2	0.5	1	2	5	10	20	50
操作の回数									

（問5）

【4】

（問1）

ア	イ	ウ	エ	オ	カ

（問2）

（問3）

1	2	3	4	5	6

（問4）

（問5）

あ	い	う	え	お	か

（問6）

1	2	3	4	5

○推定配点○
【1】 問3 各1点×4 他 各2点×4(問2完答)
【2】 問2・問4 各3点×2 他 各2点×3
【3】 問5 4点 他 各2点×4(問1・問3・問4は各完答)
【4】 問6 4点 他 各2点×5(問1・問3・問6は各完答) 計50点

／50

慶應義塾湘南藤沢中等部　平成29年度

◇社会◇

※この解答用紙は学校から発表がないため，東京学参が制作いたしました。

【1】 問1　問2　問3

問4　km

問5

【2】 問1　問2　問3

問4　問5

問6

1	2	3

【3】 問1

（あ）	（い）	（う）	（え）

問2

【4】 問1

A	B	C

問2　問3

問4　問5

【5】 問1　問2　問3

問4

問5

1	2	3

【6】 問1

問2

問3

問4

問5

【7】 問1

（あ）	
（い）	

問2

問3

問4

○推定配点○ 【1】 各1点×5 【2】 各1点×8 【3】 各1点×5 【4】 各2点×7
【5】 各1点×7 【6】 各1点×5 【7】 問4 2点 他 各1点×4
計50点

50

問四

問五

Ⅰ

Ⅱ

Ⅲ

問六

問七

A

B

C

D

E

問八

問九

①

②

問十

問十一

Ⅴ

Ⅵ

問十二

【四】

○推定配点○
【一】 各2点×5
【二】 問一・問三 各1点×8 問二 各3点×2 他 各2点×6
【三】 問一 各1点×5 問三・問十一 各3点×5 問十二 4点(完答)
他 各2点×15
【四】 10点 計100点

/100

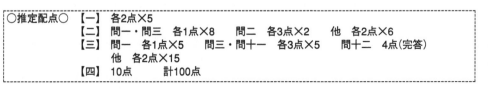

◇国語◇

※この解答用紙は学校から発表がないため，東京学参が制作いたしました。

【一】

①

②

③

④

⑤

【二】

問一

A

B

れた

C

D

E

問二

Ⅰ

Ⅱ

問三

a

b

c

問四

問五

問六

1

2

3

4

【三】

問一

a

b

c

d

e

問二

問三

①

②

③

MEMO

大切なことはメモしておこうネ！

〈ダウンロードコンテンツについて〉

本問題集のダウンロードコンテンツ、弊社ホームページで配信しております。現在ご利用いただけるのは「2025年度受験用」に対応したもので、**2025年3月末日**までダウンロード可能です。弊社ホームページにアクセスの上、ご利用ください。
※配信期間が終了いたしますと、ご利用いただけませんのでご了承ください。

中学別入試過去問題シリーズ

慶應義塾湘南藤沢中等部　2025年度

ISBN978-4-8141-3194-5

[発行所] 東京学参株式会社
〒153-0043　東京都目黒区東山2-6-4

書籍の内容についてのお問い合わせは右のQRコードから ⇒

※書籍の内容についてのお電話でのお問い合わせ、本書の内容を超えたご質問には対応できませんのでご了承ください。

2024年6月6日　初版